Johann Teichmann

Weiland königl. preussischen Hofrathes

Literarischer Nachlass

Johann Teichmann

Weiland königl. preussischen Hofrathes
Literarischer Nachlass

ISBN/EAN: 9783742816153

Hergestellt in Europa, USA, Kanada, Australien, Japan

Cover: Foto ©Thomas Meinert / pixelio.de

Manufactured and distributed by brebook publishing software
(www.brebook.com)

Johann Teichmann

Weiland königl. preussischen Hofrathes

Johann Valentin Teichmanns

weiland königl. preußischen Hofrathes 2c.

Literarischer Nachlaß

herausgegeben

von

Franz Dingelstedt.

Stuttgart.

Verlag der J. G. Cottaschen Buchhandlung.

1863.

Vorrede des Herausgebers.

Bühnenstaat und Bienenstaat haben, außer im Namen, auch in ihrer Natur manche absonderliche Aehnlichkeiten, welche Stoff für ein lustiges Seitenstück zu Karl Vogt's bekanntem Büchlein darbieten würden. So besitzen beide unter ihren Angehörigen zwei, von einander durchaus verschiedene, dem Ganzen aber gleich nützliche und nothwendige Gattungen: die Kunstarbeiter und die Hausarbeiter, von denen jene in ungebundener Regelmäßigkeit umherschwärmen, den Saft aus (Dichter-) Blumen ziehen und durch ihren eigenthümlichen Beruf in Honig (oder Rollen) verwandeln, indeß diese, an Stock und Theater gebunden, dieselben fein in Ordnung und Sauberkeit zu halten, die Zellen, das heißt: den Etat, zu bauen und für allen äußerlichen Bedarf einer sehr complicirten Hof- und Haushaltung zu sorgen bestimmt sind. Die letztere Aufgabe ist, weil sie die unscheinbarere und undankbarere von beiden, deßhalb keineswegs die unwichtigere; sie erfordert gerade so gut wie die künstlerische Thätigkeit angeborene Anlage und sogar eine rückhaltslosere Hingabe der Person an die Sache, wiefern ihr die Unmittelbarkeit des Erfolges abgeht, welche dem schöpferischen Talent Lohn und Trost für Vieles sein muß. In der That findet sich denn auch, daß das namenlose Bühnenvölkchen, das immer hinter den Coulissen bleibt, auf keinem Zettel prangt und von der Kritik nur ausnahmsweise mit einer Dornenkrone geehrt wird, jenes

Völkchen, von welchem ein hoher Adel und verehrungswürdiges Publikum kaum eine Ahnung hat, weil es in dunklen Schreib- und Kassastuben, in der „Hölle" unter dem Theater und auf dem „Schnürboden" über demselben, in der Oelkammer, Schneiderei und Zimmerwerkstatt, in der Bibliothek und Statistengarderobe verschwindet, — daß diese gesammte dienende Brüderschaft in Thaliens Tempel mit einem Fanatismus am Theater hängt, der von der geheimnißvollen Anziehungskraft dieser Welt für sich ein merkwürdiges Zeugniß ablegt. Wer ein einziges Paar Schuhe auf den Brettern zerrissen hat, der läßt niemals von ihnen: so sagt ein altes Theatersprichwort, das sich an Jedem bewährt, der den Bann des gefährlichen Zauberkreises einmal überschritten; vorzugsweise auch an denen, welche durch eine nur verwaltende Thätigkeit mit demselben zusammenhängen. Im Theater mitzuthun ist ihr Stolz, vom Theater mitzureden ihre Wonne. Es bilden sich wahre Cabinetsstücke von Originalen unter diesen Amphibien des Künstler- und des Beamten-Elements; sie sind die lebendige Chronik der Bühne, mit der sie förmlich verwachsen, und erlangen durch Uebung und Erfahrung ein sachverständiges Urtheil, um das sie mancher Dramaturg von Profession beneiden darf, und eine Gewandtheit in Behandlung schwieriger Personen und Dinge, die einem gewiegten Diplomaten zu rathen gibt.

Ein höchst ehrenwerthes, auch in weiteren Kreisen als denen seines Wirkens anerkanntes Exemplar von jener hilfreichen Hausgeisterschaar des Theaters war der Mann, dessen literarischer Nachlaß dem Publikum hiermit dargeboten wird: Herr Johann Valentin Teichmann, weiland königl. preußischer Hofrath, Ritter des rothen Adlerordens dritter Klasse mit der Schleife, Geheimer Secretär der Generalintendantur der königlichen Schauspiele zu Berlin, geboren daselbst am 20. Januar 1791, daselbst gestorben am 16. Juli 1860; ein langes Leben, von mehr als zweier

Menschenalter Dauer, und die Thätigkeit eines halben Jahrhunderts, auf die Grenzen einer einzigen Stadt, ja sogar auf einen einzigen Punkt in dieser Stadt, auf das Hoftheater, beschränkt, und eben in solcher Beschränkung fruchtbar und befriedigt!

Früh auf sich selbst angewiesen, trat Teichmann schon im sechzehnten Lebensjahre in die Kanzlei des Stadtgerichtes zu Berlin, bei welchem er 1806 in Eid und Pflicht genommen, 1811 als Registraturassistent angestellt wurde. Aber Blick und Sinn des jungen Mannes, der einen offenen Kopf mit einem warmen Herzen vereinigte, strebten über die mechanische Arbeit am Kopistenpulte hinaus in die Sphäre einer edleren Thätigkeit und freieren Bildung. Das Theater konnte wohl dem unsicher tastenden Jünglingsgemüth als eine solche Sphäre erscheinen: durch Iffland's Meisterhand aus Schutt und Trümmern von Grund auf neu erbaut, gereinigt von den Wetterschäden des Krieges, im ersten Sonnenglanze Schiller'scher und Goethe'scher Dichtung strahlend, lag dort „ein Ziel, auf's Innigste zu wünschen." Geraume Zeit schwärmte der begeisterte Novize um das Heiligthum herum, einen Eingang suchend; das launige Glück verschloß ihm fast in derselben Stunde den einen, um einen anderen ihm aufzuthun. Teichmann wollte Schauspieler werden, und kein Geringerer als Goethe selbst sollte als solcher ihn auf- und annehmen. Eine Empfehlung P. A. Wolff's, in dem Teichmann sein Ideal verehrte, verschaffte ihm auf ein Gesuch vom November 1816 eine Antwort, freilich eine ablehnende. Am 3. December bereits schreibt Goethe — in dem bekannten, schnörkelvollen Kanzleistyle, worin sich das feierliche Spätalter des Heroen wie in ein Zöpflein verliert — folgendermaßen: „Sehr leid thut es mir immer, wenn ich jungen Personen, die ein Vertrauen auf mich setzen, zu Ausbildung ihrer Talente nicht behilflich sein kann, und ich komme doch oft in den Fall dergleichen Anträge ablehnen zu müssen. Unser Theater ist gegenwärtig stark besetzt, und mir selbst bleibt nicht so viel Muße, um auf jüngere Glieder wie sonst, eine anhaltende Aufmerksamkeit wenden zu können. Ich vermelde dieses ungerne, aber doch bald, weil Sie es verlangen. Möchten Sie die Erfüllung Ihrer Wünsche auf irgend einem Wege erfahren. Goethe."

Dieß Donnerwort des Weimarischen Olympiers schloß, wie gesagt, eine Thür, das Künstlerpförtlein, dem hoffnungsvollen Jünger gleichsam vor der Nase zu. Dafür eröffnete sich ihm das Hauptthor des ganzen Baues: Graf Brühl, 1815 zur Leitung der Hofbühne berufen, hatte Teichmann kennen gelernt und zunächst im Privatdienste, zur Ordnung seiner Bibliothek, verwendet. Vielleicht führte die gemeinsame Theaterpassion die beiden, gesellschaftlich so weit von einander getrennten Männer zusammen; gewiß ist, daß sie sich, geschäftlich wie persönlich, fanden und zu einem, durch Nichts getrübten, nur durch den Tod getrennten Verhältniß verbanden. Das glänzende Haus des Grafen Brühl ward für Teichmann die Schule der Welt; das Bureau der Generalintendantur seine hohe Schule, worin der eifrige und strebsame Mann, Autodidakt im besten Sinne des Wortes, nachholen, ergänzen, vollenden konnte, was ein unfertig abgebrochener Schulunterricht ihm selbst zu wünschen übrig gelassen. Der Verkehr mit den hervorragendsten Geistern der Zeit, die Beschäftigung mit den edelsten Interessen, Reisen nach Paris und Wien, vor Allem stäte Arbeit an sich erweiterten seinen Horizont und gaben seiner Persönlichkeit jenen Ausdruck herzgewinnender Humanität, der auch seine Schriften kennzeichnet.

Mit diesen wenigen Zügen ist eigentlich Teichmann's äußerer Lebenslauf umschrieben. Ueber vierzig Jahre, unter vier verschiedenen Vorständen, Brühl, Redern, Küstner, Hülsen, hat er im Bureau der Generalintendantur gearbeitet. Seine nächste Aufgabe bestand im Briefwechsel mit den dramatischen Dichtern. Doch wirkte er weit über diesen Kreis hinaus, für alle geistigen Interessen der Anstalt, deren Mitglieder mit dem Haupte in den so häufigen Fällen plötzlicher Conflikte und chronischer Differenzen vermittelnd, — das schwierige Verhältniß des Theaters und der Presse nach Kräften corrigirend, — mit Rath und That hilfreich bei der Hand, wo er es vermochte, ohne darum nach unten mit Protektion zu prahlen oder gar zu wuchern, nach oben um Gunst und Einfluß zu buhlen, — auch als Schriftsteller mit Erfolg sich versuchend, und zwar (charakteristisch für seine ächte Pietät) bei Jubelfeiern, Goethe's 1849, Karl August's 1857, Schiller's 1859, so wie mit einem Nekrologe des 1853 verstorbenen Schauspielers Weiß. Es konnte nicht fehlen, daß durch eine solche, an so viele verschiedene Punkte anknüpfende, nach mancherlei Richtungen aus einander gehende Thätigkeit der Name und die Person Teichmann's allmählich populär wurden; „der Hofrath muß es wissen" — „der Hofrath wird es vortragen" — „ich wende mich an den Hofrath:" so ward es bald sprichwörtlich in dem Kreise der tausend und aber tausend Besucher und Bittsteller, die Jahr aus, Jahr ein, mit den verschiedenartigsten Anliegen und Angelegenheiten die große Kunstanstalt zu Berlin belagern. Aber auch die wissenschaftlichen Cirkel der Hauptstadt öffneten sich dem vielseitig gebildeten Manne: er wurde zu öffentlichen Vorlesungen herangezogen und zum Mitgliede der Gesellschaft für deutsche Sprache und Alterthumskunde ernannt. Nicht minder nahm man von höchster Stelle aus Kunde von den Verdiensten Teichmann's und ehrte sie durch wiederholte, wachsende Auszeichnungen; es trat sogar der unstreitig seltene Fall ein, daß, als aus Anlaß seines Dienstjubiläums, 1856, Teichmann zum Geheimen Hofrath befördert werden sollte, er in freier Selbstbestimmung diese Ehre verbat, über die er — dieß seine eigenen Worte — Angesichts so vieler, über ihm stehender und minder hoch gestellter Leute nur zu erröthen haben würde. Der bescheidene Mann begnügte sich in seiner Stellung, welche durch eine befriedigende Häuslichkeit ergänzt wurde: eine treue Gattin, Constanze, geborne Isenburg, die sein Gemüth und sein Streben erkannte und theilte, ging an seiner Seite durch das Leben, und nur der Segen der Kinder fehlte dem in jeder Beziehung glücklichen Ehebunde.

Ihr, der überlebenden Wittwe, und ihres Bruders, des königl. preußischen Obristlieutenants a. D., Herrn R. Isenburg's, Werk und Verdienst ist es zunächst, wenn durch Herausgabe des literarischen Nachlasses Teichmann's dem Verstorbenen ein bleibendes Denkmal gestiftet wird. Doch hat es auch bei seinen Lebzeiten nicht an Anregung zu Sammlung und Veröffentlichung seiner Arbeiten gefehlt. Man wußte ihn beschäftigt mit Aufzeichnungen aus der Geschichte der Berliner Hofbühne, die Niemand besser als er an der Quelle zu studiren vermochte; auch daß manches werthvolle Schriftstück aus den Händen des Grafen Brühl als Vermächtniß an Teichmann übergegangen, war Vielen bekannt. Allein der gewissenhafte, sich selbst am schwersten genügende Arbeiter zögerte mit Abschluß oder gar Herausgabe seines Werkes, dem er über zwanzig Jahre gewidmet haben soll, so lange, daß es eines kräftigen, fremden Antriebs bedurfte, um dasselbe zu Stande zu bringen. Von Tieck sollte dieser Antrieb kommen. Derselbe schreibt an Teichmann unter dem 25. Februar 1846 wie folgt:

„Schon seit lange, mein theurer Freund, wollte ich über einen Gegenstand sprechen, der mir sehr am Herzen liegt. Ich weiß nämlich, daß Ihnen vor Jahren Graf Brühl, als seinem Vertrauten, viele Briefe vermacht hat, welche Goethe an den Grafen geschrieben hatte, wobei dieser den Wunsch hinterließ, Sie möchten diese Briefe unseres Dichters einmal drucken lassen. Indem ich Sie hieran erinnere, wünsche ich aber auch, daß Sie eine Art Geschichte unseres Berliner Theaters diesen Briefen hinzufügten, wodurch eine Lücke in unserer theatralischen Literatur ausgefüllt würde. Nach meiner Ansicht ist Keiner dieser Aufgabe so gewachsen, als Sie, mein theuerster Hofrath. Sie waren so viele Jahre bei der Bühne, genossen das Vertrauen des Grafen Brühl, Sie sind literarisch gebildet, haben in der Nähe so Vieles beobachten können, und so könnten Sie uns ein sehr interessantes Buch liefern, welches besser die Theatergeschichte von Plümicke fortsetzte.

„Es müssen sehr wichtige und interessante Briefe von vielen merkwürdigen und großen Autoren beim Theater sein: vorzüglich aus der klassisch goldenen Zeit der Berliner Bühne, als der gebildete Professor Engel an der Spitze stand und mit Einsicht regierte. Ich vertraue der Behörde so viel, daß man einem verständigen Mann, wie Sie es sind, die wichtigen Papiere und Briefe gern zur Ausarbeitung Ihres Buches überliefern würde. Wenn ich Ihnen einige Hülfe dabei leisten kann, da ich schon seit meiner Kindheit, schon seit 1780 die Bühne ziemlich genau zu kennen glaube, so steht mein Rath und meine Hülfe zu Ihren Diensten. Was noch der Sache bedeutend helfen kann, ist, daß Sie unparteiisch und ohne Vorurtheile sind.

„Das Wirken, der Ruhm ächter und guter und großer Schauspieler ist mehr als alles Andere dem schnellen Wandel der Mode, der Barbarei unterworfen, so daß derjenige, der das Andenken wahrer Verdienste rettet oder erneuert, als ein Wohlthäter für die Kunst angesehen werden kann.

„Wohlwollen für Sie dictirt mir alle diese Vorschläge und gern hätte ich in Alter und Krankheit eine Hand oder einen Finger mit in dieser Unternehmung.

„Mit der größten Hochachtung Ihr ergebener Freund L. Tieck.“

Bedarf es eigentlich einer anderen Vorrede zu dem nachfolgenden Werke, als ein solches Fürwort Tieck's? Dasselbe ist maßgebend gewesen, sowohl für den Verfasser, als für den Herausgeber. Daß die Genehmigung zu Benützung der gesammelten Briefe von allen Seiten, auch den höchsten, eingeholt und ertheilt worden, ist an betreffender Stelle, in der Einleitung zum zweiten Buche, noch besonders erwähnt.

So mag denn Teichmann's Nachlaß in die Welt hinausgehen, nachdem er selbst aus derselben gegangen. In Berlin werden diese Blätter das Bild eines vielgekannten, hochgeschätzten Ehrenmannes erneuern, — in der Bühnenwelt einen annalistischen Beitrag zu ihrer Geschichte an einer ihrer glänzendsten Stellen und Zeiten liefern, — in der Literatur endlich eine Nachlese aus dem goldenen Alter derselben bieten: eine Wirkung, welche der auf Vermittelung und Bewahrung angelegten Natur Teichmann's, wie seiner äußerlichen Lebensstellung vollkommen entspricht.

Weimar, Januar 1863.

Franz Dingelstedt.

Inhalt.

Erstes Buch. Eigenes.

Hundert Jahre aus der Geschichte des königlichen Theaters in Berlin. 1740 bis 1840.

Zweites Buch. Fremdes.

Briefwechsel klassischer Dichter und Schriftsteller mit der königlichen Hoftheater-Verwaltung in Berlin. Nr. 1 bis 112.

Beilagen. Drei chronologisch-statistische Tabellen.

Erstes Buch.

Eigenes.

Hundert Jahre

aus der

Geschichte des königlichen Theaters

in Berlin.

1740 bis 1840.

Erster Abschnitt.

Rückblick auf die Zustände unter der Regierung Friedrichs des Zweiten bis zum Jahre 1771.

Friedrich der Große war, was auch sein Vorgänger Treffliches gethan, der Schöpfer des gegenwärtigen Preußens. Er brachte Geist und Form in den von ihnen gegebenen Stoff. Staat, Verwaltung, Heer und Politik hat er geschaffen, und sein Volk zum nationalen Bewußtsein geweckt. Aber auch für Kunst und Wissenschaft brach mit ihm eine neue Zeit an; freilich wurde hier der große König, ohne es zu ahnen, durch den volksthümlichen Aufschwung der deutschen Literatur gehoben, der ihm in Deutschland zu Hülfe kam, während er Deutschlands Feinde schlug. Indeß er selbst damit beschäftigt war, französische Verse zu machen, entging es ihm, daß in Deutschland eine Poesie entstand, die ihren Lebensgehalt zum großen Theil von ihm empfing. Ramler und Gleim, die Koryphäen dieser Richtung, lebten beide in den Staaten des Königs, besangen seine Thaten und ernteten von allen Seiten Dank und Ruhm, nur von ihm selber nicht. Anders verhielt es sich mit der Musik. Friedrich, der seinen Baumeistern fast nur die Ausführung seiner eigenen Gedanken gestattete, der die deutschen Maler verachtete und die Dichter seiner Nation ungehört verurtheilte, beugte sich nicht allein vor den Meistern deutscher Musik, sondern gestattete auch den einflußreichsten Musikern, was sonst keinem Deutschen erlaubt war, ihn zu tadeln, zurechtzuweisen oder zu loben. Quantz war der einzige Deutsche, dessen Schüler der König bis an sein Ende geblieben.

Am 30. Januar 1697 in Oberscheden unweit Göttingen geboren, der Sohn eines Hufschmieds, kam Quantz im Mai 1728, im Gefolge des

Königs von Polen nach Berlin. Sein Aufenthalt in der preußischen Residenz, welcher einige Monate währte, wurde für sein künftiges Schicksal entscheidend, da Friedrich ihn im December 1741, unter den vortheilhaftesten Bedingungen, in seine Dienste zog. Er trat bei seiner Ankunft sofort in die Hofkapelle des Königs, lebte von nun an in der engsten Gemeinschaft mit seinem königlichen Herrn, über welchen er bald eine Art von Uebergewicht erhielt, und wurde allmählich der unumschränkte, drückende Gebieter seiner Kollegen. Als Dictator der musikalischen Welt starb er am 12. Juli 1773 zu Potsdam, im 77. Jahre seines Lebens.

Neben diesem saß in der Privatkapelle des Königs gleichzeitig Carl Philipp Emanuel Bach, der das, was ihm an Einfluß in seiner Stellung abging, durch große Verdienste um die Kunst reichlich ersetzte. Er war im Jahre 1714 in Weimar geboren als der zweite Sohn des berühmten Johann Sebastian Bach. Bereits 1738 folgte er einem Rufe Friedrichs, trat aber erst in die Dienste desselben, nachdem dieser den Thron bestiegen hatte, und blieb bis zum Jahre 1767 unverändert der Klavierbegleiter seines Königs. Da seine Stellung in der Kapelle durch Quantz' Despotismus unerträglich wurde und die Würdigung, die er fand, mit seinen Wünschen nicht übereinstimmte, bat er um seinen Abschied und ging nach Hamburg. An seine Stelle trat Fasch.

Endlich ist hier noch eines Mannes zu gedenken, der den bedeutendsten Einfluß auf die italienische Oper zu Berlin gehabt hat. Carl Heinrich Graun, 1701 zu Wahrenbrück in Sachsen geboren, wo sein Vater als Accise-Einnehmer angestellt war, war von dreien Brüdern der jüngste. Sein Vater schickte ihn 1713 mit seinem zweiten Bruder Johann Gottlieb in die Kreuzschule nach Dresden, welche er jedoch 1720 schon wieder verließ. Der Kantor Grunding unterrichtete ihn in der Vokalmusik, der Organist Petzold lehrte ihn das Klavier, und unter Anleitung des Kapellmeisters Schmidt in Dresden studirte er die Composition. Seine Verbindung mit Pisendel und dem berühmten Lautenspieler Weiß, sowie die Hülfe des Superintendenten Dr. Löscher, des Architecten Karger und des Ceremonienmeisters und Hofpoeten König, waren ihm von dem größten Nutzen; aber besonders war es die Empfehlung des Letzteren, welche ihm die durch Hasse's Abgang erledigte Stelle eines Tenoristen in Braunschweig verschaffte. Hier verlebte er mehrere Jahre, bis der Kronprinz von Preußen ihn vom Herzog Ferdinand Albrecht sich erbat, um ihn als Kammersänger bei seiner Kapelle in Rheinsberg anzustellen. Graun ging 1735 zu dieser neuen Bestimmung ab. Die Beschäftigungen seines neuen Amtes bestanden in der Abfassung von Cantaten für die Concerte des Prinzen, welche er zugleich als Sänger vorzutragen hatte. Als Friedrich 1740 den Thron bestieg, ernannte er ihn mit einem Jahresgehalte von 2000 Reichsthalern zu seinem Kapellmeister und schickte ihn nach Italien, um für die neu zu errichtende Oper die nöthigen Sänger zu werben. Nach seiner Rückkehr beschäftigte sich Graun ununterbrochen mit Compositionen für die italienische Oper und brachte deren folgende in Berlin zur Aufführung: Rodelinde, Cleopatra e Cesare, Artaxerxes, Cato in Utica, Adriano in Siria, Demofonte Rè di Tracia, Cajo Fabricio, La Festa galante, Cinna, Iphigenia in Aulide, Angelica e Medoro, Coriolano, Fetonte, Sylla, Mithridates, Armida, Britannico, Orfeo e Euridice, Montezuma, Enzio, I fratelli nemici, Merope, Alessandro e Poro, Lucio Papirio. Man zählte ihn zu den besten klassischen Musikern, wegen seiner schönen Empfindung, des Charakters und Ausdrucks seiner Compositionen, seiner reichen Melodien, seiner reinen Harmonie und der geschickten Anwendung, die er von den Mitteln des Contrapunktes machte. Graun starb am 8. August 1759, an seine Stelle trat, nachdem der siebenjährige Krieg beendigt war, Agricola, ein Schüler Sebastian Bach's und der vorzüglichste Orgelspieler in Berlin. Er befand sich hier seit dem Jahre 1741 und zog die Aufmerksamkeit des Königs dadurch auf sich, daß er ein italienisches Intermezzo componirte, welches in Potsdam veröffentlicht wurde. Seine in Berlin aufgeführten Opern waren: Cleofide, Oreste e Pilade, I Greci in Tauride, und zeichnete seine Direction sich überdies noch dadurch aus, daß Berlin während dieser Zeit die erste deutsche Sängerin (Gertrude Schmeling) hörte. Agricola, der niemals den Titel eines Kapellmeisters gehabt, starb am 1. December 1774, und Fasch, der Gründer der Berliner Singacademie (1736—1800) trat in die erledigte Direction der Kapelle. So große musikalische Verdienste auch Fasch besaß, so hielt der König ihn dennoch zum Kapellmeister nicht geeignet, und fiel die Wahl auf Reichardt, welcher 1751 zu Königsberg in Preußen geboren, die dortige Universität 1769 und 1770 besucht hatte und ein eifriger Schüler

Kants war. Schon in dem ersten Regierungsjahre hatte Friedrich II. zur Aufführung von Intermezzos und französischen Komödien, ein Theater im sogenannten, 1686 von Smids erbauten Churfürstensaale, im alten Quergebäude des königlichen Schlosses, nach dem Muster des kleinen Theaters in Versailles errichten lassen; dasselbe lag gerade über dem gewölbten Durchgang, welcher aus dem ersten Schloßhofe in den zweiten führt, ist jedoch seit dem Jahre 1805 eingegangen. Hier fand am 13. December 1741 die erste Opern-Aufführung statt; man gab „Rodelinde, Königin der Longobarden," von Graun, worin Sgra. Giovanna Gasparini die Hauptrolle sang. Zu den Chören wurden meist Schüler genommen, die nöthigenfalls auch in Frauenkleidern auftreten mußten. Während man sich mit dem kleinen Schloßtheater begnügte, hatte der Bau eines größeren Hauses für die Aufführung der Opern, unter Leitung des Geheimeraths und General-Baudirectors Freiherrn v. Knobelsdorf, bereits begonnen. Es ward am 5. September 1741 hierzu durch den Markgrafen von Schwedt, nach Andern durch den Prinzen Heinrich der Grundstein gelegt, dessen Inschrift lautete: „Fridericus secundus Rex Borussorum ludis Thaliae et Melpomenes sororum sacra haec fundamina ponit Anno MDCCXLI die quinto Septembris." Die Arbeit nahm einen so raschen Fortgang, daß das Haus schon am 7. December 1742, zur Feier des Geburtstags der Königin Mutter, um 6 Uhr Abends, mit der Oper „Cleopatra und Cäsar" von Graun, eingeweiht werden konnte. Der Componist dirigirte sein Werk selbst in einer weißen Allongenperücke und einem rothen Mantel am Flügel sitzend. In dem darauf folgenden Jahre erreichte das Gebäude seine Vollendung durch die Ausschmückung mit sechs korinthischen Säulen, über welchen sich die goldene Ueberschrift: „Fridericus Rex, Apollini et Musis MDCCXLIII" befindet. Die äußere Form des Hauses hat sich selbst durch den Brand im Jahre 1843 im Wesentlichen wenig verändert, die innere Einrichtung war jedoch eine durchaus andere. Außer einem sehr großen Parterre und einem verhältnißmäßig geringen Parquet, sah man vier Logenreihen, von denen jede dreizehn Logen hatte, einige von der Größe, daß dreißig Personen darin Platz fanden und hinter welchen ein Korridor von zwölf Fuß Breite lief. Die erste Logenreihe war für die königliche Familie und den hohen Adel, die Parquet- und Parterrelogen, so wie die Logen des zweiten und dritten Ranges für die Staatsminister, die Gesandten und andere Adelige bestimmt, die bei Hofe vorgestellt waren. Das Parterre gehörte dem Bürgerstand, und hier wurde jeder anständig Gekleidete zugelassen und zwar unentgeltlich.

Im Parquet endlich, unmittelbar hinter dem Orchester, befand sich der König mit den Prinzen von Geblüt und seinem Gefolge. Das Theater war vorn beim Proscenium 52 Fuß breit, hatte eine Länge von 80 Fuß, ein Maaß, das nöthigenfalls um 28 Fuß vermehrt werden konnte, und faßte bequem in den Logen 1350, im Parterre 1650 Personen, zusammen 2000 Personen, eine sogar nach heutigen Begriffen und Gebräuchen hohe Zahl.

Die neu engagirten Mitglieder der Oper waren: Giovanna Gasparini aus Bologna, Maria Comati, detta la Farinella, aus Venedig, und Anna Loris di Campolungo aus Rom, Giuseppe Santarelli aus Rom, Giovanni Triulzi aus Mailand, Matthia Mariotti aus Neapel, Pinetti aus Brescia und Ferdinando Mazzanti aus Pescia. Aus Paris erschien ein Balletmeister, mehrere Solotänzer, ein Pas de deux und eine Anzahl von Figuranten. Nach dem Karneval wurden Triulzi, Mazzanti und Pinetti entlassen, dagegen traten im September 1744 Pasqualino Bruscolini, Felice Salimbeni, Antonio Romani und die Prima Donna Venturini ein. Auch debütirte in demselben Jahre die berühmte Tänzerin Barbarini, mit welcher am 1. März 1745 ein Contract auf drei Jahre abgeschlossen wurde, wonach sie alljährlich 7000 Reichsthaler und einen Urlaub von fünf Monaten erhielt; dagegen mußte sie sich verpflichten, während der Dauer dieses Engagements sich nicht zu verheirathen. Im Jahre 1747 erschien die gefeierte Sängerin Giovanna Astrua und sang in Charlottenburg zum Erstenmale in „Il Rè Pastore“ vor dem König.

„Merope,“ der Schwanengesang Graun's, wurde zur Geburtstagsfeier der Königin Mutter, am 27. März 1756, gegeben, und war dieß die letzte Oper, welche man vor dem Ausbruch des siebenjährigen Krieges sah. Da die italienischen Vorstellungen durch diesen eine längere Unterbrechung erfuhren, wurde das Sängerpersonal theils entlassen, theils pensionirt; auch die Astrua, deren Stimme bereits abgenommen hatte, trat in Pension; sie ging nach Italien, wo sie nach Verlauf einiger Jahre starb.

Bis zum Jahre 1758 nahm der König den lebhaftesten Antheil an den Aufführungen der Oper. Er bestimmte stets die beiden Werke, welche während eines Karnevals abwechselnd gegeben wurden, er componirte Arien, machte Texte, die sein Hofpoet ins Italienische übersetzen mußte und ertheilte ganz specielle Befehle über Besetzung und Ausführung der Rollen.

Im December 1763, nachdem der Krieg zu Ende war, wurde ein neues Programm für den Karneval gemacht; es fehlte jedoch für die Festlichkeiten an der Oper, da erst Sängerinnen aus Italien verschrieben werden mußten. Die nächsten Jahre behalf man sich mit Sängern zweiten Ranges und sah darüber hinweg, wenn der Kastrat Coli die weiblichen Hauptrollen sang. Endlich mit dem Jahre 1771 erschien Mlle. Schmeling, spätere Mad. Mara. Als der Directeur des Spectacles, Graf v. Zierotin-Lilgenau, dem Könige die berühmte Sängerin zur Anstellung vorschlug, soll dieser geäußert haben: „Das sollte Mir fehlen, lieber möchte Ich Mir von Meinen Pferden eine Arie vorwiehern lassen, als eine Deutsche als Primadonna Meiner Oper besitzen."

Da der König zu dieser Zeit viel in Potsdam war, fand bis zum Karneval in Berlin keine Oper statt, und so trat die Schmeling erst zu Ende des Jahres 1771 im „Britannico" öffentlich zum Erstenmale auf. Sie sang darin die durch ihren Vortrag so berühmt gewordene Arie: „Mi paventi," wodurch der König, der Hof und das Publikum ganz gewonnen wurde.

Mlle. Gertrude Schmeling, geboren in Cassel 1750, war die Tochter eines armen Stadtmusikus; sie hatte die Gesangskunst in London bei dem Kastraten Parasini studirt, kam 1766 als Concertsängerin nach Leipzig, wo sie mit einem Gehalte von 600 Reichsthalern Anstellung fand, und wurde, nachdem sie ihre Gesangprobe vor dem Könige Friedrich in Sanssouci glücklich bestanden und hierauf noch wiederholte Beweise ihrer Kunstfertigkeit abgelegt hatte, für die italienische Oper mit einem Gehalte von 3000 Thalern auf Lebenszeit angestellt, dem Versprechen, diese Summe mit den Jahren zu erhöhen. Sie befand sich somit in einer Lage, wie wohl noch keine Sängerin vor ihr; sie hatte die Vorurtheile des Königs durch ihr Talent und ihre Stimme besiegt, wurde vom Publikum auf den Händen getragen, errang von Tag zu Tag neue Kränze und konnte selbst dem spätesten Alter sorglos entgegensehen.

Eine unglückliche Leidenschaft beraubte sie aller dieser Vortheile. Sie machte die Bekanntschaft des Violinisten Ignatius Mara von der königl. Kapelle, verheirathete sich mit ihm, trotz seiner Untugenden, und obgleich sie wußte, daß der König eine solche Verbindung mißbilligte, und damit begann eine Kette von Leiden für sie. Ihr Verhältniß zur italienischen Oper löste sich im August 1779 vollständig, da sie mit ihrem Manne die Flucht ergriff. In Dresden wurde sie von dem preußischen Gesandten angehalten, der darüber an den König berichtete; es geschah aber nichts sie wieder zurückbringen zu lassen, sondern Friedrich II. befahl, der Mara den Abschied nachzusenden, bei welcher Gelegenheit er geäußert haben soll: „Das Weib ist wie ein Jagdhund; je mehr geschlagen, desto anhänglicher wird sie."

Mit der Mara sangen gleichzeitig: Concialini, Grassi, Porporino, Coli, Paolino und Mlle. Jul. Carol. Koch, spätere Mad. Verona; dennoch waren die Leistungen der Sänger im Vergleich zu der glänzenden Vergangenheit so unvollkommen, daß der König oft Veranlassung nehmen mußte, seine Unzufriedenheit laut auszusprechen. Er wurde, da die sehr gesunkenen ökonomischen Verhältnisse der Oper sich selbst unter dem Directeur des spectacles, Baron v. Arnem, nicht mehr heben wollten und der letzte Glanz der italienischen Bühne mit dem Verschwinden der Mara ganz verloren gegangen war, gleichgültiger, stellte seinen Opernbesuch mehr und mehr ein, und schloß diesen endlich im Jahre 1781 ganz.

Mit der italienischen Oper war das sogenannte Intermezzo-Theater verbunden, welches 1748 begründet und für kleine Opern bestimmt war. Das Personal bestand aus zwei Sopranisten, einem Tenoristen und zwei Bassisten; die Musik besorgte die königliche Kapelle, und die Tänzer der großen Oper bildeten das Ballet. Diese Anstalt lahmte jedoch von Anbeginn und verschwand später, ohne eine fühlbare Lücke zurück zu lassen. Anders stand es mit dem französischen Theater. Die Gesellschaft spielte von 1740 bis zum Jahre 1756 wöchentlich einmal, alle Mittwoch, und benutzte dazu das kleine, im Churfürstensaale des Schlosses errichtete Theater, welches aus einem Parterre und zwei Reihen Logen bestand, die sehr weit hinter das Parterre zurücktraten. Die große Mittelloge war für die Königin und die Prinzessinnen, die zehn Seitenlogen für den Adel, der zweite Rang für Eingeladene aus der Stadt bestimmt. Das Parterre bestand aus acht Bänken. Den Raum vor dem Parterre nahm der König mit Gefolge ein. Erst im Jahre 1775 wurde, unter der Aufsicht des Oberbaudirectors Johann Boumann, das neue Komödienhaus auf der Mitte des Friedrichsstädtschen- oder des sogenannten Gendarmen-Marktes, ungefähr in der Flucht der Jägerstraße, gebaut. Es war einige achtzig Fuß lang, die Breite und Tiefe der Bühne betrug fünfzig Fuß, die Länge des Parterres dreißig Fuß, und sämmtliche Zuschauerräume faßten höchstens 1200 Personen. Die Hauptthüren der Markgrafenstraße zugewendet, befanden sich zwischen vier jonischen, gewürfelten Wandpfeilern, die Inschrift lautete am Fronton: „Ridentur et corriguntur mores."

Die Theilnahme des Königs an diesem Theater war noch um Vieles lebhafter, als die an der italienischen Oper und das Unternehmen hob sich bis 1756, seiner Blüthezeit, zu einer außerordentlichen Höhe. Man gab die Dramen Molière's, Corneille's, Racine's, Regnard's und Marivaux's, und es zeichneten sich darin vorzugsweise: Mr. des Forges als Liebhaber, Mad. des Forges in den Charakterrollen, Mr. Cochais als Arlequin, Mlle. Cochais, die Schwester des Vorigen und nachmalige Marquise d'Argens, als Soubrette aus; überdieß werden genannt: Rosambert, Favier, Merville und Frau, Rousselois nebst Frau, Mad. la Motte sowie Mlle. Giraud. Mit dem Ausbruch des siebenjährigen Krieges hörte jedoch auch dieses Institut auf und erst 1763 wurden neue Mitglieder aus den entlassenen Braunschweig'schen, Bayreuth'schen und Stuttgart'schen Gesellschaften zu einer Truppe geworben. Da der Schauplatz aber zu klein war und der Geschmack des Hofes am französischen Theater sich dem größeren Theile des Publikums mitgetheilt hatte, so erbaute Berger gleich nach wiederhergestelltem Frieden ein Schauspielhaus bei Monbijou, und verschrieb 1768 dafür die Hammon'sche Truppe aus Hamburg, welche jedoch nach Verlauf von kaum einem Jahre, auf königlichen Befehl, Berlin wieder verlassen mußte.

Hierauf erbot sich Fierville, ein früheres Mitglied der Hofschauspieler-Gesellschaft, eine neue Truppe zu stellen, schlug in der Behrenstraße seine Bühne auf und eröffnete dieselbe am 24. Mai 1769. Es wurden als vorzüglichste Schauspieler erwähnt: Bruneval nebst Frau, St. Auberty, St. Amant, Mad. Gerardy, Mlles. Auretty, d'Anysi und

Rüfose, sowie die Hebour'sche Familie. Nach drei Jahren zog sich aber dieser zurück, und ging das Unternehmen nunmehr auf den Grafen Czierothin, dann auf La Chavane und endlich auf Herrn von Arnim über. Unter dem Directorate des Letzteren wurde das neue Haus auf dem Gendarmenmarkte am 22. April 1776 mit „Polieucte“ von Corneille und der Operette „La servante maitresse“ eingeweiht. Es wurde darin Dienstags, Donnerstags und Sonnabends gespielt, bis 1778, beim Beginn des bayerischen Erbfolgekriegs, der König die ganze Truppe verabschiedete.

Das französische Schauspiel hatte damit sein Ende erreicht. Bis zu der Zeit, wo Friedrich II. den Thron bestieg, bestand das deutsche Schauspiel nur aus Burlesken, extemporirten Stücken, sowie Haupt- und Staatsactionen, die theils auf dem Rathhause, theils auf dem Stallplatze in der breiten Straße, sowie in Buden auf dem neuen Markte, dem Dönhofsplatze und dem Gendarmenmarkte dargestellt wurden. Es befand sich somit das Berliner Schauspielwesen beim Regierungsantritte des Königs in einem kümmerlichen Zustande. Eckenberg, der sogenannte „starke Mann,“ rivalisirte zu dieser Zeit mit Peter Hilferding, welcher unter dem Namen Pantalon de Bisognosi bekannt war; dieser spielte in einer Bude auf dem Dönhofsplatze, nahe dem Meilenzeiger; Eckenberg dagegen, welcher ein älteres Privilegium besaß und anfänglich dringende Klage gegen seinen Nebenbuhler führte, hatte, da der Platz auf dem Rathhause zu eng war, seine Schaubühne für Komödien auf dem neuen Markte, so wie eine zweite für anderweitige Künste auf dem Spittelmarkte aufgeschlagen, erhielt aber später auf sein Ansuchen den Platz auf dem Rathhause zurück, wobei ihm gleichzeitig noch das an den Vorsaal stoßende kleine Zimmer bewilligt wurde. Beide Principale gaben um die Wette Schauspiele und Singspiele, zuweilen auch Trauerspiele mit Gesang, und versuchten ihr Publikum durch marktschreierische Anzeigen anzuziehen. Dessen ungeachtet verlor Hilferding schon nach zwei Jahren sein Privilegium, da viele seiner Stücke gleich nach der ersten Aufführung verboten werden mußten. Auch für Eckenberg schwand der anfängliche Beifall mit der Zeit so, daß seine Ausgaben bald die Einnahmen überschritten und seine Effekten in Beschlag genommen, sowie sein Theater auf dem Rathhause abgetragen wurde. Er starb 1754.

Noch als Eckenberg und Hilferding um den Preis stritten, kam 1742 Schönemann von Lüneburg nach Berlin. Seine Gesellschaft war nicht groß, gehörte aber schon mit zu den besten der damaligen Zeit; sie zählte außer des Directors Frau und Kindern nur etwa sechs Personen, darunter Eckhof, der erst seit zwei Jahren Schauspieler war, Stein, Heyderich, Krüger und die Rainerin; später kamen zu dieser Truppe noch Uhlich und Starke.

Am Geburtstage des Königs, am 24. Januar 1743, gab Schönemann ein allegorisches Vorspiel in Versen: „das Glück der Völker" von Dreyer, worin die Vernunft, der Heldenmuth, der Fleiß, der Aberglaube, die Schmeichelei, die Pedanterie, das Vergnügen und die Zeit personificirt erschienen. Auch fand in demselben Jahre die erste Aufführung des ersten Theils der komischen Oper: „der Teufel ist los," nach dem Englischen von Bock, statt. Diese Vorstellung machte großes Aufsehen, da es die erste komische deutsche Oper war, welche man hier sah. Von deutschen Originalen wurde gegeben: „Canut," von Joh. Elias Schlegel; „Cato," von Gottsched; „der Hypochondrist," von Quistorp; „das Testament," von Gottsched's Frau; die Gellert'schen und Krüger'schen Stücke, sowie Schäferspiele, unter denen „die gelernte Liebe" von Rost, hier zuerst gegeben, ein Lieblingsstück wurde. An Uebersetzungen aus dem Französischen fehlte es nicht, man sah: Voltaire's Zaïre, Alzire, Mahomet; Molière's Geizigen, Tartüffe, „erzwungene Heirath" und Stücke von Regnard, Corneille, Marivaux u. a. m. Ein bedeutender Fortschritt ist hier unverkennbar. Schönemann blieb indessen nicht lange in Berlin; er schloß später seine Bühne auf immer, entsagte dem Theater und lebte als herzoglicher Rüstmeister in Schwerin.

Nachdem Eckenberg gestorben, bemühte seine Tochter sich vergeblich das Privilegium des Vaters zu erhalten; es wurde dasselbe dem älteren Schuch verliehen und später von Berlin auf die preußischen Staaten, mit Ausnahme der Provinz Preußen, ausgedehnt.

Schuch, 1716 in Wien geboren, war ein vortrefflicher Hanswurst, und seine Frau, aus der Schule Nicolinis, eine ebenbürtige Colombine. Er eröffnete seine Bühne in einer Bude auf dem Gendarmenmarkte, welche nur eine geringe Anzahl Zuschauer fassen konnte, mit „Graf Essex," nach dem Englischen des John Banks. Da er aber bei den regelmäßigen Stücken, wie die ernsten genannt wurden, seine Rechnung nicht fand, so huldigte er bald dem Geschmacke der Menge, und gab immer sechs Hanswurstiaden, bevor ein regelmäßiges Stück zur Aufführung kam. So fiel das Theater abermals in einen jammervollen Zustand zurück, bei dem jedoch Publikum und Director äußerlich sich wohl befanden. Flögel sagt in seiner Geschichte des Grotesk-Komischen von Schuch dem Vater: „Unter den letzten Hanswursten in Deutschland hat sich Franz Schuch vielen Beifall erworben. Ich habe ihn zur Zeit des siebenjährigen Krieges in Breslau oft spielen sehen, wo er bei Hohen und Niedrigen allgemein beliebt war. Er hatte in dieser Rolle ein nicht gemeines Talent, und war im Extemporiren mit dem sehr geschickten Schauspieler Stenzel, der gemeiniglich den Anselmo vorstellte, ein Meister. Er durfte sich nur auf dem Theater sehen lassen, so fing Alles an zu lachen. Außer der Bühne war er ein finsterer, ernsthafter Mann, der wenig sprach. Er sagte oft: sobald er die Hanswurstjacke angezogen, wäre es nicht anders, als wenn der Teufel in ihn führe." Schuch befand sich, da er in Berlin nicht immer seinen Unterhalt fand, viel auf Reisen, weßhalb seine Schauspieler, die dieß Wanderleben selten liebten, oftmals wechselten. So sehen wir Kirchhof und Brückner mit ihren Frauen, Eckhof, Bruck, Döbbelin, Brandes, Antusch, den älteren Stephanie, Mecour und Frau kommen und gehen; nur Stenzel hielt bei ihm treulich aus.

Ende Mai 1755 kam, während der Abwesenheit des Directors Schuch, die Ackermann'sche Gesellschaft, aus 30 Personen bestehend, auf einer Reise von Magdeburg nach Königsberg in Pr. begriffen, nach Berlin und erhielt Erlaubniß, auf dem Rathhause zu spielen. Am 29. Mai gab sie „Oedip," dann „die faulen Bauern," das Ballet „die Eifersucht" und am 7. Juni zu Schluß „Iphigenia," worauf eine Rede folgte. Nachdem acht Vorstellungen stattgefunden, die nicht mehr als 426 Thaler eingebracht hatten, kam Schuch nach Berlin zurück, worauf Ackermann, zum lebhaften Bedauern des Publikums, seine Spiele einstellen mußte. Nach abermaliger Abwesenheit begann die Schuch'sche Truppe die Vorstellungen wiederum im März 1758; der Director brach im folgenden Jahre seine Bude auf dem Gendarmenmarkte ab und verlegte die Bühne nach dem Werder in das vom königl. Kammerdiener Donner erbaute Haus. Vier Jahre später starb der ältere Schuch in

Frankfurt a. O. und hinterließ seinen Erben ein nicht unbedeutendes Vermögen.

Wenn auch die Schuch'sche Schauspielergesellschaft nicht zu allen Zeiten zu den Besten gehörte, so war dennoch diese Zeit für die dramatische Kunst von großer Bedeutung, da Lessing sich damals in Berlin aufhielt und seine ersten Lustspiele, als „der junge Gelehrte," „Damon oder die Freundschaft" und „die alte Jungfer" auf den Bühnen heimisch zu werden begannen. 1754 gab er seine theatralische Bibliothek heraus; es folgten Philotas, Miß Sara Sampson und die Uebersetzung des Diderot'schen Theaters. Sein Beispiel regte Andere zur Nachfolge an, und unter diesen Verhältnissen ging die Bühne auf den ältesten Sohn des verstorbenen Schuch über, der am 16. Mai 1764 die Concession für ganz Preußen erhielt. In der Führung des Theaters war er dem Vater vollkommen ebenbürtig, wie es sein Bruder Christian in der Hanswurstjacke wurde. Ihm verdankte die Stadt den Aufbau eines neuen Theaters, das aber, da er die Geschäftsführung während seiner Abwesenheit fremden Händen anvertrauen mußte, den Bedürfnissen nicht entsprach. Das Haus, welches in der Behrenstraße auf dem Hofe des Hauses Nr. 55 und 56 errichtet wurde, hatte eine Länge von etwa 60 Fuß, eine Breite von kaum 36 Fuß und betrug die Breite und Höhe der Bühne noch nicht 24, die Tiefe derselben kaum 30 Fuß; die größte Länge des Parterres war 32 Fuß. Außer einigen Parterre-Logen gab es nur noch zwei Ranglogen über einander, jede von 5 Fuß Tiefe, und mochte das Haus im Ganzen 700 bis 800 Personen fassen. Es war ein Puppentheater in einem kleinen schmalen Hinterhause, das nicht ärmlicher seyn konnte und zu dem man sich durch enge Gänge hindurch winden mußte; hier sind „Hamlet, Götz von Berlichingen, Otto von Wittelsbach, die Räuber und Fiesko" erschienen, und hier feierten Brückner, Brockmann, Schröder, Reinicke, Fleck, Unzelmann, die Baranius und die Bethmann ihre schönsten Triumphe.

Ueber die erste Entwickelung dieses Theaters spricht sich ein Bericht in der Zeitschrift „die Logen" vom Jahre 1772 unter Andern wie folgt aus:

„Ehe Döbbelin zum Schuch'schen Theater nach Berlin kam, und dieß geschah im Jahre 1766, war Niemand auf demselben, der genannt zu werden verdient hätte, als der einzige Stenzel; ein Mann, dessen

Verdienste bekannt sind. Mad. Schulzin und Mad. Brandes haben sich erst nach dieser Zeit gebildet und die Geschicklichkeit erlangt, welche man jetzt an ihnen lobt. Selten bekam man ein regelmäßiges Stück zu sehen und noch seltener ein Trauerspiel; geschah es aber einmal, so war es zum größten Schaden für Schuchen's Kasse, denn das Schauspielhaus war ganz leer, dahingegen bei Burlesken sein Haus und seine Kasse voll waren. Konnte man es also dem Mann verdenken, der weiter keine Kenntniß vom Theater hatte, dessen einzige Absicht und Sorge nur dahin ging, wie er sich nebst seiner Gesellschaft erhalten möchte, wenn dieser hierin dem herrschenden Geschmacke nachgab, und dem Publikum vorsetzte, was ihm schmeckte, und wovon er Nutzen hatte? Wie oft habe ich einen Stenzel, eine Schulzin, eine Brandes bedauert, daß sie sich vor den Augen des Publikums den Ungezogenheiten etlicher Hanswürste Preis geben mußten! Bisher war Christian Schuch als Hanswurst der Hauptacteur, dem der größte Haufe entgegenlachte, sobald er nur in einem rothen Wämmschen aus den Coulissen hervortrat. Man wurde nicht müde, Ungereimtheiten, die man schon so oft gesehen, immer wieder von Neuem zu sehen und zu belachen. Zu dieser Zeit kam Döbbelin. Man weiß, wie sehr ein großer Theil in Berlin gegen Alles, was deutsch heißt, eingenommen ist; Leute, die so dachten, glaubten auch, daß ein Deutscher kein Genie zum Theater haben könne; zum Possenspieler möchte er wohl noch Geschicklichkeit besitzen! Man beurtheilte alle Acteurs nach denen, die auf dem Schuch'schen Theater erschienen, und diese Possenspieler waren gleichwohl damals die Belustigung des Publikums, nur für sie erklärte sich der herrschende Geschmack. Welche Hindernisse, welche Vorurtheile hatte Döbbelin nicht zu überwinden, und wie glücklich überwand er sie! In kurzer Zeit bildete er den Geschmack und befreite das Publikum von einer Menge gefaßter Vorurtheile. Wer hätte es aber auch besser gekonnt als Döbbelin. In ihm sah Berlin den ersten deutschen Acteur auf seiner Bühne. Er betrat zum erstenmale als Zamor in „Alzire" das Theater. Man erstaunte, bewunderte und fühlte zum erstenmale in einer deutschen Komödie, und das Publikum, das sonst nichts als Possenspiele sehen mochte, sah jetzt einigemal hintereinander mit Vergnügen einen Zamor. Bald darauf erschien er als Richard; auch dieser wurde vor der zahlreichsten Versammlung mit allgemeinem Beifall mehreremale wiederholt. Er war der erste Acteur, der in Jamben declamirte; er brachte zuerst den Atreus auf die Bühne, und mit welcher Wahrheit, mit welcher Vollkommenheit machte er ihn nicht!" — Hieran reiht sich eine Erzählung Döbbelins. Sie lautet:

„Als ich im Jahre 1766 nach Berlin kam, fand ich die Bühne in einem eigenen Zustande: Hanswurst, und wieder Hanswurst, und alle Tage Hanswurst; wie erstaunte ich aber, als ich auch Nicolai, Ramler, Mendelssohn, Lessing unter den Zuschauern fand. Wie, sagte ich zu Lessing, ihr, die Schöpfer, die Säulen des guten Geschmacks, könnt das mit ansehen? Macht's besser, wenn ihr könnt, erwiederte Lessing. Das will ich, versetzte ich, in vier Wochen soll der Held herrschen und der Hanswurst vertrieben seyn. Dann setze ich euch eine Ehrensäule, erwiederte Lessing." — Und diese Anekdote, so oft Döbbelin sie erzählte, schloß er jedesmal mit den Worten: „Ich habe Wort gehalten, habe das Theater gereinigt, den Hanswurst vertrieben; aber Lessing ist mir die versprochene Ehrensäule schuldig geblieben. Doch glaube ich sie mir selbst dadurch gesetzt zu haben, daß ich seinen „Nathan den Weisen" auf die Bühne gebracht habe."

Carl Theophilus Döbbelin hatte 1750 als Student das Theater der Neuberin betreten und hier neben den bedeutendsten Schauspielern seiner Zeit, wie Schönemann, Eckhof und Koch gestanden. Als er von der Ackermann'schen Gesellschaft nach Berlin kam, fand er bei Schuch ein Personal von etwa 15 Mitgliedern; darunter, außer der Familie des Directors, die Neuhöfin, die Schultzin, das Brandes'sche, Amberg'sche und Labes'sche Ehepaar, sowie Antusch und Stenzel. Nachdem er hier einige Zeit zur Reform des Theaters rühmlichst beigetragen, faßte er den Entschluß, selbst eine Bühne zu gründen und erhielt mit dem Anfange des Jahres 1767 das Privilegium, neben Schuch spielen zu dürfen. Seine Truppe bestand anfänglich nur aus acht Mitgliedern; sie vermehrte sich aber bald und begann mit ihr eine neue Epoche. Man sah auf seinem Theater weder Burlesken, noch Improvisationen; dagegen suchte er vorzugsweise den Sinn für das Trauerspiel zu beleben. — Bei der großen Vorliebe, welche für das französische Theater in Berlin bestand, konnte sich das deutsche Schauspiel jedoch nur kümmerlich erhalten; obgleich Döbbelin auch Operetten und Schauspiele mit Gesang brachte, unter denen „die verliebte Unschuld" das besuchteste

Stück war, des Spiels und Gesanges der Mlle. Felbrig wegen, so scheiterten doch die redlichsten Bemühungen. Schon war die Gesellschaft ihrem Untergange nahe und hatte deßhalb beschlossen, Berlin zu verlassen; da erschien, eine Rettung in der Noth, „Minna von Barnhelm." Das Stück wurde am 21. März 1768 zum erstenmale gegeben und mußte in 22 Tagen neunzehnmal wiederholt werden, so daß Döbbelin, der mit Sorgen seinem Fortgange entgegen gesehen hatte, Berlin mit gefüllter Kasse verließ. Er ging nach Potsdam, später nach Stettin, Danzig und Königsberg in Pr., spielte überall mit großem Glücke und kehrte im März 1769, zu welcher Zeit die Hammon'sche Gesellschaft Berlin verlassen mußte, wieder zurück. Döbbelin kaufte in demselben Jahre das Berger'sche Schauspielhaus, welches bei Monbijou erbaut worden war, für die Summe von 6880 Thaler, verließ bald darauf abermals Berlin mit seiner Gesellschaft und bereiste die östlichen Provinzen; kehrte aber auch von dort Ende November 1770 zurück, blieb bis Fastnacht 1771 und wendete sich nun nach Potsdam, und endlich nach Leipzig. — Im Jahre 1771 starb Schuch und sein Privilegium ging auf Heinrich Gottfried Koch über.

Zweiter Abschnitt.

Von der Eröffnung der ersten stehenden deutschen Bühne, im Jahre 1771, bis auf die Verwaltung Ifflands 1796.

---

1. Die Verwaltung unter Heinrich Gottfried Koch.

1771 — 1775.

Koch, 1703 in Gera geboren, hatte, gleich Döbbelin, als Student auf der Bühne der Neuberin gespielt; er brach sich bald durch seine mehr als gewöhnliche Bildung Bahn. Abwechselnd in Hamburg und Prag engagirt, ging er 1744 zur Neuberin zurück, verließ sie aber vier Jahre später wieder, um die Schönemann'sche Gesellschaft aufzusuchen, mit welcher er zuletzt in Leipzig spielte. 1750 trat er selbst an die Spitze einer Truppe. Nachdem er mit derselben abwechselnd Hamburg, Leipzig und Dresden bereist hatte, entließ er sie 1756, brachte aber zwei Jahre später eine neue in Hamburg zusammen. Im Jahre 1768 ging er nach Weimar und übernahm 1771 das durch den Tod des jüngeren Schuch erledigte Privilegium für Berlin zur Höhe der Schuldsummen. Hier eröffnete er seine Bühne am 10. Juni, nach einer von Ramler verfaßten und von Koch's Frau gesprochenen Antrittsrede, mit „Miß Sara Sampson" von Lessing, und dem pantomimischen Ballet „die Abendstunde."

Der Prolog lautete:

„Ihr großmuthsvollen Gönner unsrer Spiele,
Die Ihr dieß Haus durch Euren Eintritt heut
Zum deutschen Musen-Tempel weiht,

Ihr, die mein Mund mit innigstem Gefühle
Der Dankbarkeit begrüßt, o! nehmt voll Huld
Die Spielerin, die sich zu Euren Füßen neiget,
Nehmt sie sammt ihren Mitgespielen voll Geduld
Und Nachsicht auf! Ihr Richter unsrer Kunst, erzeiget
Uns heut, was Ihr dem schwächeren Geschlecht
So gern erzeigt: mehr Gnad' als Recht.
Seid Ihr gewohnt, den Frauen, welche dichten
Und malen, vieles zu verzeihn:
Wie? wolltet Ihr die Spielerin allein
Mit größter Strenge richten?
Der Spieler fleht durch mich um gleiche Gunst,
Er, der in einer mannigfachen Kunst,
Der keine Kunst vielleicht an Schwierigkeiten gleichet,
Den höchsten Gipfel lange nicht erreichet,
Von Stuf' auf Stufe noch zu steigen sich bestrebt,
Wenn Ihr den Künstlern fremder Nationen
Sie viel vergeben habt, und noch vergebt!
Wie? wolltet Ihr nicht gern des eignen Volkes schonen?
O beste königliche Stadt!
Die nicht den kleiner'n Ehrgeiz hat,
Das andere Paris zu werden,
Die stets nach einem höhern Ziele stand,
Die erste Stadt des ersten Volks auf Erden,
Des alten, edlen, tapfern Volks zu werden,
Das allen Völkern Kunst erfand,
Das ganz Europen Könige gegeben;
Willst du, o königliche Stadt!
Der Landessöhne Muth beleben:
So wird Germanien die feinen Künste bald
Dem Nachbar, der bisher noch triumphiret hat,
Vollkommner wiedergeben,
Als sie der Nachbar Ihm geliehen hat.
O dreimal glückliches Theater!
Wenn deine beste Kunst, dein bester Fleiß
Zu diesem höchsten Ziel den Weg zu bahnen weiß! —

Und du, großmüthiges Amphitheater,
Ist es dein Wille noch, und fühlst du noch den Hang
Der schwachen Kunst hierin die Hand zu reichen,
So gieb, o gieb uns nur ein kleines Zeichen,
Für unser Ohr ein süßer Klang, — —
(es wurde applaudirt)
Du giebst es uns — Empfange meinen Dank!"

Der Beifall, den die hierauf folgende Vorstellung des Trauerspiels fand, war so außerordentlich, daß dieselbe bei stets überfülltem Hause noch viele Wiederholungen erfuhr. Nächst dem Stücke trugen auch die Darsteller zu dem günstigen Erfolge rühmlichst bei, denn die Koch'sche Gesellschaft war glänzender als irgend eine, die man jemals in Berlin gesehen hatte. Sie zählte über 30 Mitglieder und unter diesen viele tüchtige Kräfte; außer Koch und seiner Frau werden genannt: Mad. Starckin, Brückner nebst Frau und Sohn, Klotsch, Mad. Steinbrecher und Tochter, Martini, Löwe und Frau, Huber nebst Frau und Tochter, die beiden Schickin, Schmelz und Frau, Withöft nebst Frau und Tochter, Moldini und Frau, sowie Herlitz, Wolland, Hübler und Göbel. Balletmeister waren: Kummer und Lequo.

In dem darauf folgenden Jahre feierte Koch den 61. Geburtstag des Königs durch das heroische Schauspiel: „Hermann" von Schlegel, nach welchem Mad. Koch eine von Ramler verfaßte Rede hielt.

Die ehrenvolle Stellung, in welcher die Gesellschaft sich bei dem Publikum zu erhalten gewußt, bewog den Director, bei dem Könige für die Mitglieder seiner Bühne den Titel von Hofschauspielern zu beantragen. Friedrich II. genehmigte zwar dieß nicht, trug aber dem Minister von Massow auf, für den Supplikanten einen anderen Charakter in Vorschlag zu bringen, der diese Truppe auszeichnen und ihr zur Aufmunterung dienen sollte. Koch verbat indessen alle Ehrennamen, die nur seine eigene Person angingen, und somit unterblieb die ganze Sache.

Am 6. April 1772 kam Lessings „Emilia Galotti" auf die Bühne, fand aber beim Publikum so wenig Anklang, daß das Stück bis 1781 nur neunmal gegeben wurde. Am 22. desselben Monats folgte Weisse's einaktiges Lustspiel: „Armuth und Tugend" zum Besten der Armen. Der gute Zweck zog ein sehr zahlreiches Publikum herbei; das Haus war überfüllt, viele bezahlten ihren Eintritt mit Goldstücken, andere, welche keine Plätze mehr hatten bekommen können, ließen ihr Geld zurück. So war die Einnahme eine überaus glänzende, wodurch sich Koch die Achtung der Berliner in hohem Grade erwarb. Endlich wurde am 12. September desselben Jahres die Bühne mit der Wiederholung der sehr beliebten Oper: „die Jagd," welche am 18. Juni 1771 zum erstenmale in Scene gegangen war, und einem von Ramler gedichteten Abschiedsprologe geschlossen. Die Gesellschaft reiste Tags darauf nach Leipzig, von wo sie 1773 zurückkehrte und am 30. März ihre Bühne mit dem Lustspiele: „der geadelte Kaufmann" wieder eröffnete; Ramler hatte auch zu dieser Festlichkeit einen Prolog gedichtet, welchen Mad. Koch sprach.

Im Jahre 1774 gelangte das bedeutendste Werk zur Darstellung, womit ein deutscher Dichter die Bühne jemals beschenkt hat; es war Goethes „Götz von Berlichingen," welcher am 12. April zum erstenmale auf dem kleinen Theater in der Behrenstraße gegeben wurde. Zur näheren Veranschaulichung der Gestalt, in welcher das Stück über die Bühne ging, möge der Theaterzettel jenes Tages folgen.

Mit
Seiner Königl. Maj. von Preussen
allergnädigstem Privilegio wird von der
Kochischen Gesellschaft
Deutscher Schauspieler
aufgeführet:

Götz von Berlichingen mit der eisernen Hand.

Ein ganz neues Schauspiel von fünf Acten,

Welches nach einer ganz besondern und jetzo ganz ungewöhnlichen Einrichtung von einem gelehrten und scharfsinnigen Verfasser mit Fleiß verfertigt worden. Es soll wie man sagt, nach Schakespear'schem Geschmack abgefaßt sein. Man hätte vielleicht Bedenken getragen, solches auf die Schaubühne zu bringen, aber man hat dem Verlangen vieler Freunde nachgegeben, und so viel als Zeit und Platz erlauben wollen Anstalt gemacht, es aufzuführen. Auch hat man, sich dem geehrtesten Publiko gefällig zu machen, alle erforderliche Kosten auf die nöthigen Decorationen und neuen Kleider gewandt, die in den damaligen Zeiten üblich waren.

Personen.

Götz von Berlichingen, ein Ritter im Harnisch	Hr. Brückner.
Elisabeth, seine Frau	Mad. Starkin.
Marie, seine Schwester	Mad. Henischin.
Karl, sein kleiner Sohn	Mlle. Withöftin.
Georg, sein Reutersjunge	Hr. Klotsch.
Lerse, sein Reutersknecht	Hr. Withöft.
Adelbert von Weislingen (Ritter im Harnisch)	Hr. Hencke.
Hans von Selbitz (Ritter im Harnisch)	Hr. Müller.
Hans von Sickingen (Ritter im Harnisch)	Hr. Klunge.
Adelheid von Walldorf	Mad. Spenglern.
Ihr Kammerfräulein	Mad. Henckin.
Der Kaiser Maximilian	Hr. Spengler.
Der Bischof von Bamberg	Hr. Martini.
Abt von Fulde	Hr. Spengler.
Olearius, Doctor der Rechte	Hr. Withöft.
Liebetraut, ein Hofmann	Hr. Henisch.
Franz, Weislingens Diener	Hr. Lucquo.
Bruder Martin, ein Mönch	Hr. Martini.
Ein Hauptmann	Hr. Hubert.
Ein Unbekannter	Hr. Gödel.
Stumpf, ein pfalzgräflicher Diener	Hr. Huber, jüng.
Metzler (Bauern)	Hr. Henisch.
Link (Bauern)	Hr. Klunge.
Sivers (Bauern)	Hr. Gödel.
Kohl (Bauern)	Hr. Müller.
Wild (Bauern)	Hr. Huber, ält.
Ein Weib	Mlle. Schickin.
Eine Zigeunerin	Mlle. Huberin.
Kaiserliche Räthe.	
Rathsherrn von Heilbronn.	
Richter des heimlichen Gerichts.	
Berlichingische Reuter.	
Bamberger Reuter.	
Reutersknechte.	
Zigeuner und Zigeunerinnen.	
Ein Wirth.	
Bediente.	
Ein Gerichtsdiener und Wache.	

In diesem Stück kommt auch ein Ballet von Zigeunern vor.

Die Einrichtung dieses Stücks ist im Eingange auf einem à parten Blatte für 1 Gr. zu haben.

Der Schauplatz ist in dem gewöhnlichen Comödien-Hause in der Behren-Straße. Die Person zahlet im ersten Range Logen und Parquet 16 Gr. Im zweiten Range Logen 12 Gr. Im Amphitheater 8 Gr. Und auf der Gallerie 4 Gr.

Der Anfang ist präcise um 5 Uhr.

Berlin, Mittwoch, den 12. April 1774.

Heinrich Gottfried Koch.

Die erste Zeitung, welche den Namen des Dichters nannte, spricht von einem Dr. Göde in Frankfurt a. M. Der Andrang zu dieser Vorstellung war so groß, daß man es sechs Tage hintereinander geben mußte.

Schon drei Tage nach der ersten Aufführung brachte das 46. Stück der Vossischen Zeitung die erste Kritik und zwar unter dem Titel:

„Von gelehrten Sachen," und war dieß überhaupt die erste gründlichere Beurtheilung, die bis dahin in einer Berliner Zeitung dem Publikum gegeben wurde.

Kein dramatisches Werk hat so mächtig eingewirkt, keines, weder vor- noch nachher, einen solchen Sturm der Begeisterung erzeugt, wie dieses.

Von den Männern, welche mit Goethe das Hereinbrechen einer großen Zeit für unsere Literatur voraussahen, sei vor Allen Hamann's gedacht, der Magus des Nordens, wie Goethe ihn genannt. Er schrieb an Herder: „Goethe ist doch noch Ihr Freund? der Name seines Götzen wird wohl ein Omen für unseren theatralischen Geschmack sein, oder die Morgenröthe einer neuen Dramaturgie."

Hatte man acht Jahre früher sich gedrängt, Lessings „Minna von Barnhelm" zu sehen, ein Stück, das in der preußischen Haupt- und Residenzstadt mehr denn irgendwo seine Wurzel hatte, so erklärt sich dieß leicht, daß aber auch ein Werk, wie Götz hier eine so mächtige Wirkung hervorbringen konnte, spricht für das Gewaltige dieser Dichtung.

Am 3. November desselben Jahres kam: „Clavigo" zur Aufführung; zwei Monate später, am 3. Januar 1775, starb Koch, zweiundsiebzig Jahre alt. Redlich hatte er es mit der Sache gemeint; dieser Ruhm bleibt ihm, und auch sein moralischer Charakter sichert ihm ein dauerndes Andenken. Einer seiner Zeitgenossen, der bekannte Dichter Burmann sagt: „Koch's Bühne war aus mehr als einem Betracht eine der schönsten und auserlesensten in Deutschland. Nie hat sich wohl ein Theater den Beifall Berlins allgemeiner erworben, als dieses. Verschiedene Jahre hindurch hat es mit ununterbrochenem Beifall eine Stadt lehrreich und angenehm unterhalten, welche den guten Geschmack erblich zu haben scheint." — Nachdem er weiter das Lob des Verstorbenen ausgesprochen, sagt er schließlich: „Was aber nicht entschuldigt werden kann, und was er später selbst auch bereut haben soll, war die Einführung, daß jeder Schauspieler, der eine Hauptpartie sang, bei der ersten Vorstellung einen Friedrichs'dor, bei der zweiten einen Dukaten und bei jeder der nachfolgenden Aufführungen zwei Gulden bezog, und daß die Schauspieler vom zweiten Wasser, für die erste Vorstellung einen Dukaten, bei der zweiten einen Thaler und bei jeder nachfolgenden einen Gulden erhielten. Alles, was nur einigermaßen Stimme hatte, drängte sich zum Singen; das Singegeld betrug bei manchem mehr, als sein Gehalt." Das Nachtheilige dieser Spielgelder mußte die Wittwe Koch's selbst schmerzlich empfinden; als sie am 15. April 1775, bis zu welchem Tage sie die Leitung der Gesellschaft führte, vor dem Publikum zum letztenmale erschien, hatte sie gewünscht, die Bühne mit einem ernsten Stücke und im Kreise ihrer alten Schauspieler zu schließen. Sieben Tage vorher hatte man die Oper „Robert und Calliste" zum erstenmale gegeben und bereits mehrmals wiederholt, dennoch achtete man auf den Wunsch der armen Frau so wenig, daß ohne Weiteres für den genannten Tag die Oper angesetzt wurde. Es gingen sogar der Wittwe brieflich Drohungen zu, so daß dieselbe sich entschließen mußte zu folgen. Nicht ohne Grund glaubte man damals, daß aus Liebe zu dem Spielgelde diese Kabale von den Schauspielern selbst gegen die Frau des Mannes, dem sie eine nicht unwesentliche Verbesserung ihrer Lage dankten, ausgegangen war. Die Rede, welche Mad. Koch bei ihrem Abschiede sprach und die einen tiefen Eindruck auf die Zuhörer hervorgebracht haben soll, theilen wir nachfolgend mit:

„Empfangt, Ihr Gönner dieser Bühne, meinen Dank
Im Namen ihres Stifters, den ein ruhig Grab
Bedeckt, nachdem er dieses mannigfache Spiel
Der Welt ein halb Jahrhundert glücklich nachgeahmt.
Ihr gabt ihm hier oft lauten Beifall, ob Ihr gleich
Nur seiner schönen Tage letzten Abend sah't.
Laßt seinen Namen nicht ersterben! Zählet Ihr
Die Roscier der Neuern, rühmet Ihr die Kunst
Der Gallier und Britten: O! so schämet Euch
Des deutschen Künstlers nicht! Nennt noch den guten Greis,
Der mit dem wachsenden Geschmack der Deutschen wuchs;
Nennt noch den Mann, der einst den Essex, den August,
So treu, wie den Krispin und Harpagon gemalt;
Der, ohne Lust sich zu bereichern, ohne Hang
Zur weichen Ueppigkeit, zur stolzen Modepracht,
Mit Freuden alles seinen Bühnen opferte,
Gesundheit, Leben, Alles. Nichts bleibt ihm forthin,
Als noch der Name, den Ihr selbst ihm gönnen wollt,
Und Eine, die um ihn bis an ihr Ende weint. — — —

Lebt wohl, Ihr theuren Gönner! und erlebt es noch,
Daß deutsche Fürsten Deutschlands eigne Schauspielkunst,
Des Lebens Schule, jedes Standes Zeitvertreib,
Mit größerm Eifer unterstützen, als noch je
Die Welsche Bühne Deutschlands unterstützet ward.
Erlebt es noch, daß Dichter kommen, die Geschmack
Mit Geist, Natur mit weiser Kunst vereinigen;
Der Fremden kleinste Tugenden besitzen, nicht
Der Fremden große Fehler; oder, leben sie
Vielleicht schon jetzt, daß ihnen mehr als Leben, mehr
Als diese weite Luft vergönnt werde, mehr
Als unter ihrem Fuß der Boden, der sie trägt,
Erlebt es, daß, von gleicher Ehr entflammt, beseelt
Von gleichem Geist, von gleicher Weisheit angeführt,
Sich junge Spieler bilden, deren keiner sei,
Der nicht an Kunst, was Koch im besten Alter war,
Der nicht an Sitten sei, was Koch zeitlebens war;
Und, wenn ich meinen Wunsch verkürzen soll: Erlebt
Ein goldnes Alter, das Germanien dereinst
Das Alter Friedrichs und Friedrich Wilhelms nennt."

Ramler.

2. Die Verwaltung unter Carl Theophilus Döbbelin.

1775—1787.

Das Privilegium ging in die Hände Döbbelins über, der nach seinem Abgange 1771 Dresden, Potsdam, Leipzig, Halle, Magdeburg bereist und dann in Braunschweig den Charakter eines Hofschauspielers erhalten hatte.

Das General-Privilegium vom 23. März 1775 für den neuen Director lautete im Auszuge: „Carl Theophilus Döbbelin requirirt das vormalige Schuch'sche Komödienhaus in der Behrenstraße mit den darauf haftenden Hypothekenschulden von 14,000 Thalern; demselben werden „aus besonderer Gnade" die Abgaben an Chargen-,

Stempel-, Accise- und Kämmereikassen erlassen und demnächst erlaubt, in sämmtlichen Landen und Provinzen, Schlesien allein ausgenommen, Schauspiele aufzuführen; in Berlin und an allen Orten sollen neben ihm keine anderen Komödianten-Gesellschaften zugelassen werden."

„Dagegen aber soll der ꝛc. Döbbelin und dessen Ehefrau schuldig und gehalten sein:"

1) „Beständig eine vollständige, aus guten und geschickten Akteurs bestehende Gesellschaft unterhalten, vorjetzt aber die besten der Koch'schen Truppe engagiren."

2) „Ohne ausdrückliche Erlaubniß des General-, Oberfinanz-, Kriegs- und Domainen-Directorii sich nicht von Berlin entfernen."

3) „Dieser Behörde jederzeit Rechenschaft geben von der Erfüllung aller Bedingungen des Privilegii."

4) „Von jeder theatralischen Vorstellung einen Thaler zur Armenkasse abführen."

5) „Den Kreditoribus des Komödienhauses jährlich 1000 Reichsthaler zahlen und die Zinsen mit 5 pCt. berichtigen, wogegen diese keine Douceurs, besonders keine Freibillets, erhalten dürfen." Endlich heißt es wörtlich:

6) „Daß ꝛc. Döbbelin, um desto eher bestehen, und eine gute Schauspieler-Gesellschaft zum Vergnügen des Publikums unterhalten zu können, schlechterdings an Niemanden, weder Obrigkeitliche-Personen, noch Particuliers, es sei unter welchem Vorwande es wolle, Freibillets und freie Logen oder Plätze, bei seinen theatralischen Vorstellungen geben oder anweisen, widrigenfalls fiskalische Ahndung zu gewärtigen ist."

„Doch soll dem ꝛc. Döbbelin unverwehret sein, denjenigen Gelehrten, deren Einsichten und Rath er sich zur Verbesserung seines Theaters zu bedienen gemeinet, den freien Zutritt zu gestatten."

Schließlich wurde der Director darauf aufmerksam gemacht, sich einer anständigen Conduite zu befleißigen, gute Ordnung und Zucht bei seiner Gesellschaft zu unterhalten, sich einsichtsvoller Gelehrten zur Verbesserung der Schauspielertalente zu bedienen, keine anderen Vorstellungen aufzuführen, als welche der Sittlichkeit und dem guten Geschmacke unanstößig sind.

Bei der Ankunft Döbbelins gehörten, außer seiner Frau und seiner Tochter zu der Gesellschaft: Christ, Fischer, Lanz und Reinwald mit ihren Frauen, Murr, Unzelmann, Hempel, Thering, Teller, Pustrich, Bessel und die beiden Schwestern Schultz. Von der Koch'schen Truppe gingen über: Brückner und Hencke mit ihren Frauen, die Huber'sche und Withöft'sche Familie nebst Klotsch und Mlle. Schick. — Die Eröffnung der Bühne erfolgte am 17. April 1775 mit dem Trauerspiele: Perseus und Demetrius oder die feindseligen Brüder" und einer Rede, worauf das Ballet: „Die Fischweiber" folgte. Am 17. Juli kam: „Erwin und Elmire" von Goethe, zur Aufführung; es gefiel sehr „wegen des schönen Spiels der Mlle. Huber," wie der Bericht sagt.

Wenn gleich der neue Schauspieldirector sich die möglichste Mühe gab den Anforderungen der Menge zu genügen, so wurde es ihm dennoch schwer, gegen das französische Theater aufzukommen, da dieses unterstützt wurde und auf königliche Kosten ein neues Haus erhielt. Der Hof, der Adel, sowie die Leute vom Tone besuchten vorzugsweise die Vorstellungen der französischen Gesellschaft; das deutsche Schauspiel fand nur bei denjenigen Anklang, welche die französische Sprache nicht verstanden und blieb meist leer. Trotz dieser wenig erfreulichen Erfahrung war dennoch Döbbelin auf das Eifrigste bemüht, die Bühne durch neue Stücke zu beleben und von den ärgsten Mißbräuchen, wodurch die Koch'sche Gesellschaft ruinirt worden war, zu befreien.

Der Geburtstag des Königs wurde 1776 durch das Schauspiel: „Carl der Fünfte in Afrika" und das Ballet: „Friedrich im Tempel der Unsterblichkeit" gefeiert; beide Stücke, welche einen großen Glanz entwickelten, fanden den stärksten Zulauf und wurden mit ungewöhnlichem Beifalle, fünf Tage hintereinander aufgenommen. Am 13. März folgte Goethes: „Stella," „ein Schauspiel für Liebende" wie der Verfasser dasselbe zuerst nannte. Drei Monate später, am 19. Juni, kam das Trauerspiel: „Julius von Tarent," von Leisewitz auf die Bühne, und machte hier wie an allen Orten großes Aufsehen. Die erste Idee zu diesem Stücke nahm Leisewitz aus der Geschichte des Großherzogs Cosmus von Florenz; weil ihm aber weder die Charaktere noch das historische Detail gefielen, so schlug er den Mittelweg zwischen Geschichte und Erdichtung ein. Als das Trauerspiel bekannt wurde, glaubte Lessing, daß es von Goethe sei. Eschenburg äußerte dagegen einigen Zweifel, worauf Lessing erwiederte: „Desto besser, so gibt es außer Goethe noch ein Genie, das so etwas machen kann!" Endlich wäre für dieses Jahr noch das musikalische Duodrama von Brandes und G. Benda: „Ariadne auf Naxos" zu nennen, das am 23. August zum erstenmale gegeben wurde und einen so großen Andrang des Publikums verursachte, daß man es im Theater bei Monbijou, welches größer war, als das in der Behrenstraße, zur Aufführung bringen mußte.

Reicher an musikalischen Neuigkeiten war das folgende Jahr 1777, in welchem Döbbelin, Ende Juli, den Musikdirector André als Kapellmeister engagirte, der nunmehr die Bühne mit seinen Compositionen überflutete.

Am 23. Juni erschien das Großmann'sche Lustspiel: „Henriette oder sie ist schon verheirathet." Die Literatur- und Theater-Zeitung vom 7. Februar 1778 sagt: „Dieß Stück ist eines von denen, die von der Hamburger Direction den Preis erhielten, nicht weil es ein Meisterstück wäre, denn das ist wohl keines dieser Preisstücke, sondern weil es eine von den Speisen ist, die in jedem Publikum ihren Magen findet. Wo es noch gegeben worden, hat es allgemein gefallen. Hohen und Niedern, Gelehrten und Ungelehrten, allen die gern ihr Zwerchfell erschüttern lassen, ohne zu untersuchen, aus was für einem Grund sie lachen. Es ist eines von den Stücken, die der Kasse des Prinzipals wohl behagen, ohne daß es dieß wegen ihres innern Werthes bewiese. Unsere Publikums sind nun einmal so gestimmt. Das sind ihnen die willkommensten Schauspiele, in denen sie lachen und weinen können, ohne zu wissen, warum? In denen sie ihren Verstand nicht sehr anzustrengen brauchen, und in denen sie das edle Verdauungswerk abwarten können. Walltron, die Zigeuner und Henriette werden gefallen, wenn auch die Kritik noch so viel daran zu erinnern hätte; auch würden unsere Prinzipale schlecht fahren, wenn die Menschen lauter Julius von Tarent und Ehescheuen hervorbrächten. Hingegen sind ihre Kassen zu füllen, die Möller's und Großmann's gerade die rechten Leute, sie schreiben für das Volk."

Auch kam das bedeutendste Werk, welches das Ausland bis dahin gebracht, „Hamlet," nach einer Bearbeitung von Schröder, zur Aufführung. Brockmann, welcher aus Hamburg in Berlin als Gast erschien, und den Hamlet am 17. December 1777 gab, machte große Sensation. Er mußte während seines kurzen Aufenthalts diese Rolle zwölfmal geben, und wurde, als er das letztemal spielte, herausgerufen, eine

Ehre, die bis dahin noch kein Schauspieler in Berlin erlebt hatte. Es wurde sogar eine Medaille, von Abramson, auf ihn geprägt, deren viele von Verehrerinnen des großen Schauspielers gekauft und als Whistmarken gebraucht wurden.

Brückner	gab	den König;
Mad. Hencke	„	die Königin;
Döbbelin	„	den Geist;
Hencke	„	Oldenholm (Polonius);
Mlle. Döbbelin	„	Ophelia;
Unzelmann	„	Laertes;
Alexi	„	Güldenstern.

Ueberdieß trat Brockmann bei seinem ersten Besuche auf als: Major Tellheim, Beaumarchais, als Atelvold in der „Elfride," Abslut in den „Nebenbuhlern" und als Fürst im „Edelknaben," aber keine dieser Rollen wirkten so gewaltig wie Hamlet. Das dritte Shakespeare'sche Werk, welches in Berlin am 3. Oktober 1778 folgte, war das Trauerspiel: „Macbeth," nach einer Bearbeitung von Wernicke. In der Ankündigung hieß es: „Neue Auszierungen, Kostüme, kurz Alles ist angewandt, das Stück in bestmöglicher Pracht zu zeigen." Die Vorstellung des Trauerspiels „Codrus," von Kronegk, welches bereits am 25. Juli des Eröffnungsjahres der stehenden Bühne zum erstenmale gegeben wurde, in Folge des Ausbruchs des bayerischen Erbfolgekrieges, am Ausmarschtage der Truppen von Berlin, dem 8. April 1778 wiederholt, und nahm Mlle. Döbbelin Veranlassung die Vertheidiger des Vaterlandes, nach den Schlußworten des Stücks: „Sein Tod will nicht beweinet, er will bewundert sein," mit folgendem Impromptu anzureden:

„Ihr Helden meines Volks, nicht wahr, Ihr stimmt mit ein?
Wohlan! zieht hin zur Schlacht, siegt, sterbt im Heldenlauf
Und steigt wie Codrus dann, zum Sitz der Götter auf."

Im December kam Schröder, der gefeiertste Schauspieler seiner Zeit, nach Berlin und trat am 24. d. Mts. als König Lear auf. Seine nächsten Rollen waren: Major Berg im „Hofmeister," Baron Heartley in der „Eugenie," Vater Rode im „dankbaren Sohn," Präsident in der „Marianne," Junker Ackerland in den „Nebenbuhlern" und Hamlet, welchen er sechsmal gab. Erkannten die Besseren in Schröder bei seinem ersten Erscheinen sogleich den reich begabten Künstler, und mußten sie ihm vor Brockmann auch den Preis geben, weil er mannigfaltiger als dieser war, so war doch der Eindruck, welchen Brockmann's Hamlet auf die Menge hervorgebracht hatte, überwiegend. Für die Freunde der Lenz'schen Muse wird es nicht uninteressant sein, über das Geschick seines „Hofmeisters" oder „Vortheile der Privaterziehung," welches Stück nur einmal gegeben wurde, hier einiges zu hören. Trotz Schröder's musterhaftem Spiel gefiel das Stück dem größten Theil des Publikums nicht, und durfte auf öffentlichen Zuruf nicht zum zweitenmale gegeben werden. Auch in Hamburg fiel ihm kein besseres Loos. „So mannigfach die Schönheiten dieses Lenz'schen Produktes auch sind," heißt es in einer Kritik, „liegen der Schwierigkeiten doch zu viele vor, es fürs Theater, ohne Verstümmelung, ganz brauchbar zu machen und Hamburgs, vielleicht damals auch Berlins Ohren sind zum Theil noch zu wenig tolerant, auf der Schaubühne Digestivmittel vor Aberglaube und Vorurtheil anzuhören und bei sich wirken zu lassen."

Nach Schröder erschien Reinicke, von der Bondin'schen Gesellschaft, der gleichfalls als einer der bedeutendsten Schauspieler seiner Zeit galt, und gab in dem Zeitraum vom 18. December 1779 bis zum 7. Januar 1780 Athelstan, Oberst in der „Henriette," Hamlet, Billerbeck im „Geschwind eh' man's erfährt," v. d. Hoest in den „Holländern," Tellheim in der „Minna von Barnhelm," Herzog im „Julius von Tarent" und „Essex." Am meisten gefiel er als Essex und Athelstan. Ihm wurde, wie Schröder bei seinem Gastspiel, die Ehre des Hervorrufs, als er zum letztenmale auftrat. Meyer berichtet über ihn: „Unter allen mir bekannten Schauspielern ist er der Einzige, den ich in Schröder's vorzüglichsten Rollen dieser Art sehen und hören konnte, ohne zu seinem Nachtheile an meinen Freund erinnert zu werden, der Einzige, der mit festem Sinne die große Lehre gefaßt hatte, daß Wahrheit und Natur sich herabsetzen, wenn sie zur Künstelei ihre Zuflucht nehmen." Er sagt ferner: „Schröder's Glut unter der bewegten Asche, Fleck's hellauflodernde Flamme, Brockmann's hinreißende, seelenvolle Beredsamkeit waren ihm nicht verliehen, aber das Herz war bei seinen Worten und ließ keinen Zuschauer unbewegt. Es ist mir nicht bekannt, daß er sich je Rollen zugetheilt, die außer seinem Beruf lagen, oder daß er sich durch lauten Beifall hätte verleiten lassen, diesen aufs Spiel zu setzen. Er besaß Stolz und Bewußtsein; Eitelkeit besaß ihn nicht."

Wenige Monate nach Reinicke kam Schröder zum zweitenmale und gab den Lear, Hamlet, Odoardo (Emilia Galotti) und den Falstaff in „Heinrich dem Vierten," eine Rolle, die man in Berlin noch gar nicht gesehen hatte. Während dieser Zeit war der Minister Michaelis thätig, den Gastspieler zur Directionsübernahme unserer Bühne zu bewegen, da Döbbelin ein schlechter Wirth war und die Verwaltung nicht immer in der besten Ordnung hielt; Schröder lehnte aber ab, und so blieb Döbbelin an der Spitze des Instituts.

Am 17. April 1780 feierte die deutsche Bühne unter Döbbelin ihr erstes Lustrum. Es wurde „Nicht mehr als sechs Schüsseln" von Großmann gegeben; Mlle. Döbbelin hielt eine von Plümicke gefertigte Rede, die also schloß:

Lebt wohl! Nie war ein Dank, nie unsre Wünsche treuer,
Als jetzt! — Gold hat die Muse nicht, allein sie hat ein Herz;
Und dieses Herz — dieß Herz bleibt Euer!
Nehmt ihren Dank! nehmt diese Blumen an! —
Nur Freudenthränen sind's — nur frischgepflückte Rosen
Was Euch Thalia geben kann, —

bei welchen Worten sie frische Rosen ausstreute.

Diese Vorstellung wurde mit außerordentlichem Beifall in vierzehn Tagen zehnmal gegeben und erlebte in zehn Monaten dreißig Wiederholungen. Die prophetische Anpreisung des Theaterzettels der ersten Vorstellung erfüllte sich also. Sie lautete: „Da dieses Stück dem Verfasser noch mehr Beifall erworben, als ihm seine „Henriette, oder sie ist schon verheirathet," an den größten Orten Deutschlands erwarb, da es in Straßburg, Mannheim, Mainz, Frankfurt a. M., Bonn, Hamburg, den größten Beifall gefunden, so schmeicheln wir uns mit Recht, daß es auch hier allgemein gefallen soll."

Am 1. Juni 1780 kam zum erstenmale Alceste, eine große Oper von Wieland und Schweitzer auf die Bühne. Die Literatur- und Theater-Zeitung vom 18. November 1780 äußert sich: „Ueber Stück und Composition ist bereits so viel geschrieben, daß die Mittheilung unserer Gedanken darüber unnöthig wäre. Beider Werth ist entschieden und das Aufsehen bekannt, welches Alceste an allen Orten der Aufführung gemacht hat. Durch Herrn Wieland ist unsere Oper zu der Höhe erhoben worden, zu der Herr Lessing unser Trauerspiel gebracht hat. Es wird uns daher immer ein Räthsel bleiben, warum Alceste in Berlin sogar wenigen Beifall gehabt, und das um so mehr, weil zwei Sängerinnen darin gesungen, welche man wohl schwerlich bei einer Vorstellung dieser Oper irgendwo neben einander singen hören wird. Schon wegen des vortrefflichen Gesanges der Mlle. Niclas als Alceste, wie der Mad. Benda als Parthenia, glauben wir, würde diese Oper auch hier eine große Sensation hervorbringen, allein wir haben uns geirrt. Nicht einmal die Neuheit, die sonst immer Wunder thut, hat große Reize gehabt. Man drängt sich fast zu jedem Operettchen, nur bei Alceste nicht."

Am 5. Juni ward das Lustspiel „die Lästerschule" folgendermaßen auf dem Zettel angekündigt: „Dieses ist eins der neuesten Stücke der englischen Bühne, das, vermöge seiner nach dem Leben geschilderten Charaktere seiner Moral, seines Witzes, gegenwärtig in London so vielen Beifall gefunden. Wir danken es dem edeldenkenden Freunde, der uns von London mit diesem Manuscripte bereichert. Da die Rollen bestmöglichst vertheilt sind, so erwarten wir den Beifall eines gnädigen und hochgeneigten Publikums."

Das Jahr 1781 brachte der Bühne und Literatur den härtesten Verlust. Lessing starb am 15. Februar zu Wolfenbüttel, im dreiundfünfzigsten Lebensjahre. Döbbelin ehrte seine Bühne und sich, als er am 24. desselben Monats eine Todtenfeier veranstaltete. Die königl. Berliner Staats- und gelehrte Zeitung vom 27. Februar 1781 spricht sich über diese Festlichkeit wie folgt aus: „Die Bühne war schwarz ausgeschlagen, im Hintergrunde ein allegorisch geschmücktes Denkmal mit Lessings Bildniß, sämmtliche Schauspieler in tiefer Trauer umstanden dasselbe. Nach Endigung einer feierlichen Trauermusik hielt Mlle. Döbbelin folgende von Engel gedichtete Rede:

„Den Ihr bewundert, dessen Meisterhand
Emilien erschuf — der Leidenschaft mit Witze,
Geschmack mit Phantasie, wie keiner noch, verband;
Er, der voran an aller Deutschen Spitze,
So ruhmvoll und so einzig stand;

Er ist nicht mehr! — Auf öffentlicher Scene,
Aus voller Brust dem Edlen hingeweint,
Sei unsers Danks gerechte, fromme Thräne
Mit Eurem Dank und Eurem Schmerz vereint! —
Wenn er ein Deutscher nicht, wenn er ein Britte wäre:
Da schlösse seinen Sarg die Gruft der Kön'ge ein;
Da würd' ein Volk, gefühlvoll für die Ehre,
Ihm öffentlich ein ewig's Denkmal weihn!
O gönnt dann Ihr, des großen Mannes Asche,
Daß seinen Todtenkrug, der sie gesammelt hat,
Die deutsche Künstlerin in Deutschlands erster Stadt
Mit töchterlichen Thränen wasche!
Sie ist zu klein, Verdienst, wie so ein Geist erwarb,
Mehr als bewundernd zu empfinden;
Zu arm, mit Blumen nur die Urne zu umwinden;
Denn ach! sie welkten, als er starb!"

Dieser Feier folgte das am 6. April 1772 zum erstenmale hier aufgeführte Trauerspiel: „Emilia Galotti." So weit das Kostüm es zuließ, waren alle mitwirkenden Schauspieler abermals in Trauerkleidern. Da viele hunderte keinen Platz finden konnten, so sah Döbbelin sich veranlaßt, die Feier am 27. desselben Monats zu wiederholen.

Am 6. April verließ Unzelmann die Bühne. Er ging zur Großmann'schen Gesellschaft, wo er seine spätere Frau fand, die schon als Mädchen Aufmerksamkeit erregt hatte. In einer Beurtheilung der Großmann'schen Gesellschaft vom Jahre 1781 heißt es: „Endlich muß ich noch Mlle. Flittner nennen, eine Tochter erster Ehe von Mad. Großmann. Sie ist ein ganz junges Frauenzimmer von zehn bis zwölf Jahren und spielt ihrem Alter angemessene Rollen. Sie verspricht einst eine gute Actrice zu werden." Unzelmann's letzte Rollen waren der Theseus in „Ariadne auf Naxos" und der Schreiber Fettig „im Jurist und Bauer." In Versen nahm er vom Publikum Abschied, und lautete der Schluß der Rede:

„Wohlan! Mein Herz bleibt hier zurück,
Nicht ewig scheiden wir; der Zufall hilft den Seinen.
Ihr wißt, vier Akte oft trennt Liebende das Glück,
Um sie im fünften Akt entzückend zu vereinen."

Mit einem großen Ereignisse begann das Jahr 1783; auf der kleinen Bühne in der Behrenstraße erschienen „die Räuber" welche von Plümicke für diese Darstellung bearbeitet waren, mit nicht geringerer Wirkung, als sie in Mannheim und Hamburg gehabt hatten. Das vortreffliche Spiel des Herrn Scholtz, welcher den Carl Moor gab, veranlaßte hauptsächlich die öfteren Vorstellungen, denn es heißt, wie ein Augenzeuge berichtete: „Durch diese Rolle und durch den Otto von Wittelsbach hat Herr Scholtz ein bleibendes Denkmal bei uns gestiftet; auch zog Herr Czechtitzky, als Franz Moor, die Aufmerksamkeit aller Zuschauer auf sich. Die übrigen Rollen als: Maximilian, Spiegelberg, Schweizer, Roller, Kosinsky, der Pater, der alte Diener, Amalie waren durch Brückner, Reinwald, Langerhans, C. Döbbelin, Müller, Withöft, Lanz und Mlle. Döbbelin gut besetzt."

Nichts wollte neben diesem Stücke mehr zur Geltung kommen, selbst Lessings „Nathan der Weise," welcher am 14. April zum erstenmale gegeben wurde, erschien nur viermal, während die Räuber in demselben Zeitraum zwanzigmal über die Bretter zogen. Die Literatur- und Theater-Zeitung vom 3. Mai 1783 äußert sich über den Nathan: „Döbbelin hatte keine Kosten gescheut, dieses Meisterstück so würdig als möglich aufzuführen. Es waren neue Decorationen und Kleider dazu verfertigt worden, und man konnte glauben, dieser Aufwand würde ihm tausendfach vergolten werden. Der erste Tag war dem Stücke günstig. Es herrschte eine feierliche Stille, man beklatschte jede rührende Situation, man munkelte allenfalls von Göttlichkeiten, welche dieses Lehrgedicht belebten, man glaubte, unser Publikum würde das Haus stürmen, aber dasselbe blieb bei der dritten Vorstellung Nathans beinahe ganz und gar zu Hause. Die Judenschaft, auf die man bei diesem Stücke sehr rechnen konnte, war, wie sie sich selbst verlauten ließ, zu bescheiden, eine Apologie anzuhören, die freilich nicht für die heutigen Juden geschrieben war, und so fanden sich nur sehr wenige, denen Nathan behagen wollte. Herr Döbbelin selbst war Nathan und gab ihn mit vieler Innigkeit; sein Spiel erinnerte noch immer an seine theatralischen Verdienste, durch die er den Harlekin verbannt und reinere Vergnügungen uns schmecken gelehrt hatte."

Die Besetzung der übrigen Rollen war folgende: Sultan Saladin, Hr. Brückner; Sittah, Mad. Böheim; Recha, Mlle. Döbbelin; Daja,

Mad. Mecour; Tempelherr, Hr. Böheim; Derwisch, Hr. Langerhans; Patriarch, Hr. Frischmuth; Klosterbruder, Hr. Reinwald.

Ungefähr zu derselben Zeit ließ der Director Döbbelin eine Benachrichtigung an das Publikum ergehen, worin er vorstellte, daß er sich genöthigt sehe, die für ihn so schädlich gewordenen Dutzendbillets aufzuheben und zugleich bat, daß man die noch ausstehenden Billets binnen zwei Monaten verbrauchen möchte. Mit diesen Dutzendbillets hatte es folgende Bewandtniß: auf dem Parket und in den Logen des ersten Ranges zahlte die Person einen Gulden; kaufte man sich aber ein Dutzend Billets, so zahlte man dafür einen Friedrichsd'or. Dies war eine gute Einrichtung für das Publikum; die Gastwirthe trieben aber, zum Nachtheil der Theaterdirection, einen förmlichen Handel mit diesen Billets, so daß nicht anders dem entgegen gewirkt werden konnte, als daß Döbbelin die Aufhebung derselben bestimmte. Dafür wurden aber die Preise der erwähnten Plätze mit Ausnahme der zwei großen Balkonlogen bis auf einen halben Thaler ermäßigt. Endlich, im Frühjahr 1783, kam Fleck von Hamburg nach Berlin und debütirte am 12. Mai als Capacelli in „Natur und Liebe im Streite" auf der Bühne in der Behrenstraße. Er war am 10. Januar 1757 in Breslau geboren, wo sein Vater einen Secretärposten beim Magistrat bekleidete, besuchte das Magdalenen-Gymnasium, studirte in Halle, ging von da nach Leipzig und betrat 1777 zum erstenmale bei der Bondini'schen Gesellschaft die Schaubühne als Baron Kreuzer in den „abgedankten Offizieren;" später ging er nach Hamburg, von wo er nach Berlin kam und bis zu seinem Tode, 20. December 1801, die erste Stütze dieses Theaters wurde.

Friedrich Schulz schreibt über ihn: „Der Verfasser dieses Aufsatzes war damals ein sehr junger Schüler, und der hinreißenden, überwältigenden Kraft dieses lebenvollen jungen Schauspielers muß er seine Neigung für die Bühne, die damals hell aufloderte und ihn auch jetzt noch nicht ganz verlassen hat, zuschreiben. Viel ist über Fleck geschrieben worden, und besonders wird mit Recht sein Wallenstein, eine Production seiner letzten Lebensjahre, als eine unübertreffliche, musterhafte Darstellung gerühmt. Aber ich meinerseits muß bekennen, daß ich am liebsten an ihn denke, wie er in ganz freier, ungeschwächter und unverkünstelter Jugendkraft den Carl Moor, den Fiesco und den Otto von Wittelsbach und mit nicht geringerer Kraft auch die edlen tragischen und komischen Alten gab, einen Odoardo Galotti und den Oberförster in Iffland's Jägern. Man muß ihn gesehen haben, diesen jungen, schönen Mann mit diesem bedeutenden Kopfe, diesen funkelnden Augen, dieser festen Gestalt; man muß selber gehört haben dies unvergleichliche Organ, das in dem seltensten Umfange eben so stark als wohltönend war, man muß die Macht seiner Phantasie empfunden haben, die diesen Körper belebte und beseelte. Genug, Fleck war der Träger und das Haupt der Bühne während der letzten Jahre der Döbbelin'schen Führung, und sie mußte in ein leeres Gaukelspiel verfallen, wenn er sie verließ."

Am 17. April des Jahres 1784 feierte der alte Döbbelin den Antritt seines zehnten Theaterjahres in Berlin durch eine Rede, in welcher er aus der Fülle seines Herzens sprach. Noch kein Schauspiel hatte sich in Berlin so lange erhalten, als das seinige; die französische Gesellschaft, welche von dem zahlreichen Adel begünstigt wurde und vom Könige jährlich 10,000 Thaler empfing, konnte nicht bestehen; Döbbelin hatte dagegen beständig eine überaus zahlreiche Gesellschaft erhalten, mehr als nöthig war. Sein zu gutes Herz erlaubte ihm nicht, selbst unbrauchbare Leute abzudanken; konnte er gleich Manchen nicht brauchen, so wußte er, daß ihn Mancher brauchte. Hieraus erwuchsen ihm jedoch nicht unbedeutende Kosten; dazu kam noch, daß an schönen Sonntagen Jedermann das Grüne suchte und seine Bühne leer blieb. Um bessere Einnahme zu erhalten, folgte er daher dem Zuge der Menschen, die vorzugsweise im gräflich Reußischen Garten in der Kochstraße ihr Vergnügen fanden, und errichtete hier zwischen reizenden Alleen ein Sommertheater, welches, wie gewöhnlich, mit einem von seiner Tochter gesprochenen Prologe eröffnet wurde, dessen Anfang wie folgt lautete:

„Willkommen im Grünen, ihr Damen und Herrn!
So zahlreich als möglich! Wir sehen es gern!
Und laden euch alle feierlichst ein,
Den neuen Tempel einzuweihn.
Hier sey, von euch beschützt, mit Sorgen unbekannt,
Thaliens Sommervaterland!"

Aber auch hier wurde er vom Geschick verfolgt, indem der Himmel und andere Widerwärtigkeiten seine Hoffnungen oft zu nichte machten;

vorzugsweise war es der Regen, welcher sich seinem Spiele entgegensetzte.

Aus den Gage-Rechnungsbüchern Döbbelin's erhellt, daß die Führung des Theaters doch schon bedeutend kostbarer geworden war, wenn gleich solche nur sehr bescheiden im Vergleiche mit den Bedürfnissen der späteren Jahre erscheint. Döbbelin hatte zur Erhaltung seiner Bühne, im Februar 1780, wöchentlich 663 Thlr. 20 Gr. nöthig. Die Gesellschaft bestand aus 37 Schauspielern und Schauspielerinnen, welche ein Gehalt von 344 Thlr. 8 Gr. bezogen, aus 16 Orchestermitgliedern, deren Gage 61 Thlr. 12 Gr. betrug, sowie aus 10 Theaterarbeitern, die zusammen 22 Thlr. erhielten, so daß das Gesammtgehalt sich auf 427 Thlr. belief. In dem Orchester waren 7 Violinen, 2 Bratschen, 1 Violoncell (Janson, welcher gleichzeitig Theatermaler war), 1 Violon, 2 Oboen, 2 Hörner und 1 Flöte. Wenn Flöte und Oboe zugleich gebraucht wurden, so mußten noch 2 Flöten angenommen werden, welche dann jedesmal extra bezahlt wurden.

Für Garderobe, Beleuchtung, Druckerei, Armenkasse, Kapital und Interessen, des Directors Haushaltung, die Theatercorrespondenz, Musikalien, Bibliothek, Reisegelder, Decorationen 2c. waren 236 Thlr. ausgeworfen.

Zu Anfang des Jahres 1784 betrug der Wochengage-Etat der Mitglieder der Gesellschaft 340 Thlr., und bezögen davon: die Sängerin Niclas 29 Thlr., die Mecour 10 Thlr., Langerhans sowie Marschhäuser 18 Thlr., Brückner 17 Thlr., Fleck 12 Thlr., Unzelmann 11 Thlr., Lanz, Böheim, Schüler, ein jeder 16 Thlr., Labes sowie Reinwald 10 Thlr. u. s. w.

Zu den bereits erwähnten Gastspielern Brockmann, Reinicke und Schröder ist noch H. Opitz hinzuzufügen; er kam von der Bondini'schen Gesellschaft, und gastirte vom 11. December 1784 bis zum 24. Januar 1785 mit großem Glücke. Auch übte Mr. Pinsart de la Cour mit einer französischen Kindertruppe seine Kunststücke auf der deutschen Schaubühne in der Behrenstraße. Die Kinder spielten vom 4. März bis zum 9. Mai wöchentlich drei- bis viermal und gaben nur kurze Piecen, worauf ein größeres deutsches Stück folgte. Da diese Vorstellungen fast durchgängig schlecht ausfielen, so legte sich bald der anfänglich gespendete Beifall und das Schauspielhaus blieb leer. Dagegen zog später das schon längst begehrte Lustspiel „Figaros Hochzeit" von Beaumarchais das Publikum so bedeutend an, daß das Stück eine oftmalige Wiederholung erlebte. „Fleck gab den Figaro und spielte ihn mit dem Frohsinn, dem intriganten Wesen und der Geschmeidigkeit, welche diese Rolle fordert. Die Klippe, woran die meisten Figaro's scheitern, der berühmte Monolog, umschiffte er mit vieler Einsicht und schon dieses Auftritts wegen verdient das Stück gesehen zu werden."

Als eine Fastnachtsposse führte man am 6. März des Jahres 1786 „den politischen Kannegießer" auf; Holbergs fünf Akte hatte man in drei zusammengezogen, doch nahmen Verschiedene im Publikum es übel, daß man ihnen zutraute, an Holberg'schen Sachen noch Geschmack zu finden und gaben ihren Unwillen laut zu erkennen.

Neunzehn Tage später traten Herr und Madam Langerhans zum letztenmal hier auf; man gab „Adelheid von Veltheim" und wurden die Scheidenden am Schlusse des Stückes gerufen. Herr Langerhans, der vieljährige Liebling, erschien jedoch allein und sprach, nach den Ephemeriden vom 8. April 1786, zu Ende seiner Rede ungefähr Folgendes: „Mehr Geschicklichkeit als ich — das will ich gern zugeben — können meine Nachfolger in ihrem Berufe zeigen, aber ich bin gewiß, daß Niemand sich aufrichtiger und ernstlicher bestreben kann, sich Ihrer Güte würdig zu machen und dafür fühlbar zu sein, als ich" — (hierauf eilte er nach den Coulissen und zog seine sich sträubende Frau, die man während der Rede verschiedentlich laut begehrt hatte und welche in Thränen schwamm, hervor) — „und dieses Weib hier," fuhr er fort, „das Ihrer einsichtsvollen Güte und Ihrer geschmackvollen Leitung — wo gäbe es wohl feinere und gütigere Richter unsrer Kunst, als in dieser Stadt! — ganz ihre Bildung schuldig ist, wird die dankbarsten Gefühle dafür — das versichere ich — stets in ihrer Brust bewahren. — Sie sagt ihnen mit mir das gerührteste Lebewohl!"

Den 17. August, wo man die Stücke „Luftbälle" und den „Zauberspiegel" zu geben beabsichtigte, wurde die Bühne geschlossen; „die Musen hingen," wie ein Bericht äußerte, „ihr Saitenspiel an die Wand und hüllten sich in Trauerflor; denn Friedrich der Einzige war nicht mehr."

Wegen der allgemeinen Landestrauer mußte das Döbbelin'sche Theater 45 Tage die Vorstellungen einstellen, so daß dasselbe, mit

Einschluß des Bußtages und des Charfreitages, im Laufe des Jahres nur 318 Tage dem Publikum geöffnet stand.

Mit dem Regierungsantritt des Königs Friedrich Wilhelm II. beginnt für das deutsche Theater eine neue Zeit. Bis dahin war dasselbe nur ein Privattheater gewesen, welches weder von Seiten des Königs, noch des Hofes irgend eine Unterstützung erhalten, obgleich man keine Gelegenheit vorübergehen ließ, die große Gleichgültigkeit des Königs gegen die deutsche Dichtkunst laut zu beklagen, und obgleich kein Prolog gesprochen wurde, in welchem nicht sein Name besungen und seine Abneigung gegen die Sprache seines Volkes bedauert ward. Friedrich Wilhelm, schon als Kronprinz ein Verehrer des deutschen Schauspiels, erhob bald nach seiner Thronbesteigung das Döbbelin'sche Theater zum königlichen Nationaltheater, gewährte demselben einen jährlichen Zuschuß von 6000 Thalern und räumte das für französische Vorstellungen im Jahre 1774 erbaute Schauspielhaus auf dem Gendarmenmarkte, in welchem man seit dem Jahre 1778, wo die französische Gesellschaft entlassen wurde, nicht gespielt hatte, der deutschen Schauspielergesellschaft ein. Gleichzeitig fügte der Monarch die Erlaubniß hinzu, nicht allein alle Decorationen und die ganze Garderobe dieses Hauses benutzen, sondern auch bei großen Stücken die Statistenkleider aus der Garderobe des Opernhauses entlehnen zu dürfen, und versprach die Decorationen jeder Zeit auf seine Kosten durch den Decorationsmaler Verona herstellen zu lassen.

Döbbelin änderte von nun an den Titel der Anschlagzettel; es hieß von dieser Zeit an: „Heute wird von den königlich preußischen allergnädigst generalprivilegirten National-Schauspielern rc." — — und am Ende war stets gezeichnet „C. Th. Döbbelin."

Nachdem die Schaubühne, wie erwähnt, wegen der allgemeinen Landestrauer geschlossen gewesen war, nahmen die Vorstellungen am 1. October wieder ihren Anfang, aber nicht in dem bereits überwiesenen Hause, welches inzwischen als Trödelbude und Pfropfenfabrik gebraucht und so ruinirt war, daß es mancherlei wichtiger Reparaturen bedurfte, sondern bis zum 3. December desselben Jahres noch in dem alten Theater in der Behrenstraße.

Die Bühne wurde mit einer Rede eröffnet, worauf ein allegorisches Ballet: „Das Opfer der Musen," von Lanz, folgte; dann gab man zum erstenmale: „Thamos, König von Egypten," heroisches Drama mit Chören und Gesängen, vom Freiherrn v. Gebler in Wien, welches mit Beifall aufgenommen wurde. Im „Strich durch die Rechnung," von Jünger, fiel am 17. October ein Auftritt vor, der sehr unangenehme Folgen hätte haben können, wenn Döbbelin nicht zuvorgekommen wäre. Göbel, welcher den Assessor Brand machte und in dieser Rolle mißfiel, wurde von Einigen ausgepocht, fand sich dadurch beleidigt und verging sich in unanständiger und beleidigender Weise dergestalt gegen das Publikum, daß er öffentlich, während des Spiels, vom Theater gewiesen und sogleich abgedankt wurde. Er würde auch von der Obrigkeit bestraft worden seyn, wenn er nicht, mit Zurücklassung seiner Frau, welche nunmehr allein bei der Döbbelin'schen Gesellschaft blieb, schleunigst Berlin verlassen hätte.

Noch vor der Uebersiedelung des Theaters in das neue Haus am 18. October starb Brückner, eines der vorzüglichsten Mitglieder der Döbbelin'schen Truppe. Er war zu Ilmersdorf in Sachsen 1730 geboren, der Sohn eines Predigers und wollte sich den Studien widmen, gab aber, auf Anrathen der Seinigen, dies Vorhaben auf und erlernte in Berlin bei Rüdiger und dann bei Voß die Buchhandlung. Hier machte er Lessing's und Voltaire's persönliche Bekanntschaft. Bald wurde in ihm die Neigung zum Theater so rege, daß er 1752, als er in die Gleditsch'sche Handlung nach Leipzig kam, sich entschloß, Schauspieler zu werden. Unter fremdem Namen betrat er in Dresden zum erstenmale die Bühne; in leidenschaftlichen Rollen, wie im höheren Lustspiele wird er sehr gerühmt. Er war der erste Schauspieler, welcher den Götz von Berlichingen gab und wurde durch diese Darstellung allgemein bekannt. Brückner gehörte zu denjenigen Künstlern, welche Licht auf der deutschen Schaubühne verbreiten und den guten Geschmack einführen halfen. Sein Andenken verdient in mehr als einer Rücksicht in den Annalen der Schauspielkunst aufbewahrt zu werden.

Am 3. December wurde mit „Henriette, oder Sie ist schon verheirathet," von Großmann, das alte Haus geschlossen, worauf Director Döbbelin in einem selbstverfertigten Epilog Abschied nahm; die Worte lauteten:

„Lebe wohl! du kleine Hütte,
Die uns dürft'ges Brod verliehn!

In der ich viel Unglück litte,
Morgen werd' ich von dir ziehn!
Hin zu jenem prächt'gen Tempel,
Den uns Preußens Titus gab.
O! Sein göttliches Exempel,
Trocknet Kummerthränen ab.
Ihr seid alle Seine Kinder!
Nehmt an Seiner Gnade Theil,
Dieser Herzen-Ueberwinder
Sucht im Menschenglück sein Heil.
In dem neuen Sitz der Musen
Werden wir uns wiedersehen,
Und in jedem edlen Busen
Wird für Ihn ein Altar stehen." —

Die Vorstellungen im königlichen Nationaltheater nahmen am 5. December ihren Anfang; auch hier eröffnete Döbbelin die Schaubühne mit einer Rede, worauf ein allegorisches Ballet in zwei Aufzügen: „Das Fest der Schauspielkunst," von Lanz folgte. Nach dem Ballet wurde „Verstand und Leichtsinn," ein Preis-Lustspiel in fünf Aufzügen, von Jünger, zum erstenmal gegeben. Der König beehrte das Schauspiel mit seiner Gegenwart und wurde, als er in die Loge trat, mit Händeklatschen und dem Zuruf: „Es lebe der König!" empfangen. Der Zusammenfluß der Zuschauer war an diesem Tage außerordentlich groß, so daß, obgleich das neue Haus geräumiger als das alte war, dennoch zwei Stunden vor Anfang des Schauspiels viele Menschen wegen Mangels an Platz umkehren mußten. Beide Stücke wurden deßhalb den 6. und 7. December wiederholt.

Bei Eröffnung der neuen Bühne bestand die Döbbelin'sche Truppe aus dem Director, dem Musikmeister Frischmuth; den Schauspielern Alexi, Amor, Benda, Bessel, Böttcher, Diestel, Diestler, Döbbelin jun., Fleck, Griebe, Herdt, Jobel, Krüger, Labes, Lanz sen. und jun., Löwe sen. und jun., Müller, Reinwald, Rüthling und Sello; den Schauspielerinnen Mad. Alexi, Amor, Baranius, Bessel, Böttcher, Brückner, Diestel, Gensicke, Göbel, Griebe, Labes, Lanz, Löwe nebst Töchtern, Müller, Rosenberger und Mlles. Döbbelin, Kneisel und Rademacher.

3. Die Verwaltung unter Professor Engel.

1787—1794.

Von dem edelsten Willen beseelt, das deutsche Schauspiel auf eine würdige Weise zu pflegen, übertrug der König 1767 dem Professor Engel, vom Joachimsthal'schen Gymnasium, die artistische Leitung des Theaters und ernannte gleichzeitig eine Generaldirection, bestehend aus dem Geheimen-Oberfinanzrath von Beyer und den Professoren Ramler und Engel, die mit dem 1. August ihre Verwaltung begann. Außerdem waren dabei noch beschäftigt Kriegsrath Bertram und Kammersecretär Jacobi, welcher letztere zugleich Rendant der Haupt-Theaterkasse war und dem Mad. Frischmuth und einige andere zum Verkauf der Billets untergeordnet wurden.

Die Absichten Friedrich Wilhelms II. bei Einrichtung einer Generaldirection zielten hauptsächlich auf Verbesserung der Gesellschaft, Vermehrung und zweckmäßigere Richtung der Thätigkeit, vorzüglich aber auch auf eine gute ökonomische Verwaltung. Die Wahl der Stücke, die Rollenvertheilung, die Abhaltung der Theaterproben, die Sorge für den Werth der Stücke ꝛc. war Engel überlassen und ihm der Director Döbbelin als Regisseur beigegeben. Alles, was auf Maschinerie, Beleuchtung, Garderobe, Requisiten und dergleichen sich bezog, war dem Theaterinspector Lanz anvertraut. Döbbelin erhielt ein festes Gehalt von 1200 Thalern und sollte ihm außerdem der Reinertrag jedes Jahres zukommen.

Das Jahr 1787 begann mit den beiden schon bekannten Operetten: „Der Jahrmarkt" und „Röschen und Collas;" in letzterem Stücke sang man statt des Schlußverses gute Wünsche für das beginnende Jahr. Zum Geburtstage des Prinzen Heinrich folgte am 18. desselben Monats das Trauerspiel „Coriolan," der Geburtstag des Prinzen Friedrich wurde am 7. Mai mit „Maria Stuart," von Spieß, gefeiert. Die Hinrichtungsscene erfolgte damals vor den Augen des Publikums; ein Augenzeuge äußerte sich darüber nicht mit Unrecht: „Die Scene, wo sie (Maria Stuart) das Schaffot betritt, ihr die Augen verbunden werden und wo man den Schlag des Beils hinter den Coulissen hört, war zu grell und konnte ich den düstern Eindruck dieses Auftritts den ganzen Abend nicht los werden. — Das Trauerspiel soll sanfte Rührung, nicht aber schaudernbes Entsetzen hervorbringen." Es gefiel dieß Stück dem größeren Publikum durchaus nicht, und wurde auch nur genießbar durch Flecks vortreffliches Spiel, der den Herzog Norfolk darstellte.

Das Stephanische Theaterproduct: „Der Apotheker und der Doctor" ging am 25. Juni über die Bretter und gefiel dem gesangliebenden Publikum so sehr, daß es in 12 Tagen sechsmal, auf allgemeines Begehren, zur Aufführung gebracht werden mußte.

Unter dem 14. August desselben Jahres wurde dem Schauspieler Carl Döbbelin, dem Sohne des früheren Directors, eine Concession zur Errichtung einer kleinen Schauspieler-Gesellschaft ertheilt, um in sämmtlichen Provinzialstädten, außer der Provinz Schlesien, Schauspiele aufführen zu dürfen. Die Concession enthielt sieben von der Regierung gestellte Bedingungen, darunter die bemerkenswerthesten: „Der Schauspieler Carl Döbbelin darf vom hiesigen Theater keine Schauspieler, Schauspielerinnen oder andere Personen ohne Wissen und Einwilligung der Generaldirection engagiren. Derselbe soll verbunden sein, dem hiesigen Nationaltheater alle diejenigen Personen seiner Gesellschaft unweigerlich zu überlassen, welche die Generaldirection dazu für tüchtig findet; auch kein Stück der seinem Vater zugehörigen hiesigen Theater-Garderobe nehmen, als welches die Generaldirection für entbehrlich hält, sowie auch nicht eher von Berlin abgehen, als bis die genannte Direction es für geeignet findet."

Von den Stücken, welche das Generaldirectorium in diesem Jahre hatte einstudiren lassen, fand keines so großen Zulauf als „Macbeth." Goethe nannte in einem Gespräche mit Eckermann diese Tragödie das beste Theaterstück Shakspeare's und fügte hinzu: „Es ist darin der meiste Verstand in Bezug auf die Bühne." Ein Bericht aus jenen Tagen spricht sich wie folgt aus: „Alles, Action der Schauspieler, die Hexen-Chöre, welche vom Herrn Kapellmeister Reichardt fürchterlich schön in Musik gesetzt sind, sowie Decoration und Pracht der Kleidung, trugen zu der großen Sensation bei, welche dies Stück im Publikum hervorbrachte." Fleck gab die Titelrolle so ausgezeichnet, daß der König aus eigener Bewegung die erste Vorstellung des Trauerspiels „Othello", am 12. März 1788, als Benefice für ihn bestimmte und die Einnahme an diesem Tage mit 60 Stück Friedrichsd'or, die Königin mit 10 Stück vermehrte. Mad. Baranius gab die Desdemona.

Das Hauptwirken des Professors Engel in seiner Stellung als artistischer Leiter war, daß er nicht allein unaufhörlich der Schauspieler-Gesellschaft durch neue bedeutende Talente, die er ihr zuführte, einen höhern Werth gab, sondern daß er auch die älteren durch zweckmäßige Beschäftigung weiter bildete, eine geläuterte Wahl der Stücke traf, auch die Dichter ohne Ermüden überwachte und ihre Geistesproducte, wo er konnte, verbesserte. So ist es bekannt, daß Kotzebue nicht allein „Menschenhaß und Reue," sondern auch „die Indianer in England," „das Kind der Liebe" und mehrere andere Stücke, ehe sie zur Aufführung und zum Druck gelangten, an Engel schickte, und sie dessen Feile und theatralischer Einrichtung unterwarf. Unter den neuen Talenten, die Engel der Bühne zuführte, strahlte vor allen Andern die Bethmann hervor; sie kam im Frühjahr 1788 mit ihrem damaligen Gatten Unzelmann, in der Blüthe ihrer Jugend, nach Berlin und erregte in der Oper „Nina, oder Wahnsinn aus Liebe," worin sie am 3. Mai debütirte, eine Sensation, die sie nicht allein auf immer zum Liebling des Publikums machte, sondern auch, wie ein Bericht von Friedrich Schulz sagt, „die Jugend für das Theater begeisterte, das Alter, das ihm den Rücken zugekehrt, wieder zuwandte."

Sie gab die Titelrolle und mußte die Vorstellung drei Tage hintereinander wiederholt werden. Derselbe Schriftsteller entwirft folgendes Bild von der äußern Erscheinung der Mad. Unzelmann: „Sie hat lichtbraunes Haar, ein großes, durchdringendes, dunkelblaues Auge und eine so zierliche Gestalt, daß es von ihr abhängt, wie viel jünger sie auf der Bühne erscheinen will, als sie ist, und daß höchst wahrscheinlich irgend Jemand, der gern die Gegenstände beim rechten Namen nennt, ihretwegen den Ausdruck: schönes Kind! erfunden haben würde, wenn ihn die Sprache nicht schon gehabt hätte."

Der 21. Juli brachte das Goethe'sche Schauspiel: „die Geschwister" auf die Bühne. Das Theaterjournal für Deutschland äußert sich darüber: „Einen so einfachen, äußerst angenehmen Charakter, als Goethe's Marianne, ein so liebenswürdiges, unverfälschtes Geschöpf der Natur wüßten wir in wenig Schauspielen zu finden, da in den meisten die weiblichen Rollen kalt und frostig oder nur durch gespannte Empfindungen herausgehoben sind. Mad. Unzelmann spielte sie mit vieler Anmuth und Natur, besonders war sie in der Scene mit Fabrice allerliebst, und wir stimmen ihm aufs Vollkommenste bei, wenn er nachher sagt: Ihre Verlegenheit und ihre Liebe, ihr Wollen und Zittern, es war so schön. Herr Fleck machte den Wilhelm, und es wäre überflüssig von seinem bis in die feinsten Nüancen vortrefflichen Spiele etwas zu sagen. Richtiges Accentuiren, welches unter die ersten Elemente der Schauspielkunst gehört, und doch oft von Schauspielern, die sich für ganz vollendet halten, vernachlässigt wird, ist zwar bei Herrn Fleck's Einsicht nur ein untergeordnetes Verdienst; doch ist es sehr angenehm, einen Mann zu hören, dem auch nie ein falscher Ton entwischt, und der dadurch, daß er in Stellen, die der Autor selbst etwas zweifelhaft gelassen hat, den richtigen Ton durch ein einziges eingeschobenes Wort auch für den eigensinnigsten Kunstrichter deutlich bestimmt zeigt, daß er auch auf die kleinsten Details seiner Rolle aufmerksam ist."

Der 25. September 1788, der Geburtstag des Königs, brachte das dramatische Gedicht „der Mönch von Carmel" zur Aufführung. Ungeachtet dieses Stück in Jamben geschrieben, und Trauerspiele in Versen etwas Ungewöhnliches für das Publikum und die Schauspieler waren, so hatte dennoch die Vorstellung einen so guten Erfolg, als man kaum unter solchen Umständen hätte erwarten dürfen. Das Stück wurde drei Tage hintereinander bei dem vollsten Hause gegeben.

Mozart's Oper: „Belmonte und Constanze" erschien am 16. Oktober und war die erste Besetzung folgender Art: Lippert, Belmonte; Mad. Unzelmann, Constanze; Frankenberg, Osmin; Czechtitzky, Selim Bassa; Mad. Baranius, Blonde; Greibe, Pedrillo.

Die Theaterzeitung für Deutschland, Nr. 16, vom Jahre 1789 äußert sich über dies Stück unter Andern wie folgt: „Die Musik dieser Oper hat einen so hohen Grad von Eigenthümlichkeit und Reichhaltigkeit, daß sie selbst einem geübten Ohre zum erstenmale nicht ganz verständlich wird. Eben dieser Umstand aber bewirkt, daß dieselbe bei jeder wiederholten Anhörung neuen Reiz gewinnt. In einer jeden einzelnen Arie sind eine so große Menge schöner, edler Gedanken zusammengepfropft, daß ein etwas haushälterischer Componist vielleicht deren sechs daraus hätte anfertigen können. Ob diese Musik nicht durch diesen, beinahe üppigen Ueberfluß der Gedanken, etwas am Effect verliert, ist eine Frage, die eine weitläuftigere Untersuchung verdient; so viel scheint aber gewiß zu sein, daß viele Theile derselben unendlich gewinnen würden, wenn sie nicht so gedehnt wären. So würde z. B. das Duett zwischen Belmonte und Constanze ein unnachahmliches Meisterstück sein, wenn es etwas kürzer wäre. Fern sei es indessen, den Werth dieser vortrefflichen Musik durch diese Bemerkungen heruntersetzen zu wollen: sie ist und bleibt immer ein Werk, das man als Muster einer edlen Schreibart betrachten kann, und welches dem Genius Deutschlands Ehre bringt."

Ueber Lippert und Frankenberg sagt dasselbe Blatt: „Die Partie des Belmonte hat, ungeachtet sie weit weniger brillant als die der Constanze ist, demungeachtet ihre große Schwierigkeiten, und ein Tenorist, der sie so glücklich überwindet, wie Herr Lippert, verdient gewiß den Namen eines vorzüglichen Sängers. Sein Spiel ist in dieser Rolle so effectvoll und brav, als man es von ihm zu erwarten gewöhnt ist. Herr Frankenberg ist als Osmin sowohl was Gesang als was Spiel betrifft, so vortrefflich und untadelhaft, daß man beinahe nicht weiß, worin man ihn zuerst loben soll. Der türkische, schadenfrohe Bube, der grob ist, wo er befehlen kann, und kriecht, wo er gehorchen muß, ist in jeder Miene und Bewegung zu erkennen; kurz, diese Rolle wird durch ihn die hervorragendste im ganzen Stücke."

In demselben Jahre erschien Schiller's „Don Carlos." Derselbe kam am 22. November zum erstenmale auf die Bühne und spielte von 5 Uhr bis halb 11 Uhr Abends. Mehrere Scenen waren so ermüdend, daß viele Zuschauer schon vor Beendigung des Stücks nach Hause gingen. Es blieb somit nichts anderes übrig, als Verkürzungen eintreten zu lassen; aber ungeachtet das Stück stark unter die dramatische Scheere gekommen war, wollte es dennoch kein rechtes Zugstück werden, die Vorstellungen blieben, selbst wenn sie Sonntags stattfanden, leer. In dieser Gestalt erhielt sich Don Carlos bis zum 28. März 1810, kam aber dann nach der ursprünglichen Bearbeitung auf die Bühne und wurde von der ersten Erscheinung bis zum 23. August 1845 122mal gegeben.

Die Besetzung dieses Stückes am 22. November war: Fleck, Philipp II.; Mad. Baranius, Elisabeth; Czechtitzky, Don Carlos; Unzelmann, Posa; Herdt, Alba; Mad. Unzelmann, Eboli; Kaselitz, Lerma; Frankenberg, Domingo.

Im „Jack Spleen" und dem „Zauberspiegel" trat am 14. Januar 1789

Mlle. Hellmuth, nachherige Mad. Müller, vom ehemaligen Markgräflich Schwedt'schen Theater, zum erstenmale als Rosine auf, und zeigte sich als Sängerin von der vortheilhaftesten Seite. Das Schauspiel „Menschenhaß und Reue" folgte am 3. Juni. Die Theaterzeitung für Deutschland vom Jahre 1789 spricht darüber wie folgt: „Das Stück behauptet neben den deutschen Original-Schauspielen, deren Werth so leicht keine Zeit vermindern kann, eine der ersten Stellen. Süjet und Aufführung machen ein musterhaftes Ganze, dessen Schönheiten jedes unbefangene Herz fühlen muß. Jede Scene hat Schönheiten, jede ihre gehörige Stelle, und wenn das Gefühl des Herzens durch eine zu anhaltende Anstrengung schmerzlich werden könnte, so verändert sich der Schauplatz. Aufheiternder Scherz und starkkomische Züge der mithandelnden Personen sind mit glücklicher Wahl gerade da angebracht, wo Aufheiterung und Unterbrechung Erholung ist und neue Erwartungen eregt. Fleck spielte den Meinau, Mad. Unzelmann die Eulalia mit der treffenden Wahrheit, wie sie der strenge Kenner nur verlangen kann."

Bis zum 1. August 1789 blieb das Verhältniß zwischen dem Generaldirectorium der Schauspiele und dem Regisseur C. Th. Döbbelin unverändert bestehen; dann aber wollte der König das Theater als ein königliches, von seiner Bestimmung abhängendes betrachtet wissen und befahl deßhalb, daß das Directorium mit Döbbelin wegen Ueberlassung seiner Garderobe, Bibliothek, Musikalien u. s. w. ein Abkommen treffen solle. Döbbelin erhielt dafür eine Summe von 14,000 Thalern, begab sich hierdurch alles Eigenthums und aller ferneren Ansprüche an das Theater, und bezog vom 1. August desselben Jahres eine Pension von 1200 Thalern aus der Kasse des Nationaltheaters. Als seine Tochter nach einiger Zeit die Bitte aussprach, daß man ihr nach dem Tode des Vaters die Hälfte dieser Pension bewilligen möge, gewährte auch dies der König.

Die Mitglieder der Bühne um diese Zeit waren: Bessel, Böheim, Bötticher, Engst, Greibe, Herdt, Kaselitz, Labes, Unzelmann, sämmtlich mit ihren Frauen; **Ernst und Christ. Benda, Czechtitzky, Fleck, Lanz, Lippert, Mattausch, Reinwald, Rüthling, Weidemann, Zimmerle, Walther, Cordemann und Leist; Mad. Baranius, Mad. Brückner, Mad. Hellmuth und Tochter, Mlles. Altfilist, Amberg, Döbbelin, Werner, Cordemann, Gerard und Weichleben,** sowie der Tänzer Simoni und

Frau. Was die Leistungen einzelner dieser Mitglieder betrifft, so spricht sich ein Bericht aus jener Zeit wie folgt darüber aus: „In den achtziger und Anfang der neunziger Jahre war das Berliner Theater so zusammengesetzt, daß sich schwerlich wieder so viele ausgezeichnete Talente vereinigen werden. Fleck stand in dieser Reihe oben an, dessen ergreifendes Spiel des Menschenhassers diesem ersten Stücke gleich so entschiedenen Beifall verschaffte, wie ihn seit vielen Jahren kein dramatisches Werk erhalten hatte. Die Unzelmann war als Eulalia ebenso vortrefflich; sie war erst kürzlich nach Berlin gekommen, und welchen Zauber, welche Grazie sie über die Gurli und viele andere Dichtungen ergoß, ist nicht auszusprechen. Ihr gegenüber stand die Baranius, und diese beiden Frauen ergänzten sich so in Schönheit und Reiz, in Anmuth und Naivetät, daß man sie sich kaum getrennt denken konnte; war die Eine die muthwillige Figur, so war die Andere die ernste; nahm diese den stilleren Charakter an, so tändelte jene als Bauernmädchen oder Dienerin. Die Baranius hatte nicht das große Talent ihrer Mitspielerin, aber wo sie auch stand, war sie anmuthig und ihr Spiel erfreulich. Man wollte sie auch einmal in der Tragödie bewundern, aber hier war sie nicht an ihrem Platz. Unzelmann war trefflich in komischen Alten, in phantastischen Charakteren; man sah ihm eine sehr gute Schule und eine vielseitige Praktik an. Czechtitzky, welchen man nicht im Tragischen oder in Leidenschaften sehen mußte, war Muster in der Darstellung eines feinen Mannes, in jungen Militärrollen, in Charakteren, die nur einen Anflug vom Komischen haben, wie der Samuel Smith in den Indianern von Kotzebue; er war selbst ein schöner Mann. Mattausch, voller und größer, war in allem Glanz der Jugend, trat als Don Carlos auf und obgleich sein Organ nicht volltönend war, und die Kritik manches einzelne, und mit Recht, tadelte, so habe ich doch nie wieder diesen Charakter mit dieser schönen Begeisterung darstellen sehen: Fazir und andere dergleichen schwarze und weiße Naturkinder schienen für diesen Schauspieler geschrieben, denn sie wurden in seiner Darstellung so herzlich, wahr und liebenswürdig, wie dieselben Figuren, wenn ich sie später gesehen habe, mir als leere Affectationen erschienen sind. Kaselitz war in den Rollen der komischen Alten sehr brav und es gab noch andere Talente, die ihre Stellen lobenswürdig ausfüllten."

Da durch den Abgang Döbbelin's der Regisseur am Nationaltheater ausschied, so wurde Fleck, auf Vorschlag der Generaldirection, im März 1790 vom Könige zum Regisseur ernannt, und nachdem er am 6. April als solcher angestellt war, trat er am 10. desselben Monats sein Amt an.

In diesem Jahre war nicht allein das musikalische Repertoire sehr ergiebig, sondern es zeichneten sich unter den Opern auch „die Hochzeit des Figaro" und „Don Juan" als zwei Sterne erster Größe aus. Schon am 9. Februar kam „Richard Löwenherz" auf die Bühne und gefiel so, daß er in sieben Tagen viermal gegeben werden mußte; bis zum 11. November 1842 erlebte dies Stück 98 Vorstellungen. Es folgten darauf am 7. Juni „die Wilden" und am 14. September „die Hochzeit des Figaro" von Mozart. „Dies letztere Stück ist," wie das Theater von Berlin im 175. Heft sich ausspricht, „zu bekannt, um das Interesse daran weitläuftig auseinander zu setzen, auch hat es als Operette sehr wenig vom Originale verloren. Mozart gehört zu den außerordentlichen Menschen, deren Ruhm Jahrhunderte dauern wird. Sein großes Genie umfaßt gleichsam den ganzen Umfang der Tonkunst; es ist reich an Ideen, seine Arbeiten sind ein reißender Strom, der alle Flüsse, die sich ihm nahen, mit fort nimmt. Keiner vor ihm hat ihn übertroffen und tiefe Ehrfurcht und Bewunderung wird die Nachwelt diesem großen Manne nie versagen. Man muß noch mehr als Kenner sein, um ihn beurtheilen zu können. Welch' ein Meisterstück, die heutige Musik! für den Kenner, wie interressant, wie groß und hinreißend, wie bezaubernd die Harmonie! Auch für den großen Haufen? Das ist eine andere Frage. Nur der männliche Tenor wurde in den ersten Nummern vermißt, und es ist ein großer Verlust, daß damals Mozart seinen Figaro an einem Hofe componirte, wo gute Bassisten, aber kein guter Tenor war, daher die Nothwendigkeit, außer den Nebenrollen Basil und Gänsekopf, alle männliche Hauptrollen in den Baß zu setzen." Graf Almaviva, Lippert; Figaro und Gräfin, Unzelmann und Frau; Susanne, Mad. Baranius; Cherubim, Mlle. Hellmuth; Marcelline, Mad. Böheim; Bartolo, Kaselitz; Basil, Greibe; Gänsekopf, Böheim; Antonio, Brandel; Bärbchen, Mlle. Altfilist. — Bis zum 25. Februar 1845 wurde die Hochzeit des Figaro 156mal gegeben.

Ist je eine Oper mit Begierde erwartet worden, hat man je eine

Mozart'sche Composition schon vor der Aufführung zu den Wolken erhoben, so war es der „Don Juan;" ja es gingen manche Freunde dieses großen Meisters selbst so weit, zu behaupten, daß „seitdem Mozart an seinem Don Juan geschrieben, die Hippokrene und Aganippe so ausgetrocknet seien, daß für alle nachkommende Tonkünstler kein Tropfen Begeisterung auf dem Helikon mehr zu haben wäre." Das 201. Stück der Chronik von Berlin vom Jahre 1791 sagt hierüber weiter: „Daß Mozart ein vortrefflicher, ein sehr großer Componist ist, wird ohne Zweifel alle Welt gestehen; ob aber nie etwas größeres vor ihm geschrieben worden sei und nach ihm geschrieben werden wird, als eben dieser Don Juan, daran muß wohl gezweifelt werden. So viel ist gewiß: Mozart wollte bei seinem Don Juan etwas außerordentliches, unnachahmliches Großes schreiben; das Außerordentliche ist da, aber nicht das unnachahmlich Große! Bei alledem hat diese Oper der Direction gute Einnahme geschafft und die Gallerie, die Logen und das Parquet werden in der Folge nicht leer sein, denn ein geharnischter Geist und feuerspeiende Furien sind ein starker Magnet."

Mozart kam im Jahre 1787 nach Prag und vollendete daselbst am 28. October bis auf die Ouverture sein ausgezeichnetes Meisterwerk: „Il dissoluto punito," oder „Don Giovanni," und sind die Böhmen „stolz darauf, daß diese erhabene und aus der Tiefe des Genies geschöpfte Musik, für" — wie sie meinen — „Prag geschrieben sei." Fast unbegreiflich, aber zuverlässig ist's, daß Mozart die Ouverture dieser Oper in einer Nacht, und zwar in der Nacht vor der ersten öffentlichen Aufführung schrieb, so daß die Copisten kaum bis zur Aufführung, die am 4. November des genannten Jahres stattfand, fertig wurden und das Orchester sie ohne vorher gehaltene Proben spielen mußte. Die Besetzung dieser Oper, welche am 20. December zum erstenmale zur Aufführung kam, war: Don Juan, Lippert; Leporello und Donna Anna, Unzelmann und Frau; Zerline, Mad. Baranius; Elvira, Mlle. Hellmuth; Ottavio, Christ. Benda; Comthur, Kaselitz; Masetto, Brandel. — Das Stück wurde in zehn Tagen fünfmal gegeben und machte stets ein volles Haus; die 300ste Vorstellung fand am 20. December 1853 statt.

Das Jahr 1791 wurde mit einer Wiederholung des „Hamlet" begonnen und das Publikum dadurch überrascht, daß von diesem Tage an die alte Sitte, mit einer Rede das neue Jahr zu beginnen, abgeschafft war.

Am 6. desselben Monats folgte die erste Aufführung von „Clara von Hoheneichen," ein Trauerspiel in vier Aufzügen von Spieß. Die Chronik von Berlin vom 19. März 1791 äußert sich: „Dieses Ritter- und Spektakelstück, so wenig inneren Werth es auch hat und so auffallend einige Hauptcharaktere darin erscheinen, hat dennoch sehr gefallen und sogar Epoche gemacht, und kann dieses Stück für die Direction ein Wink sein, daß oft schlechte Stücke der Kasse Geld bringen, wenn man die Fehler daran mit dem Mäntelchen des Spektakelwesens zudeckt. Dazu kam noch, daß Mad. Baranius die Rolle der Clara sehr gut spielte. Professor Engel hat heut durch Mad. Baranius, welche er diese Rolle von Wort zu Wort mit allen den passenden Actionen gelehrt, den Beweis gegeben, daß er als Declamateur einer der größten Schauspieler geworden wäre."

In demselben Jahre, am 8. Juni, beschloß eines der ältesten Mitglieder des Nationaltheaters, Mad. Brückner, geb. Klecfelder, nachdem sie 50 Jahre ohne Unterbrechung auf der Schaubühne gewirkt hatte, mit der Rolle der Gräfin in der „Jeanette" ihre künstlerische Laufbahn. Sie war 1719 geboren, betrat 1741 das Theater zum erstenmale in Dresden und kam mit der Koch'schen Truppe 1771 hierher. Nach dem Schluß des Stückes hob sich der Vorhang wieder, die weiblichen und männlichen Mitglieder der Bühne hatten einen Halbkreis gebildet, aus dem der Regisseur Fleck die Matrone vorführte; diese nahm nun vom Publikum und dem gesammten königlichen Hofe, welcher anwesend war, Abschied und wurde dabei so ergriffen, daß die Thränen die letzten Worte erstickten und sie forteilte.

Unter den neuen Stücken des Jahres 1792 fanden „die Hagestolzen," „Elise von Valberg" und „Eine macht's wie die Andere" (Cosi fan tutte) am mehrsten Anklang.

Die Besetzung „der Hagestolzen" war am 17. März: Hofrath Reinhold, Fleck; Mlle. Reinhold, Mlle. Döbbelin; Margaretha, Mad. Baranius.

Die Besetzung der „Elise von Valberg" am 16. Juni: Fürst, Mattausch; Fürstin, Mad. Baranius; Oberhofmeisterin, Mlle. Döbbelin; Amtshauptmann, Fleck; Elise, Mad. Unzelmann.

Am 3. August erschien „Cosi fan tutte.“ Isabella, Mad. Unzelmann; Guiglielmo und Dörtchen, Lippert und Frau; Nantchen, Mad. Baranius; Fernando, Ambrosch; Alfonso, Franz. „Die Musikkenner waren entzückt, das Publikum blieb jedoch kalt; alle aber tadelten das erbärmliche Sujet.“

Dasselbe Jahr war auch das Todesjahr Mozart's. Es sei vergönnt, hier ein Ereigniß aus dem Leben dieses großen Componisten, welches sich in Berlin zugetragen hat, einschalten zu dürfen.

„Als Mozart das zweite- und letztemal in Berlin ankam, war es gegen Abend. Kaum ausgestiegen, fragte er: „Gibt's diesen Abend nichts von Musik hier?“ — Kellner. „O ja, so eben wird die deutsche Oper angegangen sein.“ — Mozart. „So? Was geben sie heute?“ — Kellner. „Die Entführung aus dem Serail.“ — Mozart. „Scharmant!“ rief er lachend. — Kellner. „Ja! Es ist ein recht hübsches Stück. Es hat's componirt — — wie heißt er nur gleich?“ Unterdessen war Mozart, im Reiserocke, wie er war, schon fort.“

„Im Theater blieb er ganz am Eingange des Parterre stehen, um da unbemerkt zu lauschen. Bald freuet er sich zu sehr über den Vortrag einzelner Stellen, bald wird er aber auch unzufrieden mit dem Tempo, bald machen ihm die Sänger und Sängerinnen zu viel Schnörkeleien — wie er's nannte; kurz, sein Interesse wird immer lebhafter und er drängt sich unbewußt immer näher und näher dem Orchester zu, indem er bald dies, bald jenes, bald leiser, bald lauter brummt und murrt, und dadurch den Umstehenden, die auf das kleine, unscheinbare Männchen im schlichten Oberrocke herabsehen, Stoff genug zum Lachen gibt — wovon er aber natürlich nichts weiß. Endlich kam es zu Pedrillo's Arie: „Frisch zum Kampfe, frisch zum Streite“ u. s. w. Die Direction hatte entweder eine unrichtige Partitur oder man hatte darin verbessern wollen, und der zweiten Violine bei den oft wiederholten Worten: „Nur ein feiger Tropf verzagt“ Dis statt D gegeben. Hier konnte Mozart sich nicht mehr länger halten, er rief ganz laut in seiner freilich nicht verzierten Sprache: „Verflucht! Wollt's Ihr D greifen!“ Alles sah sich um, auch mehrere aus dem Orchester. Einige von den Musikern erkannten ihn, und nun ging es wie Lauffeuer durch das Orchester und von diesem auf die Bühne: „Mozart ist da!“

„Einige Schauspieler, besonders die sehr geschätzte Sängerin, Mad.

B. (Baranius), die die Blonde spielte, wollten nicht wieder auf das Theater heraus; als dies Mozart durch den Musikdirector erfuhr, war er augenblicklich hinter den Coulissen: „Madame,“ sagte er zu ihr, „was treiben Sie für Zeug? Sie haben herrlich, herrlich gesungen und damit Sie's ein andermal noch besser machen, will ich die Rolle mit Ihnen einstudiren.“

Wir haben nunmehr Mad. Unzelmann vier Jahre ununterbrochen auf der Nationalbühne mit dem glücklichsten Erfolge wirken sehen, nachdem dieselbe das Publikum heute durch die Eulalia, Rutland und Ophelia hinriß, entzückte sie morgen als Lilla, Gräfin in „Figaro,“ Athasia, Rosine in Paësiello's „Barbier von Sevilla;“ vorzugsweise aber als Julia in „Julia und Romeo.“ Leider fing diese Künstlerin schon im Jahre 1792 an, häufig über Heiserkeit, erst vorübergehend, in den vier letzten Monaten dieses Jahres aber andauernd zu klagen, und nahm diese Krankheit endlich 1793 eine so entschieden ungünstige Wendung, daß sie, da ihre Singstimme anfing ernstlich zu schwinden, am 1. September in „Julia und Romeo“ zuletzt auftrat, der Oper nunmehr ganz entsagen mußte und sich nur den Darstellungen im recitirenden Schauspiel widmen durfte.

Friedrich Schulz, ein Zeitgenosse der Mad. Unzelmann, schilderte dieselbe als Sängerin mit einer zwar nicht starken, aber höchst lieblichen Stimme, die an Wohllaut mit der der Sonntag zu vergleichen, und an Geschmack ihr vielleicht noch vorzuziehen war.

In demselben Jahre starb der frühere Schauspieldirector C. Theoph. Döbbelin im 67. Jahre seines Alters. Sechs Monate später, am 1. Juli 1794, legte der Professor Engel wegen zunehmender Kränklichkeit und Verstimmtheit seine Stelle bei der Generaldirection nieder, brachte jedoch am 12. Mai noch Mozarts Oper: „die Zauberflöte“ zur Aufführung, und war die erste Besetzung des Stücks folgende: Sarastro und die Königin, Lippert und Frau; Tamino, Ambrosch; Pamina, Mad. Müller, geb. Hellmuth; Papageno, Unzelmann; altes Weib, Mad. Baranius; Monostatos, Mattausch; Sprecher, Greibe; drei Damen, Mad. Böheim, Mlles. Altfilist und Zitzel. Der Erfolg war ein außerordentlicher, wie er noch nie in Berlin stattgefunden hatte.

4. Die Verwaltung unter Ramler und Warsing.

1794 — 1796.

Der König ernannte nach dem Abgange Engel's den Geheimen Kammergerichtsrath von Warsing zum Leiter der ökonomischen Angelegenheiten der Theaterverwaltung und den Professor Ramler zum Führer des literarischen Theils derselben, wobei genehmigt wurde, daß die Abhaltung der Proben, und alles, was zur wirklichen Aufführung eines Stücks gehört, in Händen des Regisseurs Fleck bleiben, sowie daß Anselm Weber den musikalischen Theil der Darstellungen unverändert fortführen durfte.

Dem neuen artistischen Leiter gelang es, die berühmte Mad. Schick, geborene Hamel, mit welcher schon Engel in Unterhandlung stand, für erste Rollen zu gewinnen. Sie war seit der in Folge der Kriegsbegebenheiten stattgehabten Auflösung der Mainzer Bühne als königl. preußische Kammersängerin und bei der ernsten und komischen italienischen Oper des Hofes angestellt; der König, welcher ihr erlaubte, nun auch die deutsche Bühne zu schmücken, legte einen neuen Beweis der Geneigtheit ab, sein Vergnügen mit dem des Publikums zu vereinigen. Hierdurch und durch die Verbesserung des übrigen Singpersonals, so wie die des Orchesters, wurde die Möglichkeit herbeigeführt, Gluck'sche Opern wieder geben zu können.

Mad. Margaretha Louise Schick debütirte zuerst, am 11. Oktober, als Astasia in der Oper „Axur," dann als Constanze in der „Entführung aus dem Serail" und endlich als Klärchen in dem Singspiele „die Liebe im Narrenhause." „Mad. Schick," heißt es in einem Berichte aus jenen Tagen, „zeigte sich in der That als eine Sängerin, auf deren Besitz jedes Theater hätte stolz sein können. Die Bravourarien sind mit einem so begeisterten, erschütternden Feuer, mit einer so bewundernswürdigen Gewißheit vielleicht nie gesungen worden, oder können wenigstens nicht glänzender vorgeführt werden. Tiefe, Mitte und Höhe sind stark, rund und rein. Der ausdauerndste und der schnell vorübergleitendste Ton sprechen gleich mächtig an und die größte Schwierigkeit wird mit der größten Leichtigkeit vorgetragen.

Am 24. Februar 1795 kam Gluck's „Iphigenia in Tauris," in

Gegenwart des ganzen Hofes, zur Aufführung. Iphigenia gab Mad. Schick; Orest, Lippert; Pylades, Ambrosch; Thoas, Franz. Das Haus war übervoll, weil der Versuch, eine tragische Oper mit deutschen Sängern darstellen zu wollen, in allen Gesellschaften besprochen und meistentheils mißbilligt wurde. Auch Prinz Heinrich hatte vorher geäußert: „Da will ich doch heute hineingehen, um mich einmal recht satt zu lachen." Prinz Heinrich lachte aber nicht, sondern ließ sich zum Erstaunen Aller für den großen Genuß beim Musikdirector Weber bedanken.

Die Ramler-Warsing'sche Administration zeichnete sich in ihrem zweijährigen Wirken vorzugsweise dadurch aus, daß, neben Mad. Schick, auch noch die Familien Beschort und Eunicke, so wie Mlle. Schwachhofer engagirt wurden. Beschort, der die Zierde unserer Bühne wurde, kam aus der Schröder'schen Schule und war nicht allein in den sogenannten Anstandsrollen, worin er durch sein sehr vortheilhaftes Aeußere unterstützt wurde, sondern auch in allen ernsten jugendlichen Rollen ausgezeichnet, deßgleichen durch seine Munterkeit in den Vorstellungen des Lustspiels und der Posse. Mlle. Schwachhofer war noch sehr jung, zierlich gebaut, besaß jedoch eine volltönende Stimme von großem Umfange; sie trat als Amor im „Baum der Diana" auf und entzückte durch Gesang und Spiel.

Gegen das zweijährige Interimisticum spricht sich Friedrich Schulz wie folgt aus: „Ramler machte Versuche, die alten Weiße'schen Singspiele mit der Hiller'schen Musik wieder auf die Bühne zu bringen; mit der Jagd gelang es auch, da sie vortrefflich gespielt wurde, und die bekannten damals zu Volksliedern gewordenen Gesänge: „Als ich auf meiner Bleiche," so wie „Wenn mich nur mein Röschen liebt u. s. w." mit schönen Stimmen von der Bühne herabgesungen, nicht minder als sonst ergötzten; doch war die Wirkung nur sehr vorübergehend. Dem Geheimerath v. Warsing gebührt dagegen, wenn dieß ein Ruhm ist, der Ruhm, für den äußeren Glanz der Bühne mehr als seine Vorgänger gethan zu haben. Er kann gewissermaßen als der Anfänger des nachher so über alle Maßen weit getriebenen Pomps in Decorationen und Kleiderpracht angesehen werden. Kostbare Kleider wurden in Ueberfluß angeschafft und nach kurzem Gebrauch bei Seite gelegt, um neuen Platz zu machen. Zur Vorstellung der Gluck'schen Iphigenia war allerdings eine würdige antike äußere Ausstattung nothwendig, aber weniger zu rechtfertigen die Pracht, womit das bizarre Singspiel: „Die neuen Arkadier“ gegeben wurde. Auch sah man während der Warsing'schen Geschäftsführung zuerst ein königliches Corps de ballet auf der Nationalbühne.

Ein bedeutendes Ereigniß war es, als Iffland am 27. Oktober 1796 als Dominique Vater im „Essighändler“ und als Dr. Treumund in der „ehelichen Probe“ zum erstenmale als Gast auftrat und Tags darauf beide Rollen auf allgemeines Verlangen wiederholen mußte.

Der Eindruck, den Iffland auf das Publikum machte, war ein außerordentlicher. „Er,“ heißt es, „wie kein Schauspieler vor ihm und keiner besser nach ihm, verstand es, die verschiedenen Charaktere, insofern sie in dem Aeußern des Körpers sichtbar werden, durch Gang, Stellung, Bewegung, kurz durch Geberden und passendes Kostüm auszudrücken und zu malen. Daß ihm dieß auch in Charakteren, die aus der vornehmen Gesellschaft entnommen sind, vorzüglich gelang und gelingen mußte, wird daraus begreiflich, daß er außer seiner großen von der Natur empfangenen Darstellungsgabe einen scharfen Beobachtungsgeist besaß, und frühzeitig Gelegenheit erhalten hatte, in den vornehmen Zirkeln, selbst an fürstlichen Höfen, wohl aufgenommen zu werden, um diesen Beobachtungsgeist immer mehr zu bilden und zu schärfen. Ein solcher Künstler mußte eine ungewöhnliche Sensation hervorbringen und die Wünsche des ganzen Publikums hatten ihn nicht allein zum theatralischen Mitgliede, sondern auch zum Führer unserer Bühne berufen, als man freudig vernahm, daß der König ihn wirklich dazu ernannt habe.“

Dritter Abschnitt.

Die Verwaltung Ifflands und das Interimisticum.

1796—1815.

Ramler wurde mit Beibehalt seines Gehalts in den Ruhestand versetzt, Geheimerath v. Warsing blieb als Justitiarius und Iffland erhielt als Schauspieler und Direktor ein Gehalt von 3000 Thalern nebst Versicherung eines jährlichen Benefizes und einer Pension, wenn er dienstunfähig werden sollte.

Iffland, am 19. April 1759 zu Hannover geboren, war der Sohn bemittelter, angesehener Eltern, die ihn für das theologische Studium bestimmt hatten, wozu er sich auch hingezogen fühlte, bis er Eckhof, Schröder und Brockmann hatte spielen sehen. Von dieser Zeit an zeigte sich, daß seine Liebe zur Schauspielkunst unwiderstehlich geworden war, und dieser Drang, trotz der bittersten Vorwürfe seiner Eltern, nicht mehr unterdrückt zu werden vermochte. Er verließ heimlich das väterliche Haus und ging nach Gotha, wo er am 15. März 1777 als Jude in Engels Nachspiel „der Diamant" die Bühne betrat. Sein Vorbild ward Eckhof. Mit einem höchst glücklichen Talent zur Mimik, kopirte er denselben bald so vollkommen, daß dieser oft ernsthaft darüber entrüstet wurde.

Nach dem Tode Eckhof's ging er, als Ostern 1779 der Herzog die Gesellschaft entließ, nach Mannheim zum kurfürstlichen pfalzbaierischen Hoftheater. Dort sehen wir ihn nicht allein als Schauspieler verdienstlich wirken, sondern auch als dramatischen Schriftsteller auftreten. 1781 wurde sein erstes Stück „Albert von Thurneisen," 1784 „Verbrechen aus Ehrsucht" mit großem Erfolge gegeben. Hierdurch und durch seine Gastspiele in Frankfurt a. M., Hamburg, Mainz und Karlsruhe erlangte er einen bedeutenden Ruf, der ihm 1792 die Regie des Mannheimer Theaters und später eine lebenslängliche Anstellung in Mannheim sichern sollte. Die Kriegsereignisse machten jedoch diese Anstellung zweifelhaft; er ging nach Berlin und übernahm hier die Leitung des Nationaltheaters. Er hat das Glück und das Unglück zugleich gehabt, von den Zeitgenossen blind bewundert und ebenso blind verurtheilt zu werden.

„Point de nature, peu d'art, beaucoup d'artifice" war das Urtheil eines französischen Kunstkenners über Iffland. Das Wahre wird wohl in der Mitte liegen.

Seiner Persönlichkeit nach war er besonders für komische, pedantische Rollen geeignet; am schönsten und liebenswürdigsten zeigte er sich in leichten Charakteren, die drollig und witzig genug auftraten, um zu interessiren und Lachen zu erregen, die zwar mit einem gewissen Humor ausgestattet sind, aber keine tiefe charakteristische Darstellung zulassen. In leicht gefärbten Charakteren war er vorzüglich; groß und gewaltig konnte er in großen Aufgaben, seiner Natur nach, niemals sein. Im höheren Schauspiele war Octavio Piccolomini die einzige Rolle, in welcher er allen Forderungen, auch der strengsten Kritik, genügte. Daß er kein tragischer Schauspieler war, ist das übereinstimmende Zeugniß aller seiner Zeitgenossen. Eben so wenig konnte er sich zu phantastischen Rollen erheben, und selbst eine komische Rolle würde er nie rein ideal aufgefaßt haben. Er fühlte das selbst und spielte deßhalb, trotz alles Zuredens seiner Freunde, niemals den Falstaff.

Böttiger theilt in seinen literarischen Zuständen Goethe's Urtheil über Iffland's Schauspiele mit, das hier seine Stelle finden möge, da es im Allgemeinen wenig bekannt sein dürfte. „Sie haben alle," heißt es, „zwei Hauptfehler: 1) Alle moralischen Besserungen werden in seinen Stücken von außen herein, — nicht von innen heraus bewirkt. Daher das Gewaltsame, unwahrscheinlich Zusammengedrängte und Ueberhäufte in seinen Stücken; wie der Commissär Wallmann in der „Aussteuer," wie der Staatschirurg Rechter im „Scheinverdienst." — Eben darum, weil alle Motive nur von außen herein, bloß zufällig zur Hauptentwicklung wirken, nicht aus dem Charakter selbst hervorgehen, braucht Iffland so viel Nebenfiguren und unnütze Ausstaffirungen zu seinen Stücken, weil er durch sie den Ausgang motiviren will. 2) Er setzt überall Natur und Kultur in einen falschen Contrast. Kultur ist ihm immer die Quelle aller moralischen Verdorbenheit; wenn seine Menschen gut werden sollen, so kehren sie in den Naturzustand zurück; der Hagestolze geht auf seine Güter und heirathet ein Bauernmädchen u. s. w. Das ist ein ganz falscher Gesichtspunkt, aus welchem er alle Kultur verunglimpft, anstatt zu zeigen, wie die Kultur von Auswüchsen gereinigt, veredelt und liebenswürdig gemacht werden könne."

Als Iffland am 17. December 1796 seine Bestallung als Director erhielt, übernahm er folgende Mitglieder des königlichen Nationaltheaters:

Mlle. Altfilist (kam 1787 nach Berlin).

Joseph Ambrosch (geb. zu Friaul 1760, betrat zum erstenmale das Theater 1784 bei der Schmidt'schen Gesellschaft zu Ansbach und debütirte 1791 in Berlin als Belmonte, nachdem er zuletzt bei der Großmann'schen Truppe in Hannover engagirt war).

Karl Ernst Benda (geb. zu Gotha 1766, betrat zum erstenmale das Theater zu Berlin 1785 als Fritz im „Hofmeister").

Joh. Ludw. Berger (geb. zu Berlin 1760, debütirte in Berlin 1791 als Bruno in „Clara von Hoheneichen" und kam von der C. Döbbelin'schen Gesellschaft).

Friedr. Jonas Beschort, geb. zu Hanau 1767, debütirte in Berlin 1796 als Fähnrich im „Fähnrich;" war vorher bei der Daber'schen Gesellschaft in Worms und dem Schröder'schen Theater in Hamburg, von wo er nach Berlin kam.

Therese Beschort, geborne Zuber (geb. zu Landshut in Bayern 1765, debütirte in Berlin 1796 als Königin der Nacht in der „Zauberflöte").

Johann Friedrich Bessel (geb. zu Hardegsen im Hannover'schen 1755, debütirte in Berlin 1775 als Feldwebel im „dankbaren Sohn").

Heinrich Eduard Bethmann (geb. zu Rosenthal bei Hildesheim 1774, betrat 1793 zum erstenmale die Bühne in Kreuznach, debütirte in Berlin 1794 als Ferdinand im „Deutschen Hausvater" und kam vom Theater zu Schwerin).

Jos. Mich. Böheim (geb. zu Prag 1752, kam 1779 von der Wäser'schen Truppe nach Berlin, ging hierauf zum markgräflichen Hoftheater nach Schwedt, dann zur Thabor'schen Bühne in Frankfurt a. M., und kehrte 1789 nach Berlin zurück, wo er als Gloster in „König Lear" debütirte).

Marianne Böheim, geborne Wulfen (geb. zu Hamburg 1759, betrat das Theater zu Lübeck 1776, debütirte in Berlin 1779 als Rosaura im „Lügner," und 1789, nach ihrer Zurückkunft von Frankfurt a. M., als Maria Stuart im Trauerspiele gleichen Namens).

Charlotte Dor. Mar. Böheim (geb. zu Berlin 1783, betrat hier zum erstenmale die Bühne 1793 als Julchen im „Räuschchen").

Elisab. Böhm, verehel. gewesene Cartellieri (geb. zu Riga 1756, betrat 1783 zuerst das Wäser'sche Theater in Breslau, debütirte in Berlin 1787, ging in demselben Jahre wieder ab und kam 1788 zurück, wo sie als Sophie in „Walder" auftrat).

Caroline Maximiliane Döbbelin (geb. zu Köln a. R. 1758, war von Jugend auf beim Theater, debütirte in Berlin 1775 als Erixene in dem Trauerspiele „die feindlichen Brüder").

Christiane Dorothea Eigensatz (1781 in Kassel geboren, betrat 1794 in Berlin zuerst die Bühne als Bärbchen in der „Hochzeit des Figaro").

Friedrich Eunicke (geb. zu Sachsenhausen bei Oranienburg 1766, betrat 1787 zum erstenmale das Hoftheater in Schwedt als Ataliba in „Cora" und debütirte in Berlin 1796 als Tamino in der „Zauberflöte," nachdem er vorher in Frankfurt a. M. engagirt war).

Therese Schwachhofer, spätere Madame Eunicke (geb. zu Mainz 1778, betrat zum erstenmale die Bühne 1793 und debütirte in Berlin 1796 als Amor im „Baum der Diana").

Louise Sophie Fleck, geborene Mühl, spätere Madame Schröck (geb. zu Berlin 1777, betrat daselbst zum erstenmale 1792 die Bühne als Landmädchen im „Mondkaiser").

Joh. Christ. Franz (geb. zu Havelberg 1763, debütirte hier als Axur 1791).

Friedr. Ernst Wilh. Greibe (geb. zu Hildesheim 1754), und Marie Therese Greibe, geborene Engst (geb. zu Berlin 1750, kamen Beide von Braunschweig und debütirten 1786 als Matthes und Mutter Anna in „Röschen und Colas").

Catharine und Margarethe Hamel (die Schwestern der Madame Schick).

S. Herdt (geb. zu Mainz 1755, kam von Hamburg und debütirte in Berlin 1786 als Odoardo in „Emilie Galotti").

Charlotte Doroth. Herbt, geborne Rademacher (geb. zu Berlin 1764, betrat hierselbst zum erstenmale 1781 die Bühne).

Carl David Holzbecher (geb. zu Berlin 1779, betrat das hiesige Theater als Elamir in „Azur").

Gottfr. Christ. Günth. Kaselitz (geb. zu Sondershausen 1759, debütirte in Berlin 1787 als Oberst in „Henriette").

Franz Christ. Wilh. Labes (geb. zu Danzig 1768).

Karl Friedr. Leist (geb. zu Berlin 1760, betrat 1792 die hiesige Bühne).

Lippert und Frau.

Franz Mattausch (geb. zu Prag 1767, betrat zuerst das Theater in Bayreuth 1784, kam von der Thabor'schen Bühne zu Frankfurt a. M. nach Berlin und debütirte daselbst 1789 als „Don Carlos").

Henriette Eunicke, geborne Schüler (geb. zu Döbeln in Kursachsen 1772, von Jugend auf beim Theater, kam 1781 mit ihren Eltern zur Döbbelin'schen Bühne, auf welcher sie bis 1785 Kinderrollen spielte und debütirte nach ihrer Rückkehr 1796 als Louise in der „Tochter der Natur").

Marianne Müller, geborne Hellmuth (geb. zu Mainz 1772, debütirte in Berlin 1789 als Rosine im „Zauberspiegel" und kam von Schwedt).

Joh. Dav. Reinwald (geb. zu Berlin 1749, betrat 1771 zuerst das Theater bei der Barzanti'schen Gesellschaft in Cüstrin und debütirte 1775 in Berlin als Tripp in den „Kriegsgefangenen").

Hermann Friedrich Rüthling (geb. zu Wittstock 1752, betrat zum erstenmale in Berlin das Theater 1781 als Bedienter der Lady Rusport im „Westindier").

Margarethe Louise Schick, geborene Hamel (geb. zu Mainz 1773, betrat daselbst zum erstenmale die Bühne als Lilla 1792 und debütirte in Berlin 1794 als Astasia in „Azur").

Karl Wilhelm Schwadke und Charlotte Amalie Schwadke, geb. Großmann (debütirten Beide 1795 in Berlin; der Erstere war bereits vor dem Jahre 1788, unter dem Namen Engel, beim Nationaltheater).

Karl Wilh. Unzelmann (geb. zu Braunschweig 1753, betrat zuerst die Bühne in Güstrow 1772 bei der Barzanti'schen Gesellschaft, debütirte 1775 in Berlin, ging von hier 1781 zum Hamburger Theater über, kehrte zur Döbbelin'schen Gesellschaft kurze Zeit zurück und nahm ein Engagement bei Großmann in Frankfurt a. M. an; 1788 debütirte Unzelmann auf dem Berliner Nationaltheater als Ruhberg jun. im „Bewußtsein").

Friederike Auguste Conradine Unzelmann, geborne Flittner, genannt Großmann (geb. zu Gotha 1769, war von Kindheit an beim Theater und debütirte in Berlin 1788 als Nina und als Rosine im „Jurist und Bauer").

Außerdem waren angestellt:

Johann Friedr. Ferdinand Fleck, als Regisseur.

Jacobi, als Rendant der Haupttheaterkasse, und

Karl Lanz, als Theater- und Garderobe-Inspektor.

Mit diesem Personal bildete Iffland einen Künstlerverein, wie er, insbesondere für diejenige Gattung von Stücken, die damals am meisten beliebt waren, nicht besser gewünscht werden konnte; man sah Darstellungen zu dieser Zeit, sowohl im Einzelnen als im Ganzen, wie man sie kaum wieder gesehen hat.

Die Leistungen von Fleck, sowie von Unzelmann und Frau von Mattausch, Beschort, Kaselitz, der Schick und Mlle. Döbbelin haben wir bereits in flüchtigen Zügen kennen gelernt, es bleiben nur Madame Fleck und Madame H. Eunicke, über die Einiges an dieser Stelle noch nachzuholen wäre. Madame Fleck, spätere Madame Schröck, hatte sich unter der Leitung ihres Mannes zur geachteten Schauspielerin herangebildet; sie gab mit einer unnachahmlichen Mädchenhaftigkeit, Innigkeit und Zartheit des Gefühls und einer anspruchslosen Munterkeit die ersten jugendlichen Rollen in den Iffland'schen und Kotzebue'schen Stücken, deren Hauptepoche damals war, und gehörte zu einer der beliebtesten Darstellerinnen, die nicht unwesentlich zu den späteren Triumphen des neuen Directors beitrug.

Madame Henriette Eunicke, später so berühmt gewordene Madame Hendel-Schütz, gefiel zwar nicht sehr bei ihrem ersten Auftreten wegen ihres weinerlichen und gedehnten Vortrags in den hohen Tönen, entzückte jedoch bald darauf das Publikum in den Iffland'schen Stücken desto mehr.

Was den Geist und die Art der Geschäftsführung des neuen Directors in seiner ersten Zeit betrifft, so spricht sich darüber Friedrich Schulz wie folgt aus: „Iffland war ein rechtschaffener, aber auch ein guter Mann, was man so eigentlich einen guten Mann nennt; sein Gemüth war weich und beweglich. Ein guter Mann wird und muß nur zu oft seinen Eifer und seine Liebe für die Kunst und seinen Abscheu gegen Mißbräuche der Schonung gegen Personen unterordnen, die der Kunst Ehre machen, aber an Mißbräuche gewöhnt sind. Genug, tiefe Kenntniß und weiser Gebrauch seiner Kraft war die Eigenthümlichkeit seines Spiels als Schauspieler; Versöhnlichkeit und Milde die Seele seiner Dichtungen; und eben diese Eigenschaften charakterisirten auch seine Verwaltung, und erhielten auch später in äußeren Stürmen, die dem ganzen Staate Gefahr drohten, die Bühne aufrecht und die Gesellschaft beisammen. Iffland wußte, daß Strenge und Nachgiebigkeit in ihrem kleinsten Uebermaße gleich schädliche Wirkungen auf eine Anstalt machen müsse, die aus so verschiedenen ungleichartigen Elementen und unter einander sich widersprechenden Prätensionen zusammengesetzt ist."

Kaum hatte Iffland sein Amt angetreten, so wurden die Vorstellungen durch den Tod des Prinzen Louis und den der verwittweten Königin, vom 29. December 1796 bis zum 23. Januar 1797, unterbrochen. Kein volles Jahr später mußte zum zweitenmale das Theater geschlossen werden, da am 16. November 1797, Vormittags 10 Uhr, König Friedrich Wilhelm der Zweite gestorben war. Die Trauerzeit für die Bühne dauerte jedoch dießmal nur acht Tage, so daß dieselbe am 24. desselben Monats mit dem Kotzebue'schen Schauspiel: „Die silberne Hochzeit" wieder eröffnet wurde.

Das Repertoir des Jahres 1798 brachte als zweite Neuigkeit: „Graf Benjowsky," und war die Besetzung dieses Stücks: Graf, Mattausch; Hettmann, Iffland; Afanasja, Mad. Fleck; Stepanof, Schwadke. „Es ist unverkennbar," sagt das Berliner Archiv der Zeit vom März 1798, „daß Kotzebue sein Schauspiel nach dem Schiller'schen Fiesko gemodelt hat. Der Gang des Stücks ist dem genannten ähnlich, der Charakter des Grafen ist nach dem des Fiesko kopirt, und Furcht vor der Entdeckung der Verschwörung spannt uns hier wie dort."

Das später folgende Singspiel: „Der Ritter Roland," war eine verfehlte Nachahmung der Zauberflöte; die Musik ist von Haydn, dem Verfasser so vieler schönen musikalischen Producte. Leider ist er aber hier oft aus seiner Sphäre herausgetreten. Dramatische Musik ist für Haydn nicht; sein ganzes Talent, seine Laune, seine Ausschmückung einzelner Rollen, sein Hang zum Graziösen, zum Einzelnen, leiten ihn weit mehr zur Instrumentalmusik als zur theatralischen, welche die mannigfaltigsten Seiten, die buntesten Farben und das strengste Ganze, die größte Einheit fordert!

Das wichtigste und folgereichste Ereigniß der Iffland'schen Verwaltungsperiode war, daß Schiller nach längerer Ruhe von Neuem mit ungeschwächter Jugendkraft für die dramatische Dichtkunst auferstand. Sein zweiter und dritter Theil des Wallenstein (die Piccolomini und Wallensteins Tod) erschienen 1799, am 18. Februar, resp. 17. Mai, zum erstenmale, nachdem schon im Jahre vorher Iffland mit Schiller deßhalb in Unterhandlung gestanden und das Werk in seinen vollendeten drei Theilen für sechzig Friedrichsd'or erworben hatte. [1]

Wallensteins Lager kam, obgleich mit den beiden anderen Theilen gleichzeitig beendigt, erst am 28. November 1803 zur Aufführung, da Iffland Bedenken trug, dieß Stück früher zu geben. [2]

Es mögen über das Spiel der Hauptpersonen im Stücke einige Bemerkungen aus dramaturgischen Blättern jener Zeit folgen.

„Wenn man," heißt es darin, „des Wallenstein gedenkt und sich seiner Herrlichkeit freut, sollte man auch zuweilen an den trefflichen Fleck erinnern, der sein reifes Mannesalter durch das Studium dieser Rolle verherrlichte."

„Gewiß, wer ihn damals, als das Gedicht zuerst erschienen war, diesen Helden darstellen sah, hat etwas Großes gesehen. Ich habe fast auf allen deutschen Theatern der Aufführung dieses Gedichtes zu verschiedenen Zeiten beigewohnt; vieles war zu loben, dieß und jenes gelang, aber nirgends ward mir etwas sichtbar, das diesem wahren Heldenspieler nur von ferne wäre ähnlich gewesen. Wo ist je der große Monolog, und dann die Scene zwischen Wallenstein und Wrangel wieder so gesprochen und gespielt worden?"

„Iffland gab damals den Piccolomini vortrefflich, und wenn die übrigen Darsteller auch mehr oder minder Tadel zuließen, so sprachen doch selber die Schwächeren die Verse in jenen Jahren viel besser, als man es jetzt von den Guten gewohnt ist."

[1] S. Nr. 1 bis incl. 8 des Briefwechsels.
[2] S. Nr. 8, 9 und 26 des Briefwechsels.

In demselben Jahre sendete Kotzebue „die beiden Klingsberge“ und „Johanna von Montfaucon“ aus Wien an Iffland und bot diese Stücke zur Aufführung an; das Letztere wurde jedoch zurückgewiesen, weil, wie Iffland unter dem 29. März 1799 schriftlich äußerte, „dasselbe, nach allen Consultationen, schlechterdings nicht auf dem kargen, engen Berliner Theater gegeben werden könnte.“ Kotzebue fand sich dadurch veranlaßt in einem sehr gereizten Tone und in der ungebundensten Sprache am 27. April zu antworten, worauf zwei Monate später, trotz der ausgesprochenen Gründe, die Johanna zur Aufführung kam.[3]

Endlich hatte auch der Bau eines neuen Schauspielhauses begonnen. Man schritt mit dieser Arbeit so rüstig vorwärts, daß nach Verlauf von zwei Jahren die Vorstellungen schon eröffnet werden konnten. Je thätiger man aber hier auf Vollendung des begonnenen Werks hinarbeitete, desto größer waren auch die Anstrengungen auf der alten Schaubühne, um die letzten Eindrücke unvergeßlich zu machen. Nicht allein, daß das Jahr 1800 viel Gutes lieferte, so kamen auch 1801 Maria Stuart, die Jungfrau von Orleans und Egmont, die einzigen Trauerspiele dieses Jahres, zur Aufführung; ein Beweis von der Wahrheit des gesagten.

Unter den im Jahre 1800 neu erschienenen Stücken ist „Octavia“ zu nennen, unbestritten die beste der Kotzebue'schen Tragödien, wenigstens der Composition nach. Dem Verfasser dürfte wohl bei diesem Trauerspiel Shakspeare's „Antonius und Cleopatra“ vorgeschwebt haben und athmen die Scenen, welche Octavia zuerst mit dem Bruder und dann mit dem Gatten hat, eine Wärme des Ausdrucks, welche an die besten Muster erinnert. Nicht so desselben Verfassers „Gustav Wasa“ und „Bayard.“ Hierauf folgte am 5. September Abt Vogler's „Hermann von Unna,“ ein Schauspiel mit Chören und Tänzen. Iffland hatte zum Ballet im ersten Akte bei der Direction der großen italienischen Oper um sechzehn Figuranten und zwei Tänzer sich beworben, sowie das Orchester um acht Musiker verstärkt; auch ein Honorarium von 300 und 100 Reichsthalern Nachschuß bewilligt, wenn bei der auf einen Sonntag bestimmten Vorstellung die Einnahme 300 Reichsthaler betragen würde. Die Aufnahme des Stücks war so ausgezeichnet, daß dasselbe in eilf hintereinander folgenden Theatertagen achtmal gegeben werden

[3] S. Nr. 106 und 107 des Briefwechsels.

mußte. Am 3. November kam das Lustspiel: „Das Chamäleon“ zur Aufführung. A. W. Schlegel, L. Tieck, Bernhardi und ihre Freunde glaubten sich durch die Rolle des Schulberg vom Verfasser angegriffen; für die Betheiligten nahm L. Tieck den hingeworfenen Handschuh auf. Er bat Iffland um Ueberlassung des Manuscripts auf kurze Zeit, was aber nur unter sehr bestimmt gestellten Bedingungen und mit dem Hinzufügen bewilligt wurde, daß Iffland für seine Person nicht glauben könne, daß die Karikatur auf Schlegel 2c. zu beziehen sei.

Da Tieck durch die Kenntniß des vollständigen Manuscripts in seiner Ansicht bestärkt wurde, schrieb er in einem entschiedenen Ton an Iffland, der unter dem 22. November 1800 nicht minder stark antwortete.[4]

Auch A. W. Schlegel äußerte sich dahin, daß er zwar glaube, daß der Verfasser bei der Rolle des Schulberg seine Freunde und ihn gemeint habe, er doch nicht wisse, ob sich ein rechtlicher Beweis dieser Ansicht führen ließe.[5]

Wir haben Fleck als Wallenstein auf dem Gipfel seines mimischen Genies gesehen. Leider war diese Rolle zugleich das Ende desselben; er fing an zu kranken, und obgleich er sich einer martervollen, halbstündigen Operation unterworfen hatte und nach wenigen Monaten auch als geheilt erschien, selbst am 18. December 1800 als Wallenstein auftreten und sich des herzlichsten Empfanges erfreuen konnte, so lag dennoch der Keim zum Tode in ihm und die Abnahme seiner Körperkräfte schritt so rasch vorwärts, daß er sich genöthigt sah, im folgenden Frühjahr aller seiner Thätigkeit zu entsagen.

Am 8. Januar 1801 erschien „Maria Stuart“ zum erstenmale. Mad. Unzelmann gab die Maria; Mad. Böheim die Elisabeth; Mattausch, Mortimer; Berger, Burleigh; Iffland, Melville; der letztere übernahm jedoch bei der ersten Wiederholung den Leicester, da Fleck ernstlich erkrankte und die Anstrengungen dieser Rolle nicht mehr ertragen konnte.

Schiller hat, nach Abrechnung der Zeit, wo er abgehalten war zu arbeiten, sieben und einen halben Monat gebraucht, Maria Stuart zu Ende zu bringen und trat, dieses Trauerspiels wegen, unter dem 26. April 1800, mit Iffland in Verbindung.[6]

[4] S. Nr. 85 bis incl. 88 des Briefwechsels.
[5] S. Nr. 75 des Briefwechsels.
[6] S. Nr. 10 bis incl. 12 des Briefwechsels.

„Egmont," der am 25. Februar folgte, zeigte eine spärliche Zahl von Wiederholungen, woran wohl das Nichtverständniß Schuld gewesen sein mag. Beschort gab Egmont; Iffland, Oranien; Herdt, Alba; Unzelmann und Frau Vanson und Klärchen. Das Märzheft des Kronos vom Jahre 1801 berichtet: „Egmont," von Goethe, hat auf dem Berliner Nationaltheater keine Sensation gemacht. Man verarge es dem Publikum nicht, obschon zunächst ihm der größere Theil der Schuld zufallen mag, insofern man von der Schuld gewisser Theaterleute, die noch immer Schauspieler heißen, und indem sie die Nebenrollen entstellen, das Stück zu Grunde richten, abstrahirt. Aber auch das Publikum ist zu entschuldigen. Wer hat es verwöhnt? wer hat die Montfaucons, die Octavien, die Schwestern von Prag, die Sonntagskinder und wie diese Dinge alle heißen, wer hat sie gelockt und aufgetischt? Man pflegt Speisen, die ungenießbar zu werden drohen, zu mariniren, und wie kann der, welcher seine Gäste an solche Kost verwöhnte, verlangen, daß ihnen die reife Frucht aus der Hand der Natur behage."

Hiernach kam das Trauerspiel „Tancred" auf die Bühne. Goethe hatte dasselbe im Sommer 1800 zu übersetzen angefangen und war damit bis Ende dieses Jahres so weit vorgerückt, daß er am 16. December schon den dritten und vierten Akt und neun Tage später den Rest des Stücks, sowie einen Vorschlag zu lyrischen Episoden für Tancred, Iffland übersenden konnte.[7]

Zum Benefiz für Mad. Unzelmann gab man am 13. April den ersten Theil der „Nymphe der Donau," welches Stück bei jeder Wiederholung den lautesten Beifall erntete und das Haus stets überfüllte; vom 13. April bis zu Ende des Jahres ging es vierunddreißigmal über die Bühne und wurden Mad. Eunicke, geborne Schwachhofer, als Hulda, Mlle. Döbbelin als Jungfer Salome, sowie Unzelmann als Larifari jedesmal empfangen und am Schlusse gerufen. Auch trat im alten Schauspielhause noch im Laufe des Sommers ein willkommener Gast aus Weimar auf; Mlle. Jagemann, spätere Frau v. Heygendorf, kam im Monat August nach Berlin und gastirte zuerst am 21. desselben Monats als Myrrha in der Oper: „Das unterbrochene Opferfest," und

[7] S. Nr. 41 und 42 des Briefwechsels.

hierauf als Mariane in „Soliman II.," als Röschen im Singspiel „die schöne Müllerin," als Oberon, Amenaide in „Tancred," als Bertha in „Lilla" sowie im „Hausfrieden" und im Lustspiel: „Leichter Sinn" mit seltenem Erfolge; endlich trat sie noch als Sextus in Mozarts „Titus," welche Oper am 16. October zum erstenmale gegeben wurde, als Elisabeth in „Maria Stuart" und zuletzt als Eurilla im Lustspiel: „Das Kästchen mit der Chiffer," unter nicht minderen Acclamationen auf, so daß sie an neunzehn verschiedenen Abenden in eilf Rollen der verschiedensten Art gespielt hatte.

Der Schluß des Jahres 1801 brachte die „Jungfrau von Orleans." Nachdem Schiller das Theatermanuscript dieses Trauerspiels unter dem 2. September desselben Jahres an Iffland gesendet[8] und den Wunsch ausgesprochen hatte, daß der Mad. Unzelmann die Rolle der Johanna zufallen möge, kam das Stück am 23. November zur Aufführung. Es ist merkwürdig, daß dasselbe, so reich an Personen, so abwechselnd an Ort und Zeit der Begebenheiten, und eigentlich angewiesen an den größtmöglichen Bühnenraum, noch auf dem alten, kleinen und engen Theater, kurz vor Thoresschluß und mit einem Glanze erschien, der zu seinem Beifall einen so großen Grund legte, daß das Stück bis zum 8. Januar 1843 241mal auf dem Repertoire stand; ja, daß es selbst in den wenigen Tagen bis vor Schluß des Jahres noch dreizehnmal gegeben werden mußte. Nur von Don Juan ist, bis zum gedachten Tage, die Jungfrau von Orleans in der Zahl der Vorstellungen um fünfzehn überflügelt worden, bedenkt man jedoch, daß dieses Trauerspiel über zehn Jahre später erschien und mehr als zwei Jahre während dieser Zeit gänzlich geruht hatte, so dürfte der geringe Unterschied von fünfzehn Vorstellungen mehr als aufgewogen sein.

Das Bürgerblatt vom 29. Januar 1802 sagt unter Andern: „Allgemein war die Sensation, welche Schillers „Jungfrau von Orleans" erregt hat. Unsere wirklichen Kunstrichter finden noch keine Erklärung über dieses große Phänomen und drücken nur einstweilen in abgebrochenen Worten ihre Verwunderung aus. Ein längeres Studium des Gedichts kann es ihnen erst verstatten, eine Theorie für diese eigene Dichtungsart festzustellen." — — — „Der größere Theil des Publikums

[8] S. Nr. 14 des Briefwechsels.

begnügt sich einstweilen am Lesen und schweigt am Ende ohne weiteres Urtheil, oder ruft nur: ei, wie schön! Daß das Werk mehr in romantischer als in dramatischer Hinsicht müsse beurtheilt werden, wenn man das Hohe und Eigene seiner Schönheit auffassen will, ist das Einzige, was ich darüber hier sagen möchte."

Die erste Besetzung dieses Stückes war: Beschort, der König; Mattausch, Dunois; Böheim, Talbot; Iffland, Bertrand; Mad. Meyer, Jeanne d'Arc.

Endlich kam der 20. December, an welchem Fleck nach schwer endender Qual im fünfundvierzigsten Lebensjahre verschied; er starb Nachts halb 12 Uhr mit Ruhe und Geistesgegenwart in den Armen seines treusten Freundes, nachdem er kurze Zeit vorher Iffland gesprochen hatte.

Werfen wir noch einen Blick auf die Wirksamkeit des Dahingeschiedenen seit dem Debüt als Capacelli im Schauspiele: „Natur und Liebe im Streite" bis zu seinem Ende, so sehen wir, daß die Zeit, welche Fleck bei der Döbbelin'schen Bühne zubrachte, in Betreff der Theaterverhältnisse, wohl zu den mühevollsten seines Lebens gehörte. Döbbelin schätzte das Verdienst, aber er besoldete es schlecht und unordentlich, und Fleck, der wie alle Genies viel bedurfte, sah sich dadurch oft in Verlegenheit versetzt. Als später Ramler neben Engel Theil an der Direction hatte, ruhete fast die ganze Last auf den Schultern des Regisseurs Fleck. Selbst während der Verwaltung des Geheimen Raths Warsing blieb Fleck die Seele des Ganzen.

In diese Zeit fällt Fleck's Verheirathung. Er sehnte sich längst nach einer Häuslichkeit, für welche sein Herz sehr empfänglich war, und Mlle. Louise Mühl, welche erst seit kurzer Zeit bei der Nationalbühne engagirt war, wurde seine Gattin; sie machte ihn zum Vater zweier Töchter und eines Sohnes. Seit dem Tage seines Debüts bis zum 2. Mai 1801, wo er zum letztenmale vor seinem Tode den Franz Berthold im Schauspiel: „Die Versöhnung" gab, ist er 2627mal in 202 verschiedenen Rollen aufgetreten.

Mit dem Tode Fleck's und dem Schlusse des alten Theatergebäudes auf dem Gendarmenmarkte schließt die erste Periode der Iffland'schen Verwaltung ab. Die zweite Periode beginnt mit Eröffnung des neuen Schauspielhauses und reicht bis zum Herbste 1806, nicht allein mit vorzüglichen Productionen Schiller's für das höhere Drama, als: „Turandot, Wallenstein's Lager, die Braut von Messina, Wilhelm Tell, Phädra," sondern auch durch Goethe's Schauspiel: „die natürliche Tochter," sowie durch Schlegel's Uebersetzung des Shakspear'schen „Julius Cäsar" und durch die „Weihe der Kraft" von Zacharias Werner verherrlicht.

Die Wirkung, welche diese Erzeugnisse auf den Sinn und den Geschmack des Publikums hervorbrachten, sowie die Verwirklichung dieser Dramen durch das ausgezeichnete Spiel der Darsteller, mäßigte allmählig die Neigung des größeren Publikums für die Iffland'schen und Kotzebue'schen Stücke. Aber auch das musikalische Schauspiel blieb während dieser Periode nicht zurück. Gluck wurde immer gründlicher erkannt, obgleich bis dahin nur Iphigenia in Tauris zur Vorstellung gekommen war; 1805 kam dessen lang ersehnte „Armide" zur Aufführung.

Am Schlusse der ersten Iffland'schen Verwaltungsperiode, am 31. December 1801, wurde nochmals die „Jungfrau von Orleans" gegeben und hiermit das alte Nationaltheater geschlossen, nachdem der Director Iffland folgende, von Herklots verfertigte Rede gehalten hatte:

„Nicht ohne Rührung, ohne Dankgefühl,
Kaum ohne Thränen, kann zum Letztenmal
Der Künstler einen Ort betreten, der,
Obgleich beschränkt und ohne Schmuck, seit Jahren
Ihm eine zweite Heimath, seine Sphäre
Der Thätigkeit des innern Lebens war.
Er steht in einem Zauberkreise, wo
Die Genien der schöpferischen Kunst,
Aetherische, befreundete Gestalten
Der dichterischen Phantasie, begleitet
Von Schatten abgeschiedener Freuden, ihm
Im Dämmerlichte der Erinnerung
Vorüberschweben. Trauernd, gleich Dryaden
Des sturmbedrohten Haines, seufzen sie
Mit leisem Ton das letzte Lebewohl —
Der stillen Wohnung, die ihr Wirkungskreis,
Die ihres Daseins Bild und Denkmal war,

Die, nun in Trümmer stürzend, bald ihr Grab
Zu werden droht! Ach, diese Trümmer sind,
Mit Recht, dem Künstler im Gebiet Thaliens
Bedeutend! Sie bezeichnen ihm das Loos,
Das Mißgeschick des Ruhms: — Vergänglichkeit! —
Der Flamme gleich, die lodernd sich verzehrt,
Ist seine Bildnerkunst! Der Augenblick
Ist seines Werkes Schöpfer und Vernichter!
An ihn verschwendet er die ganze Kraft
Des Körpers und der Seele; wirkt electrisch
Momente lang auf jede Leidenschaft;
Erweckt durch süße Täuschung Schmerz und Freude;
Besteht den Wettstreit mit der Malerei
Und Plastik; — denn nur sein Gebild hat Leben
Und Mannigfaltigkeit! — doch wie ein Nebel
Der Morgendämm'rung schwebt es hin, und was
Der Nachruhm ferner Tage, was das Herz
Der Zeitgenossen ihm zum Denkmal weiht,
Sind Trümmer, deren Inschrift früh verwittert.

Es sei! — Unsterblich ist die Kunst, wenn gleich
Ihr Werk vergeht! Aus ewig reichen Quellen
Strömt ihre Schöpfungskraft! Ihr Genius
Haucht jüng're Priester mit Begeist'rung an,
Zum künft'gen Dienst der Göttin! Weise Fürsten
Weiht er zu Schützern ihres Heiligthums!
Zerstörte Tempel steigen aus Ruinen,
Als neue Prachtgebäude, dann hervor
Und winken die Geweihten aller Künste
Zum Streben nach Vollkommenheit herbei.

Doch unvergeßlich bleibst auch du Thalien,
Verwais'ter Ort, geweiht durch manche Thräne
Des stillen Mitgefühls, durch manchen lauten
Triumph, den Scherz und Frohsinn ihr erwarb!
Selbst dort, im neuen Tempel, der an Pracht

Dich übertrifft, wird sie ein Fremdling sein,
Bis durch Beweise gleicher Kennergunst,
Durch Nachsicht, die das Höchste, Schwerste, nicht
Zu rasch begehrt, der schimmernde Palast
Ein Wohnsitz anspruchsloser Freuden wird."

Tags darauf, am 1. Januar 1802 fand die feierliche Einweihung des neuen Schauspielhauses statt. Zunächst mag eine Beschreibung dieses Gebäudes hier eine Stelle finden:

Das von König Friedrich Wilhelm III. gebaute Schauspielhaus bildete ein längliches Viereck von 244 Fuß Länge, 115 Fuß Breite und von 55 Fuß Mauerhöhe. Die Façade gegen Morgen war mit einem 74 Fuß langen und 12 Fuß vorstehenden Säulengänge korinthischer Ordnung und mit einem Frontispice geziert. Das Haus hatte in den vier Seiten zwölf Ausgangsthüren. Das Dach, welches aus Bogen von zusammengesetzten Brettern bestand, bildete ein Zirkelstück; den obern Theil des Bodens nahm der Malersaal ein, welcher durch keinen Dachstuhl unterbrochen und durch Lichtfenster von oben erleuchtet wurde. An den vier Façaden des Hauses befanden sich Basreliefs, welche, nach der Erfindung und den Modellen von Schadow in Stuck ausgeführt, mythologische Gegenstände darstellten.

Der Zuschauerraum, in Form einer Ellipse, hatte bequem für 2000 Menschen Raum; das Parterre war aufsteigend in zwei Absätzen angelegt und mit Bänken und gepolsterten Sitzen versehen, an den Seiten desselben befanden sich 13 Logen, über diesen lag der erste Rang mit der großen königl. Loge gegenüber dem Theater, und 21 andern Logen, im Proscenium befand sich eine zweite königl. Loge und dieser gegenüber eine Loge für Fremde; der zweite Rang zählte 26, der dritte Rang 24 Logen und zwei Balkons; Amphitheater und Galerie bildeten den vierten Rang. Hinter den Logen befand sich ein doppelter Korridor, welcher im Winter geheizt werden konnte. Die Oeffnung der Schaubühne war 41½ Fuß breit und 34 Fuß hoch.

Von Außen betrachtet, war dieß Haus eben kein schöner Tempel, wozu das bereits erwähnte unförmige Dach einen nicht unwesentlichen Beitrag lieferte, aber auch im Innern zeigten sich gleich bei der ersten Vorstellung, die allerdings an einem kalten Wintertage stattfand, große

Mängel; besonders empfand man außer der großen Kälte bald einen sehr unbehaglichen Zugwind, dessen Ursache allein im ungeheueren Dach lag. Die Baumeister des Hauses suchten zwar dem Uebel durch Zwischenbauten im weiten Raume des Dachs abzuhelfen, eine vollständige Beseitigung des Fehlers war aber nicht mehr möglich.

Auch das erste zur Einweihung gewählte Stück war der neuen Aera nicht würdig. Kotzebue war damals der Modedichter, gleich beliebt bei Hofe und dem Publikum, und so konnte es nicht fehlen, daß bei ihm das Stück, womit die neue Zeit würdig beginnen sollte, bestellt wurde.

Lassen wir hierauf über die gesammten Feierlichkeiten die Annalen der neuen Nationalschaubühne zu Berlin vom Jahre 1802 weiter berichten: „Das neue Gebäude stand, der Tag der Einweihung war erschienen und nicht ohne Rührung hatte man Tags vorher das alte ehemalige Theater verlassen. Schon um Mittag standen Gruppen von Menschen, die der Eröffnung des Hauses und der Kasse entgegensahen, an den Thüren, und um drei Uhr war dieß erst zu erwarten. Mit jedem Augenblicke wuchs die Menschenmenge und um zwei Uhr waren mehrere Hunderte versammelt, die sich auf die Thüren hinzudrängten und aus deren Mitte ein dicker Dampf emporstieg. Ohnmächtige wurden hier und dort herausgeführt, andere retteten sich vor den habsüchtigen Griffen der Gauner. Die hartgefrorne Erde thauete unter den Füßen der Stürmenden auf, Kleider wurden zerrissen, Schuhe gingen verloren, und manch seidener Fuß der Damen watete im Kothe."

„Endlich öffnete sich eine Thüre, aber — es war die Mittelthüre. Gewaltsam stürzte der drängende Haufen ein, und verrannte sich selbst den Weg; verzweiflungsvoll kehrten die, welche seit einigen Stunden schon an den Seitenthüren, die auch jetzt noch verschlossen blieben, gewartet hatten, um, und manches Auge brach in Thränen aus, weil nunmehr alle Hoffnung für diesen Tag schwand, noch ins Haus zu kommen."

„Endlich trat ich in den hocherleuchteten Zuschauerraum. Der Anblick der Menschenmenge vom Parterre bis zur Decke, in vier Abstufungen, die Zierlichkeit der Logenreihen, die hellleuchtende, in der Mitte hangende Krone, der lichtgrüne, mit Arabesken und Bildern verzierte Vorhang, — Alles dieß machte einen schönen, fröhlichen Eindruck. Die Logen füllten sich immer mehr und mehr, die Heiterkeit des Orts theilte sich in jedem Gesichte mit, das alte Haus war wie das alte Jahr — vergessen; Jeder schien den Andern zu dem neuen Hause und dem neuen Jahre Glück zu wünschen."

„Die Uhr, welche über dem Theater angebracht, deutete endlich auf die Annäherung des Momentes, den man mit Sehnsucht erwartete. — Die Königin erschien. — Ein tiefes Schweigen feierte ihre Ankunft — aber plötzlich und allgemein brach das zurückgehaltene Feuer der Freude laut aus, und ein dreimaliges: „Es lebe die Königin!" begrüßte sie in dem neuen Heiligthum der Musen. Der Vorhang rollte auf, die heiter glänzende Bühne enthüllte sich zum erstenmale den Blicken der Zuschauer, und der Director Iffland sprach die folgende, von Herklots verfaßte Eröffnungsrede:

„Ein neuer, schöner Morgen für Natur
Und Kunst hat sich geröthet! Beiden ist
Er festlich, glückbedeutend für den Bund,
Der sie zu Schöpferinnen alles Schönen
Verschwistert! Heil dem heut'gen Tage, der
Ein neues Jahr im Zeitlauf, und zugleich
Ein neues Heiligthum der Kunst eröffnet!

So weit die Erde reicht, in hundert Sprachen,
Für Millionen denkender Geschöpfe,
Ist er ein Festtag, froher Wünsche, die
Gefühl und Sitte seinem Anbruch weihn;
Ein Tag des Glücks ist er Thaliens Söhnen!
Heut sehn sie ihren kühnsten Wunsch erfüllt;
Sie sehn den Anfang des Triumphs der Kunst,
Der neue Hoffnung der Begeisterung
Und Schöpfungskraft in ihre Seele gießt!
Für sie ist dieser Tag ein Fest der Freude,
Gefeiert am Altar der Dankbarkeit.

Ja, Dankgefühl, das menschlichste, das reinste,
Obgleich das ärmste Opfer, ist zugleich
Das einzig würd'ge, dem Geliebtesten
Der Volksbeherrscher, dargebracht zu sein;

Ihm, der als deutscher Fürst, die deutsche Kunst
Nicht bloß beschützt, der ihr mit Freundeswärme
Den Rang als Wonneschöpferin für's Herz,
Selbst neben Welschlands Musen, zugesteht,
Den weltgepries'nen Meisterinnen des
Gesangs, des Tanzes und des Saitenspiels;
Ihm, der dem vaterländ'schen Genius
Des Kunsttalents, voll Großmuth, diesen Tempel
Erbaute, prachtvoll, gleich dem Attischen
Gebäude, das „Apoll'n und den Camönen"
Sein großer Ahnherr weihte! Dankbarkeit
Für so viel Vaterhuld ist süße Pflicht!
Doch nicht durch Worte; nein, durch den Entschluß
Des regen Höherstrebens nach Vollendung
Sei sie erfüllt! So wie dieß Heiligthum,
Vom ersten Grundstein, bis zum hohen Dom,
Mit kühnem Uebergang vom scheidenden
In's werdende Jahrhundert, durch den Bund
Geweihter Künstler, höher stets und schöner
Emporwuchs; so erhebe sich die Kunst
Thaliens, durch Begeist'rung ihrer Priester,
Zum Gipfel der Vollkommenheit für Welt
Und Nachwelt! Daß der Kenner, daß der Freund
Des Schönen hier den süßesten Genuß
Für Geist und Herz, daß jedes edlere
Gemüth in diesem Tempel stets den Sitz
Der Tugend, der Natur und Wahrheit finde!
Daß Er, der güt'ge Vater seines Volks
Wenn Er, Alciden gleich an Hebe's Seite,
Von Thaten und von Sorgen ruhend, hier
Den Musen lauscht, bis in die fernste Zeit
Als Kunstbeschützer seines Werks sich freue!"

„Die Deklamation war schön; ihr folgte allgemeiner Beifall. Jetzt erst trat der König in die große Mittelloge. Alles war in fröhlichem Jubel, Alles empfing ihn mit Händeklatschen und dem tausendstimmigen

Zuruf: „Es lebe der König." — Die Musik leitete das Schauspiel: „Die Kreuzfahrer," von Kotzebue, ein."

„Das Stück gibt dem Decorationsmaler einen fast ununterbrochenen glänzenden Anlaß, seine Kunst geltend zu machen; die Gegend von Nicäa führt romantische und prachtvolle Darstellungen herbei; Verona hat die Meisterhand gezeigt, die Decorationen haben Kraft, Reichthum, Mannigfaltigkeit und Glanz. Das Stück selbst hat eine interessante, obschon vielleicht zu romantisch verwickelte Handlung. Die Charaktere sind größtentheils mit Tugend überladen, vorzüglich der Emir, welchen Iffland vortrefflich spielte, desgleichen der Ritter Balduin, in dessen Darstellung Beschort Kunst und Kraft entwickelte. Unter den Uebrigen zeichnete sich Mad. Meyer als Aebtissin und Mad. Unzelmann als Pilgerin aus."

„Das Stück ist in Versen geschrieben und sie tönten diesesmal mehr hervor, als wir es sonst zu hören gewohnt sind."

„So wie das Fest in seinem Anfange und Fortgange lyrisch war, so war es auch in seinem Schlusse. Der Vorhang sank, das Orchester fiel, aufgefordert von einigen Zuschauern, mit der Melodie des Liedes: „God save the King." ein, und das ganze Haus sang mit lauter Stimme: „Heil dir im Siegerkranz." Es war der vollste Ausdruck des Dankes und der Liebe gegen den geehrten Monarchen; er fühlte ihn, dankte und verließ unter Händeklatschen das Haus. Sichtbarer fühlte ihn die Königin; der Jubel, das Vivatrufen wollte kein Ende nehmen. So wie der Hof die Loge verlassen hatte, forderte man Iffland, um ihm den Dank und den Beifall des Publikums zu bezeugen. Er erschien und — brach in ein kurzes energisches Lob auf den König aus, den er den redlichsten Mann im Lande nannte."

Die Abschiedsrede am 31. December veranlaßte, daß man Iffland den Vorwurf machte, zu wenig Wärme gezeigt und den Namen Fleck absichtlich gemieden zu haben, weßhalb dieser sich bewogen fühlte, unter dem 8. Februar 1802 eine Rechtfertigung zu erlassen, welche wie folgt lautete: „Die zuletzt gesprochenen Reden in beiden Schauspielhäusern waren mehrere Wochen vor Herrn Fleck's Tode bereits geschrieben und gelernt. Die mancherlei Geschäfte, welche bei Einrichtung eines neuen Schauspielhauses sich häufen, machten diese Vorsicht zur Sicherheit des Gedächtnisses aus Achtung für das Publikum nothwendig."

„Den 20. December war der Todesfall; den 24. geschah die

Beisetzung. - Dieses traurige Geschäft, mit manchem andern, was in solchen Tagen das Herz der hinterbliebenen Familie zerreißt, ward der innig leidenden Wittwe mit Sorgfalt aus den Augen gebracht."

„Zur selben Zeit waren tägliche, oft doppelte Proben der beiden neuen Vorstellungen zur Eröffnung des Schauspielhauses, während der Gang der Vorstellungen im alten Schauspielhause bis an den letzten Tag nicht unterbrochen ward. Die Arbeiten begannen vor Tage und endeten in später Nacht; der Contrast von Trauergefühlen und Anstalten zur Freude war schmerzlich und drückend."

„Einen Verlust, der so allgemein, so tief empfunden ward, fast in dem Augenblicke selbst, vor dem Publikum mit Namen aussprechen — dawider könnte das Zartgefühl so viel sagen, als dafür zu sagen ist."

„Zufällig hat in der Schlußrede der Dichter eine Stelle gegeben, wobei man nach der eben eingefallenen traurigen Begebenheit nur an Ihn denken konnte. Von einem so fein empfindenden Publikum war dieses vorauszusetzen. Es geschah auf eine Weise, welche dem Gefühl nicht entgehen konnte. Die Versammlung feierte in ernster stiller Erinnerung an abgeschiedene Freuden das Andenken des Verstorbenen! Nur der Name ward nicht ausgesprochen, aber eine hörbare Beklemmung verkündete es, wie er in aller Herzen lebt und leben wird."

„Werden nun jetzt einige Verse vermißt, so müsse man die Handlung vermissen, welche das Gedächtniß des Abgeschiedenen ehren kann! Dann ist die Empfindung Seines Werthes vollgültig bewährt! Die verwaiste Stelle, woraus der große Künstler geschieden ist, achtet man dann am meisten, wenn man sie nicht leichtsinnig erfüllen will."

„Was indeß die Pflicht für den Fortgang der Sache erheischt, wird das Publikum mit Wohlwollen aufnehmen, sobald es mit Sorgfalt und Bescheidenheit geschieht."

„Den Vorwurf von Schwäche und Neid glaubt der Unterzeichnete übersehen zu dürfen, weil es wahrscheinlich ist, daß die lebhafte Empfindung für den Verstorbenen ihn unwillkürlich auf das Papier hingeworfen hat, nicht arge Deutung und Gehässigkeit gegen den Lebenden."

Am zweiten Eröffnungstage wurde, wie die Ankündigung lautete, die natürliche Zauberoper: „Das Zauberschloß," von Kotzebue, gegeben; die Musik ist von Reichardt, und ganz seiner würdig. Ein Bericht in der Eunomia vom Februar 1802 spricht weiter darüber, wie folgt:

„Man faßt sie (die Musik) nicht beim ersten Takte, wie die Walzer, nach welchen man im Donauweibchen singt; aber sie muß bei jeder Wiederholung immer mehr gefallen, weil man dann die feineren Eigenthümlichkeiten der einzelnen Gesänge immer besser wahrnimmt. Besonders schön ist die Behandlung der Blasinstrumente, vorzüglich der Waldhörner, die dieser Componist sehr zu lieben scheint. Man kann nichts Schöneres hören, als Herrn Gern's Stimme, bloß von zwei Hörnern begleitet. Die Aufführung des Stücks war vortrefflich: Mad. Schick, Mad. Eunicke, Herr Eunicke und Herr Gern sangen; nur in den Chören ward man einigemal gewahr, daß die Oper zum erstenmale gegeben wurde. Die Decoration war brillant; im dritten Akte gleichsam Schlag auf Schlag. Man wollte auch hier Unwahrscheinlichkeiten in der Beleuchtung u. s. w. bemerken (z. B. daß der Mond gezwungen sei, seine Strahlen in einen Winkel zu werfen).

„Das Kostüme ist größtentheils altdeutsch oder spanisch, doch mehr im Allgemeinen gehalten. Auch hier muß man sich manches aus dem Titel erklären; gut aber ist es, daß der Ritter im ersten Akt schon aus dem Wagen gestiegen ist, denn ein Mann mit Helm und Panzer, in einer ganz bedeckten ziemlich modernen Karosse, müßte sich wunderbar ausnehmen."

Am 15. März wurde zum Benefiz der Mad. Unzelmann „Der Wasserträger," frei nach dem Französischen: „Les deux journées," gegeben und hat hier, wie an andern Orten, viel Glück gemacht.

Gern, eine Acquisition Ifflands im Jahre 1800, sang nicht nur, sondern spielte auch seine Rolle als Wasserträger vortrefflich, und ist diese unter seinen Darstellungen das, was der Essighändler unter den Iffland'schen ist.

„Turandot," ein tragi-komisches Mährchen, wie in der Handschrift steht, wurde hierauf am 5. April gegeben, fand aber im Ganzen nur eine kalte Aufnahme, woran wohl die Besetzung eine Schuld getragen haben mag. Mlle. Eigensatz, welche die Turandot, und Bethmann, der den Prinzen Kalaf gab, waren durchaus nicht an ihren Stellen und so wurde das Benefiz der Mlle. Eigensatz ein Malefiz für die Zuschauer. Möglich ist es aber auch, daß der gesunkene Zeitgeschmack seinen Antheil hatte.

„Die französischen Kleinstädter" und „Die deutschen Kleinstädter" folgten kurz aufeinander. Das Original des ersten Stücks ist von Picard, von dem man wohl Besseres hat, und hielt sich das Ganze nur durch das vortreffliche Spiel der Mad. Unzelmann und Ifflands, als zweier Kleinstädter vom Schnitt der neuesten Mode. Die deutschen Kleinstädter sind eine Posse, wo mit vieler Plattheit einige lustige Situationen erkauft werden. [9]

Am 6. Februar 1802 schickte A. W. Schlegel sein Schauspiel „Jon“ an Iffland, nachdem es schon im Januar desselben Jahres, unter Verschweigung seines Namens, in Weimar gegeben worden war, und bot es zur Aufführung in Berlin an, machte aber die Bedingung, daß die bisher beobachtete Anonymität auch in Berlin vorläufig noch aufrecht erhalten werden möge. [10]

Sehr würdig schloß das erste Jahr der neuen Periode. Mad. Unzelmann wählte nämlich zu der ihr jährlich zukommenden Benefizvorstellung Goethes „Iphigenia in Tauris.“ Sie gab die Titelrolle in der größten Vollkommenheit; leider war sie aber die einzige der Darsteller, die den Geist des Dichters erfaßt hatte; denn von den übrigen Spielenden wurde sie fast gar nicht unterstützt; vorzugsweise litt die Rolle des Orest, so daß nur bei der ersten Vorstellung, am 27. December, der Zufluß des Publikums außerordentlich war. 1787 bekam das Stück die metrische Form und wurde 1800 für unsere Bühne, vom Kapellmeister Reichardt, mit Chören versehen. Obgleich diese Compositionen schon im Januar 1800 an Iffland eingereicht waren, so dauerte es dennoch fast drei Jahre, bis die Iphigenia bei uns gegeben wurde, weil — wie der Director unter dem 19. Januar 1800 schrieb — „keine Mittel für dieses Stück vorhanden waren.“ Bemerkenswerth und rühmlich für unsere Bühne ist es übrigens, daß späterhin Iphigenia ausgewählt wurde, bei großen feierlichen Gelegenheiten die Bühne wieder zu eröffnen; wie am 6. August 1810, nach dem Tod der Königin Louise; im Mai 1821, bei Einweihung des neuerbauten Schauspielhauses u. s. w.

Das Jahr 1803 brachte Goethe's Schauspiel: „Die natürliche Tochter,“ zur Darstellung, nachdem Iffland durch Schiller's Verwendung dieß Stück erhalten. Auch dieß Werk wollte kein Kassenstück werden, denn

[9] S. Nr. 108 des Briefwechsels.

[10] S. Nr. 76 bis incl. 80 des Briefwechsels.

es fanden nur drei Wiederholungen im laufenden Jahre statt, und Iffland brachte es während seiner Verwaltung nicht wieder auf das Repertoire.[11] Möge hierauf noch ein Brief Zelters an Goethe vom 15. Juli 1803 folgen, worin es über die natürliche Tochter heißt: „Ihre natürliche Tochter ist bis heute zweimal gegeben worden. Was soll ich Ihnen davon sagen? Alle hier thun was sie können und jeder das Seinige, wie er nun ist. Daß wir hier zu Lande dahin kommen, etwas Natürliches natürlich zu finden und zu gebrauchen, dazu ist vor der Hand keine Aussicht, doch kann es besser werden. Die Hoffnung ist schwach, aber nicht unmöglich. Eine totale Geschmacksfinsterniß, die nicht von der Stelle rückt, in die sich alles einfügt, dem das Denken sauer wird, die ihren höchsten Genuß in der Mäkelei, Vergleichungssucht, kurz die Lust in der Unlust zu finden meint, kann nur durch eine gewaltsame Explosion aus der stinkenden Ruhe in einen andern Zustand übergehen, und was dann daraus wird, muß man wieder hinnehmen. Wer von dem Undank unserer Kunstwelt will zu erzählen haben, darf sich nur um sie bemühen."

Die „Pagenstreiche," von Kotzebue, zogen hierauf die Masse mehr an. Diese Posse wurde unterm 3. Mai 1803 eingesandt, mußte aber von vorn herein stark beschnitten werden, da Iffland fürchtete, daß Manches nicht allein ohne irgend welche Wirkung bleiben, sondern auch übel aufgenommen werden würde. Ursprünglich hatte Kotzebue bestimmt, daß der Page französisch sprechen sollte; Iffland bat jedoch, dieser Rolle in anderer Sprache Verse zu geben, da, wie er sagte, „Mad. Eunicke kein Französisch sprechen könne und Mad. Unzelmann zu wenig Jargon habe, als gefordert würde."

In demselben Jahre beschenkte Schiller uns neben „Wallenstein's Lager" noch mit dem Trauerspiele „Die Braut von Messina." Er sandte das Theatermanuscript bereits unter dem 24. Februar 1803 an Iffland und spricht sich in seinem Briefe vom 22. April desselben Jahres dahin aus, daß er bei seiner eingesandten Tragödie einen Wettstreit mit den alten Tragikern versucht habe, aber vor der Hand es dabei bewenden lassen wolle, da Einer nicht allein den Krieg mit der ganzen Welt aufnehmen könne. Nach der Aufführung des Stücks, am 14. Juni, drückte

[11] S. Nr. 19 und 20 des Briefwechsels.

endlich Schiller brieflich gegen Iffland seine Freude über den Erfolg aus, welchen seine „feindlichen Brüder“ gehabt haben.[12]

Um diese Zeit besuchte ein würdiger Veteran unter den Schauspielern, der Regisseur Brockmann aus Wien, welcher 1777 zuerst den Hamlet auf die Döbbelin'sche Bühne gebracht, Berlin wieder, und bewährte auch in seinem Alter den vortrefflichen Künstler im Ausdruck des Humors. Auch in dem Trauerspiel „Coriolan,“ welches Stück zum Geburtstag des Königs zum erstenmal auf die Bühne kam, gastirte er als Sulpitius und schrieb Iffland an Collin nach Wien: „Unseres Brockmanns Ankunft gab den Coriolan an Beschort, so daß ich das schöne Werk, welches alle Welt erfreute und lebhafter als Regulus aufgenommen ward, aber — minder als Regulus dauern wird, in aller Ruhe genießen konnte.“

Der Vermählungstag des Prinzen Wilhelm von Preußen und der Prinzessin Maria Anna von Hessen=Homburg, am 12. Januar 1804, wurde durch eine Rede, gesprochen von Mad. Fleck, und durch das neue Trauerspiel von Bode: „Andromache,“ gefeiert, es fand aber dies Stück keinen Anklang.

Im darauf folgenden Monate kam die Shakespeare'sche Tragödie: „Julius Cäsar,“ bearbeitet von Schlegel, zum erstenmale auf die Bühne und zeichnete Schiller, in einem Briefe an Goethe, dies Stück wie folgt: „Es ist keine Frage, daß der Julius Cäsar alle Eigenschaften hat, um ein Pfeiler des Theaters zu werden. Interesse der Handlung, Abwechselung und Reichthum, Gewalt der Leidenschaft und sinnliches Leben, vis-à-vis dem Publikum — und der Kunst gegenüber, hat er alles was man wünscht und braucht. Alle Mühe, die man also noch dran wendet, ist ein reiner Gewinn und die wachsende Vollkommenheit bei der Vorstellung dieses Stücks muß zugleich die Fortschritte unsers Theaters zu bezeichnen dienen.“

In der Geschichte dieser zweiten Periode der Iffland'schen Verwaltung strahlt auch der Besuch Schillers, der einzige, den er Berlin machte, hervor. Der Dichter sah hier von seinen Werken, am 4. Mai, „die Braut von Messina,“ an welchem Tage er zum erstenmale die hiesige Bühne besuchte. Als er in die Loge trat, empfing ihn das volle Haus

[12] S. Nr. 16 bis incl. 18 und Nr. 23 des Briefwechsels.

mit einem Jubel, der nicht enden wollte. Alle ohne Ausnahme, Männer und Frauen, Jung und Alt, standen von ihren Sitzen auf und begrüßten den gefeierten tiefgerührten Dichter, der nach dem Schlusse des Schauspiels durch eine lebendige, ihn abermals mit lauten Freudenbezeugungen begrüßende Gasse wandeln mußte. Am 3. Mai erschienen „die Räuber," am 6. und 12. wurde „die Jungfrau von Orleans" und am 14. Mai „Wallensteins Tod" gegeben; sein Wilhelm Tell kam erst zwei Monate später zur Aufführung.

Während der Zeit, daß Schiller in Berlin war, wurde auch, und zwar zum Benefiz für Beschort, zum erstenmale „Fanchon, das Leiermädchen," auf die Bühne gebracht. Es war Himmels berühmteste Composition, welche auch als Vaudeville eine Zeitlang den Mittelpunkt der Pariser Aufmerksamkeit bildete.

Friedrich Heinrich Himmel, 1765 zu Treuenbriezen in der Mark Brandenburg geboren, hatte seine theologischen Studien vollendet und stand im Begriff, sich zum Antritt einer Feldpredigerstelle examiniren zu lassen, als ihn Friedrich Wilhelm II., welcher des Kandidaten Fertigkeit auf dem Fortepiano erfuhr, zu hören verlangte und hierauf zu seinem Kapellmeister ernannte. Seine musikalischen Studien hatte Himmel unter Naumann in Dresden vollendet; als Kapellmeister begründete er theils durch sein meisterhaftes Klavierspiel, theils durch seine Compositionen, sowohl im Kirchen- als im Opernstyle, seinen Ruf. Seine Fanchon empfiehlt sich zwar durch Lieblichkeit, Leichtigkeit und charakteristische Musik, die aus jeder einzelnen Person in Klarheit hervortritt, jedoch unsern großen und genialen Musikwerken nicht an die Seite gesetzt werden kann. Auch durch Liedercompositionen hat Himmel sich unläugbar Verdienste erworben. In allen seinen Compositionen spricht sich eine Leichtigkeit des Gemüths aus, die gewohnt ist, das Leben als schnellen Vorüberflug zu betrachten. Alles athmet ein fröhliches Leben, alles tritt hell und freundlich hervor und geht einschmeichelnd zum Gemüth. Er starb in Berlin an der Wassersucht in seinem fünfzigsten Lebensjahre.

Endlich kommen wir zum Schwanengesange Schiller's, „Wilhelm Tell." Unter dem 22. April 1803 hat er Iffland zuerst bekannt gemacht, daß es in seinem Plane läge, diesen Stoff zu behandeln; auch versprach er schon am 12. Juli desselben Jahres die Uebersendung des

Tell noch vor Ablauf des Winters. Iffland, der nicht die Zeit abwarten konnte das Theatermanuscript zu erhalten, fragt unterm 28. Juli an, ob er nicht schon früher etwas über die Kostüme und die Decorationen des Tell erfahren könnte, um zeitig genug mit den dazu nöthigen Arbeiten beginnen zu können. Der hierdurch entstandene Briefwechsel endigte mit einer Benachrichtigung Iffland's über den Erfolg des Stücks auf der Berliner Bühne und ist die gesammte Correspondenz in dieser Beziehung in vierzehn Schreiben enthalten, welchen noch Bemerkungen Schiller's über die Anschaffung von Decorationen beigefügt worden.[13]

Schiller war am 2. Mai 1804 in Berlin angekommen, er verließ unsere Stadt nach drei Wochen, krank, wie er kam; als das nächste Frühjahr erschien, befiel ihn ein tödtliches Katarrhfieber, an welchem er den 9. Mai in der sechsten Abendstunde von der Erde schied.

Erst am 16. Mai, also sieben Tage nach seinem Ende, las man in der hiesigen Unger'schen Zeitung, unter der Rubrik: Vermischte Nachrichten: „Aus Weimar ist die für die deutsche Literatur höchst traurige Nachricht eingegangen, daß daselbst der berühmte Dichter, Herr v. Schiller, in seinem 46. Jahre, plötzlich gestorben ist. Schiller war bekanntlich ein geborener Würtemberger, seiner ersten Bestimmung nach Arzt, den aber sein überwiegendes Talent bald zur Poesie als Hauptgegenstand seiner Beschäftigung führte. Im Jahre 1802 ward er vom Kaiser in den Adelstand erhoben; er starb als Sachsen-Weimar'scher Hofrath und Professor ordinarius zu Jena."

Am 22. Mai fand die erste Vorstellung eines Schiller'schen Werkes, nach dem Tode des Dichters statt. Es war die „Jungfrau von Orleans." „Als," so berichtet die Unger'sche Zeitung vom 25. Mai, „am Schlusse dieses in seiner ganzen Pracht, Schönheit und Begeisterung gegebenen Stücks, Johanna niedersank, die letzten Worte sprach:

„Kurz ist der Schmerz und ewig ist die Freude!"

als sich die Fahnen über sie hinabsenkten, eine lange feierliche Stille Bühne und Haus erfüllte — da war wohl nur im ganzen Hause ein Gedanke an Dich, Unsterblicher und Unvergeßlicher, und als nun der Vorhang langsam herunter rollte, um diese Trauerscenen in seine Nacht zu verhüllen, da riß — ein seltener, und bei diesem Anlaß sehr

[13] S. Nr. 18, Nr. 23 bis incl. 33, Nr. 35 bis incl. 37 des Briefwechsels.

bedeutungsvoller, ahnungsschwangerer Zufall! — eines der Seile; der Vorhang blieb schräg hängen, die Gruppe um Johanna's Leiche stand unbeweglich da, als wäre es eine Gruppe um Schiller's Aschenkrug gewesen; der Vorhang theilte das Theater diagonalisch in zwei Hälften, und ach! die darauf befindlichen Musen, diese schwesterlichen Drei, sie wallten nicht wie sonst, in schöner Harmonie, in gleicher Engelbewegung hinunter; sie waren in ihrem Fluge gehemmt; sie hatten sich halb — ganz versteckt, bis ein gewaltsamer Stoß das Gleichgewicht wieder herstellte. Auch dieser zufälligen Allegorie bedurfte es nicht, um zu fühlen, um zu klagen, daß Thalia und Polyhymnia ihre Schwester vielleicht auf lange Zeit, vielleicht auf immer verloren."

Das folgende Jahr 1806 brachte zum Benefiz der früheren Mad. Unzelmann, seit dem 26. Mai 1805 Mad. Bethmann, das Trauerspiel: „Phädra." [14]

Hierauf wurde am 9. Mai, auf Befehl Sr. Majestät des Königs, zum Besten der Schiller'schen Erben, „die Braut von Messina" gegeben. Die Kasseneinnahme betrug 2235 Thaler, der König legte dieser Summe noch 100 Stück Friedrichsd'or hinzu und sollen im Ganzen 3003 Thaler eingekommen sein.

Am 11. Juni erschien Marthin Luther auf der Berliner Bühne, in Z. Werner's „Weihe der Kraft." Unleugbar gehört dies Stück, trotz der vielen Widersacher, zu den gelungensten Schauspielen dieses Dichters. Es ist eben so reich an schwunghafter Begeisterung, als an kerniger Charakteristik und würdig dargestellten geschichtlichen Scenen; dagegen ist das mystische Liebesspiel zwischen der Hyacinthenjungfrau Therese und dem Karfunkeljüngling Theobald nicht am Platze, am wenigsten an der Seite des kernhaften Charakters Luther's. Schon im Jahre 1805 stand Z. Werner mit Iffland dieses Schauspiels wegen in Unterhandlung; die Briefe vom 10. Mai und 5. Juni, sowie Bemerkungen Werner's über das Lied Theresen's und den Wechselgesang Theobald's und Theresen's, welche der Verfasser auf Wunsch des Grafen ** verfaßt und eingeschickt hatte, finden sich im Briefwechsel. [15]

Der Eindruck, den dies Schauspiel beim größeren Theil des Publikums im Allgemeinen hervorbrachte, war ein entschieden guter, und

[14] S. Nr. 38 des Briefwechsels.
[15] S. Nr. 93 bis incl. 97 des Briefwechsels.

die Theilnahme eine außergewöhnliche. Luther war später Iffland's Lieblingsrolle; auch beschloß er mit ihr sein Bühnenleben am 5. December 1813.

Der Schauspieler Ferd. Rüthling spricht in seinem Tagebuche von einer großen maskirten Schlittenfahrt, welche am 24. Juli Abends zehn Uhr, nach der 15. Vorstellung der „Weihe der Kraft," von Gendarmen-Officieren, unter den Linden bei Fackelschein veranstaltet wurde, ohne sich jedoch über die Einrichtung der Schlitten zu diesem Aufzuge näher einzulassen und fügte hinzu, daß hierdurch die weiteren Vorstellungen eine Unterbrechung erlitten.

Am 15. Oktober desselben Jahres verließ Mad. Meyer, geborne Schüler, die Berliner Bühne, auf welcher sie bereits in ihren Kinderjahren beim Ballet angestellt war. Prof. Engel unterrichtete sie später in Geschichte, Mythologie, Verskunst und Deklamation. Sie betrat 1785 als jugendliche Liebhaberin das markgräfliche Theater in Schwedt, 1788 heirathete sie Friedrich Eunicke, kam mit diesem 1796 wieder nach Berlin, ließ sich im folgenden Jahre von ihrem Manne scheiden, und verheirathete sich 1802 mit Dr. H. Meyer. Nachdem sie auch von diesem drei Jahre später geschieden worden war, verband sie sich mit dem Dr. Hendel aus Halle und ging mit ihrem neuen Gatten nach Stettin, wo dieser sieben Monate darauf starb. In der äußersten Bedrängniß ging sie nach Halle zu ihrem Schwiegervater, lernte hier den Prof. Schütz kennen und verband sich diesem. Als die Universität Halle, an welcher Prof. Schütz eine Anstellung hatte, aufgehoben wurde, unternahm das Ehepaar eine Kunstreise durch Deutschland, Holland, Frankreich, Schweden, Dänemark und Rußland und ernteten Beide in den Jahren 1809—1819 überall den größten Beifall. Als Schauspielerin gab Mad. Hendel-Schütz die hochtragischen und derbkomischen Rollen; ungleich größeren Ruhm erwarb sie sich aber durch ihre mimischen und pantomimischen Darstellungen. Von ihrem vierten Manne im Jahre 1830 wiederum geschieden, ging sie nach Halle in das Haus ihres Schwiegervaters Schütz, und als dieser zwei Jahre später starb, 1832 nach Cöslin zu ihrem Schwiegersohne, wo sie den Rest ihrer Tage zubrachte und am 4. März 1849 an Entkräftung starb.

Das Ende des Jahres 1806 bildet den Schluß der zweiten Periode der Verwaltung Iffland's.

Das Unglück, welches am 14. Oktober dieses Jahres den preußischen Staat und die Stadt Berlin traf, mußte nothwendigerweise auch auf das Theater wirken und nicht allein in der Art und Weise der Führung, sondern auch in der Wahl der Stücke und der ganzen Oekonomie eine Veränderung hervorbringen. Zum Glück war Iffland der französischen Sprache vollkommen mächtig und von einem patriotischen Sinne belebt, und wurde von dem gesammten Theaterpersonal, selbst in der schwersten, düstersten Zeit nicht verlassen.

Gehen wir noch einmal auf diese zweite Periode zurück, so finden wir zuerst ein Publikum, welches endlich anfing, gegen Stücke von geringerem Geistesgehalte und namentlich gegen die sonst so beliebt gewesenen Iffland'schen und Kotzebue'schen Produkte eingenommen zu werden. Iffland fühlte dies nicht ohne Schmerz, und so erschienen, sei es aus Unmuth oder Bescheidenheit, selbst seine besseren Stücke viel seltener als früher auf der Bühne. Ein großer Uebelstand war jedoch während dieser und schon der früheren Zeit eingerissen, dem der Director umsoweniger entgegensteuern konnte, als er diesem Unwesen selbst mit Leidenschaft ergeben war; nämlich das Reisen der Schauspieler und ihr Gastiren auf andern Theatern. Iffland war öfter drei Monate im Jahr abwesend, und so geschah natürlich, daß seine Untergebenen diesem Beispiele folgten; nur Fleck hielt es unter der Würde seiner Kunst davon Gebrauch zu machen.

Während der beiden Trauerjahre der Fremdherrschaft mußten nicht allein die deutschen Anschlagzettel eine französische Uebersetzung geben, sondern auch auf Befehl des französischen Machthabers in Berlin, am 29. December 1806, von diesen die Bezeichnung: „Königliches Nationaltheater" gestrichen werden. Am Einzugstage Napoleon's in Berlin, wurde der „Abbé de l'Epée" gegeben und lautete die Ankündigung zur Aufführung dieses Stücks: „La societé dramatique et lyrique Allemande de S. M. le Roi donnera aujourd'hui Lundi le 27. Octbr. 1806 etc. Singspiele und komische Ballets bildeten vorzugsweise das Repertoire des Theaters; neue Trauerspiele kamen fast gar nicht und neue Schauspiele nur acht zur Aufführung: „Harlekin im Schutz der Zauberei," „Harlekins Geburt" waren die Glanzpunkte dieser unerfreulichen Episode.

Unter den neuen Schauspielen ist das Ordensgemälde: „die Söhne des Thales" zu nennen; es wurde zum Benefiz der Mad. Bethmann am 10. März 1807 gegeben, nachdem Z. Werner bereits unter dem 4. August 1804 von Warschau aus dieß dramatische Gedicht an Iffland gesandt hatte. Zur Aufführung ist jedoch dies Schauspiel in der überschickten Gestalt nicht gekommen. Iffland schrieb unterm 4. December 1805 an Werner, daß er bei seiner Anwesenheit in Hamburg ein Exemplar dieses Dramas gefunden habe, welches von einem dortigen Gelehrten für die Darstellung gekürzt sei; er bitte, daß Werner sich der Mühe unterziehen möge, es zu überarbeiten, sowie die Decorationsfolge, die Zeit und die Personenwahl noch mehr zu vermindern, um das Stück dem Publikum dann anbieten zu können.[16]

Hier möge sich Folgendes anschließen. Bekannt ist es, daß Schiller während seines Aufenthaltes in Berlin 1804 bei dem Prinzen Ludwig Ferdinand zur Tafel gebeten war und mit empfindlichen Kopfschmerzen das Mittagsmahl verließ. Iffland brachte den Dichter nach Hause, und soll den Wunsch Schiller's, ein neues Manuscript zu lesen, dadurch befriedigt haben, daß er ihm die „Söhne des Thales" gab. Ob nun die hierauf bezügliche, von Iffland erzählte Anekdote in Betreff „des gewissen Werner ꝛc.," welche von vielen Blättern, seit fünfzig und etlichen Jahren, wieder erzählt wird, auf Wahrheit begründet oder nur von Iffland erfunden ist, mag dahin gestellt bleiben, da es jetzt fest steht, daß dieß dramatische Gedicht erst unter dem 4. August von Werner an Iffland gesandt worden, Schiller aber bereits im Monat Mai desselben Jahres in Berlin war.

Nachdem das zweite Trauerjahr zu Ende ging und am 3. December 1808 die französische Besatzung Berlin verlassen hatte, belebte auch die Bühne sich von Neuem. Am 6. desselben Monats erschien die Ankündigung der Oper „Axur" auf deutschem Komödienzettel, und wurde bei dieser Gelegenheit der neue Gouverneur von Berlin, General v. Lestocq, der zum erstenmale in die Loge trat, mit großem Jubel empfangen. Als aber einige Tage später das preußische Militär einrückte, wurden auch die lang entbehrten Stücke, in welchen der preußische Volksgeist sein gekränktes Ehrgefühl und seine treue Anhänglichkeit an das Haus Hohenzollern kund geben konnte, wieder aufgenommen.

[16] S. Nr. 89 bis incl. 92 und Nr. 98 und 99 des Briefwechsels.

Inzwischen hatte die Bühne nicht allein nicht nachgelassen junge Schauspieler anzuwerben und zu beschäftigen, sondern dieselben entwickelten sich unter der Leitung Iffland's zur Ehre unseres Theaters, auch zu tüchtigen Mitgliedern desselben. So war Friedr. Wilh. Lemm schon seit dem Jahre 1799 beim Chor beschäftigt und hatte sich nach und nach zu kleinen Rollen herangebildet; doch gelangte er erst unter Brühl zu seiner Meisterschaft.

Mlle. Wilhelmine Maaß, eine geborne Berlinerin, verließ zwar 1802 unsere Bühne und ging nach Weimar, nahm aber nach Beendigung ihres dortigen Contraktes 1805 wieder eine Anstellung in Berlin. Sie debütirte als Natalie in den „Korsen" und gehörte von da ab bis 1816 unserer Bühne an, worauf sie längere Kunstreisen unternahm und nicht wieder kam. Sie sprach sehr durch den reinen Klang ihrer Stimme an und wurde bald im Spiel der sogenannten naiven, muntern und zärtlich liebenden Mädchen der Liebling des Publikums; wie in „Haß aller Frauen," „Laune des Verliebten," „Rosen des Malesherbes" u. s. w. Als Heldin, Königin oder tragische Liebhaberin war sie weniger glücklich, wozu ihre kleine, gedrängte Figur wesentlich beigetragen haben mag. Außerdem debütirten während dieser Periode Stich, Rebenstein, Blume und Gern jun., nachdem schon vor dieser Zeit Gern sen. 1800 und Wauer 1802 durch Iffland engagirt waren.

Neben diesen erfreulichen Erwerbungen, hatte die Bühne gleichzeitig einen herben Verlust zu beklagen, indem in der Nacht vom 29. zum 30. Mai des Jahres 1809 Mad. Marg. Louise Schick nach längerer Krankheit starb. Sie war 1773 zu Mainz geboren und bildete nicht allein ihre Singstimme mit der größten Liebe zur Kunst aus, sondern studirte auch auf das Gründlichste die Declamation und suchte überall, wo sie nur dazu Gelegenheit fand, den Rath Sachverständiger. Bei einem feinen und richtigen Gefühle war sie immer streng gegen sich selbst und in seltenen Fällen zufrieden mit den eigenen Leistungen. Ihr Drang war das Höchste zu erreichen. So bildeten sich denn auch die großen Darstellungen der „Iphigenia," des „Oedip" und der „Dido" immer mehr aus, und wurden zu tragischen Darstellungen in der höchsten Bedeutung, welche alles bisher Geschehene in der deutschen Oper übertrafen. Zu diesen Triumphen ist auch Gluck's „Armide" zu rechnen; es war ihr leider nicht mehr vergönnt, in der zur Friedensfeier bestimmten Oper „Iphigenia in

Aulis" neben ihrer Tochter die Klytämnestra zu spielen. Ihre letzte theatralische Darstellung war Walride im Singspiele „Uthal," von Mehul.

Die langersehnte Rückkehr des Königs und der Königin nach Berlin fand am 23. December 1809 statt. Zwei Tage später wurde dieses freudige Ereigniß im Opernhause mit der Oper: „Iphigenia in Aulis" gefeiert und das königliche Paar beim Eintritt in die Loge auf das Lebhafteste mit einem nicht enden wollenden Jubel empfangen. Das ganze Auditorium sang hierbei ein für dieses Fest verfaßtes Lied von Z. Werner nach der Melodie: „Heil dir im Siegeskranz." [17]

Mit der Festoper zeigte das Publikum sich durchaus nicht zufrieden, da die beiden weiblichen Rollen nicht würdig besetzt waren. Im Nationaltheater kam an diesem Tage dagegen mit Erfolg das Iffland'sche Schauspiel: „der Verein," auf die Bühne; die Vorstellung schloß mit dem Liede: „Eine feste Burg ist unser Gott." Der Director Iffland wurde in die königl. Loge gerufen und durch die gnädigsten Anerkennungsworte auf das Höchste geehrt; auch später, bei Gelegenheit des Ordensfestes im Januar 1810, für die in schwerer Zeit bewiesenen patriotischen Gesinnungen durch die Decoration des rothen Adlerordens dritter Klasse ausgezeichnet.

Die Rückkehr des Monarchen führte aber zugleich noch eine große und wesentliche Veränderung des Theaters, durch die Vereinigung der Kapelle und der italienischen Oper mit dem Nationaltheater herbei.

Bis zum Ausbruch des Krieges im Jahre 1806 gab diese Oper ihre Vorstellungen nur während des Karnevals; sie stand unter der Leitung eines Maître des spectacles, eine Charge, die bis zur Auflösung der Kammerherr Freiherr von der Reck bekleidete. Das gesammte Schauspielwesen, das musikalische und das recitirende, wurde nun der Führung Iffland's, welcher auch später den Titel eines General-Directors der königl. Schauspiele erhielt, anvertraut, die Kapellmeister Righini und Himmel, sowie der Musikdirector A. Weber ihm untergeordnet und das Opernhaus sowie das Schauspielhaus ihm, als alleinigem Oberhaupte übergeben. Da die in dieser Beziehung gepflogenen Verhandlungen in den Jahren 1809 und 1810 nicht ohne Interesse sein dürften, so mögen diese eben im Auszuge hier eine Stelle finden.

[17] S. Nr. 104 des Briefwechsels.

Der Bericht des Finanzministers Freiherr v. Altenstein, vom 12. Oktober 1809, enthielt hinsichtlich der künftigen Organisation der Oper und Kapelle folgende vorläufige Vorschläge:

1) „Eine kleine aber ausgesuchte Kapelle beizubehalten."

2) „Diese mit einem gleichfalls kleinen, ausgesuchten deutschen Sing- und Balletpersonale so in Verbindung zu setzen, daß große deutsche Opern, auch größere Concerte für Geld gegeben werden könnten, wodurch die Kosten größtentheils zu decken sein würden. Hiernach würde aber die Vereinigung der Oper und Kapelle mit dem Nationaltheater nicht wohl stattfinden können, sondern eine eigene Direction erfordern."

3) „Durch Bildung einer eigenen Klasse für Musik bei der Akademie der Künste, die vorzüglichsten Künstler mit den übrigen hiesigen höhern Lehranstalten in Verbindung zu setzen."

In der hierauf an die Ministerien der Finanzen und des Innern unterm 18. Oktober 1809 erlassenen Resolution wurde dieser Plan für zu kostbar erachtet, und dagegen die allerhöchste Absicht dahin erklärt: daß die Künstler der Instrumentalmusik, des Gesanges und Tanzes mit dem Nationaltheater so in Verbindung gesetzt werden, daß sie zu diesem gehören und dabei mitwirken, auf Verlangen Sr. Majestät aber auch besondere Hofconcerte und deutsche Opern geben sollten.

Es sollte nach dieser Hauptidee bei der Unterrichtssection, nach Rücksprache mit dem Director Iffland und andern bewährten Künstlern, ein Plan zur Einverleibung, Pensionirung, Abfindung und Entlassung der verschiedenen Künstler entworfen und vorgelegt werden. Es könnte jedoch auch nach den obigen Vorschlägen des Ministers v. Altenstein ein Gegenplan mit vorgelegt werden, um von beiden die Kosten zu balanciren und sonach den endlichen Beschluß fassen zu können.

Ueber diese Angelegenheit waren zur Zeit folgende Pläne und Vorschläge vorhanden:

Bereits am 8. Juli 1809 übergab der Kapellmeister Righini dem Minister Freiherrn v. Altenstein einen Plan über die Reduction und künftige Einrichtung der Kapelle, welcher im wesentlichen folgende Vorschläge enthielt:

1) „Einen großen Theil der Mitglieder der Kapelle mit kleinen Pensionen in den Ruhestand zu versetzen, und nur die durchaus

nöthigen Subjecte beizubehalten, worüber er auf Verlangen eine Liste einreichen würde."

2) „Zur Verminderung der Kosten einen Tag in der Woche und zwar am Mittwoch wo das Nationaltheater geschlossen werden müßte, im großen Opernhause, und im Sommer im Hoftheater zu Charlottenburg abwechselnd eine italienische und eine große deutsche Oper, und in der andern Woche ein großes Concert aufführen zu lassen, deren Einnahme nach Abzug der Kosten zur Hälfte die Opernkasse und die andere Hälfte das Nationaltheater ziehen könnte."

3) „Die Kapelle müßte dabei Dienste leisten, und das Balletpersonal entweder die eingeübten Tänze bei den Opern ausführen oder die Vorstellung mit einem besondern Ballet beschließen. Letzteres dürfte aber nicht mehr ohne ausdrücklichen allerhöchsten Befehl im Nationaltheater tanzen."

4) „Nur auf dem Operntheater sollen künftig große deutsche Opern aufgeführt werden, und müßte sich das Nationaltheater auf kleinere Opern zum Nachspiel beschränken, weil nur dann von der großen Oper etwas Vorzügliches zu erwarten und auf Frequenz zu rechnen wäre."

5) „Die Beibehaltung der großen italienischen Oper wäre auf alle Fälle nothwendig, weil die zu Erhaltung des bessern Geschmacks in der Musik beizubehaltenden ältern und neuern Meisterwerke aus dem Vaterlande dieser Kunst in ihrer zur Musik geschaffenen vaterländischen Sprache vorgetragen werden müßten, um ihren ganzen Werth zu behalten."

6) „Mit der Kapelle ein Conservatoire der Musik zu verbinden, von welchem alle vierzehn Tage die oben erwähnten großen Concerte gegen Eintrittsgeld gegeben werden sollen."

7) „Zu Beförderung dieser Anstalt die jetzt für sich bestehende Singakademie mit derselben zu vereinigen."

8) „Zu den großen Concerten des Conservatoires und der italienischen großen Oper sollte zwar das Orchester des Nationaltheaters und dessen ganzes Singpersonal mitwirken; von den Mitgliedern des vorigen italienischen Operntheaters würden aber nothwendig die Marchetti und Schmalz, sowie Tambolini und Fischer beibehalten werden müssen, bis die Umstände die Anstellung neuer Subjecte zur großen italienischen Oper gestatteten."

Der Kapellmeister Himmel war mit den Vorschlägen des Kapellmeisters Righini, mit Ausnahme des Punkts 5) ganz einverstanden. Die Beibehaltung der italienischen Oper erklärte er aber für ganz unräthlich, zumal da bei der Beschaffenheit des noch vorhandenen Personals sogleich drei bis vier neue Subjecte engagirt werden müßten; es wäre vorzüglicher, die deutsche Oper zu einer größern Stufe und Vollkommenheit zu bringen, und zu dem Ende für die zu entlassenden Subjecte der italienischen Oper einige neue Künstler und einen Dichter für die deutsche Oper zu engagiren. Auch Kirchenmusik wäre wichtiger und folgenreicher als die italienische Oper und kostete nichts.

Die Vereinigung der königl. Kapelle mit den Musikern beim Nationaltheater hielt derselbe in Einverständniß mit dem 2c. Righini für durchaus unmöglich und auch von keinem Nutzen für die königl. Kassen; bei den von ihm und von Righini gemachten Vorschlägen könnte man auf eine jährliche Einnahme von vielleicht 70—75,000 Thaler rechnen, wovon das ganze Personal der Kapelle bezahlt werden könnte; wenn von Sr. Majestät dem Könige die für jeden Karneval dem Directeur des spectacles verabreichte Summe von 40,000 Thalern, welche oft mehr betragen habe, hinzugefügt würde, so dürfte das ganze Personal der Oper und Kapelle damit unterhalten werden können.

Der Professor Zelter erklärte sich in einem auf mündliche Veranlassung des Staatsraths Schulz abgegebenen Gutachten gleichfalls gegen Wiederherstellung und Beibehaltung der kostbaren italienischen Oper, da diese in Italien selbst sich jetzt in einem sehr gesunkenen Zustande befände; er glaubte gleichfalls, daß es vorzüglicher wäre, die deutsche Oper emporzubringen und zu diesem Zweck auch die im Dienste des Königs stehenden drei Kapellmeister mehr als bisher zu benutzen. Die Einrichtung eines Conservatoriums in der von Righini und Himmel vorgeschlagenen Art hielt er manchen Bedenklichkeiten unterworfen und von keinem großen Nutzen, die neue Organisation der Kapelle, glaubt er, würde am besten nach und nach geschehen, da eine jetzt auf einmal vorzunehmende Ausscheidung für viele drückend sein und sich in der Folge, nach Berichtigung anderer wichtigerer Angelegenheiten des Staats, immer Gelegenheit finden würde, die thätigsten und brauchbarsten Mitglieder an ihren Platz zu stellen.

Der Bericht des Directors Iffland vom 26. Januar 1810 hatte den gegenwärtigen Finanzzustand des Nationaltheaters zum Gegenstand.

Hiernach betrugen die Schulden desselben 83,590 Thaler 21 Gr. 3 Pf., mit Einschluß der von der Stadt erhaltenen Vorschüsse.

In einem besondern Promemoria, gleichfalls am 26. Januar 1810, gab der Director Iffland noch verschiedene nähere Erläuterungen, hinsichtlich der anscheinend zu kostbaren Einrichtung des Nationaltheaters und bemerkte unter Beziehung auf den an des Königs Majestät erstatteten ausführlichern Bericht, wie dasselbe durch den Bau des Schauspielhauses, durch die Nothwendigkeit nach den Forderungen des Zeitgeists und des Publikums, größere und kostbarere Vorstellungen zu geben, zu dem jetzigen erhöheten Aufwande und bei dem geringen Zuschusse von nur 5400 Thaler jährlich aus königl. Kassen, zu der gegenwärtigen Schuldenlast gekommen wäre. Er wiederholte vorzüglich die Nothwendigkeit, dem Orchester Gehaltsverbesserungen zu bewilligen, in welcher auch die Mitglieder der Kapelle mit aufgeführt waren.

Die Vereinigung der Kapelle mit dem Orchester des Nationaltheaters, mit Beibehaltung der bessern von beiden und Ausscheidung der übrigen zur Pensionirung hielt er für nützlich und könnte das Ganze unter der Benennung „königliches Schauspiel" begriffen werden.

Bei dem Ballet wäre eine vorgängige gänzliche innere Umschaffung nöthig. Die Figuranten müßten, weil sie künftig mehr zu thun haben würden, eine Verbesserung ihrer verhältnißmäßigen unvortheilhaften Lage erhalten; die Zahl der Solotänzer und Tänzerinnen könnten aber nach und nach vermindert werden.

Wenn die Vereinigung der Kapelle und des Orchesters statt fände, so könnte gegen einen mäßigen Zuschuß der Karneval wieder frei gegeben, und wenn er nicht frei sein sollte, die Kosten der Vorstellung aus den Einnahmen des Opernhauses bestritten werden.

In einem weitern Promemoria vom 5. April desselben Jahres, erklärte sich der Director Iffland noch näher über die Vereinigung der Kapelle und des Ballets mit dem Nationaltheater. Hinsichtlich der erstern erwähnte er mehrerer Schwierigkeiten, vorzüglich der, daß es schwer halten würde, die Mitglieder der Kapelle zu der bei dem Theater erforderlichen Ordnung und anhaltenden Arbeit zu gewöhnen; auch müßte vor allem das Verhältniß der Kapellmeister zu der Theater-Direction genau bestimmt werden, eine Doppelführung der Direction würde sehr unzweckmäßig sein.

Das Ballet, welches in einigen Hauptpersonen gegenwärtig etwas veraltet wäre, könnte am füglichsten bei dem auf natürlichem Wege nach und nach zu erwartenden Abgange successive durch neue Engagements verbessert werden; dieses könnte aber nicht ohne Vorbereitung und also nicht im Augenblick geschehen; in ein verringertes halbes Ballet würde sich das Publikum schwerer finden, als darin, daß keines mehr vorhanden wäre; bei den bestehenden Contracten wäre auch für die nächste Zeit keine Ersparniß durch Entlassungen bei dem Ballet zu bewirken. Die Resultate, die Iffland daraus zog, waren:

1) „die Erhaltung des Nationaltheaters mit dem ihm zum Gebrauch übergebenen großen Opernhaus bedürfte weder des Vereins mit der Kapelle, noch des Ballets;"

2) „das Theater erfordere an sich zur Zeit einen mäßigen Zuschuß, welcher sich in der Folge wieder mindern könnte, wobei aber die baldige Begründung eines Schuldenzahlungssystems so wie die Regulirung eines Sommerzuschusses zu seiner Fortdauer unumgänglich nothwendig wäre; auch die bessere Bezahlung des Orchesters und die Vermehrung seiner Mitglieder wurde wiederholt empfohlen;"

3) „der gegenwärtige Etat des Theaters, mit Inbegriff der Pensionärs, erforderten die Summe von 119,512 Thlr., und bis zur wieder steigenden Einnahme einen muthmaßlichen jährlichen Zuschuß von 29,512 Thlr.;"

4) „mit beibehaltenem Ballet würde das Theater jährlich 163,343 Thaler, und hiernach also auch einen größeren Zuschuß erfordern;"

5) „durch den Verein mit der Kapelle würde der Etat und der Zuschuß noch weiter sehr bedeutend erhöhet werden."

Dieser Denkschrift waren Nachweisungen über die Schulden und unbezahlten Rechnungen des Theaters, und über die Ausgaben desselben für die vom 15. October 1807 bis 1. April 1810 aufgeführten Ballete beigefügt, welche letztere 60,863 Thlr. 23 Gr. 6 Pf. betragen.

Unterm 30. April 1810 übergab auch der Kammerherr, Graf von Brühl, einen Plan zur Verminderung der bisher bestandenen und zur Organisation einer neuen Kapelle. Er hielt deren Beibehaltung sowohl in administrativer Hinsicht für möglich und nothwendig, deren gänzliche Uebertragung in das Orchester des Nationaltheaters aber für nicht thunlich wegen der individuellen Verhältnisse der Direction, und weil es hart sein würde, die Künstler der Kapelle zum Dienste beim Theater zu verdammen, der alles Künstlergenie zerstören und ihnen nicht die geringste Muße zum eigenen Studium übrig lassen würde. Es müßte ein vom Nationaltheater abgesondertes Hoftheater unter besonderer Direction errichtet werden, welches gegen Eintrittsgeld, jedoch ganz ohne Belästigung der königlichen Kassen, abwechselnd große italienische und deutsche Opern und während des Carnevals Redouten geben könnte, wobei viel Geld einkommen würde. Die Direction müßte für tüchtige Sänger und Sängerinnen sorgen und zu Vermehrung der Einnahme im Sommer und Winter große Abonnements-Concerte zu billigen Preisen veranstalten. Damit sollte eine musikalische Bildungsanstalt (Conservatorium) verbunden werden, welches auch zum Nutzen und zur Frequenz der hiesigen Universität vieles beitragen könnte. Die Beibehaltung der italienischen Oper wäre auch vor der Hand deßwegen wünschenswerth, weil gegenwärtig im ganzen nördlichen Deutschland, ausgenommen Dresden, wo aber größtentheils nur komische Opern gegeben würden, keine italienische Oper mehr bestünde.

Die Allerhöchste Kabinetsordre an den Generaldirector Iffland lautete:

Potsdam, den 18. Juni 1811.

„Ich habe den Mir vorgelegten Etat für die Schauspiele zu Berlin für das Jahr vom 1. Januar 1811—1812 vollzogen, und indem Ich Ihnen hiemit Meine Zufriedenheit über Ihre auf das Beste dieser Anstalten gerichteten unablässigen Bemühungen zu erkennen gebe, übertrage Ich Ihnen nunmehr als einen Beweis derselben und Meines Vertrauens, Meiner früheren Intention gemäß, die Direction jener Schauspiele und zugleich der Kapelle und Musik, des Ballets und aller hiezu gehörigen Gegenstände als Generaldirector, welchem nach Sie über das Opernhaus mit allem Zubehör, also auch über den darin befindlichen Concertsaal sowohl, als über das Nationaltheater disponiren können, und Ihnen auch das gesammte, zu dem gedachten Gegenstande gehörige Personal ohne Ausnahme subordinirt sein soll. Meine Absicht ist aber nicht, daß italienische Opern gegeben werden sollen, da es an deutschen Prachtschauspielen nicht fehlt, die an deren Stelle treten können.“

„Von nun an hören die vielmonatlichen Urlaubsertheilungen an die Schauspieler, Sänger und Musiker auf, und nur Personen von höheren Talenten können von Ihnen Urlaub erhalten, jedoch mit der Einschränkung, daß wenn jener über vier Wochen dauert, die Hälfte des Gehalts der Kasse anheimfällt. Von dieser letzten Festsetzung kann nur abgegangen werden, wenn Krankheit die Veranlassung zur Reise ins Bad, oder die Ursache der späteren Rückkunft ist."

„Die Benefizvorstellungen finden gleichfalls nicht mehr statt. Die hiezu Berechtigten werden durch Zulagen abgefunden, welche, nach dem Mir mittelst des Berichts des Departements für die Generalkassen und Geldinstitute vom 15. v. M. vorgelegten, von Ihnen gemachten Verzeichniß mit jährlich 3787 Thlr. bewillige, und schon vom 1. Aug. 1810 bis ult. Mai 1811 mit 4379 Thlr. 10 Gr. nachzahlen lassen will, da schon im vorigen Jahre keine Benefizen stattgefunden haben. Die Mir vorgeschlagenen Freilogen und Freiplätze will Ich nach dem Mir mit jenem Bericht des Departements der Generalkassen und Geldinstitute vorgelegten Verzeichnisse nachgeben, obgleich die Anzahl immer noch sehr groß erscheint; alle andern aber sind als erledigt anzusehen und zum Vortheil der Kasse einzuziehen."

„Die bereits seit dem Jahre 1806—1807 pensionirten Mitglieder des Nationaltheaters sowohl als die der Oper werden mit resp. 6060 Thlr. und 1956 Thlr. auf den Civilpensions-Etat übernommen, und Ich will ferner genehmigen, daß die von Ihnen jetzt zur Pensionirung vorgeschlagenen, nicht mehr brauchbaren oder erforderlichen Subjecte beider Institute und des Orchesters mit resp. 1932 Thlr. und 7406 Thlr., welche letztere Summe sich aber auf 7606 Thlr. dadurch erhöhet, daß ich den Musikintendanten Duport sen. mit 1000 Thlr. jährlich habe ansetzen lassen, auf den allgemeinen Pensionsetat gebracht werden."

„Der zu den Schauspielen erforderliche Zuschuß von 57,776 Thlr. jährlich soll auf den Etat der Generalstaatskasse übernommen werden, so wie Ich ferner genehmige, daß das Schuldenwesen des Nationaltheaters zur Staatsschulden-Section übergehe, damit die Schulden nach und nach getilgt werden."

„Endlich gebe Ich Ihnen die Versicherung, daß Ihre Wittwe im Falle Ihres Ablebens eine jährliche Pension von 500 Thlr. genießen soll, und will auch der ersten Sängerin Augusta Schmalz die Zusicherung ertheilen, daß sie, wenn ihr gegenwärtiges Engagement einst auf Veranlassung der Direction völlig aufgelöst werden sollte, so lange sie sich im Lande aufhält und kein anderweites Engagement eingeht, ein Jahrsgehalt von 600 Thlr. als Pension verbleiben soll.

(gez.) Friedrich Wilhelm."

Durch das hierdurch bedeutend zahlreicher gewordene Personal der vereinigten Theater, des recitirenden und musikalischen Schauspiels, des Ballets und des Orchesters, mit welchem der Chef nunmehr in Verbindung trat, wurde der Geschäftskreis desselben bedeutend vergrößert, und wenn Iffland neben der thätigsten Ausübung seiner Kunst, die er nach wie vor auf das leidenschaftlichste liebte, seine schriftstellerischen Arbeiten nicht allein nicht vernachlässigte, sondern auch die alljährlichen Reisen behufs Gastrollen 2c. um nichts verminderte, so müssen wir gestehen, daß man nicht begreifen kann, woher derselbe die Zeit genommen, um die sämmtlichen Ansprüche seines Wirkens gewissenhaft zu erfüllen, und sich vielmehr nicht verwundern darf, wenn schon im Jahre 1812 eine Abnahme seiner Körperkräfte wahrnehmbar wurde.

Inzwischen wurde Mad. Schick durch die Kammersängerin Mlle. Schmalz, wenigstens in Betreff des Gesanges, ersetzt. Die Stimme derselben hatte den seltenen Umfang von drei vollen Octaven und war vom reinsten Metall sowie dem bezauberndsten Wohlklange. Durch diesen Ersatz nun war es möglich, Opern im größeren Style, die bis dahin hatten ruhen müssen, wieder zu geben.

Zur Feier des Geburtsfestes Ihrer Majestät der Königin Luise kam am 10. März 1810 das heroische Schauspiel „Deodata" von Kotzebue zum erstenmale zur Aufführung. Mad. Bethmann hielt die Festrede an diesem Tage, nicht ahnend, daß sie die allgemein geliebte und auf das Innigste verehrte Fürstin zum letztenmale feiern würde. Die Königin ging im Sommer desselben Jahres nach Mecklenburg und starb daselbst am 19. Juli. In Folge der großen Landestrauer wurde die Bühne geschlossen und erst am 6. August fand die Wiedereröffnung des Theaters mit „Iphigenia auf Tauris" von Goethe statt.

Dasselbe Jahr brachte auch „die Weihe der Kraft," nachdem das Stück längere Zeit vom Repertoire verschwunden war, am 17. Februar wieder auf die Bretter, wo es dann noch manche Wiederholung erlebte. Ebenso kam „Don Carlos" nach dem vom Dichter für die Darstellung eingerichteten Manuscripte zur Aufführung, und fand nun beim Publikum mehr Anklang als früher, wo es von Schiller umgearbeitet worden war.

Als Iffland 1810 auf dem Weimar'schen Hoftheater Gastrollen gab, lud er bei dieser Gelegenheit das Wolff'sche Ehepaar ein, in Berlin zu spielen. Dasselbe folgte dieser Einladung 1811. Mad. Wolff trat zuerst am 6. Mai als Johanna in Schillers „Jungfrau von Orleans" auf; sie gefiel sehr, und spielte hierauf noch Clärchen in „Egmont," „Iphigenia," die Fürstin in der „Braut von Messina," „Ariadne," die Gräfin Orsina in „Emilia Galotti" und die Baronin in Kotzebue's „Beichte." Pius Alexander Wolff gab gleichzeitig eine Reihe von Gastrollen, aber nur mit getheiltem Beifalle, woran zum Theil wohl der Umstand Schuld sein mochte, daß er nicht in denjenigen Rollen auftreten konnte, die ihm von Iffland bei seiner Anwesenheit in Weimar versprochen worden waren. Sein erstes Gastspiel war am 4. Mai als Mortimer in „Maria Stuart," darauf folgte der Linden in den „Quälgeistern," der Posa, Baron Ammer in der „Beichte" u. s. w. Von Kennern wurde jedoch sein hohes Kunsttalent gebührend anerkannt, wenn gleich diese Anerkennung sich nicht laut kund gab. In demselben Jahre erschienen noch als Gäste in Berlin: der Regisseur Koch vom Hoftheater zu Wien; Mad. Schütz; Mlle. Fischer von Mannheim, und Mlle. Schmidt, sowie Unzelmann vom herzogl. weimarischen Hof-Theater, und Mlle. Killitschky aus Breslau. Die letztere, eine jüngere Sängerin von großer Kraft und Musikfertigkeit, wurde später für die hiesige Bühne gewonnen und war lange Zeit eine der ersten Vertreterinnen der Oper.

Durch das Engagement der Mlle. Schmalz war es denn auch möglich geworden, die Spontinische Oper „die Vestalin" am 18. Januar 1811 zur Aufführung zu bringen. Das Stück machte durch die Vereinigung der Orchester beider Theater, durch die Pracht der Decorationen und das Ballet bei dem größeren Publikum einen gewaltigen und nachhaltigen Eindruck. Zelter äußerte sich dagegen brieflich an Goethe wie folgt: „Endlich habe ich auch die neue gekrönte Pariser Oper (Vestalin) gesehen und gehört. Damit ist es ein rechter Weltspaß und die Herren des Conservatoriums zu Paris, welche nicht einig werden konnten, welchem von zwei tüchtigen Leuten sie den Preis geben sollten, weil sie eigentlich gar kein Kriterium kennen und ihr ganzes Treiben auf Vogelpfeiferei richten, haben sehen müssen, daß der Kaiser sich in die Sache mischte und den Preis einem jungen Künstler zuerkannte, aus dem (wenn er über 25 Jahre alt ist) niemals was ordentliches werden wird. Das Gedicht ist für eine Oper locker genug gelegt und hat Raum für Musik. Dies hat der Herr Spontini denn auch so benutzt, daß er wie ein Knabe, dem zum erstenmale die Hände aus dem Wickelbande los gelassen werden, überall mit beiden Fäusten so gewaltig drein platscht, daß einem die Stücke um die Ohren fliegen."

Aus den dramatischen Werken, welche in diesem Jahre noch auf die Bühne kamen, soll nur „Torquato Tasso" hervorgehoben werden. Friedrich Schulz spricht über die Aufführung dieses Stücks und den damals herrschenden Geschmack des Publikums wie folgt: „So war die Bildung, so der Geschmack des Publikums fortgeschritten, so sein Sinn für das höchste Schöne gereinigt und veredelt, daß ein dramatisches Gemälde von dieser Simplicität, Zartheit und Feinheit, mit Ruhe, ja mit Andacht vernommen, und oft mit Ausbrüchen des Beifalls, der allen Gemüthern abgedrungen schien, begleitet wurde. Daß die Bethmann die Leonore Sanvitale unübertrefflich spielte, braucht der Erwähnung nicht; daß aber Lemm den Antonio trefflich gab und Mlle. Maaß als Prinzessin durch ihren sinnigen, zarten Vortrag und die Glockentöne ihrer Stimme entzückte, darf in der Geschichte unserer Bühne nicht vergessen werden."

Im Jahre 1812 ersuchte endlich unter dem 7. Februar Iffland den Kammerrath Kirms in Weimar dafür Sorge tragen zu wollen, daß Goethe's Bearbeitung von Romeo und Julie sobald als möglich zu seinen Händen komme. Goethe nahm hierauf am 22. Februar desselben Jahres Veranlassung, eigenhändig zu antworten und stellte Bedingungen, welche jedoch dem Generaldirector unannehmbar erschienen. Dieser ließ daher durch Kirms wiederum Gegenvorschläge machen, die endlich von Goethe unter dem 7. März acceptirt wurden. Die erste Aufführung dieser Tragödie fand am 9. April statt und brachte eine so günstige Wirkung hervor, daß Goethe unterm 14. Mai 1812 Iffland für die bewiesenen Bemühungen bei der Aufführung seines Stücks dankte. [18]

Nachdem Mlle. Döbbelin durch ein Augenübel fast sieben Jahre lang unfähig war, ihrem Fache vorzustehen, trat sie am 16. April 1812 als Jungfer Jacobe Schmalheim in der „Aussteuer" wieder auf und

[18] S. Nr. 44 des Briefwechsels.

wurde auf das Lebhafteste empfangen, sowie von Mad. Bethmann mit Rosen bekränzt; drei Monate später, am 13. Juli, feierte dieselbe ihr fünfzigjähriges Dienstjubiläum als Oberförsterin in dem Iffland'schen Schauspiele „das Vaterhaus" und erhielt bei dieser Gelegenheit vom Könige ein Geschenk von 100 Dukaten. 1815 zog sie sich jedoch ganz von der Bühne zurück und starb hierauf, vollständig erblindet, 1828 im 70. Lebensjahre in Berlin.

Fast gleichzeitig ging ein neuer Stern an dem Theaterhorizonte auf, der sich als erster Größe bewährt hat. M. G. Saphir erzählt in seinen Lineamenten zu Schauspielerbildnissen: „Iffland suchte lange eine junge Schauspielerin für seine Bühne sich zu erziehen, und sah sich daher nach ganz ungeübten jungen Mädchen um. 1803 fand er zuerst Mlle. Weber, dann kam Mlle. Schönfeld, und hierauf Mlle. Henriette Fleck; aber keine entsprach seinen Wünschen. Da trat mit einemmale ein junges, schlankes, fünfzehnjähriges Mädchen, Dlle. Düring, in seine Wohnung und begehrte bei seiner Bühne und unter seiner Pflege sich zur Schauspielerin zu bilden; diese Kühnheit des jungen Mädchens mit schönem Kopfe, sprechenden Augen und volltönendem Organ hatte ihn nicht unbedeutend ergriffen. Er that gleich das Möglichste für sie, ja er that in seiner Vorliebe vielleicht zu rasch für sie Schritte. Sie mußte, von ihm selber gelehrt und angewiesen, ja vom Kopf bis zu Fuß angezogen, am 4. Mai 1812 bereits als Margaretha in den „Hagestolzen" debütiren, und sie gefiel in dem Grade, als man es von einer Anfängerin nur erwarten konnte. Aber das war ein Mißgriff, daß er ihr nun gleich darauf eine Rolle, die einer ausgebildeten Schauspielerin, die Eugenia in Baumeister's „Eugenia" zutheilte; aber er hatte den tragischen Funken in ihr entdeckt, und nun war mit ihm kein Halten. Man erkannte zwar die Vorzüge der jungen, blühenden Gestalt und tonreiche Stimme an, aber sie war zu wenig in allem ihrem äußern Benehmen gebildet, und dies zusammengenommen mit der gänzlichen Ungeübtheit auf dem Theater schadete ihr. Die Rolle in „Rosette, das Schweizermädchen" von Bierey, worin sie die Rosette, die anfänglich als Jüngling erscheint, sehr lieblich spielte und sang, und besonders durch die schöne Gestalt anzog, gab dem üblen Eindruck, den Eugenia gemacht, freilich ein Gegengewicht.

Hierauf kamen die Kriegsjahre 1813 und 1814, die dem Theater nicht hold waren; am meisten nachtheilig aber war es für Mlle. Düring, daß Iffland 1813 so hinfällig wurde, daß er nichts für die Bühne thun konnte. Dazu kam, daß Mad. Bethmann noch lebte, Mad. Schröck noch jung war, Mlle. Maaß in der Gunst des Publikums noch nichts verloren hatte und Mlle. Beck sehr gern in den jungen tragischen Heldinnen gesehen wurde. Endlich gewann sie im Anfange des Jahres 1815 die Gunst der Bethmann, die gelegentlich ebenfalls ein bedeutendes Talent in ihr entdeckt hatte und mehrere Rollen mit ihr einstudirte, unter andern das Mädchen von Marienburg. Aber diese starb; jedoch war in den späteren Folgen dieß kein Nachtheil für Mlle. Düring, denn ihr Ableben gab nun der jungen wohlbegabten Anfängerin, die lange auf eine zweckmäßige Beschäftigung umsonst gewartet hatte, mehr Spielraum.

Im Monat Juni 1811 haben wir bereits Mlle. Josephine Killitschky vom Breslauer Theater als Myrrha, Eargines und Emmeline mit großem Erfolge auf unserer Bühne gastiren sehen, als plötzlich am 30. des genannten Monats ihr Gastspiel aufgegeben wurde und sie nach Breslau zurückkehren mußte; 1813 erschien sie zum zweitenmale als die Gattin des Justizraths Schulz und debütirte am 6. Mai als Julia in der „Vestalin," um von nun an für immer bei uns zu bleiben. Hier trat sie aber erst in den ihr eigentlich zusagenden Wirkungskreis, als Spontini 1820 nach Berlin berufen wurde und bildete sich unter dessen Leitung als dramatische Sängerin zu der Höhe aus, in welcher Sphäre sie später so viele Triumphe feierte.

Müllner, der sich schon früher dem Publikum durch seine Lustspiele „die Zurückkunft aus Surinam," „die Vertrauten," „die gefährliche Prüfung," „die großen Kinder" und „der Blitz" bekannt gemacht hatte, trat auch endlich mit einem größeren Stück „die Schuld" hervor. Manche glückliche Combination des Witzes in Situation und Dialog enthalten seine Lustspiele; die Zurückkunft aus Surinam ist nach Voltaire's femme qui a raison, und haben vor allen „die Vertrauten" die munterste dramatische Bewegung. Bekannter wurde Müllner's Name durch seine Tragödie „die Schuld;" sie kam am 14. Februar 1814 zur Aufführung. L. Tieck sprach sich in den dramaturgischen Blättern darüber wie folgt aus: „Die „Schuld" Müllner's ist, je nachdem man den Standpunkt wählt, ein großes merkwürdiges Gedicht zu nennen, oder auch als die Fülle alles untragisch Gräßlichen und Abscheulichen zu bezeichnen, weil es so ganz, mit Kraft ausgerüstet, die Geburt jener Tage und der Sieg aller Ungebundenheit ist, die alle Schranken verlacht, nicht nur jene der Poesie und Moral, der menschlichen Gefühle und des poetischen Anstandes, sondern auch des Verses, der Möglichkeit und alles Schidlichen. Um so wunderlicher, daß in dieser jakobinischen Freiheit der alte Pedantismus der Einheiten und der mißverstandene Aristoteles (fast auf Art der Franzosen) im grellen Widerspruche schwärmt."

Zu derselben Zeit erscheinen die Körner'schen Trauerspiele „Zriny" und „Rosamunde," sowie die Schauspiele „Tony" und „Hedwig" auf der Bühne. In Hedwig und Tony herrscht vor allen der überschwängliche Ton; Zriny ist einfacher und erinnert in Einzelnheiten an Schiller; alles athmet jugendlichen, darauf losschlagenden Heroismus, nur in Rosamunde kommt innerliches Leben zur Geltung. Zriny wurde mit ungewöhnlichem Beifall aufgenommen und erwarb dem Dichter einen Ruf.

Wir gelangen zum 22. September 1814. An diesem Tage erlag Iffland nach längerer Krankheit, nachdem er noch im Monat Juli desselben Jahres in Reinerz Erleichterung seiner Leiden gehofft hatte.

Als Schauspieler wird Iffland, ohne Ausnahme, für eine der hervorragendsten Erscheinungen angesehen werden müssen. Interessant dürfte es aber wohl auch sein, über Iffland's Schauspielertalent das Urtheil einer Ausländerin, der Frau von Staël, zu erfahren. Es heißt in ihrem Buche über Deutschland:

„Es ist unmöglich, die Originalität und die Kunst der Charakterzeichnung weiter zu treiben, als Iffland es in seinen Rollen vermag. Ich glaube nicht, daß wir auf dem französischen Theater jemals ein mannigfaltigeres und überraschenderes Talent als das seinige, noch einen Darsteller gesehen haben, der es wagt, die mit vielfachen Mängeln behafteten und lächerlichen Persönlichkeiten mit einem so treffenden Ausdruck wiederzugeben. Es gibt im französischen Lustspiel feststehende Muster geiziger Väter, lüderlicher Söhne, verschmitzter Diener, betrogener Vormünder, aber die Iffland'schen Rollen können, wie er sie auffaßt, in keines dieser Muster, in keinen dieser Rahmen gezwängt werden: man muß sie alle bei ihrem Namen nennen, denn es sind Individuen, die sich durchaus von einander unterscheiden und in denen Iffland zu Hause ist. Seine Art, die Tragödie zu geben ist, nach meiner Meinung, auch von großer Wirkung. Die Ruhe und Einfachheit in der Rolle des Wallenstein zum Beispiel können aus dem Gedächtniß nicht schwinden. Der Eindruck, den er hervorbringt, ist stufenweise: man glaubt zuerst, daß seine scheinbare Kälte niemals das Herz wird bewegen können, aber im Fortgange wächst die Bewegung mit einem reißenden Fortschritte und das kleinste Wort übt eine große Macht aus, indem in dem Hauptione des Vortrags eine edle Ruhe herrscht, welche jede edle Schattirung zur Geltung bringt und doch die Färbung des Charakters mitten in den Leidenschaften bewährt."

Neben diesem Ausspruch möge ein Brief stehen, welcher im Jahre 1811 von einem Manne verfaßt worden, der die gründlichste Kenntniß und das gediegenste Urtheil über Theater und Theaterwesen besaß. Es heißt darin unter Andern: „Der Director Iffland ist ein großer Schauspieler in mehreren Fächern, aber zum Director paßt er in vieler Hinsicht gar nicht, zumal wo es auf musikalische Direction ankommt. Er hat keine Kenntnisse davon, liebt auch die Oper nicht und Parteilichkeit und Einseitigkeit sind daher unvermeidlich, wie wir es auch bis jetzt erlebt, denn bis zur Ankunft der Mlle. Schmalz war unsere Oper beinahe bis zur Erbärmlichkeit gesunken. Der Director einer königlichen Kapelle, eines großen Opern- und eines großen Schauspieltheaters darf schon nicht selbst mehr auf den Brettern erscheinen, wenn er bei seinen Untergebenen auf Subordination rechnen will. Auch bleibt ihm dazu keine Zeit übrig und die Direction wird vernachlässigt, wie bis jetzt geschehen, wo eigentlich die subalternen Officianten mehr dirigiren, als Herr Iffland. Niemand kann zween Herren dienen, sagt schon das älteste Buch der Welt. Dazu kömmt noch, daß Iffland von Decorationsmalerei nichts versteht, sonst würde er nicht erlauben, daß so viele gegen allen wahren Kunstgeschmack streitende Decorationen auf der Bühne erschienen; ferner liebt er die dramatische Poesie so wenig, daß er seinen Schülern einprägt, die Verse nicht hören zu lassen, sondern sie wie Prosa vorzutragen, was ihnen denn auch trefflich prosaisch gelingt. Er sucht sein Publikum nicht zum Großen und Edlen zu erheben, sondern fröhnt der Menge auf eine übertriebene Art durch niedrige Possen. Kurz ich wiederhole es: Er ist ein sehr großer Schauspieler in komischen und ernst sentimentalen Rollen; überall aber wo Kraft erfordert wird, sowohl auf den Brettern als bei der Direction, zeigt sich seine natürliche Schwäche und folglich taugt er, nach meiner Ansicht, nicht zu einem Generaldirector sämmtlicher Schauspiele."

Gleich nach dem Tode Iffland's wurde die Generaldirection der königlichen Schauspiele von einem Comité, welches aus den Mitgliedern Unzelmann, Beschort, Herdt, Gern Vater und Esperstedt bestand, geführt; im Februar 1815 legte dasselbe jedoch die Leitung des Instituts in die Hände des Grafen v. Brühl, welcher zum General-Intendanten berufen ward.

Vierter Abschnitt.

Die Verwaltung des Grafen von Brühl.

1815 — 1828.

Carl Friedrich Moritz Paul Reichsgraf v. Brühl wurde am 18. Mai 1772 zu Pförten in der Niederlausitz, im Herzogthum Sachsen geboren, als einziger Sohn des Reichsgrafen Hans Moritz v. Brühl auf Seifersdorf und der Reichsgräfin v. Brühl, gebornen v. Schleierweber und Friedenau. Seine ersten Kinder- und Jugendjahre verlebte derselbe theils in Pförten, theils auf dem väterlichen Gute Seifersdorf bei Dresden, theils in Dresden selbst. Seine Eltern hegten den Grundsatz, daß eine Erziehung im elterlichen Hause, wenn sie auch manches gegen sich habe, dennoch für Moralität und gesellige Bildung vortheilhaft sei. Von seinem dritten Jahre an wurde ihm ein eigener Erzieher gehalten; doch beschäftigte sich seine Mutter, eine der geistreichsten Frauen ihrer Zeit, fast ausschließlich mit seiner Erziehung. Der Geist der Mutter und das Beispiel des Vaters, eines der frömmsten und besten Menschen, mußten stärker als alles Uebrige auf das jugendliche Gemüth wirken. Regsame Geistesthätigkeit, Umgang mit den schönen Wissenschaften und Künsten, Kenntniß vieler technischen und mechanischen Wissenschaften, verbunden mit einer tiefen Frömmigkeit und der strengsten Redlichkeit, umgaben den jungen Grafen im elterlichen Hause und lehrten ihn handeln und fühlen. Das Haus seiner Eltern war stets von geistreichen Fremden, Dichtern und Künstlern besucht; Naumann und verschiedene andere wurden zu den Hausfreunden gezählt, und da die Gräfin selbst eine äußerst angenehme Stimme besaß, so war Musik die fast tägliche Erholung. Der Graf Friedrich Aloys v. Brühl,

Bruder des Grafen Moritz, in der dramatischen Kunstwelt als Dichter bekannt, war selbst leidenschaftlicher Schauspieler und besaß ein bedeutendes Talent zur Darstellung ernster und edler Charaktere, sowie sein Bruder Graf Moritz mit größtem Beifall die komischen Rollen auf einem Liebhabertheater zu Pförten und Seifersdorf ausführte. Alle komischen Rollen in den Schauspielen des Grafen Aloys Brühl sind für dessen Bruder geschrieben. Diese Umstände regten in dem jungen Grafen Carl eine leidenschaftliche Hinneigung zum Theater an, und schon in seinem fünften Jahre spielte er seine erste Rolle am Geburtstage seines Oheims, wie später bei allen Familienfesten. In Seifersdorf war ein eigenes Haustheater errichtet, und der damalige, so hochgeschätzte Schauspieler Reinicke nebst dessen Frau, auch der Schauspieldirector Brandes haben auf diesem Theater in Verbindung mit der Brühl'schen Familie bei verschiedenen dramatischen Vorstellungen mitgewirkt.

Moritz v. Brühl war ein eifriger Freund aller mechanischen Wissenschaften und hatte den Grundsatz, Kinder müßten in diesen Dingen frühzeitig Gewandtheit bekommen und selbst von Handwerker praktische Kenntniß erlangen. Ebenso liebte derselbe Botanik und Gärtnerei und theilte seinem Sohne zeitig genug die Lust dazu mit, ließ ihn das Tischler- und Drechsler-Handwerk lernen, ihm Begriffe des Zimmer- und Maurer-Handwerks beibringen und ihn späterhin die Grundregeln der Architectur studiren.

Durch das Landleben und eine physisch strenge Erziehung wurde sein Körper fest und gewandt, was dann späterhin bei seiner Anwesenheit in der Stadt ritterliche Uebungen noch vervollkommneten. Seine geistige Bildung wurde durch einen Hauslehrer und mehrere Jahre hintereinander in Dresden durch andere Lehrer gefördert. Er erlernte die lateinische, englische und italienische Sprache und studirte Geschichte, Archäologie, Erdbeschreibung. Zur Belohnung seines Fleißes wurde er oft zu häuslichen theatralischen Darstellungen zugezogen, so daß er einige hundertmal die Bretter betrat. Eine Reise, welche seine Eltern im Jahre 1785 nach Weimar unternahmen, brachte den dreizehnjährigen Knaben in eine neue Welt. Er ward mit vorzüglicher Herablassung und Güte von der ausgezeichnetsten Fürstin ihrer Zeit, der Herzogin Amalie behandelt. Seine wissenschaftliche Bildung sollte hierauf eine bestimmte Richtung bekommen, als einige Jahre später eine unwiderstehliche Hinneigung zur Botanik und Forstwissenschaft seine Laufbahn zu bestimmen schien. Seiner früheren Neigung nach würde er am liebsten den Militärstand erwählt haben, und wirklich war er in Holland beim Regiment Hessendarmstadt eingeschrieben, wünschte aber nachher in preußische Dienste überzutreten. Damals in einem Alter von achtzehn Jahren kam er nach Berlin, hörte die Collegia des verdienstvollen Oberforstmeisters v. Burgsdorff, studirte demnächst alle nöthigen Hülfswissenschaften, als Mathematik, Botanik, Mineralogie, Physik, ging dann nach dem Harz und studirte praktisch bei dem ausgezeichneten Oberforstmeister v. Hünerbein zu Thale bei Halberstadt; er wurde ein wald- und birschgerechter Jäger. Dabei lockten die herrlichen Gegenden des Harzes zur Ausübung des Landschaftzeichnens, welches er unter dem genialen Genelli zu Berlin theoretisch studirt hatte. Während seines früheren Aufenthaltes in der Hauptstadt war er unter Fasch in die Singakademie eingetreten und übte sich außer Violine auch im Waldhorn. Um sich durchaus zum tüchtigen Forstmann zu bilden, machte er eine Reise durch das sächsische Erzgebirge, durchstreifte die böhmischen Waldungen an der sächsischen Grenze und besuchte den Spessart, den Odenwald und den Schwarzwald.

Zum zweitenmale kam er nach Weimar und hielt sich daselbst ein Jahr lang auf. Er wurde abermals mit vorzüglicher Güte von der Herzogin Amalia behandelt und war täglich in ihrem Kreise in der Nähe Goethe's, Wieland's, Schiller's sowie Herder's, Knebel's, Einsiedel's, Böttiger's, Bertuch's u. s. w. Indem er sich specielle Kenntnisse des Forsthaushaltes auf dem Thüringer Walde zu verschaffen suchte, ward er zugleich Mitglied des gesellschaftlichen Theatervereins, so daß er am Hofe der Herzogin Amalia mehreremal aufzutreten die Ehre hatte. Kotzebue schrieb ein eigenes kleines Stück für dies Theater: „Das neue Jahrhundert," welches am letzten Tage des Jahrhunderts aufgeführt wurde; die komische Rolle darin, der alte Herr v. Schmalbauch, war für ihn geschrieben. Zum Geburtstage der Prinzessin Caroline wurde auf dem großen herzoglichen Theater eine Vorstellung gegeben, in welcher der junge Graf abermals sein Schauspielertalent im komischen Fache versuchte. Nach einigen weitern Talentproben fand es Goethe der Mühe werth eine eigene Rolle für ihn zu schreiben. Zum Geburtstage der Herzogin Amalia dichtete derselbe das kleine

Festspiel: „Paläophron und Neoterpe," worin dem jungen Dilettanten die Rolle des Paläophron, nach wörtlichem Einstudiren des Meisters, zufiel. Um diese Zeit nahm sein Lebenslauf eine andere Wendung. Er erhielt den ehrenvollen Antrag, Kammerherr des Prinzen Heinrich, Bruders Friedrichs des Großen, zu werden. Das Hofleben hat ihn nie angezogen und doch gab es überwiegende Gründe, diesen Antrag nicht zurückzuweisen. Er blieb bei dem Prinzen bis an dessen Tod im Jahre 1802 und verlebte in Rheinsberg, in beinahe ländlicher Stille, einige nicht unzufriedene Jahre. Hier war es, wo der Graf Brühl Gelegenheit fand, die Eigenthümlichkeiten auch der französischen Bühne kennen zu lernen, da der Prinz eine französische Schauspielergesellschaft unterhielt.

Von Rheinsberg kehrte er nach Berlin zurück, wo er am Hofe der Königin, Mutter Friedrichs Wilhelm III., Kammerherr wurde. Von dieser Zeit an erwuchs in ihm der Gedanke, dereinst die Stelle des Barons v. Reck als Director der königl. Oper und der Kapelle zu bekleiden. Jedoch veranlaßte der Tod der Königin und die unglücklichen Kriegsjahre 1806 und 1807 seine Entfernung aus den preußischen Staaten nach Prag. 1809 ging er nach Königsberg, wo er am Hofe der Königin Luise eine Stelle erhielt. Sie hatte ihrem treuen Kammerherrn kurz vor ihrem Tode versprochen, für denselben die Stelle eines Directors der königl. Hofschauspiele zu bewirken, welche hergestellt und von dem Nationaltheater wieder getrennt werden sollte.

Von jeher ein entschiedener Feind Bonapartes und der Fremdherrschaft in Deutschland, ergriffen ihn die wunderbaren Begebenheiten des Jahres 1812 mit gewaltiger Lebhaftigkeit und der Wunsch nach Wirksamkeit und Thätigkeit brachten ihn dazu, den König um Erlaubniß zu bitten der Armee als Volontairofficier folgen zu dürfen. Bis nach Troyes in der Champagne mit dem Hauptquartier gekommen, ward er von da zum Kommandanten von Neuchatel ernannt.

Bei der Kränklichkeit des Directors Iffland war es mehr als wahrscheinlich, daß der König die Direction des Opern- und Schauspielwesens wieder zu einer Hofstelle erheben und dieselbe dem Grafen v. Brühl geben würde. Er hatte das Glück den Monarchen nach England zu begleiten, suchte dort Alles mit Nutzen zu sehen was ihm vortheilhaft werden konnte, studirte die älteren Nationalmonumente zum

Behuf der Kostümkenntniß, und kehrte mit dem Könige nach der Schweiz zurück. Hier machte er die Bekanntschaft eines Fräuleins v. Pourtales, heirathete sie und reiste mit ihr in das Vaterland. Während der Zeit war Iffland gestorben und der König ernannte Brühl im Januar 1815 zum Generalintendanten der Schauspiele.

Durch Iffland's langwierige Kränklichkeit und gutmüthige Schwäche war das Berliner Theater zuletzt in vieler Hinsicht auch in ästhetischem Werthe herabgekommen. Graf Brühl fand daher eine schwere Arbeit vor, welche ihn beinahe zurückgeschreckt hätte. Doch ging er muthig an seine reformirende Aufgabe, und Dank seiner Thätigkeit, wie seiner Hingebung an die Sache, brach mit seinem Auftreten eine Zeit an, die sich den gefeierten Bühnenleitungen jener Tage bald an die Seite stellen durfte.

Calderon's Werke: „der standhafte Prinz," „das Leben ein Traum," „der Arzt seiner Ehre," Moreto's „Donna Diana" wurden zuerst gegeben. Mit den „Brüdern" des Terenz und den „Gefangenen" des Plautus wurden am 6. Oktober 1815 und am 21. Juni 1816 der erste Versuch der Masken gemacht. Der Kreis der Shakspeare'schen Dramen wird durch „Heinrich IV. ersten und zweiten Theil," „König Johann," „Richard," „Was ihr wollt," „List und Liebe," „Weiber von Windsor" u. s. w. erweitert. Arbeiten unserer besten Dichter, als Goethe, Z. Werner, H. v. Kleist, Körner, Müllner, Oehlenschläger, Raupach, Grillparzer, Houwald, Schenk, Fouqué, Robert, Auffenberg, sowie die ersten Gaben jüngerer, in dieser Zeit aufblühender Talente, als Holtey, W. Alexis, M. Beer, Maltitz und Uechtritz, wurden auf das Freudigste begrüßt.

Den Reigen der musikalischen Feste eröffnete Mozart's „Zauberflöte," Gluck's „Alceste," „Armida" und „Iphigenia," Beethoven's „Fidelio;" Hoffmann's „Undine;" Spohr's „Jessonda;" Cherubini's „Abencerragen;" Meyerbeer's „Emma von Rodburg;" Auber's „Maurer," „der Schnee;" Boieldieu's „weiße Dame," folgten; Spontini's Opern gingen mit allem Glanze in Scene, Rossini ließ sich in „Tankred," „Othello," im „Barbier von Sevilla," in der „diebischen Elster" und „Elisabeth" hören. Auch die Kunst des Tanzes wurde gepflegt. Mit einem Wort: kein dramatisches Produkt von entschiedenem Werthe, insofern es nur irgend darstellbar war, blieb dem Publikum fremd.

In den ersten Wochen dieser neuen Verwaltung wurde Goethe's neuestes, für die Berliner Bühne geschriebene Werk „Epimenides Erwachen" gegeben. Zur Verherrlichung einer in der Weltgeschichte denkwürdigen Katastrophe war schon vom Generaldirector Iffland hierzu die erste Einleitung getroffen worden: derselbe schrieb nämlich unter dem 6. Mai 1814 an den Geheimen Hofrath Kirms zu Weimar und fragte an, ob sich Goethe entschließen würde, ein Festspiel zur Feier der Rückkehr des Königs zu dichten, worauf Kirms, unterm 22. desselben Monats, zwei an ihn gerichtete Briefe Goethe's vom 18. und 20. Mai als Antwort sendete. Später ging Goethe auf den Antrag ein, und schickte mit dem Briefe vom 24. Mai 1814 einen Entwurf zum Vorspiel: „Epimenides Erwachen," ließ auch aus Berka an der Ilm, am 15. Juni, noch Bemerkungen zu diesem seinem Werke folgen.

Nach einer allerhöchsten Bestimmung sollte aber die beabsichtigte Aufführung bis nach dem Wiener Kongreß ausgesetzt bleiben; da trat am 22. September 1814 der Tod Iffland's ein; man sah sich genöthigt, die Darstellung auszusetzen, und so blieb es dem Grafen Brühl vorbehalten, mit diesem Stück vor das Publikum zu treten. Vorher hatte jedoch derselbe den Fürsten Hardenberg brieflich gebeten, daß ihm erlaubt werden möge, Goethe zu dieser Feierlichkeit auf königliche Kosten einladen zu dürfen, was jedoch aus Gesundheitsrücksichten vom Dichter unterm 12. März 1815 dankbar abgelehnt wurde.

Zur Feier des Sieges bei Belle-Alliance und des Einzuges der Preußen und Engländer in Paris wurde am 16. Juli 1815 „des Epimenides Urtheil" gegeben, sowie am 23. August die Wiederkehr des Siegestages bei Groß-Beeren durch das Schauspiel: „Abschied von der Heimath" gefeiert.

Da mit dem Tode Iffland's das recitirende Schauspiel sein Haupt verloren hatte, so galt es ihn sobald als möglich zu ersetzen. Es glückte Ludwig Devrient zu gewinnen. Er war am 15. December 1784 zu Berlin geboren, der Sohn eines begüterten Kaufmanns, welcher die Erziehung des von Natur wilden Knaben einer Haushälterin übertragen mußte, da er seine Frau durch den Tod verloren hatte. Die Erzieherin verstand jedoch weder das jugendliche Gemüth zu behandeln, noch die Liebe des Kindes sich zu verschaffen; sie tyrannisirte den Knaben auf die verkehrteste Weise, so daß dieser den entschiedensten Trotz entgegenstellte, und endlich dem väterlichen Hause entlief. Nachdem er zurückgebracht, kam er als Handlungsdiener in die Lehre, und später, da ihm diese Beschäftigung nicht zusagte, zu einem Posamentier nach Potsdam. Aber auch hier hielt er nicht lange aus; er entlief zum zweitenmale und ließ sich bei der Artillerie anwerben. Nachdem er auch da sich frei zu machen gewußt, ging er mit seinem Bruder, der eine Geschäftsreise unternahm, nach Rußland. Hier gerieth er in schlechte Gesellschaft; er sah sich genöthigt zurückzukehren, und als er nach Leipzig kam und im Theater den Schauspieler Ochsenheimer sah, wurde in ihm der Gedanke reif, zur Bühne überzugehen. Zuerst ging er zur Lang'schen Gesellschaft nach Gera, wo er 1804 unter dem Namen Herzfeld, als Bote in der „Braut von Messina“ auftrat; mit dieser Truppe durchwanderte er dann Sachsen, und fand endlich 1805 eine Anstellung beim Hoftheater in Dessau, wo er als Paolo Manfrone in „Bayard“ mit großem Glücke debütirte. Trotz dieses günstigen Erfolges fing er an, mit sich und seiner Lage unzufrieden zu werden; er fühlte nur zu gut, daß er nur eine Kopie seiner Vorbilder, nichts Eigenes lieferte. Er schwankte lange Zeit, ob er seinem Berufe treu bleiben oder in das Vaterhaus, welches ihm offen stand, zurückkehren sollte; bis endlich sein Freund Funk ihm rieth, bevor er eine Entscheidung träfe, noch den Versuch zu machen, ob er eine Rolle selbst schaffen könnte. Devrient ging auf den Vorschlag ein; er wählte den Kanzler Flessel, welchen er noch von keinem anderen Künstler hatte spielen sehen, und entwickelte darin eine so außerordentliche Kraft, daß er den allgemeinsten Beifall erwarb, von Stund an Vertrauen zu sich faßte und sich nun entschloß, auf der einmal gewählten Laufbahn zu bleiben.

Jetzt nahm er auch seinen Familiennamen wieder an, heirathete die Tochter des Musikdirectors Neefe, verlor dieselbe aber durch ein unglückliches Wochenbett bald, und stürzte sich hierauf wiederum blindlings in das regelloseste Leben, wodurch er in so unglückliche Verhältnisse gerieth, daß er im Jahre 1809 bei Nacht und Nebel das Weite suchen mußte, und endlich in Breslau eine bleibende Stelle fand.

Hier war es, wo Devrient mit eminentem Glücke neben Franz Moor, Lear, Cooke und anderen derartigen Rollen, auch den Schneider Fips, den Kakadu sowie den Pumpernickel gab und bis zum Jahre 1815 blieb, worauf er nach Berlin ging, um dieser Bühne bis zu seinem

Tode treu zu bleiben. Sein Debüt war am 1. April Franz Moor in den „Räubern."

Kaum war L. Devrient gewonnen, so erlitt die Berliner Bühne einen neuen Verlust durch den Tod der Mad. Bethmann. Sie war von einer Badreise zurückgekehrt, und wollte am 13. August 1815 zum erstenmale als Baronin in der „Selbstbeherrschung" wieder auftreten, als sie plötzlich an einer Gehirnentzündung erkrankte und in der Nacht vom 15. zum 16. August im 49. Lebensjahre starb. Im recitirenden Schauspiele waren ihre unübertroffenen Meisterwerke die Ophelia, Eulalia, Athalia, das Clärchen, die Isabella in der „Braut von Messina," Maria Stuart, Phädra, Orsina, die Isabella in den „Quälgeistern," die Gurli in den „Indianern in England," die Marianne in den „Geschwistern." In Folge dieses Todes zog sich auch der Gatte der Dahingeschiedenen von der Bühne zurück; erst später sehen wir Heinrich Eduard Bethmann wieder eine Zeitlang bei dem Königstädtischen Theater als Regisseur angestellt und hierauf als Theaterunternehmer an der Spitze einer Gesellschaft, verschiedene Städte durchwandern; doch erntete er bei seinen Unternehmungen für seine rastlosen Bemühungen nur Sorge und Mangel. Wie er, zogen sich auch Mlle. Caroline Döbbelin und Mlle. Auguste Schmalz in diesem Jahre von der Bühne zurück, beide durch die Gnade Sr. Majestät mit Pension; die letztere blieb jedoch noch längere Zeit als Gesangslehrerin thätig. Mlle. Döbbelin starb im Jahre 1828, Mlle. Schmalz zwanzig Jahre später im 77. Lebensjahre.

Alle diese Verluste mußten gedeckt werden. Graf Brühl wendete sich daher zuerst nach Weimar und war auch so glücklich, ein Künstlerpaar von trefflichem Talente und hoher und feiner Kunst, in Goethe's Schule gebildet, durch Gastspiele bereits bekannt, das Wolff'sche Ehepaar, zu gewinnen.

Hierbei kann nicht unerwähnt bleiben, daß Graf Brühl auch gleich vom Anfange seiner Verwaltung den ernsten Willen zeigte, das Beste, was die gesammten deutschen Bühnen besaßen, dem Berliner Publikum vorzuführen; es erschienen während seiner Führung gastirend: die Schröder, die Lindner, die Neumann, Eßlair, Sophie Müller, die Bespermann, die Grünbaum, die Heinefetter, die Schechner und viele Andere mehr. Den Reigen eröffnete 1815 Mad. Milder-Hauptmann, erste Sängerin des kaiserl. königl. Hoftheaters zu Wien; sie betrat am

9. Juni die Berliner Bühne als „Armida" und gab im Laufe ihres Gastspiels, an einundzwanzig Abenden und unter rauschendem Beifalle, überdies die Emmeline, Antigone, Iphigenia, Fidelio, die Susanne in „Figaro's Hochzeit" und die Therese; sie entzückte durch ihre schöne Stimme allgemein, wie dies schon im Jahre 1812 der Fall war, wo sie zum erstenmale unter Iffland gastirte und in Gluck'schen Opern den ihr angemessenen Wirkungskreis fand. 1816 wurde dieselbe lebenslänglich für die Berliner Bühne gewonnen, und bildete seitdem die Hauptstütze der antiken, klassischen Oper.

Anna Milder, in Konstantinopel 1785 geboren, war die Tochter eines österreichischen Kabinetscouriers, ging mit ihren Eltern nach Bucharest und kam nach Wien, wo sie die erste Kirchen- und Opernmusik hörte und mächtig davon ergriffen wurde. Sie erhielt von Neukomm zwei Jahre hindurch Unterricht, worauf Schikaneder sie für seine Bühne durch Salieri ausbilden ließ. Ein Jeder, welcher Anna Milder hörte, war von dem wundervollen Klange ihrer Stimme überrascht; 1803 trat sie zuerst in Wien als Juno in der Oper „der Spiegel von Arkadien" mit dem lebhaftesten Beifall auf, der sich so steigerte, daß sie schon im folgenden Jahre beim kaiserl. königl. Hofoperntheater eine Anstellung erhielt. Weigl schrieb für ihre Stimme „die Schweizerfamilie;" Cherubini seine „Faniska;" Beethoven „Leonore" und Bernhardt Klein seine „Dido." Ihr Wirkungskreis beschränkte sich auf ungefähr sechzehn Partien, in denen sie einzig dastand, sowohl durch die Gewalt ihrer Stimme, als durch ihre plastische Darstellung; Feuer oder Schmelz des Vortrags besaß sie niemals. Goethe schrieb über sie unterm 24. August 1823 aus Eger an Zelter: „Ferner sei gemeldet, daß mir nach jenem Kuß, dessen Spenderin Du wohl errathen hast, noch eine herrliche Gunst und Gabe von Berlin gekommen; Mad. Milder nämlich zu hören, vier kleine Lieder, die sie dergestalt groß zu machen wußte, daß die Erinnerung daran mir noch Thränen auspreßt. Und so ist denn das Lob, das ich ihr seit so manchem Jahre ertheilen höre, nicht ein kaltes geschichtliches Wort mehr, sondern weckt ein wahrhaft Vernommenes bis zur tiefsten Rührung. Grüße sie zum schönsten. Sie verlangte etwas von meiner Hand und erhält durch Dich das erste Blättchen, das ihrer nicht ganz unwerth ist."

Dasselbe Jahr führte das Wolff'sche Ehepaar uns zu; Pius

Alexander, dem gleich beim Engagement vom Grafen Brühl die Regie des Theaters übertragen wurde, trat am 23. April 1816, als neues Mitglied in „Hamlet" auf, wogegen am 27. desselben Monats Mad. Wolff als Phädra debütirte, aber nicht allgemein gefiel, da diese Rolle zu den Glanzrollen der Bethmann gehörte und noch zu lebhaft im Gedächtniß des Publikums war. Später stieg mit jeder neuen Darstellung die Künstlerin in der Gunst des Publikums, so daß sie bald die allgemeinste und höchste Anerkennung erlangte.

P. A. Wolff, aus dem Hause von Leitershofen, wurde am 4. Mai 1784 (nach Anderen 1782) zu Augsburg geboren. Von seinen Eltern für den geistlichen Stand bestimmt, widmete er sich auf dem Jesuitenkollegium seiner Vaterstadt den theologischen Studien. Gleichzeitig trieb er Musik und Malerei mit nicht gewöhnlicher Fertigkeit, und genoß in den Jahren 1800 bis 1803 in Berlin einen gründlichen Unterricht in den Sprachen. Von hier aus machte er eine Reise nach Frankfurt, versuchte sich endlich in Straßburg auf einem Liebhabertheater, und errichtete bei seiner Rückkehr im Hause seiner Eltern eine Gesellschaftsbühne. Von dieser Zeit schrieb sich sein Entschluß in die Priesterschaft Thaliens zu treten und einen Beruf zu wählen, zu dem ihm Talent und Bildung die schönste Weihe ertheilten, und dem er in der Folge viel Ehre machte.

Wolff wendete sich 1804 an Goethe, der zu dieser Zeit dem Weimar'schen Hoftheater vorstand, mit der Bitte, ihm zur Ausführung seines Vorhabens helfend die Hand zu reichen; während der Abwesenheit der Gesellschaft, welche in der Sommerzeit Vorstellungen im Badeorte Lauchstädt geben mußte, privatisirte er in Weimar und erhielt erst im Herbst eine Anstellung bei der dortigen Bühne, wo er dann in einer kleinen Rolle im „Julius Cäsar" zum erstenmale auftrat. Als Goethe auf Wolff's Veranlassung sein Meisterwerk „Torquato Tasso" auf die Bretter brachte, war Wolff der erste deutsche Schauspieler, welcher die Hauptrolle dieses Stückes spielte. Im Jahre 1811 gab er mit seiner Gattin, gebornen Malcolmi, mit der er seit 1806 verheirathet war, eine Reihe von Gastrollen in Berlin, aber nur mit getheiltem Beifall. Die Schule, aus der Wolff hervorgegangen, war dem Berliner Publikum damals neu und fremd; seine Manier so verschieden von der, wie man sie bei Iffland und seinen Schülern und Nachahmern fand; auch der

Geschmack des Publikums noch nicht so weit gereift, um sein Streben zu erkennen. Je öfter er aber die Bühne betrat, je mehr gewann das Publikum seinen Leistungen Antheil ab, und er stieg von Vorstellung zu Vorstellung gleich seiner Gattin immer mehr in der Gunst desselben.

Mad. Anna Amalia Wolff, zu Leipzig am 11. December 1783 (nach Anderen 1780) geboren, war die Tochter des Schauspielers Malcolmi in Weimar, wo sie bereits in ihrem sechsten Jahre Kinderrollen, wie die Julie im „Räuschchen" von Bretzner u. s. w. spielte. Mit dem fünfzehnten Lebensjahre sollte sie Liebhaberinnenrollen geben, allein mochte dieses Fach ihrem Talente und ihrer Individualität damals noch nicht zusagen, oder ihrer Neigung widerstreben, genug es wollte ihr nicht gelingen, darin Glück zu machen. Beim Erscheinen der „Maria Stuart" gab sie die Rolle der Kennedy, bei der ersten Aufführung des „Wallenstein" die Herzogin von Friedland. Das Talent zum Tragischen, was in ihr lebte, trat entschieden hervor. Ihre erste bedeutende Rolle im tragischen Fach war die Solisa in „Alarcos," von Schlegel; sie gefiel zwar sehr in dieser Rolle, doch beschränkte sich ihre Thätigkeit noch immer auf untergeordnete Rollen im Trauerspiel, bis im Jahr später Mad. Werdy, geborne Vohß, abging und sie nunmehr in das Fach der ersten Rollen im Gebiet der Tragödie eintrat. 1804 verehlichte sich Mlle. Malcolmi mit dem damaligen Regisseur des Weimar'schen Theaters, Heinrich Becker, trennte sich aber von diesem wieder, und heirathete zwei Jahre später Wolff; 1811 gastirte sie mit ihrem Gatten in Berlin und wurde, wie schon gezeigt, im Jahre 1815 für diese Bühne gewonnen, wo sie im April des folgenden Jahres als neues Mitglied auftrat. Goethe schrieb an Zelter am 29. Oktober 1815 in Folge dieses Engagements: „Brühl hat uns Wolff's weggenommen, welches kein gutes Vorurtheil für seine Direction erregt. Es ist zwar nichts dagegen zu sagen, wenn man gebildete Künstler sich zuzueignen sucht, aber besser und vortheilhafter ist es, sie selbst bilden. Wär' ich so jung wie Brühl, so sollte mir kein Huhn auf's Theater, das ich nicht selbst ausgebrütet hätte." Hiernach sah sich Brühl veranlaßt an Goethe eine längere Auseinandersetzung vom 3. Januar 1816 zu senden, worin es unter Anderem heißt: „Daß ich Ihnen die beiden würdigen Priester Melpomene's, Wolff genannt, aus Weimars Musentempel entführe, daß ich Ihnen auch meine jugendliche Priesterin Düring nicht zukommen lasse, ist wohl bös von mir, aber indem ich mich so an Ihnen versündige, befolge ich treulich die Lehre meines hochverehrten Meisters, denn ich suche das Gute und Beste im Osten und Westen, und versammle es um mich. Thue ich da nicht wohl daran?! Auch ist es ja wohl gebräuchlich, wenn Studenten eine Zeit lang auf der hohen Schule gewesen, sie von da weg zu nehmen, und ihnen wichtige Stellen im Staate anzuvertrauen. Weimar ist nun einmal unsere hohe dramatische declamatorische Schule, so lange Ihr Geist dort waltet, und so können Sie uns auch nicht zürnen, wenn wir einige Funken dieses Geistes an uns zu ziehen wünschen. Prosaisch gesprochen würde ich aber dennoch nicht darnach getrachtet haben, Ihnen die Wolff'schen Eheleute zu entführen, wenn ich nicht gewußt, daß sie in mehrerer Hinsicht mit ihrem Aufenthalte unzufrieden seien. Daß ich die junge Düring selbst mit einigen pecuniären Aufopferungen hier behalte, werden Sie mir gewiß auch nicht verargen, da ihr bedeutendes Talent und ihre Gestalt dieselbe wirklich zu einem beinahe unentbehrlichen Mitgliede unserer Gesellschaft machen. Sie sehen, werther Herr Geheimerath, wie sehr ich dem Ziele nachzustreben suche, welches ich mir vorgesetzt und zu welchem mich so oft Ihre belehrende Nähe und Ihre freundlichen Worte aufgemuntert."

Mit dem Wolff'schen Ehepaare kam in demselben Jahre auch Mlle. Wranitzky, die Tochter des Kapellmeisters gleichen Namens nach Berlin und gab ein Gastspiel, welches am 8. Juni mit der Sophie in „Sargines," von Paer begann, und mit Fanchon, Agnes Sorel, der Julia in der „Vestalin" und mit der Prinzessin von Navarra in „Johann von Paris" fortgesetzt wurde. Dasselbe hatte einen so glänzenden Erfolg, daß sie sofort unter den günstigsten Bedingungen auf Lebenszeit angestellt wurde.

Mlle. **Wranitzky**, 1790 in Wien geboren, erhielt den gründlichsten Gesangsunterricht von ihrem Vater; sie betrat zuerst das kaiserl. königl. Hofoperntheater, ging später nach Pesth, Preßburg, Lemberg u. s. w. bis sie endlich für die Berliner Bühne gewonnen wurde, wo sie sich 1817 mit dem Kapellmeister Seidler verheirathete.

Am Geburtstage des Königs, am 3. August 1816, kam die Oper „Undine" zur Vorstellung. „Das ganze Werk," sagt ein Zeitgenosse, „ist eines der geistvollsten, das uns die neueste Zeit geschenkt hat. Es ist das schöne Resultat der vollkommensten Vertrautheit und Erfassung des Gegenstandes, vollbracht durch tief überlegtesten Ideengang, Berechnungen der Wirkungen des Kunstmaterials, zum Werke der schönen Kunst gestempelt durch schön und innig gedachte Melodien."

Als Gäste waren in diesem Jahre erschienen, und zwar mit Mlle. Wranitzky fast gleichzeitig: Weidner vom Theater zu Frankfurt a. M., Mad. Krickeberg aus Königsberg, sowie im September desselben Jahres Eßlair vom Theater zu Stuttgart. Letzterer trat am 14. September zuerst als Wilhelm Tell auf; hierauf folgten die Rollen des Hugo in der „Schuld," des Wallenstein, des Otto von Wittelsbach, des Carl Moor, des Oberförsters in den „Jägern," sowie endlich die des alten Dallner in „Dienstpflicht." Die dramaturgischen Blätter von L. Tieck äußern sich über diesen Schauspieler und namentlich über die Rolle des Wallenstein: „Schon früher erwähnte ich bei Gelegenheit des Wallenstein dieses großen Schauspielers. Und freilich, wenn man gegen das Andenken eines Künstlers gerecht sein will, so muß man gestehen, daß er es verstand, dem Gedichte eine Einheit und Vollendung zu geben, die in dieser Rolle durchaus nichts mehr entbehren ließ. Sein großartiges Ahnungsvermögen erklärte manche Stelle, und setzte sie in ein so helles Licht, in welchem sie dem Dichter vielleicht selbst nicht so deutlich vorgeschwebt hatte."

Dagegen spricht derselbe über den Ton des Gastes in der Tragödie an anderer Stelle: „Durch die Art, wie er (Eßlair) die Erzählung des Traumes, die so trefflich war, schließt, fällt die schön aufgerichtete, uns so nahe gebrachte Vision wieder völlig zusammen." Die Verse:

Und dieses Thieres Schnelligkeit entriß
Mich Bannier's verfolgenden Dragonern.
Mein Vetter ritt den Schecken an dem Tag,

spricht der Darsteller voll und mit starkem Accent, am meisten hebt er den dritten heraus, dann macht er eine lange Pause, geht vor und sagt prosaisch, gebrochen, nur eben noch verständlich, im leichtesten Ton der Conversationssprache:

Und Roß und Reiter sah ich niemals wieder.

Es macht Effekt auf die Menge, aber einem solchen Effekte mußte ein so wackerer Künstler vielmehr aus dem Wege gehn, weil die Unnatur und Unrichtigkeit Jedem, der das Gedicht fühlt, zu sehr in die Augen fällt. Daß der Vetter an jenem verhängnißvollen Tage den Schecken ritt, ist es ja nicht, was des Helden Imagination erfüllen und sein Gemüth erschüttern kann, — sondern daß Roß und Reiter (sei dieser auch welcher er wolle) niemals wieder gesehen wurden, das ist es, was die Hörer erschrecken soll, wovor Wallenstein wieder von Neuem staunt. Nach einer kleinen Pause muß gerade dieser letzte Vers am meisten hervorgehoben werden, so wie Fleck ihn sprach, der dann von Neuem in die Leere starrte, als ob er das Bild und seine Bedeutsamkeit sich wieder vergegenwärtigen wollte."

Am 4. October desselben Jahres ging „der Hund des Aubry" zum erstenmale über die Bretter. Mit dem Hunde spielte Herr Karsten den Aubry. So sehr nun auch das Publikum darüber raisonnirte und spöttelte, daß ein Hund aufs Theater kam und meinte, daß dadurch die Bühne auf den Hund gebracht würde, lief dennoch Alles hinein und füllte das Haus zum Erdrücken.

Endlich kommen wir zum „standhaften Prinzen Don Fernando von Portugal," welches Stück, obgleich Iffland dasselbe sich eiligst schon 1811 mit der reitenden Post hatte durch Kirms schicken lassen, doch erst am Geburtstage des Kronprinzen, am 15. October 1816, erschien. Goethe äußert in einem Briefe an Schiller: „Man wird im Genusse des Einzelnen, besonders beim ersten Lesen, gestört; wenn man aber durch ist und die Idee sich wie ein Phönix aus den Flammen vor den Augen des Geistes emporhebt, so glaubt man nichts Vortrefflicheres gelesen zu haben. Es verdient gewiß neben der „Andacht zum Kreuze" zu stehen, ja man ordnet es höher, vielleicht weil man es zuletzt gelesen hat, und weil der Gegenstand so wie die Behandlung im höchsten Sinne liebenswürdig ist. Ja, ich möchte sagen, wenn die Poesie ganz von der Welt verloren ginge, so könnte man sie aus diesem Stücke wieder herstellen." Ueber die Aufführung des standhaften Prinzen schreibt Graf Brühl, unter dem 18. November 1816, an Goethe unter Anderm: „Wir rühren uns hier nach Möglichkeit, indessen wissen Sie wohl, daß das Gute nur sehr langsam gedeihet. Freund Wolf hat in der Rolle des standhaften Prinzen den allergrößten und wohlverdientesten Ruhm eingeerntet. Er hat es während meiner Abwesenheit auf die Bühne gebracht und daher gebührt ihm auch die ganze Ehre der sehr zweckmäßigen scenischen Einrichtung.

Am Schlusse des Jahres 1816 begann das vortreffliche Gastspiel des Sängers Wild aus Wien; er trat während des Zeitraums vom 23. October 1816 bis 11. April des folgenden Jahres als Tamino, Johann von Paris, Joconde, als Murney in dem „unterbrochenen Opferfest," als Don Juan, Ramiro in „Aescherling," Joseph in „Joseph in Aegypten," Licinius in der „Vestalin," als Orest in „Iphigenia in Tauris," Blondel in „Richard Löwenherz" und endlich als Jacob in der „Schweizerfamilie" auf und erntete an dreißig und etlichen Abenden den ungetheiltesten Beifall.

Das neue Jahr 1817 brachte am 19. März die liebliche Schöpfung Nicolo Isouard's: „Die Lottonummern" (das Lotterieloos), in welchem Stück er sein ausschließend der Conversationsoper angehöriges Talent auf das Glücklichste durch blühende Melodien bewährt. Unter allen seinen Compositionen hat die Oper „Röschen, genannt Aschenbrödel," welche am 14. Juni 1811 zum erstenmale in Berlin gegeben wurde, den ausgezeichnetesten Beifall erhalten; außer ihr verdient Erwähnung: „Michel Angelo," „Ein Tag in Paris" und die liebliche „Joconde," welche drei Stücke am 21. Januar 1805, 20. März 1809, respective am 26. April 1816 zum erstenmale hier aufgeführt wurden.

Müllner's bestes Trauerspiel: „König Yngurd," folgte am 4. Juni, das Stück enthält neben geistreichen Gedanken manche glückliche Wendung des leidenschaftlichen Pathos.

Mit dem neuen Schauspiele: „Der kranke Mann und die vornehmen Leute," von Kotzebue, schlossen sich am 28. Juli die Räume des Schauspielhauses für alle Zeiten. Am folgenden Tage sollten „die Räuber" zur Aufführung kommen, man hatte noch um 12 Uhr Mittags eine Probe des fünften Actes dieses Stückes angesetzt, als während derselben im Hause Feuer entstand, welches nicht allein dieses Gebäude bis auf die Mauern niederbrannte, sondern auch eine bedeutende Garderobe und einen seltenen Decorationsvorrath in Rauch und Flammen aufgehen ließ.

Lassen wir den Schauspieler Ferdinand Rüthling, der an diesem Schicksalstage bei der erwähnten Probe beschäftigt war, selbst erzählen. Es heißt in einem mit großer Sorgfalt geführten Tagebuche, welches schon sein Vater 1786 angefangen und er später fortgesetzt hatte:

„Dienstag, den 29. Juli 1817, Mittags 12 Uhr, war Probe von den „Räubern." Paulmann, vom Theater zu Riga, sollte den Franz

Moor spielen. Es war 10 Uhr, da kam mein Freund Carlsberg, der seit vierzehn Tagen engagirt war, und besuchte mich auf dem Directionszimmer, wo er bis 12 Uhr blieb. Herr Unzelmann, der als Regisseur die Probe leitete, klingelte zum Anfang der Probe. Da ich den Daniel zu spielen hatte, so ging ich mit Carlsberg zur Probe hinab, die auch 5 Minuten nach 12 Uhr ihren Anfang nahm. In der zweiten Scene des fünften Akts, denn nur dieser wurde probirt, da die ersten Akte einige Tage vorher probirt waren, habe ich die Worte zu sagen: „Eilt, helft, rettet, gnädiger Herr, das ganze Schloß steht in Brand!" Als diese Worte gesagt waren, fehlte Herr Bessel und es war daher nöthig, sie zu wiederholen. Es geschah; doch hatte ich kaum die Worte gesagt, so fiel durch die Oeffnung, wo die Krone hing, ganz langsam ein Funken Feuer ins Parterre, gerade vor Herrn Maurer Vater nieder, der zufällig die Probe mit ansehen wollte. Es sehend, so wie wir alle, rief er: „Hier oben muß es brennen! Feuer! Feuer!"

Ich warf meinen Blick auf das Amphitheater und gewahrte, daß beide Luftöffnungen desselben glühroth waren; von da gleitete mein Blick in die Höhe und ich sah, daß der große Vorhang im Proscenio in vollen Flammen stand und herabzufallen drohte. Maurer Sohn rief: „Fort, zur Maschinerie!" und einige Statisten folgten ihm den Weg, bei der Gitterloge vorbei, zur Maschinerie. Ich hörte nur noch Herrn Unzelmann rufen: „Ruhig, Kinder! den Kopf nicht verloren! Nicht zu laut, vielleicht können wir es so dämpfen." Ich lief nun den Gang entlang an den Damengarderoben vorbei, und so die Treppen hinauf bis zu meiner Garderobe, die dicht an der Maschinerie lag. Hier fand ich die Maschinenthür angelehnt und riß dieselbe auf, um hinaufzueilen; aber ein furchtbar schwarzer, heißer und alle Luft benehmender Qualm stürzte mir entgegen, so, daß ich meine Begleiter nicht mehr sehen konnte, die ich auch nicht zu nennen weiß, denn ich bemerkte nur auf der Treppe, daß Carlsberg und Rehfeld hinter mir waren. Im ersten Augenblicke taumelte ich zurück, aber schnell kehrte die Besinnung wieder, und nun bemühte ich mich, meine Garderobenthür zu sprengen, was mir aber trotz wiederholten Anstrengungen nicht gelingen wollte, da ich nur Schuhe angezogen und also nicht die nöthige Kraft im Absatz hatte. Während dieser Bemühungen wurde es Nacht um mich und die Luft so heiß und drückend, daß mir der Athem verging; ich griff daher zum

Geländer der Treppe, fühlte mich glücklich hinunter und stürzte in mein Arbeitszimmer, um dort aus den anliegenden Zimmern an Papieren zu retten, was ich konnte. Ich kehrte den großen Holzkorb um, warf alle Papiere aus meinem Schreibepulte hinein und trug ihn in das vordere Zimmer, wo ich mein Bücherspind öffnete und an Büchern hineinwarf, was ich vermochte. In dieser Arbeit fand mich der Logenschließer Heyne, der sich erbot, mir zu helfen, was ich mit Freuden auch annahm und ihm auftrug, noch mehrere Bücher einzupacken, derweilen ich in die hintern Zimmer eilte, um nach unserem Directionsbuch zu greifen. Als ich eintrat, war es hier Nacht geworden, denn der verderbliche Rauch hatte sich den Gang entlang bis in die offenstehenden Zimmer verbreitet, auch war er durch die offenstehenden Fenster eingedrungen, so daß ich Herrn Esperstedt im Zimmer kramen hörte aber nicht sah; und so geschah es, daß ich gegen einen Menschen lief und ihm, ohne ihn zu kennen, das unter seinem Arm tragende Directionsbuch entriß, welches ich am Gefühl erkannte und nur später erfuhr, daß es der Druckerbursche, mit einer Correctur zu mir wollend, war, der auch zur Rettung von Papieren zu Herrn Esperstedt geeilt war, welcher ihm das Buch zugesteckt hatte. Ich eilte nun, das Schnupftuch vor den Mund haltend, zurück, um den Korb zu retten, fühlte mich auch bis dahin zurecht, aber Heyne hatte das Zimmer, den Korb stehen lassend, verlassen, weil er zu ersticken glaubte; denn Athem zu holen war unmöglich. Die Gefahr einsehend, bemühte ich mich, den Korb selbst zu retten, aber er war überfüllt und so schwer, daß ich ihn nicht bewegen, viel weniger tragen konnte. Jetzt war es die höchste Zeit, auf meine eigene Sicherheit bedacht zu sein, da mein so lange angehaltener Athem mir die Brust zu sprengen drohte. Meinen Stock, der aus dem Korb hervorragte, zog ich heraus und fühlte mich glücklich bis zur Treppe, die ich auch kaum hinunter war, als durch ein darüber befindliches Fenster, das zum Theater ging, die helle Flamme über das Treppengeländer schlug und so die noch im Zimmer Gebliebenen, wobei Herr Esperstedt war, verhinderte, die Treppe zu passiren; unfehlbar hätte dieser verbrennen müssen, wenn er nicht glücklicherweise den Schlüssel zum Concertsaal bei sich gehabt, durch welchen er sich retten konnte.

Nun hatte ich noch eine Treppe, ehe ich ganz hinunter war; ich glaubte zu sticken und zu brennen, da es hier, wahrscheinlich vom

Theater aus, unleidlich heiß war. Doch Gott beschützte mich, und ich taumelte die Treppe hinunter, wo ich, als die frische Luft, zwar auch mit Dampf gefüllt, mich anwehte, betäubt niedersank. Hier richtete mich Jemand auf und stieß mich zur Hausthüre hinaus, wo ich erst nach einer ganzen Weile meine Besinnung wieder erhielt. Noch immer hatte ich den Brand nicht so stark geglaubt, doch als ich nun das ganze Dach in Flammen erblickte, als ich meine Papiere aus meinen Fenstern fliegen sah, da schrie ich nach einer Leiter, um noch möglichst viel zuretten, da diese aber nicht kam und das Einsinken des Daches, sowie die gewaltige Hitze mich zurücktrieb, da fing ich bitterlich an zu weinen und folgte meinem Bruder, der mich aufgesucht und gefunden hatte, nach Hause, wo meine Frau in Todesangst um mich schon weggelaufen und in das brennende Komödienhaus gestürzt war, aus welchem man sie aber, obgleich ich noch oben gewesen, zurückgetrieben hatte. Ich zog mich nun um und ging zur Brandstelle zurück, um wo möglich zu helfen, wo etwas zu helfen sei.

Doch traf ich hier den Herrn Grafen Brühl, der mir auftrug, Alles gegen 6 Uhr ins Opernhaus zu bestellen, wo man eine Conferenz halten wolle; deßhalb beauftragte ich Nouvroy damit und bestellte selbst einige Personen. Ich wohnte der Conferenz, die auf dem Theater gehalten wurde, selbst bei und ging von da zum Kaufmann Backofen mit Herrn Esperstedt, um die geretteten Papiere in Augenschein zu nehmen, und von dort zu dem Commissarius, Herrn Gardemin, wo auch der Theatermeister Werner und Maurer Vater zum Verhör über die muthmaßliche Ursache des Brandes eingeladen waren. Hier mußte ich bis gegen 11 Uhr sitzen, ehe mich die Reihe traf; endlich halb 12 Uhr ging ich nach Hause, wo ich mich ermüdet und abgemattet niederlegte. Es war diesen Abend kein Schauspiel.

Sonderbar zeigte sich der Haß gegen die Juden abermals, denn noch am selbigen Tage hieß es in der Stadt, die Juden hätten das Schauspielhaus angezündet, weil sie im Stücke Abends vorher so mitgenommen worden. Am andern Morgen kam die traurige Bestätigung des schrecklichen Gerüchts, daß der arme Carlsberg verbrannt sei. Wahrscheinlich war er oben im verfinsterten Gange erstickt, als er sich von der Maschinerie retten wollte. Erst am 7. August fand man einige Knochen und die halbverbrannten Eingeweide desselben.

Heute als am 11. August, Abends 7 Uhr, brennt der Schutt und die Kohlen noch ganz hell in den gewölbten Gängen. Die Gebeine des armen Carlsberg wurden von der Polizei in Empfang genommen und durch Aerzte besichtigt. Am 14. August, um 7 Uhr, versammelte sich die Gesellschaft in der Probstwohnung an der katholischen Kirche und geleitete von da aus die Ueberreste des unglücklichen Carlsberg zur Ruhe auf den katholischen Kirchhof.

Nach meiner Muthmaßung und Kenntniß des Hauses entstand das Feuer in der Gegend, oder vielleicht in der Kronenkammer selbst, denn von dort aus wüthete das Feuer nach allen Seiten, und dieß war auch die Ursache, daß wir auf dem Theater keinen Rauch bemerkten, weil er noch eine beträchtliche Höhe bis ans Dach und den Malerboden zu steigen hatte, sich also unbemerkt oben verbreiten konnte.

Die Entstehung des Feuers selbst ist bis jetzt unbekannt und gehen dieserhalb mancherlei Gerüchte; so viel ist gewiß, daß ein Theil unserer Maschinisten Vormittags bei einem unbedeckten Lichte gearbeitet und dieses vielleicht brennen gelassen, als sie die Maschinerie verließen."

Noch schlug die rothe Lohe aus der Asche, noch waren tausend Hände beschäftigt, das verheerende Element zu ersticken, als schon die Vorstellungen in alter Weise fortgesetzt wurden; man bediente sich jetzt des großen Opernhauses, um Stücke jeder Gattung zur Aufführung zu bringen.

Selbst das Gastspiel der Mad. Marianne Sessi wurde durch den Brand nicht unterbrochen, denn bereits den 30. Juli, am Tage nach dem Unglück, trat dieselbe als Romeo in „Giulietta e Romeo" wieder auf.

Die Geburtsfeier des Kronprinzen Friedrich Wilhelm, am 15. October desselben Jahres, brachte Gluck's „Alceste" auf die Scene. Nur der Vorliebe des Grafen Brühl für Gluck'sche Musik verdankte man, trotz aller Schwierigkeiten und Widersprüche, die Darstellung dieses herrlichen Meisterwerks; wobei der geistvollen Direction des Kapellmeisters B. A. Weber, sowie des Regisseurs Beschort und der Decorationsmaler Gerst und Gropius, welche die vollkommenste Anerkennung des Publikums erfuhren, nicht vergessen werden darf. Zum erstenmale kamen bei dieser Gelegenheit Decorationen und Kostüme im altgriechischen Style auf unsere Bühne.

Wenn hierbei gleichzeitig nicht geleugnet werden kann, daß für den Augenblick es als ein großes Unglück angesehen werden mußte, daß das Material für die meisten Vorstellungen vom Feuer verzehrt worden war, so konnte man dieß doch um so leichter überwinden, da bei der rastlosen Thätigkeit des Grafen Brühl der Ersatz des Verlornen sehr bald folgte. Die Schönheit und Correktheit, welche bei dem Anordnen der Kostüme nunmehr waltete, wurden vom In- und Auslande als Muster anerkannt. Selbst Talma verschmähete es nicht, den Grafen Brühl zu bitten, ihm die Zeichnungen zu den Kostümen des Wilhelm Tell verfertigen zu lassen, da man damals beabsichtigte, denselben im Théâtre français zur Aufführung zu bringen.

In der Vorrede zu dem bei Wittich erschienenen Werke über Kostüme und Decorationen sind die Principien entwickelt, von denen Graf Brühl bei der Wahl und Angabe derselben ausging. „Ueberhaupt," heißt es, „war Graf Brühl bei Verwaltung seiner Kunstanstalt sich bewußt, daß dieselbe unter allen darzustellenden Künsten die größte, intensive und extensive menschliche Aufgabe habe, und daß sie unter allen dirigirenden pädagogischen Aufgaben für Kunstleistung die schwierigste sei. Bei der Uebernahme derselben schwebte ihm die Idee vor, es sei in die Hand eines solchen Führers ein großer Theil des Kunstschicksals der Mit- und Nachwelt gegeben, gewissermaßen die allgemeine Erhebung der Generation zur Begeisterung für schönen Kunstgenuß. Mit edlem Sinne, schönem Ernste und wohlgesinntem Fleiße hat er dieß Ziel verfolgt, soweit als dieß mit dem verwirrtesten und schwierigst bedingten Kunstzweige, mit dem Theater, überhaupt möglich ist, wo Alles geleistet werden soll, mit Mitteln, die scheinbar so groß und gewaltig, und doch wiederum so klein und ohnmächtig sind, als es eben das Werkzeug und die Aufgabe dieser Kunst, der Mensch, ist."

In Bezug auf Decorationen gereichte der Bühne die innige Freundschaft des Grafen mit dem Ober-Baudirector Schinkel zum ersprießlichsten Vortheile. Wir wollen nur an die Aufführung der Zauberflöte erinnern, wo wirklich wie durch einen Zauberschlag die ersten, nach Schinkel's Ideen von seinem Schüler Carl Gropius ausgeführten Decorationen ans Licht traten; desgleichen an die Jungfrau von Orleans. Diese, eine unverwüstliche, von immer gleichen Beifallsbezeugungen begleitete Vorstellung mußte, weil alles Material beim Brande des Schauspielhauses ein Raub des Feuers geworden war, gänzlich neu ausgestattet werden und kam so und mit einer neuen Besetzung nach längerer Zeit, am 18. Januar 1818, wieder auf die Bühne. Der Dom von Rheims imponirte darin durch seine Erhabenheit und die Treue der Zeichnung außerordentlich, auch wurde es befriedigend anerkannt, daß Graf Brühl der Ceremonie des Krönungszuges mehr Wahrscheinlichkeit gegeben hatte. Bei den früheren Vorstellungen befanden sich nämlich die Bischöfe im Zuge; da dieses gegen die Sitte der katholischen Kirche streitet, so wurde angeordnet, daß dieselben aus den Vorhallen des Münsters dem Zuge entgegen kommen, den König unter dem Traghimmel empfangen und ihm den Weihrauch anbieten sollten; wodurch gleichzeitig der Vorstellung auf der Bühne eine noch malerischere Wirkung geliehen wurde. Auch fiel die Anordnung fort, daß einer der Bischöfe das Ciborium trug, da es dem Grafen Brühl nicht angemessen erschien, Gebräuche, die zum Wesen einer Glaubenslehre gehören, auf die Bühne zu bringen.

In der Zeit, als „Alceste" die ersten Wiederholungen erfuhr, kam Mad. Sophie Schröder, geborne Bürger, vom k. k. Hoftheater zu Wien, nach Berlin und trat am 25., 29. und 30. October als Merope, Medea und Phädra auf. Ihre Gastrollen waren eine Reihe von Triumphen, in denen sie das kunstsinnige Berliner Publikum aufs Höchste entzückte und sich bei demselben in unvergeßliche Erinnerung brachte. Ihr herrliches Organ, das der größten Anstrengung, sowie der reichsten Modulation fähig war, ihre musterhafte Deklamation, ihre vollendete Plastik, die Tiefe des Gefühls, die Wahrheit ihres Spieles und das hinreißende Feuer, stets von der klarsten Besonnenheit beherrscht, waren Vorzüge, die sich selten in solcher Vollkommenheit vereinigten.

Kurze Zeit nach diesem Gastspiele wurden wir mit dem Dichter Franz Grillparzer durch seine „Ahnfrau" und seine „Sappho" bekannt. Wer kennt nicht den Räuber Jaromir, welcher seinen Vater tödtet, ohne ihn zu kennen, und seine Schwester liebt, damit der Fluch der Ahnfrau des Hauses Borotin in Erfüllung gehe? Unter den Dichtern der Schicksalstragödien ist Grillparzer derjenige, welcher die größte künstlerische Begabung besitzt, und durch seine „Ahnfrau" eine größere Popularität erlangt hat, als durch seine Sappho.

Um diese Zeit ging der Sänger Fischer ab, und folgte das Gastspiel des Tenoristen Bader. Nachdem Fischer sich schon am 11. December

1817 geweigert hatte da capo zu singen und deßhalb ausgepocht wurde, und sich am 20. Februar des folgenden Jahres dieselbe Scene wiederholte, wobei Fischer noch die beleidigendsten Aeußerungen gegen das Publikum machte, wurde er gezwungen, das Theater zu verlassen. Er wendete sich nach Italien, sang hier in den größeren Städten mit dem glänzendsten Erfolge, übernahm endlich die Theaterdirection in Palermo, kehrte aber, da dieß Unternehmen den gehofften Erfolg nicht hatte, nach Deutschland zurück, und gab in Mannheim mit vielem Glück Gesangunterricht.

Kaum hatte Fischer im März die Berliner Bühne verlassen, als im folgenden Monate der Sänger Carl Adam Bader zu einem Gastspiele hier eintraf, und als Johann von Paris, Tamino, Ottavio und Belmonte, am 5., 7., 9. und 12. des genannten Monats, so außerordentlich gefiel, daß bei seiner Abschiedsrolle der allgemeine Wunsch des Publikums zum Bleiben ausgesprochen wurde. Da Bader augenblicklich nicht frei war, so konnte er erst 1820 nach Ablauf seines Contracts in Braunschweig diesen Wünschen nachkommen, zu welcher Zeit er dann als Tarar in Salieri's „Azur" debütirte, und hierauf fünfundzwanzig Jahre zu einer der größten Zierden der Bühne gehörte. Seine Stimme hatte eben so viel schmelzenden Reiz, als Kraft und Ausdauer; dazu machten ihn sein dramatisches Talent, sowie sein hinreißendes, edles Feuer zu einer der hervorragendsten Größen seiner Zeit.

Im Monat Mai kam auch Georg Wilhelm Krüger mit seiner Frau Auguste, gebornen Aschenbrenner, einer zur Zeit berühmten Sängerin, auf einer Kunstreise nach Berlin, wo Beide mit großem Beifall auftraten.

Als neu erschien die Oper „Claudine von Villa Bella," mit Musik von Kienlen, nachdem 29 Jahre früher dieß Goethe'sche Werk mit Reichardt'scher Musik zur Aufführung gekommen war; vieles von dem, was damals von dieser leicht und luftig hingehauchten Operette gesagt worden, paßt genau noch heute.

Graf Brühl schrieb bei dieser Gelegenheit an Goethe: „Der junge talentvolle Kienlen, welcher Ihnen empfohlen sein will, hat Ihre Oper Claudine recht artig componirt, und habe ich sie für die hiesige Bühne behalten, da es mir jedesmal ein wahres Fest ist, etwas von Ihnen, mein hochverehrter Freund und Meister, auf die Bühne zu bringen."

Inzwischen hatte der König schon im Jahre 1817, nach seiner Rückkehr aus der Rheinprovinz, den Wiederaufbau des Komödienhauses befohlen und den Auftrag gegeben, Zeichnungen verschiedener Künstler zu sammeln und ihm zur Prüfung vorzulegen. Einige auswärtige Architekten sandten ihre Pläne ein, denen sich einheimische anschloßen; die Aufgabe war aber für die fremden Künstler zu schwierig, da des Königs ausdrücklicher Befehl dahin ging, die stehengebliebenen Umfassungsmauern beizubehalten und nächst dem Theater noch für Räumlichkeiten zu sorgen, wo Concerte, Bälle und andere Feste veranstaltet werden könnten; ferner hatte der König bestimmt, daß das Theater etwas kleiner in seinen Verhältnissen sein sollte, um zu kleinen Schauspielen und Opern geeignet zu sein. Graf Brühl äußerte bei dieser Gelegenheit in einem Schreiben: „Zu den gewöhnlichen Schwächen aller Architekten beim Bau eines Theaters gehört, daß sie auf die Theater der Alten zurückgehen, um die neueren darnach einrichten zu wollen; nichts kann unverständiger und nachtheiliger sein, als dieß. Unsere ganze jetzige Sinnes- und Lebensart, unser Geschmack, unsere Begriffe von Annehmlichkeit und Interesse am Schauspiel, sowie am Singspiel und dem Tanze ist so durchaus verschieden von Allem, was die Alten liebten, daß ein antikes Theater zu unsern modernen Schauspielen ungefähr passen würde, wie die großen Courrierstiefeln aus Ludwigs XIV. Zeiten, zu den jetzigen leichtfüßigen Balletsprüngen. Alle diese Betrachtungen hatten mich sehr ängstlich gemacht, und ich leugne es nicht, daß ich nichts als Mühseligkeit und Aergerniß voraussah, weil ich nicht hoffen durfte, daß ein Architekt so viel Nachgiebigkeit haben, in meine Ideen eingehen und das was theatralisch nöthig und zweckmäßig ist, mit dem verbinden würde, was die Regeln der architektonischen Schönheit oder seine eigenen Ideen erheischen möchten. Längst war es mein Wunsch, mich mit unserm vortrefflichen Schinkel deßhalb in Unterhandlungen einzulassen, weil ich ihn ohne Uebertreibung für einen der genialsten und geistreichsten Baukünstler halte, welche Deutschland besitzt. Anfänglich schien er nicht dazu gewilligt und zwar aus demselben Grunde, der alle Unterhandlungen mit den Architekten erschwerte, nämlich er hatte über Theater und Theaterwesen, über Schauspiel, Dichtung und Tanz so abweichende Gedanken von dem, was da war und bestand, daß ich nimmermehr hoffen konnte, mich mit ihm zu vereinigen. Vom

Könige war mir zwar bis auf einige wenige Ausnahmen freie Hand gelassen, allein meine Ehre als Theaterdirector kam hier eben so sehr in's Spiel, als die Ehre des Baumeisters, und keinem Director ist es zu verzeihen, wenn er nicht aus allen Kräften dahin strebt, das Theater so bauen zu lassen, wie es nach seinen Ansichten recht ist. Mehrere Monate vergingen und der Geheimerath Schinkel schien nicht zum Werke schreiten zu wollen, weil er sich gleichfalls vor allen Schwierigkeiten fürchtete, und nicht glaubte durchdringen zu können. Vor ungefähr zwei Monaten, seit März 1818, erfüllte er jedoch meinen Wunsch und meine Bitte, und entwarf einen Theaterplan, begründet auf das, was ich ihm über die nothwendigen Bequemlichkeiten des Theaterdienstes schriftlich vorgelegt und auf das, was die Gesetze der architektonischen Schönheiten erheischten, und wurde dieser Plan vom Könige in allen seinen Theilen genehmigt, und die Ausführung desselben lediglich und ohne Zuziehung einer anderen Behörde, mir und Schinkel ganz allein überlassen und übertragen."

Am 4. Juli wurde mit angemessener Feierlichkeit der Grundstein zu dem Neubau gelegt. Nächst den eingeladenen königl. Prinzen befanden sich bei der Handlung gegenwärtig: die Generale Tauentzien, Freiherr v. Brauchitsch, v. Köckeritz, Minister Graf v. Bülow, Oberpräsident v. Heydebreck, Staatsrath Le Coq, Bürgermeister v. Bärensprung, Landes-Baudirector Eytelwein, sowie eine bedeutende Anzahl von Zuschauern. Um eilf Uhr Vormittags erschien Se. königl. Hoheit der Prinz Wilhelm, jetzt regierender König von Preußen, auf dem Bauplatz, wurde vom Grafen Brühl, dem Geheime-Oberbaurath Schinkel und dem Regierungsbaurath Triest am Eingange empfangen, und verfügten sich dieselben in Begleitung des Prinzen August und aller übrigen hohen Anwesenden in den ausgegrabenen Grund, zu welchem eine von Rasen verfertigte breite, mit Blumen verzierte Treppe hinabführte. Der Generalintendant Graf Brühl hielt eine kurze Rede, worauf demselben vom Maurermeister Förstner eine lederne Maurerschürze umgebunden, die Kelle in die Hand gegeben und der Kalk zugereicht wurde. Er gab dem Grundsteine das nöthige Kalklager, worauf Förstner den Stein niedersenkte und der Graf Brühl die auf den zinnernen Denkplatten eingegrabenen Zuschriften laut vorlas. Die auf der ersten Platte lautete: „Unter der Regierung Sr. Majestät des

Königs Friedrich Wilhelm III., wurde mit großem Kostenaufwande Anno 1802 ein neues Schauspielhaus nach Angabe des Geheimen-Oberbauraths Langhans auf diesem Platze erbaut, welches am 29. Juli 1817, Mittags zwölf Uhr, abbraunte. Se. königl. Majestät befahlen im selben Jahre den Wiederaufbau, und übertrugen die obere Leitung desselben dem zeitigen Generalintendanten der königl. Schauspiele, Kammerherrn Grafen Carl v. Brühl. Den Plan zum neuen Bau hat der Geheime-Oberbaurath Schinkel entworfen und in Verbindung mit dem Regierungsrath und Baudirector Triest, in allen Theilen ausgeführt."

Auf der zweiten Platte stehen folgende Namen: „Se. königl. Hoheit der Prinz Wilhelm, Se. königl. Hoheit der Prinz Carl, Se. königl. Hoheit der Prinz August Ferdinand; die Generale Graf Tauentzien, v. Wittenberg, Freiherr v. Brauchitsch, Minister Graf v. Bülow, Oberpräsident v. Heydebreck, Polizeipräsident Le Coq, Oberbürgermeister Büsching, Bürgermeister v. Bärensprung, Polizeiintendant Rück, Generalintendant Graf v. Brühl, Geheimer-Oberbaurath Schinkel, Regierungsbaurath Triest, die Baucondocteurs Berger, Bürde und Geiseler, Hofzimmermeister Glatz, die Maurermeister Welz, Förstner und Fuhrmann, die Steinmetzmeister Trippel, Wimmel, Uhlemann und Friedrich."

Unter den üblichen Gegenständen, welche in den Grundstein kamen, war auch eine eiserne Medaille mit dem Bildnisse des verstorbenen Generaldirectors Iffland enthalten.

Nachdem der Grundstein zugedeckt, erfolgten die gebräuchlichen drei Hammerschläge von den königl. Prinzen, Staatsbeamten ꝛc. und hielt hierauf der Regierungsbaurath Triest eine Anrede an sämmtliche Gewerke, welche mit den Worten schloß:

„Frisch Gesellen! seid zur Hand,
Von der Stirne heiß
Rinnen muß der Schweiß,
Soll das Werk den Meister loben,
Doch der Segen kommt von oben!

Arbeit ist des Bürgers Zierde,
Segen ist der Mühe Preis;
Ehrt den König seine Würde,
Ehret euch der Hände Fleiß! —

So seid denn treu der Pflicht,
Dem Fleiße ganz ergeben,
Verdienten Lohn wird euch der König geben,
Ruft laut mit mir: Hoch soll der König leben."

Unmittelbar darauf brachte der Graf Brühl Sr. Majestät dem Könige ein dreimaliges Hurrah! worin alle Anwesenden mit Jubel einstimmten. Die Feier schloß das vom anwesenden Theaterchor gesungene Volkslied: „Heil Dir im Siegerkranz!" mit einem vom Dichter Herklots gedichteten Texte.

Noch vor Ablauf des Jahres 1818, am 9. December, kam Goethe's „Lila" zur Aufführung. Auf mehrere Benachrichtigungen und Anfragen des Grafen Brühl, die Musik des Directors Seidel zu diesem Stücke, sowie die Kostüme des Oger, der Fee Almaide, des Magus, der weiblichen Dämonen ꝛc. betreffend, äußerte sich Goethe in einem Schreiben vom 1. Oktober desselben Jahres darüber und beantwortete unterm 14. Januar 1819 den ausführlichen Bericht des Grafen Brühl, d. d. 10. December 1818, über die Aufführung und den Erfolg dieser Oper.[19]

Das Jahr 1819 war nicht nur reich an Gastrollen, sondern es führte auch unserer Bühne die beiden wackeren Schauspieler Philipp Eduard Devrient und Georg Wilhelm Krüger zu. Der Letztere in Berlin 1791 geboren, war der Sohn armer Eltern; er begann frühzeitig in Stendal die theatralische Laufbahn und wurde 1812 in Neustrelitz für das Liebhaberfach angestellt. Einige Jahre später wandte er sich nach Hamburg, fand daselbst Engagement, und verheirathete sich im Jahre 1815 mit der berühmten Sängerin Aschenbrenner, welche Ehe jedoch nach vier Jahren wieder getrennt wurde. Krüger sah sich veranlaßt, seine damalige Anstellung in Darmstadt aufzugeben, nach Mannheim zu gehen und 1819 sich nach seiner Vaterstadt zu wenden. Hier trat er als Sigismund in dem Calderon'schen Schauspiel: „Das Leben ein Traum" auf, und wurde bis zum Jahre 1837 zu unseren besten Schauspielern gerechnet, da er mit einem kräftigen, schönen und volltönenden Organ begabt, sich durch Feuer und Energie des Spieles auszeichnete.

[19] S. Nr. 49 bis incl. 51 des Briefwechsels.

Ph. Eduard Devrient, der Neffe von Ludwig und der Bruder von Carl und Emil, hatte seine ersten musikalischen Studien unter Zelter gemacht. Er trat in Gluck's „Alceste“ auf, gab hiernach den Masetto in „Don Juan“ und gefiel, trotz seiner nicht starken Baritonstimme so allgemein, daß er sogleich engagirt wurde. Eduard Devrient war ein strebsamer Künstler, welcher hörte und sah, wo er nur konnte, und auf diese Weise sich immer mehr und mehr zu einem kunstgerechten Sänger und Schauspieler ausbildete. Leider mußte er großentheils die Oper aufgeben, da anstrengende Rollen bei schon vorhandener Heiserkeit, seine Stimme zu untergraben drohten. Er ging zum recitirenden Schauspiel über und hat hierin unverändert mit dem günstigsten Erfolge gewirkt.

In das Jahr 1819 fällt endlich, am 3. Juli, die Todtenfeier für den ermordeten Staatsrath v. Kotzebue. Graf Brühl wendete sich in dieser Beziehung an Fouqué, und äußerte in seinem hierauf bezüglichen Schreiben, daß der König eine derartige theatralische Feier für passend fände, da solche Auszeichnungen auch andern Theaterdichtern zu Theil geworden. Für den betreffenden Abend war das letzte Schauspiel Kotzebue's: „Herrmann und Thusnelda“ gewählt, und bat der Graf, Fouqué möchte sich bewogen fühlen, einen Prolog zu dichten. „Ich dachte mir,“ sagte derselbe in dem genannten Schreiben, „ungefähr am zweckmäßigsten, die Muse klagend auftreten zu lassen; was man zum Lobe Kotzebue's sagen kann, müßte feierlich gesagt und zumal nicht vergessen werden, daß er dem Götzen Bonaparte niemals geopfert hat. Seines Mordes müßte gleichfalls ausdrücklich Erwähnung geschehen und zwar auf eine sehr bestimmte und ernste Weise.“

Fouqué kam dieser Aufforderung nach und theilen wir den betreffenden Prolog hier folgend mit:

Germania

(in Trauer, tritt langsam und feierlich aus dem Hintergrund nach dem Proscenio vor).

Scene: Hermanns Schlachtfeld im Teutoburger Walde.

Zu Euch, Urenkel Hermanns und Thusneldens,
Zuvor des Vaterlandes ernstes Wort,
Eh' euch der Muse kampfbewegtes Lied
Zurück auf dieses Schlachtfeld Hermanns ruft! —

Verkennet heut' die treue Mutter nicht,
Die euch auf altem, festen Freiheitsboden
Erzeugt, genährt mit ihrer Liebe Brüsten,
Im Sonnenstrahl des Rechts, der Sitt' erzog,
Geschützt im Sturm der tausendjähr'gen Zeit,
Gerächt an fremder Unbill, frechem Hohn,
Und ewig liebevoll euch einen, schützen wird,
Wenn ihr im blut'gen Haß euch selber nicht
Befehdet und zerstört —

Mit Eichenlaub,
Dem heil'gen meiner tausendjähr'gen Haine,
Saht ihr sonst stets die heiter ernste Stirn
Umkränzt. Mit ihm geschmückt begrüßt' ich euch
Noch jüngst, als ihr auf Leipzigs blutgedüngten Fluren
In mehr als Hermannsschlacht des neuen Cäsar
Octavianus mächt'ge Legionen
Zermalmt, ja ihn, den stolzen, selbst gebeugt
Und seiner Knechtschaft drückend Joch zerbracht;
Begrüßt' ich fröhlich euch, als zweimal ihr
Den Siegerfuß zurück in's Vaterland
Gesetzt, an meines alten Rheinstroms Ufern,
Den Eichelschweren Kranz vermählend mit
Der deutschen Rebe wonnereichem Laube. —

In Trauer seht ihr heute mich gehüllt.
Die Sonn' erhellten Frühlingsauen meidend,
Birgt sich mein Schmerz in dieses Haines Dunkel,
Wie wenn dem Erdenfrevel traurig zürnend,
Ihr Strahlenhaupt verbirgt die ew'ge Sonn'
In finster drohende Gewitternacht. —
Sollt' ich nicht zürnen? — Weinen — seufzen nicht?
Nicht klagen? — Nicht mein schamgeröthet Angesicht
Der Neider schadenfrohem Blick entziehn? —
(Auf den Boden des Siegesfeldes deutend.)
Auf diesem Boden traf nur Schwert auf Schwert!
Mann gegen Mann! Aug' nur in's Aug' gefaßt!

Kein Dolch — ihn kannten Hermanns Brüder nicht —
Drang meuchlerisch in unbewehrte Brust! —
Wo bist du, heil'ge Freistatt deutschen Herdes?
Schirmt nicht des Deutschen Dach den fremden, wie
Den deutschen Mann? Ist's keine Schutzwehr nicht
Auch selbst dem Feinde mehr, der ihm vertraut?
Ist des Gesetzes heil'ge Tafel denn
Zerbrochen? Ausgetilgt der Gottesfriede
Von neu versöhnter, freier deutscher Erde?
Und heiligt denn der reine bess're Glaube,
Was Wodan's Priester einst mit Fluch belegt?
Ist er zurückgekehrt aus dunklen Höhlen,
Der mitternächt'ge Dämon grauser Fehme,
Des Fanatismus blut'ge Dolche schwingend?
Seh' ich also den Sänger untergehn,
Der oft den Hain erfüllt mit frohen Liedern,
Und dem ihr selber oft den Kranz gereicht?
Habt ihr ihn darum nur geschmückt, damit
Er eurem Haß ein ruhmvoll Opfer falle?
Senkt ihr den Todesschmerz in seine Brust,
Weil in der euren er so oft, so oft
Die heit're Lust erweckt? —

Vergeßt ihr schon,
Wie oft er muthvoll seines Liedes Pfeile schwang?
Mit kühner Hand die Thorheit eurem Spott
Zum Raub gegeben? Laster aufgedeckt?
Der List und Heuchelei ihr Truggesicht
Entzog? Dem großen Frevler Trotz geboten?
Und in des harmlos heitern Scherzes Hülle
Den Hohen wie den Niedern ernste Wahrheit sprach?
Des Menschenlebens ewig wechselnd Schattenbild
In tausend wunderbar bewegten Scenen
Vor euren Blicken aufgerollt und bald,
Wie's ihm der Muse reiche Gunst verlieh,
Des Mitleids Zähre heiß dem Aug' entlockt,

Erfüllt den Busen bald mit Zornes Glut,
Mit heit'rer Freude Strahl euch bald die Stirn
Verklärt und frohes Lächeln eurem Mund gebot?
Ihr könnt es nicht vergessen! Werdet's nie!
Wie oft sein Lied auf heitrer Bühn' ertönt,
Erneuert sich sein Ruhm und sein Verdienst.
Ihr klagt mit mir ob seinem ungeheuren Tod,
Beweint mit mir des Sängers schwarzes Loos,
Das zürnend ihm die ernste Parze spann! —
Nicht klag' ich dich mein Volk, mein deutsches, heiß
Geliebtes Volk, nicht an! Der Mutterlipp'
Entquillt die schmerzhaft bitt're Klage nur
Um jenen Wahnverblendeten, den einst
Wie euch mein Mutterschooß getragen, der für mich
Noch jüngst ein rechtlich Schwert erhob, mit euch
Als Sieger heimgekehrt in's deutsche Land,
Die harmlos neu betret'ne Musenbahn —
Weh! Weh! — mit blut'gem Doppelmord zu enden! —
Wo war'st du, der neun Schwestern heil'ger Chor,
Als ihm die Furie mit dem Schlangenhaupt
Sich nahte, mit dem gift'gen Hauch die Brust
Ihm füllte, Herz und Sinn bethörend um
Das Jünglingshaupt die schwarze Fackel schwang?
Wo war'st du, Himmelstochter, wo, du Kind
Des ew'gen Lichts, Religion, als tief,
Aus dunkler Hölle Schlund des Mordes Dämon sich
Vor ihm erhob, den Mordstahl in die Faust
Ihm drückend, fort ihn treibend zu der Hölle Werk,
Sich aber lügend zu des Himmels Boten? —
O, warum standet ihr ein ehr'ner Wall
Nicht um des Jünglings unbewehrte Brust,
Und lenktet fern von ihr das Gaukelspiel
Der ewig trügerischen Hölle ab? —
Weh! Weh der furchtbar ungeheuern That!
Und weh auch mir, der tief verletzten Mutter,
In ihrer Söhne schwarzem Brudermord!

Bald steigt ein traurig Sühnungsopfer selbst
Des Mörders Schattenbild zur Unterwelt
Hinab. Mit seinem letzten Blick auf diese Bahn
Des Irrthums, Hasses, Wahns zerstreuen sich
Der Erde Nebel und des Lebens Bild
Verklärt dem Auge sich — Dort unten zürnt
Kein Haß dem Feinde mehr, kein Wahn bethört,
Kein Irrthum führt zu Schuld und Frevel mehr
Der bleichen Manen abgeschied'ne Schaar —
Doch naget stets an des Verbrechers Seele —
So will's des Schicksals ewiges Gesetz —
Das Angedenken seiner bösen That! —
Glückselig wer, befreit von Schuld und Fehle,
Sich seines Daseins ernstem Ziele naht!

Im folgenden Jahre eröffnete der berühmte Componist G. Meyerbeer auf der Berliner Schaubühne den Reigen seiner Opern mit „Emma von Roxburg" und fand eine nicht geringe Theilnahme bei dem Publikum. Deßgleichen debütirte am 4. Mai 1820 der Sänger Bader als Tarar in der Oper „Axur," nachdem er schon zweimal als Gast aufgetreten war.

Carl Adam Bader, im Jahre 1789 in Bamberg geboren, hatte sich für das Studium der Theologie bestimmt, als er auf Zureden des Theaterdirectors Holbein dieß Vorhaben aufgab und zur Bühne seiner Vaterstadt ging. Er besaß als Knabe eine so schöne Sopranstimme, daß er die allgemeinste Aufmerksamkeit erregte; in seinem achtzehnten Lebensjahre finden wir ihn bereits als Organist und Vorsteher des Domchors in Bamberg angestellt. Nachdem Bader hierauf einige Zeit beim Director Holbein geblieben, ging er nach München, wo er Lindpaintner fand und sich nach Brizzi bildete; vier Jahre später wandte er sich nach Bremen, um daselbst als erster Tenorist ein Engagement anzunehmen, ging aber bald von dort nach Hamburg und 1818 nach Braunschweig über, von wo aus wir Bader zum erstenmal als Gast in Berlin begrüßten. Der mit ihm abgeschlossene Contract lautete zwar auf drei Jahre, man verwandelte dieß Engagement jedoch schon nach Ablauf zweier Jahre in ein lebenslängliches, welchem er dann ein

Vierteljahrhundert treu blieb, und noch länger die Zierde unserer Bühne geblieben wäre, wenn er nicht die ihm lieb gewordene Stellung, in Folge schwerer Krankheit, hätte aufgeben müssen.

Müllner's „Albaneserin" befand sich bereits seit längerer Zeit in den Händen des Grafen Brühl; der Verfasser sah sich daher veranlaßt die Generalintendantur auf das Dringendste und Bestimmteste zu bitten, einen ferneren Aufschub der Aufführung nicht stattfinden zu lassen, worauf Graf Brühl sich entschuldigte, daß Wolff's und Beschort's Badereisen, so wie Lemm's und der Mad. Stich längeres Kranksein die erste Ursache der Verzögerung gewesen, und daß er später die Absicht gehabt, dieß Stück auf die neue Schaubühne zu bringen, da er nicht geglaubt, daß es solche Eile damit hätte. Derselbe fährt dann in seinem Briefe vom 28. März 1820 fort: „Daß die Einweihung eines architektonischen Meisterstücks, wie das neue Haus es sein wird, eine bedeutende Epoche in den Annalen des deutschen Theaters überhaupt machen wird, ist wohl nicht zu leugnen, und ich glaubte eher Lob als Tadel von Ihnen zu hören, daß ich Ihr Stück zum ersten Trauerspiel bestimmte, mit welchem dieser Musentempel eingeweiht würde. Meine Idee ist nämlich: die Einweihung nicht mit einem Stücke an einem Abende zu veranstalten, sondern vier Tage dazu zu bestimmen, und in diesen vier Tagen ein bedeutendes Schauspiel, ein Trauerspiel, eine Oper und ein Lustspiel, jedes wenigstens viermal wiederholt, mit einem Kreislauf von sechzehn Tagen zu beschreiben. Da das Haus mehr dem Drama sowie dem Lustspiele bestimmt ist, so wünsche ich, daß es mir erlaubt wird, mit Torquato Tasso oder Iphigenia beginnen zu dürfen, daß ich nicht die Einweihung mit einem Rührspiele, wie die Kreuzfahrer, beginnen würde, dürfen Sie mir, glaube ich, wohl unbedingt zutrauen." Am Schlusse des Schreibens fügt der Graf noch hinzu: „In vierzehn Tagen — wenn Herr Krüger bis dahin genug hergestellt ist — hoffe ich, Ihnen die Nachricht der Aufführung der Albaneserin mittheilen zu können."

Fast in dieselbe Zeit fällt der Abgang des Schauspielers Maurer von unserer Bühne. Wir haben diesen Künstler schon unter der Iffland'schen Verwaltung kennen gelernt, wo er im Jahre 1812, während der langwierigen Krankheit Bethmann's dessen Stellvertreter wurde, und sich als Philipp in „Johanna von Montfaucon," als Secretär in

„Dienstpflicht," als Theobald in „Deodata," vorzugsweise aber als Carl Moor auszeichnete. Unter Brühl's Leitung, als Mattausch den älteren Charakteren entgegenreifte, erhielt er dessen Liebhaber- und jugendliche Heldenrollen und glänzte in dieser Periode namentlich als Jaromir in Grillparzer's „Ahnfrau." Im Jahre 1816 unternahm Maurer seine erste Kunstreise nach Hamburg, Hannover, Braunschweig, Cassel, Frankfurt a. M., Mannheim und Stuttgart, und erhielt auf derselben, von mehreren Seiten, bedeutende Anerbietungen, denen er jedoch kein Gehör gab. Er kehrte nach Berlin zurück, trat in Klingemann's „Faust" wieder auf und wurde mit dem rauschendsten Beifalle empfangen. Nichts desto weniger verließ er 1820 Berlin, um ein Engagement in Stuttgart anzunehmen; vielleicht dadurch veranlaßt, daß Wolff und Krüger ihm in seinem Rollenfache im Wege standen.

Endlich folgten am Schlusse des Jahres noch zwei neue Stücke des letzten Schicksalstragöden Ernst v. Houwald: „der Leuchtthurm" und „Fluch und Segen," nachdem derselbe bereits 1818 mit dem Trauerspiele „die Heimkehr" auf unserer Bühne debütirt hatte. Sowohl der Leuchtthurm als das 1821 zur Aufführung gekommene Trauerspiel „das Bild," haben durch die Beurtheilung Tieck's und Börne's einen bleibenden Namen erhalten, wir gehen daher nicht weiter darauf ein; dagegen dürften einige Mittheilungen des Grafen Brühl an Hofrath Böttiger, in Bezug des Houwald'schen Schauspiels: „Fluch und Segen," hier nicht ohne Interesse sein.

„Auch wir," heißt es in einem Briefe, „sahen es (Fluch und Segen) vorgestern zum erstenmal auf unserer Bühne, und kann ich nur das unterschreiben, was Sie in der Abendzeitung gesagt haben. Ein solcher Antheil, wie diesem Drama wurde, von der kleinen, aber höchst sinnigen Versammlung — denn in der Weihnachtszeit ist unser Theater gewöhnlich leer — ist seit meiner Führung keinem neuen Erzeugnisse geschenkt; die Handlung schreitet rasch vorwärts und ich erkenne, was den dramatischen Gang betrifft, demselben unbedingt den Preis vor allen übrigen Houwald'schen Arbeiten zu. Der Zettel sagt Ihnen, was wir hier aber auch angewandt haben, um es in höchst möglicher Vollkommenheit zu geben. Wolff war in der Rolle des Pächters ausgezeichnet, ja was viel sagen will, so aus einem Gusse gleichsam habe ich für meinen Theil nichts von ihm gesehen, was ihm um so mehr Ehre bringt, da das bürgerliche Drama doch nicht seine Sphäre ist, und er an Calderon'sche, Shakspeare'sche, Goethe'sche Gebilde, ich möchte sagen, verwöhnt ist. Aber wie wahr, einfach und herrlich war sein Spiel an diesem Abend, man war in der Pächterstube. Die Wolff gab ganz die herrliche, fromme, ergebene Frau; von ihr mußte Segen auf Mann und Kind ausgehen. Marianne Wolff gab den Moritz überaus kindlich und Mlle. Reinwald die liebe Schwester mit der ihr für diese Rolle sehr zusagenden Zartheit. Rebenstein war der Seiltänzer. Den Amtmann gab Herr Gern, ernst und würdig, und so konnte bei diesem Vereine künstlerischer Kräfte es nicht ausbleiben, daß das Stück zu einem der Anziehendsten werden mußte. Unser König war davon so ergriffen, daß er mich versicherte, in langer, langer Zeit keinen solchen schönen Genuß im Drama gehabt zu haben.

Das Jahr 1821 brachte zuerst Rossini's „Othello;" ihm folgte am 9. Februar „Iphigenia in Aulis" mit neuer Besetzung, und am 12. desselben Monats „Tancred," in italienischer Sprache. Mad. Borgondio, welche bis dahin nur in Concerten sich hatte hören lassen, trat in der Titelrolle des letzteren Stücks zum erstenmale auf, und gefiel außerordentlich.

In demselben Jahre, am 26. Mai, fand dann auch die längst erwartete Eröffnung des neuen Schauspielhauses statt. Die vertrauten Briefe über Preußens Hauptstadt berichten über dieß Gebäude näher, wie folgt: „In der Mitte zweier Kirchen, die mit ihren prachtvollen Thürmen, ihren vielen Bildsäulen und Basreliefs aus der biblischen Geschichte eine Hauptzierde Berlins bilden, erblickst du das königliche Schauspielhaus. Eine 52 Fuß hervortretende Treppe, die 85 Fuß breit und 27 Stufen hoch ist, führt dich zum Peristyl der Vorderseite, das durch sechs gereifelte jonische Säulen gebildet wird. In dem ersten Frontispice erblickst du den Tod der Niobe und ihrer Kinder; auf dem zweiten Frontispice: Melpomene, Thalia und Polyhymnia; unter demselben die Inschrift: Fridericus Guilielmus III. Theatrum et Odeum incendio consumta majore cultu restituit MDCCCXXI. An den Seiten der Treppe rechts und links sind die Eingänge für die Fußgänger; die Wagen fahren links an der Seite auf. Ueber der Hauptfaçade, in einem Giebelfelde des Aufbaues, siehst du Eros mit dem Bogen. Die

Liebe beherrscht das Weltall. Der Begriff von Eros und Anteros liegt hier zum Grunde. Eine Psyche mit einer komischen, eine andere mit einer tragischen Maske stehen ihm zur Seite. Auf der Spitze des Frontispice erhebt sich die Statue Apollo's in einem Wagen, der von geflügelten Greifen gezogen wird. Dieses Kunstwerk ist 18 Fuß hoch. Das südliche Giebelfeld enthält den Zug des Bacchus und der Ariadne in einem Triumphwagen, den Centauren ziehen. Das nördliche Giebelfeld zeigt dir Pluto und Proserpina in der Umgebung des Orpheus, Helios, Hermes, Sisyphus, Irion und der Parzen, auf dem westlichen Frontispice gewahrst du den Pegasus. Dieses Flügelroß erhält seltsamerweise aus der Ferne den Anschein eines Reiters, der sein Pferd zügelt, daß es nicht in die Gasse springen möge. Der große Flügel nämlich sieht wie ein zurückgelehnter und den Zügel scharf anziehender Reiter aus. Das Innere des Schauspielhauses ist weniger anziehend. Die Parterrelogen mit ihren hohen Vorlehnen gleichen, wenn nicht Hühnerbauern, doch den Sitzen in einem zu Stierkämpfen und Wettrennen eingerichteten Amphitheater. Sie sind geschmacklos. Der Schauspielsaal, das eigentliche Theater, liegt in der Mitte des Gebäudes, sich quer durch dasselbe ziehend, von Ost nach West, wo sich die Scene befindet. Die Corridore desselben führen unmittelbar unter den Peristyl. Es ist in der Form eines Halbkreises gebaut, mit vier übereinander liegenden Logenreihen, die, auf eisenvergoldeten Säulen ruhend, schmucklos und einfach eingerichtet sind. Den Plafond zieren die Musen in Lebensgröße, von Wach gemalt. Ueber dem Proscenium ist der Zug des Bacchus und der Ariadne von Schadow. Das Theater liegt so hoch, daß das Parterre erst im zweiten Stockwerk befindlich ist, indem der untere Theil zu Decorationszimmern, Heizungsanstalten u. s. w. benutzt werden mußte. Hier befinden sich auch die Wohnungen des Kastellans und Portiers. Einen überraschenden Anblick gewähren die andern Säle des Schauspielhauses. Hier herrscht bei weitem mehr Grandiosität, als im Theater. Du trittst, von der Südseite her, in das von zehn dorischen Säulen getragene Vestibule und von da, auf einer breiten Steintreppe, in einen kleinen Vorsaal. Eine Nische der Treppe enthält die Büste Schinkel's, des Baumeisters, aus Bronce. Der Vorsaal enthält in den Nischen die Büsten berühmter Theaterdichter. Ueber den Nischen sind mythologische Allegorien. Du trittst aus diesem Vorsaal in einen zweiten Saal, der mehrere Marmorbüsten dramatischer Künstler der Berliner Bühne enthält. Aus diesem Saal endlich gelangst du in den Concert- oder Ballsaal, der für 1200 Personen sehr bequemen Raum bieten soll. Er ist wahrhaft prachtvoll eingerichtet. Eine Gallerie läuft an den beiden größeren Seiten hin und vereint sich an den beiden kurzen Seiten mit zwei Tribunen. Auf der linken Seite ist die königliche Loge. Der Plafond des Saals enthält Oelgemälde in goldenen Rahmen. Die Wände sind mit grau geädertem Marmor belegt. In den Nischen des Saals sind Büsten berühmter Componisten aufgestellt."

Diese Büsten sind möglichst nach chronologischer Reihenfolge aufgestellt worden: S. Bach, E. Bach, Händel, Hasse, Fasch, Naumann, Graun, Hiller, Dittersdorf, Benda, Gluck, Haydn, Mozart, Winter, Reichardt, C. M. v. Weber, Beethoven und Romberg. In dem Kreise dieser Namen ist gewissermaßen die gesammte deutsche Tonkunst enthalten, und wenn beide Bachs, Händel, Hasse, Gluck, Haydn, Mozart ꝛc. als Sterne erster Größe vor den übrigen glänzen, so hat jeder der letzteren sich doch ein eigenthümliches Verdienst um sein Vaterland erworben.

Am 14. März 1821 kam endlich P. A. Wolff's längst erwartete „Preciosa" zur Aufführung. Der Verfasser hatte bereits unter dem 24. November 1811 dieß Schauspiel an Iffland geschickt, und da er nach Ablauf eines halben Jahres keine Benachrichtigung über die Annahme desselben erhielt, so erkundigte er sich über dessen Verbleib und bekam hierauf bei Rückreichung des Manuscripts endlich das im Briefwechsel enthaltene höchst merkwürdige Schreiben vom 30. Juni, worin der General-Director die scheinbare Vernachlässigung zu rechtfertigen versuchte.[20] Das Stück gefiel übrigens so außerordentlich, daß es lange Zeit eines der besten Kassenstücke war und eine unerschöpfliche Beifallsquelle für Wolff und Mad. Stich wurde.

Kurze Zeit hierauf feierte der Schauspieler K. W. F. Unzelmann sein fünfzigjähriges Jubiläum; er trat zu diesem Ende am 10. April als Tapezier Martin in „Fanchon, das Leyermädchen," einer seiner vorzüglichsten Rollen, auf und erntete den ununterbrochensten, rauschendsten

[20] S. Nr. 111 und 112 des Briefwechsels.

Beifall des überfüllten Hauses. Beim letzten Verse des Schlußchors verwandelte sich die Scene in einen Hain, und krönte die Schwiegertochter, Mad. Wilhelmine Unzelmann, geborne Franz, als Thalia, umgeben von sämmtlichen Darstellern des Stücks, den Jubelgreis mit einem Kranze von frischen Blumen. Seine Majestät fügte der dem Jubilar bewilligten ganzen Einnahme der Vorstellung noch hundert Dukaten hinzu, und seine Kunstgenossen verehrten ihm einen zwölf Mark schweren, silbernen, nach Angabe Schinkel's kunstvoll gearbeiteten Pokal, welcher durch die Senioren der Bühne Mattausch, Eunicke, Gern und Beschort am Vormittage seines Ehrentages ihm überreicht wurde; auch war eine Medaille mit seinem Bildniß vom königlichen Graveur Loos zu diesem Ereigniß geprägt worden.

Fast in dieselbe Zeit fällt der Anfang des glänzenden Gastspiels der Mad. Amalie Neumann, geborne Morstadt, vom Theater zu Carlsruhe, und das Engagement des Schauspielers Crüsemann. Mad. Neumann hatte am 24. April die Isabelle in dem Lustspiele: „Die Quälgeister," zu ihrem ersten Auftreten gewählt und feierte in den darauf folgenden Tagen und Wochen als Eboli, Luise in „Kabale und Liebe," als Baronin in „Stille Wasser sind tief," als Maria Stuart, Margaretha, Benjamin, Klärchen in dem „Verräther," als Sophie im „Amerikaner" Triumphe, wie sie bis dahin in Berlin zu den äußersten Seltenheiten gehört hatten. Oft kehrte die Gefeierte in der Folgezeit wieder und fand stets einen unverändert lebendigen Enthusiasmus bei Jung und Alt.

Am 1. Mai trat Gustav Crüsemann als Langers in „Welcher ist der Bräutigam?" zum erstenmale auf und wählte, am 17. Mai, zu seinem zweiten Debüt den Julius Seltig in Clauren's Lustspiel: „Das Vogelschießen," in welchem gleichzeitig Mad. Neumann Lottchen gab; er gefiel namentlich in diesem Stücke so außerordentlich, daß er für die Hofbühne engagirt wurde und auf derselben unausgesetzt 35 Jahre thätig blieb. Crüsemann, 1803 in Berlin geboren, begann die Studien für seinen künftigen Beruf in seiner Vaterstadt, machte auf dem Liebhabertheater Urania seine ersten theatralischen Versuche und erwarb sich in späteren Zeiten, vorzugsweise in den Rollen jugendlicher Liebhaber und Bonvivants, den Beifall des Berliner Publikums, den er bis zu seinem Abgange behielt.

Bevor wir zur Einweihung der Schaubühne des neuen Theaters übergehen, müssen wir noch des Spontini'schen Werkes „Olympia" Erwähnung thun, da durch die früheren Compositionen dieses vortrefflichen Meisters: Milton, die Vestalin und Ferdinand Cortez, die Erwartungen auf das Höchste gespannt waren. Es erschien diese neue Oper am 14. Mai und befriedigte das Publikum nicht allein im vollsten Maße, sondern imponirte in einem so hohen Grade, daß der geniale Künstler auf allgemeines Verlangen hervorgerufen wurde. Die Beifallsgrüße steigerten sich noch, als er seinen Dank in deutscher Sprache ausdrückte. Statira gab Mad. Milder; Olympia, Mad. Schulz; Cassander, Bader; Antigonus, Blume.

Endlich stehen wir am Vorabend der feierlichen Einweihung. Schon unter dem 24. April 1821 hatte Graf Brühl gegen Goethe die Absicht ausgesprochen, mit der Iphigenia in Tauris das neue Schauspielhaus einzuweihen und angefragt, ob derselbe es übernehmen würde, einen Prolog für diesen Tag zu dichten.

Der Meister beantwortete am 30. desselben Monats die Frage bejahend und versprach, baldigst eine Uebersicht des Ganzen und den Anfang der Ausführung folgen zu lassen. Schon am 2. Mai sendete Goethe den ersten Theil des Prologs und fügte mehrere Bemerkungen für die gesammten drei Theile, aus denen der Prolog ursprünglich bestehen sollte, hinzu; zwei Tage später, am 5. Mai, folgte der zweite Theil und der Anfang des dritten nebst einigen Zusätzen, und unterm 13. Mai 1821 die letzte Sendung. Doch war die erste Idee eines Prologs von drei Theilen aufgegeben und das Ganze verkürzt; auch lehnte Goethe die erhaltene Einladung, zur Einweihung nach Berlin zu kommen, krankheitshalber dankend ab. [21]

Lassen wir die Schilderung der Feier des 26. Mai 1821 mit den Worten eines Zeitgenossen folgen. Der Bericht lautet: „Bereits am Morgen des 24. Mai genossen die Einwohner unserer Stadt zum erstenmale den freien klaren Anblick des ganzen majestätischen Gebäudes; denn in der Nacht vorher hatte der General-Intendant Graf v. Brühl alle Gehäge, Zäune und überhaupt alle Anstalten, die noch zum Gerüste des Baues nöthig gewesen waren, hinwegnehmen lassen, und so

[21] S. Nr. 55 bis incl. 60 des Briefwechsels.

gab er durch die Ueberraschung, die dieser Morgen mit sich brachte, einen Beweis, daß er den steten Sorgen für das Vergnügen der Einwohner mit zartem Sinne noch ein Uebriges hinzuzufügen weiß.

Rühmlichst ist auch der von ihm getroffenen Einrichtung zu gedenken, daß am Tage der Eröffnung keine Kasse mehr stattfand; denn wer an die Eröffnung des abgebrannten Schauspielhauses zurückdenkt, wird sich auch des lebensgefährlichen Gedränges in der unaufhaltsam zuströmenden Masse und der Vergeblichkeit, Ordnung zu erhalten oder herzustellen, erinnern.

Schlag 6 Uhr begann die Symphonie des Orchesters; der Vorhang ging auf und wir sahen vor uns, von Gropius treu und trefflich gemalt, das prächtige Haus, worin wir uns eben befanden, und die beiden stattlichen Thürme, in deren Mitte es auf dem großartigen Platze prangt. Wie dieser Anblick die Menge ergriff, wie stolz sie sich eines so imposanten Theils ihres Berlins erfreute und wie wogenartig der Jubel ausströmte, ist nicht zu beschreiben. Dann trat unsere Stich auf, das personificirte Schauspiel darstellend; ihre edle Gestalt offenbarte uns beim ersten Anblick, daß eine Muse vor uns erschien, und das Feuer, die Kraft, der Schwung ihres Vortrages, daß sie ein würdiges Organ der Poesie des alten hochbelobten Meisters sei, den wir heute so gern persönlich in unserer Mitte gesehen hätten. Die Idee des vortrefflichen Prologs ist von einer Beschaffenheit, daß sie die beschränkte Vortragsweise eines gewöhnlichen Prologs nicht gestattet; sie macht vielmehr nach den verschiedenen Gattungen des Schauspiels, die sie versinnlichen soll, Abwechselung und Steigerung des Tons wesentlich nöthig, und Mad. Stich fand in den reichen Mitteln ihrer Stimme hinreichende Kraft, alle diese Gattungen zu bezeichnen und zu unterscheiden. Der Grad der Erhebung und der Stärke des Tons mag vielleicht für diesen oder jenen Zuhörer nach der Art und Beschaffenheit des Platzes zu stark gewesen sein; in einem neuen kleineren Local, nach dem raschen Uebergang aus den weiten Hallen des Opernhauses, kann das rechte Maß erst aus häufigem Gebrauch erworben werden.

An der Stelle des Prologs, die so zart und angemessen der neuen schönen Gabe gedenkt, womit unser erhabener Landesvater die Hauptstadt seines Reiches geziert und der Kunst gehuldigt, brach das lang zurückgehaltene Dankgefühl der Versammlung in den lautesten, anhaltendsten Jubel aus und nicht minder an dem Schlusse des Prologs. Aber überschwenglich wurde das Frohlocken und wollte nicht enden, als nun der hohe Freudengeber selbst vor aller Augen, umringt von allen seinen Kindern, zunächst an der Seite seiner kaiserlichen Tochter, in seiner milden Hoheit erschien und bald darauf, gleichsam wie von einer höheren Eingebung ergriffen und begeistert, die ganze bewegte Menge das Volkslied: „Heil Dir im Siegerkranz," sang.

Die Ouvertüre aus Gluck's „Iphigenia in Aulis" ging der würdigen, von unseren hierin längst rühmlichst bekannten Künstlern, namentlich vom Wolff'schen Ehepaare ausgeführten Darstellung der Goethe'schen unvergänglichen „Iphigenia in Tauris" vorher, dieses klassischen, erhabenen Werkes, dem man nicht die Mühe ansieht, die es nach dem eignen Zeugniß des Meisters ihm gekostet. Das Schmerzenskind nennt er es selbst in einem Briefe des ersten Theils seiner italienischen Reise, eine Arbeit, deren Gestaltung in Jamben ein Vierteljahr ihn beschäftigte und quälte.

Nach der Vorstellung der Iphigenia erfreute die Versammlung ein sehr geistreich gedachtes, von einer blühenden Phantasie des Erfinders zeugendes und reizend ausgeführtes Ballet: „Die Rosenfee." Man nennt allgemein den Herzog Carl von Mecklenburg als den Erfinder desselben, womit dann die erste Vorstellung dieses Weiheabends allen Zauber der hier vorzüglich in den unterirdischen Regionen wunderbar waltenden Maschinerie- und Decorationskünste entfaltete.

Als der Vorhang fiel, forderte der allgemeine Ruf der Versammlung den genialen Künstler, der den Bau des neuen Tempels erfunden, geleitet und so herrlich vollendet hatte. Das Rufen hielt wohl eine Viertelstunde an, als endlich Herr Stich erschien und meldete, daß Graf Brühl den Gefeierten vergebens im ganzen Hause hätte suchen lassen, und daß ihm der einstimmig geäußerte Wunsch, ihm öffentlich Dank zu bezeugen, mitgetheilt werden sollte.

Persönlich hat dann der Graf, begleitet von zahlreichen Personen, ihm eine Abendmusik gebracht."

Der Cyclus der Einweihungs-Feststücke umfaßte, außer der Iphigenia, noch: „Die Jäger" von Iffland, Spontini's „Olympia," „Die unglückliche Ehe durch Delikatesse" von Schröder. Dieß letztere, ein Lustspiel, das niemals veraltet, wenigstens niemals veralten sollte, wurde mit Fleiß und Präcision gespielt; es zeichnete sich darin der wackere Beschort als Klingsberg durch Gewandtheit, Anstand, leichten Fluß der Rede, ohne Aufopferung der Deutlichkeit, vorzugsweise aus.

Endlich bleiben uns für dieses Jahr zwei Stücke übrig, welche der Besprechung werth sein dürften: Webers „Freischütz" und Raupachs „Erdennacht."

Der unerhörte Erfolg des ersten Werkes bei uns und in ganz Deutschland ist zwar allgemein bekannt, und die Musik desselben noch jetzt lebendig unter uns; wie sich aber die Größe dieses Erfolges durch Ziffern ausdrückt, dürfte nur Wenigen zur Kenntniß gekommen sein. Der Freischütz kam am 18. Juni 1821 zum erstenmale zur Aufführung und erlebte im Laufe dieses Jahres, also etwa in sechs Monaten, noch siebenzehn Wiederholungen; die Einnahme dieser achtzehn Vorstellungen betrug 13,556 Rthlr., das folgende Jahr 1822 brachte das Stück 33mal auf die Bühne, wodurch eine Einnahme von 23.462 Rthlr. erzielt wurde. In den folgenden Jahren erschien der Freischütz

1823	—	17mal	mit	einer	Einnahme	von	10,292	Rthlr.
1824	—	13mal	"	"	"	"	5,888	"
1825	—	10mal	"	"	"	"	4,245	"
1826	—	9mal	"	"	"	"	5,302	"
1827	—	9mal	"	"	"	"	4,556	"
1828	—	5mal	"	"	"	"	1,726	"
1829	—	6mal	"	"	"	"	2,310	"
1830	—	6mal	"	"	"	"	2,447	"
1831	—	7mal	"	"	"	"	2,571	"
1832	—	7mal	"	"	"	"	1,552	"
1833	—	4mal	"	"	"	"	1,193	"
1834	—	6mal	"	"	"	"	1,948	"
1835	—	7mal	"	"	"	"	1,711	"
1836	—	8mal	"	"	"	"	2,061	"
1837	—	10mal	"	"	"	"	2,405	"
1838	—	10mal	"	"	"	"	2,734	"
1839	—	10mal	"	"	"	"	2,027	"

und brachten endlich die im Jahre 1840, bis zur 200sten Vorstellung, am 26. December, noch folgenden 5 Aufführungen gegen 2000 Rthlr. ein, so daß nach Ablauf von etwas mehr als neunzehn Jahren dieses

Meisterwerk ungefähr 94,000 Rthlr. eingebracht hat.* Unter diesen Aufführungen befinden sich die 99ste, zum Benefiz der Weber'schen Erben bestimmte Vorstellung, am 26. November 1826, mit 1912 Rthlr., und die 100ste, am 26. December desselben Jahres, mit 1081 Rthlr. Trotz dieses außergewöhnlichen Ergebnisses fehlte es nicht an den vielfältigsten Angriffen der härtesten Art; Weber sah sich sogar am Tage nach der ersten Aufführung veranlaßt, folgende Annonce in die Berliner Zeitungen rücken zu lassen:

„Nicht versagen kann ich es meinem tief ergriffenen Gemüth, den innigsten Dank auszusprechen, den die mit wahrhaft überschwenglicher Güte und Nachsicht gespendete Theilnahme der edlen Bewohner Berlins bei der Aufführung meiner Oper: „Der Freischütz," in mir erweckt. Von ganzem Herzen zolle ich den freudig schuldigen Tribut einer in allen Theilen so vollkommen abgerundeten Darstellung und dem wahrhaft herzlichen Eifer, den sowohl die verehrten Solosängerinnen und Sänger, als die treffliche Kapelle und das thätige Chorpersonal beseelte, so wie auch die geschmackvolle Ausstattung von Seiten des Herrn Grafen Brühl und die Wirkung der scenischen Anordnungen nicht vergessen werden darf. Stets werde ich eingedenk sein, daß Alles dieses mir nur doppelt die Pflicht auferlegt, mit reinem Streben weiter auf der Kunstbahn mich zu versuchen. Je mehr ich mir aber dieser Reinheit meines Strebens bewußt bin, je schmerzlicher muß mir der einzige bittere Tropfen sein, der in den Freudenbecher fiel. Ich würde den Beifall eines solchen Publikums nicht verdienen, wenn ich nicht hoch zu ehren wüßte, was hoch zu ehren ist. Ein Witzspiel, das einem berühmten Manne kaum ein Nadelstich sein kann, muß in dieser Weise für mich gesprochen, mich selbst mehr verwunden, als ein Dolchstich. Und wahrlich, bei der Vergleichung mit dem Elephanten könnten meine armen Eulen und andere harmlosen Geschöpfchen sehr zu kurz kommen."

Den Schluß des Jahres machte Raupachs dramatisches Gedicht: „Die Erdennacht;" der Verfasser trat damit gleichsam in einem zweiten Debüt bei uns auf. Es wollte ihm jedoch nicht glücken, für dieses Werk Interesse zu erwecken, ungeachtet Bernhard Klein die Ouvertüre, sowie die Zwischen- und die zur Handlung gehörige Musik mit vielem

* Im Jahre 1858 fand die 300ste Vorstellung des „Freischütz" statt.

Fleiß componirt hatte, auch das Spiel der Darsteller, vorzugsweise das von Krüger, auf das Eifrigste bemüht war, das Stück durch die vielen gedehnten Akte hindurch zu ziehen.

1822 brachte wiederum viele Gastspiele. Obenan stand Mad. Neumann, welche, als eine alte Bekannte, auf das Herzlichste vom Publikum begrüßt wurde. Mit ihr fast gleichzeitig erschien Mlle. Lindner und hierauf das Anschütz'sche Ehepaar, vom k. k. Hoftheater zu Wien, sowie Lebrün, vom Stadttheater zu Hamburg.

Außer dem Clauren'schen Schauspiel: „Der Bräutigam von Mexiko," in welchem Stücke Mad. Neumann als Suschen auftrat, ist noch das mit großem Fleiße von P. A. Wolff bearbeitete und vom Publikum beifällig aufgenommene Calderon'sche Lustspiel: „Schwere Wahl," für dieses Jahr zu nennen, so wie unter den neuen Opern Spontini's „Nurmahal," Rossini's „Barbier von Sevilla" und C. Blums „Nachtwandlerin;" unter den Trauerspielen dagegen Voltaire's „Alzire" hervorzuheben. Auch die Kunst des Tanzes wurde um diese Zeit besonders gepflegt, denn indem 1816 Paul und Virginie, 1817 Zephir und Flora, 1820 Nina, 1821 Aschenbrödel, 1822 Aline, Königin von Golconda, 1824 Kiaking 2c. mit Reiz, Pracht und Glanz, zum Theil mit fast wunderbarem Zauber zur Darstellung gebracht wurden. Mlle. Lemière, sowie Hoquet nebst Frau, geborne Vestris, waren während dieser Zeit als Mitglieder unserer Bühne geworben und feierten in den genannten Ballets reiche Triumphe.

Betrachten wir bei dieser Gelegenheit gleichzeitig die Zahl der noch thätigen Mitglieder der Berliner Bühne aus der Zeit vor der Ifflandschen Theaterverwaltung, so sehen wir dieselbe im Jahre 1823 leider bis auf sieben gesunken und diesen kleinen Kreis im Laufe desselben Jahres, durch den Abgang von Fr. Eunicke und den des Seniors Unzelmann noch mehr sich lichten. Unzelmann wurde, mit Belassung seines vollen Gehaltes, im Alter von 70 Jahren, pensionirt und lebte hierauf unter uns noch neun Jahre; desgleichen erhielt Eunicke nach 27jähriger Dienstzeit am Berliner Theater, wo er zu den ausgezeichnetesten Tenoristen gezählt wurde, welche Deutschland besaß, seinen Abschied und starb am 12. September 1844 im 80. Lebensjahre.

Auf dem Repertoire vom Jahre 1823 erschien von neuen Stücken, am 20. October: „Hermann und Dorothea," von Töpfer; die unleserliche Abschrift des Goethe'schen Gedichts, wie Ludwig Tieck dasselbe nannte.

Als Goethe's Schwiegertochter dieß Stück in Berlin, unter Mitwirkung des Wolff'schen Ehepaares, gesehen hatte und entzückt von der Aufführung nach Weimar zurückkehrte, da entschloß der Altmeister sich endlich dennoch, dasselbe auf die großherzogliche Bühne zu bringen.

Von fremden Künstlern wurden in diesem Jahre Mad. Vespermann, vom Hoftheater zu München, Mlle. Wilhelmine Schröder von Dresden, Mlle. Pfeiffer, sowie das Maurer'sche Ehepaar und J. G. Chr. Weiß Berlin zugeführt. Mad. Vespermann glänzte in Tancred, Johann von Paris, der schönen Müllerin und im Freischütz; Mlle. Schröder in Fidelio, der Zauberflöte, Schweizerfamilie und dem Freischütz; und die bayerische Hofschauspielerin Mlle. Pfeiffer in Donna Diana, der Jungfrau von Orleans, Johanna von Montfaucon, Phädra, Sappho und den Hagestolzen. Chr. Weiß kam von Hamburg und trat mit einem außerordentlichen Erfolge, am 19. September, als Commissär Wollmann in der „Aussteuer" auf, so daß er, nachdem sein Gastspiel als Scarabäus, Rath Blümlein und Tartüffe nicht minder glücklich ausfiel, ein Engagement bei der Berliner Hofbühne erhielt, das er aber, da er noch gebunden war, erst zwei Jahre später anzutreten vermochte.

Das Hauptereigniß des folgenden Jahres war die Eröffnung des Königsstädtischen Theaters auf dem Alexanderplatze.

Schon 1815 verlautete, daß der Schauspieldirector C. Döbbelin die Absicht habe, ein zweites Theater in Berlin für kleinere und leichte Stücke zu gründen. Graf Brühl fand sich in Folge dieses Gerüchts veranlaßt, Ende des genannten Jahres Sr. Majestät die Nachtheile eines solchen Projectes auseinander zu setzen, versäumte aber nicht, in seinem Schreiben hinzuzufügen, daß, wenn dessenungeachtet ein kleines Vorstadttheater befohlen werden sollte, er sich verbindlich machen wolle, dieß möglichst schnell und mit der größten Sparsamkeit herzustellen; doch müsse man ihm alsdann auch die Wahl der anzustellenden Subjecte überlassen. Der Staatskanzler, Fürst von Hardenberg, entgegnete hierauf zu Anfang des Jahres 1816, daß es zwar der Wunsch des Königs sei, ein kleines Theater in Berlin errichten zu lassen, daß es aber nicht in der Absicht läge, dadurch auch nur im mindesten das finanzielle Interesse der Hofbühne zu gefährden. Nunmehr sprach Graf Brühl seine Idee über diesen Gegenstand in einer ausführlichen Denkschrift nochmals aus; er setzte die Vor- und Nachtheile der Sache, sowie deren Schwierigkeiten auseinander und bewies gleichzeitig die Möglichkeit, wie ein Allerhöchster Befehl in dieser Beziehung mit Leichtigkeit auch durch ihn ausgeführt werden könne. Die Angelegenheit blieb vorläufig auf sich beruhen; als aber am 29. Juni 1817 der unglückliche Brand das Schauspielhaus in Asche legte und jener Plan wieder auftauchte, machte der Graf im Herbst 1819 neue Vorschläge zur Errichtung eines Vorstadttheaters. Er bezeichnete als ein etwa zu benützendes Theatergebäude das der Gesellschaft Concordia gehörige Haus und glaubte, daß der Zuschauerraum für 12—1400 Personen eingerichtet werden und aus Parterre, zwei Ranglogen mit Galerie und einem Amphitheater bestehen könne, daß aber die Bestimmung des Theaters sich allein auf Lustspiele, Possen, kleine Opern, mit Einschluß der Wiener Zauberopern, und auf komische Ballets und Arlequinaden erstrecken müßte. Trotz all' diesen Schritten Brühl's schien es indessen doch, als wollte man die Ausführung seiner Projecte von neuem in die Weite rücken, bis endlich der Particulier Friedrich Cerf für sich und seine Nachkommen unter dem 13. Mai 1822 eine Allerhöchste Concession zur Errichtung eines zweiten Theaters unter dem Namen „Königsstädtisches," und mittelst Allerhöchster Kabinetsordre vom 17. Juni desselben Jahres die Erlaubniß erhielt, daß die zur Ausführung des Unternehmens erforderlichen Fonds durch Aktien-Unterzeichung aufgebracht und die technische und Geschäftsleitung des Unternehmens den Herren Bethmann und Kunowski überlassen werden könnte. Der König glaubte nicht, daß ein dauernder Ausfall in der Einnahme des königlichen Theaters verursacht werden dürfte, da einmal das Repertoire des neuen Instituts ein nur beschränktes, sowie das Gebäude zu entlegen sei, um ein größeres Publikum anzuziehen. Der Contract mit dem Banquier Cerf schloß ausdrücklich alle Trauerspiele, Opern, größere Singspiele, Pantomimen, Ballets und eingelegte Tänze zwischen den Stücken aus, und wurde später noch bestimmt, daß ein Mitglied des königlichen Theaters erst nach zwei Jahren der Entlassung oder des Abgangs von demselben beim neuen Theater angenommen werden durfte.

Der Umbau des Cerf'schen Hauses auf dem Alexanderplatze wurde mit einer so großen Schnelligkeit betrieben, daß bereits im Jahre 1824 dasselbe eröffnet werden konnte.

Die königliche Bühne trat mit dem Jahre 1825 in das dritte Lustrum der Theaterverwaltung des Grafen Brühl. Es möge ein kurzes Verzeichniß dessen folgen, was in den beiden ersten Monaten dieses Jahres an bedeutenden Erscheinungen dichterischer und musikalischer Meisterwerke vorgeführt wurde, sowie was die vorzüglichsten der darstellenden Künstler und Künstlerinnen innerhalb dieser Zeit geleistet haben, um zu zeigen, daß ein frischer Geist über der Bühne schwebte und daß man keinen Grund hatte, diesen Geist in etwas anderem, als in der neubelebten Willenskraft des General-Intendanten zu suchen, der den Wiederanfang seiner Führung auf eine seiner und der ersten deutschen Bühne würdige Weise bezeichnen wollte.

Schiller's Jungfrau von Orleans, Maria Stuart, Wallenstein's Tod und die als sein Werk zu betrachtende Racine'sche Phädra; Shakespeare's Romeo und Julia, Hamlet, Kaufmann von Venedig, König Johann und Viel Lärm um Nichts; Moreto's Donna Diana; Kotzebue's Schauspiel Menschenhaß und Reue; Schröder's Lustspiel, die unglückliche Ehe durch Delikatesse, und das gute Lustspiel, Schein und Sein, von Töpfer, sind im recitirenden Schauspiel; Gluck's Alceste, Armide und Iphigenia in Tauris, Mozart's Don Juan, Spontini's Fernand Cortez und Olympia und Winter's unterbrochenes Opferfest sind im musikalischen Drama die leuchtenden Sterne. Nur Goethe wurde an diesem Himmel vermißt.

Mad. Milder erschien als Alceste, Armide, Iphigenia, Elvira und Statira; Mad. Schulz als Donna Anna, Amazilli und Olympia; Mad. Seidler als Myrrha; L. Devrient als Shylock, in mimischer Hinsicht wohl seine erste Rolle; P. A. Wolff als Hamlet, Meinau, Graf Leicester und König Johann; Mad. Wolff als Lady Douglas, Gräfin Terzky und Königin Elisabeth; und Mad. Stich als Jungfrau von Orleans, Maria Stuart, Phädra, Julia, Portia, Thekla, Eulalia, Donna Diana und Augusta in „Schein und Sein."

Die Lücken, welche die Bühne durch den Abgang von Eunicke, Unzelmann &c. erlitten, wurden endlich in dem neuen Jahre durch das Engagement von Franz, Weiß und Mlle. Bauer ausgefüllt; eine um so dringendere Nothwendigkeit, da auch schon 1825 wieder Frau von Holtey, geborne Rogée, durch den Tod, und Mlle. Johanna Eunicke durch Verheirathung mit dem Professor Krüger ausschied. Die letztere,

1800 in Berlin geboren, betrat zuerst am 6. November 1808 als Suschen im „Dorfjahrmarkt“ die Bühne, für welche sie erzogen war und glänzte später als Fanchon, Zerline, Amenaide in „Tancred,“ Olivier in „Johann von Paris,“ so wie in „Klein Rothkäppchen“ nicht allein durch ihre ausgezeichnet schöne Stimme, sondern auch durch eine anziehende Persönlichkeit.

Der zweite Verlust traf das recitirende Schauspiel. Frau v. Holtey, die unvergeßliche Darstellerin des „Käthchens von Heilbronn,“ starb am 28. Januar dieses Jahres in der vollsten Blüthe ihres Lebens.

Dagegen kam Mlle. Caroline Bauer vom Königsstädtischen Theater, welches sie bei der Eröffnung betrat, zur königl. Bühne und gehörte dieser bis zum Jahre 1829 als eine der trefflichsten Schauspielerinnen an. Sie war die Tochter eines badischen Rittmeisters und im Jahre 1808 geboren. Nach der sorgfältigsten Erziehung betrat sie versuchsweise 1822 das Hoftheater zu Carlsruhe, als Margarethe in dem Lustspiele „die Hagestolzen,“ und da dieser Versuch mit glänzendem Erfolg gekrönt wurde, blieb sie bei dieser Bühne und bildete sich unter der Leitung des Schauspielers Demmer weiter aus. 1824 nahm sie bei dem neuerrichteten Königsstädtischen Theater in Berlin ein Engagement an, blieb aber nur ein Jahr in diesem Verhältniß, da sie hiernach zur königlichen Hofbühne überging und am 4. Januar 1825 als Julie in „beschämte Eifersucht“ debütirte. Ihr ausgezeichnetes Spiel im feineren Lustspiel und den höheren Conversationsstücken, sowie in naiven, kecken, pikanten und schalkhaften Charakteren wurde durch eine außergewöhnliche Persönlichkeit unterstützt, so daß es nicht ausbleiben konnte, daß sie bald der Liebling des Publikums ward und es schmerzhaft empfunden wurde, als sie die Bühne so bald wieder verließ.

Die zweite Erwerbung dieses Jahres war der Schauspieler Johann Gottlieb Christian Weiß. Er wurde am 10. September 1790 zu Magdeburg geboren und verlor seine Eltern in seinem zartesten Alter; den Vater hat er nicht kennen gelernt, die Mutter starb, als er das achte Jahr erreicht hatte. In großer Dürftigkeit verlebte er die Jahre seiner Kindheit und die Sorge hat ihn erst spät verlassen. Eine Wittwe, die mit ihrer Tochter von einer Pension in Magdeburg lebte, übernahm die erste Erziehung des vaterlosen Knaben, was auf seinen Sinn und sein Gemüth wohlthätig einwirkte. Nie hat er dieß vergessen. Das erste Schauspiel, welches er sah, war Kotzebue's Ritterschauspiel: „Der Graf von Burgund.“ Bald darauf kam er in die Magdeburger Domschule. Nach dem Tode seiner Mutter, seine Wohlthäterin war schon früher gestorben, ganz verwaist, kam er in das Waisenhaus. Lesen, Schreiben und Rechnen waren hier die einzigen Unterrichtsobjecte. Nach seiner Confirmation brachte man ihn zu einem Meister in die Lehre, den er indeß, körperlicher Leiden halber, bald wieder verlassen mußte, worauf das Krankenhaus seine Zufluchtsstätte wurde. Hier gewann ein Arzt den Knaben lieb und benutzte ihn zu kleinen Hülfeleistungen; doch auch dieser neue Wohlthäter starb und Weiß kehrte zur Schule zurück, welche er erst im 19. Lebensjahre verließ.

Die Noth drängte; da faßte Weiß den Entschluß, ein Unterkommen bei einem Leihbibliothekar zu suchen. Er wurde angenommen, und dieß brachte ihn mit einigen Mitgliedern der Bühne in nähere Berührung. Bald darauf theilte er seinen Wunsch, sich ihrem Berufe zu widmen, den befreundeten Kunstjüngern mit, und fand Erhörung bei dem Theaterdirector Fabricius. Er wurde zu kleinen Rollen verwendet, namentlich in solchen Stücken, welche ein großes Personal erforderten und wozu die vorhandenen Mitglieder nicht ausreichten. So gab er in „Wilhelm Tell“ den Steinmetzgesellen, in „Bayard“ einen der Marodeure u. s. w. Die erste bedeutende selbständige Rolle, die er spielte, war die des Beamten von Laxhausen in Großmann's „Nicht mehr als sechs Schüsseln,“ was in jener Zeit zu den Lieblingsstücken gehörte. Er war und blieb aber trotz seines Komödienspiels nach wie vor in der Leihbibliothek, obgleich der Besitzer ihm nur eine geringe oder gar keine Belohnung geben konnte, da er selbst zu arm war. Als der Director Fabricius den Entschluß faßte, nach Burg zu gehen, um dort sein Glück zu versuchen, ließ Weiß sich mit einer Wochengage von $2\frac{1}{2}$ Thlr. bei dieser Truppe engagiren. Mit Iffland's „Mündel“ wurde die Bühne in Burg eröffnet und spielte Weiß in diesem Stücke den Kaufmann Rose; auch sein Gesangstalent wurde in Anspruch genommen und in „Fanchon“ der Gewürzkrämer ihm eingegeigt. Von Ostern 1811 ab wurde die Gesellschaft neu formirt; sie bestand nun aus der Familie des Directors, aus Weiß, seinem Collegen Hostowsky und noch dreien Mitgliedern, welche vier Wochen lang von Stadt zu Stadt zogen und Vorstellungen gaben, endlich aber nach Magdeburg zurückkehrten. Bei der Magdeburger Gesellschaft blieb Weiß sechs Jahre. In dieser Zeit gastirte L. Devrient und Unzelmann dort; auch Iffland hatte Weiß gesehen und der Eindruck, welchen das Spiel dieser drei bedeutenden Schauspieler auf ihn gemacht, gehörte zu den großartigsten seines Künstlerlebens; es spiegelten sich in ihnen drei Kunststyle ab; der schöpferisch begabteste war nach dem Urtheile aller Zeitgenossen unläugbar Ludwig Devrient. Mit den besten Empfehlungen dieses Letzteren versehen kam Weiß 1816 nach Hamburg. An seinem Geburtstage begann er hier seine Wirksamkeit in der Rolle des Secretärs Fallbring in „Dienstpflicht" von Iffland. Graf Brühl, welcher ihn 1823 zu einem Gastspiele nach Berlin eingeladen hatte, erkannte mit feinem Unterscheidungsvermögen diesen Künstler bald und gewann ihn für unsere Bühne, wo er dann im Jahre 1825, am 8. September, in der Rolle des Constant in „Selbstbeherrschung" zum erstenmale als Mitglied der hiesigen Bühne auftrat. Wie Wolff die Poesie personificirte, Beschort als der Repräsentant der weltlichen Geschliffenheit genannt werden konnte, so vertrat Weiß das bürgerliche Drama in seinem ganzen Umfange.

Mit Weiß trat endlich in diesem Jahre auch noch C. F. Ch. Emil Franz beim königlichen Theater ein, nachdem er im Winter vorher seine theatralischen Versuche bei dem Gesellschaftstheater Urania gemacht hatte. Emil Franz, 1808 in Berlin geboren, war der jüngste Sohn des 1814 verstorbenen Sängers Joh. Christ. Franz. Er fühlte eine so starke Neigung zur Bühne, daß er schon als neunjähriger Knabe, ohne Vorwissen seiner Mutter, zum Grafen Brühl ging und diesen bat, ihn bei der Bühne anstellen zu wollen, was jedoch seiner Jugend wegen unterbleiben mußte und erst 1825 in Erfüllung gehen konnte, nachdem er sich die nöthigen Schulkenntnisse erworben hatte. Seine erste Rolle auf dem königlichen Theater, wo er als Eleve eingetreten, war der Bote im ersten Akte der „Braut von Messina." In den achtundzwanzig Jahren seiner Mitgliedschaft der hiesigen Bühne hat er das Repertoire seiner gespielten Stücke so bereichert, daß er bei seinem Abgange nach Wien im Jahre 1853 dasselbe auf 710 gebracht hatte und zu seinen vorzüglichsten Rollen Odoardo, Bruder Lorenzo, Lerse, Burleigh, Kent, Buttler, Theramen, Cajetan, Abbé de l'Epée gerechnet wurden.

Noch brachte dieses Jahr das „Concert am Hofe," „Euphrosine," „Jessonda" und „Alcidor;" vor Allen zeichnete sich aber „Euryanthe" aus.

Ueber die erste Aufführung dieser Oper und deren Erfolg möge der Brief eines Zeitgenossen an den Hofrath Winkler in Dresden (Th. Hell) sprechen: „Gestern ist Euryanthe zum erstenmale hier gegeben; ich eile, Sie, verehrtester Herr und Freund, zu benachrichtigen, welchen Erfolg ihr Erscheinen hervorgebracht hat. Das Haus war zum Erdrücken voll. Als der Stundenzeiger auf sechs zeigte und alles in der gespanntesten Erwartung war, erschien Weber im Orchester. — Der Jubel war ohne Grenzen. — Freudiger Empfang, Bravorufen und Händeklatschen, wie es nur in einem Pariser Theater möglich sein kann. Endlich hob die Ouvertüre an und wurde bis zum Schlusse mit demselben Jubel begrüßt. So nahm die Vorstellung ihren Anfang. Aber schon nach dem ersten Akte wurde Weber laut gerufen, eine Auszeichnung, die vor ihm noch keinem Dichter oder Componisten hier zu Theil geworden. Als das Stück beendigt war, wiederholte sich dieser Jubel abermals und wußte man nicht, ob es dieselbe freudige Menge war, welche ihn zu Anfang begrüßt hatte, so lebendig, so warm und frisch war der Beifall. — Alle Künstler, Sänger und Musiker, waren begeistert und bewegten sich auf diesen Musikwellen, wie erfahrene Schiffer. Mad. Seidler war Euryanthe, ihr gebührt der erste Kranz unter den Darstellenden; Mad. Schulz sang die Eglantine gleichfalls vortrefflich, und mit einem Aufwande von Mitteln, welcher in Erstaunen setzte; ebenso Herrn Baders Gesang, der uns in die Zeit der Troubadoure zurückführte."

Zelter, welcher Weber schon in seinem Freischütz schwer angegriffen hatte, schrieb dagegen gleich nach der Aufführung der Euryanthe an Goethe: „Die Musik zur Euryanthe setze ich über die des Freischützen (den ich freilich nicht ausstehen kann), auch ist, wie in allen Weber'schen Compositionen, viel Gesuchtes, Gepritzeltes, aus feinen Häppchen Zusammengesetztes, Schwieriges und Fremdes darin. Ertrotzte Lebhaftigkeit und dazwischen gute Stellen und ein Fleiß, den ich mit Schrecken bewundere, weil's der ganze Bettel nicht verdient."

Ebenso ging es der Zauberoper „Alcidor," von welcher Zelter unter Anderm sagte: „Das Stück ist von Théaulon französisch gedichtet und nach dem Französischen in Musik gesetzt; so besitzen wir endlich ein berlinisches Original — das ist: ein neues Kleid gewendet. Die Musik ist eine ganz erstaunliche Arbeit; man müßte schon ein rechter Musikus sein, um es bewundernd genug zu schätzen. Es ist ein Chaos von den rarsten Effecten, die sich unter einander aufreiben wollen und übermäßigen Fleiß des Componisten voraussetzen. Es steckt eine zehnjährige Arbeit in dem Werke, und ich könnte mich zerreißen und würde dergleichen nicht hervorbringen."

Am 15. December 1825 kam „Macbeth," übersetzt von Spieker, bei ganz gefülltem Hause zur Aufführung. Rebenstein war Macbeth. Er hatte sich in die Rolle hineingedacht und gab manches vortrefflich; doch war das Zerhacken der Verse und das übertriebene Accentuiren einzelner Sylben zu vorwiegend. Mad. Stich, als Lady Macbeth, stand ihm weit voran; sie sprach fließender und natürlicher; Beschort, als Dunkan, war tüchtig und bieder, gut aus der alten Schule; Ed. Devrient gab Malcolm; Krüger Macduff.

Als Gäste traten im Jahre 1825 Ludw. Löwe, vom Hoftheater zu Cassel, am 18. Mai zum erstenmale als Jaromir auf; dann kam in dem darauf folgenden Monate der Schauspieler Korn aus Wien, und spielten Emil Devrient und seine Frau, aus Leipzig, an fünf verschiedenen Abenden des Monats Juli in Don Carlos, Isidor und Olga, Kabale und Liebe, Käthchen von Heilbronn und Minna von Barnhelm. Im Jahre 1826 sahen wir von alten Freunden: Mad. Neumann als Strudelköpfchen, als Louise von Schlingen, Olivier, Käthchen, Molly und Preciosa rc.; hierauf den kurfürstlich hessischen Kammersänger Wild als Othello, Johann von Paris, Licinius, Joseph und Orest; sowie Mad. Schröder aus Wien als Sappho, Medea, Phädra, Maria Stuart, Lady Macbeth, Donna Isabella in der „Braut von Messina" und Margaretha in „Fluch und Segen." Von neuen Gästen begrüßten wir dagegen den Schauspieler Marr vom Hoftheater zu Hannover; dann den großherzoglich baden'schen Kammersänger Haitzinger und den Regisseur Rott vom Theater an der Wien, welcher als Wallenstein am 11. December zum erstenmale und als Otto von Wittelsbach, Faust, Fiesco und Philipp in „Don Carlos" in den folgenden Tagen dieses Monats mit großem Beifall auftrat. Endlich erschien am Schlusse dieses Jahres noch der Schauspieler L. Schneider, vom Stadttheater zu Düsseldorf; er gastirte am 26. December als Pelegrinus im „Vielwisser" und im Januar des folgenden Jahres in „Verlegenheit und List,". sowie im „Diener zweier Herren," worauf er für unsere Bühne gewonnen wurde.

L. Schneider, der Sohn des Kapellmeisters G. A. Schneider, wurde 1805 geboren und betrat 1814, unter Kotzebue's Leitung, zum erstenmale die Bühne in Reval in „La Peyrouse." 1820 kam er nach Berlin und trat als Elamir in „Azur" als engagirtes Mitglied der Hofbühne auf; blieb jedoch hier nicht lange, da er eine größere Reise zu seiner Ausbildung unternahm und auf den Bühnen in Baden-Baden, Rastadt, Düsseldorf 2c. längere oder kürzere Zeit verweilte, auch Paris, London und Italien besuchte. Schon bevor Schneider 1827 nach Berlin zurückkehrte, hatte er sich als komischer Schauspieler einen nicht unbedeutenden Namen verschafft. Auch in seiner Vaterstadt erwarb er sich nicht allein durch sein Talent für die Komik, im Lustspiel, der Posse, dem Vaudeville und dem Ballet unausgesetzt den reichsten Beifall, sondern man schätzte Schneider auch als dramatischen Schriftsteller hoch. Sein Fröhlich, der Heirathsantrag auf Helgoland, der Kurmärker und die Picarde u. a. m. sind stets gern gesehene Stücke beim Publikum. Zu seinen vorzüglichsten Rollen gehörten: Fröhlich in „der reisende Student," Peter im „Kapellmeister von Venedig," Basilio im „Figaro," Peter in den „beiden Schützen," der Landwehrmann in dem „Kurmärker und die Picarde," sowie Bertrand im Ballet „Robert und Bertrand." Bis 1848 war er einer der beliebtesten Schauspieler unserer Bühne; dann zog er sich in's Privatleben zurück, weil er sich bei der demokratischen Partei jener Zeit durch patriotische Reden höchst mißliebig gemacht hatte, und von dieser selbst in Hamburg, wo er im Sommer des genannten Jahres gastirte, verfolgt wurde.

Die hervorragendsten Erscheinungen im Jahre 1827 waren die Schechner, die Heinefetter, sowie die Müller und die Sontag. Von diesen gastirte die bayerische Hofsängerin Mlle. Schechner am 23. Mai zuerst als Emmeline in der „Schweizerfamilie" und hierauf als Agathe, Fidelio, Iphigenia, Elvira, als Anna in der „weißen Dame," und zuletzt am 16. September als Julie in der „Vestalin." Deßgleichen sahen wir Mlle. Heinefetter, vom Hoftheater zu Cassel, in Cortez, Euryanthe, Titus und in der „Hochzeit des Figaro," an vierzehn Abenden der Monate Juni und Juli, sowie Mlle. Müller aus Wien, als Julia, Preciosa, als Semiramis in der „Tochter der Luft," als Isabella in den „Quälgeistern," als Jungfrau von Orleans und in anderen Stücken mit großem Erfolge. Dem glänzenden Gastspiele der Letzteren folgten die

von La Roche, C. Devrient, der k. k. Hofsängerin Mad. Kraus-Wranitzki, sowie von Stawinski, Cornet und E. Devrient nebst Gattin aus Leipzig. Endlich erschien Mlle. Henr. Sontag, die einen Cyclus von zwölf Gastrollen gab, welcher mit Donna Anna in „Don Juan" am 20. September begann, mit Agathe, Myrrha, Rosine, Susanne, Desdemona, Euryanthe und der Prinzessin in „Johann von Paris" fortgesetzt, sowie mit ihrem Benefiz als Amenaide in „Tancred" beschlossen wurde. Der Zufluß des Publikums war so außerordentlich, daß viele Einheimische und Fremde sich ohne Erfolg bemüht hatten, Billets zu einer dieser Aufführungen zu erhalten. Goethe, welcher 1826 Mlle. Sontag in Weimar zum erstenmale gehört hatte, schrieb an Zelter: „Daß Mlle. Sontag nun auch klang- und tonspendend bei uns vorübergegangen, macht auf jeden Fall Epoche. Jedermann sagt freilich, dergleichen müsse man oft hören: und der größte Theil säße heut schon wieder im Königsstädter Theater. Und ich auch. Denn eigentlich sollte man sie doch erst als Individuum fassen und begreifen, sie im Elemente der Zeit erkennen, sich ihr assimiliren, sich an sie gewöhnen, dann müßt' es ein lieblicher Genuß bleiben. So aus dem Stegreife hat mich das Talent mehr verwirrt, als ergötzt. Das Gute, das ohne Wiederkehr vorübergeht, hinterläßt einen Eindruck, der sich der Leere vergleicht, sich wie ein Mangel empfindet."

Im Jahre 1828 war die bemerkenswertheste Neuigkeit Deinhardtstein's Schauspiel „Hans Sachs," welches am 13. Februar zur Aufführung kam. Als der Verfasser das Stück an die Generalintendandur der Schauspiele in Berlin eingereicht hatte, wendete sich der Graf Brühl unterm 8. Januar 1828 mit dem Gesuche an Goethe, daß er erlauben möchte, daß das aus seinen Werken bekannte Gedicht: „Vor seiner Werkstatt Sonntags früh" u. s. w. als Prolog gesprochen werden dürfte. Schon sieben Tage später genehmigte der Meister dieß Gesuch, fand es jedoch für passend, eine kurze Einleitung dazu zu dichten. [22]

Die Allgemeine Theaterzeitung von Ad. Bäuerle, Nr. 31, vom 11. März 1828 schreibt: Der Prolog, der uns aus Berlin zugekommen, ist folgender:

[22] S. Nr. 65 bis incl. 71 des Briefwechsels.

(Ein Minnesänger tritt auf.)

„Da steh ich in der Fremde ganz allein,
Wer weist mich an? wer führt mich ein?
Wer sagt mir, welch ein Geist hier waltet?
Seh ich mich an, mein Kleid scheint mir veraltet,
Und nirgend hör' ich den gewohnten Klang,
Den alten, frommen, treuen Meistersang.
Doch seh ich hier die weiten, edlen Kreise
Versammelt aufmerksamer, stiller Weise,
Ich höre kaum ein stilles Athemholen,
Und daß ihr da seid, zeigt, ich bin empfohlen.
Auch als ich kam, ward mir auf Straß' und Plätzen
Der alte Nam' zu tröstlichem Ergötzen.
So sei es nun, so werde denn vertraut,
Vor neuem Ohr, die alte Stimme laut."

„Dem Deutschen geschah gar viel zu lieb,
Als man eintausend fünfhundert schrieb,
Ergab sich manches zu Nutz und Ehren,
Daß wir daran noch immer zehren.
Und wer es einzeln sagen wollte,
Gar wenig Dank verdienen sollte.
Da sich's dem Vaterland zu lieb
Schon tief in Geist und Herzen schrieb.
Doch weil auf unsern deutschen Bühnen
Man preist ein löbliches Erkühnen
Und man bis auf den neusten Tag
Noch gern was Altes schauen mag,
So führen wir vor Aug und Ohr,
Euch heut einen alten Dichter vor.
Derselbe war nach seiner Art
Mit so viel Tugenden gepaart,
Daß er bis auf den heut'gen Tag
Noch für einen Poeten gelten mag,
Wo deren doch unzählig viel
Verderben einer des andern Spiel."

„Und wie auch noch so lange getrennt
Ein Freund den andern wieder erkennt,
Hat auch ein Frommer neuerer Zeit
Sich an des Vorfahren Tugend erfreut,
Und hingeschrieben mit leichter Hand,
Als ständ' es farbig an der Wand
Und zwar mit Worten so verständig
Als würde Gemaltes wieder lebendig.
Nun wünsch' ich, daß ihr freundlich wolltet
Das hören, was ihr sehen solltet,
— Bis das Gehörte vor euch steht
Daß ihr es klar in Gedanken seht.
Drob kam ich her zu eurem Dienst,
Doch folgt hernach ein neuer Gewinnst,
Ihr nehmet besser dann in Acht,
Was uns ein Allerneuster bracht',
Der dann mit Hülfe von uns allen,
Heut Abend hofft euch zu gefallen."

Hierauf folgte das bereits oben angedeutete Gedicht aus Goethe's Werken.

Ein sehr großes Verdienst der Generalintendantur war es überdieß, daß „Richard III." einstudirt wurde; es kam am 2. April zur Aufführung und waren Devrient in der Titelrolle, sowie Mad. Wolff als Elisabeth unübertrefflich. Zu bedauern war nur, daß den ausgezeichneten Mimen bereits die Kraft des Organs öfters verließ, was sich vorzugsweise im ersten Monologe bemerkbar machte. Mehr Wirkung würde auch der bezeichnete Monolog noch erzeugt haben, wenn Devrient nicht dabei immer vorwärts geschritten wäre. Garrick sprach gewöhnlich alle Monologe wie im Boden festgewurzelt, und dieß würde Richard's eiskalte überdachte Verworfenheit bedeutungsvoller charakterisirt haben.

Im musikalischen Repertoire stand der Schwanengesang des unvergeßlichen C. M. v. Weber, sein „Oberon," oben an. Der Berichterstatter schreibt über dieß Kunstwerk: „Meisterhaft hat Weber's Genius die schwere Aufgabe gelöst, einer dem Gesange wenig günstigen Sprache Töne zu unterlegen, die ganz aus dem Reiche der Phantasie entnommen werden mußten. Schon die Verbindung der wesentlichsten Motive der Oper zu einem feurigen, schwungvollen Ganzen in der Ouvertüre zeigt dieß genügend. Genialer ist aber noch die zarte, lustige Behandlung des ersten Elfen-Chors, der wahrhaft leicht wie Feentritt nur weht. Wie trefflich zeigt sich hierin die genaueste Kenntniß des Charakters der verschiedenen Instrumente. Daß zur Darstellung des Elfenkönigs ein männliches Individuum gewählt werden mußte, widerstrebt zwar dem Bilde der Phantasie, wenn jedoch Bader durch den Wortlaut seines Gesanges diesen Geisterfürsten beseelt, so vergißt man alle sonstige Rücksichten. Ritterlicher Heroismus durchglüht den Gesang Hüon's, den Stümer mit höchstem Kraftaufwande im Spiel und Gesang edel gibt. Rezia findet in Mad. Seidler eine ebenso anmuthsvolle Repräsentantin, als die Ausdauer leidenschaftlicher Kraftäußerung, insbesondere in der großen Scene des zweiten Akts, bei dieser meistens nur im Kreise des Lieblichen und Naiven sich bewegenden Sängerin überraschte. Das zweite Finale beginnt mit dem von Fräulein v. Schätzel so rein als zart gesungenen Undinenliede, das uns an Hoffmann's mit Unrecht vergessene Oper erinnert. — Die musikalische Aufführung wie die scenische Anordnung ließ nichts zu wünschen übrig, und zeigte den regsten Eifer, welchen alle Mitwirkenden dem Namen Weber's widmeten, um sein letztes Werk möglichst vollkommen aufzustellen. Nächst der kunstsinnigen Generalintendantur, durch welche Scenerie und Costüme speciell angeordnet worden waren, verdanken wir die Leitung der einzelnen, zusammenwirkenden Theile dem Kapellmeister Schneider, dem Regisseur Baron v. Lichtenstein und den ausgezeichnetsten Talenten der Decorationsmaler C. Gropius, Köhler und Gerst."

Fräulein Pauline v. Schätzel war schon seit dem 23. April dieses Jahres ein Mitglied des königlichen Theaters, an welchem Tage sie als Agathe im „Freischütz" mit dem glänzendsten Erfolge auftrat. Sie wurde 1812 in Berlin geboren, erhielt von ihrer Mutter, der Tochter der berühmten Mad. Schick, die sorgfältigste Ausbildung und erwarb sich in kurzer Zeit einen Ruf, der sie den besten dramatischen Sängerinnen anreihte. Ihre Stimme war vom reinsten Metall und ihr seelenvoller Gesang drang bei aller Einfachheit und aller Natürlichkeit tief in die Seele der Zuhörer. Ihre vorzüglichsten Rollen waren: Amazilli in „Fernand Cortez," Zerline in „Fra Diavolo," Blondchen in der

„Entführung," Rezia in „Oberon," Anna in der „weißen Dame," Zerline in „Don Juan" und Rosine im „Barbier von Sevilla."

Endlich haben wir noch den Schauspieler Stawinsky zu nennen, welcher am Schlusse der Brühl'schen Theaterverwaltung auf die Hofbühne kam, wo er sich als Gast ein bleibendes Andenken gestiftet hatte. Carl Stawinsky, 1790 zu Berlin geboren, betrat zwar unter Iffland 1809 unsere Bühne, wurde aber zu dieser Zeit nur im Chor und in kleineren, unbedeutenden Rollen verwendet; ein Jahr später ging er nach Neu-Strelitz, wo er vorzugsweise komische Rollen im Lustspiel und der Oper gab, und die Städte Mecklenburg's und Pommern's mit der Becker'schen und Brede'schen Gesellschaft bereiste. 1814 nahm er ein Engagement bei der Wöhner'schen Truppe in Stettin an, versuchte sich hier in ernsten Charalterrollen und folgte 1816 einem Rufe nach Breslau, gastirte aber vorher noch an drei Abenden in Berlin. In Breslau blieb er zehn Jahre und führte von 1820 die Regie des dortigen Theaters; 1826 kam er zum zweitenmale als Gast nach Berlin, wo er dann endlich 1828 als Regisseur und für das Fach edler Väter- und Charakterrollen angestellt wurde. Stawinsky hat sich im Laufe der Jahre in der Theaterwelt und in der Theaterliteratur einen achtungswerthen Namen erworben. Es gehören zu seinen vorzüglichsten Rollen: der Oberförster in den „Jägern," Klingsberg Vater, Marinelli, Flappert im „mißtrauischen Liebhaber," Professor Lange in „vor hundert Jahren," Kalb in „Kabale und Liebe," Obersthofmeister im „geheimen Agenten" u. a. m.

Das Jahr 1828 brachte der königlichen Bühne einen zweifachen harten Verlust; einmal trat der Graf Brühl aus seiner Wirksamkeit als Generalintendant der Schauspiele zurück und dann erlag P. A. Wolff einer langwierigen Krankheit. Was Wolff anlangt, so wurde er schon während seiner letzten Lebensjahre oft durch körperliche Schwäche abgehalten, seine Kunstleistungen so zu vervielfältigen, wie es vom Publikum gewünscht wurde und wie es auch wohl seine eigene Absicht war; auch mußte er zur Kräftigung seiner Gesundheit mehreremale größere Reisen unternehmen. Im Jahre 1825 machte er eine solche nach Italien und Frankreich, und verlebte mehrere Wochen mit Talma, den er bereits am Anfange seiner theatralischen Laufbahn kennen gelernt hatte, und mit dem er bis zu dessen Tode in fortwährender freundschaftlicher

Verbindung blieb. Als Wolff am 26. Juni 1826 nach dieser Reise zum erstenmale wieder auf dem Theater als der alte Feldern in Töpfers „Hermann und Dorothea" erschien, wurde er auf das herzlichste vom Publikum empfangen. M. G. Saphir sagt in seinen Lineamenten zu Schauspielerbildnissen: „In allen dramatischen Schöpfungen Wolff's waltete der Genius der wahren Kunst, und besonders sind es die Grazie, das Maaß und die Wahrheit des Vortrages, welche an ihm bewundert werden müssen und wodurch er so hoch über viele seiner Mitkünstler hinaus gestellt wird. Er kannte sich selbst so genau, er wußte so fest und bestimmt, was und wie viel er seiner Kraft vertrauen konnte, er muthete ihr nichts zu, dessen Ausführung nicht vorher ein Resultat seines sorgfältig prüfenden Calcüls gewesen war, und was er sich gedacht und zugetraut hatte, wußte er plastisch und psychologisch als wahrer Meister wieder zu geben. Bei allen seinen Leistungen kamen ihm ein äußerst biegsames, wohllautendes und sonores Organ, eine zart und wohlgebaute Figur und ein regelmäßiges, für jeden mimischen Ausdruck geschicktes Gesicht trefflich zu Hülfe." Die wirksamsten Rollen Wolff's in der Tragödie waren vorzugsweise solche, in denen das Rhetorische vorherrschend war, und welche einen nicht zu großen Vorrath physischer Kraft bedingen, wie Tasso, Hamlet, Orest, Posa u. a. m. Ebenso hatte er auch auf dem Felde des Komischen seine Vielseitigkeit gezeigt. Obenan steht sein Vater Feldern in „Hermann und Dorothea," eine unerreichbare Darstellung; hieran reiht sich sein Linden in den „Quälgeistern," den er mit einer unnachahmlichen Fülle des Humors gab, dann sein Cäsar in „Donna Diana," sein Regierungsrath Uhlen in der „eifersüchtigen Frau," sein alter Graf Klingsberg und mehrere dergleichen Rollen in einer tieferen Sphäre des Lustspiels.

Auch als Dichter trat er mit Glück auf. Sein erstes Stück war das auf allen Bühnen gern gesehene Lustspiel „Cesario," dann folgten die drei Gefangenen, Pflicht um Pflicht, Treue siegt in Liebesnetzen, der Hund des Aubry, Preciosa, schwere Wahl, Steckenpferde, der Kammerdiener und der Mann von fünfzig Jahren. Ueber den Werth dieser Arbeiten haben sich alle Stimmen günstig ausgesprochen. Seine Kränklichkeit veranlaßte ihn 1828 das Bad Ems zu gebrauchen, aber er kehrte in nicht minder leidendem Zustande zurück. Seine Körperschwäche nahm endlich so überhand, daß ihm sein bevorstehendes Ende kein Geheimniß mehr bleiben konnte. Er ging nach Weimar, um da zu sterben, wo seine Künstlerlaufbahn begonnen hatte. Dort verschied er am 28. August 1828 an der Luftröhrenschwindsucht und wurde von den Mitgliedern des dortigen Theaters zur letzten Ruhestätte getragen.

Der härteste Verlust, welchen die Berliner Bühne aber treffen konnte, war der Rücktritt des Grafen Brühl. Als im Jahre 1828 Graf Brühl seinen ältesten Sohn, ein Kind voller Hoffnung, der Eltern Glück und Freude verlor, verfiel er in eine Krankheit, welche die Seinigen mit banger Furcht erfüllte. Nur mühsam erholte er sich wieder, und das Gefühl, seinem Amte nicht mehr die gewohnte Thätigkeit widmen zu können, bestimmte ihn, den König um seine Entlassung aus diesem Wirkungskreise zu bitten, die ihm auch wurde. Er schied mit der Anerkennung des Monarchen und Aller, welche sein unermüdetes Streben kannten; auch die ungeheuchelte Liebe und Verehrung der sämmtlichen Mitglieder der königlichen Schauspiele, welche in ihm so viele Jahre ihren Chef verehrt hatten, gab sich auf die wärmste Weise kund.

Ein längerer Aufenthalt in Seifersdorf, wie eine später unternommene Reise nach dem südlichen Deutschland und in die Schweiz gaben nach und nach die verlorene Ruhe und Heiterkeit der Seele wieder. Im Jahre 1830 ernannte ihn der König zum Generalintendanten der Museen.

Fünfter Abschnitt.

Die Verwaltung des Grafen von Redern.

1828 — 1842.

An Brühl's Stelle trat 1828 Graf Wilhelm von Redern als Generalintendant der königlichen Schauspiele. Mit ihm hat unsere Geschichte der Berliner Bühne einen Zeitpunkt erreicht, welcher der Gegenwart zu nahe liegt, als daß dieselbe in gleicher Ausführlichkeit fortgeführt werden dürfte; es sollen daher die Ereignisse der beginnenden Epoche nur in gedrängter Kürze wiedergegeben, und diese Blätter mit dem Jahre 1842 geschlossen werden.

Friedrich Wilhelm Graf von Redern wurde am 9. December 1802 geboren und erhielt zuerst durch Privatlehrer, dann durch den Unterricht auf dem Gymnasium zum grauen Kloster seine Vorbereitung zu den akademischen Studien. Nach zurückgelegten Universitätsjahren, in Berlin und Göttingen, trat er in den Staatsdienst, verließ denselben jedoch bald, um Kammerherr am Hofe der Kronprinzessin Elisabeth zu werden. Nächst den wissenschaftlichen Studien gab er sich der Musik mit allem Ernste und ganzer Liebe hin und studirte auf das Gründlichste Generalbaß und Composition. Zelter und B. A. Weber, der Förderer Gluck'scher Opern auf dem Berliner Theater, belebten sein aufstrebendes Talent für Composition. Im Fortepianospiel erreichte er einen so hohen Grad von Virtuosität, daß, mehr als einmal, ihm die Anerkennung berühmter Meister darüber zu Theil wurde. Darauf sah er im Jahre 1822, im Gefolge Sr. Majestät des Königs, Italien und Sicilien, wohnte 1825 der Krönung des Königs Karl X. in Rheims und 1826 der des Kaisers Nikolaus in Moskau bei und besuchte 1828

England, Schottland und Irland. Nachdem er diese Höfe im Glanze höchster Feste gesehen und sich mit den Schätzen der Kunst, welche diese Länder in so reichem Maße bieten, vertraut gemacht, ward er zum Generalintendanten der königlichen Schauspiele berufen. Mit wahrer Pietät übernahm er die Leitung einer Anstalt, die unter seinem Vorgänger sich in der Kunstgeschichte einen Namen gemacht, und sich diesen auch für die Zeit seines Wirkens ehrend erhalten hat.

Wie Graf Brühl einst Wolff und dessen Frau aus Weimar berief und dadurch einen Styl in die dramatischen Darstellungen brachte, welchen man früher nicht gekannt, so bildeten unter Graf Redern die Kunstleistungen der Hagn und Seydelmann's im Vereine mit der unübertrefflichen Crelinger und der Wolff den Glanzpunkt des Repertoirs für das recitirende Schauspiel. Es muß zu den bedeutendsten Verbesserungen, welche das Berliner Theater seiner Führung verdankt, gezählt werden, daß er, neben der Hagn und Seydelmann, Rott und Grua, für die Oper dagegen den Sänger Mantius, Mlle. Sophie Löwe, Fräulein v. Faßmann, Mlle. Tuczeck und Mlle. Hänel, sowie für das Ballet den Solotänzer Paul Taglioni, Bruder der berühmten Marie Taglioni, engagirt hat. Das erste neue Werk von Bedeutung, welches unter Graf Redern gegeben wurde, war Auber's „Stumme von Portici," welche als Festoper zur Feier der silbernen Hochzeit des Prinzen Wilhelm von Preußen, Bruder des Königs, am 12. Januar 1829, zur Aufführung kam und außerordentlich gefiel. Neben dieser Oper kamen im gleichen Jahre noch, am Geburtstage des Königs, Auber's „Braut," sowie am 12. Juni zur Vermählungsfeier des Prinzen Wilhelm von Preußen, Sohn Sr. Majestät Friedrich Wilhelm III., mit der Prinzessin Auguste von Sachsen-Weimar, das nunmehr vollständige Kunstwerk Spontini's „Agnes von Hohenstaufen," dessen erster Akt bereits, am 28. Mai 1827, bei der Vermählung des Prinzen Karl von Preußen mit der Prinzessin Marie von Weimar erschienen war, auf die Bühne. Das neuvermählte hohe Paar erschien in Begleitung Ihrer Majestäten des Königs Friedrich Wilhelm, des Kaisers und der Kaiserin von Rußland und wurde vom Publikum mit stürmischem Beifall begrüßt. Endlich kam, am 14. November, „Faust," von Spohr, zur Aufführung. Auf dem Repertoir des recitirenden Schauspiels stand, am 15. Oktober, Immermann's „Friedrich der Zweite," welches Trauerspiel jedoch, wie

„die Opfer des Schweigens," von demselben Verfasser, nur eine zweimalige Wiederholung erlebte.

Unter den Gästen des Jahres 1829 sind hervorzuheben: Der Sänger Hoffmann vom Stadttheater zu Aachen, Mlle. Schechner, Mlle. Gley aus Dresden, Fichtner vom Hoftheater zu Wien, der Sänger Stromeyer aus Weimar und Mlle. Antoinette Fournier.

Hoffmann trat am 31. Mai zuerst als Max im „Freischütz" auf und setzte sein Gastspiel als Murney, Licinius, Oberon und Jakob fort. In der Schweizerfamilie sang mit ihm gleichzeitig, am 17. Juni, der Bassist Reichel den Richard Boll und Mlle. Schechner die Emmeline. Nach beendigtem Gastspiele nahm Hoffmann ein Engagement bei der Berliner Bühne an, wo er alsdann am 19. August in der Oper „die Braut" debütirte.

Johann Hoffmann, 1805 in Wien geboren, war der Sohn eines österreichischen Beamten, bezog, nach einer sorgfältigen Erziehung, die Universität seiner Vaterstadt, um sich dem Staatsdienste zu widmen und kam frühzeitig zu einer Anstellung beim Magistrat in Wien. In dieser Stellung verblieb er sechs Jahre und benutzte diese Zeit, seine Stimme, welche bereits die Aufmerksamkeit der Musikfreunde und Kenner erregt hatte, unter der Leitung des tüchtigen Gesanglehrers Elsler gründlicher auszubilden; ließ sich später durch den Theaterdirektor Duport bewegen, seine bürgerliche Stellung aufzugeben und zur Oper überzutreten, wo ihm gleichzeitig ein sehr vortheilhaftes Engagement angetragen wurde. Mit der Annahme desselben begann seine Ausbildung für die Bühne bei Simoni, Weigl, Anschütz und Reiberger, und machte er hier so bedeutende Fortschritte, daß es ihm schon am 28. November 1826 möglich war, auf dem kaiserlichen Hofoperntheater, neben der berühmten Schechner, als Klausner in der Caraffa'schen Oper „der Klausner am wüsten Berge" zum erstenmale aufzutreten. Als die Hofoper 1828 aufgelöst wurde, folgte er einem Rufe Bethmanns nach Aachen, gab hier die Rollen des Licinius, Tamino, Max, Joseph, Florestan, Othello und Cortez mit ungetheiltem Beifall und ging, nach Ablauf seines einjährigen Contraktes, nach Berlin, um zu gastiren, für welche Bühne er alsdann, unter den vortheilhaftesten Bedingungen, gewonnen wurde, und in diesem Engagement bis zum Jahre 1835 blieb.

Das Gastspiel der Mlle. Antoinette Fournier endete gleichfalls mit einer Anstellung beim Berliner Hoftheater. Sie war 1809 zu Solingen geboren und wurde, da sie früh verwaiste, von ihrer Tante, der Schauspielerin Huber, erzogen. Nachdem sie zuerst bei kleineren Bühnen gespielt hatte, kam sie 1828 auf das Dresdner Hoftheater, wo sie neben der Gley-Rettich, der Schröder-Devrient und der Schirmer sich bald einen hohen Ruf erwarb. Nach Ablauf eines Jahres nahm sie ein Engagement in Berlin an und glänzte hier in Rollen wie Käthchen von Heilbronn, Recha, Melitta, Königin von sechzehn Jahren u. s. w., durch ihr seltenes Talent und ihre reizende Persönlichkeit in gleichem Grade. Ein ehrenvoller Ruf an das Wiener Burgtheater bestimmte sie 1833, die Contraktverhältnisse in Berlin wieder zu lösen, wo sie zu den bedeutenderen Erscheinungen dieser Kunstanstalt gehört hatte.

Auch August Zschiesche, der bis zum 1. August 1829, neben der Sonntag, Spitzeder und Jäger, ein sehr beliebtes Mitglied der Königsstädtischen Bühne war, trat am 4. September als Mafferu im „unterbrochenen Opferfeste" zum Hoftheater über.

Zschiesche war 1800 in Berlin geboren und der Sohn armer Eltern; er besuchte das Berliner kölnische Gymnasium und trat in den Singchor desselben ein. Da er sich hier bald durch eine kräftige, wohlklingende Stimme auszeichnete, so wurde er gleichzeitig beim Theaterchor beschäftigt. Am 24. November 1809 betrat er in der Weigel'schen Oper „das Waisenhaus" zum erstenmale unsere Bühne und erhielt 1819, unter der Verwaltung des Grafen Brühl, eine Anstellung als königlicher Chorist, wo er zugleich für kleine Rollen verwendet wurde. Ein Jahr später nahm ihn der Theaterdirektor Graf v. Brunswick-Corompa mit einer Wochengage von 20 fl. W. W. für Pesth an; da sich aber dieß Theater 1823 auflöste, so ging er nach Temeswar, wo er in der Oper und dem recitirenden Schauspiele gleichzeitig beschäftigt wurde. Hier blieb er jedoch nur ein Jahr, kehrte zu Ostern 1824 nach Pesth zurück, erhielt beim Theaterdirektor Babnigg Beschäftigung und machte von dieser Zeit an rasche Fortschritte. Im Jahre 1826 kam er nach seiner Vaterstadt, nahm ein Gastspiel auf dem Königsstädtischen Theater an, wo er, kurze Zeit darauf, ein Engagement erhielt, ging jedoch 1829, durch Spontini bewogen, zur königlichen Bühne über und erlangte hier im Jahre 1835 eine lebenslängliche Anstellung.

Bevor wir zum nächsten Jahre übergehen, ist noch des Abgangs der Mlle. Caroline Bauer, am 14. Mai, zu erwähnen. Es ging ihr Contrakt zwar noch bis Ostern 1830, doch vermochte sie es, diesen schon früher zu lösen und zog sich hierauf ganz von der Bühne zurück. Abwechselnd lebte sie zwei Jahre in London, Paris und auf ihrem Landsitz in England als Gräfin Montgomery; später sehen wir sie jedoch wieder in Petersburg auf dem deutschen Hoftheater und 1833 auf einer Kunstreise durch Deutschland begriffen, auf welcher sie auch Berlin berührte. Von 1835 bis 1844 war sie Mitglied des Hoftheaters zu Dresden und lebt jetzt, verheirathet mit dem Grafen P., in glücklicher Häuslichkeit an den Ufern des Züricher See's. In dieser und der nächsten Zeit ward das Repertoir des recitirenden Schauspiels vorzugsweise von den Arbeiten der Prinzessin Amalie von Sachsen, welche zuerst in Berlin mit dem Stücke „Lüge und Wahrheit" auftrat, sowie von dem fruchtbaren Talente Raupachs beherrscht. Die außerordentliche Produktionskraft dieses Schriftstellers spricht sich zumeist in dem Cyclus seiner Hohenstaufentragödien aus, in welchem er sich mit vielem Glücke auf die hohe See der Weltgeschichte hinausgewagt hatte. Er überflügelte bald alle gleichzeitigen Dramendichter vollständig, denn von Anfang 1819 bis zu Ende 1840 sind von ihm 20 Trauer-, 14 Schau- und 22 Lustspiele, sowie zwei Operntexte auf der Berliner Bühne zur Aufführung gekommen. Es gehören von diesen allein dem Jahre 1830 an: Kaiser Heinrich VI., König Philipp, der Müller und sein Kind, das Sonett, der Zeitgeist, der Nasenstüber und der Stiefvater. Das Repertoir der Opern gab dem recitirenden Schauspiele nichts nach; es kamen allein in diesem Jahre: Semiramis, die Belagerung von Korinth und Andreas Hofer, sämmtlich von Rossini, sowie Fra Diavolo von Auber, nebst mehreren anderen Meisterwerken auf unsere Bühne, und hatte von diesen Mlle. Henriette Sontag zu ihrem Gastspielcyclus die Semiramis und Palmira gewählt.

Am 3. April trat dieselbe zuerst als Desdemona auf und feierte Triumphe, wie sie selten in der Theatergeschichte wiederkehren dürften. Am 22. Mai, als sie in Semiramis vom Publikum Abschied nahm, wurde sie, am Schlusse der Vorstellung, im wahren Sinne des Wortes, mit Blumen und Gedichten überschüttet und durch Bader mit einem goldenen Lorbeerkranze, durch Madame Wolff mit einem frischen Blumenkranze gekrönt.

Nach der Sontag gastirte Mlle. Sabine Heinefetter, erste Sängerin der italienischen Oper zu Paris, in dem Zeitraume vom 15. August bis 10. November, an dreizehn Abenden, in Othello, Fidelio, Titus, der Hochzeit des Figaro, Cortez, im Barbier von Sevilla und dem Freischütz. Auch sahen wir die Lindner und den Schauspieler Marr, sowie Madame Sophie Schröder und Madame Birch-Pfeiffer. Die Letztere gastirte auf unserer Bühne zum erstenmale und trat am 27. Oktober bis 11. November als Gräfin Orsina, als Maria Stuart, Donna Diana, Medea und Czarewna auf.

Das Jahr 1830 brachte der Berliner Hofbühne wiederum einen zweifachen Verlust; zuerst trat Madame Eunicke, geb. Schwachhofer, am 1. Februar in den Ruhestand und dann starb Gern der Vater, nachdem er der Bühne, am 30. December 1829, als Gordon in „Wallensteins Tod" für immer Lebewohl gesagt hatte, einige Tage später an einem Nervenschlage. An seinem fünfzigjährigen Jubiläumstage fühlte er sich jedoch so gestärkt, daß er glaubte, eine Deputation des Theaters empfangen zu können. Es vereinigten sich zu diesem Zwecke in seiner Wohnung seine Collegen Mattausch als Pensionär, Beschort als Repräsentant der männlichen, Madame Schröck als Repräsentantin der weiblichen Mitglieder der Bühne, sowie Hofrath Esperstedt, Regisseur, Weiß, H. Blume und Ferd. Rüthling, als Veranlasser des Festes, geführt von ihrem Chef, dem Grafen Redern, überreichten zwei vom Maler Herbt gefertigte Bildnisse, deren eines sein wohlgetroffenes Porträt im Costüme des Wasserträgers, das andere das seines Sohnes Albert als Bader Schelle in den „Schleichhändlern" darstellte. Er sollte diesen seinen Ehrentag nicht lange überleben, denn schon am 11. März 1830, Nachmittags drei Uhr, starb er, innig betrauert und schwer vermißt von den Seinigen und den Freunden des Theaters. Zelter schrieb einige Tage später an Goethe: „Unser redlicher Baßsänger Gern ist am Tage unseres Requiems, kurz vor der Aufführung, gestorben. Seine Stimme war von der Milde, Kraft und Schönheit eines Gottes. Madame Mara war bezaubert von seinen Tönen. Er war auch ein guter Schauspieler; sein Bruder Lorenzo in „Romeo und Julie," sein Wasserträger unvergleichlich. Wenn er an der Liedertafel die Generalbeichte sang und die Absolution sprach, war man der Sünde ledig. Er ist siebzig Jahre alt geworden."

Als neues Mitglied der Hofbühne erschien in diesem Jahre Mlle.

Hulda Erck. Wenn gleich dieselbe schon seit 1822, ihrem fünften Lebensjahre, bei diesem Theater beschäftigt, auch, am 4. August 1825, als Fritz im Schauspiele „die Soldaten," von Aresto, zum erstenmale aufgetreten war, so wurde sie dennoch erst 1830 vom Grafen Redern zuerst auf etliche Jahre engagirt und gelangte 1844, in der v. Küstner'schen Periode, zu einer lebenslänglichen Anstellung. Die junge Künstlerin ging aus der Schule von Eduard Devrient und der Madame Wolff hervor und spielte mit allgemeinem Beifalle: Das Käthchen von Heilbronn, das Suschen im „Bräutigam von Mexiko," das Klärchen in „Egmont," Louise in „Kabale und Liebe," Eugenie in „den Geschwistern," sowie in vielen humoristischen Rollen. Als Frau von Lavallade trat sie in das Fach der älteren, komischen Rollen über und entwickelte auch hierin einen frischen Humor und eine ungekünstelte Natürlichkeit, so daß sie zu einer unserer beliebtesten Erscheinungen auf der Schaubühne, selbst bis zur Gegenwart gehört.

Das Jahr 1831 war dem musikalischen Repertoire vorzugsweise gewogen; es erschienen in demselben unter Andern: der „Gott und die Bajadere," der „Templer und die Jüdin," der „Liebestrank" und die „umgeworfenen Wagen."

Zelter äußert sich über den „Gott und die Bajadere," in einem Briefe an Goethe, wie folgt: „Die gestrige Vorstellung gerieth in allen Theilen so vollkommen, daß ich mich an der Musik wahrhaft ergötzt habe. Sie hat was Indisches, was Anderes, als man schon hatte. Geist, Neuheit, Leichtigkeit, Fluß und unser Gast, Mlle. Elsler (die Bajadere) tanzt nicht bloß, sie spielt so vollkommen, wie ich seit Vigano nichts gesehen habe. Das ganze Haus war zufrieden. Das Mädchen hat eine Fronte rings herum für tausend Augen. Die Theile ihres Gesichts sind ein Farbenklavier, mit bewundernswürdiger Anmuth gespielt. Liebreiz, Biegsamkeit, ja Herzlichkeit und Schelmerei spielen durch einander, von leiser Luft getragen. Das ließ sich alles eben heut bemerken, da eine andere junge hübsche Tänzerin, eine unserer Besten, mit ihr zu certiren hatte, um den Gott zu gewinnen, der die Liebste durch Eifersucht prüfen wollte, die dadurch in ihren Bewegungen immer weicher, züchtiger, ja weher wurde und unbewußt den Sieg gewann. Es will schon was sagen, die verderbte sperrbeinige Pariser Hampelmethode in sanfte Schlangenwindungen des schönen Körpers umzubilden und das Auge ohne Anstoß zu erlustigen. Auch die Singpartien waren auf's Beste bestellt. Der Gott (Mantius) ist zwar Anfänger und von Person kaum einer Mannslänge, doch sein Tenor ist von der größten Schönheit und Gleichheit des Umfangs. Er hat in sehr kurzer Zeit bis heut starke Fortschritte gemacht. Stellung, Gang und Gesicht müssen seinem Körper noch Bedeutung geben. Fleck, der gar kein Riese war, wußte Kopf und Auge bis in die Wolken zu heben. Fräulein von Schätzel ist seit kurzem zur echten Sängerin herangewachsen. Jung, hübsch, wohlgewachsen, munter, musikalisch, mit heller ruhiger Stimme, die Alles leicht hervorbringt, sicher einhertretend, sind unschätzbare Ingredienzien, aber sie verläßt das Theater, um zu heirathen oder heirathet, um abzugehen. Der Verlust ist schwer zu ersetzen und ich, der sie herzlich liebt, wünsche nur, daß sie glücklich sein möge. Ihre Natur ist echt musikalisch, das Treffen und Lesen der Noten ist ihr wie das Singen angeboren. Ihre Sicherheit grenzt an Verwegenheit. Sie hat mir einmal die größte Noth in Freude verkehrt, indem sie eine schwere Partie einer alten Musik prima vista sang, was ich mir selber nicht zumuthen würde. Wie gesagt, sie verdient glücklich zu sein."

Eduard Mantius, der im vorstehenden Briefe erwähnt wird, war eine Acquisition des Jahres 1831. Am 18. Januar 1806 geboren, wurde er von seinem Vater, einem Fabrikbesitzer in Schwerin, für die juristische Laufbahn bestimmt und bezog, zwanzig Jahre alt, die Universität Rostock. Das Interesse für Musik veranlaßte ihn aber 1827 nach Leipzig zu gehen und hier seine Mußestunden der Tonkunst zu widmen. Durch fortdauerndes Kranksein war er gezwungen, Ostern 1829, Leipzig zu verlassen. Er wandte sich nach Halle, erholte sich hier in kurzer Zeit so bedeutend, daß er im September desselben Jahres nach Berlin übersiedeln und schon im Oktober sich in der Singakademie und verschiedenen Liedertafeln aufnehmen lassen konnte. Der glückliche Zufall, daß er, im August des Jahres 1830, auf einer Landpartie nach Pichelsberg, dem Könige und der Fürstin Liegnitz durch seinen Gesang auffiel, entschied seinen Uebertritt zum Theater. Er betrat am 22. August 1830 als Tamino in der „Zauberflöte" zum erstenmale die Bühne, kam aber erst am 1. Januar 1831 in ein festes Engagement. Seine weiche, elastische Tenorstimme vereinte zugleich Kraft, Fülle und Zartheit, und er erwarb sich in kurzer Zeit einen großen Ruf, sowohl für das musikalische

Drama, wie auch als Oratorien- und Liedertafelsänger. Ausgezeichnet war er als: Belmonte, Tamino, Florestan, Pylades, George Brown, Postillon, Raoul, Nemorino, Arnold Melchthal und Adolar. Nachdem er 26 Jahre ehrenvoll an dieser Bühne gewirkt hatte und am 27. April 1857 als Florestan dieselbe für immer verließ, wurde ihm die seltene Ehre zu Theil, hierbei den Titel eines Kammersängers zu erhalten.

Die Verluste, welche die königliche Bühne im Jahre 1831 erlitt, wurden durch den Abgang von Stümer, der Madame Milder-Hauptmann und der Madame Schulz verursacht. Stümer schied am 1. April. Er blieb zwar noch als Lehrer in der Bildungsschule des Theaters thätig, zog sich aber auch hiervon, nach Verlauf von fünf Jahren, zurück und bildete sich ausschließlich einen Wirkungskreis als Privatgesangslehrer. Er starb am 27. December 1856. Die Leistungen der Madame Milder sind bereits in diesen Blättern besprochen. Fünfzehn Jahre trug sie treu zu den außerordentlichen Erfolgen der Spontinischen Kunstproduktionen bei, und erntete auch, so lange sie im vollen Besitze ihrer Singstimme war, von ihrem Chef, dem Generalmusikdirektor, die ihr gebührende Anerkennung im hohen Grade; als ihre Gesangsmittel jedoch anfingen zu schwinden, wendete derselbe sich von ihr ab, und dieß wurde die nächste Veranlassung, daß die Milder Berlin verließ. Sie durchreiste einen großen Theil Europa's, um in Gastspielen sich hören zu lassen, konnte aber, neben der Catalani und der Schechner, nicht ihre früheren Triumphe erreichen. Sie kehrte nach Berlin zurück, lebte hier noch einige Jahre in der Stille der Häuslichkeit und starb am 29. Mai 1838.

Madame Schulz trat ebenfalls zurück, da sie bereits, seit längerer Zeit kränkelnd, dem Theater entzogen war. Auch sie gehörte zu den Hauptdarstellerinnen der weiblichen Charaktere in den Spontinischen Opern: Cortez, die Vestalin, Olympia, Alcidor, Nurmahal, und Agnes von Hohenstaufen, in welcher sie die Julia, Amazily, Statira, Namuna, Oreane und die Constantia gab; außerdem war sie von gleicher Vortrefflichkeit als Vitellia im „Titus," als Königin der Nacht in der „Zauberflöte," als Gräfin in „Figaro," Donna Anna in „Don Juan," sowie als Jessonda und als Eglantine in „Euryanthe."

Unter den Gastspielen des Jahres 1831 standen oben an: Madame Schröder-Devrient, Mlle. Gley und Emil Devrient. Neben der Schröder-Devrient begrüßten wir gleichzeitig einen Gast, welcher zwei Jahre später bei uns ein Engagement erhielt und hier seinen großen künstlerischen Ruf begründete; es war Fräulein Charlotte von Hagn, vom königlichen Hoftheater zu München. Sie betrat, am 30. Januar, zum erstenmale als Luise in „Kabale und Liebe" unsere Bühne, und setzte an zwölf weiteren Abenden als Christine, Emilie Galotti, Jungfrau von Orleans, sowie als Julia in „Romeo und Julie," als Thekla in „Wallensteins Tod" u. s. w. ein Gastspiel fort, wodurch sie schon damals Beweise ihres Talentes in reichem Maße lieferte.

Fassen wir hiernach die noch folgenden Jahre der Redern'schen Verwaltungsperiode zusammen, so müssen wir zuerst des Chefs selbst gedenken.

Dauernd war es des Grafen Redern eifrigstes Bestreben, das königliche Theater, welches er in einem glänzenden Stande übernommen, zu erhalten und nach Möglichkeit zu heben. Er wurde hierbei vom Glücke begünstigt, wiefern seine Verwaltung in eine Zeit des Friedens und der Industrie fiel, während Iffland und Graf Brühl mit Krieg und Theaterbrand zu kämpfen hatten. Sein Repertoir bereicherte er mit dem Besten, was die Zeit bot. An Raupach und die Prinzessin Amalie von Sachsen schlossen sich: Bauernfeld, R. Benedix, Töpfer, C. Blum, Lebrün, Ed. Devrient, C. v. Holtei, Alex. Cosmar, Adalb. v. Thale, L. Schneider, Gutzkow, Friedrich Hebbel, Pauline Werner, Ch. Birch-Pfeiffer, L. Werder, Laube, Halm, v. Heyden, H. Schmidt, W. Vogel, L. Feldmann u. A. an.

Zu den früher genannten Opern traten vom Jahre 1832 Meyerbeer's „Robert der Teufel und die Hugenotten;" Auber's „Feensee und die Krondiamanten;" Bellini's „Familien Capuletti und Montecchi," „Puritaner," „Nachtwandlerin" und „Norma" hinzu, sowie verdienstliche Gaben der Meister Lortzing, Taubert, Herold, Donizetti, Rossini, Halevy, Adam und Andere. Glänzender aber als Alles war der vom besten Erfolge gekrönte Versuch, Goethe's Riesenwerk: „Faust" in den engen Raum der Bühne zu bringen. Die ersten Versuche, Faust aufzuführen, wurden in Weimar gemacht; Goethe erwähnt ihrer in einem Schreiben an Brühl, d. d. 1. Mai 1815. Er selbst hatte die beiden ersten großen Monologe zusammengezogen und die Scene zwischen Faust und Wagner gestrichen, so daß das Monodram in Einem fortging, nur durch die Erscheinung des Erdgeistes unterbrochen. Nach dieser Zeit bemühte sich auch der Fürst Anton Radziwil in Berlin auf das Eifrigste, den Faust in's dramatische Leben zu rufen, wozu Graf Brühl das Seinige redlich durch Wort und That beitrug. Bis zum Jahre 1819 war man endlich so weit gediehen, daß einzelne Scenen zur Aufführung gebracht werden konnten. Für den 10. Juni dieses Jahres, den Geburtstag des Füsten, wurde eine solenne Wiederholung angeordnet zu welcher Graf Brühl in Weimar noch verschiedene Anfragen zu machen hatte.[23] Jahre gingen hiernach wieder hin, bis endlich, am 15. Mai 1838, es dem großen Seydelmann vorbehalten war, den Mephistopheles uns vorzuführen.

Endlich verdankt das Theater dem Grafen Redern noch die Einführung des Lesecomité's, welches die zur Aufführung eingesandten Werke der Prüfung und Begutachtung unterwerfen mußte. Es bestand bei seinem Beginne aus den Regisseuren, sowie dem Geheimerath Skalley, dem Professor v. Raumer, dem Intendanturrath Neumann und dem Hofrath Raupach, erlitt jedoch in der Folgezeit verschiedene Aenderungen, selbst noch während der Verwaltung des Grafen Redern.

Hiernach mögen diejenigen Veränderungen folgen, welche sich im Kunstpersonal während des Jahrzehnts von 1832 bis 1842 zutrugen.

In dem Jahre, als Fräulein v. Schätzel ausgeschieden und Rebenstein in der vollsten Blüthe seines Künstlerlebens gestorben war, traf das Theater noch der harte Schlag, den ersten Mimen seiner Zeit, L. Devrient, durch den Tod zu verlieren.

Für solche Verluste wurde im Jahre 1832 der Schauspieler Moritz Rott und die Sängerin Mlle. Grünbaum für die Hofbühne gewonnen. Der Erstere, im Jahre 1797 zu Prag geboren, war der Sohn eines wohlhabenden jüdischen Kaufmanns, Namens Rosenberg; er widmete sich, auf den Wunsch seiner Mutter, der Medicin, gab aber das akademische Studium auf, da nach dem frühen Tode der Mutter der Vater ihn zum Kaufmannsstande umzustimmen wußte. Mit einem bewundernswürdigen Gedächtniß und einer sehr schnellen Auffassungsgabe ausgerüstet, erwachte bald in ihm eine große Vorliebe zur Schauspielkunst, welche in einem um so verstärkteren Grade auftrat, je mehr Unbehagen er im Comptoire empfand. Wider den Willen seines Vaters gab er daher im Laufe der Zeit die Buchhaltersstelle im Schick'schen Hause zu

[23] S. Nr. 46, 52 und 53 des Briefwechsels.

Prag auf, folgte allein seiner Neigung und ging nach Wien, um sich der Bühne zu widmen. Hier nahmen sich seiner Bäuerle und der Hofschauspieler Koch an; Letzterer empfahl den jungen Rosenberg dem Direktor des Josephstädter Theaters. Unter dem Namen Rott trat er hier in den Räubern als Karl Moor mit dem glücklichsten Erfolge zum erstenmale auf. Seine zweite Rolle war die des Richard in „Johann von Finnland," in Folge dessen der junge Künstler bei der Bühne in Kaschau für das Liebhaberfach eine Anstellung fand. Da diese Gesellschaft jedoch 1818 aufgelöst wurde, ging Rott nach Lemberg, verließ aber nach anderthalbjährigem Aufenthaltsorte auch dieß Theater und gastirte in Olmütz, Linz, Leipzig und Wien, worauf er vom Grafen Palffy für das Theater an der Wien unter sehr vortheilhaften Bedingungen als Regisseur und Schauspieler engagirt wurde. 1825, als diese Bühne einging, begab sich Moritz Rott auf Reisen, gastirte in dem darauf folgenden Jahre in Berlin, ging nach Wien zurück und wurde 1829 vom Generaldirektor v. Lüttichau für das neu begründete Leipziger Hoftheater gewonnen, von wo er sich bald nach Berlin wandte und hier, am 11. Juni 1832, in der Rolle des Dallner, als neues Mitglied der königlichen Bühne auftrat und bei derselben bis zu seiner Pensionirung 1855 blieb. Zu seinen besten Rollen gehörten: Macbeth, Baleros, Tell, Orgon im „Tartüffe," Ossip, Götz, Shylock, Reisner, Capulet, Kreon, Kaiser Friedrich, Leopold v. Dessau in „Vor hundert Jahren," sowie Deville in der „Schule der Alten," der alte Feldherr, Gottsched, Graf Steinhausen, Ludwig XIV. in der „Marquise von Villette" u. s. w.

Die zweite Acquisition des Jahres 1832 war Mlle. Caroline Grünbaum. Sie wurde zu Prag im Jahre 1814 geboren, kam mit ihren Eltern nach Wien und bildete sich hier so rasch zur Sängerin aus, daß sie schon 1829, also in ihrem fünfzehnten Lebensjahre, als Emmeline auf dem k. k. Hofoperntheater unter dem allgemeinsten Beifall auftrat; dieser Rolle folgten Pamina, Mathilde in Rossini's „Tell," Agathe und Marie in der „Verborgenen Liebe." Am Schlusse der Opernvorstellungen zu Ostern 1830 machte Mlle. Grünbaum eine Kunstreise durch Deutschland, und berührte auf derselben Hamburg, Braunschweig, Hannover, Frankfurt, Nürnberg und Prag, worauf sie ein vortheilhaftes Engagement bei der Königsstädtischen Bühne in Berlin annahm, aber bereits, nach sechs Monaten durch den Grafen Redern veranlaßt wurde, zur königlichen Bühne überzugehen. Hier trat sie im September 1832 als Amazily in „Cortez" auf und blieb bei dem Hoftheater bis zum Jahre 1844, wo sie den braunschweig'schen Schauspieler Bercht heirathete und der Kunst entsagte.

Das folgende Jahr führte der Bühne in Fräulein Charlotte v. Hagn, welcher schon bei Gelegenheit ihres ersten Gastspieles Erwähnung geschehen, eine der schönsten Zierden zu. Sie wurde 1813 zu München geboren, und war die Tochter eines baierischen Beamten, durch dessen sehr ausgebreitete Bekanntschaft sie in viele Familien eingeführt wurde und dadurch Gelegenheit erhielt, auch in der eines reichen Kaufmanns Komödie spielen zu können. Hier war es, wo die treffliche Schauspielerin Lange sie in einer Vorstellung sah, augenblicklich das große Talent des jungen Mädchens erkannte und nichts unversucht ließ, die Eltern derselben zu bewegen, die Tochter für das Theater zu bestimmen. Nachdem hierzu, nicht ohne Widerstreben, die Genehmigung erfolgte, übernahm die Lange die gründlichste Ausbildung derselben und übergab ihren Zögling nach Verlauf von vier Jahren der Oeffentlichkeit. Charlotte v. Hagn wählte zu ihrer ersten Rolle die Afanasia und betrat darin 1828 die Bühne in München, wo sie nach sechs Monaten beim Hoftheater engagirt wurde und in ihrer Entwicklung so schnell vorwärts schritt, daß sie sowohl dort als in Wien, wo sie im November desselben Jahres gastirte, mit einem außerordentlichen Erfolge spielte. Die junge Künstlerin entlehnte zuerst ihre Vorbilder der Peßermann und der Sophie Schröder, schuf jedoch später ihre Gestalten selbstthätig. Ihre vorzüglichsten Rollen gehörten dem Lustspiele an, wo sie wieder in den naiv-schalkhaften und den muthwilligen Charakteren vorzugsweise bezauberte; nicht so glücklich war sie im Trauerspiele und im poetischen Lustspiele, wo man ihr den Vorwurf machte, nicht frei von Manier zu sein. 1846 verließ sie Berlin und die Bühne, um sich im Frühjahr dieses Jahres mit dem Gutsbesitzer Alexander v. Oven zu vermählen; gegenwärtig lebt sie, nachdem ihre Ehe wieder getrennt wurde, in München.

Am 12. Oktober 1836 wurde das fünfzigjährige Jubiläum des Kunstveteranen Fr. Jonas Beschort gefeiert, welcher seit vierzig Jahren ein ehrenwerthes Mitglied der königlichen Bühne war und sich durch Spiel und Rede gleich auszeichnete. Das Schauspielhaus, der Hauptschauplatz der Wirksamkeit unseres Künstlers, war zu diesem Festtage gewählt.

Gegen zehn Uhr Morgens wurde der Jubilar von Ferdinand Rüthling und Heinrich Blume aus seiner Wohnung abgeholt und nach dem Schauspielhause geführt. Beim Eintritt in den Concertsaal wurde ihm, im Auftrage Sr. Majestät des Königs, die große goldene Künstlermedaille überreicht und hierauf begann die Ouvertüre von Mozarts „Titus,“ während welcher sich der Bühnenvorhang hob und das ganze Theaterpersonal in festlicher Kleidung sichtbar ward. Von Lemm wurde der Veteran auf die Bühne geführt; er nahm in der Mitte derselben auf einem Sessel Platz. Graf Redern überreichte eine Allerhöchste Kabinetsordre, wodurch ihm ein Benefiz bewilligt wurde und hierauf begann ein vierstimmiges Festlied von C. M. von Weber, vorgetragen von Bader, Zschiesche, Eichberger und Mickler. Auch überreichte die jüngste der Schauspielerinnen, Mlle. Clara Stich, dem Jubilar einen Blumenkranz, und Lemm begrüßte den Gefeierten mit anerkennender Rede und überreichte ihm endlich im Namen des Personals der königlichen Bühne einen silbernen Pokal, worauf die Feier mit dem Schlußchor aus Iphigenia, dem Stawinsky passende Worte untergelegt hatte, schloß. Am 8. November fand die dem Jubilar von Sr. Majestät bewilligte Benefizvorstellung im Opernhause statt, welcher der König, sowie sämmtliche Prinzen und Prinzessinnen des königlichen Hauses beiwohnten und die aus dem dritten Akte der „Maria Stuart,“ dem vierten Akte aus Lessings „Minna von Barnhelm,“ dem dritten Akte von Shakespeare's „Hamlet,“ sowie aus dem vollständigen Drama: „Quintin Messis“ bestand. Erst 1837 ließ sich Beschort pensioniren und starb am 5. Januar 1846.

Außer durch Beschort lichtete sich noch der Kreis der Kunstgenossen: 1837 durch Lemm's und W. Krüger's Abgang, sowie 1838 durch den der Madame Seidler. Für Lemm war das Jahr 1826 der Anfang bitterer Leiden. Eine schwere Krankheit hielt ihn ein Jahr fern vom Theater; er mußte sich obendrein mehreren schmerzhaften Operationen unterwerfen. Zwar erschien er am 24. April 1827 dem Publikum noch als „Nathan der Weise,“ gelangte aber nicht wieder zu seiner vollen Gesundheit. Er kränkelte fort, ohne sich seinem Berufe zu entziehen und starb im Monat Juni des Jahres 1837, nachdem er noch am 16. März zum letztenmale als König Philipp in „Don Carlos“ aufgetreten war. — Wilhelm Krüger ließ sich dagegen pensioniren, da bereits seit dem Jahre 1833 sich Symptome der bösartigsten Hypochondrie bei ihm gezeigt hatten, und es trotz der sorgsamsten Pflege seiner Familie, sowie der geschicktesten Aerzte nicht gelingen wollte, ihn von seinem unglücklichen Wahne: „daß er seiner Kunst verloren und dem Tode verfallen sei," abzubringen. Er ging zuerst nach Weimar, dann nach Mannheim und starb hier 1841 in Folge eines wiederkehrenden Rückfalls seiner Krankheit. — Endlich wurde auch der Madame Seidler, nach zweiundzwanzigjährigem, höchst ehrenvollen Wirken, im Jahre 1838, der Abschied bewilligt; dieselbe lebt gegenwärtig noch im Kreise ihrer Familie und in glücklichen Verhältnissen.

All diese Verluste nöthigten den Grafen Redern auf Ersatz zu denken. So wurde 1833, Grua; 1836, Bötticher; 1837, Fischer und Fräulein v. Faßmann, sowie 1838, Seydelmann und Mlle. Löwe, 1841 Mlles. Leopoldine Tuczeck und Amalie Hänel und endlich F. v. Lavallade gewonnen.

Franz Wilhelm Grua, 1799 in Mannheim geboren, war der Sohn eines badischen Beamten und besuchte das Lyceum seiner Vaterstadt bis in die oberste Klasse. 1812 ging er zum Theater über und trat zum erstenmale als Genius in der „Zauberflöte" auf. 1819 finden wir ihn als ersten Liebhaber im Lustspiele „der Gläubiger" und als beliebten Tenorsänger in der „Schweizerfamilie" und im „Wasserträger," sowie 1821 als Figaro. Durch fortdauernde Anstrengungen hatte seine Singstimme jedoch so bedeutend gelitten, daß er der Oper entsagen und dem recitirenden Schauspiele allein sich widmen mußte. 1826 erhielt er einen Ruf nach Darmstadt; hier bekleidete er das erste Liebhaberfach bis zum Jahre 1831, wo das Hoftheater aufgelöst wurde und auch er seine Entlassung erhielt, jedoch, in Rücksicht seiner lebenslänglichen Anstellung bei dieser Bühne, mit einer Pension von 800 Gulden sammt der ausdrücklichen Erlaubniß, sich anderweitig engagiren zu können. Nachdem Grua hierauf eine Zeitlang am Rheine gastirt hatte, wandte er sich 1833 nach Berlin, wo er bis zur gegenwärtigen Zeit noch mit vielem Glücke thätig ist. Die vorzüglichsten Rollen seiner früheren Zeit waren: Don Carlos, Melchthal, Wetter von Strahl, Hans Sachs, Hippolyt, Ferdinand in „Kabale und Liebe," Hermann in „Hermann und Dorothea;" die der späteren: Tellheim, Macduff, Karl Moor, Posa, Tell, Götz, Faust, Hamlet, Fiesko, Tasso; die der gegenwärtigen Zeit: Odoardo, Miller, Lerma, Feldern, Barbaud in der Grille u. s. w.

Der Sänger Louis Bötticher, Sohn des Kammermusikus gleichen Namens, war 1813 zu Berlin geboren und wurde von seinem Vater, den Professoren Zelter und Rungenhagen, sowie dem Musik-Director Möser auf das vielseitigste gebildet; er trat in seinem vierzehnten Lebensjahre als Accessist in die königliche Kapelle und debütirte 1836 auf der Hofbühne als Sarastro. Im Jahre 1851 mußte er das Theater verlassen, da seine Stimme in Folge einer Krankheit fast geschwunden war. In der Folgezeit betrat er zwar noch einige auswärtige Bühnen als Gast, zog sich aber hiernach ganz ins Privatleben zurück und genießt von dieser Zeit an eine königliche Pension. Zu seinen vorzüglichsten Rollen gehörten: Don Juan, Tell, Belisar, Sarastro, Telasco, Lysiart, Cinna, Figaro u. a. m.

Das Jahr 1837 führte uns den Sänger Fischer zu. Er war 1798 im Erzgebirge geboren und wurde von seinem Onkel, dem Conrector Fischer, im Gesange unterrichtet. Nachdem er das Gymnasium verlassen hatte, betrat er in Dessau die Bühne als Oberpriester in „Axur," ging 1823 nach Wien, wo er in der deutschen und italienischen Oper gleichzeitig verwendet wurde. 1827 wandte Fischer sich nach Pesth, kehrte zwei Jahre später wieder nach Wien zurück, und folgte 1830 einem Rufe des Intendanten v. Küstner nach Darmstadt, wo er bis bis zur Auflösung des Hoftheaters blieb. Nachdem derselbe hierauf einige Monate in der deutschen Oper zu Paris als Don Juan, Lysiart 2c. gesungen hatte, ging er nach Berlin, nahm daselbst eine Anstellung beim Königsstädtischen Theater an, wurde jedoch 1837 durch Spontini veranlaßt zur königlichen Bühne überzugehen. Er zeichnete sich vorzugsweise als Tell, Figaro, Micheli, Don Juan, Lysiart, Masaniello, Telasco, Cinna, sowie als: Baptiste im „Maurer und Schlosser" und Galveston aus. Er wurde aber 1851 in den Ruhestand versetzt.

Fräulein Auguste v. Faßmann betrat gleichfalls im Jahre 1837 die Berliner Hofbühne, nachdem sie vorher in Dresden, Leipzig, Weimar und Wien gastirt hatte. Sie wurde 1817 auf dem Schlosse Kopfsburg, unweit München, geboren und erhielt von ihrem Vater, einem musikalisch gebildeten Gutsbesitzer, den ersten Gesangsunterricht. Als ihre Eltern nach München übersiedelten, genoß sie ihre fernere Gesangsausbildung durch den Sänger Löhle, sowie für anderweitige künstlerische Studien ihr vielfache Unterstützungen durch Sophie Schröder, die Bespermann, durch Eßlair und den Director Kürzinger zu Theil wurden. In Augsburg trat sie zum erstenmale auf 1834, blieb daselbst sechs Monate, kehrte dann in das elterliche Haus zurück und erschien, am 7. Juli 1835, in München als Agathe im Freischütz. Nach kaum einjährigem Aufenthalte folgte sie einem Rufe Spontini's nach Berlin und gastirte als Donna Anna, Fidelio, Agathe, Iphigenia und Camilla; setzte darauf ihr Gastspiel in Dresden, Leipzig, Weimar und Wien fort und nahm 1837 in Berlin unter den günstigsten Bedingungen ein festes Engagement an, in welchem sie bis zum Jahre 1848 blieb, worauf sie eine königliche Pension erhielt und sich von der Bühne zurückzog. Fräulein v. Faßmann hatte das Verdienst, seit dem Tode der Madame Milder die Einzige gewesen zu sein, die durch ihre treffliche Darstellung dem hiesigen Publikum den Genuß der Gluck'schen Meisterwerke möglich machte. Diesem Fache, zu dem bedeutende Stimmmittel gehören, hat sie sich ausschließlich zugewendet, und es ist anerkannt, daß sie in dessen schwierigen und anstrengenden Rollen Ausgezeichnetes geleistet hat, wogegen sie weder in der komischen Oper, noch in der Oper italienischen Styls, welche Kehlfertigkeit erfordern, mit Glück verwendet werden konnte.

Neben ihr glänzte Mlle. Löwe, welche ein Jahr später nach Berlin kam, aber nur bis 1840 am königlichen Theater blieb, weil ihr eine lebenslängliche Pension nicht gewährt wurde. Sophie Löwe, einer großen Künstlerfamilie angehörend, war die älteste Tochter des bekannten Schauspielers Ferdinand Löwe und 1815 zu Oldenburg geboren. Sie ging mit ihren Eltern nach Mannheim und Frankfurt a. M., von hier nach Wien, um sich, unter der Leitung von Cicimarra, zur Sängerin auszubilden. In Wien entwickelte sich ihr außerordentliches Talent so rasch, daß sie bald zu den ersten Sängerinnen und Darstellerinnen gerechnet und 1838 unter den glänzendsten Bedingungen zur königlichen Bühne nach Berlin gerufen wurde. Zu ihren vorzüglichsten Rollen werden die der Norma, Lucrezia Borgia, Amine, Elvira in den „Puritanern,“ Susanna, Prinzessin von Navarra, Stella im „ehernen Pferd,“ Angela im „schwarzen Domino“ u. s. w. gerechnet. Sie erhielt sich unverändert den Beifall des Publikums. Im Jahre 1848 entsagte sie dem

Theater, vermählte sich mit dem k. k. österreichischen Feldmarschallieutenant, Fürsten von Liechtenstein und folgte demselben nach Florenz.

Endlich glückte es dem Grafen v. Redern, im Jahre 1838, den Schauspieler Seydelmann für die königliche Bühne zu gewinnen. „Karl Seydelmann," schreibt Dr. Rötscher unter Andern in seinem Werke: „Seydelmann's Leben und Wirken," „am 24. April 1793 zu Glatz in Schlesien geboren, war der Sohn eines bemittelten Kaufmanns, besuchte das Gymnasium seiner Vaterstadt und zeigte schon als Knabe eine besondere Vorliebe für Alles, was auf das Theater Bezug hatte. Die Zeit, welche er den Schularbeiten nur irgend abgewinnen konnte, war der Lectüre von Schauspielen und den Biographien berühmter Schauspieler gewidmet, welche ihm damals schon als Ideal zur Nacheiferung vorschwebten. Diese Neigung zum Schauspiel fand übrigens in Glatz damals viel Nahrung, da sowohl die Officiere der Garnison, als auch die Bürger auf kleinen Privatbühnen sich zu zeigen liebten und diese den jungen Seydelmann oft zu kleinen Rollen verwendeten und die Neigung desselben zu dieser Kunst noch steigerten. Dieser Lieblingsthätigkeit des Sohnes war der Vater jedoch entschieden entgegen, und wurde deßhalb von diesem der strenge Befehl erlassen, sich Alles dessen zu enthalten, was damit im Zusammenhange stand. Der während Preußens Unglückszeit zum Jüngling herangereifte Knabe wurde durch die Ohnmacht seines Vaterlandes so tief ergriffen, daß er den Entschluß faßte, für die Befreiung Deutschlands mitzukämpfen. Er ließ sich bei der sechsten Artilleriebrigade in Schlesien aufnehmen und stand in Glatz, vom August 1810 jedoch in Neisse bei dieser Waffe.

Seine augenblicklich zurückgedrängte Liebe zur Schauspielkunst brach hier jedoch mit erneuter Macht hervor, veranlaßt durch die dramatischen Vorstellungen der Vogt'schen Schauspielergesellschaft; ja er ließ sich hinreißen, daß er, um wieder frei zu werden, einen Fluchtversuch machte.

Nach der schließlichen Begnadigung wegen dieses militärischen Vergehens ward Seydelmann endlich auf dem Privattheater in Grafenort, beim Grafen Herberstein, und nachher in Breslau, als Mitglied der Bühne, im Rollenfach der Liebhaber beschäftigt; da ihm dieß jedoch zuwider war und er auch darin nicht gefiel, so verließ er Breslau und siedelte nach Olmütz, später nach Prag über, worauf er sich brieflich an den Theaterdirector Holbein mit der Bitte um ein Engagement wandte. „Ich spiele,“ heißt es, „in einem Fleischscharren, allein so viel ich von Ihnen weiß, stoßen Sie sich nicht daran und Talent besiegt bei Ihnen alle Vorurtheile. Ich glaube, ich habe Talent, allein ich weiß nicht, wo es hinaus will. Ich glaube, Sie würden es bald sehen und ihm freundlich den Weg zeigen. Engagiren Sie mich, wofür und für was Sie immer wollen. Ich ergebe mich Ihnen unbedingt. Wenn Sie mich nicht so stellen können, daß ich brauchbar bin, so ist's Nichts mit dem Theater und ich muß einen andern Weg einschlagen. Ich habe Bildung, Fleiß und ein dankbares Herz. Wagen Sie es mit mir.“ — Unterm 3. August 1820 erhielt er die definitive Zusicherung seines Engagements, nebst Anweisung eines angemessenen Reisegeldes, sowie dem Angebote eines Probegehaltes von monatlich hundert Gulden W. W. Dieß bildete einen wesentlichen Wendepunkt seiner künstlerischen Entwicklung; hier war ihm die Stätte gegönnt, seiner eigenen Richtung zum erstenmale ein freies Genüge zu thun und wo er die Aufmerksamkeit der Kritik auf sich zog. Die grossen Anstrengungen der Bühne regten jedoch bei einer nur schwachen Körperconstitution des Künstlers die Nerven desselben der Art auf, daß er sich gezwungen sah, nach Töplitz zu reisen. Nachdem er hier drei Wochen die Kur gebraucht, folgte er der dringenden Aufforderung des Theaterdirectors Muscheck und spielte in seinem Badeorte sechsmal mit dem größten Erfolge; die Kur ward aber hierdurch unterbrochen, und da er nach Prag zurückkehren mußte, so war auch an eine Fortsetzung derselben in Karlsbad nicht zu denken. Aus dem Bade zurückgekehrt, wurde der natürliche Wunsch rege, nicht mehr der Zufälligkeit eines kurzen Engagements ausgesetzt zu sein und so nahm er die ihm angebotene Aussicht einer lebenslänglichen Versorgung in Kassel mit Freude an. Seydelmann ging jedoch zunächst nur auf kurze Zeit dahin ab, und da dieß ungewisse Verhältniß trotz seiner Bemühungen keine Aenderung erfuhr, hob er dasselbe auf und ging nach Darmstadt und dann nach Stuttgart. Mit der Uebersiedlung nach Stuttgart, im Jahre 1829, begann für Seydelmann eine neue Epoche. Sorgenfrei konnte er sich nun der Kunst ganz hingeben und seine künstlerische Wirksamkeit als Darsteller von Charaktergestalten gewann eine großartige Ausdehnung. Der hierdurch, besonders auf seinen Reisen im Jahre 1830 und 1831, gesteigerte Beifall und das für sein Wirken als Regisseur ungeebnete Terrain in

Stuttgart veranlaßte ihn 1831 seine Entlassung zu fordern, was aber mit einer jährlichen Zulage von 1000 Gulden beantwortet wurde. Am 15. November 1832 bewarb sich die Berliner Intendanz um Seydelmann, indem ihm Graf Redern, als er zu Gastrollen in Prag erwartet wurde, schrieb, daß er seinen Besitz für die königliche Bühne um so mehr wünschen müsse, als die fernere Wirksamkeit L. Devrient's in Folge seiner großen Körperschwäche sehr bezweifelt würde. „Ich ersuche Sie also noch einmal, ehe ich anderweite Schritte zur Besetzung der Devrient'schen Rollen thue, mich gefälligst zu benachrichtigen, ob Sie Neigung haben, beim hiesigen königlichen Theater ein Engagement anzunehmen, und ob Ihre Verhältnisse es gestatten, von Stuttgart und zu welcher Zeit abzugehen. In dem Falle, daß Sie mir darüber und über Ihre Absicht bald hier einzutreten eine offene und bestimmte Erklärung geben wollen und können, ersuche ich Sie von Prag aus gleich zu Gastrollen nach Berlin zu kommen, um hier das Weitere mündlich zu besprechen." Seydelmann konnte, da sein Urlaub abgelaufen war, der Einladung zu Gastrollen nicht Folge geben und machte zu einem etwaigen Engagement die Bedingung, daß diese Anstellung lebenslänglich sein und seiner Wittwe eine Pension zugesichert werden müßte. Zwei Jahre später wurden, von Berlin aus, diese Unterhandlungen von Neuem angeknüpft und Seydelmann zu Gastspielen eingeladen. Es wurde nunmehr vorläufig das Frühjahr 1835 zu diesem Gastspiele festgesetzt. Er trat im April als Carlos in „Clavigo" zum erstenmale auf und wurden aus den zwölf bedungenen Rollen dreißig. Nach der Vorstellung am 26. Mai schrieb er an einen Freund:

„In eiligster Eile! — Freuen Sie sich! — Sie hätten wie alle meine Freunde am 26. Mai im Opernhause zu Berlin sein müssen! Brechend volles Haus (bei schönem Wetter! —) Der König, alle Prinzen des Königshauses, fremde Fürstlichkeiten versammelt. Beifall über Beifall! Als ich auftrat, stürmisches, Minuten langes Begrüßen und Rufen: ich verlor in allem Ernste die Fassung; nach dem ersten Stücke: „Ein Mann hilft dem Andern" — mußte ich hervor. Nach dem zweiten Akte des Abbé de l'Epée: stürmischer Hervorruf! Der König, der dicht am Theater seine Loge hat, applaudirte lange und mit sehr freundlichem Gesicht! — Endlich wurde ich zum drittenmale gerufen, und nun, Freund! lassen Sie mich Ihnen nur das Factum berichten. Man sagt oft:

Minuten langer Beifall! hier wurde es buchstäblich wahr. Ich wußte nicht, wo ich mich eigentlich befand: Demüthig in Gott stand ich da, während ein Regen von Gedichten, Blumen, Kränzen das Haus erfüllte und der forttobende Ruf erscholl: Hier bleiben! Gleich! Vivat! Seydelmann! Kränze nehmen! Kränze aufsetzen! Vivat! und so fort. Endlich fühlte ich mir einen Kranz auf die Stirn gedrückt, aber, gewiß! ich sah mich nicht um! so war mir zu Muthe. Die Hagn, welche den Taubstummen gespielt hatte und in der Coulisse stand, war hervorgetreten, um dem Publikum den Willen zu thun. Sprechen konnte ich erst spät — Beifall und die obigen Ausrufungen unterbrachen mich stets. Als der Vorhang endlich fiel, stürzte Alles auf die Bühne, aus dem Orchester kamen sie heraufgestiegen und nahmen sich Kränze, Blumen und Gedichte. Ich hörte laut schimpfen, daß man mir sie doch lassen sollte. Einige brachten mir, was ich meiner Frau schicken werde. Ich meine, so könne ich in meinem Leben nicht mehr geehrt werden! Es war eine öffentliche Krönung im Angesichte eines ausgezeichneten Publikums; und wo???! Das also der Schluß meines Gastspiels in dem gefürchteten Berlin! Mit mir ist Gott! dafür bin aber auch ich nur sein Geschöpf bis zum letzten Athemzuge! voll Dankbarkeit und Demuth.

Ihr

Seydelmann."

Das Engagement in Berlin war nach solchen Triumphen fast nothwendig geworden, und so sehen wir ihn, da es ihm gelang, seine lebenslängliche Anstellung in Stuttgart zu lösen, im Jahre 1838, als Mitglied gewonnen, in welcher Eigenschaft er am 4. April des genannten Jahres als Cromwell in den „Royalisten," von Raupach, zum erstenmale auftrat. Der Empfang des überfüllten Hauses war außerordentlich, der Jubel fast unerhört.

Seydelmann's Gesundheit fing jedoch nach einigen Jahren an zu wanken, so daß er oft unter den heftigsten Schmerzen spielen mußte und später mehrere Monate der Bühne entzogen wurde; selbst Warmbrunn konnte sein Leiden nur lindern und so wurde er am 17. März 1843 durch den Tod von der Erde entrückt. Zu seinen vorzüglichsten Rollen, die zugleich als unvergängliche Muster dramatischer Darstellung gelten können, sind zu rechnen: Marinelli, Ossip, Nathan, Carlos in „Clavigo," König Philipp in „Don Carlos," Alba, Cromwell,

Mephistopheles im „Faust," Muley Hassan in „Fiesko," sowie Karl XII., Shylock, Schowa, Polonius u. a. m.

Das Jahr 1839 führte uns die Sängerin Hedwig Schulze zu. Sie war die Tochter der sehr geschätzten Sängerin Josephine Schulze, geborne Killitschky, in Berlin 1815 geboren und in der Schule ihrer Mutter gebildet. 1839 trat sie in ihrer Vaterstadt zuerst als Gräfin in „Figaro's Hochzeit" auf und erwarb sich in kurzer Zeit das Wohlwollen und die Anerkennung des Publikums in nicht unbedeutendem Maße. Leider verließ sie schon im Jahre 1843 die Berliner Bühne, trat zum Breslauer Theater über und starb 1845. Zu ihren besten Rollen wurden gerechnet: Elvire im „Don Juan," Anna in der „Weißen Dame," Alice in „Robert der Teufel," Agathe im „Freischütz," Adalgisa in „Norma," Giuliette in „Capuletti und Montecchi," die Fee im „Feensee," sowie ihr erster theatralischer Versuch, die Gräfin im „Figaro."

In demselben Jahre wurde die Schauspielerin Madame Dötsch-Wrochem, geb. Schultz, der Bühne durch den Tod entrissen. Sie zeichnete sich in Rollen, die dem bürgerlichen Mittelstande angehören, vorzugsweise aus und wurde in diesem Genre bald der Liebling des Berliner Publikums. Namentlich war sie ergötzlich als Dörthe in den „Wienern in Berlin," als Julie in den „Damenhüten," Käthe in „Welcher ist der Bräutigam?" Röse im „Nachtwächter," Philippine „in der Localposse," sowie als Fieckchen im „Ständchen vorm Potsdamer Thor." Aber auch in anderer Richtung bildete sich ihr frisches und natürliches Talent aus. Ihre Leistungen als Frau Bertrand im „Maurer," Muhme Brendel in den „deutschen Kleinstädtern," als Wittwe Brown in „Czaar und Zimmermann," Margarethe im „reisenden Studenten" und als Marcellina in „Figaro's Hochzeit" u. s. w. sind unzweifelhaft noch bei Vielen in der Erinnerung. Wilhelmine Dötsch verheirathete sich 1830 zum zweitenmale mit dem Justizrath v. Wrochem und lebte mit diesem in einer sehr glücklichen Ehe.

Das Jahr 1841 zeichnete sich vorzugsweise durch das Engagement der beiden Sängerinnen Tuczek und Hänel, sowie durch das des Schauspielers v. Lavallade aus.

Die Erstere, in Wien 1824 geboren, erhielt den ersten Unterricht in der Musik von ihrem Vater, dem Professor Tuczek, und trat im achten Lebensjahre in das Conservatorium ihrer Vaterstadt, wo sie oftmals öffentlich prämiirt wurde. Schon im fünfzehnten Jahre wurde sie beim Wiener Hofoperntheater nächst dem Kärnthner-Thore für die deutsche und die italienische Oper engagirt, und trat dort in Weigl's Oper „Nachtigall und Rabe" zum erstenmale auf. Als der Sänger Wild zu einem Gastspiele in Berlin sich befand, wurde von diesem der Generalintendant v. Redern auf das bedeutende Talent dieser jungen Sängerin aufmerksam gemacht, der sie dann zu einem Gastspiele einlud. Leopoldine Tuczek folgte dieser Aufforderung im Frühjahr 1841, und trat sofort in solchen Rollen auf, worin Sophie Löwe geglänzt hatte. Dessen ungeachtet gefiel sie so sehr, daß die Generalintendantur mit ihr ein Engagement einzugehen beabsichtigte. Da sie aber durch einen Contract noch mehrere Jahre an Wien gefesselt war, so kehrte sie dahin zurück ohne bestimmte Zusage gemacht zu haben, ließ aber von nun an kein Mittel unversucht, den bindenden Contract zu lösen, was ihr denn auch endlich dadurch glückte, daß sie ein Abstandsgeld von 2000 fl. C. M. zahlte. In Berlin trat sie im Monat December desselben Jahres als Mitglied auf und wurde in nicht zu langer Zeit darauf durch ein lebenslängliches Engagement mit Aussicht auf Pension gebunden. Zwanzig Jahre sind nun vorüber gegangen, in denen sie die Zierde der Berliner Oper gewesen und in denen sie nicht allein in den tragischen Rollen, sondern auch in den ersten Spiel- und Soubrettenpartien der komischen und Conversationsoper gleichmäßig sich auszeichnete. Unübertrefflich ist sie als Zerline, Susanne und Aennchen, sowie als Pamina, Agathe und Julie in „Romeo und Julia," deßgleichen als Prinzessin in den „Hugenotten" und in den „lustigen Weibern von Windsor."

Amalie Hänel, die zweite Acquisition des Jahres 1841, war im Jahre 1807 in Wien geboren, wo sie ihre musikalische Bildung erhielt und wo sie 1829 als Rosine im „Barbier von Sevilla" mit vielem Glücke auftrat. 1830 kam sie nach Berlin und fand hier beim Königsstädtischen Theater ein Engagement, trat jedoch 1841 zur königlichen Bühne über, nachdem sie vorher königliche Kammersängerin geworden. Sie blieb in diesem Verhältniß bis zum Jahre 1845, worauf sie abging und später in Berlin starb.

Endlich kommen wir zum Schauspieler François Oscar v. Lavallade, dem Gatten der Frau Hulda v. Lavallade, geb. Erck. Im Jahre 1814 zu Berlin geboren, folgte derselbe seiner Neigung zur theatralischen

Laufbahn, nachdem er die für ihn bestimmte militärische Carrière aufgegeben hatte. Er genoß beim Schauspieler Rebenstein ersten Unterricht. 1833 betrat er zum erstenmale im „Leuchtthurm zu Eddystone" die Königsstädtische Bühne und wurde vom Director Cerf für dieselbe engagirt. Später ging er nach Posen, Cöln, Hamburg und Mainz, sowie nach Frankfurt a. M. und gastirte endlich in den Jahren 1839 und 1841 auf dem königlichen Theater in Berlin, wo er schließlich ein vortheilhaftes Engagement für das Fach erster jugendlicher Liebhaber fand.

Das Jahr 1842 hatte nur Verluste für die Berliner Hofbühne im Gefolge, denn neben dem Rücktritt des Generalintendanten, Grafen v. Redern, Ende Mai, verließen nicht allein die beiden Schwestern Bertha und Clara Stich dieses Theater, um nach Hamburg, resp. Schwerin zu gehen, sondern es starb auch Mad. Krickeberg am 17. Mai, nachdem sie schon am 1. April desselben Jahres pensionirt worden war; ebenso trat das älteste und einzige aus der Verwaltung von Iffland übrig gebliebene Mitglied, Mad. Schröck, geborne Mühl, in Pension. Die Leistungen aus der Blüthezeit der Letzteren werden in ehrender Erinnerung bleiben: Margaretha in den „Hagestolzen," Thekla in „Wallenstein," Elisabeth in „Don Carlos," Emilie Galotti, Josephine in „Armuth und Edelsinn," Maria Stuart und viele andere Rollen.

Hiernach möge zum Schluß ein Verzeichniß sämmtlicher Mitglieder der königlichen Schauspiele in Berlin folgen, wie dieselben beim Rücktritt des Grafen Redern im Jahre 1842 vorhanden waren.

Zum Generalintendantur-Bureau gehörten:

Hofrath, Geheimer Exped. Sekret. und Regisseur Esperstedt.
" " " " Teichmann.
Journalist und Registrator Heuser.
Geheimer Calculator Lesse.
Kanzelist und Controleur Harke.
" " " Winzer.
" " " Fuchs.
Kanzleidiener Hoffmann.
" Schultze.

Rechtsconsulent war:

Geheimer Justiz- und Kammergerichtsrath 2c. Jordan.

Arzt:

Hofmedicus Dr. Michaelis.

Für besondere Dienstleistungen war bestimmt:

Freiherr v. Lichtenstein.

Zur Regie und Inspection gehörten:

Hofcomponist und Regisseur C. Blum.
Regisseur Esperstedt.
" Stawinsky.
" Weiß.
Theaterinspector Werner.
" Gropius.
Hofzimmermeister Glatz.
Baurath Krahmer.
Ober Bauinspector Berger.
Musikalieninspector Berend.
Theaterdiener Jäger.
" Großmann.

Zur Haupttheaterkasse:

Rendant Dann.
Controleur Grothe.

Zum Billetverkauf-Bureau:

Logenmeister Lehmann.

Zur Tageskasse:

Inspicient und Aufseher der Theaterbibliothek Lange.
Kassierer Grothe.
Controleur Harke.
" Winzer.
" Fuchs.

Darstellende Mitglieder, und zwar:

Schauspieler: Bethge, Crüsemann, Devrient *, Franz, Freund, Gern, Grua, Hartmann, Krüger, v. Lavallade, Michaelis, Müller, Rott, Rüthling, Schneider *, Seydelmann, Stawinsky, Wauer *, Weiß, Wiche.

(Die mit einem * bezeichneten Herren wirkten auch in der Oper mit.)

Schauspielerinnen: Crelinger-Stich, Crüsemann, Esperstedt, Ch. v. Hagn, Aug. v. Hagn, Komitsch, v. Lavallade, Möser, Schultz, Werner, Pauline Werner, Wolff.

Für Kinderrollen: Clara, Selma und Johanna Hartmann.

Sänger: Bader, Blume *, Böttcher *, Eicke, Fischer *, Gehrer, Heinrich *, Mantius, Mickler *, Waltz *, Zschiesche *.

(Die mit einem * bezeichneten Herren wirkten auch im Schauspiele mit.)

Sängerinnen: v. Faßmann, H. Ferber, Carol. Grünbaum, Amal. Hähnel, Hoffkuntz, Hedwig Schulze, Leop. Tuczek, Valentini.

Zu den Vorständen der Theater-Bildungsschulen gehörten:

Gesanglehrer Beutler.

Musikdirector Dr. Hahn.

Lehrerin des Declamations-Instituts Mad. Crelinger.

" " weiblichen Chorpersonals Mad. Hochstetter.

Lehrer der Instrumentalklasse Kapellmeister Möser.

Lehrer der Tanzschule Lanchery.

" " Solo-Tanzklasse Hoguet.

Als Souffleurs waren angestellt: Heinrich, Zipser und Wolff.

Das Chorpersonal bestand aus dem:

Chordirector Elsler.

Chorinspicienten: Berend, Stürmer und Reinicke.

Chorsänger: Bähr, Bieberstein *, Börner *, Böth *, Brandt, Döring *, Friese I. und II., Herger, Janike, Kindermann, Kontscharke, Litsch *, Leibnitz *, Lieder, Meinhardt, Müller, Ostermeier *, Röhrig, Rüstig, Schirmer, Schnackenburg, Schreck, Tägener, Wendecke *, Wilke, Wünsche, Zinkeisen.

(Die mit einem * bezeichneten Herren spielten auch kleine Rollen im Schauspiele.)

Chorsängerinnen: Brandt, Breska, Brosig, Brumlen, Ernst, Harting, Hennig, Heuser, Hundt, Koch I. und II., Korn, Köhler, Lanz, Meinhardt, Montag, Müller, Pfeiffer, Quien, Reblich, Richter, Rinau, Rüstig, Schirmer, Schmidt, Schöne, Schüler, Seidlitz, Willmanns, Wouters, Wurmser.

Der Kapelle gehörten an:

Generalmusikdirector und erster Kapellmeister Dr. Spontini.

" und Hofkapellmeister Meyerbeer.

Kapellmeister Henning.
Hofcompositeur und Regisseur Blum.
Musikdirector Taubert.
Concertmeister Rieß.
„ **Ganz II.**

Hofcompositeur und Dirigent der Balletmusik Schmidt.

Violinisten: Barnewitz, Beutler, Birnbach, Böhmer, Braun, Damm I. und II., Espenhahn, Hauck, Henning, Hertel, Jacob, Kaumeyer, Kotting, Langenhaun, Maurer, Moos, Richter III., Ronneburger, Schwachhofer, Spieß, Stahlknecht I., Ulrich, Vidal, Vollgold, Wallpurper, Wieprecht I., Wintzer, Zimmermann.

Bratschisten: Brittenberg, Conriard, Gährich, Gareis I., Richter I., II. und IV., Wendicke.

Violoncellisten: Cubelius, Drews, Gans I., Griebel, Hannemann, Just, Kelz, Kranz, Lotze, Schmidt I., Stahlknecht II., Töpfer.

Contrabassisten: Bennewitz, Dölle, Fischer, Issermann, Schlechte, Vorreiter, Weisse.

Flötisten: Gabrielsky I. und II., Heuser, Kramer, Schröck.

Oboisten: Groß, Rosenzweig, Schramm, Werner, Wieprecht II.

Klarinettisten: Gareis II., Nehrlich, Schick, Tamm, Tausch.

Fagottisten: Höne, Humann, Kluge, Matthes, Wolff.

Waldhornisten: Diensch, Görner, Kruspe, Lawerenz, Schumann, Schunke, Wuras, Zerner.

Posaunisten: Bädekerl, Belke, Kitzing.

Trompeter: Bagans, Grawunder, Wenderoth.

Pauker: Henschel.

Harfenist: Detroit.

Das Ballet bestand:

Aus dem Balletmeister Hoguet.

Solotänzer: Brue, Gasperini, Passini, Reichner, Röhnisch, Stullmüller, Taglioni.

Solotänzerinnen: Bethge, Bordewich I., Brue, Galster, Lemdke, Polin, Taglioni, Wagon.

Figuranten und Pantomimisten: Balz I. und II., Bordewich, Braun, Ebel, Gebhardt, Glahn, Grubener, Hoffmann, Krüger,

Leonhardt, Medon, Müller, Rehfeldt, Richter, Rollscheck, Rudell, Sergois, Stentz, Trampe I., Veit, Voß, Zabemack I., II. und III.

Figurantinnen: Albedyl, Albert, Bade, Bils, Blume, Bordewich II., Dittbanner, Ebel, Emma Erck, Hahn, Harke, Henkel, Jädicke I. und II., Julius, Kerner, Kollatz, Malte, Sänger, Schirmann, Schulz, Sergeois, Spruch, Starke, Vollgold, Winzer, Wollenberg, Zarges.

Avertisseurs beim Ballet waren: Schneider, Lecreux.

Decorationsmaler: Gerst, Gropius, Köhler.

Beleuchtungsinspecteure: Leist, Heinzel.

Theater- und Requisitenmeister: Guimpel.

Zum Garderobenpersonal gehörten endlich: Die Aufseher Johl und Malte, die Aufseherinnen Leibitz, Soußmann und der Friseur Warnick.

Nachschrift des Herausgebers.

Dem Herausgeber der vorstehenden Geschichte der Berliner Bühne von der Mitte des vorigen Jahrhunderts bis in die des jetzigen kommt es natürlich nicht zu, an dieser Stelle den Faden der Erzählung, welchen der Verfasser absichtlich fallen gelassen, mit eigener Hand aufzunehmen und durch zwanzig weitere Jahre bis in die nächste Gegenwart fortzusetzen. Wohl aber wird hier der Ort sein, eine spätere Darstellung dieses Zeitraumes auf ihre Quellen zu verweisen; sie liegen für die von Küstner'sche Verwaltung (1842—1851) in dessen bekannter, 1853 erschienener Schrift „Vierunddreißig Jahre meiner Theaterleitung," für die von Hülsen'sche (1851, am 1. Juni beginnend), außer in den Bühnen-Almanachen, die, als der Gothaische Kalender des Theaterstaates, mit jedem Herbste herauskommen, in einer statistischen Uebersicht des ersten Jahrzehents, welche nach Ablauf desselben, im Sommer 1861, amtlich veröffentlicht worden.

Ihrer Natur und Absicht nach ist dieses Aktenstück wie jene Druckschrift rein statistischen Inhalts. Beide stellen Ergebnisse auf und zusammen, sie gruppiren Thatsachen, Namen, Ziffern; die Summe der Ziffern zu ziehen, den pragmatischen Gehalt zu bestimmen, welchen die Annalen der Bühnenwelt so gut wie diejenigen der Weltbühne in sich tragen: diese Aufgabe bleibt für die Berliner Theater und für andere zeitgenössische eine noch zu lösende. Hat doch der verdienstvolle Geschichtschreiber des gesammten deutschen Bühnenwesens, Devrient, unstreitig aus ähnlichen Gründen wie unser Teichmann, seine Arbeit ebenfalls nur bis in die ersten vierziger Jahre ausgedehnt. Soweit diese Gründe in Rücksichten auf Personen und Persönliches beruhen, kann man sie gutheißen; wobei denn aber auf der anderen Seite nicht zu übersehen ist, daß dasselbe Schweigen, welches schonen will, oft nur dem nachfolgenden Urtheil eine desto schärfere Zunge leiht. Die Kunstgebilde der Bühne sind vergänglicher Art; nicht minder ist es die Wirksamkeit der Bühnenvorstände. Wenigen unter ihnen gelingt es, ihre Namen mit so tiefen Zügen in die Culturgeschichte einzuschreiben, wie Dalberg, Iffland, Goethe, Schröder gethan. Dagegen verfallen sie alle sammt und sonders dem immer einseitigen, nur zu oft sachunverständigen und persönlich böswilligen Verdict, welches die Kritik der Tagesblätter ausspricht. Das beste, vielleicht das einzige Correctiv dawider würde eine unparteiische Geschichtschreibung des täglich Geschehenden, nicht bloß des vor Jahr und Tag Geschehenen sein; eine Darlegung nicht allein statistischer und administrativer Resultate, sondern der Grundsätze, welchen die Bühnenleitung folgt, des Zusammenhangs, in den sie sich mit der Nation, mit der Literatur und mit der Kunst setzt, der unendlichen Ziele, die in ihrer, aus lauter Endlichkeiten zusammengesetzten Thätigkeit als Richt- und Stützpunkte ihr vorschweben.

Im Allgemeinen aber wollen wir es für ein günstiges Zeichen nehmen, daß der Zug und Drang, der unsere Zeit zur Geschichtschreibung treibt, auch im Theater sich wirksam erweist. Was Devrient für das Ganze gethan, geschieht an einzelnen Orten durch Einzelne: für Braunschweig durch Glaser, für Cassel durch Lyncker, für Darmstadt durch Pasque, und so schier durch das Bühnen-Alphabet hindurch bis Weimar, aus dessen goldener Zeit der würdige Genast goldene Früchte gepflückt hat. Sage man nicht, es müsse mit dem Theater aus sein, weil es aller Orten der Geschichte anheimfällt. Mit nichten so. Die Klage über den Verfall der deutschen Bühne ist ungefähr so alt, wie die deutsche Bühne; ihr eigener Vater sprach ja ihren berühmten Sterbeseufzer aus: „über den gutherzigen Einfall, den Deutschen ein Nationaltheater zu verschaffen, da wir Deutschen noch keine Nation sind!" Haben wir in den hundert Jahren, seit dieses Wort geschrieben worden (19. April 1768), Fortschritte nach diesem Ziele gemacht, eine Nation zu werden, so müssen wir (wir müssen, nach innerer Nothwendigkeit, mit äußerer Gewißheit), auch jenem, — dem Theater einer Nation, dem Nationaltheater — näher gekommen sein. Trügen nicht alle Zeichen, so geht eben vor unseren Augen, wenn nicht unter unseren Händen oder Füßen, der Zersetzungsproceß des Hoftheaters in das Nationaltheater vor sich.

Die geschichtliche Sendung des Hoftheaters, Ablösung der dramatischen Kunst von der Prinzipalherrschaft, darf als vollendet angesehen werden. Ja, das Princip des Hoftheaters, das am Anfange dieses Jahrhunderts reinigend und reformirend in das Theater eintrat, hat sich im Laufe desselben bereits überlebt, nachdem es in der Periode der Restauration seinen Gipfelpunkt erreicht. Damals waren die Hoftheater, große wie kleine, im specifischen, exclusivsten Sinne Hoftheater: alle künstlerische Direction verschwunden in der Hofcharge, die Theilnahme des Publikums, wie lebhaft auch, aufgegangen in der Bestimmung eines einzigen souveränen Willens, der Alles leitete, weil er Alles bezahlte. Das ist wesentlich anders geworden. In allerhöchsten und höchsten Kreisen ist an Stelle standesgemäßen Aufwandes zeitgemäße Sparsamkeit getreten, so daß das Hoftheater nicht mehr unabhängig vom Publikum dasteht, und der Intendant jetzt ebenso hastig wie der Director nach dem Kassenrapport greift. Gleichzeitig haben sich, wie vordem das Hoftheater die Prinzipalbühnen verschlang, aus seiner Superfötation wiederum als die ersten wilden Schößlinge des neuen Triebes, die Volks-, die Vorstadt-, die Sommerbühnen entwickelt. Unterschätze man diese Erscheinung nicht; sie ist der rohe Anfang neuer Zustände, und schon der Umstand, daß sowohl das Publikum wie die Tagesliteratur mit Gier sich auf sie wirft, zeugt für ihre Bedeutung. Auf Berlin allein beschränkt, kündigt sie sich bereits in dem Entstehen und dem raschen Wachsthum der Königsstädter Bühne an, die darum mit Recht dem feinen Sinne des Grafen Brühl und seinem getreuen Teichmann ein Gräuel ist. Und nun vergleiche man mit diesem, damals einzigen Keime die jetzt über Nacht aus dem Boden aufschießenden Theater. Wer Augen hat zu sehen, der sehe hier. Wer die Theatergeschichte unserer Tage, in Ergänzung Devrient's oder Teichmann's, oder anderer redlicher Vorarbeiter schreiben will, der knüpfe an dieser Seite an, welche wir, gleichsam als seine Perspective, den vorausgeschickten Annalen des vorigen Jahrhunderts anschließen zu müssen gemeint haben.

Zweites Buch.

F r e m d e s.

Briefwechsel

classischer Dichter und Schriftsteller

mit

der königlichen Hoftheaterverwaltung

in Berlin.

Nr. 1 bis Nr. 112.

Einleitung.

Die folgenden Briefe sind Illustrationen der vorausgehenden Geschichte. Sie schließen sich an deren prägnanteste Momente an: wo als der Glanzpunkt in Ifflands Thätigkeit seine Pflege Schiller'scher Dichtungen bezeichnet wird, treten Schiller und Iffland gleichsam dramatisch, selbstredend, selbsthandelnd, vor uns auf; wo von dem pietätsvollen Cultus die Rede ist, welchen Graf Brühl dem Altmeister in Weimar widmet, blicken wir unmittelbar in den Verkehr der beiden Geister ein. So sind denn diese Blätter weder willenlos, noch willkürlich aus einem reichen Schatze von Ueberlieferungen gewählt; sie begleiten vielmehr die Erzählung, weßhalb unter dem Texte derselben auch fortlaufend auf sie verwiesen worden. Welchen bleibenden und hohen Werth sie an und für sich besitzen, bedarf der Bemerkung nicht: stehen doch an ihrer Spitze die größten Namen unserer National-Literatur!

Mit einigen wenigen Ausnahmen erscheint der ganze Briefwechsel hier zum erstenmale öffentlich. Er stammt theilweis aus Vermächtnissen Brühl's an Teichmann, theilweis aus den Archiven nicht nur des Berliner Theaters, sondern auch des königlich preußischen Hofes und Staates, welche eine ausdrückliche Verwilligung König Friedrich Wilhelms IV. für Teichmann, auf sein Ansuchen und eine liebenswürdige Fürbitte Tieck's,* zugänglich machte. Demnach ist von höchster und maßgebender

* Dieselbe lautet: „Berlin, den 10. März 1847. Euer königl. Majestät verzeihen huldreichst, wenn ich es wage, meine unterthänigste Bitte der eines mir längst befreundeten wackeren Mannes hinzuzufügen, der sich seit vielen Jahren um das hiesige königliche Hoftheater durch seine redlichen und verständigen Bemühungen sehr verdient gemacht hat, und der immer das unbedingte Vertrauen

Stelle die Ermächtigung erfolgt zur Benützung und Mittheilung dieser Beiträge zur deutschen Kunstgeschichte. Wo es thunlich, sind außerdem auch die Angehörigen der Briefsteller um ihre Zustimmung angegangen worden und haben dieselbe willfährig ertheilt.

Selbstverständlich sind bei Drucklegung nicht die Urschriften der Briefe, sondern Abschriften zu benützen gewesen, jedoch nicht ohne daß letztere mit ersteren genau verglichen worden; eine Arbeit, welcher sich Teichmann's Schwager, Herr Obristlieutenant a. D. Isenburg, mit größter Gewissenhaftigkeit unterzogen. Der Herausgeber hat nur die Sichtung und Anordnung des Briefwechsels und dessen Einfügung in die Geschichtserzählung zu besorgen gehabt. Zu bedauern bleibt, daß in der Abschrift die Schreibart der Urschrift nicht, wenigstens nicht überall beibehalten worden; dergleichen schadet der Charakteristik.

seines würdigen Chefs, des Grafen von Brühl genossen hat und dem auch der Graf von Redern seine Achtung nicht versagen kann. Der Hofrath Teichmann, der zu den Füßen seines gnädigen Königs diese allerunterthänigste Bitte niederlegt, ist zugleich neben seiner Erfahrung und Geschäftssinn, ein gebildeter Mann, dessen Einsichten und Rath der Graf Brühl vielfach zu seinem und der Bühne Nutzen gebraucht hat (wie mir Graf Brühl selbst oftmals versichert hat), der also bei Euer königl. Majestät Huld und Gnade vielleicht keine vergebliche Bitte gewagt hat. Der ich in tiefster Verehrung bin Euer königl. Majestät getreuster und unterthänigster L. Tieck."

I.

Schiller — Iffland.

Nr. 1 bis 40.

1798—1805.

Nr. 1. Iffland an Schiller.

Man sagt Wallenstein, auf den alles mit Entzücken hofft, sei fertig. Und zwar auch die Ausgabe sei fertig, welche Sie für die Bühne bestimmt haben. Das Publikum verlangt mit Sehnsucht danach. Von mir rede ich nicht. Haben Sie die Güte, wenn es irgend möglich ist, mir recht bald das Manuscript zu senden was Sie für die Vorstellung bearbeitet haben. Ich werde mit Freuden die Bedingungen erfüllen, welche Sie so gütig seyn wollen, dafür festzusetzen. Erfreuen Sie bald mit einer Antwort den, der Sie herzlich verehrt und liebt

Iffland.

Verschiedene mündliche Aufträge die ich deßhalb gegeben, sind ohne Erfolg und Antwort geblieben.

Berlin den 5. October 1798.

An Herrn Rath Schiller zu Jena.

Nr. 2. (Antwort.) Schiller an Iffland.

Ich erhielt Ihren werthen Brief eben als ich im Begriff war, nach Weimar zur Repräsentation von Wallensteins Lager abzugehen, und sogleich nach meiner Zurückkunft eil ich, Ihnen zu antworten.

Wallenstein ist eine Suite von drey Stücken. Das erste heißt Wallensteins Lager, es ist ein Vorspiel in Einem Act, welches 5 Viertelstunden spielt und die mehrsten Figuren hat. Es ist ein Gemähldc der Wallensteinschen Armee, giebt ein Bild von Deutschlands Zustande im 30jährigen Krieg, zeigt die Dispositionen der Regimenter für und gegen den Feldherrn und ist bestimmt, den Grund zu zeichnen, auf welchem die Wallensteinische Unternehmung vergeht. Man kann es zwar, wie wir in Weimar wirklich gethan haben, für sich allein spielen, da es ein Kriegs und Lagergemählde ist und ein Ganzes für sich ausmacht. Schicklicher aber wird es mit dem zweiten Stücke verbunden.

Dieses zweite Stück heißt die Piccolomini, von den beiden, am meisten darin handelnden Personen. Es ist in 5 Akten, wird aber nicht viel über 2 gute Stunden spielen. Dieß Stück enthält die ganze Exposition des Wallenstein und hört da auf, wo der Knoten geschürzt ist. Am Schlusse hat es einen Epilog, der den Uebergang zu dem dritten Stück bildet.

Das dritte Stück heißt Wallensteins Abfall und Tod und ist die eigentliche Tragödie. Da die Exposition völlig geschehen und der Knoten geschürzt ist, so ist es von der ersten Scene an eine ununterbrochene fortgehende Handlung. Es hat auch fünf Akte und wird drey kleine Stunden spielen. Die Decoration wird in allen drey Stücken nicht anders als zwischen den Akten verändert, die Dekorationen für alle 3 Stücke überhaupt so wie auch das Kostüme kann Ihnen vorläufig zugesendet werden.

Da ich die Repräsentationen in Weimar dazu benutze, um den Stücken die mir möglichste theatralische Gelenkigkeit und Lebhaftigkeit zu geben, so kann ich sie nicht eher an ein andres Theater absenden, als bis ich jedes in Weimar habe spielen sehen. In den ersten Wochen des Decembers, nicht früher, kann das dritte Stück zu Weimar gegeben seyn, und so könnte ich ohngefähr auf den 18. oder 20. December die sämmtliche Suite an Sie abgehen lassen.

Das Vorspiel ist in kurzen gereimten Versen, etwa wie Göthes Puppenspiel und sein Faust. Die zwey andern Stücke sind in freien Jamben, und für die bequeme Recitation des Schauspielers eingerichtet.

Die Verse des Vorspiels sind bei dem Weimarischen Theater mit sehr vieler Leichtigkeit gesprochen worden und haben das Publikum wohl unterhalten.

Ich mache ungern Bedingungen, indessen da es in solchen Fällen das Beste ist, seine Intention gerade heraus zusagen, so will ich keine Umstände machen. Ich verlange für die drey Stücke zusammen 60 Friedrichsd'or, ein Preiß, bei dem ich allerdings die Größe des Berliner Publikums, den Glanz Ihres Theaters und vorzüglich Ihre Gefälligkeit in Anschlag gebracht habe.

Ich habe noch an kein ander Theater darüber geschrieben, wenn ich das wenige abrechne, was Schröder durch Böttiche in Weimar davon gehört haben mag.

Was Sie Herrn Rath Schlegel wegen des Wallenstein aufgetragen, ist mir erst vor drey Tagen in Weimar durch Göthen ausgerichtet worden.

Empfangen Sie die Versicherung meiner aufrichtigen Achtung.

Jena den 15. October 98.

Schiller.

Nr. 3. Iffland an Schiller.

Ein offnes Wort ist Ihrem alten Freunde erlaubt, gerne gäbe ich 60 Pistolen dafür (Wallenstein) — nur — da der Allmanach den Druck auf Ostern ankündet, bitte ich gleich um Kopien der Stücke, damit sie vor dem Drucke alle drei gegeben werden können. Wollen Sie uns auch die Weymarer Kostüm-Zeichnungen schicken? Aber um Beschleunigung bittet

Ihr Ergebener Iffland.

Berlin den 7. November 98.

Nr. 4. Schiller an Iffland.

Hier erfolgen die Piccolomini. Ich habe gethan was ich konnte um mein Versprechen pünktlich zu erfüllen, aber der November und December sind schlechte Monate für einen Poeten, der noch dazu von jedem rauhen Lüftchen abhängt, wie ich. Seien Sie versichert, daß ich alles, was Sie mir in Ihrem letzten Briefe ans Herz legten, beherzigt habe und beherzigen werde und ich habe gewiß mehr Unruhe als Sie Selbst über diese kleine Verzögerung gehabt.

Noch muß ich bemerken, daß in diesem Manuscript Eine Scene ganz und eine Stelle die sich auf jene bezieht noch in einer andern fehlt.

Es ist die erste Scene des 4ten Akts worin eine astrologische Operation vorgeht und Wallenstein der glückliche Tag bestimmt wird. Um Sie nicht aufzuhalten habe ich das Manuscript lieber ohne diese Scene, die heut über 8 Tage gewiß folgt, abgeschickt.

Ich brauche zu dieser astrologischen Fratze noch einige Bücher, die ich erst übermorgen erhalte, und zugleich muß ich wegen Decorirung und Architectur des astrologischen Thurmes mit Göthen noch Rücksprache nehmen, wegen der theatralischen Ausführbarkeit. Wie gesagt aber erhalten Sie diesen Rest in einer Woche. Sie haben bloß die Güte, zu verordnen, daß in der Rolle Wallensteins und Senis beim Anfang des vierten Akts ein paar Blätter, und in der Rolle der Gräfin und der Thekla in dem vierten Abschnitt des zweiten Akts ein paar Seiten leer gelassen werden.

Ferner frage ich noch an, wem Sie die Rolle des Octavio zugedacht haben, damit ich wisse, ob es bei diesem stummen Ende des Stücks bleiben kann. Man hat mir hier gesagt, daß Sie den Wallenstein selbst nicht spielen wollten, sondern ihn an Fleck geben. Da ich Fleck nicht kenne, aber Sie, so muß mir dieses freilich leid thun und ich hoffe noch, daß es nicht dabey bleiben wird. Der Octavio, so bedeutend er ist und es durch Sie noch werden müßte, könnte doch nothdürftig auch durch ein subalternes Talent geleistet werden, aber Wallenstein fordert ein eminentes, und der Schauspieler, der ihn treffen will, muß eben so als Herrscher unter seinen Mitschauspielern dastehen und anerkannt seyn, als Wallenstein der Chef unter seinen Obersten. Sollten Sie indeß den Umständen dieses Opfer bringen wollen, so hoffe ich Sie doch in Weimar noch gewiß als Wallenstein zu sehen.

Um nun auf meine Frage zurückzukommen, so würde ich, wenn Sie meinen, am Schluß des fünften Akts noch ein paar Worte sagen lassen, die dem Stück zu einem bedeutenden Schlußsteine dienten, und den Zusammenhang mit dem dritten Stück noch ein wenig deutlicher machten. In Weimar werde ich es thun und auch in dem Gedruckten.

Daß Sie das dritte Stück vor Ausgang Februars werden geben können, dafür stehe ich. Es ist um sehr vieles, wohl um ein gutes Drittheil, kleiner als die Piccolomini, welche anfangs am Ende des dritten Akts hatten endigen sollen, und alsdann das kleinere Stück gewesen wäre. Aber eine reife Ueberlegung der Forderungen, welche das

Publikum einmal an ein Trauerspiel macht, hat mich bewogen, die Handlung schon im zweiten Stück weiter zu führen, denn das dritte kann durch das tragische seines Innhalts sich auch, wenn es kleiner ist, in der gehörigen Würde behaupten.

In dem dritten Stück, davon ich das Personal und die Decorationen auf beiliegendem Blatt angebe, hat Max Piccolomini nur noch Eine aber die Hauptscene, und Octavio Piccolomini erscheint erst am Ende des Stücks, nach Wallensteins Tode, wieder und beschließt das Stück. Aber eine neue sehr bedeutende Rolle ist Gordon; ein gutherziger fühlender Mann von Jahren, der weit mehr Schwäche als Character hat, sich also für einen Schauspieler schickt, der im Besitz ist, schwache zärtliche Väter, alte Moors &c. zu spielen. Er muß aber in guten Händen seyn, denn er nimmt an den wichtigsten Scenen theil, und spricht die Empfindung, ich möchte sagen, die Moral des Stücks aus. Wahrscheinlich werden Sie also einen guten Schauspieler aus den Piccolominis weglassen und auf den Tod Wallensteins für Gordon aufheben müssen.

Buttler, Wallensteins Mörder, wird sehr bedeutend.

Der Bürgemeister von Eger, ist ein Philister, der durch den Schauspieler, welcher den Kellermeister spielen wird, sehr gut wird besetzt werden können.

Was den Seni betrifft, so wird es nicht zu wagen seyn, ihn in gar zu karrikaturistische Hände zu geben, weil er, im dritten Stück, bei einem sehr pathetischen Anlaß erscheint, und die Rührung von Wallensteins letzter Scene leicht verderben könnte.

Wie wichtig die Gräfin ist, brauche ich nicht zu sagen.

Möchten übrigens die Piccolominis Ihre Wünsche erfüllen! Ich sehe Ihrem Urtheil darüber mit Verlangen entgegen.

Ganz der Ihrige

Schiller.

Jena den 24. December 1798.

Nr. 5. Schiller an Iffland.

Die Piccolomini die ich am 24. abschickte, sind Ihnen, wie ich hoffe, zu rechter Zeit zugekommen. Zu Sicherheit ließ ich mir einen Post-Schein darüber geben.

Hier erhalten Sie nun die restirende Scenen, welche Sie so gütig seyn werden an die gehörigen Stellen einrücken zu lassen.

Sollten Sie glauben, daß das Stück zu lang spielen möchte, so bitte, mir bald Nachricht davon zu geben. Ich habe für diesen Fall auf einige Auslassungen gedacht, die besonders die zwei ersten Akte treffen. Questenberg, besonders wenn er nicht vorzüglich gut zu besetzen ist, wie hier in Weimar, kann noch etwas verlieren.

Leben Sie recht wohl. Das Schiffchen ist nun im Meere. Gebe der Himmel nur gute Winde zur Fahrt.

Ganz der Ihrige

Schiller.

Jena den 28. December 1798.

Nr. 6. Schiller an Iffland.

Ich hoffe daß dieser Brief Sie aus einer Verlegenheit reißen wird, in der Sie Sich meines Stücks wegen sehr wahrscheinlich befinden. Ich habe nämlich dieser Tage zum erstenmal das Stück ganz hintereinander vorgelesen und gefunden, daß vier Stunden nicht zu der Repräsentation hinreichen werden. Im Schrecken über diese Entdeckung habe ich mich gleich hingesetzt und die mögliche Abkürzungen damit vorgenommen, welche ich Ihnen hier sende. Ein Tag wird freilich dadurch verloren, aber auch gewiß eben so viel durch die Abkürzung für das Memorieren gewonnen, denn es sind ungefähr 400 Jamben weniger geworden. Sollte das Stück, auch nach diesen Abkürzungen, noch um ein merkliches zu groß bleiben, welches ich aber nicht hoffe, so bleibt freilich kein anderer Rath, als den fünften Akt für das dritte Stück aufzuheben, welches mir aber äußerst hart ankommen würde, und besonders deßwegen, weil dann der Titel des Stücks nicht gerechtfertigt würde, da es nicht mit den Piccolomini schlöße.

Mein Trost ist dieser. Wird der Wallenstein von Ihnen selbst gespielt, so merkt das Publikum die Länge des Stücks ohnedem nicht, und spielten Sie den Octavio, so wird es für sein längeres Warten durch die vier letzten Scenen des fünften Akts entschädigt.

Nun bitte ich Sie, nur nicht ungeduldig über die Mühe zu werden, die Ihnen durch meinen Errorem calculi gemacht wird.

Die Schnelligkeit womit ich eile, ihn zu verbessern, überzeuge Sie wenigstens von meinem ernstlichen Eifer, es Ihnen recht zu machen.

Sagen Sie mir bald ein Wort des Trostes, daß die Verwirrung, die durch das Ausstreichen gemacht wird, wieder gehoben, das Stück im Gange, und zu einer befriedigenden Wirkung Hoffnung da ist.

Ganz der Ihrige

Schiller.

Im Fall Sie das kleine Liedchen der Thekla beibehalten, ist wohl Herr Zelter so gut es zu componiren, und sendet uns die Melodie nach Weimar.

Jena den 31. December 1798.

Nr. 7. Schiller an Iffland.

Ihre Zufriedenheit mit meinem Stücke hat mir große Freude gemacht, und giebt mir Muth, die Erscheinung desselben auf den Brettern mit weniger Sorge zu erwarten.

Die Anstalten, es hier zu geben, haben mich schon seit mehreren Wochen hierher nach Weimar gezogen, wodurch auch der Empfang und die Beantwortung Ihres Briefs um einige Tage verzögert worden.

Ohne Zweifel haben Sie Sich indessen für Octavio bestimmt, denn dieß scheint mir, wenn Sie den Wallenstein nicht selbst spielen, die einzig würdige Rolle für Sie zu seyn. Auch fordert es das Ganze des Stücks, daß Octavio, das Contre-poids Wallensteins und der Repräsentant des Kaisers, die höchst mögliche Bedeutsamkeit und Würde erhalte. Buttler würde Ihr Talent zu eng beschränken und Gordon ist eine zu passive subalterne Natur.

Ich bin ungeduldig zu erfahren, wann beide Stücke in Berlin gegeben werden, und meine Bekannte, die das Berliner Theater-Personale kennen, sind auf die Rollen-Besetzung neugierig. Ich ersuche Sie daher, mir die Komödienzettel gütigst mitzutheilen.

So viel ich aus den hier gehaltenen Proben augurieren kann, so wird Wallenstein selbst, durch Graf, nicht übel executiert werden. Eine volle tiefe Stimme und ein gefühlter aus dem innern dringender Ton unterstützen ihn, und seine eigne dunkle seltsame Natur kommt ihm dabey zu statten. Auch Vohs thut im Max Piccolomini sein Möglichstes.

Nebenrollen wie Isolani, Questenberg, Wrangel, Kellermeister rc. sind auch ganz gut besetzt. Sonst aber fehlt es sehr und Octavio fürcht ich geht hier ganz verloren.

Leben Sie aufs beste wohl.

Schiller.

Weimar den 25. Januar 1799.

Nr. 8. (Antwort.) Iffland an Schiller.

Den 18. d. M. werden die Piccolomini, wie ich hoffe, gut, mit Anstand, wenigstens gewiß mit all dem Aufwande gegeben, den wir diesem Meisterwerke mit Freuden widmen.

Dieselben Empfindungen hatten wir für Wallensteins Lager, und dennoch schien es, daß die Obergewalt mancher Umstände, welche dieses Vorspiel so unmittelbar zum Theil berührt, gegen die Vorstellung, hier zu Berlin entscheiden müßten; welches Sie nach langem Kampfe endlich gethan haben.

Erlauben Sie, daß ich Ihnen — aber auch nur Ihnen allein — offenherzig diese Gründe nennen darf.

Es scheint mir und schien mehreren bedeutenden Männern ebenfalls bedenklich, in einem militärischen Staate, ein Stück zu geben, wo über die Art und Folgen eines großen stehenden Heeres, so treffende Dinge, in so hinreißender Sprache gesagt werden. Es kann gefährlich seyn, oder doch leicht gemißdeutet werden, wenn die Möglichkeit, daß eine Armee in Masse deliberirt, ob sie sich da oder dorthin schicken lassen soll und will, anschaulich dargestellt wird. Was der wackere Wachtmeister so charakteristisch über des Königs Scepter sagt, ist, wie die ganze militärische Debatte, bedenklich, wenn ein militärischer König der erste Zuschauer ist. Ganz ein andres ist das in Weimar, wo kein Militärstaat ist, der Zirkel der Zuschauer fast eine verstandene Gesellschaft ist, die keinen Mißverstand gegeben finden kann, weil sie keinen nehmen will. Der Anfrage bin ich ausgewichen. Das Theater hat keine Censur; ich hüte mich lieber, etwas zu thun, wodurch wir eine bekommen könnten. Bei den Anfragen, ob das Vorspiel gegeben würde, habe ich geantwortet, die Kosten wären zu groß. Ich will mich lieber über diesen platten Grund tadeln lassen, als den eigentlichen Grund nennen. Ich ersuche Sie eben deßhalb sehr dringend, von dem was ich schreibe, nichts zu sagen. Man würde entweder der hiesigen Regierung einen kleinlichen Geist zuschreiben, den sie nicht hat, oder mich einer enragirten Aristokratie beschuldigen, die ich nicht habe. — Ich bin überzeugt, bei Ihrer großen Uebersicht von Dingen und Menschen, werden Sie in meiner Stelle, diese Vorsicht, wenn sie auch etwas zu sorgsam seyn sollte, dennoch gerecht finden, da alles was den Geist unserer Zeiten in einer Volksversammlung erregt, nicht bemessen werden kann, was es im Augenblicke, von der Gewalt des Genies vor eine leicht entzündbaare Einbildungskraft geführt, noch wie es würken wird.

Gewiß wünscht das Volk hier keine Revolution, aber die Gränze zwischen Civil und Militair ist wohl jetzt nirgend so berichtigt angenommen, daß eine laute Discussion darüber nicht laute Aeußerungen veranlassen müßte, die einem oder dem andern Theile Verlegenheiten zuziehen könnten. Ich möchte jetzt nicht den bekannten Vers sagen: Le premier roy fut un Soldat heureux.

Die Piccolomini setzen nirgend in diese Verlegenheit. Ein großer Stoff wird hier von Personen behandelt, deren Sprache, Interesse und Meinungen, nicht gang und gäbe unter der gemeinen Mehrheit sind. Dahingegen, was die Personen in Wallensteins Lager reden, für den Begriff eines Jeden ist und oft die jetzige Empfindung Vieler ausdrückt, auch da, wo sie nach des Verfassers Willen das nicht gesollt hat, sondern nur die Charakteristik des Standes und jener Zeiten geben sollte.

Dann hätte es auch sicher die Täuschung sehr gestört, dieselben Personen, die heute die gemeinen Lagerbewohner vorstellten, dann wieder hohen Ranges und mächtiger Einwirkung, in den Piccolominis zu sehen. Man hätte, nach meiner Ueberzeugung, das Vorspiel nur einmal geben müssen. Denn was wäre es gewesen, dieses Stück, wie jedes Nachspiel, nach einem schalen Vorspiel zu geben? Dazu sind wir, die wir 362 mahl!! im Jahre spielen, wieder zu viel und ernst beschäftigt.

Diese letzten Gründe hätte ich Ihnen nennen können, wenn ich nicht recht gern durchaus offenherzig gegen Sie hätte seyn wollen. — Noch einmal — dieß darf ich aber nur gegen Sie seyn! Sie kennen den schreibseligen Pöbel, der, wenn Sie sich davon etwas verlauten ließen, alle Broschüren mit der Notiz überschwemmen würde: Wallensteins

Lager ward aus politischen Gründen in Berlin unterdrückt. Seyn Sie so gütig und eilen nun bald möglichst mit der Uebersendung von Wallensteins Tod. Es gehört so viel Zeit zum Ausschreiben, Lernen, Aparat ꝛc. und ich kann diese Vorstellung um so weniger aufschieben wollen, da sie zum Benefiz für das Orchester bestimmt ist, worinn viel Leute von Talent und geringer Besoldung und manche, ohne Talent in großer Dürftigkeit sind, zu deren Erholung der Ertrag dieses erwünschten Schauspiels gehört.

Wissen Sie Niemand in Jena, Leipzig oder Weimar, der hier durch ein Handlungshaus die 60 Friedrichsd'or für Sie empfangen könnte? Weisen Sie nur auf die Königliche Haupt-Theater-Kasse, bei dem Director Iffland vorzuzeigen, an. Es wird sogleich gezahlt. Louisd'ors dürfen wir nicht verschicken. Verlangen Sie es aber in Natura: so muß es nach Laubthalern oder Ducaten berechnet werden. Ich erwarte über welches Sie entscheiden.

Ihr Ergebenster

Iffland.

Berlin den 10. Februar 1799.

An Herrn Professor Schiller in Jena.

Nr. 9. Schiller an Iffland.

Ihren Gründen gegen die Vorstellung von Wallensteins Lager kann ich nichts entgegensetzen. Zwar als ich das Stück schrieb kam mir keine solche Bedenklichkeit; aber ich setze mich jetzt an Ihren Platz und muß Ihnen Recht geben. Das Scandal wird genommen und nicht gegeben, aber das ist es eben, was ein solches Wagstück bedenklich macht. Es thut mir jetzt bloß leid, daß Sie dadurch Zeit verloren haben, und in unserm Handel zu kurz kommen. Mögen dafür die zwey andern Stücke Sie entschädigen können. Was die Piccolomini betrifft, so giebt mir der Succeß dieses Stücks auf dem Weimarischen Theater gute Hofnungen. Sie kennen unsere beschränkten Mittel, dennoch ist es uns gelungen, eine bedeutende Vorstellung zu Stande zu bringen. Vohs hat sich selbst übertroffen und Graf als Wallenstein hat sich recht brav gehalten. Beide haben auch vom Hof Präsente erhalten.

Wie beklag ichs, daß ich diesem Briefe nicht gleich das dritte Stück zur Begleitung mit geben kann, aber ich war fünf Wochen in Weimar, wo Geschäfte und unvermeidliche Zerstreuungen mir viele Zeit geraubt haben. Jetzt will ich das Werk zu fördern suchen, so schnell ich kann.

Der Apparat dazu ist einfach, und wird Ihnen keinen Aufenthalt machen; auch kommt alles, was ein äußres Arrangement erfordert, in der ersten Hälfte vor, welche ich sende, sobald sie in Ordnung gebracht ist. Es ist, welches ich vorläufig bemerken muß, darauf gerechnet, daß Thekla singt. Die einzige neue Charakterkleidung, welche noch angeschafft werden muß ist die eines Bürgermeisters von Eger. Auf eine Anzahl von 20 biß 30 gemeiner Cürassiere, welche zugleich gesehen werden, ist auch gerechnet.

Nur bitte ich Sie, mich bald mit einer Nachricht von der Repräsentation der Piccolomini zu erfreuen, und etwa den Komödienzettel beizulegen, daß wir die Besetzung wissen.

Die 60 Friedrichsd'or kann ich auf der Leipziger Messe durch Herrn Cotta eintassiren lassen, wenn Sie so gütig sein wollen, solche einem dahin reisenden Buchhändler mit zu geben.

Der Ihrige

Schiller.

Jena den 18. Februar 1799.

Nr. 10. Schiller an Iffland.

Ich übersende Ihnen hier eine neue Bearbeitung des Macbeth für's Theater, wenn Sie davon Gebrauch machen wollen. Die bisherigen sind leider gar zu jämmerlich ausgefallen, und ich hielt es der Mühe werth, noch einen Versuch zu machen, ob dieses Stück, eins der vollkommensten von Shakespear, sich doch noch auf dem Theater erhalten ließe.

Von Reichardt's Composition zu dem Bürger'schen Macbeth möchte sich außer der Ouvertüre manches einzelne brauchen lassen, besonders in der dritten Hexenscene im vierten Aufzug, wo die Beschwörungen vorgehen.

Ich überlasse Ihnen das Manuscript um 12 Dukaten; und um so viel Carolinen die Maria Stuart, mit der ich spätestens in sechs Wochen fertig bin und womit ich Ehre einzulegen hoffe. Sie haben mir die Wallenstein'schen Stücke, davon Ihnen das erste nicht einmal zu gute kam, theuer bezahlt, und ich hoffe, daß Ihnen die Maria Stuart den Verlust ersetzen soll.

Nur zwey Zeilen erbitte mir über den Empfang.

Ganz der Ihrige

Schiller.

Weimar den 26. April 1800.

An Herrn Iffland, Director des königl. National-Theaters.

Nr. 11. Schiller an Iffland.

Weimar den 22. Juni 1800.

Ich übersende Ihnen hier die Maria Stuart, so wie sie auf unserm Theater vor acht Tagen gespielt worden ist. Möchte sie die gute Meinung verdienen, die Sie schon zum Voraus davon zu haben scheinen, und wovon Sie mir in Ihrem Briefe einen so entscheidenden Beweis gegeben.

Auf hiesigem Theater hat sie die Wirkung gemacht, wie ich sie wünschte. Sollte man auf dem Berliner Theater nicht so weit gehen dürfen, als ich in der sechsten Scene des fünften Akts gegangen bin, und hier in Weimar gehen durfte, so ist mit einigen Strichen geholfen, die ich Ihnen ganz überlasse.

Es würde mir große Freude machen, zu hören, daß Mad. Fleck die Maria und Mad. Unzelmann die Elisabeth gespielt. Burleigh wünschte ich in keinen andern Händen als den Ihrigen zu sehen, wenn Sie nicht etwa mehr Neigung zu Shrewsbury haben.

Noch bitte ich zu verhindern, daß das Stück durch große Zwischenakte nicht verlängert werde. Hier hat es 3 und 1/4 Stunde lang gespielt, aber wenn sich Elisabeth zwischen dem zweiten und dritten Akt ganz umkleiden wollte, so würde das Stück um 20 Minuten unnöthig verlängert. Mein Wunsch ist, daß sie bloß Mantel und Kopfputz ändere. Im fünften Akt ist alles, was zu der Maria kommt in Trauerkleidern. Burleigh und Shrewsbury sind durch das ganze Stück schwarz gekleidet.

Haben Sie die Güte mir nur mit ein paar Worten den richtigen Empfang des Manuscripts zu melden.

Mit aufrichtiger Freundschaft

Der Ihrige

Schiller.

P. S. Weil mir alles daran liegt, daß Elisabeth in diesem Stück noch eine junge Frau sey, welche Ansprüche machen darf, so muß sie von einer Schauspielerin, welche Liebhaberinnen zu spielen pflegt, dargestellt werden. Hier habe ich sie der Jagemann gegeben, die sie recht gut darstellte. Marie ist in dem Stücke etwa 25 und Elisabeth höchstens 30 Jahr alt.

Daß die Rolle Melvils, so klein sie ist, in sehr guten Händen seyn muß, werden Sie selbst finden. Ja, ich würde Sie selbst bitten, solche zu übernehmen, wenn sich kein anderer Schauspieler mit der gehörigen Würde dazu fände.

Nr. 12. Schiller an Iffland.

Weimar den 19. November 1800.

Ihren werthen Brief vom 8., nebst einem andern vom Hrn. Jacobi 36 Stück Dukaten enthaltend, habe ich den Tag nach Abgang meines letzten an Sie erhalten und sage Ihnen den verbindlichsten Dank dafür. Sie sind sehr gütig, sich wegen spätern Absendens dieser Summe zu entschuldigen. Sie kommt mir gerade jetzt am geschicktesten, um die vorhabenden Neujahrsfestlichkeiten lustig mitzumachen.

Wie erfreute mich Ihr Wunsch nach einem neuen Stück von mir, und nach einer Hauptrolle in demselben! Was könnte ich selbst mehr wünschen, als Ihrer Kunst das ganze Glück eines Schauspiels anzuvertrauen! Ich habe Ihnen leider in meinen neuern Stücken mehr Opfer zugemuthet, als einen würdigen Spielraum aufgethan; dieß ist ein Werk des Zufalls, der über die Wahl der Sujets gewöhnlich waltet. Auch in dem Stück, das ich jetzt unter der Feder habe, ist keine einzige Männerrolle bedeutend genug, um Ihren Wunsch erfüllen zu können; indem sich, eine einzige weibliche Rolle ausgenommen, das Interesse unter mehrere Nebenfiguren vertheilt.

Sobald ich aber mit diesem Schauspiel fertig bin (welches mich aber wohl noch vier Monate kosten könnte, da ich erst seit dem September daran gegangen), so wird mein Erstes seyn, ein längst entworfenes Trauerspiel auszuführen, dessen Handlung auf einer einzigen männlichen Figur beruht, und diese möchte dann vielleicht der Charakter seyn, den Sie darzustellen wünschen. Es ist nämlich der Charakter eines Hausvaters im heroischen Sinn; der Großmeister des Maltheserordens unter seinen Rittern, in einer Handlung vorgestellt, wo der Orden durch eine furchtbare Belagerung von außen und durch eine Empörung von innen an den Rand des Untergangs geführt, und durch die Klugheit, Zartheit und Seelenstärke des Großmeisters La Valette erhalten und siegreich gemacht wird. Der Fond dieses Charakters ist eine liberale Güte, mit hoher Energie und edler Würde verbunden. Der Großmeister steht in seinem Orden da, wie ein Hausvater in seiner Familie, zugleich aber auch wie ein König in seinem Staat, und wie ein Feldherr unter seinen Rittern.

Mit Ende des nächsten Sommers hoffe ich Ihnen diese gerechte Schuld gewiß abtragen zu können.

Wie schön wär es aber, wenn Ihre Verhältnisse zu Berlin es Ihnen erlaubten, uns bei der Jahrhundertsfeier zu besuchen, wo Sie Sich vielleicht entschlößen, den Wallenstein zu spielen. Ja, wenn es nur irgend möglich, so erfüllen Sie uns diesen Wunsch.

Daß Sie in der Maria sich den Melvil zugetheilt, macht mir für den fünften Akt dieses Stücks die schönste Hoffnung, und ich erkenne es zugleich für einen der wesentlichsten Dienste, die Sie meinem Stücke leisten konnten. Denn nur das Ansehen und die einfache Würde des Schauspielers, der den Melvil darstellt, kann die gewagte Beichtscene entschuldigen und das Anstößige entfernen.

Was ich Ihnen von dem Schauspiele, die Malthefer, schrieb, bitte ich nicht weiter zu sagen, und mir zu verzeihen, wenn ich Ihnen den Gegenstand meines jezt unter Händen habenden Stücks noch verschweige. Wenn es auch nur eine leere Einbildung ist, so habe ich doch gefunden, daß ich mit lebhafterm Interesse arbeite, wenn niemand das Geheimniß weiß, und es ist mir geglückt, dieses bei meiner jezigen Arbeit zu beobachten. Sobald aber der lezte Strich daran geschehen, erhalten Sie das Stück und das Geheimniß.

Mortimer braucht nicht älter als 21 oder 22 Jahre zu sein. Ich habe, um das Stück für die Vorstellung zu verkürzen, verschiedenes weggelassen; unter diesen ist eine bedeutende Rede Burleigh's, am Schluß der Scene, die dem Monolog der Elisabeth vorhergeht. Diese Stelle ist in das hiesige Theatermanuscript wieder aufgenommen worden, und von großem Effekt gewesen. Wahrscheinlich fehlt sie auch in dem Ihnen gesendeten Exemplar und ich lege sie darum hier bei. Burleigh hat hier unter den Männerrollen das meiste Glück gemacht, weil er durch unsern verständigsten Schauspieler Hr. Becker gegeben wurde, der auch im Questenberg sich auszeichnete.

Leben Sie recht wohl, und seien meiner aufrichtigsten Freundschaft versichert.

Schiller.

Nr. 13. Schiller an Iffland.

Da ich im July oder August verreise und diese Zeit für meine Arbeit verliere, so kann ich Ihnen, theurer Freund, nichts zusagen. Rechnen Sie also für dieses Benefiz nicht auf mein Stück, es kann Ihnen denselben Zweck vielleicht desto besser im nächsten Jahr erfüllen.

Ich hoffe, wenn es meine Gesundheit erlaubt, im August nach Berlin zu kommen, vorher geh ich an die Ostsee um das Seebad zu gebrauchen. Wenn Sie mir bei meiner Anwesenheit in Berlin, welches zwischen dem 10. und 20. August seyn wird, einige Stücke können zu sehen verschaffen, es gilt gleichviel welche, wo ich Sie, Flecks und Mad. Unzelmann in vorzüglichen Rollen sehen kann, so werden Sie mir große Freude damit machen. Von Doberan aus melde ich Ihnen noch bestimmter die Zeit meines Eintreffens.

Man rechnet hier noch sehr auf Ihre Ankunft im September, und ich habe auch meinen Plan schon so gemacht, daß ich um diese Zeit wieder hier seyn kann, um Sie nicht zu verfehlen.

Ganz der Ihrige

Schiller.

Weimar den 29. Juni 1801.

Nr. 14. Schiller an Iffland.

Hier, mein werthester Freund, das Theatermanuscript meiner J. v. O. Sie geben mir dafür, was Sie glauben, daran wenden zu dürfen. Unger hat Ihnen einen Preiß darauf gesetzt, der mehr seiner eigenen guten Meinung von dem Stück als meiner Erwartung gemäß war.

Leider werde ich abermals abgehalten, Berlin zu besuchen, und was mir eben so leid thut, ist, daß wir Sie, wie ich höre, auch in

Weimar nicht sehen werden. Möge ein gutes Geschick uns bald wieder, sei es wo es wolle, zusammen führen.

Nach allem was ich von Mad. Unzelmann höre, muß ich wünschen, daß ihr die Rolle der Johanna zufallen möge. Die kleine Figur, welche die größte Einwendung dagegen scheint, hat bei der Johanna, so wie ich sie in dem Stücke genannt habe, nicht soviel zu bedeuten, weil sie nicht durch körperliche Stärke, sondern durch übernatürliche Mittel im Kampf überwindet. Sie könnte also, was dieses betrifft, ein Kind seyn, wie der Oberon, und doch ein furchtbares Wesen bleiben.

Den Thibaut empfehle ich noch besonders zu einer guten Besetzung.

Leben Sie recht wohl. Ihre Antwort findet mich nach drey Wochen wieder in Weimar.

Von ganzem Herzen der Ihrige

Schiller.

Dresden den 2. Sept. 1801.

Nr. 15. Schiller an Iffland.

Weimar, 21. Jänner 1802.

Nebst meinem verbindlichsten Dank für die 34 Stück Ducaten, die ich diesen Morgen erhalten, übersende ich Ihnen, mein werthester Freund, eine Abschrift der Turandot, der ich einen guten Succeß wünsche. Dieses Stück ist schon von Hause aus sehr theatralisch gut ausgedacht, und auf ein lebhaftes sinnliches Volk berechnet, auf ein solches wird es seine Wirkung nicht verfehlen. Es wird das Interesse vermehren, wenn bei wiederholten Repräsentationen zuweilen mit den Räthseln changirt wird, ich werde es hier so halten, und Ihnen die neuen Räthsel, die mir einfallen, zu beliebigem Gebrauche nachsenden.

Den freundlichsten Gruß von

Ihrem aufrichtig ergebenen

Schiller.

Nr. 16. Schiller an Iffland.

Weimar, 24. Febr. 1803.

Hier bringe ich Ihnen endlich wieder etwas Neues und wünsche, daß es Ihnen Vergnügen machen möge. Es ist nach der Strenge der alten Tragödie gemacht, eine einfache Handlung, wenig Personen, wenig Ortveränderung, eine einfache Zeit von einem Tag und einer Nacht, vornehmlich aber der Gebrauch des Chors, so wie er in der alten Tragödie vorkommt; auf ihn ist die Hauptwirkung der Tragödie berechnet. Die Darstellung wird nicht schwer seyn, da die Reden des Chors nicht mit Musik begleitet werden, ein etwas feierlicherer und pathetischerer Vortrag der lyrischen Stellen, eine belebte Aktion auch bei denen, welche nicht selbst reden, und eine möglichst symmetrische Disposition der Figuren möchte das wesentlichste seyn.

Die Rolle der Mutter wünschte ich in den Händen der Mad. Meier, die ich zwar nicht kenne, aber allgemein und um solcher Eigenschaften willen rühmen höre, wie ich sie bei jener Rolle voraussetzte.

Wollten Sie selbst eine Hauptperson in dem Ritterchor übernehmen, so würden Sie dadurch den Succeß des ganzen Unternehmens entscheiden.

Belieben Sie mir in ein paar Zeilen den Empfang zu melden, und seyen Sie aufs freundlichste gegrüßt von

Ihrem ganz ergebenen
Schiller.

Nr. 17. Iffland an Schiller.

Berlin den 8. April 1803.

Die Braut von Messina ist eine erhabene Dichtung, die mein ganzes Wesen tief erschüttert hat! Es ist für die Menge nicht erschaffen, was Ihr Geist von sich hat ausgehen lassen, und wie ich diesen Geist empfinde, soll die Vorstellung zu Tage legen, unbekümmert, welche Gegenwirkung die Menge darbieten werde.

Es ist ein Jahr her, daß ich im Glauben an unsere längere Bekanntschaft Ihnen einen langen Brief geschrieben, auf welchen ich eine Antwort gehofft habe, die in den Angelegenheiten des Theaters uns näher hätte verbinden können. Es hat mir recht leid gethan, daß Sie die Anträge nicht haben bemerken wollen oder können, nach welchen Ihre Werke von hier aus einträglicher werden könnten, wenn Sie Ihrem Genius durch meine Wünsche anders nicht Fessel angelegt gefunden hätten. Ich bitte um Erlaubniß, mich auf jenen Brief noch einmal beziehen zu dürfen. Mit Verehrung und der Anhänglichkeit aus schönen Zeiten

Der Ihre Iffland.

Nr. 18. Schiller an Iffland.

Weimar, 22. April 1803.

Was Sie mir im vorigen Jahre bei Gelegenheit der Turandot geschrieben, * mein verehrter Freund, ist bei mir nicht auf die Erde gefallen, und daß ich Ihnen nicht sogleich darauf geantwortet, ist nicht blos aus einer gewöhnlichen Nachlässigkeit, wie sie mir sonst beim Briefschreiben oft begegnet, sondern deßwegen geschehen, weil ich Ihnen über das jetzige theatralische Wesen und namentlich über die Rolle, die ich selbst etwa dabei übernehmen könnte, etwas ausführliches und hinreichendes schreiben wollte. Und dazu kam ich nun leider nicht, und durch das Aufschieben unterblieb es ganz. Auch war mir im vorigen Jahre Hoffnung gemacht worden, daß ich Sie selbst sprechen würde.

Ich halte es allerdings für möglich, daß ich zweckmäßige Stücke für das Theater schreiben könnte, und da ich so gut Geld verdienen möchte als ein Andrer, so würde ich gar nicht gleichgültig dagegen sein. Aber für einen Zweck, der außer meinem poetischen Interesse liegt, habe ich mein Lebenlang nichts thun können, und wenn ich mich also, wie ich hoffe, wünsche und will, in meinen künftigen Dramen den theatralischen Forderungen nähern soll, so muß die Kunst selbst mich dahin führen, denn ein wirklich vollkommnes dramatisches Werk muß nach meiner festen Ueberzeugung auch die Eigenschaft haben, allgemein und fortdauernd zu interessiren. Da ich in meinen Arbeiten jetzt noch nicht zurückzugehen glaube, und zu einem frischen Fortschritt Muth und Lust besitze, so bin ich wenigstens jetzt mehr als jemals auf dem Wege, wo Sie mich wünschen. Die Turandot ist weiter nichts als ein lustiges Intermezzo gewesen, das unter den vielen Versuchen, die man gemacht, auch einmal mitlaufen konnte. Bei der Braut von Messina habe ich, ich will es Ihnen aufrichtig gestehen, einen kleinen Wettstreit mit den alten Tragikern versucht, wobei ich mehr an mich selbst als an ein Publikum außer mir dachte, wiewohl ich innerlich überzeugt bin, daß blos ein Dutzend lyrischer Stücke nöthig sein würden, um auch diese Gattung, die uns jetzt fremd ist, bei den Deutschen in Aufnahme zu

* Der Brief findet sich nicht vor.

Anm. d. Herausgebers.

bringen, und ich würde dieses allerdings für einen großen Schritt zum Vollkommnen halten. Uebrigens aber werde ich es vor der Hand dabei bewenden lassen, da Einer allein nun einmal nicht hinreicht, den Krieg mit der ganzen Welt aufzunehmen.

Meine zwei nächsten Stücke werden Ihren Wünschen vermuthlich um vieles mehr entsprechen. Das erste, welches ich diesen Sommer ausarbeiten will, ist die Geschichte des Warbeck, da sich auch Heinrich VII. von England für einen Herzog von York ausgab. Aus der Geschichte ist nichts genommen als diese Situation, und alles übrige ist zu einem poetischen Ganzen erfunden. Das Stück endigt erfreuend, und ist also mein erstes nicht tragisches Schauspiel, wiewohl es durchaus pathetisch ist. Das zweite Stück, das an die Reihe kommen wird, ist Wilhelm Tell, ein Süjet, wozu ich blos dadurch veranlaßt wurde, daß die Rede ging, ich mache ein solches Stück, woran ich nie gedacht hatte. Dieses ganz grundlose Gerücht machte mich aber auf diesen Stoff zuerst aufmerksam, ich las die Quellen, ich bekam Lust, die Idee zu dem Stück entwickelte sich bei mir, und so wird also vermuthlich, wie öfters schon geschehen, die Prophezeiung eben dadurch erfüllt werden, daß sie gemacht worden ist.

Dieß sind nun meine nächsten Arbeiten, ich nenne sie Ihnen, weil Sie es wünschen und bitte übrigens, es nicht weiter zu sagen. Noch habe ich zwei französische Lustspiele von Picard unter der Feder, wovon das Eine in acht Tagen fertig ist, und auch das andre bald nachfolgt. Sie haben eine gute theatralische Anlage, und schienen mir die Aufnahme auf unsrer Bühne zu verdienen.

Goethe hat kürzlich ein sehr vortreffliches Stück von einer hohen rührenden Gattung auf die Bühne gebracht, das auch einen guten Succeß auf unserm Theater gemacht hat. Es wird auch gewiß an andern Orten Wirkung thun, und da es eine große weibliche Debütrolle enthält, so wird es einen lebhaften Curs auf der deutschen Bühne bekommen.

Lassen Sie mich, mein Werthester, Ihrer Freundschaft, Ihres Wohlwollens nie entbehren.

Ganz der Ihrige

Schiller.

Nr. 19. Iffland an Schiller.

Berlin den 30. April 1803.

Gott hüte mich, ein Werk von Ihnen zu wünschen, wozu der Geist Sie nicht geführt hätte, der in Ihnen wohnt! — Nur denke ich, ehe man den Stoff erwählt, während der Geist über der Tiefe schwebt — sei eine unmerkliche Richtung, w o er sich niederlasse, noch möglich. Dann wäre es zu erreichen, das Interesse, welches für die Sinne eine gewisse ä u ß e r e Herrlichkeit darbeut, wie Jeanne d'Arc, eher zu wählen, als ein anderes, welches abstracte Kenntniß und einen feinen Geist fordert. Das Leidenschaftliche, das Romantische und Prächtige ergreift alle Theile, erhebt die Gefühle der Bessern und beschäftigt die Sinne des Haufens; da durch Schauspiele dieser Art die Kasse nahmhaft gewinnt, so kann sie für das Honorar der Dichter mehr thun, als sonst. Dieß ist der Fall aller Bühnen, besonders aber der hiesigen. Die ungeheuern Ausgaben der Führung zwingen mich zu einem merkantilischen Antrage in geistigen Dingen. Ich weiß ihn nur damit zu entschuldigen, daß ich das Interesse der Dichter mit dem Interesse der Kasse vereine.

Ich rufe Ihre Verwendung auf, die Eugenie des Herrn v. Goethe bald, und wenn Abschrift davon da ist, mit nächstem Posttage zu erhalten. Ich bitte so dringend, wie möglich, um Ihre Stücke von Picard, da der Postenwechsel so langsam geht, und auf eine Antwort drittehalb Wochen hingehen, so wähle ich einen Boten, der mir, hoffe ich, die Eugenia mitbringen wird. Wollen Sie, falls kein Exemplar da wäre, mir das dortige vertrauen? Sie verbinden mich unendlich damit, noch mehr mit der Zugabe der — oder eines Picardschen Stückes. Mir ist an der Eile des Besitzes für die Thätigkeit des Sommers, für die Einrichtung v o r meiner Reise A l l e s gelegen. Da der Kassirer in seiner Abwesenheit das Honorar noch nicht abgesendet, lege ich es diesem Briefe bei. Sollten Sie abwesend sein, so habe ich den redlichen Kirms gebeten, diesen Brief zu öffnen. Ich werde übrigens alles in mir vergraben, was Sie von literarischer interessanter Neuheit mir gütig geschrieben.

Ihr Verehrer

Iffland.

Nr. 20. Schiller an Iffland.

Weimar, 3. Mai 1803.

Ihr Bote, mein Werthester, langt gerade zu einer Zeit an, wo Göthe nach Lauchstädt verreißt, und der Hofkammerrath Kirms auch nicht hier ist. Zum Glück aber konnte man zu seinen Papieren gelangen, und ich sende Ihnen also auf meinen eignen Risico, und weil ich weiß, daß ich ihn selbst dadurch nicht mißverpflichte, ein Exemplar der natürlichen Tochter, das sich vorgefunden hat. Das hiesige Theater besitzt kein Exemplar davon, weil er es zurückgenommen und eingeschlossen hat. Kann ich es noch möglich machen, so gebe ich Ihrem Boten eine Abschrift von einem der Picardischen Lustspiele mit, es wird so eben daran geschrieben. Wo nicht, so bringt es der erste Postwagen mit, und das zweite größere soll acht Tage später gewiß nachfolgen.

Für die überschickte 33 Dukaten, worüber ich die Quittung beilege, danke ich Ihnen aufs verbindlichste.

Möge Freude und Gesundheit Sie auf Ihrer Reise begleiten.

Ganz der Ihrige

Schiller.

Nr. 21. Schiller an Iffland.

Weimar, 13. Mai 1803.

Hier, mein werthester Freund, übersende ich Ihnen einstweilen das kleinere der Picardischen Stücke, ein leichtes Intriguenstück,* welches, mit Humor aufgeführt, ganz unterhaltend sein wird. Das größere, bedeutendere Lustspiel ist eben in den Händen des Abschreibers, und soll in 8 Tagen abgehen.

Ganz der Ihrige Schiller.

Nr. 22. Schiller an Iffland.

Weimar, 23. Mai 1803.

Eben, mein Werthester, erhalte ich die Abschrift meines zweiten Picardischen Lustspiels** und gebe es sogleich auf die Post, damit es noch vor Ihrer Abreise ankommen möge.

* Der Neffe als Onkel.

** Der Parasit.

Der Tod Ihres alten Freundes Beck in Mannheim wird auch Sie lebhaft betroffen haben. Er dauert mich sehr, seine Laufbahn so bald beschlossen zu haben, die anfangs so viel versprach. Beil ist ihm längst so wie Boeck vorangegangen. Wir beide wollen uns freuen, daß wir noch leben, genießen und wirken.

Ihr ganz eigner

Schiller.

Nr. 23. Schiller an Iffland.

Lauchstädt, 12. July 1803.

Der Succeß der Braut von Messina auf dem Berliner Theater hat mich aufs angenehmste überrascht; es ist Ihr Triumph, nicht meiner, denn alles was ich von Augenzeugen schriftlich sowohl als mündlich darüber vernommen, kommt darauf hinaus, daß der Vortrag des Chors meistermäßig angeordnet gewesen, und in der ganzen Darstellung überhaupt die größte Würde und Bedeutsamkeit beobachtet worden sey. Wenn Ihnen dieser Erfolg Lust und Neigung zu der alten Tragödie und zu einem neuen Versuch mit dem Chor erregen könnte, so wollte ich den Oedipus des Sophokles, ganz so wie er ist, blos allein die Chorgesänge freier behandelt, auf die Bühne bringen. Für das Weimarsche Theater allein möchte ich diese Mühe nicht gern übernehmen.

Noch vor Ablauf dieses Winters verspreche ich Ihnen den Tell, zu dem mich jetzt eine überwiegende Neigung zieht. Dieses Werk soll, hoff' ich, Ihren Wünschen gemäß ausfallen, und als ein Volksstück Herz und Sinne interessiren.

Herr D. Stoll aus Wien, ein Sohn des berühmten Arztes, der Ihnen gegenwärtiges überbringt, bat mich um eine Empfehlung an Sie. Er ist ein leidenschaftlicher Freund des Theaters, und wird sich Ihnen durch ein kleines Lustspiel empfehlen, das er nach dem Französischen bearbeitet und auf dem Weimarischen Theater mit großem Glück produziert hat. *

* Es war: „Scherz und Ernst, ein Spiel in Versen," zum erstenmal gegeben am 11. Mai 1803 und in späterer Zeit, noch in den zwanziger und dreißiger Jahren häufig wiederholt.

Anm. d. Herausgebers.

Sollen wir Sie denn dieses Jahr auch nicht in Weimar sehen? Ich bin überzeugt, wir würden uns bei mündlicher Mittheilung zu einem schönen Zweck vereinigen.

Von ganzem Herzen der Ihrige

Schiller.

Nr. 24. Iffland an Schiller.

Berlin den 28. Juli 1803.

Lassen Sie mich nun Ihnen recht einfältig — im besten Sinne dieses Wortes — nach dem Bedürfniß meiner Lage und aus dem Herzen schreiben. Ich will dies ohne Einkleidung und Verstecktheit thun, ich will gar nicht Schein sein, sondern mich als Kaufmann geben, der noch etliche Sinne mehr als sein Comptoir fordert, besitzt, und der seinem geachteten und geliebten Freunde baar und klar schreibt, warum es ihm zu thun ist. Ich will zugleich über meine Directionslage im feinern Verhältniß reden, und indem ich vertraulich das Ganze bei Ihnen nur zu Ihrer Kenntniß und unserer Verständigung niederlege, — hoffe ich, wir beide werden dabei gut stehen.

Wie ich mich des Oedip, des Tell freue, das werden Sie mir zutrauen. Oedip für die Auserwählten, Tell für Alle. Um das letztere ist es mir zu thun. Nicht bloß als Kaufmann, auch aus andern Gründen. Jon, Regulus, Coriolan werden geachtet. Eugenia wird von einer kleinen Zahl angebetet — das Lustspiel sinkt — die Oper, wenn sie nicht das Zauberreich darstellt — oder das innere Verdienst des Wasserträgers hat — greift nicht. Das erstere ist selten, das letztere kostet, wenn nicht mehr, doch so viel, als es trägt. Die Versstücke, welche nicht für das große Volk sind, nehmen im Einlernen mehr als die doppelte Zeit, die ein anderes Stück fordert, die Schauspieler, wenn sie mit Kraft etwas wirken sollen, müssen vor- und nachher geschont werden. Hier aber muß alle Tage gespielt werden. Der Ertrag von 120,000 Rthlr. muß aufgebracht werden, und dazu giebt der Hof nur 5400 Rthlr. Nicht also, was ich fühle, darf ich wollen, sondern es ist mein Weg, als Kaufmann zu gehen, und doch nicht dadurch den feinen Sinn merklich zu verletzen. Da wir bei der Braut von Messina nicht verloren haben, da dieses Werk stets auf dem Repertoir bleiben wird, darf ich um so unbefangner von meiner Lage zu Ihnen reden.

Unser Malersaal kostet im Winter alle zwei Tage 33 Rthlr. zu heizen. Verona arbeitet im Winter für die große Oper, verreiset jetzt auf sechs Wochen, die Decorationen, die im Winter gemalt worden, zerfallen wie Staub! Was ich im Winter aufwenden können soll, muß ich jetzt bemessen, damit die Kräfte nicht in Kleinigkeiten vertändelt werden, die am Ende Hauptsumme werden.

Daher liegt mir alles daran, sobald als möglich zu wissen:

Welche Decorationen hat Oedip? In welcher Folge der Akte? Wo kann kurzes, mittleres Theater und ganz langes Theater sein?

Dasselbe von Tell, wo wahrscheinlich die Eigenthümlichkeit der Schweiz dargestellt werden muß, vielleicht ein der Mehrheit bekanntes Locale?

Weiß ich das bei Zeiten, so kann vor Ankunft des Manuscripts mit Wahl, Geschmack und Dauer gearbeitet werden. Kann ich die Personen vorher erfahren, so kann im Betreff der Garderobe dasselbe geschehen. Ich kann bei einem Werke, was auf das große Volk wirkt, das Honorar verdoppeln, ich kann noch weiter gehen.

Vom 1. October bis Mitte März ist die Zeit der großen Einnahme. Erhalte ich nun ein Manuscript, ohne daß ich hätte vorarbeiten lassen können, z. B. Ende November, so kann es erst Anfangs Februar erscheinen, und der Genuß der Vortheile ist um die starke Hälfte vermindert. Ist aber vorgearbeitet, so kann ich bei später Erscheinung doch dann gleich zur Vorstellung gehen.

Als Director und armer Friedensrichter, bin ich durch Beatrice und Eugenia stark in die Schuld der Madame Unzelmann gerathen, und es muß mir alles redlich daran liegen, daß sie in den Besitz einer glänzenden Rolle gelange, welche zugleich ihr Benefiz ausmachen würde. So erlauben Sie mir nun die Frage, die ich recht herzlich dringend thue, wird Oedip oder Tell ihr am meisten die Gelegenheit geben, ihr seltnes, reiches Talent zu zeigen?

Kann ich, des Aus- und Abschreibens wegen, welches in meinem Zimmer geschehen soll, den Besitz einzelner Akte hoffen?

Wenn der Zufall Ihren Genius an ein Werk von der innern und äußern Wirkung des Mädchens von Orleans führt, so würde die Kasse, für den dreimonatlichen Alleinbesitz, gern 80 Friedrichsd'or geben.

Sehen Sie da jene ehrliche offne Auseinandersetzung wie ich Ihren Vortheil mit dem unsrigen vereinen möchte, und ich bin gewiß, Sie verkennen mich nicht, noch nehmen Sie die eckigte Wirklichkeit übel auf, da man doch ein für allemal in solchen Dingen unverständlich bleibt, wenn man Deutlichkeit meiden will.

Es ist mit den Griechischen Stücken eine eigene Sache, die hohe Einfalt taucht die leeren Köpfe vollends unter, und deren ist legio. Die Stürme der Leidenschaften in andern Stücken reißen sie mit fort, machen sie zu handelnden Theilen, und erheben sie gegen Willen und Wissen. Die Stücke aus der römischen Geschichte weichen wegen der Austerität der Sitten, des Starrsinns in den Charakteren vollends ganz zurück, und ich werde blaß, wenn ich Plebejer, Senatoren und Centurionen auf den ersten Bogen angekündet finde.

Sollte nicht die deutsche Geschichte aus der Zeit der Reformation ein historisches Schauspiel liefern? Der Vorgang mit dem Kurfürst von Sachsen, vor und nach der Mühlberger Schlacht? Karl der V., der wilde Hesse, Kardinal Granvella? Die Gemalin und Kinder des Kurfürsten? In neuern Zeiten ist der große Kurfürst von Brandenburg ein dramatischer Gegenstand. Wie ihn Puffendorf in Helm und Zepter zeigt, stellt ihn die histoire des refugiés im Hauskleide dar. — Doch — wem sage ich dergleichen!! Verzeihung für die Länge und bitte um Antwort. Ihr

Iffland.

Nr. 25. Iffland an Schiller.

Berlin den 20. August 1803.

Herzlich danke ich für Ihren lieben Brief.

Mit Sehnsucht erwarte ich Ihre Stücke Warbeck oder Warwick und Tell, ganz besonders. — Ja, wenn Sie dann Heinrich den Löwen uns geben wollten? das wäre vortrefflich! Sie sehen, ich bin höchst begehrlich! — Wäre Gustav Adolph mit seinem romantisch religieusen Wesen nicht dramatisch? Gedenken Sie in einer Vertheilung auch meines Freundes Bethmann, der den Cäsar so vollherzig gespielt hat! Ich sehe, wie die Archenbewohner nach der Taube mit dem Oelblatt, auf das Erste, was Sie nun senden. Der Himmel erhalte Sie!

Ihr

An Herrn Hofrath Schiller. Iffland.

Nr. 26. Schiller an Iffland.

Weimar den 9. November 1803.

Im Tell leb' ich und web' ich jezt, ich bin zufrieden mit dem was gemacht ist und habe die beste Hofnung zu dem was noch zu machen, ein rechtes Stück für das ganze Publikum verspreche ich Ihnen — aber mein theurer lieber Freund, über das Wann kann ich Ihnen, und wenn es den Kopf gälte, nichts Bestimmtes sagen. Fast fürchte ich vor der Mitte Aprils nicht ganz fix und fertig werden zu können, weil ich von dem leidigen Winter immer ein vier oder sechs Wochen auf Unpäßlichkeit und Unlaunigkeit abrechnen muß.

Die Idee zu verschiedenen Dekorationen habe ich bei einem Zeichner angegeben, der mich bis jezt hat warten lassen — Im Ganzen wird es für den Mahler nicht soviel zu thun geben, als für den Maschinenmeister. Diesen Monat sollen Sie noch über Alles Bericht erhalten, und mit eintretendem Frühjahr kann dann der Mahler frisch an das Werk.

Es freut mich, daß Sie Wallensteins Lager spielen lassen. Entschließen Sie sich doch jezt den Wallenstein selbst zu übernehmen. Es wünschen es so viele!

Ich umarme Sie von Herzen.

Ganz der Ihrige

Schiller.

Nr. 27. Iffland an Schiller.

Ihr Brief, mein geliebter Freund, hat mich in einigen Schreck gesezt, so sehr ich ihn begreife. Ich kann nur das Eine wagen, Sie zu beschwören, ob Ihr Genius es vermögen wird, statt Mitte April, uns den Tell Mitte März zu geben. Denn kommt er Mitte April, so ist die gute Darstellung erst Mitte Mai möglich. Ferner thue ich die Bitte, ob Sie nicht geneigt sein sollten, das, was fertig ist, uns, wie einst Wallenstein, parthienweise zu schicken. Es wird dadurch viel gewonnen.

Ist die Bearbeitung des Götz von Berlichingen fertig: so bewirken Sie die Absendung. Von Ihrem Warwick sagen Sie gar nichts? Ich möchte gern viel von dem, was Sie thun, und für die Bühne thun, hören.

Ich bitte wegen meines Andrängens nicht um Verzeihung, denn die hülfreichen Gnadenbilder sind das gewohnt.

Ihr Iffland.

Berlin den 26. November 1803.

An Herrn v. Schiller.

Nr. 28. Schiller an Iffland.

Weimar den 5. December 1803.

Ich will alles thun, mein theurer Freund, um Ihre Wünsche zu befriedigen. Wenn ich gesund bleibe, auch nur leidlich, so werde ich gewiß in den ersten Wochen des März fertig. Einige Scenen, womit ich gegen die Geschichte, und das, was die Schweizer von mir erwarten, face machen muss, brauche ich für das Theater auch nur zu skizieren, und kann mir die Ausführung für den Druck vorbehalten. Ohnehin bin ich entschlossen, eh ich das Stück drucken lasse, nach der Schweiz zu gehen. Diese kleine Besonderheiten, worauf viel ankommt, wenn gewisse Nationalrücksichten zu beobachten sind, haben mit dem Theater nichts zu thun.

Gern wollte ich Ihnen das Stück Aktenweise zuschicken, aber es entsteht nicht Aktenweise, sondern die Sache erfordert, daß ich gewisse Handlungen, die zusammen gehören, durch alle fünf Akte durchführe, und dann erst zu andern übergehe. So z. B. steht der Tell selbst ziemlich für sich in dem Stück, seine Sache ist eine Privatsache, und bleibt es, bis sie am Schluss mit der öffentlichen Sache zusammengreift. — Doch verspreche ich Ihnen ganz gewiß im Laufe des Januars die drei ersten Akte zu übersenden, und den vierten auch vor dem lezten abzuliefern, so dass Sie nach Empfang des lezten Akts, ohne Uebereilung der Sache, in drey Wochen spielen können.

Wegen des Tells habe ich den Warbek zurückgelegt, das Frühjahr und der Sommer werden diesen zur Reise bringen.

Götz von Berlichingen ist wegen Goethes übrigen Geschäften wieder zurückgelegt worden. Wir sind hier auch an Novitäten sehr arm, und manches Niederträchtige kommt an die Reihe, um nur was neues zu bringen, wie z. B. der zweite Theil des Donauweibchens. Julius Cäsar ist ganz wie er ist hier gespielt worden, doch ohne großen Succeß. Unser Theater ist zu eng für diese Darstellung.

Ich lege eine Anzeige der zu dem Tell erforderlichen Theaterveränderungen bei, doch könnte noch eine oder die andre hinzukommen, welches ich noch nicht ganz genau bestimmen kann.

Leben Sie recht wohl, und lassen mich Ihrer Freundschaft empfohlen bleiben.

Schiller.

Ihren Brief der vom 26. datirt ist, habe ich erst unter heutigem Datum erhalten.

Nr. 29. Schiller an Madame Unzelmann.

Weimar den 5. December 1803.

Wenn Sie, meine theure Freundin, ein recht kräftiges Gebet zu den Musen richten wollen, mit denen Sie selbst so gut Freund sind, so hoffe ich, daß ich erhört werde und Ihnen den Tell in der ersten Hälfte des März fertig liefern kann. Wenn ich gesund bleibe, so ist gar keine Frage, aber ich muß den Winter immer, so wie die Sängerinnen einen Katarrh, irgend eine Krankheit damit einbedingen.

Was ich nur beklage ist, daß ich Ihnen im Tell keine recht große, Ihrer Kunst würdige Rolle anzubieten habe. Die, welche Sie Sich ohne Zweifel daraus wählen werden ist aber doch wenigstens von Bedeutung und wird es durch Ihr Spiel noch mehr werden.

Vorigen Sommer haben wir Sie, bei Ihrer Rückreise, in Lauchstädt erwartet. Wie sehr hatte ich mich schon darauf gefreut, Sie wieder zu sehen. Unsere Bekanntschaft war gar zu kurz und ich darf Ihnen wohl gestehen, daß es nur an gewissen Umgebungen lag, warum ich und Andere meiner Freunde, die Sie wahrhaft verehren, uns Ihnen nicht mehr mittheilen konnten. Kommen Sie ja bald wieder zu uns, Sie werden hier die herzlichsten Verehrer und Freunde finden, keinen größern aber als Ihren aufrichtig ergebenen

Schiller.

Nr. 30. Schiller an Iffland.

Weimar den 23. Januar 1804.

Um Ihnen meine Bereitwilligkeit zu zeigen, theurer Freund, sende ich einstweilen den ersten Akt des Tell, der ein starkes Viertel des ganzen Stücks beträgt. Auch von dem zweiten lege ich das Hauptsächlichste bei; die kleine Scene, welche noch aus dem Zusammenhang heraus fehlt, führt den Gessler auf, wie er den Hut aufzupflanzen befiehlt. Von den drei folgenden Akten ist das meiste fertig und folgt in vierzehn Tagen; das ganze Stück soll, wie ich hoffe, zum Ende Februars in Ihren Händen seyn.

Von einer Vorstellung des Tell zu Weimar an dem Herzoglichen Geburtstag konnte nie die Rede seyn, selbst wenn ich fertig geworden wäre. Für Berlin und Sie war das Stück zunächst bestimmt, und soll auch dort zuerst auf die Bühne treten.

Weil ich nicht genau weiß, ob das Stück nicht zu lang wird, so habe ich in dem Manuscript das Sie erhalten, dasjenige in Klammern gesezt, was der Kürze könnte aufgeopfert werden. Troz aller Abkürzung wird das Stück aber doch so lang als die Jungfrau von Orleans spielen.

Sie ersehen schon aus dem heutigen Transport, daß Stauffacher, Melchthal und Attinghausen sehr wichtige Rollen sind. Der Tell wird in den folgenden Akten sehr thätig, aber auch Rudenz erhält ein grosses dramatisches Interesse im Verfolge des Stücks, ich habe bei dieser Rolle an Bethmann gedacht. Sie selbst werden, hoffe ich, nur zwischen dem Tell und Stauffacher wählen.

Und nun empfehle ich Ihnen das Stück und seinen Verfasser — Möge diese erste Probe Ihren Wünschen entsprechen.

Ganz der Ihrige

Schiller.

Nr. 31. Schiller an Iffland.

Weimar, 5. Februar 1804.

Ich kann den wackern Müller nicht nach Berlin abreisen lassen ohne ihm ein paar Bogen von Tell in die Tasche mitzugeben. Ein solcher Bote muss dem Werke selbst Segen bringen. Gern hätte ich den ganzen vierten Akt, welcher fertig ist, mitgeschickt, aber der Abschreiber ist nicht fertig worden — doch will ich ihn diesen Abend noch auf die Post geben, daß Sie den Schluss des vierten Akts wenig Tage nach Empfang dieses erhalten. In dem nächsten Posttag ein mehreres, es ist spät Nachts da ich dieses schreibe. Geben Sie mir bald in einer Zeile vom Empfang dieses ersten Aktes Nachricht.

Ganz der Ihrige Schiller.

Nr. 32. Schiller an Iffland.

11. Februar 1804.

Daß die erste Mission des Tell Ihren Wunsch erfüllt, höre ich mit grossem Vergnügen. Einen andern Transport wird Ihnen Johannes Müller jezt überbracht haben. Hier folgt das noch Fehlende vom vierten, und die erste Hälfte des fünften Akts. Den Rest des Ganzen wird Ihnen Madame de Stael überbringen, die noch vor Ende des Monats in Berlin einzutreffen denkt, wenn ich es nicht noch früher absende.

Nun habe ich aber in dem bereits abgeschickten Manuscripte eine Veränderung gemacht, die ich Ihnen mitzutheilen eile. Die Nothwendigkeit, das Stück zu verkürzen, bewog mich dazu, und das ganze Arrangement wird dadurch gewinnen.

1) Die jetzige dritte Scene des ersten Akts wird die erste des zweiten, und dieser zweite Akt dadurch vollständig gemacht.

2) In der vierten (jetzt dritten) Scene des ersten Akts (wo die Veste gebaut wird) wird ein ganz kleiner Auftritt Gesslers eingeschaltet, welchen ich mit erstem Posttage nachsende.

Das theilweise geschehene Absenden des Manuscriptes führt dergleichen Incongruenzen mit, die Sie mir einmal zu gut halten müssen. Es ist nicht möglich einen Theil eher für ganz fertig zu erklären, als bis das Ganze fertig ist. Desswegen muß ich bitten, daß Sie die Rollen wenigstens nicht eher ausgeben, als bis das lezte Manuscript in Ihren Händen ist.

Und nun empfehle ich das Opus Gott und Ihnen, mein theurer Freund. Sagen Sie mir bald, recht bald, welche Rolle Sie Sich gewählt, und wie Sie etwa sonst einige Hauptfiguren unterbringen wollen.

Ganz der Ihrige

Schiller.

N. S. Landenberg bleibt aus dem Personenverzeichniß weg. Ich hab ihn ganz herausgeworfen. Der Stier von Uri ist eine kleine Lust, die man dem Publikum macht. Wer die Rolle bekommt, wird den Ehrennahmen wohl eine Zeitlang behalten.

Nr. 33. Schiller an Iffland.

Weimar den 20. Februar 1804.

Hier, mein werthester Freund, übersende ich Ihnen den Schluss des Tell, nebst der kleinern Beilage zu der vierten, jetzt dritten Scene des ersten Akts. Mein lezter Brief, worinn ich schrieb, daß die alte dritte Scene des ersten Akts die erste des zweiten geworden, haben Sie, hoffe ich, erhalten.

In beiliegendem Blatte bitte ich Herrn Weber um Mittheilung seiner Compositionen für den Tell. Haben Sie die Güte meine Bitte bei ihm zu unterstützen. Auch ersuche ich Sie, die Innlage an Herrn D. Stoll aus Wien abgeben zu lassen.

Die Post geht im Augenblick, ich setze also für heute nichts hinzu, als daß ich Ihnen und den Göttern das Werk empfehle. Vale faveque.

Schiller.

N. S. „Nur zwei Zeilen über den richtigen Empfang des Manuscriptes.“

Nr. 34. Schiller an Iffland.

Weimar den 29. Februar 1804.

Ich erfülle einen angelegentlichen Wunsch der Frau von Stael, indem ich ihr diese Zeilen an Sie mitgebe, und sie bei Ihnen als eine Verehrerin Ihrer Kunst und große Freundin des Theaters einführe. Es wird aber, da Sie sie gewiß aus Ihren Schriften und nun auch aus Joh. Müllers Beschreibung kennen und schätzen gelernt haben, meiner Empfehlung nicht bedürfen. Sie wünscht unter andern auch den Wallenstein von Ihnen zu sehen, und ich habe ihr versprochen, mich desshalb bei Ihnen zu verwenden. Ob wir uns gleich als schlichte Deutsche in einem radikalen und unauflöslichen Gegensatz mit ihrer französischen Sinnesweise befinden, so denkt sie doch würdiger von dem deutschen Genius, als alle ihre Landsleute, und hat ein ernstliches, ja leidenschaftliches Streben zu dem Guten und Rechten. Ihre Lebhaftigkeit wäre unsern Deutschen zu wünschen.

Sie denkt bis Anfang Sommers in Berlin zu bleiben, und ich

zweifle nicht, daß das viele Schöne, was sie dort vorfindet, und die gefällige Aufnahme sie festhalten wird.

Leben Sie wohl, mein Werthester, und lassen mich Ihrer Freundschaft empfohlen sein.

Schiller.

Nr. 35. Schiller an Iffland.

Weimar, 16. März 1804.

Ich hoffe, daß es noch Zeit ist, werther Freund, eine kleine, aber wesentliche Aenderung in dem Tell anzubringen. Die Probe, die ich mit diesem Stücke angestellt, hat mich gelehrt, daß der Einfall des Landvogts mit dem Apfel noch nicht gehörig motiviert ist, desswegen habe ich nöthig gefunden, an dem Ort, wo davon die Rede ist, ein paar Worte einzuschalten, die ich hier beilege. Haben Sie ja die Güte, diese Aenderung noch darin anzubringen, selbst in dem Fall, daß das Stück schon gegeben wäre. Vale faveque.

Schiller.

Nr. 36. Schiller an Iffland.

(Die Dekorationen zu Tell.)

Actus I. 1) Hohes Felsenufer des Vierwaldstädtersees, der See macht eine Bucht ins Land, über den See hinweg sieht man die grünen Matten, Dörfer und Höfe von Schwytz deutlich im Sonnenschein liegen. Dahinter (zur Linken des Zuschauers) der Hakenberg mit seinen zwei Spitzen von einer Wolkenkappe umgeben. Noch weiter hinten und zur rechten (des Zuschauers) schimmern blaugrün die Glarischen Eisgebirge. An den Felsen, welche die Coulissen bilden, sind steile Wege, mit Geländern, auch Leitern, an denen man die Jäger und Hirten, im Verlauf der Handlung herabsteigen sieht. Der Mahler hat also das Kühne, Grosse, Gefährliche der Schweitzergebirge darzustellen. Ein Theil des Sees muss beweglich sein, weil er im Sturme gezeigt wird.

2) Stauffachers neu gebautes Haus (von aussen) mit vielen Fenstern, Wappenbildern und Sprüchen bemahlt. Es ist zu Steinen an

der Landstraße und an der Brücke. Es kann ganz auf die Gardine gemahlt werden.

3) Der gothische Saal in einem Edelhof mit Wappenschildern und Helmen dekorirt, es ist die Wohnung des Freiherrn von Attinghausen.

4) Oeffentlicher Platz bei Altorf. Man sieht im tiefen Hintergrund die neue Veste Zwing-Uri bauen, sie ist schon so weit gediehen, daß sich die Form des Ganzen darstellt. Die hinteren Thürme und Courtinen sind ganz fertig, nur an der vordern Seite wird noch gebaut. Das hölzerne Gerüste steht noch, an dem die Werkleute auf und absteigen. Die ganze hintere Scene zeigt das lebhafte Gemählde eines großen Bauwesens mit allem Apparat. Die Werkleute auf dem Gerüste müssen der Perspective wegen, durch Kinder dargestellt werden. NB. An dieser Scene liegt darum vieles, weil eben diese Bastille, die hier gebaut wird, im fünften Akte gebrochen werden soll.

5) Walther Fürsts Wohnung, stellt das Zimmer eines wohlhabenden Schweitzerhauses vor.

Actus II. 1) Oeffentlicher Platz zu Altorf, nach Belieben des Mahlers.

2) Ein Zimmer.

3) Das Rütli, eine Matte von hohen Felsen und Wald umgeben (die Coulissen können ganz dieselben von Nr. 1 des ersten Akts seyn). Im Hintergrunde der See, über welchem ein Mondregenbogen, den Prospect schließen hohe Berge, hinter welchen noch größere Eisgebirge. Es ist völlig Nacht, nur der See und die weißen Firnen leuchten im Mondlicht. NB. Diese Scene, welche ein Mondscheinsgemählde vorstellt, schließt sich mit dem Schauspiel der aufgehenden Sonne; die höchsten Bergspitzen müssen also transparent seyn, so, daß sie anfänglich von vornen weiß, und zulezt, wenn die Morgenröthe kommt, von hinten roth können beleuchtet werden. Weil die Morgenröthe in der Schweiz wirklich ein prächtiges Schauspiel ist, so kann sich die Erfindung und Kunst des Decorateurs hier auf eine erfreuliche Art zeigen.

Actus III. 1) Hausflur in Tells Hause, nach dem Costüme der Zeit.

2) Platz bei Altorf mit Bäumen besezt. Man sieht im Hintergrunde den Flecken, davor der Hut auf einer Stange. Der Raum muß sehr groß sein, weil Tell hier den Apfel schießt.

Actus IV. 1) Der gothische Rittersaal.

2) Seeufer, Fels und Wald, der See im Sturme.

3) Wildes Gebirg. Eisfelder, Gletscher und Gletscherströme, alles furchtbare einer öden winterlichen Gegend.

4) Die hohle Gasse bei Küßnacht. Der Weg wendet sich zwischen Felsen von hinten nach vornen herab, so daß die Personen, welche ihn bereisen schon von weitem oben gesehen werden, wieder verschwinden und wieder zum Vorschein kommen. In einer der vordern Kulissen ist auf der Höhe ein Gebüsch und ein Vorsprung, von welchem Tell herabschießt.

5) Die Veste Roßberg bei Nacht auf einer Strickleiter erstiegen.

Actus V. 1) Die Decoration Nr. 4 des ersten Akts. Das Gerüste wird eingestürzt, alles Volk legt Hand an, Zwing-Uri zu zerbrechen, man hört Balken und Steine fallen. Das Gerüste kann auch angezündet werden — Signalfeuer auf acht oder zehn Bergen.

2) Tells Hausflur. Heerd und Feuer auf demselben.

3) (noch unbestimmt).

Nr. 37. Iffland an Schiller.

Berlin den 17. July 1804.

Ich eile, Ihnen zu melden, daß Tell mit Entzücken aufgenommen worden ist, und einen gleichen Zulauf hat.

Den Anfang August bin ich für eine Stunde in Weimar.

Gern wüßte ich von Ihnen vorhero hier wann wir auf Demetrius zählen können.

Thun Sie mir die Liebe, etwas davon zu sagen.

Mit Tell sind wir noch in Ihrer nachzuzahlenden Schuld.

Ihr

Iffland.

An Herrn v. Schiller.

Nr. 38. Schiller an Iffland.

Weimar den 23. Februar 1805.

Ich sende Ihnen hier das Manuscript der Phädra, welches meiner Krankheit wegen so lange liegen geblieben ist. Da Sie schon einmal geäussert, Madame Unzelmann durch eine dankbare Rolle zu entschädigen, so glaube ich, daß Phädra dazu dienen kann, eine Rolle, um welche sich wenigstens die französischen Schauspielerinnen immer sehr beworben haben. An den Demetrius werde ich nunmehr mit Ernst gehen, kann aber vor Ende Sommers keine Hofnung dazu machen, indem gar höllisch viel bei diesem Stück zu thun ist.

Hier spricht man davon, daß Sie uns bald auf einige Wochen besuchen würden. Möchte es kein leeres Gerücht seyn! Es würde uns allen eine herzliche Freude machen, aber niemand mehr als Ihrem ewig ergebenen

Schiller.

Nr. 39. Schiller an Iffland.

Weimar den 12. April 1805.

Cordemann ersucht mich, ihm ein paar Worte an Sie mitzugeben, und seinen Wunsch, beim Berliner Theater angestellt zu werden, zu unterstützen. Ich kann es mit aller Ueberzeugung thun, da er ein sehr verdienstvoller Schauspieler ist, den wir hier ungern verlieren.

Ich bin sehr ärgerlich darüber, daß wir um die Hofnung kommen, Sie diesen Monat hier zu sehen. Ein andermal, mein theurer Freund, wenn Sie zu einem solchen Besuch bei uns Lust und Zeit haben, fragen Sie ja nicht vorher an, sondern erscheinen gleich selbst in eigner Macht der Person und des Talents. Dann wird man sich glücklich schätzen, Sie zu haben. Wir sind hier arme Teufel, die man überraschen muß. Es geht uns wie den Schönen, die man im Sturm erobern muß.

Wir werden nächsten Monat den Othello von Shakspeare in einer neuen Uebersetzung, die der Professor Voß gemacht und wir nach den Forderungen des Theaters und der Decenz, so weit es nöthig war, umgeändert spielen. Da dieses Stück in der bisherigen Form, worinn es gegeben worden, gar zu viel gegen sich gehabt hat, und doch seines hohen innern Werthes wegen verdient, auf dem Repertorium jeder Bühne zu stehen, so war es eine verdienstliche Arbeit, und ich darf sie mit Ueberzeugung auch Ihnen empfehlen.

Phädra ist, hoffe ich, in Ihren Händen, ich wünsche daß Mad. Unzelmann dadurch Gelegenheit bekäme, sich neue Ehre zu werben.

Ganz und immer der Ihrige

Schiller.

Bemerkung des Empfängers. Der letzte Brief von Schiller!
23. Mai 1805. Iffland.

Anhang.

(Schillers Berufung nach Berlin betreffend.)

Nr. 40. Iffland an Beyme.

Gegen Herrn Sekretair Pauli hat Herr v. Schiller gestern geäußert, daß er gern in Berlin zu bleiben wünsche. Mindestens einige Jahre.

Ob es nicht zu bewirken seyn möchte, daß er als Academicien mit einem Gehalt, nach der Kenntniß, die er nun vom Berliner Publikum erhalten habe, und noch erhalten werde, für das National-Theater arbeiten könne?

Im Laufe des Gesprächs hat er ferner geäußert, falls Herr v. Müller aus Wien nicht kommen sollte, würde er für das Studium der Geschichte dem Kronprinz dienen können. Die tiefe Gelehrsamkeit des Herrn v. Müller könne eine Trockenheit in den Unterricht bringen, welche bei Fürsten eben so zu meiden wäre, wie das Romantische. — Doch war das lezte mehr eine hingeworfene Wendung des Gesprächs. — Was, wenn die Sache in Bewegung käme, den Herrn Herzog von Weimar anbelangte, so könne es diesem nicht auffallen, da er die Verbindung nicht brechen, sondern vorgeben würde, für die Kinder ein Kapital zu sammeln, bedürfe er einen mehrjährigen Aufenthalt in Berlin, der ihm dann ohne Bedenken würde zugestanden werden. — Im Betreff des Unterhalts, so mache er in solchem Falle die Forderung nach dem hiesig billigen Bedürfniß. Er sehe z. B. voraus, daß für einen hiesigen Aufenthalt Equipage ihm bei seinem Befinden unvermeidlich sey. Als Herr Pauli äußerte, wie es ihm höchst wahrscheinlich dünke, daß man die Ehre seines Besitzes hier wünschen müsse, hat er gegen den Schluß des Gesprächs gesagt: — „wenn mir nur in Potsdam ein Anlaß oder eine Gattung Eröffnung gegeben würde."

Herr v. Schiller weiß nun freilich nichts von diesem Bericht, aber irgend eine Mittheilung wird er allerdings muthmaßen.

Sollte der Herr Geheime Kabinetsrath geneigt sein, darauf zu entriren, so würde durch den Weg des Hofrath Greuhm, der sich dort befindet, allerdings die Sache zu führen seyn.

Ich muß noch erwähnen, daß Herr v. Schiller, da er sehr am Katarrhfieber gelitten, nicht früher in der Sache etwas thun konnte und daß unter dem — „von Weimar etliche Jahre Urlaub nehmen" nichts liegt, als die bessere Weise, in der Sache vorzugehen.

Iffland.

Berlin den 16. May 1804.

II.

Goethe — Iffland, Brühl.

Nr. 41 bis 71.

1800 — 1828.

Nr. 41. Goethe an Iffland.

Herr Hofkammerrath Kirms giebt mir hierher nach Jena, die Nachricht; daß Sie meine Uebersetzung des Tancreds auf den 18. Januar aufzuführen gedächten. Der Antrag ist mir so angenehm und ehrenvoll, daß ich das mögliche zu diesem Zwecke sehr gerne thun will. Sie erhalten also hiebei den dritten und vierten Akt, damit Sie die Behandlung des Originals beurtheilen und den Hauptpersonen allenfalls einen Theil ihrer Rolle zustellen können.

Heut über acht Tage gehen die zwei ersten Akte ab, der fünfte folgt bald darauf und ich wünsche daß auf diese Weise die Vorstellung zu gedachtem Tage noch möglich werden möchte.

Lassen Sie unsere Hoffnung, Sie wenigstens in der ersten Hälfte des nächsten Jahres bei uns zu sehen doch ja gedeihen! Sie wissen, wie sehr wir Sie schätzen und in welch einen festlichen Zustand uns Ihre Gegenwart versetzt.

Leben Sie recht wohl und nach Verdienst glücklich.

Jena am 16. December 1800.

Goethe.

Nr. 42. Goethe an Iffland.

Dem ersten und fünften Akt, welche hier beyliegen, wünsche ich, daß sie zu rechter Zeit ankommen, und Ihren Beyfall einigermaßen verdienen mögen.

Noch manches wäre für das Stück zu thun, theils um den Vortrag bequemer, theils um die Wirkung lebhafter zu machen. Vielleicht mögen Sie selbst einiges darin retouchiren, oder mir dazu wenigstens Anlaß geben.

Da die Handlung des Stücks durchaus öffentlich ist, da man bey der Aufführung doch das ganze Theaterpersonal heranbringen und sogar verstärken muß; so habe ich gedacht, ob man nicht, um diese Masse zu organisiren, die Zwischenakte mit Chören ausfüllen sollte? Euphanie müßte von einer guten Sängerin vorgestellt werden, die alsdann in den Zwischenakten glänzen und die Verbindung des Ganzen bewirken könnte.

Ich lege ein flüchtiges Schema hier bey, um Ihre Gedanken darüber zu hören. Das Stück ist nicht lang und wenn sich der Komponist zusammenhält, so sollte ich denken, diese lyrischen Zwischenakte würden gerade dem Ganzen das rechte Maas geben. Ich erbitte mir gelegentlich Ihre Gedanken darüber, und wünsche von Herzen wohl zu leben.

Jena am 25. December 1800.

Goethe.

Die mittleren drey Akte sind den 16. und 18. December abgegangen.

Vorschlag

zu

lyrischen Episoden für Tancred.

Charakteristische kurze Symphonie.

Nach dem ersten Akt.

Syrakusanische Jungfrauen treten auf, mit Freude über das bevorstehende Hochzeitsfest. Euphanie, eine aus ihnen, welche Amenaiden näher verbunden ist, und nun die Neugierde der übrigen befriedigen soll, bringt auf einmal ernste Betrachtungen in die Mitte, und so wird die Stimmung des zweiten Akts vorbereitet. Ich supponire, daß Euphanie von einer guten Sängerin vorgestellt wird, die als Chorführerin angesehen werden kann.

Nach dem zweyten Akt.

Euphanie bleibt im größten Schmerz zurück. Syrakusanische Jünglinge und Jungfrauen treten zu ihr. Klage der Mädchen über Amenaidens Unfall, Vorwürfe der Männer wegen des Verraths, Euphanie ermahnt nachsichtig und gerecht zu seyn, der Gesang schließt milde, um das heitere, gefühlvolle Kommen Tancredens vorzubereiten.

Nach dem dritten Akt.

Sehr bewegte Scene. Chor der Ritter, mit leidenschaftlichen Aeußerungen, über den fremden, unbekannten, über Amenaidens Schicksal u. s. w. Chor der Mädchen tritt ein, mit Hoffnungen, daß das Glück, durch den Unbekannten für Amenaiden siegen werde. Die Ritter gehen ab, dem Streit zuzusehen. Leidenschaftliche Hoffnungen der Jungfrauen. Die Jünglinge kommen, verkündigen den Sieg Tancredens. Kriegerische Musik, aber ernst und traurig. Den Anfang des vierten Akts und die ganze Stimmung desselben vorbereitend.

Nach dem vierten Akt.

Die Musik deutete, indeß changirt wird, auf die verworrene Gewalt der Schlacht, ginge in einen mächtigen Triumphgesang über, der aber doch das tragische, ängstliche und trauervolle mit anschlagen müßte.

Den Schluß

würde ich mit einem kurzen Trauerchor machen, die Wiederholung dessen, der im fünften Akt angedeutet wird.

Nr. 43. Goethe an Iffland.

Auf Ew. Wohlgeboren vertrauliche Zuschriften war ich eben im Begriff zu antworten, als ich vernahm, daß Freund Schiller sich bei Ihnen befinde. Ich war überzeugt, daß er auch ohne Auftrag Sie meiner dauernden Hochachtung und meines aufrichtigen Zutrauens versichern würde.

Die theatralischen Verhältnisse haben so manches Wandelbare, daß man auf Veränderungen immer vorbereitet seyn muß, und wenn es gleich für uns einigermaßen unbequem ist, daß unsere Schauspieler auf größeren, und besser ausgestatteten Theatern eine gute Aufnahme finden, so müssen wir die Ehre für etwas rechnen die uns dadurch erzeigt wird und uns wenigstens einbilden, daß wir zu Beförderung der Kunst und der Künstler einiges beytragen. Uebrigens ist nichts gegen ein neueres Engagement zu erinnern, das erst seinen Anfang nimmt, wenn der Termin des alten verlaufen ist; wobei ich jedoch bemerken will, daß Demoiselle Maas um frühere Entlassung nachgesucht hat, welches wir jedoch auf keinen Fall gewähren können.

Wegen Götz von Berlichingen melde ich sogleich so bald er mir producibel ist. Leider will er sich noch immer nicht auf die Bühne fügen. Eine angeborne Unart ist schwer zu meistern.

Der ich mich mit immer gleichen Gesinnungen unterzeichne

Ew. Wohlgeboren ganz ergebenster Diener

Goethe.

Weimar den 14. Juny 1804.

Nr. 44. Goethe an Iffland.

Mit dem verbindlichsten Danke, daß Ew. Wohlgeboren sich wegen Romeo und Julie die Mühe nehmen wollen, erwiedere ich, daß ich für das Stück 600 Rthlr. Sächs. zu erhalten wünsche. Es sey nun, daß zwölf Theater jedes 50 Rthlr. zahlen, oder, welches mir lieber wäre, daß die Berliner Oberdirection es gefällig übernehme und an mich jene Summe im Ganzen entrichtete. Ich würde mich alsdann verpflichten, niemals an ein Theater eine Abschrift zu geben, und unter drei Jahren es nicht drucken zu lassen.

Auch erbiete ich mich, da auf manchen Theatern der Mönch nicht als solcher erscheinen darf, den Pater Lorenzo in einen Arzt zu verwandeln, für diese Theater nämlich, indem ich dem Manuscript, wie wir es hier gespielt, die nöthigen Veränderungen besonders beilege. Mich bestens empfehlend und abermals zum schönsten Danke

Goethe.

Weimar den 22. Februar 1812.

Nr. 45. Goethe an Iffland.

Sie haben, verehrter Mann, Sich bey jeder Gelegenheit, und auch neuerlich wieder so freundlich und theilnehmend gegen mich erwiesen, daß ich sehr unrecht thäte, wenn ich nicht auch einmal direkt dafür meinen Dank abstattete, zumal da ich mich gegenwärtig in Carlsbad, entfernt von unserm guten Mittelsmann, befinde.

Was die Exemplare von Götz von Berlichingen so wie von Egmont für München betrifft, so überlasse ich das Arrangement deshalb ganz Ihrer Beurtheilung, da Ihnen die vorwaltenden Verhältnisse am besten bekannt sind. Ich werde die gefällig übernommene Bemühung jederzeit mit aufrichtigem Dank erkennen.

Es thut mir sehr leid, Ihren Rebenstein nicht in Weimar gesehen zu haben. Ich hätte mich gern an seinem Talente erfreut, und ihm persönlich etwas angenehmes erzeigt. Wie ich höre, hat er den verdienten Beifall erhalten. Das schöne Wetter verleitete mich zu einer frühen Reise hierher, wo ich des herrlichsten Frühlings genieße, der sich denken läßt.

Für den Herbst habe ich die Hoffnung, mich, mit uns allen, Ihrer Gegenwart zu erfreuen; möchte sie glücklich erfüllt werden.

Die vorjährige Anregung wegen einer Oper hat bey mir nachgewirkt, ich hoffe bei Ihrer Ankunft, wo nicht früher, den Plan zu einer solchen, und auch wohl einen Theil der Ausarbeitung vorzulegen, wovon ich mir viel Effekt verspreche. Bei dieser Dichtungsart ist es nothwendig, vor allen Dingen das Personale des Theaters, für welches man eigentlich schreibt, vor Augen zu haben, und sowohl mit der Direktion, als dem Componisten, gleich vom Anfang einstimmig zu handeln; dadurch wird allem Umändern und Nacharbeiten vorgebeugt.

Herr Hofkammerrath Kirms übernimmt gefällig den Auftrag, die Exemplare von Götz und Egmont bereit zu halten.

Der ich mich mit gefühlter Hochachtung und aufrichtiger Anerkennung die Ehre habe zu unterzeichnen

Ew. Wohlgeboren ganz ergebenster Diener

J. W. Goethe.

Carlsbad den 14. May 1812.

Nr. 46. Goethe an Brühl.

Das hätte Paläophron wohl nicht denken sollen, daß er nach so langen Jahren abermals ein Festspiel seines Dichters, durch persönlichen Einfluß begünstigen, und ihm einen entschiedenen Beyfall erringen werde.

Schon ward ich, durch die Berliner Zeitung, aufmerksam, wie man das Publikum auf dieses problematische Stück, sehr wohlbedacht, vorbereitet habe. So kam mir auch das Vorwort bald zu Händen. Einzelne gute Nachrichten gingen ein, bis dann auch zuletzt, durch Ihre Vorsorge, Herr Professor Levezow, von allem Vorgegangenen und Geleisteten umständlichst unterrichtete, und auch dadurch möglichst an Ort und Stelle versetzte. Und so will ich denn gern gestehn, daß, ob ich gleich niemals großes Verlangen trug, einer Vorstellung meiner Stücke beizuwohnen, ich mir doch, um dieses nicht zu versäumen, Faust's Mantel recht sehnlichst gewünscht habe.

Ueberzeugen Sie Sich, mein trefflicher Freund! daß ich den gefühltesten Dank deßhalb in meinem Herzen verwahre, und solchen, insofern es in meinen Kräften steht, auch in der Folge theilnehmend zu bethätigen wünsche, wie ich denn überhaupt alles, was Sie im Einzelnen des Stücks bey allenfalls wiederholter Aufführung anordnen werden, zum Voraus meinen unbedingten Beyfall zusichere.

Wie glücklich die höhere Stelle, welche Sie bekleiden, auf Theater und Publikum wirken muß, ist gar nicht zu berechnen, dies zeigt der einzelne Fall, wo Sie höchsten Ortes einige Bedenklichkeiten sogleich mit wenigen Worten auflösen und zurecht legen konnten.

Und gerade ist dieses der Punkt, auf welchen ich Sie im Stillen Ihre Aufmerksamkeit zu richten bitte. Man hat die höheren Forderungen der Poesie, die sich eigentlich auf dem Theater nur symbolisch, oder allegorisch aussprechen können, der Tragödie und Comödie durchaus verkümmert, und alles was nur einiger maaßen die Einbildungskraft in Anspruch nimmt, in die Oper verwiesen, und auch hier hat sich die Prosa des Trauer- und Lustspiels, ja des Dramas nach und nach eingeschlichen, daß die Geister selbst, oft die prosaischsten Figuren von der Welt sind.

Diese Richtung, in welcher sich Autoren, Schauspieler, Publikum wechselsweise bestärken, ist nicht zu ändern, ja ihr nicht gerade entgegen zu arbeiten, aber sie zu lenken und zu leiten, geht doch an, und wenn man es auch nur im Einzelnen thut, hierzu habe ich früher die Masken, später die spanischen Stücke gebraucht. Es ist aber immer eine Gefahr dabei.

Mit Ihrer Anordnung, welche den Besitz der Rollen aufhebt, haben Sie nicht einen großen, sondern den ersten und letzten Schritt gethan. Ein Stück ist halb gespielt, dessen Rollen zur Individualität der Schauspieler paßen, wodurch denn freilich die Kunstbemühungen sich in mehrere Gestalten zu verwandeln, nicht ausgeschlossen werden.

Auch habe ich Ihre Anordnung sogleich hier pro notitia publicirt. Bei uns kommt aus vielen zusammentreffenden Umständen jenes Uebel nicht so sehr zur Kraft, im Einzelnen suche ich's durch Negotiationen abzuthun.

In's Morgenblatt habe ich einige Betrachtungen gegeben, denen ich Ihre Aufmerksamkeit erbitte.

Auf einer Sommerreise hoffe ich so viel Freyheit des Geistes zu gewinnen, um die vorseyende Oper zu fördern. Ich habe ein Sujet, dem ich einiges Glück verspreche, man muß nur sehen ob es unter der Arbeit die Probe hält.

Ich höre daß Proserpina nach Berlin verlangt worden, und bitte meinem Aufsatz im neuesten Stück des Bertuch'schen Modejournals einige Aufmerksamkeit zu schenken. Wird jedoch mit Ernst an die Aufführung gedacht, so erbiete ich mich zu einer näheren Erklärung, wie es eigentlich mit der neuen Verkörperung dieses abgeschiedenen Theatergeistes gemeynt sey. Das Gelingen der Vorstellung hängt von gar manchen Bedingungen ab.

Zur Acquisition des Herrn Devrient wünsche Glück, ich habe sehr viel Gutes von ihm gehört.

An Faust wird schon seit einigen Jahren probirt, es hat aber noch nicht gelingen wollen. Er steht gar zu weit von theatralischer Vorstellung ab. Man müßte vieles aufopfern, das aber auf andere Weise zu ersetzen, dazu hat Geist und Humor nicht hinreichen wollen. Jedoch darf ich nicht verhehlen, daß wir im Begriff stehen, eine Probe zu machen, und zwar folgendermaßen:

Ich habe die beyden ersten großen Monologe von Faust, in's engere gezogen, und überdieß die Scene zwischen ihm und Wagner herausgeworfen, so, daß vom Anfang:

Habe nun, ach! Philosophie ꝛc.

bis zu den Schlußworten des Chor's:

Euch ist der Meister nah,

Euch ist er da!

das Monodram in einem fortgeht, und nur durch die Erscheinung des Geistes unterbrochen wird.

Die Absicht ist, Fausten mit seltner musikalischer Begleitung recitieren zu lassen, die Annäherung und Erscheinung des Geistes wird melodramatisch behandelt, das Schlußchor melodisch, woraus denn ein kleines Stück entsteht, welches etwas über eine halbe Stunde dauern mag. Unserm Oels ist die Rolle des Faust zugedacht, wie es gelingt, werde anzuzeigen nicht verfehlen. Vielleicht daß sich hieran auch einige andere Scenen schließen und wer weiß, wohin es führen kann!

H. Geh. H. R. Kirms giebt mir Nachricht, daß Sie, verehrter Freund, den Beyfall, den Sie meiner Arbeit gaben auch noch, zum Ueberfluß, durch goldne Zeugnisse bekräftigen wollen, wofür ich den verbindlichsten Dank erstatte.

Gedenken Sie mein gelegentlich in Gegenwart Ihrer liebenswürdigen Gemahlin, so weiß ich daß es zur guten Stunde geschieht.

Haben Sie Güte mir die Folge Ihrer Anordnungen mitzutheilen und bleiben meiner aufrichtigen Theilnahme versichert.

Goethe.

Weimar den 1. May 1815.

Nr. 47. Goethe an Brühl.

Im Begriff nach Wisbaden abzugehen, verfehle ich nicht meinem würdigen und verehrten Freunde davon Meldung zu thun, nicht weniger ein in meinem lezten Briefe angedeutetes Versprechen zu erfüllen.

Es geht nämlich mit der fahrenden Post eine kleine Rolle ab, worauf ich jenen Aufsatz über Proserpina gewickelt habe, welchen jedoch zu secretiren bitte, bis er im Morgenblatt erscheint, für welches er bestimmt ist.

Zugleich finden Sie auf derselben Rolle eine Zeichnung, wie wir das Reich des Pluto dargestellt, welches denn freylich auf einem großen Theater vollständiger, bedeutender und herrlicher erscheinen kann.

In der Berliner Zeitung habe ich mit Vergnügen einige auf's Theater bezügliche Aufsätze gelesen, mögen wir dergleichen darin öfters finden, es soll in einem freundlichen Wiederhall aus Süden nicht fehlen.

Wie trefflich Herr Devrient im Kaufmann von Venedig gespielt, davon hab' ich schon umständliche Nachricht, Sie sehen also auch hieraus, daß Sie beobachtet sind.

Anliegend finden Sie die von H. Geh. H. R. Kirms verlangte Quittung, oder vielmehr eine Interimsquittung; ich stelle solche dankbar aus, mit der Bitte, sie bey sich zu verwahren, bis ich von Frankfurt her auf gedachte Summe eine Assignation sende, welche gefällig zu honoriren bitte.

Mich zu gütigem Andenken, auch in weiterer Ferne angelegentlich empfehlend

Goethe.

Weimar den 20. Mai 1815.

Nr. 48. Goethe an Brühl.

Sie haben, mein Werthester, durch Beurlaubung des Herrn Kapellmeisters Weber uns so eine besondre Gefälligkeit erzeigt und Anlaß zu so manchem Guten gegeben, daß ich ihn nothwendig als Friedensboten an Sie entlassen muß.

Es ist ein großer Unterschied, ob man von Freunden oder Fremden verletzt wird, jenen ist man während einer Lebensreise so manchen Dank schuldig geworden, daß man wohl auch einmal über einen Schaden den sie uns zufügen hinwegsehen kann.

Herr Kapellmeister Weber wird von unsern hiesigen Zuständen und Exhibitionen Rechenschaft geben. Sowohl er, als Director Schadow haben uns sehr angenehme und lehrreiche Stunden verschafft. Herrn Professor Levezow haben Sie die Güte für das Uebersendete und Gemeldete schönstens zu danken, nur verzeihen Sie beyde, wenn ich, mannigfaltig beschäftigt und bedrängt, nichts weiter hinzufüge als die wärmsten Grüße an die verehrten Ihrigen und den Wunsch, bei Ihnen immer in freundlichem Andenken zu stehen.

Goethe.

Weimar den 10. Februar 1816.

Nr. 49. Goethe an Brühl.

Sie, mein theuerster Herr und Freund, möchte ich nicht ohne schnelle Antwort lassen; verzeihen Sie deswegen meinen eiligen Worten.

Als Herr Musikdirector Seidel mir schrieb, er habe Lila in Musik gesetzt, so wünschte ich, er hätte mir das früher eröffnet, damit ich noch etwas hätte daran thun können, um das Stück dem eigentlichen Singspiel zu nähern. So wäre es aber etwas ganz anders geworden und da es nun so hingehen soll, mache ich folgende Bemerkung:

Das Sujet ist eigentlich eine physische Cur, wo man den Wahnsinn eintreten läßt, um den Wahnsinn zu heilen. Haben Sie also ja die Güte, daß der erste Aufzug sehr gut prosaisch, familienhaft, nicht zu schnell, expositionsmäßig vorgetragen werde.

Im zweiten Akt heben Sie es gleich in eine fremde Region; daß Lila der Magus und Almaide als Sprechende und Singende ihre Pflicht leisten, dafür ist gewiß gesorgt.

Goethe.

Nr. 50. Brühl an Goethe.

Lassen Sie mich der erste sein, mein hochgeehrter Herr und Freund, der Ihnen über die Aufführung der Lila den nöthigen Rapport abstattet. Was Sie in Ihrem geehrten und freundschaftlichen Schreiben mich wissen ließen, habe ich nach Möglichkeit beobachtet, und das Stück ist von Seite der Schauspieler und Sänger nach Kräften aufgeführt worden.

Wolff hat den Baron Sternthal, Beschort den Grafen Altenstein, Johanna Eunicke die Lila, Rebenstein den Grafen Friedrich, Wauer den Verazio recht wacker dargestellt und verdienen für ihre Bemühungen alles Lob.

Ich meines Theils hatte die Darstellende mit Ihren Ideen bekannt gemacht, und zugleich für das scenische Leben und die Eleganz der äußeren Umgebung mit Liebe gesorgt, so daß am Schlusse des Stücks und mehreremale in Mitte desselben laute Beifallsbezeugungen gehört wurden, und man mit dankbarer Anerkenntniß das Gute und Schöne aufnahm, was uns der Dichter in diesem Werke geschenkt hatte.

Gern möchte ich ein gleiches von der Musik sagen können, welche freilich manches und viel zu wünschen übrig ließ. Sie ist nicht schlecht, aber leider auch nicht gut; und so fürchte ich, wird sich das Werk nicht lange auf dem Repertoir halten.

Das Sujet ist ganz geschaffen einen phantasiereichen Componisten zu begeistern, und wenn der ehrliche Seidel so viel Ueberlegung gehabt hätte, Sie vor Anfang seiner Arbeit um einige Veränderungen zu bitten, wodurch das Ganze sich mehr der Form eines ernstlichen Singspiels genähert hätte, so würde der glänzendste Beifall gewiß nicht ausgeblieben sein.

Sie werden nun wohl mit Recht bemerken, mein werther Herr Geheimerath, daß dieser, mein Bericht, unter solchen Umständen wenig erfreuliches für Sie enthält, und keinesweges will ich das leugnen. Gleichwohl glaubte ich mich verpflichtet, Ihnen denselben abstatten zu müssen, um soviel mehr er mir die Gelegenheit verschafft, Ihnen den wohlbekannten Versicherungen von hoher Verehrung und Freundschaft zu wiederholen, von der ich für Sie durchdrungen bin, so lange ich die Freude habe Sie zu kennen.

Diese Lila hat wieder eine Menge Gedanken und Erinnerungen in mir aufgeregt und Wünsche hervorgebracht, welche ich von Ihrer Güte realisirt sehen möchte.

Da Sie mir in Ihrem ersten Brief die Eröffnung machten, daß Sie wohl nicht abgeneigt gewesen wären, die Lila in einer veränderten Gestalt auf die Bühne zu bringen, so frage ich Sie jezt, ob es nicht möglich wäre, Paläophron und Neoterpe mit weniger speciellen Beziehungen auf die große Bühne zu bringen, oder wenn Sie das für unthunlich hielten, dieselbe wenigstens ja so weit zu verändern, daß dieselbe hier auf unserm Gesellschaftstheater dargestellt werden könnte. Ich fühle eine wahre Sehnsucht diese Rolle nach so langer Zeit wieder zu sprechen, und mit innigem Danke würde ich erkennen, wenn Sie es der Mühe werth fänden das kleine Stück für meine Zwecke anpassend zu machen.

Einige freundliche Worte, ob meine Bitte Erhörung finden kann, würden mich vorzüglich erfreuen, und mich überzeugen, daß Sie mich noch Ihrer Güte und Freundschaft werth halten.

Mit inniger Verehrung

Brühl.

Berlin den 10. December 1818.

Nr. 51. Goethe an Brühl.

Sie verzeihen mir gewiß, mein theuerster Herr und Freund, wenn ich ihren lieben Brief nicht schnell erwiederte, die große Epoche, die vor uns vorüberging, hat uns alle in Nachdenken, Thätigkeit und Bewunderung gesetzt und so flogen Acht Wochen unter Vorbereitung, That, Genuß und Nachklang hin, ohne daß wir selbst recht wissen, wie es uns zu Muthe war.

Nun also zu Ihrer freundlichen Mittheilung, deren Unerfreulichkeit mir nicht ganz fremd war; denn wir alten Praktiker müssen ohngefähr die Wirkung der Arzney voraussehen. Die gute Lila, aus den allerzufälligsten Elementen, durch Neigung, Geist und Leidenschaft, für ein Liebhabertheater nothgedrungen zusammengereiht, konnte niemals eine große, bedeutende Darstellung begründen; das dort aus Noth gebrauchte war reizend, aber mehr verlangt man billig, wo so viele Mittel bereit sind.

Möge daher Ihr guter freundlicher Wille für den Compositeur der Casse nicht zu allzugroßem Schaden gereichen.

Ueber Paläophron und Neoterpe wagte ich nichts zu sagen, denn mir war diese liebe kleine Production nicht mehr gegenwärtig. Vor wenig Tagen jedoch lasen mir zwei hübsche, verständige, gelehrige Kinder das Werkchen ganz anmuthig wieder vor, dabey machte ich die Bemerkung, daß daran gar nichts weiter zu thun sey. Denn dieser Scherz, dessen unschuldigen Ursprung und heitere Wirkung Sie am besten kennen, gewinnt für den Augenblick etwas bitteres, da Gelbschnabel und Haberecht, nicht etwa nur innerhalb kleinstädtischer Philisterey, sondern in Reichs- und Weltbezirken ihr Wesen treiben und anstatt einander aus dem Wege zu gehen, ein Schutz- und Trutzbündniß mit Einschluß von Naseweis und Griesgram getroffen haben.

Sollten Sie also auf irgend einer Privatbühne davon Gebrauch machen, so würde ich rathen das Ganze zu lassen wie es ist und nur am Ende, da es denn doch wohl als gelegenheitlich irgend einer verehrten Person gebracht wird, die Züge mit wenig Pinselstrichen zu verändern. Bei diesem Anlaß darf ich nicht verschweigen, daß unsere liebe Neoterpe in diesen Tagen glücklicherweise eine Aristeia (das heißt verdollmescht: eine vollkommen darstellende Erscheinung ihrer innewohnenden

Kräfte und Tugenden) gehabt habe. Bei dem großen Redouten-Aufzug vor J. M. der Kaiserin Mutter nämlich habe die Freundin verführt den Epilog zu sprechen. Wenn er Ihnen nächstens gedruckt zu Handen kommt, hoffe ich daß Sie billigen werden, wenn sie sich hat verführen lassen, auch ist es so vollkommen geglückt, daß sie als der liebenswürdigste Stern unter Sternen und Sonnen zum Schluß aufleuchtete.

Nun aber auch kein weiteres Wort, als daß ich Ihrer Neigung und freundlichstem Andenken empfohlen zu seyn wünsche.

Der Ihrige

Goethe.

Weimar den 14. Januar 1819.

Nr. 52. Brühl an Goethe.

Mein hochverehrter Herr und Freund!

Ihr Sohn wird Ihnen wahrscheinlich schon schriftlich erzählt haben, wie die Aufführung einiger Scenen aus Faust gelungen ist, und wird die näheren und ausführlichern Umstände Ihnen mündlich melden. Ich füge also über das wirklich gelungene dieser Versuche nichts weiter hinzu. Jezt hat der Fürst Radziwil beschlossen, am 10. Juny als am Geburtstage der Fürstin eine Wiederholung des schon gegebenen zu veranstalten. Da ich auch bei diesem kleinen Theater als Director und Impresario in angustio angestellt bin, so liegt mir ob, diese Vorstellung möglichst vollkommen zu machen. Sie werden erfahren haben, daß der Fürst den Gedanken gehabt hat, die Erscheinung des Erdgeistes durch Phantasmagorie zu bewirken und daß er den Erdgeist unter Ihren Gesichtszügen hat darstellen lassen. Inwiefern diese Idee gut oder nicht gut ist, wage ich nicht zu entscheiden. Der Zweck war aber in sofern verfehlt, daß die ganze Erscheinung nichts schreckliches, sondern eher etwas erfreuliches hatte, und gleichwohl Faust zu sagen hat, „Schreckliches Gesicht." Bei der Wiederholung welche zu dem Geburtstage veranstaltet wird, wünschte ich wohl der Sache etwas näher zu rücken und bitte Sie daher inständig mich nur mit wenigen Worten wissen zu lassen, wie Sie Sich die Erscheinung des Erdgeistes denken. Um Ihnen eine anschauliche Idee von der kleinen Bühne selbst zu geben auf welcher die Vorstellung stattfindet, lege ich Ihnen hier die Zeichnung der

Decoration bei. Es sind gar keine Coulissen gemacht worden, sondern das Theater ist durch fünf mehr oder weniger breite oder schmale Wände abgeschlossen und gleichfalls mit einem verschlossenen Plafond versehen, so daß also das Ganze vollkommen einem Zimmer ähnlich ist. Durch das hintere Fenster, welches transparent gemalt ist, zeigt sich nicht allein der vorgeschriebene Mondschein, sondern auch die Erscheinung des Erdgeistes, von dem man aber nur den colossalen Kopf sah, welcher eine Höhe von vier Fuß einnahm.

Mit Ungeduld sehe ich Ihrer gütigen Entscheidung entgegen, um die Erscheinung mehr in Ihrem Sinne darstellen zu können.

Erhalten Sie mir wie bisher Ihre unschätzbare Güte und Freundschaft, und sein Sie von meiner innigsten und aufrichtigsten Verehrung überzeugt.

Brühl.

Den 26. May 1819.

Nr. 53. Goethe an Brühl.

Vor allen Dingen also, theuerster und geliebter Freund, meinen besten und schönsten Dank für die gütige und ehrenvolle Aufnahme meiner Kinder. Sie sind, was ihre Schreiben vermelden, in ihrem Aufenthalt zu Berlin glücklich und seelig. Mögen Sie des Fürsten Radziwil Durchlaucht gleichfalls meinen verbindlichsten Dank abtragen für die Gnade, die er ihnen erwiesen, und für die Gunst, die er gegen den alten Hexenmeister fortsetzt. Mein Sohn weiß mir nicht Gutes genug von der doppelten Aufführung zu schreiben. Von mündlicher Ausführlichkeit erwarte ich noch manches Erfreuliche.

Nun zu Ihrer Anfrage mit Zurücksendung der Zeichnung. Diese Darstellung des Erdgeistes stimmt im Ganzen mit meiner Absicht überein. Daß er durch's Fenster hereinsieht, ist gespensterhaft genug. Rembrandt hat diesen Gedanken auf einem radirten Blatte sehr schön benutzt.

Als wir uns hier auch einmal vornahmen, dieses Stück anzugreifen und vorzubereiten, war mein Gedanke gleichfalls nur, einen kolossalen Kopf und Brusttheil transparent vorzustellen, und ich dachte dabei die bekannte Büste Jupiters zu Grunde zu legen, da die Worte: schreckliches Gesicht auf die Empfindung des Schauenden, der vor einer solchen Erscheinung allerdings erschrecken kann, eben so wohl als auf die Gestalt selbst bezogen werden konnten; auch überhaupt hier nichts Frazzenhaftes und Widerliches erscheinen dürfte. Wie man etwa durch flammenartiges Haar und Barth sich dem modernen gespensterhaften Begriff einiger Maßen zu nähern hätte, darüber waren wir selbst noch nicht einig; einem klugen Künstler gelingt vielleicht eine, der Sache recht gemäße, Erfindung. Uebrigens darf ich mich in diesem Sinne sehr geschmeichelt fühlen, daß man mir bei so guter Gelegenheit, in so ansehnlicher, schöner Gesellschaft diese wichtige Rolle vorläufig übertragen wollen.

Schon nach den Briefen meines Sohnes bewundre ich, was für Faust geschehen und geschieht. Nur mit solcher Genialität und Vorliebe konnte das Geschäft glücklich angegriffen werden. Wolff wird erzählen können, wie und wo wir stecken geblieben. Und doch, wenn das Ganze einmal durchgearbeitet ist, bringen Sie es wohl durch Ihre unternehmende Sorgfalt zur öffentlichen Erscheinung. Auch wird Ihr hergestelltes Theater gewiß eine neue Epoche der deutschen Bühne eröffnen und zu manchem Guten Gelegenheit geben und nöthigen.

Hierbei will ich ein gewisses unangenehmes Gefühl bekennen, das mich überrascht, und nicht läugnen, daß es mir leid thut, nicht wieder in Ihrer Gesellschaft noch einmal von vorne anzufangen!

Treulichst

Goethe.

Weimar den 2. Juni 1819.

Nr. 54. Goethe an Brühl.

Die reichhaltige Sendung, theuerster Herr und Freund, erschien mir in gar manchem Sinne höchst angenehm. Zuvörderst giebt sie mir eine längst erwünschte Gelegenheit für alles das Gute zu danken, was sie meinen Kindern während ihres Aufenthaltes in Berlin reichlich und vielfältig angedeihen lassen; mit einer gleichen Entzückung sprechen sie von der geistigen gnädigen Aufnahme, von Genüssen aller Art, welche auch nur die wohlwollenden Bewohner einer Königsstadt gewähren können; die Geschichte davon ist zur nie versiegenden Familien-Unterhaltung geworden. Auch von Ihrem Theater, und von der großen darauf verwendeten Sorgfalt, habe durch diese munter-theilnehmende Jugend nähere Einsicht gewonnen, die sich durch Ihre freundliche Güte zum unmittelbaren Anschauen steigert.

Die Weimarischen Kunstfreunde nehmen aufrichtigen Theil an allen diesen Bemühungen und hoffen freundliche Aufnahme wenn sie zunächst sich darüber auszusprechen gedenken. Durch die Treue, mit der Sie am Kostüm in jedem Sinne, der Gebäude, der Kleidung und sämmtlicher Umgebungen festhalten, erwerben Sie sich das große Verdienst die characteristische Eigenthümlichkeit jedem Stück zugesichert und es in sich selbst abgeschlossen zu haben. Da jedoch die strenge Befolgung dieser Maximen kaum einem Königl. Theater, geschweige andern möglich wird, so dürfte hierbei eine gewisse Liberalität anzurathen und anzunehmen seyn, worüber die Weimarischen Kunstfreunde sich mit Ihrer Vergünstigung, bescheidentlich nächstens zu äußern gedenken.

Dem theuren Paare mich treulichst empfehlend

Goethe.

Weimar den 2. April 1820.

Nr. 55. Brühl an Goethe.

Vielleicht hat Ihnen, höchstgeehrter Herr und Freund, die Fama schon verkündet, daß der König mir erlaubt hat, unser neues Schauspielhaus mit Ihrer Iphigenia einzuweihen. Daß meine Freude sehr groß ist über diese Königliche Erlaubniß darf ich Ihnen wohl nicht erst sagen und versichern, da Sie meine unbegrenzte Verehrung für Ihre Werke und meine Liebe für Ihre Person kennen.

Nun ist aber auch die Rede davon, daß ein Prolog gesprochen werden soll und wer könnte es wohl wagen, einen Prolog von einem Dichterwerke dieser Art zu machen, als eben Sie Selbst.

Wollen und können Sie mir und Ihren Verehrern die Freude schenken einen solchen Prolog zu dichten, den unsere tallentvolle junge Schauspielerin Stich sprechen würde, so würden Sie sich aller Dankbarkeit erwerben. In welcher Form, Art, Gestalt Sie dies ausführen wollen, steht Ihnen zu bestimmen völlig frei.

Den Schluß der ganzen Vorstellung wird ein kleines Ballet bilden unter dem Titel: die Rosenfee. Bis zum 24. des Monats May ist für jezt die Einweihung festgesetzt und dürfte sich höchstens bis zum 26. verziehen. Sollten Sie meinem innigsten Wunsche und meiner dringenden Bitte nicht nachgeben können, so würde es mich wahrhaft betrüben, doch hoffe ich das Beste.

Mit unwandelbarer Verehrung und Liebe

Brühl.

Berlin den 24. April 1821.

Nr. 56. Goethe an Brühl.

Ihr werthestes Schreiben, theuerster Herr und Freund, hätte mich beinahe erschreckt; es fand mich zwischen mehreren, durchs Frühjahr aufgeschlossenen Mineralienschränken, eben in Betrachtung von Pflanzenresten der Urwelt, von da ist denn freylich, als aus der düstersten Kohlenregion, ein weiter, kühner Schritt bis zu dem Berliner Prachtgebäude und allem was man daselbst leistet und erwartet.

Weil man sich aber in solchen bedenklich überraschenden Fällen zu Ermuthigung und Stärkung, mit wichtigen Personen der Vorzeit zu vergleichen pflegt, so dachte ich alsobald an Cincinnatus, welcher aufgerufen, ohne Zaudern vom ländlichen Herde sich wieder in das Welt- und Kriegsgetümmel hinauswagte.

Die Ehre und Freude die Sie mir erweisen läßt mich keine verneinende Antwort finden; ich habe die Sache sogleich überdacht und Sie erhalten nächstens was bei mir entstehen wollte. Da bei Ihrem Theater alles möglich ist, so werden Sie mir einige nicht allzukühne Forderungen verzeihen. Grüßen Sie Madame Stich zum allerschönsten; das Gute was ich von ihr höre und denke verlangt, daß ich etwas angebe ihrer Ausführung würdig.

Mehr sage ich diesmal nicht. Jedoch sende nächstens die Uebersicht des Ganzen und den Anfang der Ausführung. Das fortdauernde Vertrauen dankbar anerkennend, mich zu fernerer freundlicher Mitwirkung schönstens empfehlend.

Treulichst

J. W. Goethe.

Weimar den 30. April 1821.

Nr. 57. Goethe an Brühl.

Bemerkungen, sich auf den Prolog überhaupt, besonders aber auf beikommenden Anfang beziehend. *

I.

a) ** Decoration, prächtiger Saal oder Vorhalle im antiken Styl.

Das Schauspiel in Königl. Tracht mit Diadem und Purpurmantel. Zu einem Scepter würde ich nicht rathen.

b) Sie tritt ganz hinten im Grunde auf und spricht die ersten Worte mit Energie, so weit hinten bleibend als möglich. Es giebt dieses zugleich eine Probe, von wie weit her und wie deutlich man sich auf der gegenwärtigen Bühne könne hören machen.

c) Sie scheint einen Augenblick zu stutzen, betrachtet Theater und Saal, ohne viel weiter hervor zu gehen.

d) Sie ist bis zur Mitte der Bühne gelangt; hier verweilt sie, damit sie noch Coulissen vor sich habe, in die hineinzusehen, hineinzusprechen wahrscheinlich sey, ohne das Gesicht zu sehr nach der Seite zu wenden.

e) Dies gilt besonders von dem nächstfolgenden, wo sie das beschreibt was sie draussen sieht.

f) gleichfalls, doch mehr den Zuschauern genähert.

g) weiter hervortretend ganz ad Spectatores.

h) Sie kann völlig ins Proscenium treten und folgende didaktische Stellen (sich von einer Seite zur andern bewegend, nach dem verschiedenen Sinne der einzelnen Theile ihre Recitation modificirend) klar und deutlich ins Publikum schicken. Sie bleibt einen Augenblick ruhig stehen; wahrscheinlich wird applaudirt, sie nimmt es anständig auf.

Doch sogleich mit pathetischer Geberde geht sie in Begeisterung über, scheint Geisterstimmen zu hören und sucht wieder in die Mitte des Theaters zu kommen.

* Der Abdruck des Prologs ist unterblieben, da er in allen Ausgaben von Goethes Werken zu finden. S. Band VI, S. 448 der Ausgabe in 30 Bänden.

** Die Buchstaben beziehen sich auf die Strophen des Prologs.

II.

Das Theater verwandelt sich in eine Wald- und Felspartie. Musik von blasenden Instrumenten hinter den Coulissen, zu Einleitung nachfolgender lyrischer Vorträge.

Ein Felsenstück wird mit herein geschoben, das sich vor eine Versenkung stellt, hinter welchem vergehend sie einen Augenblick verweilt und ihre Kleidung verändert.

Die Musik wird lebhafter, kräftiger, heftiger und besänftigt sich wieder; die Schauspielerin tritt hervor, den Thyrsus in der Hand, das Panther-Fell um die Schultern, das Haupt mit Epheu bekränzt.

In der nun folgenden ganz lyrischen Stelle exponirt sie die Oper nach ihren Haupteigenschaften, sie steigert den Vortrag vom Lieblichsten ins Fürchterlichste und wendet sich wieder ins Lieblichste.

Wollte man diesen ganzen mittlern Theil mit Musik begleiten, ja mit Gesang durchweben und schließen, so wäre es gewiß zum großen Vortheil und die treffliche Schauspielerin fände Gelegenheit auch ihr musikalisches Talent zu bethätigen.

III.

Die Bühne verwandelt sich in einen Lust- und Ziergarten; dies kann auch in Gegenwart der Dame geschehen, ja auf ihren Wink, da sie sich als Zauberin und Herrin dieser Bezirke darstellt.

Ein Tanz von Sylphen und Undinen tritt ein: sie sind kurz vorher angekündigt.

Unter Ziergarten versteh ich hier einen, mehr im geregeltarchitektonischen als freyen Natursinn angelegten Lustort, und würde rathen einen vom Ende des 16. Jahrhunderts als Muster zu wählen, wo die Absicht zu entschiedener, galantgeselliger Lust offenbar in die Augen fällt. Ein solcher würde künftig immerfort bey allen Ritterstücken gar erfreulich dienen. In vielen Kupferwerken finden sich dergleichen, doch in Paul Brills Monat-Bildern stellt das Blatt May und Juny einen solchen dar, welchen Herr Geh. O. B. R. Schinkel zu gegenwärtigem Zweck gar herrlich zurichten würde.

Wäre hiezu nicht Zeit mehr, so wählte man aus den vorhandenen Decorationen das Anmuthigste was sich sonst in dieser Art vorfindet.

Die Schauspielerin hat sich während des Ballets umgezogen und sich so anmuthig costumirt als möglich; will sie, auch nur mit wenigen

Bewegungen, an dem Ballet einige Theilnahme beweisen, so würde auch dadurch die Vorstellung höchlich gewinnen und die nächst zu sprechenden Verse würden sie um desto besser kleiden.

Viel ist, gar viel mit Worten auszurichten,
Wir zeigen dies im Reden, wie im Dichten;
Doch liebliche Bewegung, wie gesehn
Darf man zu schildern sich nicht unterstehn.
Nur der Gesammtblick läßt den Werth empfinden,
Der holde Tanz, er muß sich selbst verkünden.

Uebrigens wird die dritte Abtheilung wie die erste blos gesprochen, es ist dem Zuschauer noch manches discursiv, didaktisch, beyläufig und herzlich vorzutragen, damit der hohe Werth des Festes von allen Seiten ausgesprochen werde.

Verziehen seyen mir, bitt ich, zum Schluß diese flüchtigen improvisirten Bemerkungen.

Es heißt freilich: Eulen nach Athen tragen, wenn ich das, was einer verehrten Intendanz, den würdigen und gewandten anordnenden und ausführenden Künstlern sogleich beygehen würde, vorläufig ausspreche und andeute.

Da jedoch die Zeit zu kurz und die Wirkung in die Ferne manchen Verspätungen ausgesetzt ist, so wollte ich lieber was mir im Sinne schwebt zu weiterer Prüfung hingeben.

Wie ich denn jede Art von Wunsch und Forderung, wie sie mir zukommt, sogleich beachten und eiligst fördern werde; glücklicherweise trifft mich dieses unerwartete angenehme Geschäft in einem ganz freyen Augenblick.

J. W. Goethe.

Weimar den 2. May 1821.

Nr. 58. Goethe an Brühl.

Sie erhalten, theuerster Freund, des Prologs zweite Abtheilung und den Anfang der dritten. Nach denen schon neulich übersendeten Bemerkungen wüßte wenig hinzuzusetzen, doch liegt ein Blättchen bey, geneigt zu überlegen.

Ich füge den Anfang der dritten Abtheilung hinzu, damit Sinn und Ton derselben vorläufig klar werde. Die Rede wird noch einigemal ricochetiren. Wenn Sie das vorliegende Ganze überdacht haben, so seyn Sie so gütig mir zu sagen, was Sie noch erwähnt wünschten. Ich werde ein Lob des Baumeisters und der mitwirkenden Künstler einführen, und da mir bekannt ist, daß S. M. dem Könige dergleichen Directes nicht gefällt, so will ich indirect diese Pflicht zu üben suchen.

Ich wünsche, daß meine Intention und die Ausführung Ihren Beyfall haben möge; ich muß freylich geben was der Augenblick verlieh. Im Allgemeinen kann man sagen: die Absicht der Ersten Abtheilung ist zu dem Verstand zu sprechen, der Zweiten auf die Einbildungskraft zu wirken, der Dritten sich an Vernunft und Gefühl zu wenden. Möge das alles gelungen seyn, und auch Ihren Absichten entsprechen.

Der werthen Schauspielerin die besten Grüße. Es ist freylich bei diesem Unternehmen auf ein vorzügliches, mannigfaltiges Talent gerechnet.

Um baldige Nachricht von der Ankunft meiner beiden Sendungen (die erste ging den 3. May ab) zum allerschönsten ersuchend, empfehle mich und das Meinige zum freundlichsten Andenken.

Treulichst

J. W. Goethe.

Weimar den 5. May 1821.

Beilage zur zweiten Sendung am 5. May.

k) Das Theater verwandelt sich wie angezeigt.

l) Sie tritt Bachisch gekleidet hervor.

m) Das Theater verfinstert sich.

n) Ein rother Schein überzieht das Theater.

o) Es wird wieder Tag. Ich gebe zu bedenken, ob man nicht gleich hier wollte den Ziergarten eintreten lassen; alsdann wäre es nicht unschicklich bey

p) die Sylphen, bey

q) die Undinen erscheinen zu lassen, bey

r) geht sie ab und macht dem Ballet Platz, bey

s) kehrt sie wieder, heiter und zierlich gekleidet.

Goethe.

Weimar den 5. May 1821.

Nr. 59. Goethe an Brühl.

Ob ich gleich mit meinem Zustande, theuerster Herr und Freund, verhältnißmäßig Ursache habe zufrieden zu seyn, so könnte doch gerade Ihr schöner, so wohlgemeinter Brief unangenehme Gefühle in mir aufregen. Das Alter mag doch eigentlich eine lästige Sache seyn, da es uns hindert, solche so wünschenswerthe Güter zu genießen.

Ich bin diesen Winter nicht aus dem Hause und dieses Frühjahr nicht weiter als in meinen Hausgarten gekommen, wie sollte ich es wagen mich zu einer solchen Reise zu entschließen und einer großen bewegten Welt zu übergeben. Entschuldigen Sie mich also bey Sich Selbst und meinen hohen Gönnerinnen so gut als nur möglich und überzeugen Sich, daß ich an Ihrem festlichen Tage die größte Unruhe und Ungeduld empfinden werde, nicht Theil an allen den zu erwartenden Herrlichkeiten nehmen zu können. Ich fühle gewiß die größte Dankbarkeit gegen die Höchsten Personen, welche schon so lange mich mit Ihrer Neigung beglücken; was wäre mir wünschenswerther als solche Verhältnisse anzuknüpfen und zu erneuern.

Auch Sie, mein Bester, wünschte in Ihrem großen herrlichen Wirkungskreise zu bewundern und mich mit Ihnen über alles zu freuen was gelungen ist und gelingen wird. Sie haben doch nach jenem graußen Zufall viel gelitten und geleistet, möge Ihnen jetzt das alles zu Gute kommen.

Auch Ihrer Frau Gemalin hätte ich so gern wieder aufgewartet und was hat nicht Berlin an Menschen und Sachen für mich Wünschenswerthes, welches ich näher kenne als je, seit meine Kinder und Hofrath Meyer dort eine so gute Aufnahme und Gelegenheit gefunden, alle die vielen Schätze zu beschauen, wohin sich denn auch täglich das Gespräch lenkt. Aus allem diesen sehen Sie, wie schwer es mir werden wird, jenen festlichen Tag in meiner stillen halbländlichen Wohnung zuzubringen.

Hierbei folgt denn auch der Schluß des Prologs. Möge er und das Ganze genügen; es machte mir viel Freude Ihnen hierinnen dienen zu können. Wie er gerathen ist, wüßte ich nicht zu sagen, ich stehe noch zu nahe daran, als daß ich das Ganze überschauen könnte.

Grüßen Sie Madame Stich zum schönsten, welche zu sehen ungern entbehre. Auch Wolfs geben Sie ein gutes Wort, denn diese sind's doch eigentlich, welche mich zur Ausführung dieses Stücks, dem Sie jetzt so große Ehre gönnen, getrieben und genöthigt haben.

Alle mitwirkende Bau- und Bildkünstler sollen auch von mir gesegnet seyn und so nehme ich Abschied mit den treusten Wünschen und wiederholten Bitte mich allerseits zu empfehlen und meiner im Besten zu gedenken.

So eben stellt sich unseren erstaunten Augen das herrliche Bild vor, welches jedoch in diesem Augenblicke zu senden eigentlich grausam ist. Die winkenden Götter sehen mich bedeutend an, die Pferde treten so rasch auf und die Wagen rollen so unaufhaltsam dahin, daß man eiligst mit einsteigen möchte. Mögen solche Festtage zur allgemeinen Freude gereichen.

Treulichst

J. W. Goethe.

Weimar den 12. May 1821.

Nr. 60. Goethe an Brühl.

Ihr höchstwerthes Schreiben, bester Herr und Freund, war mir sehr erfreuend, da ich seit langer Zeit nichts von Ihnen vernommen hatte; denn Herr Schukowsky gab sein Schreiben an mich nicht ab und wird mir jezt, von Stuttgardt her, als ein ausgezeichneter Mann empfohlen, der bei seiner Rückreise meine Bekanntschaft zu machen wünscht. Wahrscheinlich war er mit den Kaiserl. Hoheiten nicht hier, oder behandelte den Brief, den Sie ihm mitgaben, als ein allgemeines Empfehlungsschreiben.

Demohngeachtet aber hat mich von Berlin her seit jener Zeit nur Angenehmes berührt, woraus ich auch vermuthen konnte, daß Sie mit mir und meinen Bemühungen zufrieden seyen. Auch dient es zu größter Beruhigung, daß ich in der stillsten Klause, soweit vom lebendigsten Leben entfernt, dasjenige zu produciren wußte, was dort in einem höchst bedeutenden Momente schicklich und erfreulich werden sollte.

Nun versetzen Sie mich durch Ihre allerliebste Sendung in den Fall, die bedeutende Localität, nach deren Anschauung ich mich längst gesehnt, im Bilde und zugleich den herrlichen Vorder- und Hintergrund auf welchem meine Production sich hervorthat mit leiblichen Augen zu erblicken.

Inwiefern sich jenes vorübergehende und so wohl aufgenommene dramatische Erzeugniß perpetuiren, oder vielmehr nochmals vorführen lasse, darüber hab ich wohl manchmal nachgedacht, bin aber mit mir noch nicht ganz einig; zu näherer Prüfung setze gegenwärtig nur einen Stein in's Brett.

Mein Vorschlag wäre: mit sehr gemäßigten Abänderungen ein Vorspiel daraus zu machen, welches jährlich am Einweihungstage gegeben werden könnte. Da nun aber ohnehin die Masse des zu recitirenden jetzt schon groß genug ist, und sich noch etwas erweitern dürfte; so würde ich rathen die Darstellung unter drey Personen zu vertheilen. Recitation, Musik, Gesang und Ballet mit Zubehör, würden etwa wie schon angedeutet vorgeführt. Die drey Figuren träten zuletzt im Einklang zusammen, die Darstellung gewänne an Mannigfaltigkeit, und eine liebenswürdige Einheit würde zum Schluß erzielt werden.

Indem ich nun auf diesem Wege meinen Gedanken nachgehe, so ersuche ich Sie mir die Ihrigen mitzutheilen, wir hätten Zeit alles zierlich einzurichten, um über's Jahr mit einem Neu-Alten zu überraschen.

Ist es Ihnen indessen nicht zuwider, so würde ich den Prolog wie er ist, den ich in der neuen Berliner Monatschrift beinahe völlig abgedruckt finde, im nächsten Hefte von Kunst und Alterthum einschalten: auch ein Stillschweigen soll mir als Bejahung gelten.

Daß ich an den Unbilden, die Sie zu erdulden haben, den aufrichtigsten Antheil nehme, sind Sie überzeugt, werden es aber noch mehr seyn, wenn ich ausspreche: daß ich in ältern Tagen mich immer mehr nach außen absondere und nach innen concentrire, wo ich denn die Freunde wieder finde, mit denen ich, vor mehreren Jahren verbunden, manches Gute und Schöne gewirkt. Wie freute es mich nicht, bey Gelegenheit des Maskenzuges zu Ehren der Kaiserin Mutter unser himmlisches Kehlchen wieder hervorzulocken und den Schluß einer reichen Darstellung durch ihre gemüthliche Anmuth auf's neue zu beleben.

Und so wend' ich mich denn wieder dahin wo ich ausging, daß es mir höchst peinlich ist einen so werthen und thätigen Freund nach den größten Leiden und tüchtigsten Anstrengungen nicht durch Zufriedenheit und froh aufnehmenden Mitgenuß belohnt zu sehen. Ich weiß es nicht im Besondern, denn ich habe nur ungern aufgemerkt. Nun aber lassen Sie mich schließen und verzeihen Sie diese Blätter dem überberedten Alter und den schweigsamen Nächten.

Mögen Sie beikommendem Blatt Ihre Sanction ertheilen, so würde ich zu mancher guten Stunde, welche mir durch eine so freundliche Gabe vorbereitet wird, dankbar des Gebers gedenken.

Treulichst

Goethe.

Weimar, 22. October 1821.

Nr. 61. Goethe an Brühl.

Lassen Sie, verehrter Freund, mich auch wieder einmal ein Wort des lauten Dankes aussprechen, da ich ihn so oft im Stillen unter den Meinigen wiederholen muß. Unablässig gedenken Sie mein in thätigem Wohlwollen und sind überzeugt, daß ich dafür erkenntlich bin.

Meiner guten artigen Schwiegertochter haben Sie die beste Gelegenheit verschafft, die Herrlichkeiten des ersten deutschen Theaters bequem anzusehen und auch Zeuge zu seyn, welche Sorgfalt Sie verwenden, dasjenige zur glücklichsten Evidenz zu bringen, was von mir und meinen früheren Bemühungen sich gelegentlich ableitet; von Herrmann und Dorothea kann sie noch nicht ohne äußerstes Entzücken und wahrer Herzensrührung sprechen und erzählen. Auch hier ist das Stück aufgeführt worden und hat eine gute Wirkung in gewissem Grade nicht verfehlt. Eben so ist man gesonnen, mit dem Paria zu verfahren; da aber, wie ich mit Wahrheit sagen kann, der Vorgang des Berliner Theaters durchaus respectirt wird und man die große Sorgfalt, durch gehörige Decoration und Garderobe musterhafte Darstellungen zu erzielen, anzuerkennen und zu schätzen weiß, so hat man mich ersucht, ob ich nicht mein trauliches Verhältniß zu Ihnen, mein Theuerster, diesmal unserer Bühne zum Vortheil wenden und Sie ersuchen möchte eine flüchtige Skizze der Decorationen und Kleidungen zu entwerfen und sie mir mittheilen zu lassen.

Und so möge denn dieses Blatt Sie und Ihre Frau Gemalin bestens begrüßen, welche meiner Schwiegertochter, wie diese wiederholt versichert, eine wahre Zuneigung abgewonnen hat, und zugleich von meinen unwandelbaren Gesinnungen ein aufrichtiges Zeugniß geben.

Und so fortan

J. W. Goethe.

Weimar den 20. April 1824.

Nr. 62. Goethe an Brühl.

Wie sollt' ich, theurer, geprüfter Herr und Freund, Ihre Rückkehr nach Berlin vernehmen, zugleich mit der Nachricht, daß Sie Ihr wichtiges Geschäft wieder übernommen haben ohne daß ich mich, um der Sache und um Ihrer selbst willen, deshalb erfreute. Das Theater bleibt immer eine der wichtigsten Angelegenheiten; es knüpft sich aus Vorsatz und durch Zufall gar vieles daran, daß dem jüngeren Manne, der sich eine Zeit lang diesem Kreise gewidmet, eine gewisse Leere bleiben muß, wenn er sich nicht mehr damit beschäftigt. Selbst in meinen alten Tagen, da ich jezt manchmal das Theater besuche, fühl' ich einen stillen Trieb und Wunsch hie und da wieder einzugreifen und mit wenigen Andeutungen günstige Wirkung hervorzubringen.

Mögen Sie, mein Theuerster, die mannigfaltigen Unbilden dieses Geschäftes nur leidlich berühren; ist doch keines unter allen denen, die wir unternehmen können, das nicht mehr oder weniger einer Seefahrt zu vergleichen wäre, da wir denn immer von Glück zu sagen haben, wenn es uns nicht so greulich behandelt, wie die Ostsee in diesen Tagen jene Unglücklichen die sich als Anwohner, oder als Schiffende ihr früher oder später anvertraut.

Sodann aber freut Sie gewiß, wenn ich glücklicherweise zu vermelden habe, daß ich diese Monate her ohne Anstoß zugebracht, so daß ich, mit einer meinen Jahren geziemenden Genügsamkeit, bekennen darf: mich verhältnißmäßig wohl befunden zu haben; wenigstens sah ich mich keinen Tag außer Thätigkeit gesezt und so ist denn manches geleistet und vorgearbeitet worden.

Mit vielem Dank folgt dann auch hier das Exemplar des Paria und zugleich oder doch nächstens das Oelbild, die Hütte vorstellend. Gerade diesem Stücke habe ich einige Sorgfalt gewidmet und erkenne dankbarlich geneigte Beihülfe, es hat sich gut gemacht, und ich denke es soll sich halten.

Neigung und Theilnahme!

Treulichst

Goethe.

Weimar den 2. Januar 1825.
(Zu frohem Beginnen!)

Nr. 63. Goethe an Brühl.

Ein freundliches Schreiben, nach so geraumer Pause, von einem theuren und geprüften Freunde erhalten, war mir doppelt erfreulich, da ich es in der festlichen Epoche empfing, in der wir alles was wir lieben und ehren gern um uns versammelt hätten.

Ihres herzlichen Antheils bin ich gewiß und so nehmen Sie auch meinen wärmsten Dank.

Ich habe das Glück in einer meinen Jahren angemeßnen Thätigkeit fortschreiten zu können, daher war mir die Nachricht desto willkommener, daß auch Sie in voller Kraft Ihrem großen, dem Publikum so wichtigen Unternehmen getreu bleiben.

Ihre Absicht, eins meiner alten Possenspiele auf das große Theater zu bringen, ist mir sehr ehrenhaft, ob ich gleich damit nicht einstimmen kann. Hätte ich das Glück, neben Ihnen zu leben, so sollte es bald gethan seyn; allein ich gebe zu bedenken, daß der Jahrmarkt von Plundersweilen auf einen kleinen Raum berechnet war und die Einzelnheiten in einer großen Fülle gar glücklich wirkten. In einen größern Raum versetzt, müßte man es viel reicher ausstatten, und in Absicht auf die Localitäten der Bühne, gar manche besondere Einrichtungen treffen; auch dürfte es nicht hinten so abschnappen, wie mit dem Schattenspiel geschieht. Eine lebhafte und tumultuirende Nachtscene würde dem Ganzen sehr gut thun und ihm ein auffallendes Ende verleihen. Genug man müßte das jetzige Stück, wie es liegt, als ein Samenkorn betrachten, das seit so viel Jahren nun zu einem Baum geworden wäre, das Neueste von Plundersweilern (Meine Werke, Band 9, S. 273) gäbe wohl auch einige Motive her, allein zu Allem kann aus der Ferne kein Rath werden, und je mehr ich die Sache überdenke, desto mehr will sie mir erscheinen, wie ich sie hier vorstelle.

Die Art wie Sie Ihrer alten Burg eine anmuthige Würde gegeben, verdient alles Lob. Ich bin leider niemals in Seifersdorf gewesen und danke deswegen verbindlichst, daß Sie mir durch die gar hübschen Zeichnungen die Vortheile der Gegenwart ersetzen wollen.

Behalten Sie in dem theuren Kreise der Ihrigen meinem Andenken seinen alten Platz; ich lebe mehr als jemals mit dem Werthe meiner älteren Freunde beschäftigt; denn was sich von dieser heiligen Schaar nach und nach verliert, wird nur sparsam wieder ersetzt.

Unser fürstliches Jubelpaar befindet sich in erwünschtem Wohlseyn: mögen die beiden Bildnisse, in Erz geprägt, als kräftige Talismane sich bewähren und uns eine stätige Dauer versichern. Unsere Berliner Künstler haben sich dabei sehr wacker gehalten, vielleicht sind Sie Ihnen schon zu Händen gekommen, doch lege ich sie bey mit der Bitte diese Exemplare mit den übrigen Weimarischen Erinnerungen in treuer Brust zu hegen.

Herkömmlich und von Herzen liebend und vertrauend

J. W. Goethe.

Weimar den 3. November 1825.

Nr. 64. Goethe an Brühl.

Lassen Sie mich, verehrter Freund, wieder einmal eine Gelegenheit ergreifen, Sie auf's herzlichste zu begrüßen und zugleich auf's lebhafteste Glück wünschen, des glänzenden Zustandes gedenkend, in welchen Sie die nächst vergangene Zeit her Ihre Theater zu setzen gewußt. Fürwahr man konnte von der reichen Mannigfaltigkeit Ihrer vielfachen Darstellungen durch öffentliche Nachrichten und vertrauliches Melden so vieles und vorzügliches nicht vernehmen, ohne den Wunsch zu empfinden, man möge an solchen Genüssen auch seinen Theil freudig gewonnen haben.

Den Ueberbringer des Gegenwärtigen habe eigentlich nicht zu empfehlen; es ist ein Maler aus Cassel gebürtig, Namens Zahn, von angenehmer Gegenwart, welcher Zeugnisse genug vorlegen kann, wie gut er seinen Aufenthalt in Italien, besonders in Neapel und Pompeji genützt hat. Und wer wüßte mehr als mein verehrter Freund zu schätzen, wie hoch man die Bemühung eines jungen Künstlers anzuschlagen habe, der über Zeiten und Räume uns in die fremdesten Zustände hinauszuführen weiß. Ist dies nicht auch der schöne und edle Zweck unserer theatralischen Bemühungen?

Hiemit sey mir vergönnt zu schließen, mich Ihnen und den theuren Ihrigen zu empfehlen, und mich wie immer treu-angehörig zu nennen

unwandelbar

J. W. Goethe.

Weimar den 18. September 1827.

Nr. 65. Brühl an Goethe.*

Lassen Sie mich, verehrter Herr und Meister, beim Beginn des neuen Jahres Ihnen meine aufrichtigsten Wünsche für Ihre Gesundheit und jegliches Glück aussprechen, und erhalten Sie mir auch in dem neuen Jahre, wie in dem dahingegangenen, die ähnliche Liebe und Nachsicht bei meinem Streben zum Besten. Nehmen Sie daher jetzt auch die Bitte des jüngern Freundes freundlich auf.

Einer der Wiener Dichter, Herr Deinhardstein, wie ich glaube Professor der Aesthetik, hat ein Schauspiel: „Hans Sachs," schlicht, einfach und humoristisch, an's Licht gebracht; und ich beabsichtige es binnen hier und 14 Tagen zu geben. In Wien hat es auf dem Theater großes Glück gemacht. Ein Prolog, von ihm dazu gedichtet, gefällt mir aber nicht, — weil ich dabei immer an Ihr Gedicht dachte. So ist wie von selbst bei mir der Gedanke entstanden, es werde dies Gefühl alle ergreifen, und das macht mich dreist, Sie, verehrter Herr und Meister, auf das schönste zu bitten, ob es nicht erlaubt wäre, dieses als Prolog sprechen zu dürfen. Die Freude wäre gewiß allgemein, und wenn der Meister freundlich darein willigte, könnte das Lustspiel gleich zur Darstellung kommen.

Auf welche Weise das Gedicht, ob ganz, ob hie und da verkürzt, ob abgeändert vorgetragen werde, das alles stellt der Schüler dem Meister willig und freundlich anheim.

Brühl.

Berlin den 10. Januar 1828.

Nr. 66. Goethe an Brühl.**

Zum neuen Jahr haben Sie mir, theuerster Herr und Freund, ein ganz besonderes Vergnügen durch Ihre werthe Zuschrift verschafft, indem ich daran erkenne, daß Sie noch meiner in alter Freundlichkeit gedenkend, Sich überzeugt halten, ich könne und wolle noch, wie jederzeit Ihnen irgend etwas Dienstlich-Angenehmes erweisen. Da ich nun voraussetzen konnte, daß Sie nach Kenntniß Ihres Publicums es für

* Auch abgedruckt in Riemer's Briefen von und an Goethe. S. 155.

** Wie der vorige Brief; desgleichen die folgenden.

schicklich und thunlich hielten, jene meine frühere belobende Darstellung Hans Sachsens und seiner Verdienste von Ihrem Theater herab vortragen zu lassen, so hab' ich mir bezeichnetes Gedicht mit der größten Gemüthsruhe vorgetragen, wie es allenfalls von den Beauftragten vor dem Publicum gesprochen werden könnte. Es dauerte diese Recitation etwa zwölf Minuten, welche man, da an dem Gedicht nichts verändert werden kann, demselben zu widmen hätte. Allein da das Gedicht die Beschreibung eines Gemäldes enthält, so wäre wohl an einige Einleitung zu denken, damit man nicht unverständlich durch unerwartetes Eintreten werden möge. Dazu kommt noch, daß die ersten Worte oft durch Geräusch und sonst unterbrochen und dem Ohr entwendet werden. Ich erbiete mich daher eine kurze Einleitung in gleichem Sinn und Styl niederzuschreiben; worin Vorhaben und Absicht erklärt würden und zugleich der übrige Vortrag anschaulicher. Und so könnte das Ganze ohngefähr in einer Viertelstunde abgethan seyn, ein Zeitraum, während dessen die Aufmerksamkeit der Zuhörer wohl gefesselt würde. Sagen Sie mir hierüber Ihre, durch Einsicht in die näheren Umstände bestimmtere Meinung. Auch wünscht' ich zu erfahren, wem Sie dieses artige Geschäfft übertragen wollen; da mir die Eigenschaften des Berliner Theaterpersonals wenigstens im Allgemeinen bekannt sind, so wär' ich dadurch in den Stand gesetzt, einigermaßen gehöriger in die Ferne zu wirken.

Mich Ihnen, Ihrer theuren Frau Gemahlin und auch Ihrem lieben Sohne, dessen Bildniß uns noch oft an die schnell vorübergehende höchst angenehme Gegenwart erinnert, bestens empfehlend.

Unwandelbar

treu angehörig
J. W. v. Goethe.

Weimar den 17. Januar 1828.

Nr. 67. Brühl an Goethe.

Wie kann ich Ihnen genug danken, daß Sie auf meine freundliche Bitte eingehen und eine kurze Einleitung in gleichem Sinn und Styl niederschreiben wollen, worin Vorhaben und Absicht erklärt und zugleich der übrige Vortrag anschaulicher wird. Recht angenehm ist es, daß der Zufall es will, daß gleich beim Aufrollen des Vorhanges wir den **Meistersänger Hans Sachs vor seinem Hause sitzen und schreiben sehen,** und fast ähnlich dramatisch das Schauspiel erneut wird, wie Sie es im Prologe vorausgesungen haben. — Gekrönt würde mein Wunsch, wenn es Ihnen geneigen möchte, uns recht bald mit dieser Festgabe zu erfreuen, da alles vorbereitet ist, und das Stück, nach Eingang Ihrer Zeilen, gleich zur Aufführung gefördert werden könnte, zumal die Schauspieler, wie es in der Theatersprache heißt, fertig sind, und der Prolog alsbald das artige Schauspiel in's Leben bringen soll.

Als Sprecher des Prologs habe ich den jungen Schauspieler Devrient, einen Neffen des Großkünstlers Devrient, gewählt, einen Mann und Künstler, dem es mit dem, was er treibt, Ernst ist, und dem ich die künstlerische Einsicht zutraue, Ihre Worte, von der Bühne herab, lebendig werden zu lassen, um so viel mehr ihm ein sehr deutliches schönes Sprach-Organ inwohnt.

Sie verzeihen mir wohl hier noch eine halb scherzhafte Anfrage: Sollte bei unserem heutigen überzierlichen Publikum nicht vielleicht die Stelle:

„Ohne, mit Schleppe und Steiß zu schwänzen"

bedenklich seyn?!

Die Theater-Directoren werden heut zu Tage so arg mitgenommen, daß man in der That ängstlich geworden.

Zum Costüm des Sprechers glaube ich das Kleid vom Minnesänger am schicklichsten gewählt. Sind Sie nicht auch meiner Meinung?!!

Brühl.

Berlin den 22. Januar 1828.

Nr. 68. Goethe an Brühl.

Gleich nach dem Abgang meines letzten Briefes, theuerster Herr und Freund, bedacht' ich, was zu thun seyn möchte; und da schien mir den Umständen ganz angemessen, daß wir einen Nürnberger Bürger in seiner alten Tracht auftreten ließen. Dies trifft denn glücklicher Weise, da sie alle Meistersänger waren, mit Ihrem Vorsatze zusammen, und also paßt auch wohl die Einleitung wie ich sie indessen schrieb, und wie sie hier sogleich erfolgt. Ich darf nicht bemerken, daß der Anfang etwas moderner ist, damit der Zuhörer nicht gleich von etwas Fremdem getroffen werde; sodann geht der Ton in's Aeltere hinüber und wird sich ganz wohl an die Beschreibung des Bildes anschließen.

Ich mußte mich sehr zusammen nehmen, um nicht weitläuftig zu werden; denn hier fand sich Stoff zu einem selbstständigen Prolog: denn ich durfte nur den Namen Nürnberg aussprechen und von den dortzeitigen Kunst- und Handwerkstugenden etwas erwähnen, so lag der Preiß von Berlin an der Hand, wo man jezt im Hundertfachen dasjenige leistet, was damals an jenem Orte billig sehr hoch bewundert ward und uns immer noch mit Ehrfurcht erfüllt.

Jene beregte Stelle kann gar wohl mit Wenigem umgeändert werden, denn es wäre nicht wohl gethan, wenn wir die Art des sechzehnten Jahrhunderts, in unsrer Zeit als Unart erscheinend, freventlich produciren wollten. Man sagte, dächt' ich:

Ohne mit langer Schleppe zu schwänzen.

Und so mögte denn das zartere Ohr nicht beleidigt werden.

Weiter füge ich nichts hinzu, als daß es mich freut, mit diesem Wenigen eilig und zeitig bewiesen zu haben, wie angelegen es mir sey, zu zeigen, daß ich immer der Alte geblieben. Lägen unsere Kreise näher beisammen oder griffen gar in einander ein, so würde das öfter und bedeutender geschehen können.

Lassen Sie mich in Ihrem Kreise bestens empfohlen seyn.

Treulichst

J. W. Goethe.

Weimar den 26. Januar 1828.

Nr. 69. Goethe an Brühl.

Den besten Dank, theuerster Herr und Freund, daß Sie mir Nachricht geben von der guten Aufnahme meiner alterthümlich-neuen Bestrebungen; ich achte es schon für Verdienst, in einem so schweren und bedenklichen Geschäfft Ihnen auch nur Einen heitern Augenblick verschafft zu haben: die Zeitungen werden mir schon das Nähere vermelden. Nun aber äußre ich den Wunsch, daß Sie mir gefällig einige Exemplare Ihres Abdrucks zusenden mögen, damit ich meine Freunde, für welche diese Sache ein Geheimniß geblieben, zur Theilnahme heranrufen könne.

Hiernach nichts weiter als die treusten Wünsche und Begrüßungen.

Unwandelbar

J. W. v. Goethe.

Weimar den 20. Februar 1828.

Nr. 70. Brühl an Goethe.

Hier, mein hochverehrter Herr und Freund, erhalten Sie einige gedruckte Exemplare des Prolog's zu Hans Sachs und muß ich nur wegen einer mir dabey erlaubten kleinen Eigenmächtigkeit dringend um Nachsicht bitten. Als ich nähmlich zwei Tage vor Aufführung des Stücks und ehe er zum Drucker kam den Prolog nochmals durchlas und auf die Stelle kam

„Drauf seht ihr mit weiten Ermeln und Falten
„Gott Vater Kinderlehre halten"

so befürchtete ich mit Recht, daß dieselbe vielen Menschen, namentlich aber dem Könige, wegen des scherzhaften Tones Anstoß geben könnte. Ich wagte daher im Vertrauen auf Ihre Güte und da Sie mir schon eine Stelle abzuändern erlaubt auch hier aus eignem ingenio zwei andere Zeilen einzuschalten, so wie ich zu glauben wagte, daß es für den Schluß des Prolog's auf der Bühne vielleicht besser sey, mit den Worten zu enden

„Ein Eichenkranz, ewig jung belaubt,
„Den setzt die Nachwelt ihm aufs Haupt"

Verzeihung theuerster Herr und Meister! Schelten Sie, aber zürnen Sie nicht.

Devrient d. J. hat den Prolog sehr gut vorgetragen und es ist derselbe jedesmal lebhaft applaudirt worden.

Nun, hochverehrter Herr und Freund, eine wichtige Frage wobei Ihr Ausspruch allein mich leiten soll.

Ich habe vom Könige die Erlaubniß erhalten eine Benefiz-Vorstellung zu veranstalten deren Ertrag dazu bestimmt ist nach Stuttgardt gesendet zu werden, woselbst wie Sie wissen ein Denkmal für Schiller errichtet werden soll. Mehrere Kunstfreunde sind der Meinung es möchte ein ganzes Stück wie z. B. die Piccolomini, welche seit vielen Jahren nicht mehr gegeben worden zu dieser Festlichkeit neu einstudirt werden. Einige Andere namentlich der Minister Humboldt und sein Bruder Alexander sind der Meinung, man müsse aus mehreren Schiller'schen Werken eine Art von dramatischer Academie zusammen tragen, und ich theile ganz diese Meinung! Ich würde nämlich mit: Wallenstein's Lager beginnen, ferner einen Akt aus Wallensteins Tod, einen Akt aus der

Braut von Messina ꝛc. geben lassen, wodurch noch der Vortheil entstünde, daß an demselben Abend alle unsere besten Künstler mitwirkend eintreten könnten.

Ihre Entscheidung, theuerster Herr und Freund, soll und muß hierbey den Ausschlag geben und ich erwarte dieselbe daher, ehe ich sonst etwas beschließe oder ankündigen lasse.

Brühl.

Berlin, 24. Februar 1828.

Nr. 71. Goethe an Brühl.

Auf die geneigte Anfrage, theuerster Herr und Freund, erwiedere nur eiligst soviel, daß ich mich zwar mit solchen zerstückten Theater-Vorstellungen niemals befreunden kann, daß ich Sie aber in diesem Falle doch davon nicht geradezu abmahnen will, da Sie so wackere Gewährsmänner für sich haben und selbst dazu geneigt sind. Das Hauptargument wäre denn freylich wohl, daß Sie alle Ihre Schauspieler zu Gunsten des Einzelnen und des Ganzen an einem solchen Abend vorführen können.

Die Stelle in Ihrem Abdruck Seite 9 Zeile 3 und 4 könnte wohl allenfalls heißen:

Da seht ihr allerley Thiergestalten
Auf Gottes frischer Erde walten.

Die zwey letzten Zeilen in dem ursprünglichen Gedicht bleiben denn auch ganz billig weg, allein es schnappt alsdann gar zu unerwartet ab und man thäte wohl, noch etwas anzufügen vielleicht wie folgt:

Wirksame Tugend nie veraltet,
Wenn das Talent verständig waltet.
Wer Menschen gründlich konnt erfreun,
Der darf sich vor der Zeit nicht scheun.
Und möchtet ihr ihm Beyfall geben,
So gebt ihn uns, die wir ihn frisch beleben.

Soviel für diesmal,

für's Leben

der Ihrige
Goethe.

Weimar den 8. März 1828.

III.

Wieland — Iffland.

Nr. 72. Wieland an Iffland.

Weimar den 24. Februar 1806.

Erlauben Sie, mein sehr verehrter Herr und Freund, daß ich Ihnen beyfolgendes Manuscript eines von meinem ältesten Sohn verfertigten Lustspiels, die Ueberraschung betitelt, überreiche, mit der sehr angelegenen Bitte, solches, wenn Sie es Ihrer Billigung und einiger Aufmunterung des Verfassers nicht unwürdig finden, in Ihren Schutz zu nehmen, und der Ehre, unter Ihren Augen auf dem Nationaltheater zu Berlin aufgeführt zu werden, zu würdigen.

Unter mehreren Versuchen, welche mein Sohn Ludwig in dieser Gattung des eigentlichen Lustspiels gemacht hat, ist dieses Stück das erste, womit ich zufrieden bin, oder, (um mich ohne Zurückhaltung auszudrücken) woran ich Wohlgefallen habe, und was mich hoffen läßt, daß der Verfasser Talent für dieses Genre (dasselbe, worin sich bei den Griechen Philemon und Menander, bei den Römern Terenz und zum Theil auch Plautus und bei den Franzosen hauptsächlich Moliere in denjenigen seiner Komödien, die weder Characterstücke noch Possenspiele sind, hervorgethan haben) daß er, sage ich, Talent für dieses Genre des Lustspiels habe, und mit zunehmender Uebung, Kenntniß des Theaters und immer reifer werdendem Urtheil und Geschmack, es dereinst zu einem vorzüglichen Grade darin zu bringen fähig sey. Gern unterwerfe ich hierin meine, vielleicht nicht ganz unpartheyische Meinung dem unbefangenen Urtheil eines Kenners und Meisters der Kunst, wie Iffland — und von Wem dürfte sich auch ein Anfänger mit getrosterm

Muth Nachsicht und Aufmunterung versprechen, wenn es nicht von Ihnen wäre!

In dieser Ueberzeugung hoffe ich keine Fehlbitte zu thun wenn ich Sie ersuche, dieses Stück unter Ihren Augen aufführen zu lassen; und hoffe dies um so mehr, da in der lezten Scene, nach meinem Rath, einem Fehler, der mir wesentlich und der einzige zu seyn schien, der dem Stück eine kalte Aufnahme zuziehen könnte, hinlänglich abgeholfen worden ist.

Ich weiß nur zu wohl, daß die Gattung, zu welcher dieser Versuch gehört, den dermahligen Geist und Geschmack des deutschen Publikums gegen sich hat; aber ich bin auch beinahe gewiß, daß eine Folge solcher ächt komischer Lustspiele hierin eine glückliche Revoluzion bewirken könnte, wenn geschickte Schauspieler den Dichter durch eine dem Geist und Ton des Stücks genau zusagende Darstellung ihrer Rollen unterstützen wollten. Ihnen, mein verehrtester Freund, brauche ich nicht zu bemerken, daß die Ueberraschung auch rasch und lebhaft, aber durchaus ohne Ueberladung, wahr, natürlich, und mit allen den feinern Nüançen, deren Darstellung einen wesentlichen Theil der vis comica des Stücks ausmacht, gespielt seyn will, wenn es reussiren soll. Ueberhaupt habe ich Gelegenheit genug, mich immer mehr davon zu überzeugen, wie viel es auf den guten Willen der Schauspieler ankommt, und wie nothwendig es daher ist, daß jeder seine Rolle mit Wohlgefallen und Vergnügen spiele; etwas, das wahrscheinlicher Weise kaum erwartet werden kann, wenn sie nicht zum Voraus eine günstige Meinung von dem Stück selbst gefaßt haben. Diese Betrachtung nöthigt mir einen Wunsch ab, der mir sehr am Herzen liegt, aber beynahe zu kühn ist, als daß ich ihn vor Ihnen laut werden lassen darf. Und doch — würden Sie mir, wenn ich auch zuviel wagen sollte, einen so natürlichen Wunsch nicht verzeihen, wenn Sie sich an meinen Platz stellten, und bedächten, daß der Succeß des Stücks unfehlbar seyn würde, wenn Sie Sich entschließen könnten, selbst eine Rolle in demselben zu übernehmen, und dadurch dem Ganzen die Haltung und kräftige Bedeutsamkeit zu geben die nur Sie ihm geben können? Ich fühle nur zu sehr, daß es beynahe unverschämt von mir ist, Ihnen, dem ersten Meister in der schwersten aller Künste, zuzumuthen, in einem Versuche eines angehenden dramatischen Dichters aufzutreten. Aber Sie, mein theurer Freund, fühlen auch, wie groß in meinen Augen der thätige Beweis, den Sie mir dadurch von Ihrer wohlwollenden Freundschaft gäben, seyn müßte. Und nun, nach dieser Herzenserleichterung, kein Wort mehr, als daß ich, so lange ich noch unter den Lebenden walle, nie aufhören werde, mit der höchsten Achtung und herzlichsten Ergebenheit zu seyn

Ihr wahrer Verehrer und gänzlich zugeeigneter

alter Diener und Freund

Wieland.

IV.

Kleist — Iffland.

Nr. 73 bis 74.

1810.

Nr. 73. Kleist an Iffland.

Wohlgeborner Herr!

Hochzuverehrender Herr Direktor!

Ew. Wohlgeboren haben mir, durch Herrn Hofrath Römer, das auf dem Wiener Theater, bei Gelegenheit der Vermählungsfeierlichkeiten, zur Aufführung gebrachte Stück, das Käthchen von Heilbronn, mit der Aeußerung zurückgeben lassen: es gefiele Ihnen nicht. Es thut mir leid, die Wahrheit zu sagen, daß es ein Mädchen ist; wenn es ein Junge gewesen wäre, so würde es Ew. Wohlgeboren wahrscheinlich besser gefallen haben.

Ich bin mit der vorzüglichsten Hochachtung

Ew. Wohlgeboren ergebenster
Heinrich von Kleist.

Berlin den 10. August 1810.

Nr. 74. Iffland an Kleist. (Antwort.)

Hochwohlgeborner Herr!

Als Herr Major von Schenk mir Ihr Trauerspiel Käthchen von Heilbronn übergab, habe ich nach meiner Ueberzeugung und den Pflichten meiner Stelle erwiedert, — daß ich die bedeutenden dramatischen

Anlagen ehre, welche diese Arbeit darthut, daß aber das Stück in der Weise und Zusammenfügung wie auf der Bühne sich nicht halten könne.

Denn aus Wien erhalten wir die Nachrichten, daß in wenigen Vorstellungen des Stückes daselbst sich dieses auch also bestätigt hat. Neulich hat Frau von Berg über Ew. Hochwohlgeboren ausführlich zu mir gesprochen, und ich bin in das Interesse, wie Sie es dabei genommen, bereitwillig eingegangen. Herr Hofrath Römer hat das Trauerspiel Käthchen von Heilbronn bis jetzt mir noch nicht zustellen können, da ich ihm versichert habe, daß ich es nicht gleich wieder würde lesen können. Als Sie es zurück begehren ließen, und er mich eben besuchte, meldete ich es ihm, und ersuchte denselben „Herrn von Kleist mündlich „zu sagen, daß das Stück, dessen poetisches Verdienst ich erkenne, ohne „gänzliche Umarbeitung auf der Bühne sich ohnmöglich halten könne."

Ich habe keinesweges, wie Sie mir schreiben, dem Herrn Hofrath Römer gesagt — „Es Ihnen mit der Aeußerung zurück zu geben, es gefiele mir nicht."

Damit würde ich eine Gemeinheit begangen haben, die ich nicht erwiedere, auch wenn solche gegen mich gebraucht werden sollte. Ich bin verpflichtet, Ihnen meine Herrn Hofrath Römer bei diesem Anlaße gegebene Antwort bekannt zu machen als Directionsführer.

Ihr Schreiben an mich werde ich der Frau von Berg selbst vorlegen, um damit die Aufträge zu erledigen, welche Sie mir in Beziehung auf Sie ertheilen zu wollen die Ehre erwiesen.

Mit gebührender Achtung

Ew. Hochwohlgeboren ergebenster
Iffland.

Berlin den 13. August 1810.

V.

A. W. Schlegel — Iffland.

Nr. 75 bis 80.

1801 und 1802.

Nr. 75. A. W. Schlegel an Iffland.

Mittwochs den 4. Februar (ohne Jahrzahl; wahrscheinlich 1801).

Verzeihen Sie daß ich erst heute das Kamäleon* zurücksende: Besuche und Geschäfte haben mich abgehalten, es früher als eben heute Vormittag zu lesen. Daß es in meinem Pulte eingeschlossen geblieben ist, versteht sich. Nach Lesung des Stücks kann ich nicht umhin, mich für überzeugt zu halten, daß der Verfasser bei der Rolle des Schulbergs allerdings meine Freunde und mich im Sinne gehabt habe: ich habe mir die Freyheit genommen, die auszeichnendsten Stellen mit eingeschlagnen Blättern zu bemerken. Ob sich ein rechtlicher Beweis dieser Absicht führen ließe, kann ich nicht beurtheilen. Ich bleibe indessen bei der Meynung, daß es nicht nöthig war, von unsrer Seite irgend etwas dabei zu thun, und ich glaube, wenn ich gegenwärtig gewesen wäre, würde ich auch diesen Angriff mit so vielen andern ohne Notiz haben übersehen lassen, da sich gegen das Unbedeutende weder im Scherz noch im Ernst mit Vortheil Krieg führen läßt.

Ich hoffe bald wieder das Vergnügen der Unterredung mit Ihnen zu genießen, und bin mit größter Hochachtung

Ihr ergebenster
A. W. Schlegel.

* Das bekannte Lustspiel von Beck, das als Satyre auf die romantische Schule aufgenommen wurde.

Nr. 76. A. W. Schlegel an Iffland.

Es war meine Absicht, bey einem von mir geschriebenen und zu Anfange vorigen Monats in Weimar aufgeführten Schauspiele die Anonymität zu behaupten, und es ohne Namen seinen Weg in der Welt finden zu lassen, so gut es könnte.

Da ich aber den meinigen verschiedentlich zugleich damit genannt höre, und das Geheimniß nicht halten zu können besorge, so will ich Ihnen zuerst und für jetzt noch allein mich als den Verfasser des Jon nennen, dessen Manuscript bereits in Ihren Händen seyn wird. Falls Sie gesonnen sind, das Stück auf die hiesige Bühne zu bringen, so könnte diese Eröffnung den Vortheil haben, da ich mich noch bis Ende März in Berlin aufhalten werde, eine Rücksprache sowohl über etwanige Abkürzungen einiger Stellen, als über verschiednes, die scenische Anordnung betreffende zu veranlassen, wobey jedoch alles Ihrem Gutachten überlassen bleibt.

Ich habe die Ehre mit ausgezeichneter Hochachtung zu seyn
Ew. Wohlgebohren

ergebenster
A. W. Schlegel.

Berlin den 6. Februar 1802.

Nr. 77. Iffland an A. W. Schlegel.

Herr Hof-Kammerrath Kirms von Weimar hat das Schauspiel Jon der Direction zugesendet ohne den Verfaßer zu nennen.

Gestern ist die Antwort an Herrn Kirms abgegangen. Nach der Eröffnung, welche Sie mir zu machen beliebt haben, übersende ich Ihnen davon die Abschrift [*] und sehe Ihrer Entscheidung darüber entgegen. Alle Verhandelungen über Manuscripte geschehen schriftlich, bis die wesentlichen Punkte zwischen der Direction und den Verfaßern berichtigt sind.

Sie verlangen, daß ich Sie nicht nenne, und ich werde Ihren Willen erfüllen.

Bisher hat man Herrn v. Goethe, Sie und Herrn v. Humboldt als Verfaßer des Jon genannt. Seit sechs Tagen etwa, hat die Mehr-

* Sie lag nicht vor. Anm. d. H.

heit bestimmt Ihnen dieses Werk zugeschrieben. Das leztere muß ich anführen, damit, wenn Ihre Anonymität aufgehoben wird, Sie wißen, daß ich es nicht veranlaßt habe.

Mit ausgezeichneter Hochachtung

Iffland.

Berlin den 7. Februar 1802.
An den Herrn Rath Schlegel.
Oberwaßer-Straße Nr. 10.

Nr. 78. A. W. Schlegel an Iffland.

Für die Mittheilung des Antwortschreibens an Herrn Hof-Kammerrath Kirms danke ich Ihnen verbindlichst. Die Uebersendung des Manuscriptes an die hiesige Direction hatte ich Goethen mit uneingeschränkter Vollmacht überlassen, ich habe daher gegen die Bedingungen, unter welchen Sie es annehmen, nicht das mindeste einzuwenden, sondern bin vollkommen damit zufrieden.

Was die Bedingung betrifft, welche Sie gegenseitig fodern, daß das Stück nicht vor nächster Michaelis-Messe im Druck erscheine, so wird diese ebenfalls keine Schwierigkeit machen; denn meine Absicht war, den Jon erst Ostern übers Jahr herauszugeben, vielleicht noch später.

Zu dem Zeitpunkte der Aufführung muß natürlich Ihre volle Bequemlichkeit abgewartet werden. Ich würde es mir um so weniger verzeihen, mit Dringen auf Beschleunigung beschwerlich zu fallen, da ich auf den Druck noch gar nicht bedacht bin, sondern diese Arbeit zuvörderst dem Theater gewidmet habe; da auch die erste Ungeduld, die Wirkung auf demselben zu versuchen, durch die Aufführung in Weimar, der ich zwar nicht beywohnen konnte, die aber nach dem Bericht meiner dortigen Freunde durch Goethe's freundschaftliche Sorgfalt eine ungewöhnlich gelungene, und großentheils meine Wünsche und Erwartungen übertreffende Darstellung geworden, einigermaßen gestillt ist.

Nur in Einer Hinsicht würden Sie mich verbinden, wenn Sie mir die ungefähre Zeit der Aufführung, sobald Sie dieselbe voraussehen können, anzeigen wollten; weil ich, wenn es sich nicht zu lange verschöbe, zur Versendung des Manuscripts an andre Theater den Erfolg auf der hiesigen Bühne abwarten möchte.

Zu den beygelegten Kostümes würde ich gern, wenn Sie Gebrauch davon machen wollten, eine skizzirte Angabe hinzufügen, wie der Altar und der delphische Tempel nach meiner Idee vorgestellt werden müßte.

Die Anonymität betreffend, so wiederhole ich, daß ich keine Hoffnung mehr habe sie zu behaupten, da ich jetzt meinen Namen so gar in den gelehrten Zeitungen mit dem Jon zusammen erwähnt finde.

Doch glaube ich, daß es für jetzt noch besser seyn wird, nicht durch öffentliche Anerkennung diese bis jetzt nur als Conjectur geltende Behauptung zu autorisiren, und nur dieß war der Sinn meiner Bitte, diese Eröffnung als an Sie allein gerichtet, zu betrachten.

Ich habe die Ehre mit ausgezeichneter Hochachtung zu seyn

Ew. Wohlgebohren

ergebenster.

A. W. Schlegel.

Berlin den 9. Februar 1802.

Nr. 79. Iffland an A. W. Schlegel.

Ew. Wohlgebohren

verfehle ich nicht, anzuzeigen, daß ich Ende April oder Anfangs Mai, Jon zu geben hoffe. Ich werde Ihnen anzeigen, wie und wo ein Zusammentreten zwischen Ihnen und Herrn Decorateur Verona zu veranstalten ist, damit Sie über die Decoration sich ganz und bestimmt mit ihm verständigen. Herr Rendant Jacobi wird am 10. d. M. das Honorar an Sie besorgen. Das Schauspiel wird eben ausgeschrieben.

Mit Hochachtung

Ew. Wohlgebohren

ergebenster Diener

Iffland.

Berlin den 4. März 1802.

Nr. 80. A. W. Schlegel an Iffland.

Da Ew. Wohlgeboren sich in Ihrem Schreiben vom 4. März äußerten, meinen Vorschlägen über die Einrichtung der Scene beym Jon Einfluß verstatten zu wollen, so glaubte ich, eine Zeichnung würde meine Gedanken deutlicher machen, als alle Beschreibungen, und sprach deßhalb mit einem Freunde, der ein sehr gelehrter und scharfsinniger Architekt ist. Dieser hat weit mehr gethan, als ich irgend wünschen konnte, und nicht blos einen skizzirten Entwurf, sondern ein genau ausgeführtes Bild geliefert, bey welchem nun nichts weiter zu thun übrig bleibt, als die Ausführung im Großen.

Es haben sich mehre Künstler aus Gefälligkeit für mich beeifert, den Ion auf das schönste auszustatten. Die Bäume und die Ferne auf der Decoration sind von einem sehr geschätzten Landschaftmahler colorirt, das Basrelief für das Fronton auf einem besondern Blatte rührt von einem einsichtsvollen Bildhauer her

Sie werden die Meisterhand in der ganzen Erfindung und Anordnung, in dem reinen architektonischen Styl, endlich in der Beleuchtung und Haltung des Ganzen der Decoration leicht erkennen. Sie ist nicht nur durchaus richtig und in sich selbst zusammenhängend, welches schon ein seltnes Verdienst ist, sondern gewährt einen vollkommen schönen pittoresken Anblick, und steht durchgängig in der bedeutungsvollsten Beziehung auf das Drama, so daß sie dessen Handlung mit Klarheit zu exponiren viel beytragen wird, in welcher Hinsicht ich Ihrer Aufmerksamkeit die beygefügten Bemerkungen empfehle. Da die Scene im Ion unverändert bleibt, so ist ihre Ausschmückung allerdings von großer Wichtigkeit; desto weniger Schwierigkeit macht es aber auch, die nöthigen Vorkehrungen zu treffen. Das Eigenthum der Zeichnungen behalte ich mir natürlicher Weise vor, und erbitte sie mir daher nach gemachtem Gebrauche wieder zurück.

Es erfolgen hiebei noch Zeichnungen von der Leyer, dem Blumenkorbe, und der Wiege des Ion. Die Costüms, welche Herr Pauly jetzt eben nach meinem Wunsche mir mitzutheilen die Güte gehabt hat, werde ich ihm baldigst wieder zustellen. Sie sind für den Zweck hinreichend, da die Farben wenigstens treuer beybehalten sind, als auf den äußerst schlechten Kupferstichen im Modejournal, wiewohl in Ansehung der Zeichnung nur schlechte Copieen von dem Weimarschen Theater übergebenen Originalen. Der Zeichner von diesen wird sich noch etwa 14 Tage hier aufhalten, und gern bereit seyn, falls über den Schnitt der Kleider und die Art sie anzulegen Zweifel entstehen sollten, seinen Rath zu ertheilen.

Herr Kapellmeister Reichardt hat mir gesagt, er habe bey Durchlesung des Manuscripts verschiedne den Sinn entstellende Schreibfehler bemerkt; ich wünschte daher wohl, es zur Durchsicht zu bekommen, um diese wegzunehmen, wie auch um ein paar veränderte Lesearten, die von Goethe herrühren, und die ich gern aufnehme, einzurücken.

Was vorzunehmende Abkürzungen betrifft, so würden sich in der langen Erzählung des Xuthus etwa 20 Verse ohne Schaden des Zusammenhanges streichen lassen, doch würde ich sehr ungern daran gehen, da diese Rede gerade Ihrem Vortrage anheim fällt und also gewiß mit Klarheit und Nachdruck ausgestattet wird. Der Monolog der Kreusa würde auch allenfalls um eben soviel zu kürzen seyn, allein ich glaube, man würde dadurch der Kunst der Schauspielerinn zu nahe treten, die sich hier in dem Wechsel der Leidenschaften entfalten kann.

Falls Sie nicht selbst eine Lesung des ganzen Stücks vor den Mitspielenden übernehmen wollen, so erbiete ich mich dazu. Vielleicht könnte es besonders in Hinsicht auf die in ungewohnten Sylbenmaßen geschriebenen Stellen von einigem Nutzen seyn.

Ich habe die Ehre mit vollkommenster Hochachtung zu seyn

Ew. Wohlgeboren

ergebenster

A. W. Schlegel.

Berlin den 3. April 1802.

VI.

Tieck — Iffland.

Nr. 81 bis 88.

1799.

Nr. 81. Tieck an Iffland.

Es thut mir leid, daß ich bey Ew. Wohlgeboren noch immer in Schuld mit dem Cumberlandischen Lustspiele, es hat sich aber durch Unpäßlichkeit und überhäufte Arbeiten so gefügt, daß ich es noch immer habe liegen lassen müssen, das Publikum verliehrt unstreitig viel, wenn es durch mich um Ihre Darstellung kömmt, indessen denke ich noch immer diese Arbeit sobald als möglich vorzunehmen. Madame Unger hat mir geschrieben daß sie mein neues Trauerspiel Leben und Tod der Genoveva zu sehen wünschten, ob es der Bühne vielleicht brauchbar wäre. Ich kann es hier nicht abschreiben lassen, wenn ich aber wüßte, daß Sie es wirklich geben wollten, so würde ich es selber für die Bühne umarbeiten und Ihnen dann sehr bald die Abschrift dieser Umarbeitung zusenden können. Sie können sich ohngefähr eine Vorstellung davon machen, wenn Ihnen die alte Legende bekannt ist, an die ich mich im Ganzen sehr angeschlossen habe, weil sie so schön und ächt poetisch ist, dadurch ist nun in das Stück viel katholisches Gemüth und Wesen gekommen, welches unseren Zuschauern vielleicht etwas fremd seyn dürfte, oft gehen die Vorstellungen ganz in's Kindliche, weil sie nur dadurch rühren und meinem Zwecke dienen konnten. Der Vorgrund des Gemähldes ist Krieg und Getümmel, Mosaische und Christliche Helden im Streit, Schlacht und Ausfälle und dgl. Ich möchte fast sagen, daß ich überzeugt bin, daß dieses Schauspiel unter Ihrer Direction, und wenn Sie mir die Ehre erzeigen wollten, die Hauptrolle darinn zu übernehmen, eine ganz neue Wirkung hervorbringen könnte, nur müßten die übrigen Schauspieler ganz in den Sinn eingehen, in welchem ich geschrieben habe. Das Stück ist fast ganz in Versen, die meist Reime sind, unter denen sich sehr viele künstliche Silbenmaße wie Sonette und Stanzen selbst im Dialog befinden, diese müssen rein und klar gesprochen werden, ohne das sie in's Steife fielen. Ich habe in diesem Schauspiele den Versuch gemacht, die Shakspearsche Form mit der Spanischen zu verbinden, wozu sich der Stoff auch sehr gut eignet. Auf schöne Dekorationen muß auch beim Effekt gerechnet werden.

Verzeihen Sie gütigst meine Weitschweifigkeit, ich suche Ihnen dadurch nur eine Vorstellung des Ganzen zu geben. So wie das Stück jezt ist, ist es viel zu lang und muß fast um die Hälfte gekürzt, und vieles geändert werden, der Druck des Originals erscheint erst auf Ostern. Wenn es Ihnen also nach diesem möglich ist, mir zu bestimmen, ob Sie mein Product brauchen können, so lege ich auf einige Zeit meine übrigen Arbeiten bei Seit, um Ihnen die Umarbeitung sobald als möglich zuzusenden. Sehr freue ich mich auf die Zeit, in der ich Sie wiedersehen werde, doch kann ich die Zeit noch nicht bestimmen, wenn ich nach Berlin zurückkomme. Ihrer Frau Gemahlinn bitte ich meine gehorsamste Empfehlung zu melden, und ich selber nenne mich

Ew. Wohlgeboren

ergebenster
L. Tieck.

Jena den 16. December 1799.

Nr. 82. Iffland an Tieck.

Haben Sie das Vertrauen in mich, auf drey Tage nur mir Ihre Arbeit zu senden. Ich will dann mit Gradheit sogleich Ihnen dieselbe zurücksenden und sagen was wir können was wir nicht können. Ich hoffe alles für uns davon.

Von Herzen

der Ihrige
Iffland.

Berlin den 21. December 1799.

Nr. 83. Tieck an Iffland.

Ich schicke Ew. Wohlgeboren hier die ersten gedruckten 5 Bogen des Trauerspiels: auf diese wartend habe ich es unterlassen, Ihnen früher zu antworten, weil mein Mscpt. in der That so beschaffen ist, daß es Niemand, selbst der Setzer nicht, lesen kann, was ich wol an den Correcturen spüre. Jetzt wird der Druck schneller betrieben, und ich denke Ihnen bald das vollständige Werk schicken zu können, diese 5 Bogen sind ohngefähr der 4te Theil, es müßte also erst um die Hälfte verkürzt werden.

Ich bitte, daß Sie mich im Angedenken behalten, und mich und meine Frau Ihrer Gemahlin empfehlen.

Ew. Wohlgeboren ergebenster

(Ohne Datum.) L. Tieck.

Nr. 84. Tieck an Iffland.

Ich schicke Ew. Wohlgeboren hier die Bogen, die nach den ersten sechsen von der Genoveva noch fehlten. Der Abdruck hat länger gewährt als ich dachte, und ich wünsche nur, daß sie Ihnen einige Unterhaltung geben mögen. Sie verzeihen gütigst, daß ich Ihnen das Mscpt. nicht schicken konnte, ich hatte keine Abschrift, und meine Hand ist, wenn ich schnell schreibe, so undeutlich, daß sie kein anderes Auge als das meinige enträthseln kann. Wenn es Ihre Geschäfte zulassen, dieses Gedicht bald durchzulesen, und mir in wenigen Worten zu melden, ob es für das Theater zuläßlich oder brauchbar sey, so würden Sie mich sehr verbinden, weil ich mich dann mit meinen übrigen Arbeiten einrichten könnte. Sie sind wohl so gütig diese Aushängebogen Niemand weiter mitzutheilen, als der Madam Unger, die das Exemplar wohl meiner Schwester zustellen wird. Ich freue mich darauf Sie in Berlin wieder zu sehen und Ihre Kunst bewundern zu können, auch hoffe ich Sie recht wohl zu finden. Ich habe leider den ganzen Winter mit Gicht und Medizin zubringen müssen, und hoffe nun recht sehnlich auf den Frühling. Empfehlen Sie mich Ihrer Frau Gemahlin, der Rath Schlegel und seine Frau tragen mir viele Empfehlungen auf; ich bin

Ew. Wohlgeboren ergebenster Diener

Jena den 14. März 1800. L. Tieck.

Nr. 85. Tieck an Iffland.

Ew. Wohlgeboren sind noch nicht von der Güte gewesen, mir das Manuskript zu übersenden, um welches ich gebeten habe.* Ich ersuche Sie aber noch einmahl, meinen neulichen Besuch nicht als eine Klage anzusehen, noch weniger meinetwegen das Stück zu unterdrücken, da es so sehr gefallen hat, und Sie also dadurch der Casse einen Schaden zufügen würden: ich könnte auch auf keine Art dies mit Dank anerkennen, denn Sie werden nun wohl einsehen, daß von unsrer Seite etwas darüber gesagt werden muß. Diese Bemühung habe ich nun auf mich genommen, und ich ersuche Sie daher, es mir in diesen Tagen zu schicken, oder daß ich es vom Theater abholen lassen darf, weil ich gerade jetzt mehr Zeit habe, als mir nachher zu Gebote steht, ich wünsche aber das Ganze unabgekürzt zu erhalten, so wie es am ersten Tage gegeben wurde, übrigens wünsche ich nur noch, daß Ihnen meine Anzeige so vielen Spaß machen möge, als ich von Ihrer Darstellung genossen habe.

Mit Achtung

Ihr ergebener
L. Tieck.

(Ohne Datum. Wahrscheinlich Anfang November 1800.)

Nr. 86. Iffland an Tieck.

Ew. Wohlgeboren haben bei Ihrem neulichen Besuch lebhafte Empfindlichkeit über eine Karrikatur, im Lustspiel Kamäleon geäußert, welches die Wirkung eines Hörensagens war, das Ihnen Verdruß gemacht, und mir sehr leid war.

Ich habe wahre Achtung für Sie und Ihr Verdienst empfunden, und stets so gut ich konnte zu beweisen gesucht, deshalb fragte ich auf der Stelle bei Ihnen an, ob Sie das Stück ausgesezt verlangten.

Sie bestimmten sich damals nicht darüber, verlangen es jetzt nicht, wünschen das Stück wiederholt, woran Sie Recht haben, auch dürfte ich es nicht füglich zurücknehmen.

* Das „Chamäleon“ ist gemeint. Vgl. den Brief von Schlegel. Nr. 75.

Ich wiederhole Ihnen, daß ich mich völlig überzeugt halte, wie weder auf Sie, noch irgend jemand, der durch die Würde, welche den Gelehrten ankündigt, sich bewährt, mit dieser flachen Karikatur hat können gedeutet werden sollen. Daher sehe ich auch nicht ein, weshalb — wie Sie mir schreiben — von Ihrer Seite etwas gesagt werden müßte. Vielmehr glaube ich, daß Mißverstand, den, wie Sie sagen, Einzelne genommen haben sollen, durch jede öffentliche Erklärung allgemeines Mißverständniß geben kann. Das von Ihnen neulich und gestern wiederholt zur Durchsicht verlangte Manuscript wird von mir einzig in der Rücksicht verwilligt, damit Sie sich überzeugen möchten, daß keine Beziehung darin vorkomme, die ein Gelehrter von gutem Bewußtsein auf sich zu deuten Ursach habe.

Pflichten gegen den Dichter, welcher der hiesigen Schaubühne ein Manuscript anvertraut, versagen mir jede Veranlassung, daß sein Stück, an welchem er ja vor dem Druck noch ändern kann, was ihm beliebt, und wovon, bis er diesen Druck veranstaltet, durch das Sehen der Vorstellung, und nicht durch kaltes Lesen geurtheilt werden soll, einer Prüfung unterworfen werde, für welche es noch der Dichter selbst nicht reif hält.

Ihr Billet an mich droht ausdrücklich mit einer solchen Untersuchung. Indeß will ich zur Ehre des Ihnen unbefangen und nicht zu einem solchen Zwecke gegebenen Werks, mich mit meinem ältern Freunde abzufinden suchen, und Ihnen das Stück übersenden, aber auch nur Ihnen, und in der gerechten Erwartung, daß Sie solches sobald zurückschicken, als Ihre Durchsicht geendet ist, und mit der unerläßlichen Bedingung, daß es in keine andre Hände komme, als die Ihrigen, denn Ihnen brauche ich ja nicht erst hinzuzusetzen, was sich von selbst versteht, daß die gedruckte Bekanntmachung einzelner Scenen, dieses von dem Dichter noch bloß für die Vorstellung bestimmte Lustspiel von mir pflichtvergessen sein würde, und daß ich solche daher auch keinem andern verstatten darf.

Mit Achtung

Ihr ergebener
Iffland.

Berlin den 14. November 1800.

Sr. Wohlgeboren Hrn. Tieck.

Nr. 87. Tieck an Iffland.

(Ohne Datum. Wahrscheinlich Mitte November 1800 geschrieben.)

Wohlgeborner Herr Direktor!

Es ist durch Veranlassung meiner Trägheit geschehen, daß ich Ihnen nicht schon früher auf Ihr Schreiben geantwortet habe, wie ich gewissermaßen gezwungen bin, ehe ich öffentlich meine Meinung, nicht über das bewußte Lustspiel, sondern über die flache Karrikatur, wie Sie sie nennen, und ihre Darstellung auf dem Theater, dem Publikum und Ihnen mittheile. Es wird dies um so nothwendiger, da ich, so wenig ich in Gesellschaft komme, doch schon allenthalben hören muß, wie ich bei Ihnen gewesen sei und Sie um Zurücknahme und Unterdrückung dieses armen Camäleons gebeten habe, wovon Sie mir doch eingestehen müssen, das mir dies durchaus nicht ähnlich sieht, auch keiner, der mich nur einigermaßen kennt, dergleichen von mir glauben wird. Sie wissen selbst, daß ich bat, meinen Besuch nicht als Bitte und Klage anzusehn, daß ich dies in meinem Billette wiederholte, und Ihnen sogar sagte, Sie könnten meinethalben das Stück geben, der Kasse wegen. Aber ich habe die Wiederaufführung gewünscht? Hier haben Sie mich völlig mißverstanden, ich, als Person, die hiebei als solche interessirt und verwickelt ist, kann dies weder wünschen, noch kann ich mir so viel vergeben, daß ich bei Ihnen um Unterdrückung des Dinges anhielte. Erlauben Sie mir jezt, daß ich Sie an den Inhalt unsers Gesprächs erinnere. Von keiner Klage war die Rede, sondern ich trug Ihnen die Sache vor und bat um Ansicht des Manuskriptes selbst, weil an dem Abend, an welchem ich im Theater war, vieles ausgelassen und abgekürzt wurde, weil ich überdies weiß, und es bekannt genug ist, wie glücklich Sie im Extemporiren, und wie unglücklich viele andre Schauspieler hier im Memoriren sind, so daß diese dann auch aus Noth zum Extemporiren ihre Zuflucht nehmen müssen. Nichts war also natürlicher als meine Bitte, und ich sehe nicht gut ein, wie Sie jemand, der sich, sei es nun mit Recht, sei es Irrthum, persönlich angegriffen glaubte, das Lustspiel selber versagen konnten, da es doch etwa darauf ankam, zu sehn was wirklich gesprochen wurde, und was man noch unterdrückt hatte. Ich habe das Buch Niemand mitgetheilt, — aber könnten Sie es wirklich, als ein Mann, der nicht mit einem ganz Wehrlosen wird streiten wollen, Bernhardi zum Beispiel versagen, wenn er auch die Ansicht begehrte? Mich dünkt, es ist das Wenigste, was der Angegriffene erwarten kann. Im Gespräch, das ich Ihnen über mich machte, daß es nicht so allerdings ein leeres Gerede sei, daß ich selbst die Angriffe am meisten gefunden, weil ich sie am besten eingesehen, boten Sie mir freiwillig zuerst die Unterdrückung des Stücks an mit der Versicherung, daß Niemand von Ihnen unsre Unterredung wissen sollte. Ich antwortete nichts hierauf, als daß ich Sie noch einmal ersuchte, meinen Besuch nicht als Klage oder Bitte um dergleichen anzusehn, und ich fügte nichts weiter hinzu, weil ich das Rechte, was sich hierauf gehörte, nicht antworten konnte, und das Unrechte nicht antworten wollte. Sie wurden endlich mit mir einig, und ich bitte Sie recht sehr, sich dessen ja zu erinnern, und ich denke, Ihr Gedächtniß wird Ihnen so treu sein, als mir das meinige, daß Sie mir endlich zugaben, allerdings seien Schlegels damit gemeint, und auf mich könne man es allenfalls auch deuten, wenn man meine Verdienste nicht kenne, von denen Sie selber innig überzeugt wären u. s. w. Ich habe hierauf auch nichts weiter erwiedert, als daß ich meine Freunde gegen diese Behandlung, nicht gegen Kritik, Spaß, Satire, selbst Schärfen, in Schutz nahm, und nach allem diesen schreiben Sie mir nun doch, kein Gelehrter von gutem Bewußtsein, keiner der durch die Würde sich ankündigt, welche den Gelehrten bewährt, könne diese Karrikatur auf sich deuten. Sehen Sie den Zirkel nicht ein, in dem Sie sich hier bewegen? davon ist ja eben die Frage. Sie haben mir das Stück zugesandt, und ich glaube allerdings noch mehr als zuvor die Persönlichkeiten, die bestimmten pasquillantischen Persönlichkeiten drinnen gefunden zu haben, denen es nur an Schärfe und Verstand fehlt, um eine Tendenz zu erfüllen, zu der sich Niemand, am wenigsten ein Künstler sollte gebrauchen lassen. — Ich komme auf unser Gespräch zurück, und erinnere Sie wieder, daß Sie mir noch endlich zugaben, der Verfasser sei entweder dumm, (ich werde leider wieder grob genannt werden) indem er eine Karrikatur von uns, den fünfen der Parthei, den Unsinnigen u. s. w. zeichnen wollte, und sie ihm aus Unverstand zum moralischen Pasquill wurde: oder — und hierzu schweigen Sie wenigstens still — es geschah dies mit Absicht, und dann war er boshaft, und selber derjenige, den er darstellen wollte. Jezt nennen Sie ihn Ihren ältern Freund, ich habe den Verfasser nicht so gekannt, sonst hätte ich Ihnen das nicht selbst gesagt, und müßte es nicht jezt wiederholen, doch was ich mündlich gesprochen, darf ich auch wohl schreiben, wir wollen also beide zu seinem eignen Besten annehmen, er sei dumm, und das ist mir selber sehr wahrscheinlich.

Verzeihen Sie meine Umständlichkeit, ich hielt es nothwendig, Ihnen noch einmal die Sache vorzustellen, wie sie ist, und wie Sie selber bei unserm Gespräch einzusehn schienen. Sie haben bei Ihren überhäuften Arbeiten, wie Sie mir selber sagten, nicht Zeit, sich um die literarischen Vorfälle zu bekümmern, Sie haben, wie Sie mir mit ächter Künstler- und liebenswürdiger Bescheidenheit versicherten, nicht Wissenschaft genug, um zu wissen wer in dem lebhaft erregten gegenwärtigen Streite Recht, oder Unrecht habe. Nehmen Sie einmal einen Augenblick an (wie es denn doch nicht ganz unmöglich ist) wir hätten Recht! Und wenn wir nun auch Unrecht haben? Können Sie in irgend einem Falle Ihr Theater zum Tribunal machen? Jezt sind Sie nun, wie ich hoffe, überzeugt, daß das Stück allerdings eine persönliche Tendenz habe, sind Sie es aber noch nicht, so müßt ich Sie freilich noch einmal ersuchen mir das Mskpt. noch Einmal anzuvertrauen, um es gedruckt darzuthun, und zu beweisen, daß es persönlich sei. Aber Sie haben mir die Persönlichkeiten im Gespräche endlich zugegeben, — und was ich nun von Ihnen, ich nicht, jeder Angegriffene, vielleicht auch jeder Unpartheiische fordern könnte? Das ist eben das Rechte, wovon ich eben sprach, was ich Ihnen nicht gleich antworten konnte, aber wenn Sie mich jezt nur als Freund fragen, kann ich es schriftlich sagen: — das Stück liegen zu lassen, ist das Wenigste, sondern öffentlich entweder in der Zeitung, oder auf den Anschlagezetteln sich von jedem persönlichen Angriffe lossagen, und jeden der sich beleidigt halten dürfte, wegen des Pasquills um Verzeihung zu bitten, da Sie vorher das Ungeziemende davon nicht eingesehen. — Dieses wäre die Bedingung, unter der ich mit Ehre gänzlich schweigen könnte, von der ich mich aber nicht zu sprechen scheue.

L. Tieck.

Nr. 88. Iffland an Tieck.

Hochgeehrter Herr!

Die Thorheiten und Laster, welche durch gelungene Darstellungen auf der Bühne lächerlich und abscheulich gemacht werden, sind überall zu Hause. Einzelne Züge eines treffend geschilderten Characters müssen bei einzelnen Menschen zutreffen, wenn gleich diese Menschen dem Dichter und dem Künstler unbekannt waren, welche beide nicht individualisiren, sondern besonders ihre komischen Personen als Repräsentanten einer Gattung Narren angesehen wissen wollen. Unerhört ist es daher, einen Geizigen, einen Verläumder, einen Intriganten auftreten zu sehen, der dem Dichter und Künstler zuruft: haltet ein mit der Darstellung des Geizes, der Verläumdung, der Intrigue: sie paßt auf mich! Nur Molierens Tartüffe soll eine ähnliche Wirkung hervorgebracht haben. Urtheilen Sie folglich, was ich empfinden mußte, als ein Mann Ihrer Art zu mir kam, und mir klagte, der elende Schulberg werde auf ihn gedeutet. Ich konnte Sie in diesem Augenblick nur für krank halten, und wünschen, man hätte Sie lieber an einen Arzt als an mich gewiesen. Indessen behandelte ich Sie wie einen achtungswürdigen Kranken, dessen man schont, wenn man ihn nicht zu heilen versteht. Ich fürchtete Sie durch Widerspruch ohne Noth zu reizen, ich gab Ihrer wiederholten Zudringlichkeit so viel nach, daß wenn man etwas gewaltsam zu deuten entschlossen sei, gewisse übertriebene Ausdrücke Schulbergs die Sprache Friedrich Schlegels nachahmen zu wollen scheinen könnten, ich überließ es sogar Ihrem Ermessen, ein Stück von der hiesigen Bühne auf einige Zeit zu entfernen, das freilich nur dann auf Sie angewendet werden kann, wenn man es nicht kennt. Ich sezte natürlicherweise dabei zum voraus, daß Ihre bessere Besinnung zurückkehren und Ihnen selbst in kurzem sagen würde was eigene Vernunft wohlthätiger als fremde geltend zu machen weiß.

Sie haben mich mißverstanden, und Ihr lezter Brief beweiset mir, daß Sie mehr als jemals von der Stimmung entfernt sind, auf welche Nachsicht und Mäßigung heilsam wirken. Aber was ich Ihnen vielleicht nicht mehr schuldig bin, kann ich doch, meiner selbst wegen, nicht aus den Augen setzen.

Nein, mein Herr! Sie sind nicht Schulberg, und keiner Ihrer Freunde ist es. Keiner von Ihnen schmeichelt sich für adlich zu gelten, ohne geadelt zu seyn, keiner von Ihnen kriecht, schmarozt und borgt von kleinen Grossen, keiner macht einem thörichten alten Weibe den Hof, um sich vor Pfändungen der Juden zu sichern, keiner von Ihnen verlebt seine Nächte in leeren Schilderhäusern und Portchaisen. Gott verhüte, daß es unmöglich werden sollte, einen pöbelhaften Schmierer und seine Rotte aufzustellen, ohne das Ideal dazu von Ihnen und Ihren Freunden zu entlehnen!

Die Bibliothek der hiesigen Schaubühne würde in einen leeren Raum verwandelt werden, wenn jeder mißtrauische Mensch das Recht hätte, alle Schauspiele daraus zu entlehnen, in welchen etwa ein einzelner Zug vorkommt, worin er einige entfernte Aehnlichkeit mit sich zu entdecken glaubt, und die theatralischen Vorstellungen würden zulezt aufhören, wenn lauter solche Gebrechen dargestellt werden sollten, die im ganzen Lande nicht zu Hause sind.

Ihre litterarische und physische Existenz, vielleicht sogar Ihr Name, ist dem Verfasser des Chamäleons gänzlich unbekannt.

Ich wohne jezt mit Ihnen an einem Orte und habe nichts von Ihnen gelesen als Ihren Sternbald und Ihre beiden Briefe an mich. Die leztern hätte ich Ihnen gern erlassen.

Gehen Sie mit Ihrer bessern Seele zu Rathe. Sehen Sie zu, ob Sie es für sich verantworten könnten, den Schulberg auf sich und Ihre Freunde zu deuten.

Ich werde es für mich nie verantworten noch veranlassen.

Iffland.

Berlin den 22. November 1800.

VII.

Zacharias Werner — Iffland.

Nr. 89 bis 105.

1804—1809.

Nr. 89. Werner an Iffland.

Wohlgebohrner Herr!

Höchstzuverehrender Herr Director!

Ew. Wohlgebohren erdreiste ich mich, ein von mir verfertigtes dramatisches Gedicht: die Söhne des Thals, als Opfer der reinsten Hochachtung zu übersenden; eine Pflicht, der ich früher nachgekommen wäre, hätte ich eher den jezt erst fertig gewordenen Titelbogen des zweiten Theiles von meinem Verleger erhalten.

Schon von meiner früheren Jugend an — ich zähle jezt 35 Jahre — war das Theater meine Leidenschafft und mein Studium. Ew. Wohlgebohrnen erste Erscheinung im dramatischen Schrifftstellerfache fiel in jene Periode; ich verschlang Ihre Werke und die Lebendigkeit Ihrer Darstellungen, die Gediegenheit Ihrer Charactere, die vollendete Reife Ihrer Pläne, gesellt zum Zauber Ihrer Sprache, ergriffen mich damahls schon mit der Allgewalt, wie sie seit dem auf jeden gebildeten Bewohner Deutschlands würckten. Das Glück, Sie persönlich kennen zu lernen war mein sehnlichster Wunsch; er ist leider bis jezt unbefriedigt, aber erfreulich war es mir stets, den Mann, dem ich so viele schöne Genüsse verdanke, als dramatischen Dichter und Darsteller auf gleich erhabener Stufe zu sehn.

Berufs-Geschäffte entzogen mich eine geraume Zeit hindurch dem Theater so sehr, daß ich mir sogar — ich bin schon seit 10 Jahren in Südpreußen placirt — mehrere Jahre hindurch den Genuss der Bühne fast gäntzlich versagen mußte. Darauf beschränkt, meinen Sinn für diese Kunst durch Lektüre zu befriedigen, entsagte ich, einer höheren Nothwendigkeit nachgebend, der Hoffnung, je als dramatischer Dichter aufzutreten, eben so wie ich früher den Entschluss mich dem Schauspielerstande zu widmen in mir erstickt hatte. Indessen führte mich eine Verbindung, der ich mehrere Jahre leidenschafftlich anhänge, zum Studium der immer sehr merckwürdigen Geschichte des Tempel-Ordens. Ich entdeckte in ihr hinreissend schöne Züge, einen Zusammenhang mit den neuesten Zeitbegebenheiten, der, sey er auch geschichtlich bestreitbar, doch einen hohen poetischen Sinn hatte, kurtz, einen Stoff von bedeutendem tragischen Interesse. Ich fand oder glaubte wenigstens zu finden, daß diese dramatische Goldgrube von den wenigen Dichtern, die in ihr Schätze gegraben hatten, bey weitem nicht erschöpft, daß von Jedem derselben nur der Charakter Molay's, mitunter mit zu vieler poetischer Freyheit, dargestellt, aber weder die reine Würde, die in ihm liegt, noch das hochtragische Fatum des Ordens entwickelt worden war. Diese Idee, verbunden mit der besonderen Absicht, der mir innigst verbündeten Gesellschafft ein dramatisches Lehrgedicht zu geben und der allgemeinern, zur Belebung des fast ganz erloschenen Sinnes für das Heilige, einen, wenn auch nur geringen Beytrag zu liefern, bestimmten mich zu meinem Werke, welches ich darum Söhne des Thals nannte, weil der vielleicht nicht gantz erdichtete Bund des Thals darinn die Stelle des eisernen, wenn gleich nicht blinden Fatums vertritt. Bey dieser Tendenz meines Werkes war es mir unmöglich, es für die Bühne darstellbar einzurichten. Für diese ereignet sich meines Erachtens nur Klarheit der Ideen, Kürtze und Präzision des Ausdrucks, eine rasch fortschreitende Handlung, die unsre Affekten reinigt, ohne diese Absicht durchblicken zu lassen, wie die Grazie bezaubert, ohne es selbst zu wissen, kurtz nur das, was der Meister der Deutschen Schauspielkunst, an den gegenwärtige Zeilen gerichtet sind, durch sein eigenes Beyspiel so schön versinnlichet hat. Ich aber, bey der Absicht, zunächst nur für eine Klasse Leser zu schreiben, mußte den übrigen meine Haupt-Ideen durch ein mystisches Dunkel wenigstens halb verhüllen. Bemüht, nicht sowohl einen einzigen Satz zu versinnlichen, als ein ganzes Systhem aufzustellen, mußte ich, offt wider Willen, der dramatischen Präzision Eintrag thun, und da fast alle Persohnen meines Stücks, das Thal ausgenommen, leidend sind, letzteres aber, als Repräsentant der ordnenden Natur, nur langsam und stille sein Werk bildet, so konnte nur wenig Handlung, und diese wenige nicht fortschreitend sein. Diese und noch mehrere der Grund-Ideen die mich leiteten, habe ich in den Prologen und Epilogen beyder Theile zu entwickeln versucht, und entsage förmlich allen Ansprüchen, dieses Werk je auf der Bühne — wo es ohne eine seinem wahren Zwecke-nachtheilige Verkürzung nie Effect machen kann, — darstellen zu lassen. Ob es aber darum ein dramatisches Ungeheuer und in dieser Rücksicht schlechthin verwerfflich sey, mag der große Meister entscheiden, an dessen Urtheil ich hiemit kühn und hochachtungsvoll appellire.

Warum ich in diesem ersten Briefe so zutrauungsvoll bin, wird der tiefe Menschenkenner nicht fragen, der es weiß, daß reine Hochachtung von eben so reinem Zutrauen nie getrennt ist.

Ob ich noch mehrere dramatische Arbeiten liefern werde, wird davon abhängen: ob mein Schicksal mich bald in eine Lage versetzt, die es mir mehr als es bisher bey meinem Posten als Kammersekretär möglich war, verstattet, mich dem Kunstbetriebe (wie ich so sehr wünschte) mit voller Seele widmen zu können, was nur dann der Fall seyn dürfte, wenn ich sorgenfrey, nicht, wie jezt, die Kunst dem Brodtfache zu opfern, oder, was für mich noch schrecklicher seyn würde, sie nach Brodte zu schicken genöthiget bin.

Zwar arbeite ich jezt an einem Trauerspiel in fünf Ackten und abwechselnden Sylbenmaßen, was die Eroberung Preußens durch die Creutzherren zum Gegenstande hat; ein Stoff, bei dem mir wenigstens völlige Lokalkenntniß zu Statten kommt. Zwey Ackte davon habe ich schon vollendet. Ob ich das Ganze aber bald beendigen werde, ob es — was ich sehr wünsche — zur Darstellung auf der Bühne qualificirt seyn wird, kann ich für jezt noch nicht bestimmen, da ich, wie gesagt, weder Herr meiner sehr beschrenkten Zeit bin, noch mich entschliessen kann, meine Ueberzeugung vom wahren Wesen der Kunst, dem so sehr wankenden Geschmacke des Publikums aufzuopfern. Sollten Ew. Wohlgebohren es jedoch gütigst erlauben, so würde ich dieses mein jezt unter

Händen habendes Trauerspiel, wenn es fertig ist, Ihnen zur Beurtheilung und (insofern Sie es dazu geeignet finden) zur Darstellung auf der Berliner Nationalbühne zu übersenden die Ehre haben.

Macht mich, was mein sehnlichster Wunsch ist, mein Schicksal bald so glücklich, Ew. Wohlgebohren persönlich kennen zu lernen und in dero Nähe meiner Neigung gemäss zu leben, so würde ich unter Leitung desjenigen, dem deutsche Schauspielkunst den größten Theil ihres Flors verdankt, vielleicht thätiger für leztere wirken können. Für jezt auf schriftliche Unterhaltung beschränkt, bin ich, wie die Länge meines Briefes mich mahnt, auch in dieser zu ungenügsam. Verzeyhen Sie dieses vielleicht zu kühne Zutrauen, beglücken Sie mich unter nachstehender Addresse mit einer geneigten Antwort, und überzeugen Sie Sich von der tiefsten Hochachtung, mit der ich mir zur Ehre beharre

Ew. Wohlgebohren

ganß gehorsamster Diener

Werner,

Warschau den 4. August 1804.

Südpreußischer Kammer-Sekretär zu Warschau.

(Bei der Krieges- und Domainen-Kammer auf dem Landes-Collegien-Palais zu erfragen.)

Nr. 90. Werner an Iffland.

Warschau den 9. October 1804.

Wohlgebohrner Herr!

Hochzuverehrender Herr Director!

Ew. Wohlgebohren gütigstes Schreiben vom 25. v. M. war mir, was eine Wunder-Essenz dem Kranken ist, es gab meinem ästhetischen Daseyn Lebens-Muth und Lebens-Krafft. Daß Sie mich Ihrer Aufmerksamkeit würdigten, daß Sie — noch ehe Sie meinen Brief erhielten — schon Schritte zu meiner Beglückung thaten, daß Sie Sich dafür mit so vieler Wärme, so äußerst edel interessiren; Alles das belebt mich zu einem Danke, den ich mit Worten zu schildern schlechterdings nicht vermag. Das Gefühl, das ich bey Lesung Ihres mir über Alles theuren Briefes empfand, das Betwußtseyn, vom ersten dramatischen Künstler meines Vaterlandes mich — ich wage es zu sagen — fast als

Freund behandelt, mich dem hohen Ideale, welchem ich nur immer fruchtlos nachstrebte, jezt auf einmahl genähert zu sehen; dieses Gefühl — es war einer der hellsten Punkte meines gewöhnlich trüben Lebens, und seitdem ist Ihre Güte, höchst verehrungswürdiger Mann, zu verdienen, das kühnste Ziel meines Stolzes.

Was Sie von meinem neuen Trauerspiel und der Würkung schreiben, die dessen Aufführung auf dem berlinischen Theater Behufs der Erfüllung meiner Wünsche machen könnte, so bin ich zwar nicht kühn genug, einen so günstigen Erfolg für mehr als problematisch zu halten; indessen überzeuge ich mich vollkommen, daß ich den Schritt, ein Stück von mir auf die dortige National-Bühne zu bringen, wenigstens wagen muss, und daß, wenn solches schon im März k. J. geschehen könnte, dieses für mich am zweckmässigsten sein würde. Aber — eben diese gütige Aufforderung von Ihrer Seite macht es mir zur Pflicht, dem Manne, der so edel gegen mich denkt, auch mein Inneres und meine Lage ganz offen darzulegen.

Also — ohne Umschweiffe — ich habe von meinem neuen Werke noch nichts weiter als die beyden ersten Acte fertig, der dritte ist noch nicht einmahl angefangen, also habe ich — da mein Plan auf fünf Acte geht — noch drey zu machen. An diesen geringen Fortschritten ist bey Gott und Ehre nicht meine Saumseligkeit Schuld — ich getraue mir vielmehr, bey gehöriger Muße, fünf metrische Acte in höchstens vier Monathen vollenden zu können — es ist bloß Folge meiner so mannigfaltigen als geisttödtenden Dienstgeschäffte. Diese rauben mir den größten Theil des Tages, und lassen mir für die mir etwa übrig bleibenden paar Stunden nur äusserst selten die glückliche Heiterkeit, die — wie Sie wissen — zur Begeisterung, welche der Künstler, besonders in meiner Lage, nur erhaschen, nicht erzwingen kann, ohnumgänglich erforderlich ist. Ew. Wohlgebohren sind so glücklich, ein solches Dienst-Verhältniss aus Erfahrung nicht zu kennen, indessen werden Sie, bey Ihrer tiefen Menschenkunde, Sich das schreckliche Bild eines für die Reize der Kunst glühenden, aber unter der Last, weder durch Ehre noch durch Gold remunerirter Dienstgeschäffte erliegenden Gemüths, was mit jedem Augenblicke seine innere, nur noch schwach aufglimmende Flamme mehr und mehr erlöschen sieht — Selbst ausmahlen können.

Zwar habe ich die Zeit, seit der ich Ihnen zu schreiben die Ehre hatte, nicht unbenutzt gelassen, ich habe den ganzen ersten Ackt so umgearbeitet, daß er so gut als noch einmahl gemacht ist, da ich unablässige Feile für ein Haupterforderniß zum Gelingen eines Kunstwerkes halte. Auch brenne ich vor Begier, Ihrem gütigen Rathe gemäs, durch baldige Beendigung meines Trauerspiels, die Kunst und mein Schicksal zu versöhnen. Aber — gerade herausgesprochen, denn wie könnte ich den Edeln, der mich so hülfreich aufrichtet, täuschen? — in meiner jezzigen Lage kann ich mein Stück nicht nur nicht bis zum Märtz k. J. ich kann es vielleicht nie fertig machen, weil mein Seelenfrieden täglich mehr schwindet. Die beyden ersten Ackte schrieb ich, als ich in Königsberg, der Krankheit meiner verstorbenen Mutter wegen, auf Urlaub war, kurtz vor und während meiner Rückreise von Königsberg nach Warschau im May d. J., wie ich überhaupt auf einer Reise fast beständig und am glücklichsten arbeite. Hier habe ich nur den ersten Ackt umgearbeitet, und den zweiten gefeilt. Die Idee der übrigen schwebt für meiner Seele, aber will ich irgend einen glücklichen Moment benutzen, so lähmt mich eine neue Dienstarbeit, raubt mir mehrere Tage, und ich vergehe in ohnmächtigem Unmuthe, mein Lebensglück, was ich vielleicht durch diese Darstellung auf immer begründen könnte, durch ein unablösliches Dienst-Joch vernichtet zu sehen.

Man gebe mir höchstens drey Monathe, um geschäfts- und sorgenlos in mein Inneres zurückzukehren, und — mein Schauspiel ist vollendet, aber so wie ich jezt lebe, helffen mir Jahre nichts. Soll mein Placement in Berlin Resultat der Aufführung meines Stücks seyn, so komme ich wahrscheinlich nie hin, weil ich es hier nicht vollenden kann. — Wie dem abzuhelfen, weiß ich nicht. Wäre ich nicht — Gatte, besässe ich genug eigenes Vermögen, um einige hundert Thaler wegwerffen zu können, so wagte ich den Schritt nach Berlin auf Urlaub zu gehn, arbeitete dort unter den Augen des grossen Meisters, an den diese Zeilen gerichtet sind, und mein Werk wäre bald, vielleicht glücklich vollendet. Jezt aber ist mir das schlechterdings unmöglich, denn ohngerechnet, daß ich gewiss keinen Urlaub zur Reise nach Berlin erhalten würde, da ich nur in diesem Jahre von einem sehr langen Urlaube, den ich der Krankheit meiner kürzlich verstorbenen Mutter wegen erhalten habe, aus Königsberg zurückgekehrt bin, so kann ich auch, selbst wenn ich (was schlechterdings nicht möglich scheint) abermals Urlaub erhalten sollte, ihn dennoch zur Reise nach Berlin nicht benutzen, weil ich ohne meine Frau nicht reisen kann, das aber mir eine Ausgabe von mehreren hundert Thälern auf die ungewisse Aussicht verursachen würde, in Berlin versorgt zu werden, oder nicht. Da ich also weder nach Berlin, ehe ich dort würcklich placirt bin, reisen, noch in Warschau mein Stück vollenden kann, so weiß ich schlechterdings keinen Ausweg meinen Wunsch zu erreichen, als den, recht bald, auf irgend eine Art, in Berlin placirt zu werden. — Glauben Ew. Wohlgebohren nicht, daß ich Ihre Güte mißbrauchen, Sie durch Zudringlichkeit in Verlegenheit setzen will; ich weiß, wie schwehr es hält, in Berlin angestellt zu werden, ich weiß, daß Sie Alles, daß Sie mehr für mich gethan haben, als ich je erwarten konnte, aber eben deshalb hielt ich es für Pflicht, Ihnen mein Innerstes unverhohlen darzulegen, Sie, auch auf die entfernteste Art, nicht zu täuschen. Mein ganzer Wunsch ist übrigens sehr beschränkt, denn er geht nur auf eine Stelle von der ich, nicht reichlich, blos sorgenlos, mit meiner Frau als ehrlicher Mann subsistiren könnte, die mich jedoch — ich muß aufrichtig sprechen — so wenig beschäfftigte, daß ich fast meine ganze Zeit der Kunst widmen könnte. Gäbe es bey dem Berliner Nat.-Theater-irgend eine solche Officiantenstelle, so wäre mir das freylich äußerst erwünscht, da ich alsdann, mit Ihnen in einem nähern Verhältnisse, Ihre gütige Belehrung bey jedem Fortschritte in meiner ästhetischen Laufbahn zu benutzen, glücklich genug seyn würde. Aber auch jede andre Stelle, befriedigte sie nur jene Requisite, würde ich mit Danke annehmen, und dabey schlechterdings weder auf Titel noch auf reichliches Dienst-Einkommen sehen, da ich für keine andre Art von Achtung, als die meiner Persönlichkeit, Sinn habe, und nur leben, aber auch wirklich leben will, was, im Joch eines arbeitsvollen Dienstes mir wenigstens nicht möglich ist. Sollte Berlin mir hiezu keine, oder doch keine baldige Gelegenheit darbieten, so muß ich Ew. Wohlgebohren — jedoch nur als unmaaßgeblichen Vorschlag — gehorsamst submittiren: ob es nicht möglich seyn sollte, mich, unter irgend einer Cathegorie, in Potsdam zu placiren, wo ich, da dieser Ort ungleich wohlfeiler als Berlin ist, mit einem viel geringern Fixo auskommen, meinen Sinn für ländliche Natur, die mir über Alles geht, und ohne die ich nie glücklich leben kann, in vollem Maasse befriedigen, und doch die Communikation mit Berlin fast täglich so unterhalten könnte, daß es so gut wäre, als wohnte ich in Berlin selbst.

Doch ist auch das nur eine Idee, die ich gänzlich dero Entscheidung anheimstelle, und werde ich letztere, insofern Sie mich solcher würdigen, unbedingt befolgen.

Sollten übrigens Ew. Wohlgebohren meiner Verhältnisse wegen nähere Erläuterungen wünschen, so wird mein mehrjähriger Freund, der Krieges- und Domainen-Rath Pequiten — welcher die Ehre hat, Ihnen gegenwärtigen Brief zu überbringen — und der meine Lage und Wünsche genau kennt, Ihnen diese Details geben, und das Nähere mit Ihnen einleiten können. Nächstdem intressirt sich auch der Buchhändler Sander, mein bisheriger Verleger, für die Erfüllung meiner Wünsche, und beyde achtungswerthe Männer würden sich ein Vergnügen daraus machen, mit Ew. Wohlgebohren, insofern Sie solche Dero Vertrauens würdigen sollten, dieserhalb de concert zu gehn.

Und jetzt — genug von einem Detail, dessen ermüdende Weitschweifigkeit ich nur zu sehr fühle, und in welches zu entriren ich nicht gewagt haben würde, hätte ich es nicht für Pflicht gehalten, dem Manne, der mich so offen und edel behandelt, und zu dem ich von Angesicht zu Angesicht zu sprechen nicht das Glück habe, mindestens schrifftlich jede Falte meines Herzens offen und wahr darzulegen. Es ist ja das Vorrecht schöner Seelen, Zutrauen einzuflössen, wohin Sie nur würken! — Noch eine Stelle Ihres gütigen Schreibens heischt Beantwortung. Sie scheinen es zu wünschen, daß ich Ihnen das, was von meinem Schauspiele bereits fertig ist, übersenden soll. Erlauben Sie, daß ich auch hierüber mit Ihnen gantz ohne Hehl spreche.

Zwey Acte geben über das Ganze eines dramatischen Werkes bekanntlich nur einen äusserst geringen Aufschluss. Ohne zu rechnen daß jeder Theil eines Kunstwerkes nur nach Vollendung des Ganzen die letzte nöthige Feile erhalten kann, so können besonders im gegenwärtigen Falle, die beyden ersten Acte durch den Verfolg des Stückes sehr viele Modificationen leiden, die ich — wiewohl ich den Plan des Ganzen schon entworffen — doch jezt unmöglich voraussehen kann. Diese beyden Acte sind also in jeder Rücksicht jezt noch, wenn sie auch fertig sind, doch unvollendet, und ich — setzen Sie Sich in meine Lage! — soll dem ersten Schauspielkünstler meiner Nation, ein noch unvollendetes Bruchstück schicken, und mich dadurch der Gefahr aussetzen, Seine Theilnahme, die mir über Alles schätzbar ist, fast in demselben Augenblicke zu verliehren, wo ich sie gewonnen zu haben mir schmeichle? Das wäre eine Lotterie mit einem ungeheuren Einsatze, auf welche mich einzulassen ich nicht kühn genug bin. Ein Schauspiel — das wissen Sie — kann nur als Ganzes interessiren. Wäre ich in Berlin, hätte ich das Glück dort unter Ihren Augen zu arbeiten, so würde ich Ihnen jede Stelle und Scene meines Stückes, wie sie fertig würden, zeigen und mich von Ihnen belehren lassen, ich hätte den Vortheil, Ihnen meine Ideen mündlich zu erörtern, der mir entgeht, wenn ich Ihnen ein unvollendetes Bruchstück schrifftlich übersende. Also das Resultat! — Kann ich einst meine Werkstatt in der Nähe des größten Meisters meiner Kunst aufschlagen, so werde ich mich glücklich schätzen, wenn Er jedes meiner Gebilde, von der ersten Zeichnung bis zum letzten Meißelstiche prüfend begleitet, und jeder Rath von Ihm wird mir — dem Schüler — heilig seyen; — aber den kaum behauenen Block meiner Statüe einem Praxiteles zu übersenden — davon dispensire Er mich! —

Ich schließe dieses Schreiben — für dessen Länge ich kaum Verzeyhung zu erbitten wage — mit der süßen Hoffnung, mein Loos in den Händen dessen zu wissen, der als Künstler und Mensch mein Ideal ist. Ich habe Alles auf einmahl sagen müssen, weil es mein Charakter ist, nicht Umschweiffe zu machen, diese auch Zeit kosten, und nur schleunige Hülffe mich retten kann. Würdigen Sie mich gelegentlich einiger Zeilen Antwort von Ihrer mir so theuren Hand. Die Minuten, die Sie dadurch der Kunst rauben, schenken Sie der Menschheit, durch Aufrichtung eines vom Schicksal gebeugten, der, mit den Gesinnungen der tieffsten und reinsten Hochachtung, sich zur Ehre beharrt

Ew. Wohlgebohrnen

ganz gehorsahmster Diener

Werner.

N. S. Haben Sie die Güte, wegen der Eile, in der ich dies Schreiben entwarff, dessen sehr schlechten Stil zu entschuldigen.

Nr. 91. Werner an Iffland.

Warschau den 10. März 1806.

Wohlgebohrner Herr!

Hochzuverehrender Herr Direcktor!

Obgleich von Ew. Wohlgebohren noch auf mein letztes Schreiben mit keiner Antwort beglückt, bin ich doch so frey, folgende Zeilen an Sie zu richten. Die Veranlassung dazu ist eine Nachricht, die ich Ihnen, Ihrer gütigen Aufforderung gemäß, ohne Verzug mitzutheilen mich verbunden halte.

Mein neues Schauspiel ist eben fertig geworden, zwar nicht das Ganze, aber der erste Theil des meiner Absicht nach aus zwey Theilen bestehenden Ganzen. Sollten Ew. Wohlgebohren über diese Trennung des Ganzen in zwey Theile unzufrieden seyn, so muß ich Sie bitten, meine Gründe zu hören, und schmeichle mir sodann Ihrer Beystimmung.

Sie waren Selbst so gütig mir den Wunsch zu äussern, mein Schauspiel bald auf der Bühne zu sehen, und eben das war auch mein sehnlichstes Verlangen. Theils war aber auch die Vollendung des ganzen Stückes in kurzer Zeit mir unmöglich, theils war auch mein Plan zu reichhaltig, um ihn in fünf Ackte zu pressen, und wäre letzteres ja möglich gewesen, so würden diese doch auf jeden Fall so lang als Schillers unbeschnittener Don Carlos, mithin für die Bühne ohne die dem Sinne des Ganzen nachtheiligsten Abkürzungen nicht darstellbar gewesen seyn. Ich wählte daher einen Mittelweg, und theilte die Handlung in zwey gleiche Theile, von denen der erste zwar nur nächst der Exposition, den Knoten schürzt, zugleich aber auch auf die Catastrophe, das Ganze so bestimmt hinweist, daß er selbst dadurch ein in sich abgeschlossenes Ganze bildet. Wie ich dies bewürckt, wäre hier zu weitläuftig, zu erörtern; Sie werden es aus dem Manuscripte Selbst ersehen, dessen Abschrift ich mit nächster Wochen anfangen lassen will, und welches Ihnen, sobald es abgeschrieben, übersenden zu dürffen ich um Ihre gütige Erlaubniß bitten muss.

Soviel getraue ich mich vorläufig zu behaupten, daß dieser mein erster Theil, so wenig ich es wage, mich mit Schillern in Paralelle zu stellen, doch

1) ungleich mehr ein Ganzes als die Piccolomini bildet,

2) wenigstens eben so viel, wo nicht noch mehr Handlung als die Piccolomini enthält,

daß er

3) auch ohne den zweyten Theil völlig verständlich,

4) von der didaktischen Tendenz, die im Drama am unverzeyhlichsten und mir bey den Söhnen des Thales z. B. (in dramatischer Hinsicht) so schädlich geworden ist, frey,

daß dieser jezt fertige erste Theil

5) an poetischem Werthe meinem vorgenannten Werke äußerst vorzuziehen und bis jezt meine gelungenste dramatische Arbeit ist,

und daß er

6) mehrere Scenen enthält, die, meiner Kenntniß der Bühne nach, bey gehöriger Darstellung von vieler Würkung seyn müssen, so wie er übrigens, Ihrem Wunsche gemäß, ganz mit Rücksicht auf Natur und Eigenheiten der Bühne bearbeitet ist.

Ich nehme daher keinen Anstand, Ihnen, Verehrungswürdigster, mein gelungenstes Werk zwar mit einiger Schüchternheit, aber doch mit Vertrauen anzubieten. Es sollte mich sehr schmerzen, wenn Sie den ersten Theil ohne den zweyten, der höchst wahrscheinlich erst zu Ablauf dieses Jahres fertig werden kann, nicht annehmen sollten. Zwar muß ich Ihnen das anheimstellen, doch bitte ich auf jeden Fall mir wenigstens dessen Uebersendung gütigst zu verstatten, damit Sie es, ehe Sie entscheiden, Selbst prüfen können.

Ich bemerke nur noch

a) daß dieser Theil mindestens so lang als die Piccolomini und in drey Acte getheilt ist. Diese Acte sind etwas lang, indessen sind sie in der Natur der dargestellten Handlung gegründet, und aus eben dem Grunde möchte ich, wiewohl jene drey Acte sich auch in fünfe zertheilen lassen, diese Zerstückelung doch nicht gerne vornehmen. Auf den möglichen Fall indeß, daß Ihnen die Länge jedes Actes (der dritte ist wie billig der kürzeste, gedrängteste und handlungsreichste) — zu beträchtlich scheinen sollte, so werde ich den Mittelweg wählen, Ihnen im Manuscript die Stellen zu bezeichnen, wo, meiner Meinung nach, die Acte durchgeschnitten, und mit einigen Modificationen, aus den jezigen drey — fünfe gemacht werden könnten. Nur bemerke ich schon im Voraus, daß ich Ihnen — bey Ihrer unleugbar tiefern Kunde des Fachs — es unbedingt anheimstelle, jene Akt-Eintheilungen (insofern das Stück durchaus fünfe haben müßte) auch anders, als ich sie projectirt, zu wählen, so wie überhaupt in Ansehung einzelner Stellen und Scenen, Aenderungen oder Abkürzungen zu machen, wobey Sie mir indessen wohl die Bitte verzeyhen werden, mich von diesen Veränderungen noch vor der Aufführung zu unterrichten.

b) Enthält mein Schauspiel und auch dieser erste Theil, einige (wiewohl nur wenige) Chöre und Gesänge, so wie der Zwischenraum zwischen dem zweyten und dritten Akt (während dessen die Veste Plock des Herzogs Conrad von der Masan von den Preußen belagert wird) mit einer darauf passenden Zwischen-Musik ausgefüllt werden muss. Nun werden Ew. Wohlgebohren besser als ich wissen, wie zweckmässig es zum guten Gelingen einer guten Musik ist, wenn Dichter und Compositeur sich dabey einander in die Hände arbeiten und de concert gehen können. Das ist bey meinen Gesängen in diesem ersten Theile um so nöthiger, als sie theils aus regellosen Chören der wilden Preußen (Gesänge beym Bernsteinfange, der, als Localbezeichnung das Schauspiel eröffnet, einem Schlachtgesange &c.) theils aus Chorälen der christlichen Priester in der von den Heyden belagerten Veste Plock bestehen, mithin (besonders die ersteren) eine, der gewöhnlichen Theater-Musik ganz heterogene, in den Sinn des Dichters tief eindringende Behandlung erfordern. Da ich nun das, für meine Kunstverhältnisse würklich sehr bedeutende Unglück habe, nicht in Berlin zu wohnen, auch mit den dortigen grossen Musik-Künstlern (von denen nahmentlich der Capellmeister Reichart sehr viel poetischen Sinn verräth) ausser allen rapports bin; so habe ich die Composition meiner im ersten Theile vorkommenden obenerwähnten Gesänge einem meiner Jugendfreunde anvertraut, der ein eben so geschickter Compositeur als Kunstkenner, auch, da ich selbst etwas musikalisch bin, über meine Ideen völlig au fait ist. Ich darf ihn nicht nennen, da seine Verhältnisse ihn veranlaßt haben, mich um Verschweigung seines Nahmens dringendst zu ersuchen, so viel kann ich indessen versichern, daß er sich in Berlin und Dreßden für die Kunst ausgebildet, und, wiewohl noch durch keine öffentlich im Drucke erschienenen Compositionen bis jezt bekannt, doch sich bereits im Opern- und Kirchen-Style sehr glücklich versucht hat. Ich habe mit ihm daher die Abrede genommen, daß er die Ouverture, Zwischen-Musik und wenigen Gesänge meines Trauerspiels componiren soll, wonächst ich — wenn Ew. Wohlgebohren überhaupt auf dessen Aufführung entriren sollten, Ihnen die Composition, wenn gleich etwas später als das Manuscript meines Stückes selbst zu übersenden nicht verfehlen würde. Zwar kann ich nicht in Abrede seyn, daß der Nahmen eines berühmten Compositeurs mehrere locken dürffte; da indessen die Gesänge in meinem Trauerspiele ohnehin doch nur Nebensache sind, es zudem Ew. Wohlgeboren ja doch unbenommen bleibt, die Composition alsdann wenn diese fertig ist, und etwa, wider Vermuthen, Veranlassung zum gerechten Tadel geben sollte, einem andern Compositeur anzuvertrauen, so könnte es wohl bey meiner Idee bleiben. Was

c) das Costume, Decorationen, Rollenvertheilung u. s. w. betrifft, so stelle ich solche unbedingt Ihrem geprüften und von ganz Deutschland zur Norm angenommenen Urtheile anheim, und werde das Wenige, was ich etwa dabey bemerken zu müssen glaube, dem Manuscripte in einem besonderen Anhange hinzufügen. Das letztere werde ich auch

d) in Betreff der etwa noch nöthigen Erörterungen über Plan und Ausführung meines Trauerspiels thun, und bemerke nur vorläufig, daß es ganz im romantischen Geiste (etwa dem Charakter in dem die Jungfrau von Orleans gedacht, jedoch nur sehr entfernt, analog) und, wiewohl mit Prunk, Scenerie, und was sonst den Hauffen reizt, nicht sparsam versehen, doch mit diesem Flitterstaate so wenig als in Betreff der Handlung selbst, überladen ist, die ich so klar als möglich fortzuführen, und von Episoden möglichst rein zu erhalten suchte. Zwar könnte die Liebe zwischen dem jüngsten Sohne Warmio des ersten preußischen Gesetzgebers und Königs und nachherigen Oberpriesters Waidewuts (letzterer erscheint im ersten Theile gar nicht, und soll erst im zweyten gigantisch hervortreten) — mit der Tochter des Herzogs Conrad von der Masau, Malgona, beym ersten Anblicke Episode scheinen, sie ist es aber nicht. Die Ausrottung des Heydenthums und Einführung des Christenthums durch die deutschen Ritter in Alt-Preussen, und der Kampf, den, ich möchte sagen, dämonische Menschen gegen die Heiligen führen, ist der grosse Grundstoff des Ganzen, und auf diesen ist jene Liebe nicht etwa, wie die sonst so herrliche Episode von Schillers Max und Thecla leicht aufgeheftet, sondern innigst mit ihm amalgamirt, da der das Ganze (nehmlich den zweyten Theil) beschließende Opfertod beyder Liebenden, zugleich obige eingeleitete grosse Catastrophe beschleunigt und herbeyführt. Uebrigens sind in diesem ersten Theile ausser der männlichen Haupt-Rolle, dem Geiste des Märtyrers und Bischoffs Adelbert, der, in der Gestalt eines Zitterspielmanns — (NB. es ist etwa nicht ein abermahliger Troubadour, wie in den Thals-Söhnen, so wie ich keinen der dort gebrauchten Charactere hier wieder aufgeführt habe) — ausser ihm also, der in dieser Gestalt die deutschen Ordens-Ritter nach Plock und die Catastrophe wie das Schicksal leitet, sind die andern männlichen Rollen zwar zum Theil von Bedeutung, doch habe ich die Zahl derselben möglichst zu beschränken gesucht. Könnte ich jenen Haupt-Charakter (den Adelbert) vom ersten jeztlebenden Schauspielkünstler, an den diese Zeilen gerichtet sind, dargestellt sehen, so würde mich das äußerst glücklich machen. Was die weiblichen Charactere betrifft, so habe ich deren zwar nur vier aufgestellt, die aber sämmtlich sehr verschieden und charakteristisch markirt, auch (nach Versicherung meiner wenigen hiesigen Kunstfreunde) nicht ohne Interesse sind, und die ich — (besonders die Haupt-Rolle, Malgona, das Ideal der heiligen romantischen Liebe) wohl durch das Talent einer Mad. Unzelmann oder Fleck veredelt wünschte. — Beyläufig bemerke ich, daß das, wodurch mein neues Trauerspiel sich vorzüglich auszeichnen dürfte: die, wohl noch in keinem deutschen Kunstwerke so treu dargestellte Schilderung des pohlnischen National-Charakters ist, besonders des weiblichen. So sind die weiblichen Rollen, eine Preußinn ausgenommen, alle Pohlinnen, und bilden gewissermaassen einen Cyclus pohlnischer Weiblichkeit. Alle pohlnische Charaktere sind nach dem Leben gezeichnet, ich habe sie bey meinem eilffjährigen Aufenthalte in hiesiger Provinz unabläßig studirt, und hoffe umsomehr, daß diese Portraits einigen Effect nicht verfehlen werden, als unsre Nation nunmehro mit der sarmatischen doch amalgamirt ist.

Doch genug, denn, ohngerechnet, daß dieser Brief schon über alle Gebühr lang ist — (warum ich Ihre gütige Verzeyhung erbitten muß) — so könnte auch mein Ton Ihnen den Verdacht erregen, als wollte ich mein Stück im Voraus anpreisen, das ist aber, bey Gott, nicht meine Absicht! Ich bitte vielmehr recht sehr, nicht zu viel von meinen Kräfften, deren Beschränkung ich selbst am besten fühle, zu erwarten, mich mit Ihrem gütigen Rathe und Ihrer geprüfteren Einsicht zu unterstützen, und diese weitläuftige Auseinandersetzung mit meinem Wunsche zu entschuldigen, Sie, Verehrungswürdigster, dem ich den Erstling meiner eigentlich dramatischen Arbeiten im Vertrauen auf Ihre Güte überreichen will, mit dem Geiste desselben schon vorläufig bekannt zu machen.

Ew. Wohlgebohren beliebten mir in Ihrem Schreiben den Wunsch zu äussern, mein Stück noch im März auf die Bühne gebracht zu sehen, was jezt natürlich unmöglich ist. Da es indessen ein vaterländisches Interesse, auch eine Stelle hat, die zwar auf den Kayser Friedrich den Ersten gemeynt ist, aber auch auf unsern König und die Königin gedeutet werden kann, so dächte ich ohnmaaßgeblich, ob es nicht vielleicht im August zum Geburtstage des Königs gegeben werden könnte? ich würde sodann einen Prolog (nähmlich eine Rede) dazu machen, die nebst Bezug auf jene Festlichkeit, zugleich eine Einleitung der Geschichte seyn könnte, da — so detaillirt und genau ich auch die Exposition (ein wahrer Stein des Anstoßes und Fels der Aergerniß bey geschichtlichen Tragödien-Stoffen!) gemacht habe — ich mich doch von der Furcht nicht losmachen kann, dieser halb historische, halb fabelhafte Gegenstand werde, besonders in seinen unvermeidlichen Beziehungen auf altpreussische Mythologie und Sagen dem grösseren Theil des Publikums terra incognita seyn. Sollten Sie in obige Idee entriren so würde ich gehorsamst um baldige Nachricht darüber bitten müssen, da ich den Prolog nur, wann er nöthig, machen will.

Als letzten Termin, bis zu welchem mein Manuscript spätstens in Berlin bey Ihnen eingesandt seyn soll, fixire ich, um ja nicht wortbrüchig zu werden, den 1. May, da ich das Manuscript größtentheils dictando, also im eigentlichsten Verstande, unter meinen Augen copiren lassen muß, und täglich, bey meinen Dienstgeschäfften, nur wenige Zeit dieser Arbeit widmen kann. Indessen werde ich die Sache möglichst fördern, und auf keinen Fall später, höchst wahrscheinlich aber noch ungleich früher Ihnen mein Trauerspiel einsenden. Ich werde übrigens da ich es wahrscheinlich in Berlin (wie ich vermuthe bey Sander) nach geschehener Aufführung in Verlag geben werde, es gleich zum Druck abschreiben lassen, und muß daher gehorsamst bitten, Ihre gütigen etwanigen Aenderungen, so willkommen mir auch jede derselben seyn wird, nicht auf meiner Abschrifft, sondern auf einer andern besondern zu bemerken, da, so viel ich weiß, das Stück doch ohnedem noch in Berlin für's Theater (im Falle der Aufführung) abgeschrieben wird. Auch bitte ich um gütige Belehrung, binnen welcher Zeit mein Trauerspiel, im Fall es vom National-Theater gekauft würde, vom Tage der ersten Aufführung an gerechnet zum Druck befördert werden könnte? —

Sehr wünschen würde ich endlich, wenigstens der Aufführung beywohnen, und noch sehnlichster, mich mit Ew. Wohlgebohren darüber mündlich besprechen zu können, da das aber, ohne meine sehnlichst gewünschte Versetzung nach Berlin schwehrlich statt haben dürffte, so bin ich so frey, mein Loos nochmahls Ihrer Güte zu empfehlen.

Ich hoffe und wünsche übrigens recht herzlich, daß schon dieser erste Theil (der wie gesagt selbst ein Ganzes ist) in Berlin bald aufgeführt werden möge; ich hoffe es umsomehr, als die Bühne doch dadurch zwey völlige Schauspiele statt des einen von mir versprochenen enthält, was auch natürlich auf das Honorar (worüber ich Ew. Wohlgebohren Vorschlägen entgegensehe) Bezug haben dürffte. Sollten Sie jedoch, wieder Vermuthen, den ersten Theil ohne den zweyten nicht annehmen wollen, oder ihn überhaupt nicht convenabel finden, so hoffe und bitte ich wenigstens davon Niemandem etwas zu sagen, da mich das bey künftigem Verlage des Werks sehr compromittiren könnte.

Ich sehe Ihrer gütigen baldigsten Antwort erwartungsvoll entgegen, und verharre mir zur Ehre mit der ausgezeichnetesten Hochachtung

Ew. Wohlgebohren

ganz gehorsamster Diener

Werner.

Nr. 92. Iffland an Werner.

Mein sehr verehrter Freund!

Bei meiner Anwesenheit in Hamburg fand ich ein Exemplar der Söhne des Thales, von einem dortigen Gelehrten für die Darstellung gekürzt.

Ich ließ es kopiren. Von der Nachricht Ihrer Ankunft erfreut, beschloß ich, es Ihnen vorzulegen. Die Minderung der Dekorationsfolge, so wie die Kürzung der Zeit, die Personenminderung, ist mir allerdings von Bedeutung.

Ich gebe es Ihnen zur Ansicht, und die Direction bietet für Ihren Ueberblick und das, was Sie daran zur Darstellung etwa noch thun möchten, das Honorar von zehn Friedrichsd'ors.

Lassen Sie immer in Geschäften mich geradezu gehen, das ist für beide Theile das Bessere.

Ihr

Sie sehr liebender Freund
Iffland.

Berlin den 4. November 1806.

Nr. 93. Werner an Iffland.

Sehr verehrter Freund!

Die Bemerkung des Herrn Geheimen Cabinets-Rathes Beyme, welche Sie mir mitzutheilen die Güte gehabt:

daß nämlich Luther im letzten Akte, nicht auf der Wartburg schlafend, sondern zu Wittenberg dem Unwesen der Bilderstürmer thätig steuernd, erscheinen, und mit diesem ächt historischen Akte seines glorreichen Lebens das Schauspiel enden müsse,

beweist eben so tiefen Kunstsinn, als gütige Theilnahme des vortrefflichen Mannes, dessen leiseste Wünsche zu befolgen, mir Dankbarkeit und Ehrfurcht zur angelegentsten Pflicht machen. Ich werde mich also der, wiewohl schwierigen Umarbeitung des halben fünften Aktes, sofort unterziehen, und denke das Vergnügen zu haben, sie Ihnen schon übermorgen zur Prüfung mitzutheilen.

Mit vollkommenster Hochachtung

Ihr ganz gehorsamster

Freund und Diener
Werner.

Berlin den 10. May 1806.

Nr. 94. Werner über „Luther."

Ja! Luther auf der Bühne.

Ist denn die Bühn' ein Sündenhaus? — Nein,
Ein Tempel des Herren soll sie sein! —
Der Anwalt der Menschheit, er muß dort erscheinen,
Zum Göttlichen menschlich ermuntern die Seinen.

Schaam?! — Unser Herr sprach zu'n Wechslerbuben:
Mein Haus ihr machtet zur Mördergruben!
(Wie ihr wollt die Bühne durch sündige Schaam!)
Und drauf die Geißel zur Hand er nahm.
Der große Luther desselbigen gleichen;
Sie thäten vor falscher Schaam nicht erbleichen!
An Christus und ihm thut Exempel nur nehmen,
Dann werdet ihr lernen euch — recht zu schämen.

Nr. 95. Iffland an Werner.

Den Vorbericht, welcher dem Schauspiele: die Weihe der Kraft vorangehen sollte, habe ich mir als ein deutliches, einnehmendes Wort zu seiner Zeit, womit der Verfasser allen alles sein sollte, gedacht. Die Frage, die der Partheigeist dem Haufen hingeworfen — „gehört Luther auf die Bühne? —" dachte ich mir, ohne Sie zu berühren, mit einer Karacteristick Luthers, faßlich und feurig entworfen; — so entworfen, daß das Publikum, was nur den frommen Luther kennt, auch den christlichen Humoristen kennen gelernt hätte, um ein großes gemindert. Das Publikum, meinte ich, sollte hier erfahren, Luther sei immer der Held der Gedanken des Dichters gewesen, und es sei ein Zoll der Verehrung für Luther, sein Bild versinnlicht aufzustellen. So wären die Frommen und der Dichter in dichte Nähe gebracht. Ich habe mir wahrlich nicht gedacht, daß der Dichter deshalb kriechen sollte, im Gegentheil, ich habe ihn mir mit Werth und Gradheit und Leben, sehr würdig erscheinend gedacht.

Der Vorbericht, den Sie mir mitgetheilt, verzeihen Sie mir die grade Erklärung, erfüllt nicht nur keine der angegebenen Ansicht, sondern er enthält nur eine literarische Discussion, welche mehr Mißverstand veranlaßt, als beseitigt. Luthers ist darin mit Kälte gedacht, und die Zusammenstellung von Shakespear, Schiller u. s. w. so wie der ganze, etwas fremde Ton, scheinen mir nicht geeignet, einen guten Eindruck zu machen, deshalb ich denke, man unterließe den Vorbericht, wie er da ist, lieber ganz und sagte, wenn es nöthig scheint, nachher ein Wort.

Es ist meine Pflicht, Ihnen zu sagen, was und wie ich empfinde, ohne deshalb auf meine Meinung andern Werth zu legen, als daß Achtung und Freundschaft gebieten sie wahr, wie sie in mir ist, zu geben. Iffland.

Berlin den 5. Juny 1806.

An Herrn S. Werner.

Nr. 96. Werner an Iffland.

Verehrungswürdigster Freund!

Ich bin mit Ihnen einverstanden, daß der von mir sehr schnell entworfene Vorbericht ganz unpassend ist. Auch fühl' ich, daß es mir einerseits unmöglich ist, einen andern Vorbericht zu machen, einerseits aber in mehrerer Rücksicht ihm das Colorit nicht geben kann, was Sie blos in Hinsicht auf Berlin mit Recht für das zweckmäßige halten.

Ich denke daher, wir lassen den ganzen Vorbericht weg, bitte Sie aber herzlichst mir das Liederbuch, welches, wenn nicht aller Effeckt gestört werden soll, nothwendig, (jedoch mit Weglassung des Liedes: Eine feste Burg ist unser Gott) gedruckt werden muß, noch ehe es in die Druckerei kommt, zum Durchsehen zu schicken, weil ich theils die Richtigkeit jeder von mir gedruckten Sache prüfen muß, theils es mir lieb wäre, wenn ich wenigstens zum Duette Theobald und Theresens eine kleine, beide Charaktere erläuternde Note hinzufügen könnte.

Ich danke Ihnen herzlichst und innigst für Ihren gütigen, mich von so manchen Mißverhältnissen rettenden Rathe, für die herrliche Ausführung, die Sie in jeder Rücksicht meinen Produkten schenken, denn ich habe schon soviel von der Garderobe gehört, daß ich ganz entzückt bin. Vielleicht sehe ich Sie heute auf eine Minute! —

Nur eins noch: sollte der heilige Sebastian und die büssende Maria Magdalena in der Kirche nicht verfehlt, sollen unter den heiligen Statüen nicht ein paar Bischöfe, Mönche ꝛc. anzubringen sein? doch überlasse ich alles unbedingt Ihrer bessern Einsicht, und bemerke nur daß Ihre Güte ewig zum Schuldner macht

Ihren

hochachtungsvollen Freund

Werner.

Berlin den 5. Juni 1806.

Zürnen Sie nur nicht auf mich! —

Nr. 97. Z. Werner an den Grafen **.

(Ohne Datum.)

Ew. Hochgebohren

Befehle gemäß ermangele ich nicht über die beyden Lieder, nemlich, das welches Therese allein, und das, welches sie mit Theobald singt, Folgendes zu bemerken.

Theresens Lied. Die vom Himmel herabkommende Blüthe ist der kindliche Glaube, die, wie in einer Wiege von Schnee in der erstarrenden Kälte des Menschengeschlechts zwar vergraben, aber auch gereiniget und zum künftigen Erwachen vorbereitet wird. Der Winter ist der kalte Verstand, der Gegenstände, welche nur durchs Gemüth (Geist und Herz) angeschaut werden können, demonstriren will. Die Schwestern, welche herabziehn zur Blüthe, sind die edleren menschlichen Gefühle, Liebe, Kunstsinn 2c. In dieser Welt ahndet der Glaube nur, dort soll er schauen. Der Mai der ihn erweckt, ist das, was man einen göttlichen Ruf nennt, wie er zum großen Luther erscholl, als sein Freund Alexius an seiner Seite fiel. Nach diesem Rufe sehnt sich auch bald die gläubige Seele, ihrer irdischen Bande frey, mit Gott ganz vereint zu werden. Ihre edleren Gefühle allein begleiten sie in eine bessere Welt, denn Liebe, Tugend, Kunst sind ewig, aber dort sind sie nicht mehr Blüthen, es sind Sterne, die mit dem Glauben brüderlich vereint, alles Irdischen vergessend, nur für die Gottheit glühn.

Theresens und Theobalds Wechselgesang deutet auf das bestimmtere wechselseitige Verhältniß des Glaubens und Kunstsinns. Um es unter den beiden Kindern ganz kindlich zu halten, wählte ich das Kindermährchen vom Carfunkel, der im Dunkel leuchtet, im Erdenschooße erzeugt wird 2c.

Die Poesie ist Bildersprache und ein Bild hat ohnedem nicht viel zu bedeuten; der Sinn ist: Glaube wird im Innern (im Dunkel) unsers Gemüthes erzeugt, der Kunstsinn ist von ihm unzertrennlich, er spiegelt, wie die blaue Hyazinthe, das Blau (die Reinheit) des Himmels wieder. Der Glaube entsteht aus Sehnsucht nach dem Höheren, Kunst erzeugt im Gemüthe den Frieden (die Harmonie), Glaube und Sehnsucht, Kunst und Frieden sind also in ihren Hauptcriterien synonim. Beyde gestalten den Morgen im ewigen Raum, heißt: sie bereiten die durch Luthern hervorgerufene Sonne der Erkenntniß vor, sie gehen dadurch in ihrer

Kindlichkeit momentan unter, um wieder durch Erkenntniß verklärt in neuem Lichte zu erscheinen; bis dahin hüten sie den liebenden Traum, d. h. sie erhalten nicht nur im Menschen die Basis der christlichen Tugend, die Liebe, sondern auch, in besonderem Bezug auf mein Schauspiel, sie sind waltende Schutzengel über Luthers und Catharinens heiliger Liebe.

Uebrigens sind Therese und Theobald nichts weiter als schuldlose Kinder, und nicht mehr oder weniger Allegorien, als jeder bedeutende Mensch. Jeder Mensch ist nehmlich dazu da, um irgend eine sittliche Idee zu repräsentiren, und so würde ich den erhabenen Monarchen, den wir beide so tief verehren und lieben, gleich bey dem ersten Anblick für eine Allegorie des durch weise Pflichterfüllung erzeugten Gewissensfriedens halten. So, sagt der Hochmeister in meinem Schauspiel:

so sanft, so ruhig sinkt sein Blick herab, so dächt' ich, müßt' ein Mahler das Gewissen abconterfeh'n, wenns Heerschau hält im Herzen, und keinen Rostfleck trift! — —

Kennen Sie ein ähnlicheres Portrait? Glaube, darauf gebe ich Ihnen das Wort eines ehrlichen Mannes, ist mir nicht das unter dem Nahmen Catholicismus bekannte Ungeheuer, welches ich wie Sie verabscheue; es ist die Erhebung des reinen Gemüths zum Göttlichen (zum Ideal der Tugend), welche die Seele jedes bessern Menschen, selbst des edlen Nichtchristen entflammt; Kunstsinn ist der von jener unzertrennliche Drang, das Ideal der Tugend in Bildern zu gestalten; in dem Sinne habe auch ich Kunstsinn; mein Gewissen spricht mich von allen niedrigen Nebenabsichten frey, und, so sehr ich Critick ehre, so verachte ich in dieser Rücksicht Schmähungen meiner lautern Gesinnung, und lasse sie mit Recht unbeantwortet.

Ich liebe den Catholicismus nicht, der zum Ungeheuer entstaltet ist, ich will Glauben, die Erhebung zum Sittlichschönen durch Kunst (Versinnbildlichung des Sittlichschönen) verbreiten, nichts weiter! Ich bin kein Partisan irgend einer Parthey, ich bin ein Mensch, dem es um's Gute zu thun ist, und das ist meine Pflicht, dazu hat mir Gott mein bisgen Talent gegeben. Ich liebe Glauben und Kunst, sie waren die Begleiter meines Luthers, sie werden auch will's Gott, die meinigen bleiben. Ließ ich sie untergehen (Theresens und Theobalds Tod), so wollte ich damit nichts weiter andeuten, als daß sie durch die tumultuarische Zeiten der Bilderstürmerey, des blutigen dreyßigjährigen Krieges rc.

auf eine Zeitlang erstickt waren, also nicht durch Luther, sondern durch den Mißbrauch seiner Schüler. Der reine, edlere Protestantismus hat späterhin dem besseren Theile der Menschheit ihre Blüthen, Glauben und Kunst veredelter wiedergeschenkt; wir haben durch die Reformation nichts verlohren, aber unendlich gewonnen.

Werner.

Nr. 98. Werner an Iffland.

Berlin den 10. März 1807. (Abends nach 10 Uhr.)

Verehrungswürdigster Freund!

Ich bin so eben aus dem Schauspielhause gekommen, mit der Ueberzeugung, daß mein Stück gefallen ist. An Ihnen hat die Schuld nicht gelegen, Sie haben herrlich gespielt, und, wie mir wahrscheinlich ist, blos durch Ihr unübertreffliches Spiel mich von einer noch immer möglichen Insulte gerettet. Bethmann und seine Frau, Unzelmann und alle Schauspieler, auch Gern 2c. haben mehr oder weniger sehr brav gespielt. Webers Composition ist vortrefflich, kurz, die Schuld trifft Keinen als — mich, oder, wenn Sie wollen, insofern uns Beide, als wir auf die unglückliche Idee geriethen, das dramatische Gedicht: die Söhne des Thals, zum Effekt-Schauspiele travestiren zu wollen. Ich sehe es als unvermeidlich kommen, daß mein Schauspiel, bei einer nochmaligen Aufführung förmlich durchfällt, und kann nicht leugnen, daß ich den lebhaftesten Wunsch habe, es möge niemals wieder gegeben werden. Sollten Sie indessen, wie ich befürchte, diesen Wunsch, wegen der ohnehin beschränkten Theater-Casse, nicht erfüllen können noch wollen, so muß ich mir das, und die, zu meinem gewissen Nachtheil ausfallende nochmalige Aufführung freilich leider gefallen lassen, habe aber dabei nur folgende gehorsamste Bitten, deren Gewährung ich von Ihrer Güte hoffe:

1) daß Sie mich von aller Veränderung oder Abkürzung 2c. dieses Schauspiels, so wie von der Pflicht der nochmaligen etwanigen Probe oder Aufführung beizuwohnen, gütigst dispensiren;

dagegen aber gefälligst:

2) Selbst mit Zuziehung HErrn 2c. Webers Alles, was Ihnen beliebig, an Musik, Text u. s. w. ändern, und mir es nur erlauben, daraus kein Geheimniß zu machen, daß ich Ihnen dazu

unbeschränkte Vollmacht ertheilt, und mich der Sache gänzlich entschlagen habe.

Sie fühlen nämlich Selbst, daß, nächst dem bittern Gefühl, welches ich schon habe, mein sonst beliebt gewesenes Werk, durch dessen dramatische Bearbeitung selbst vernichtet zu haben, es mir noch schmerzhafter sein müßte, jetzt „wie ein Laienbruder bei der Pönitenz!“ Alles eigenhändig wieder durchzuarbeiten, oder bei der Probe mich von sämmtlichen Statisten als ein Schächer am Kreuz bemitleiden zu lassen. Auch wiederhole ich, daß ich von jeder noch so umgearbeiteten Aufführung, und wenn es auch nur bis acht Uhr spielte, doch immer die allermiserabelsten Resultate verspreche. Daher ich denn auch auf jeden Fall auf alles fernere Honorar dafür gern Verzicht leiste, und Ihrer Güte blos anheimstelle etwa Hrn. Zschocke wegen einiger wenigen Copialien vor der Hand Namens meiner zu befriedigen, wiewohl ich auch das nur anheimstellen, nicht bitten darf. — Sie thun mir dabei am meisten leid, denn Sie haben so unübertrefflich gespielt, daß ich Ihnen den allerinnigsten Dank erstatten muß. Auch bitte ich Sie allen Schauspielerns Nahmens meiner zu danken!

Ich bin übrigens dabei vollkommen ruhig, da ich in dem Allen einen Wink der Vorsicht, die meine Thätigkeit nicht zersplittert wissen will, anerkenne. Es wäre frevelhaft von mir, diesem Winke nicht zu folgen. Ich benutze ihn vielmehr, um einen Vorsatz den ich längst im Stillen hegte, auszuführen, und vertraue Ihnen als meinem gütigen Freunde, und als Künstler zum Künstler: daß ich entschlossen bin, weder für die Berliner noch für irgend eine andre Bühne mehr irgend etwas zu schreiben und mich bei einer vielleicht sich bald darbietenden Veranlassung, nicht nur aus Berlin, sondern wo möglich aus dem jetzt werthlosen Deutschlande, in irgend ein stilles Verhältniß zu retiriren. Das ist nicht Depit von heute, es ist ein lange mit Liebe von mir genährter Wunsch, und der heutige Abend ist mir in der Hinsicht, daß er mich über mich selbst klar macht, unschätzbar!!! Vielleicht gebe ich alsdann auch das mir längst lästige Bücherschreiben zugleich auf. Das Publikum, namentlich das Berliner, ist mir sehr achtungswerth, es hat sich heute zum zweitenmale gegen mich sehr gütig betragen; aber ich kann auch nichts dafür, daß ich, wie mehrere bessere Leute, die Ansichten des Publikums überhaupt, nicht theilen kann.

Zudem habe ich wenig Bedürfnisse, keine Frau noch Kinder, und gesunde Arme; verhungern werde ich nicht! — Mus miser est antro qui clauditur uno! — ·

Mit vollkommenster Hochachtung

Ihr ganz gehorsamster Freund und Diener

Werner.

Nr. 99. Werner an Iffland.

Theuerster Freund!

Gestern Nachts beim Nachhausekommen, fand ich beifolgenden anonymen französischen Brief, den ein französischer Soldat in meiner Abwesenheit bei meinem Bedienten abgegeben hatte, ohne zu sagen, von wem er wäre! Ich sende Ihnen den Brief mit der Bitte ihn mir gelegentlich retour zu senden, und darüber mit Niemandem, als blos etwa mit unserm Freunde Bethmann zu sprechen. Ich fürchte daß man französischer Seits mein Schauspiel * übel gedeutet hat, und daß dessen fernere Aufführung für uns Beide! nachtheilige Folgen haben könnte. Ich bin also immer noch der Meinung, es, wenigstens für jetzt nicht aufzuführen, und selbst die auf heute angesagte Vorstellung unter dem Vorwande irgend einer Unpäßlichkeit zurück zu nehmen. Haben Sie die Güte, die Sache, nach Ihrer Kenntniß des Verhältnisses genau zu überlegen, und mich noch heute Vormittage das Resultat wo möglich durch unsern Freund Bethmann wissen zu lassen, und mir es nur nicht übel zu nehmen, wenn ich mein Wort nicht halten und Sie auf dem Theater heute nicht besuchen kann, da ich wirklich so erschöpft bin, daß ich heute gar nicht ausgehn werde.

Verzeihen Sie mir doch nur die viele Mühe die ich Ihnen mache, beklagen Sie mich, daß ein Schritt, zu dem mich die redlichste Absicht leitete, so hart bestraft wird, und bleiben Sie wenigstens fortdauernd der gütige leitende Freund

Ihres Sie tief verehrenden und innigst liebenden

armen Freundes und Dieners

Werner.

Berlin den 13. März 1807.

* Die Söhne des Thales.

Nr. 100. Werner an Iffland.

Wien den 22. August 1807.

Hochverehrter Freund!

Sie werden gütigst mein langes Stillschweigen entschuldigen, und den Grund davon theils in einem Strudel meiner eigenen Geschäfte und Zerstreuungen, theils in meiner Besorgniß suchen Ihnen einige Momente Ihrer für die Kunst so kostbaren Zeit zu rauben. —

Ich schicke Ihnen einen Prolog zur Friedensfeier, den ich, wie Weber weiß, schon in Berlin fast bis gegen das Ende fertig und sonderbarerweise durch eine Art natürlicher Ahndung schon während des Krieges so gemacht hatte, wie die Sache jetzt nach dem Frieden wirklich zu stehen kommt. Dieses Vorspiel (in welchem ich, wie Sie sich bei dessen Durchlesung überzeugen werden, sowohl den Mysticismus vermieden, als auch gegen das sehr kitzliche Sachverhältniß nicht anzustoßen versucht habe) überschicke ich Ihnen nun, indem ich Ihnen unbedingt anheimstelle: ob Sie es aufführen, und wieviel Honorar dafür Sie mir geben wollen, denn, da mir die jetzige Lage der Dinge bekannt ist, so werde ich, Ihre Entscheidung falle aus, wie Sie wolle, mit allem zufrieden sein. Eben so überlasse ich Ihnen, da die Ortsentfernung zu groß ist, um über jede lumpichte Zeile hin und her zu correspondiren, alles was Sie in einzelnen Stellen unzweckmäßig finden, entweder selbst zu ändern, oder, ohne meine zuvor einzuholende Genehmigung, durch einen geschickten Mann ändern zu lassen, welches besonders bei den Gesängen, Behufs der Composition (der Freund Weber, den ich herzlich grüße, sich gütigst unterziehen will) erforderlich sein könnte. Auch im Schlußballet wovon ich nur die Grund-Linien skizzirt habe bleibt dem Balletmeister freier Spielraum, und was endlich die Personenbesetzung betrifft, so habe ich zwar, meiner Ueberzeugung nach, die Rollen, jedoch nur unmaasgeblich vertheilt, aber ich überlasse Ihnen auch eine anderweitige Besetzung, und würde mich nur glücklich schätzen wenn Sie, hochverehrter Freund, die Rolle des Predigers und Elwida Bethmann die der Kunst, (die ich beide con amoré und mit vieler Rührung geschrieben) zu übernehmen die Güte hätten. Kurz, schalten und walten Sie unbedingt mit diesem Vorspiele, aber erfüllen Sie mir nur folgende Bitten:

a) Antworten Sie mir gütigst des allerbaldigsten unter der Addresse: „An den Kammer-Sekretär Werner zu Wien bei dem Herrn Oberpostverwalter von Dollinger abzugeben" ob Sie von dem Vorspiele überhaupt Gebrauch machen wollen, oder nicht, denn in casu, quod non, will ich es an andre preuß. Theater verkaufen, so wie ich auch, im Fall es wirklich in Berlin gegeben werden sollte, es von Ihrer oder Herrn Sekr. Pauli (dem ich mich ganz ergebenst empfehle) Güte hoffe und bitte, gelegentlich bei den Theatern von Breslau, Stettin und Königsberg Demarschen zu thun, ob dort der Prolog, nach dessen Aufführung in Berlin, gegen ein angemessenes Honorar etwa gegeben werden könne, und bemerke ich nur, daß ich selbst mich dieses Gegenstandes wegen mit keiner Bühne in Correspondenz gesetzt habe, da ich es Ihnen und dem Berliner Theater schuldig bin, Ihnen den Vorzüg einzuräumen.

b) bitte ich das Manuscript Niemandem, dem es nicht gezeigt werden muß, zu zeigen, am wenigsten aber den Buchhandlungen, weil von Druck noch gar nicht die Rede ist, und ich sonst nur in unnütze Correspondenzen verwickelt würde werden.

c) Bedinge ich es mir aus, daß das Stück auf keinen Fall eher gespielt werde, als bis die große Nation Berlin verlassen hat, da ich, so sehr ich darin auch meine schuldige Achtung gegen diese unsere hohe Alirte bezeigt habe, ich, eben dieser Achtung wegen, sie um so weniger ennuiren will, als es mir ganz am Amysanten fehlt! —

Selbst der Aufführung meines Vorspiels, wenn es je dazu noch kommen sollte in Berlin beizuwohnen, werde ich wohl nicht im Stande sein, da ich voraussetze, wenn man nicht (wie ich freilich wünschen möchte, aber doch nicht bestimmen kann), die Rückkunft unsers ewig geliebten Königspaares nach Berlin abwarten will, daß das Stück im October gespielt werden könne, meine Retour aber aus folgendem Grunde vielleicht noch später erfolgen dürfte. Ich habe nemlich mein neues Trauerspiel, dessen Titel ich Ihnen schon in Berlin nannte, für die Bühne so eingerichtet, daß es wirklich mein einziges ächt dramatisches Stück genannt werden kann, Effekt, Handlung, Coups, kurz alles Nöthige, vor allem diesen aber keine Mystik und eine Länge von nur 1600 Jamben hat, die, bei der langsamsten, pathetischsten Vorlesung präcise zwei Stunden ausfüllen, daher das Stück unmöglich drei volle

Stunden, selbst die wenige Musik mit eingerechnet, spielen kann. Dieses Trauerspiel habe ich, auf dringendes Ansuchen der hiesigen Direction, zur Aufführung hieselbst hergegeben was Sie mir auch, wie Sie sich erinnern werden, gefälligst bewilligt haben. Es befindet sich noch in der Censur, und es ist möglich, wie wohl noch nicht gewiß, daß es die Censur passiren werde, wenn auch mit einigen Abänderungen. Sollte das, wie ich fast vermuthe, der Fall sein, so habe ich der Direction versprechen müssen, die Aufführung selbst anzuordnen, und da letztere auf keinen Fall eher als frühstens in der Mitte Octobers würde geschehen können, ich aber über Lientz, Prag und Dresden zu retourniren, und an jedem dieser Orte, wenn auch nur einige Tage zu verweilen denke, so würde ich denn doch schwerlich vor Medio November zurückkommen. Wird aber das Stück nicht gespielt, so komme ich schon im October. Auf alle Fälle komme ich, und bleibe der guten Stadt Berlin getreu, denn so auszeichnend gütig man mich auch im Oesterreichischen behandelt hat und so liebenswürdig auch die Wiener und Prager überhaupt sind, so leicht es mir endlich selbst werden würde, mich hier anzusiedeln, so ist das doch für einen Theaterschriftsteller meiner Art unmöglich, hier auszudauern, und Berlin hat in der Hinsicht unendliche Vorzüge, die man nur in der Entfernung schätzen lernt. Mündlich davon mehr! Wird man mich auch bei jetziger veränderter Lage der Dinge in Berlin nicht verhungern lassen, wird mein Freund Iffland sich auch seines Freundes wieder annehmen? Genug! Meinen innigsten Empfehl und beifolgenden Zettel bitte ich an Bethmanns zu befördern.

Ewig mit voller Seele

Ihr

Freund, Verehrer und Diener
Werner.

Nr. 101. Iffland an Werner.

An Hrn. Werner in Wien.

Mit großer Freude habe ich Ihr Andenken an uns und mich empfangen und Ihre — in so manchem Betracht, schöne Arbeit zur Friedensfeier, und vor Allen das himmlische Lied! mit herzlicher Erhebung genossen! — Ich komme nun zur Sache selbst und schreibe darüber mit der Offenheit, die Männer sich schuldig sind. — Allerdings haben die Staaten das Wort Frieden gegeneinander ausgesprochen, allein wir sind so wenig in Besitz der Friedenswirkung, daß es scheint, man könnte von allen Seiten her verlegen um die Feier und die Zeit der Feier sein und bleiben. — Blüthen aus Trümmern? — Freilich, aber wir wollen und dürfen es doch nicht von der Bühne herabsagen, daß es nur Trümmer noch sind! — Eine fliehende Gemeine — repräsentirt dem gedrängten Auditorium, ein fliehendes Volk, das nirgend mehr haftet, hält, noch hofft. — Der Geistliche mit dem Wein — die Seelenlabung, so edel sie gedacht ist, erinnert für den Dichter, zu sehr an Luthers Nachtscene im Walde und das Nachtmahl, genannt, ist etwas gewagt. — Kunst und Fleiß rc. als Handwerksbursche, hernach als Genien — als Genien mit Schurzfellen — Borussia in Trauer — Venus, Amor — der Geistliche und das Volk — das Ideal und die Wirklichkeit — Ballet, preuß. Soldaten — die Nennung Sr. Maj. des Kaisers und des Königs — das Dorf in Trümmer — das wieder aufgebaute Dorf — alles dies liest, empfindet sich schön und oft sehr herzlich; aber in der Vorstellung, in einer so großen vielfach gestimmten Stadt, entstehen Berührungen, Anmahnungen, Schwierigkeiten, Lücken in den Uebergängen, welche eine Sorge geben, die nicht im Ausgange zu bemessen ist.

Nach meiner Ueberzeugung können so große Volksstimmungen, nur mit einfacher Gewalt behandelt werden, wenn sie nicht abgleiten und Mißverstand veranlassen sollen. Das Politische darf, glaube ich, gar nicht hiebei berührt werden, auch nicht durch die Erinnerung, welche ein Anzug geben könne.

Ein anderes ist es, wo der Erfolg zum Wagestück berechtet, ein andres, wo der ganze Körper wund ist, und die Benennung der politischen Nichterfolge alle Wunden frisch bluten macht.

Wenn Sie anwesend wären, könnte ich mündlich hierüber, durch bedeutendere Erklärungen, mich ganz deutlich machen: so kann ich nur auf Ihre Kenntniß meiner Billigkeit und meiner innigen Werthschätzung für Sie, mich berufen, indem ich erklären muß, daß, da ich glaube, daß des Königs Majestät, jede solche stark bezeichnende Feier nicht wohl aufnehmen würde, ich Ihr Stück, bei all seinem poetischen und herzlichen Werthe, hier nicht zur Vorstellung zu bringen über mich nehmen kann.

Mit bloßen Aenderungen ist nichts gethan, da die Fäden, welche das Werk nicht passen machen, durch die ganze Webe laufen, und das Herausziehen derselben durchaus unmöglich ist.

In Betreff der Versendung, so ist Danzig, Königsberg und Breslau in Erwägung zu ziehen, und soll das Nöthige deshalb sogleich mit jeder thunlichen Rücksicht behandelt werden.

Was Ihre Zukunft in Berlin anlangt, so ist es mir gewiß am interessantesten, daß die Sache so sich fügen möge, daß Ihr Talent uns zuerst angehöre, und daß ich an Ihnen den Freund hier erhalte. Die Art und Weise, wie das geschehen können wird, läßt sich allerdings, so lange über die Situation des Detail vom Nationaltheater, von des Königs Majestät nicht abgesprochen worden ist, nicht vorhersagen. Bauen Sie indeß, auf meinen zwar nicht lauten, aber dauernden Eifer für die Kunst, auf meine Achtung für Sie und meinen besten Willen. — Man sagt, die große Oper sei entlassen. Sobald ich beginnen kann zu handeln, werde ich es mit Eifer und Treue. — Grüßen Sie, die dort meiner gedenken, — Sie haben vollkommen Recht, Ihr Trauerspiel dort zuerst gegeben zu haben.

Wer kann außer allem Drucke, der schon in der Welt beengt, auch noch das Wirken des Genies beengt sehen wollen?

Mein Haus, Herr Bethmann, Pauly (an Mad. Bethmann ist Ihr Billet nach Hamburg gesendet) grüßen Sie von Herzen.

Ihr Freund!

Iffland.

Berlin den 7. September 1807.

Von der Ankunft des Königs ist hier noch nichts bekannt. Einige glauben Mitte oder Ende October, andere glauben, noch später.

Nr. 102. Werner an Iffland.

Verehrungswürdigster Freund!

Verzeihen Sie daß ich, mein Versprechen so spät erfüllend, Ihnen jetzt erst das Trauerspiel Wanda, mein neuestes Produkt, übermache. Ich sende es Ihnen durch meinen Freund Itzig, weil dieser es zu lesen gewünscht, und wir uns auf die Diskretion dieses vortrefflichen Menschen verlassen können. Die Verspätung wurde theils durch langsames Abschreiben, theils durch mannigfaltige Abhaltungen, theils und hauptsächlich aber dadurch veranlaßt, daß ich in den letzten vier Wochen, 14 Tage durch Machung und 14 Tage durch Abschreibung eines neuen Trauerspiels, so beschäftigt gewesen bin, daß ich keine Minute Zeit zu andern Arbeiten behalten habe. Dafür habe ich aber auch die Satisfaction, daß Goethe diese meine Arbeit für meine gelungenste erklärt, wie sie auch wirklich mein Meisterstück ist. Es ist wahrscheinlich, wiewohl noch nicht gewiß, daß das Stück noch während meiner Anwesenheit hieselbst gespielt werden wird, und ich nenne Ihnen mit Fleiß den Nahmen nicht, um Sie desto angenehmer zu überraschen, wenn ich Ihnen selbst das Stück bringen werde, so wie ich mir im Voraus gratulire, Ihnen darin eine des ersten Schauspielkünstlers unsrer Nation würdige Rolle anbieten zu können.

Was die Wanda betrifft, so bemerke ich

1) in Betreff des Inhalts, daß auf der Welt nichts Anstössiges, weder in religieuser noch politischer Rücksicht darin vorkommt,

2) in Betreff der Länge, daß das Stück in Weimar bey Zwischenakten, die so lang als das Stück selbst waren, noch nicht volle drittehalb Stunden gespielt hat,

3) in Betreff des Beifalls, den es erhalten, daß es kurz hintereinander dreymal — (was in Weimar viel ist) bey einem vollen Hause gespielt und von Hofe und den Honoratioren, so wie selbst vom Volke mit bey jeder Vorstellung steigendem Beifalle aufgenommen ist, welches ein gutes Zeichen für das Stück und Publikum ist. Daß das wahr sey, werden Ihnen unbefangene Zeugen versichern können. Ob das indessen gegenwärtig in Berlin der Fall sein wird, gegenwärtig wo, so viel ich glaube, das Theater-Publikum hauptsächlich aus nicht deutsch verstehenden, größtentheils gemeinen Soldaten und Freudenmädchen besteht, ist eine andere Frage, und kann ich es nicht bergen, daß die Furcht dafür und für einer Wiederholung dessen, was ich schon bei dem ersten Theile der Thals-Söhne habe erfahren müssen, eine Hauptursache gewesen ist, warum ich in Uebersendung des Manuscripts säumiger gewesen bin, als es unter andern Verhältnißen der Fall gewesen wäre, indem, wenn ein Autor auch sein Werk dem freien Urtheil des Publikums

blos stellen muß, er es doch nicht gern in einer Bierschenke mit Füssen getreten sieht. Sie kennen zu genau das Sachverhältniß um in dem, was ich sage, eine Herabwürdigung des von mir verehrten und geliebten Theaterpersonals und Publikums zu Berlin zu finden. Es ist bloß von dem jetzigen Publikum hier die Rede. Sollte ich mich irren, sollte es jetzt anders sein — desto besser! Ich habe Ihnen das Stück geschickt, nicht als einem Theater-Directeur, sondern als meinem hochverehrten Freunde. Daß Sie das, im wahren Sinne des Worts, fortdauernd noch sind, weiß ich. Sie werden also, als mein Freund, es am besten wissen und beurtheilen können, ob das Stück jetzt mit Erfolg in Berlin gegeben werden kann, oder ob dies problematisch scheint. Denn da das Schauspiel hier so viel Beyfall gehabt hat, und da ich mich auf meiner Reise überzeugt habe, daß das deutsche Publikum im Ganzen mir herzlich gut ist, so möchte ich das Schauspiel lieber jetzt in Berlin gar nicht gespielt, als meinen Ruf unnützerweise dadurch kompromittirt sehen. Ich überlasse alles unbedingt Ihnen, verehrter Freund, und bemerke nur, daß ich bei diesem fast opernartigen Stücke doch schon bedeutend Ihre und Andere gute Lehren benutzt habe. Es ist nehmlich kurz, hat eine regelrecht fortschreitende Handlung, und, ohngeachtet ihm noch einigermassen vielleicht anklebender Tendenz zur Mystick, einen klar übersehbaren, selbst dem Volke faßlichen Plan, kurz einen fast französischen Zuschnitt. Uebrigens sind alle Anlagen darin, um Opernpomp, Balletartige Pantomimen rc. darin anzubringen und das ist es, was man in Weimar von der Aufführung des Schauspiels in Berlin erwartet, denn so trefflich das Stück hier executirt wird, so sagt man hier doch allgemein: Wie wird sich das Stück erst bey einer prachtvollen Aufführung in Berlin ausnehmen? Uebrigens, verehrter Freund, hoffe ich Ihnen noch Freude zu machen, da ich durch Goethe von der Idee, die Mystick auf dem Theater durchzusetzen, zurückgekommen und mehr und mehr überzeugt bin, daß die höchste artistisch dramatische Mystick darin besteht, der zwar mystischen, aber doch klaren Natur gleich, Menschen plastisch und lebend zu schaffen, wie Shakespeare, Goethe, Schiller und mein theurer Iffland! Ich bin daher fest entschlossen das laufende Jahr noch mit den beyden schwierigsten Arbeiten, dem zweiten Theile der Söhne des Thals und des Kreuzes an der Ostsee fertig zu werden, und dann meine schriftstellerische Thätigkeit ausschlüßlich auf aufführbare

d. i. solche Stücke zu verwenden, welche den Gebildeten befriedigen und den Handwerksmann packen. Da ich jetzt eben binnen 14 Tagen etwas der Art fertig gemacht habe, so hoffe ich mit Gottes Hülfe, sobald ich erst etwas in den Gang komme, jährlich wenigstens vier neue Schauspiele liefern zu können, insofern man mich meinen Gang gehen und nicht — verhungern läßt! —

4) Die Musik hat zu der Ouvertüre und den Chören der hiesige Conzertmeister Destouches komponirt, und ein Chor besonders (der von Libussens Jungfrauen), ist ihm trefflich gelungen. Da indessen von Weber auch etwas und zwar vielleicht noch besseres zu erwarten, und er unser beiderseitiger Freund ist, so submittire ich Ihnen unbedingt, ob Sie sich, wenn das Stück zu Berlin gespielt wird der Destouchischen Musik bedienen, und deshalb mit Destouches das Nöthige einleiten, oder eine neue von unserm Weber, den ich herzlichst zu grüßen bitte, komponiren lassen wollen, und lege Ihnen Behufs der Komposition, die ausgezogenen Gesänge, so wie das Scenarium bey.

5) Was die Rollenbesetzung betrifft, so wissen Sie schon, daß ich solche, um nicht mir selbst im Lichte zu stehen, Ihnen gern überlasse. Ich submittire Ihnen daher die Wanda der Mad. Bethmann, oder der Mad. Schröck zu geben. Sehr schön wäre es, wenn die Bethmann die Wanda, die Schröck die Ludmilla und die Schick die Libussa spielte. Sollte das Schwierigkeiten haben, (nehmlich mit der Schröck, daß die die zweite Rolle nicht wollte) so würde ich bitten, die Ludmilla nicht der ganz gefühllosen, wie wohl gut sprechenden Maas, sondern der ältesten Mebuß (vielleicht der kleinen Mad. Eunicke? aber doch zweifle ich!) zu geben, nur müßte die Mebuß so hübsch dazu aussehen, als in Herrmann von Unna. Den Rüdiger würde ich doch sehr bitten an Mattausch zu geben, um ihn einmal zu kontentiren. Sollte die Schröck übrigens die Wanda spielen, so würde sich unsre Freundin Bethmann (an welche ich Ihnen, so wie an ihn und Herrn Pauli tausend Grüße spedire) den mir sehr erfreulichen Spaß machen, die paar Worte der Libussa zu sagen. Den Balderon darf ich Ihnen kaum anzubieten wagen, würde mich aber unendlich freuen, wenn Sie ihn spielten, sonst müßte es Beschort. Labes den Oberpriester.

Meine Retour nach Berlin wird unausbleiblich zwischen Ostern und Pfingsten erfolgen, vielleicht noch eher. Meine Hoffnung wegen

Berlin setze ich nächst Gott auf Sie. Bald gütige Antwort bitte ich und verbleibe Hochachtungsvoll

Ihr

ganz gehorsamster Freund und Diener

Werner.

Eben höre ich eine Nachricht, über die ich entzückt vor Freuden bin. Sollte es möglich sein, daß meine Wanda aufgespart werden könnte, bis das höchste Ideal weiblicher Vollkommenheit sie sehen könnte? Auf jeden Fall erwägen Sie, ob es räthlich das Stück jetzt zu geben? Nochmals ich zweifle! Ich habe dabey viel aufs Spiel zu setzen, wenn es durchfallen sollte!

Die Kopialien, Enbalage ꝛc. betragen nach beifolgender Note 6 Rthlr. 6 gr., welche ich durch Postvorschuß, da das Stück doch über lang oder kurz gespielt wird, eingezogen habe, und dem Itzig, an den der Brief addressirt, gütigst zu ramboursiren bitte. —

Das Honorar submittire ich Ihnen zwar, bemerke aber daß Goethe mir nomine des Herzogs 60 Dukaten in Gold bezahlt hat, und muß Sie, so beschränkt auch die Berliner Theater-Kasse jetzt sein mag, doch zu berücksichtigen bitten, daß ich von dergleichen Honorar nur leben muß, und, daß das Opfer, jetzt von sich in Berlin ein Stück spielen zu lassen, jetzt, wo gar kein moralischer Gewinn zu erwarten ist!, wohl um so mehr einer pecuniären Entschädigung werth ist.

Weimar den 21. März 1808.

Nr. 103. Iffland an Werner.

„Dunkel ist der Sinn von deinen Tönen,
„Doch es zieht mich, wenn du sprichst nach oben."

So ist es mir mit Wanda ergangen. Ich bin oft angeregt worden, ohne aufgeregt zu seyn.

Für wen soll ich Interesse der Geschichte nehmen, da das Stück eigentlich keine Geschichte hat? Für Wanda — ich begreife den Mord des Weibes an Rüdiger nicht. Für Rüdiger? Er verliert durch die Geringschätzung seiner Sitten und oft durch sich selbst. Für Libussa? — Es ist ein Dunkel, wer und was sie war. Für die deutschen Ritter, die davon laufen? Für die Sarmaten, die allzumal weder die rohe Kraft der Vorzeit, noch die National-Physiognomie tragen?

Oft wird der Leser von einer Sprache — die er zwar nicht versteht — aber von der er gleichwohl ahnet — daß sie hohe Gefühle deuten soll — wo hinan geführt, und wo er alsdann die Auflösung, den Schlag des Gefühles erwartet — sieht er sich allein — unbefriedigt und also getäuscht.

Von der Mystik der frühern Stücke ist nicht die Rede — aber von einer andern, ich sage: von einer weniger bedeutenden. — Sterne — Blumen — Sterne, die singen, u. s. w.

Dergleichen ist jetzt Sitte, das weiß ich. Es steckt an, wie die Influenza. Wer Verse ohne dieses Geklingel giebt, ist nicht auf der Höhe. Wenigstens achten viele heutige Tonangeber dafür, es sey so.

Anderen aber — und deren Zahl ist die große Mehrheit — ist es ein Aergerniß und eine Thorheit.

Ich, für meinen Theil, gehöre zu denen, welche es nicht verstehen. Wenn anders das, was zeither für Dichtkunst galt, dazu gehört, so kann diese, aus dem Kindlichen ans Kindische grenzende Spielerei nicht lange gelten.

Von einem Dichter der Nation — und das muß Werner, wie er mit den Thalsöhnen begann, wie er mit vier Akten des Luther fortschritt, unfehlbar seyn — von einem Dichter der Nation erwartet der Deutsche Kraft, Deutlichkeit, Erhebung, Zierde, Worte fürs Herz, und Worte, die Herz und Kopf aufräumen, im Sinn und Herzen bleiben und in den Stürmen, den Wirbeln des Lebens, wie ein Pharus aus der Ferne anziehen. Eine Tragödie von Werner, muß man wie eine Tragödie von Schiller aufschlagen und bei jedem Aufschlagen eine Stelle finden, wo das Herz und der Sinn sogleich den Zeigefinger hinführt.

Ich bin noch nicht vom Froste des Alters erstarrt, ich habe Blut und reizbare Nerven, und mit alle dem muß ich dem Freunde bekennen, außer etlichen wenigen Stellen, ließ Wanda mich kalt, und mehr ergriff mich das Befremden, als der Antheil.

Nur eine Stelle ist mir wohlthuend geblieben.

„Sey du nur dein, so wird dein Stern erscheinen,
„Doch willst du dich verlassen,
„So muß in dir auch dein Gestirn erblassen."

Und diese Stelle rufe ich Werner zu!

Werner verläßt Werner, um hinab zu Tieck zu gerathen.

Sie leben von Werners erster, reiner Flamme noch und wenden sich von eigner Kraft hinweg, auf dürrem Boden abzusiechen.

Dieser beständige Wechsel des Versbaues, stört das Gefühl, welches er erheben soll. Dieser Zwang, eine tragische Melodie heraus zu bringen, wie in der Scene mit Wanda und Rüdiger, diese Fremdheit, wie in der Stelle, die klassisch seyn soll und doch baar unverständlich bleibt, wie

„Natur hält Schwur
„Natur ist treu
„Natur ist todt
„Natur ist frei
„Du Menschengott
„Sey die Natur."

Diese und viele andre Dinge, wobei ich immer nicht wußte, woran ich war, fordern ja besondere Kompendien, worin der Dichter sich über sich, seine Gefühle, Meinungen, seinen innern Mythus erklären müßte, wenn er der Masse faßlich bleiben wollte.

Und der Mehrheit ganz faßlich sein, ist das erste Erforderniß.

Kann ich Stellen rechtfertigen die den Wohlklang stören und das sämmtliche Gefühl beleidigen: als „Hast du Wanden nicht gesehn? —" und — „wo ist die Wanda?"

Das Stück kann durch Eigenheiten Herrn von Goethe angezogen haben und kann da, wo e r und Etliche in einem kleinen Publikum Ton gebieten, aushalten. Mehr hat es nicht bewirkt.

Vor einem großen Publikum kann es nicht aushalten und Iffland wäre Werners Feind, wenn jemals Wanda in Berlin gegeben würde. Dies erkläre ich, bedacht, empfunden und mit Freundschaft.

Geben Sie uns, wie Schiller, Geschichtsstücke, würzen Sie diese mit der Gewalt erhebender Gefühle, mit der Weisheit der Erfahrung und stellen Sie die Karaktere mit den treuen, festen Umrissen auf, wie Sie es so herrlich vermögen. Dann sind Sie der Dichter der Nation.

Die Karaktere in Wanda haben gar keine Physiognomie und erliegen vollends in der erzwungenen, kalt schwärmenden Sprache.

Wollte ich auch annehmen, daß ich mich auf die Höhe nicht erheben kann, so geht es doch mehreren, wie mir, und ein günstiges Zeichen ist es nicht für die Sache, wenn eine reizbare Empfindung nicht ergriffen wird

Was die Menge der Anmerkungen anlangt, so erlauben Sie mir darüber, und über deren Extension zu sagen, daß, wenn ein Schauspieler dichterische Anmerkungen — und das sind sie mehrentheils — begreifen kann, so sind sie ihm nur angedeutet nöthig, und wenn er dichterische Bemerkungen des Spiels nicht zu begreifen fähig ist, so machen solche und deren Häufung ein steifes und unerträgliches Wesen aus ihm.

Ich habe aus dem innigsten Antheile an den Dichter und Menschen Werner geschrieben. So bitte ich Sie, es anzunehmen, sonst würden Sie es schwerlich verzeihen können.

Möge Ihre eigene Ueberzeugung Sie von Mystik und allen Spielereien der Sternenklänge wegführen.

Einmal, um der tragischen deutschen Bühne willen, und dann um Ihres Werthes willen, und weil diese Dichtkunst nicht auf die Nachwelt kommt, der Sie angehören.

Die Gräfin Brühl trat wie Ihr guter Engel vor der Aufführung Luthers in's Mittel. Es hat mir leid gethan, daß Sie in dem Drucke so manches, was sie weggeschafft hatte, wieder aufgenommen haben. Das Werk hat nicht dabei gewonnen.

Ich führe es nur deshalb an, weil es mir, so wie Wanda, obwohl von einer andern Seite her, beweiset, daß Sie nicht überzeugt sind, daß Sie den falschen Weg gingen.

Und doch liegt Alles für Sie nur grade daran, daß Sie diese Ueberzeugung — die nun nicht mehr ausbleiben darf — bekommen, üben, und daß Sie in einem neuen, kräftigen, herzvollen Stücke, in dem Geiste (ohne Hyacinthen) wie die ersten viertehalb Akte von Luther geschrieben — beweisen, daß Sie diese Ueberzeugung ganz bekommen haben.

Dann werden Ihre Stücke an die Wolken gehen!

Außerdem gehen sie für das große Publikum abwärts, und vertrocknen am Weyrauch der Wenigen.

Heute Abend lese ich das Kreuz an der Ostsee. — Die Verse aus dem Beobachter drücken, wie sie auch sonst sind, die wahre Meinung der Mehrheit aus.

Redlicher weiß ich nicht zu handeln.

Ihr wahrer Freund Iffland.

Berlin den 8. May 1808.

An Herrn K.-S. Werner.

Nr. 104. Werner an Iffland.

Verehrter Freund!

Ich habe die Ehre Ihnen das Friedenslied zu schicken, welches Sie in Ihrem, heute bei mir eingegangenen gütigen Schreiben vom 25. v. M. verlangt haben. Meiner Idee nach, müßte es von einer, oder vier Stimmen, jeder Vers erst allein gesungen, und dann die Hälfte des Verses vom Chor (nehmlich von der ganzen Versammlung) wiederholt werden. Doch richten Sie alles ein, wie Sie wollen! Ich schrieb es unter Thränen der Rührung, möge es mit gleichen Empfindungen aufgenommen werden! Wenn es auch nur wenige Zähren in den Augen des edelsten Monarchenpaars trocknet, so bin ich hoch belohnt, der ich, ein herumvagirender Pilger, gerne wieder Dach und Fach finden möchte in meiner Heimath, wäre es auch um Louisens stille Größe in ihrer Nähe anzubeten! —

Antworten Sie bald gefälligst auf mein, vorgestern von hier aus an Sie erlassenes Schreiben

Ihrem

Sie treu verehrenden und liebenden

Werner.

Weimar den 3. März 1809.

Beilage.

Friedenslied.

(Auf die Melodie: God save the King zu singen.)

Du der auf Blitzen fährt,
Zu uns im Säuseln kehrt,
Vater vom Licht!
Ende des Königs-Schmerz,
Heile sein wundes Herz, —
Rein ist es und gerecht! —
Verlaß ihn nicht! —

Chor.

Ende des ꝛc.

Du der du Thau der Au,
Dem Menschen Thränenthau
Segnend verliehn!
Tröste die Königin,
Rein ist und schön ihr Sinn,
Laß ihr aus Thränensaat
Frieden entblühn!

Chor.

Tröste die 2c.

Du, der in Dunkelheit
Waltet und Sterne streut,
Wenn's um uns Nacht!
Was unsre Schuld verdient
Ist's endlich ausgesühnt? —
Vater wir fragen nicht;
Die Liebe wacht! —

Chor.

Was unsre 2c.

Du, der auf Thronen thront,
Und überm Schicksal wohnt
Lenk' seinen Flug!
Der Millionen Blut
Schwoll zur empörten Fluth;
Sprich zu den Wogen Du:
Es ist genug! —

Chor.

Der Millionen 2c.

Wittwen und Waisen stehn,
Millionen Dulder flehn
Trostlos auch hier!
Lenke des Königs Blick;
Er will nur unser Glück,

Doch das Vollbringen kommt,
Vater, von Dir!

Chor.

Lenke des 2c.

Volk an der Neva Strand,
Volk an der Seine Rand,
Ihr seid uns gleich!
Sind wir denn Brüder nicht?
Athmend in einem Licht,
Alle durch Blut versöhnt! —
Friede mit euch! —

Chor.

Sind wir 2c.

Friede der Heldenschaar,
Die an dem Blutaltar,
Ein Opfer fiel!
„Wollt ihr des Friedens Ruh"
So ruft die Schaar uns zu,
„Seyd eins mit euch und Gott,
„Das ist das Ziel! —"

Chor.

Du Schaar der Opfer, du,
Dich krönt des Friedens Ruh!
Friede mit uns und Gott,
Sey unser Ziel! —

Nr. 105. Werner an Iffland.

Höchst zu verehrender Herr Direktor!

Ihrer mir gütigst ertheilten Erlaubniß zufolge übersende ich Ihnen anbei mein neuestes dramatisches Produkt, * welches Goethe für mein gelungenstes erklärt, auch zu der Aufführung desselben bereit ist,

* Der vierundzwanzigste Februar.

insofern nur die jetzigen Zeitverhältnisse ihm Zeit, Musse und Heiterkeit genug verstatten, das Stück einstudiren zu lassen!

Da es nur drey Personen, keine Dekorations-Veränderungen, Kostüme rc. hat, so ist die Aufführung, selbst bei der jetzigen mir bebekannten trübseeligen Verfassung der Berliner Bühne, um so weniger mit Kosten verbunden, als ich es Ihnen lediglich anheim stelle, was Sie mir dafür an Honorar geben wollen, wohl wissend, daß Ihre Güte für mich Sie schon von selbst bewegt, das Möglichste zu thun. Auch werden Sie sich überzeugen, daß das Stück von einem großen, immer steigenden, mit allen Vehikeln der Tragödie versehenen Interesse, mithin da es nur eine Stunde spielen kann, nicht zu lang, vor Allem aber, daß es in einer sehr populairen Sprache geschrieben, und von allen Geistern, Engeln, Teufeln, mystischem Wortgeklingel, kurz von allen Fehlern, die man mir mit Recht oder Unrecht, vorwirft, frey, von rein menschlichem, jeden im Volke gleich ergreifenden Interesse, und in einer jedem verständlichen Sprache geschrieben ist. Der Gegenstand ist die bekannte Anekdote, daß zwei Eltern ihren als Reisenden bei ihnen einkehrenden Sohn, ohne zu wissen, daß es ihr Sohn sey, umbringen. Ich habe dabey nicht nur die Triebfeder der griechischen Tragödie: den Fluch, nach Goethens Meinung sehr zweckmäßig ins Spiel gebracht, sondern auch, um das Gemählde mehr der Wirklichkeit näher zu bringen, die Scene, als wäre sie wirklich vorgefallen, nach einem sehr grausenvollen Orte in der Schweiz, dem Wirthshause auf der Gemmialpe, versetzt, ein von der Natur schon zum Entsetzlichen gestempelter Ort, den ich selbst besucht und treu geschildert habe, und wo wirklich vor ein paar Jahren eine Mordthat, wenn gleich nicht mit den in meinem Stücke erwähnten Umständen geschehen ist. Auch die Benutzung dieses Motivs billigt Goethe sehr.

Da übrigens das Stück seiner Natur nach auf jeder Bühne darstellbar ist, so werde ich es wahrscheinlich in Frankfurth a. M. zuvörderst spielen laßen, wohin ich gegen Ende dieses, oder zu Anfang des künftigen Monats, wenn es die öffentlichen Verhältniße erlauben, abgehe, da S. H. der Fürst Primas mich mit einer Pension von 1000 Gulden Reichsgeld jährlich zu begnadigen geruht hat, eine Gnade, die mir um so erfreulicher ist, je prekairer meine Lage und je kärglicher der schriftstellerische oder dramatische Erwerb jetzt ist. Ich kenne Ihre gütigen

Gesinnungen gegen mich hinreichend genug, um nicht zu hoffen, daß Sie an meiner Freude freundschaftlichen Antheil nehmen werden, und bemerke nur noch, daß der großmüthige Fürst Primas für diese Pension von mir nur gelegentliche Arbeiten für sein in Frankfurth errichtetes Museum (eine Gesellschaft von Musenfreunden, die sich alle 14 Tage versammelt) verlangt, ohne mich in Betreff meines Wohnorts zu vinkuliren. —

Was das Trauerspiel, welches ich Ihnen sende betrifft, so muß ich, in so fern Sie es spielen wollen, gehorsamst bitten, daß Sie mir die Güte erweisen, die Rolle des Vaters selbst zu übernehmen; die der Mutter würde ich, falls Mad. Bethmann sie refusirte, der Mad. Schick zuzutheilen bitten, aber ja nicht etwa der Mad. Böheim! Wer den Sohn spielen soll, das überlasse ich Ihnen, vielleicht Beschort, weil er Verse gut sagt, oder Mattausch, Bethmann, wie Sie es für gut finden! Auch überlasse ich es Ihnen: ob Sie das Stück, auf dem Zettel „ländliches Familiengemälde" oder Trauerspiel, ob Sie den Sohn, auf dem Zettel Kungens Sohn, oder nur „ein Reisender" nennen wollen. Was ich aber wünschte, das wäre, daß bei der ersten Vorstellung nicht auf den Zettel gesetzt würde, ich sey der Verfasser, sondern daß das so lange verschwiegen bliebe, bis die Vorstellung über das Schicksal des Stücks entschieden hätte. —

Daß die paar eingemischten Volkslieder nach populairen bekannten Melodien und ohne musikalische Begleitung gesungen werden, versteht sich von selbst.

Ich bitte mich Bethmanns und Webern zu empfehlen und verbleibe mit vollkommenster Hochachtung

Ihr ganz gehorsamster

Diener und Freund

Werner.

N. S. Da ich in wenig Tagen von hier abgehe, um nach einem circa vierzehntägigen Aufenthalt in Rudolstadt und Gotha nach Frankfurth a. M. zu gehen, so muß ich Sie gehorsamst bitten, Ihren Brief an mich, der mich auf jeden Fall sehr erfreuen würde, hierher nach Weimar unter folgender Addresse: an den Kammer-Secretair Werner zu Weimar, bei dem hochfürstl. Sächsischen Landes-Industrie-Komptoir abzugeben, zu senden, da ich mit letzterem verabredet habe, daß es meine Briefe in Empfang nehme und mir an meinen noch nicht bestimmbaren Aufenthaltsort nachsenden solle. Auch muß ich Sie bitten mir alsdann gleichzeitig das Honorar, was Sie mir gütigst bewilligen wollen, entweder in Golde oder durch Assignation auf das Handelshaus Bethmann zu Frankfurth a. M. zu senden, da ich, wie wohl natürlich, des Geldes zu einer Zeit, wo kein Verleger Honorar und kein Schuldner Interessen zahlt, benöthigt bin. Sollten Sie wieder Vermuthen mein Stück nicht spielen wollen, so haben Sie die Güte, mir es nicht zurück zu senden, sondern es bis auf Weiteres zu asserviren, aber ja es niemanden dann zu zeigen. Wegen meines neuen Trauerspiels Kunegunda gelegentlich!

Weimar den 4. May 1809.

VIII.

Kotzebue — Iffland, Brühl.

Nr. 106 bis 110.

1799—1815.

Nr. 106. Kotzebue an Iffland.

Es thut mir leid, daß Sie meine Johanna nicht brauchen können. Ich glaubte, daß, wo man eine Zauberflöte, Piccolomini u. s. w. darstellen kann, für meine Johanna auch Platz wäre. Ich habe mich geirrt. Vielleicht geht es der klugen Frau im Walde eben so. Vielleicht ist überhaupt Ihr Publikum meinen Stücken abgeneigt (wie ich aus einigen, auf eine elende Art bissigen Berliner Journalen schliesse). Ist meine Vermuthung wahr, so ist es wohl besser, daß ich für die Zukunft dem Vergnügen entsage, meine Stücke unter Ihrer Direction aufgeführt zu wissen; um so mehr, da der Wunsch, sie dann und wann durch Ihr vortreffliches Spiel gehoben zu sehen, immer unerfüllt bleibt. Es würde mir zum Beispiel eine grosse Freude gewesen seyn, wenn Sie die Rolle im Lohn der Wahrheit, die Sie Einmal wegen Krankheit des Herrn Herdt zu übernehmen so gütig waren und so meisterhaft ausführten, behalten hätten, zumal da, wo ich nicht irre, Herr Herdt gewöhnlich nur zärtliche Väter zu spielen pflegt. Im Fall Sie meine Stücke auch künftig der Aufnahme würdigen wollen, so bitte ich wenigstens um die Erlaubniß, einige Rollen selbst besetzen zu dürfen. Daß die Ehre auf dem Berliner Theater gespielt zu werden, mir mehr werth ist, als der daher zu hoffende Gewinn, habe ich, wie ich mir schmeichle, schon damals bewiesen, als ich zu einer unvermutheten und unmotivirten Verminderung des Honorars von 4 Louisd'or gänzlich still schwieg. Sollte ich aber auch fernerhin in Berliner Journalen nur zur Folie fremdes Ruhmes dienen, sagen Sie selbst, was könnte mich dann noch reizen, meine Manuscripte dahin zu senden? — Nehmen Sie meine Freimüthigkeit als einen Beweiß meiner wahren Hochachtung auf; als einen Beweiß meines Vertrauens, daß Sie das was mich kränkt fühlen, und, wenn Sie können, ihm abhelfen werden.

Ihr ergebenster

Kotzebue.

N. S. Das Manuscript der Johanna, und das Honorar für die Klingsberge bitte ich mir nach Jena zu senden. Die kluge Frau, wenn sie angenommen wird, wünschte ich von Mad. Unzelmann gespielt zu wissen.

Leipzig den 27. April 1799.

Nr. 107. Iffland an Kotzebue.

So eben erhalte ich Ihren Brief aus Leipzig vom 27. April. Es scheint mir, als hätten Sie in einiger Bitterkeit gegen mich geschrieben. Da ich mir deutlich bewußt bin, diese nicht und mit nichts verdient zu haben: so haben Sie diese Stimmung mir nicht gegeben.

Johanna von Montfaucon, hat sehr grosse Schwürigkeiten für den ängstlichen Raum des Berliner Theaters. Jedermann hielt die Aufführung für unmöglich. Piccolomini hat gar keine Schwürigkeiten und mit einer mehr oder minder gestörten Wahrscheinlichkeit einer Oper nimmt man es minder genau, als mit dem was in einem grossen Schauspiele lächerlich werden kann. Indeß wird es nach mehreren Berathschlagungen nun dennoch gegeben.

Wenn Journale auf pöbelhafte Art schmähen, so ist das kein Grund, weshalb Sie, wie Sie sagen, dem Vergnügen entsagen sollten, Ihre Schauspiele unter meiner Direction aufführen zu sehen. Das Eine und das Andre ist ohne alle und jede Verbindung, wie ich selbst ohne alle Verbindung bin und seyn will. Die Art zu schreiben ist jezt freilich sonderbar genug, und da alle Gränzen des Schicklichen und Ehrbringenden mit jedem Tage mehr nieder getreten werden, wie kann man sich wundern über den Ton, den anonyme Recensenten sich verstatten?

Ich habe mir stets den Genuß gegeben, in Ihren Schauspielen überall aufzutreten und würde es noch, wenn Sie nicht die letzte Zeit mehr ausser meinem Fach geschrieben hätten — ich will sagen, zufällig das, was nicht eigentlich mein Fach ist. Dann spiele ich viel in eignen Stücken. Da ich aber doch nicht alles an mich reissen kann oder will: so ist doch billig, daß die Künstler, welche so viele Jahre zum Vergnügen des Publikums in Ihren Schauspielen auftreten, es ferner thun.

„Im Fall Sie auch künftig meine Stücke der Aufnahme würdi-
„gen wollen. —"

weshalb finden Sie für gut, diesen persiflirenden Ton zu nehmen. Niemand spricht so von den Stücken des Herrn von Kotzebue, weshalb setzen Sie voraus, daß ich es thue?

Weil ich von einem Stücke sage, der Raum der Bühne ist dafür zu enge?

Freimüthig und mit aller Achtung erkläre ich Ihnen, daß, so wie ich bisher mit Achtung und Freude Ihren Werken entgegen gegangen bin, so werde ich es ferner. Wenn aber eines Ihrer Stücke, seinem Werth unbeschadet, für Berlin, nach meiner Ueberzeugung nicht passen sollte, so werde ich es zurücksenden.

Ihrer Ehre ist das nicht zu nahe, und ich würde Ihrer Empfindlichkeit zu viel zumuthen, wenn ich Sie dadurch gereizt glauben wollte.

Herr Schröder hat mir fleissig Stücke zurück geschickt, ohne daß ich ihm das übel genommen hätte. Andere Theater thun es auch, aus Gründen, die ich, ohne Sie genau zu kennen, ehre, wenn ich weiß, daß ich mit Leuten von Ehre zu thun habe.

Wien hatte mein Manuscript: Das Gewissen, zurückgesendet, Sie begehrten es nachher, und ich schlug es aus, weil es mir von meiner Seite zudringlich schien.

In dem Handel mit Manuscripten muß die Handelsunbefangenheit mehr als irgendwo statt finden.

rc. „Aufnahme würdigen wollten: so bitte ich wenigstens um die
„Erlaubniß, einige Rollen selbst besetzen zu dürfen."

Erlauben Sie mir, Ihnen offenherzig zu sagen, daß ein Theater einem Verfasser, der, zum Besten der Bühne, des Jahres gegen 4 grosse Schauspiele schreibt, dieses Recht, was man wohl aus Höflichkeit bei einem

Stücke einem anwesenden Verfasser nachgiebt, nicht einräumen kann, ohne einen grossen Theil seiner Pläne, Rücksichten und den Gang der Geschäfte mit an ihn zu übertragen. Zu keiner Zeit würde ich mich auf dieses Begehren eingelassen haben, aber jezt, nachdem Sie diesem Antrage, auf eine so bestimmte Weise, Mißfallen an meiner Vertheilung — denn Mißtrauen soll ich es doch nicht nennen müssen — voraussenden, kann ich es durchaus nicht, ohne einzuräumen, dem mein besseres Gefühl und Bewußtsein widersprechen, oder als Director, eine Inconsequenz zu begehen, die unverzeihlich wäre. Sehr gern will ich übrigens Ihre Vorschläge der Vertheilung da befolgen, wo es nach meiner Ueberzeugung, nach der Lage der Dinge, die doch mir bekannt seyn muß, und nach dem mühsam berechneten Fortschritt des Ganzen, möglich ist.

Sie werden nie auf Eigensinn stoßen, denn ich verachte dieß Attribut der Kartenmänner, die in einem kleinen Kreise gern die Selbstherrscher gaukeln. Ob ich Unterdrückungswuth und Monopolistenzwang übe — mögen die Schauspieler entscheiden; ob ich nur mich als Autor sehe — zeigt die Liste der Stücke. Aber wo Kopf und Herz einen Entschluß in mir bestimmt haben, da werden Sie mich, hoffe ich, fest finden und so denke ich Ihrer Achtung gewiß zu seyn.

    rc. „als ich zu einer unvermutheten und unmotivirten Verände-
    „rung des Honorars von 4 Louisd'ors gänzlich still schwieg."

Als ich zu Berlin Director ward, besorgte Herr Schröder den Verkauf Ihrer Manuscripte. Ich empfing von Ihnen gar keine Notiz. Herr Schröder forderte 15 Pistolen für Sie, gerade die Summe, die er mir gab, und ich gab was er forderte. 15 Pistolen oder 30 Dukaten ist dasselbe Honorar, was ich auch in Wien für meine Stücke bekomme, denn die 10 Dukaten welche das Honorar von 40 Dukaten vollenden, sind vermöge älterer Uebereinkunft, zwischen Herrn von Braun und mir, dasjenige, wofür ich die Mittheilung nach München erlaube. Daß ich nicht indelikat gegen das Verdienst empfinde, glaube ich, so gut ich kann, unter andern damit bewiesen zu haben, daß ich, als ich die hier bereits von Herrn Herklots übersetzte und abgelieferte, bekannte Oper, le prisonnier, als Lustspiel von Ihnen empfing, dieses Stück ohne weitere Erwähnung für das angesetzte Honorar erhalten habe, weil ich es nicht für anständig hielt, ein Wort darüber zu verlieren.

Ungern berühre ich den Geldpunkt, aber nachdem Sie mich darüber etwas empfindlich verkennen, mußte ich wohl in dieses Detail eingehen.

„Sollte ich aber fernerhin in Berliner Journalen zur Folie
„fremden Ruhmes dienen, sagen Sie selbst, was könnte mich
„dann noch reizen, meine Manuscripte ferner dorthin zu senden?"

Kann ich die Ungerechtigkeiten der Berliner Journale hindern? Werden die Verfasser über Ihre gedruckten Stücke nicht späterhin reden, wenn sie es über die Manuscripte früher nicht können? Wenn Sie früh oder spät den Entschluß fassen, nach Berlin kein Manuscript mehr zu senden: so muß ich Sie auffordern mir eine Erklärung der Gründe die Sie dazu vermögen zu geben. Ich würde Sie bekannt machen müssen.

Billige Menschen haben sich stets mit Wärme gegen das Unrecht erklärt, wo es Ihnen erwiesen ist, und wenn pöbelhafte Anfälle geschehen, fallen diese stets auf die Angreifer zurück. Ich wiederhole Ihnen, daß ich hier und überall ganz allein, ohne alle litterarische Verbindung bin und seyn will. Ich habe ganz und gar keine Verbindung mit Gelehrten, Redactoren, Verslern, Buchhändlern und was dahin gehört.

Doch es ist möglich daß ich darüber Sie mißverstehe, und dann bitte ich um Verzeihung. Der Uebergang der Idee ist mindestens so eigen, daß Mißverstand möglich wird.

„Zur Folie fremden Ruhmes?"

Ich weiß nicht, was ich daraus nehmen soll, und doch kann ich es nicht übergehen.

Meinen Sie damit, daß in einem hiesigen Journale einst eine Ungerechtigkeit zu meinem seyn sollenden Vortheile gesagt worden ist: so können Sie als ein Mann von feinem Gefühl das Mißgefühl und die Verlegenheit sich denken, die das mir gegeben hat.

Die meisten Vergleiche sind Albernheiten. Zwischen uns kann gar keiner statt finden. Sie besitzen das Verdienst des Dichters, ich nicht. Ich schreibe blos nach Empfindung und einiger Erfahrung. Was ich auf die Menschen würke, kann geschehen und kann auch bestehen, ohne daß deshalb Ungerechtigkeiten gegen andere geschehen.

Ich habe übrigens sehr harte Aeusserungen gegen mich gelesen und von Schmähungen gehört, die ich zu lesen mich sorgfältig hüte, weil ich gern den Aerger vermeide und nie antworten will, da man in dem kleinen Kriege der Antworten unvermeidlich Blößen giebt, die nur die

Umstehenden belustigen. Billige Rezensionen sagen mir meine Freunde und manchen Tadel habe ich gern genutzt.

Es kann Ihnen nicht fehlen, den Recensenten der hiesigen Journale zu kennen, wenn Sie es wollen. Sie werden dann erfahren, daß wir ganz außer der kleinsten Annäherung leben.

Die Vertheilung der Rollen in Ihren Schauspielen geschieht nach richtiger Abwechselung, um alle Talente zu beschäftigen, ältere Künstler nicht zu vernachlässigen angehende Talente vorwärts zu bringen. Wo aber Versuche zu machen sind, da habe ich sie in meinen Stücken gemacht, nicht in den Ihrigen.

Mein bereits vor 14 Tagen an Herrn Opitz geschickter Brief an Sie, beweiset Ihnen, daß ich mich damals noch mit der Möglichkeit, Johanna zu geben beschäftigte, da nun dieses Stück den 25. d. M. gegeben wird: so sehen Sie daraus, daß es nicht auf Ihren Brief geschieht, sondern gradezu. Aber erkundigen Sie sich doch, da es in wichtigern Dingen Ihnen unangenehm seyn könnte, aus wessen Versehen Ihr Brief vom 27. April erst am 14. May, in der kurzen Distanz von Leipzig hieher, bei mir eintrifft. Die Länge meines Briefes entschuldige ich nicht. Ihr Schreiben enthält Vorwürfe von Gewicht, und Vorwürfe lassen sich kürzer schreiben, als Beantwortungen.

Da Sie diese Vorwürfe zum Theil mehrere mündlich schon geäussert haben, glaubte ich nicht Ihnen deshalb schreiben zu müssen, weil das einer Klatscherey ähnlich sehen könnte. Desto willkommener ist mir die Gelegenheit, in einer umständlichen Antwort meine Achtung Ihnen zu beweisen.

Sie können am besten wissen, welche und wie mannigfaltige Rücksichten einen Director leiten, hemmen, binden und führen müssen. In dieser Eigenschaft können und müssen Sie weniger mißverstehen, als jeder andere Verfasser. Als Mann von Ehre, dem die kleinen Behelfe des Neckens und Untergrabens verhaßt sind, müssen Sie wissen, daß ein Mann von Ehre sich das nicht erlaubt und daß ein vernünftiger Mann das Schlechte meidet, weil es zum Schlechten unvermeidlich führt.

Mit dem besten Willen für alles was Ihnen werth seyn kann

Ihr ergebenster

Iffland.

Berlin den 15. May 1799.

An Herrn von Kotzebue.

Nr. 108. Kotzebue an Iffland.

Ein Vorfall, den ich so eben mit Goethe gehabt, — da derselbe aus meinen Kleinstädtern alle auf Schlegel anspielenden Stellen ausstreichen wollte, worauf ich das Stück sogleich zurückgenommen — veranlaßt mich, meine schon mündlich gethane Bitte zu wiederhohlen, daß nehmlich nichts weggelassen werde, was, ohne in persönliche Satyre auszuarten, blos die Thorheiten der Zeit geisselt.

Eine Quittung für Ihre Rendanten lege ich hier bey.

Herzlich der Ihrigste

Kotzebue.

Weimar den 4. März 1802.

Nr. 109. Brühl an Kotzebue.

Des K. R. Etatsrath und Ritter Herrn von Kotzebue Hochwohlgebohren.

Ihr Brief vom 13. August, mein sehr geehrter Freund, kam gerade während meiner kurzen Excursion nach Sachsen zu meiner Mutter hier an, und wurde von meiner interimistisch niedergesetzten Commission eröffnet, da sich ein Manuscript dabei befand. Erst bei meiner Rückkehr wurde ich daher mit dem Inhalt desselben bekannt, und erhielt kurz darauf den zweiten vom 29. desselben Monats. Für beide danke ich recht herzlich und verbindlich, so wie für das neu übersandte Stück: der Vielwisser. Es hat mir sehr viel Freude gemacht, ist bereits ausgeschrieben und soll baldmöglichst auf die Bühne kommen. In Absicht der Besetzung werde ich Ihrem Winke folgen, und die Rolle des Peregrinus dem Stich zuschreiben. Früher hätte sie für Beschort getaugt, jetzt wird aber dieser sonst sehr brave Schauspieler etwas dick, und von kurzer Memorie. Einen solchen können Sie aber in Ihrem Vielwisser gar nicht brauchen. Möglichst Fleiß will ich an die Aufführung wenden, das verspreche ich Ihnen, und dieser Beweis meiner mehrjährigen Freundschaft soll mir auch gar nicht schwer werden. Von Ihrem Herrmann kann ich Ihnen nicht mehr sagen, Kapellmeister Weber wird am besten wissen, wie weit er mit Composition der Chöre und Gesänge gekommen ist, und Sie davon benachrichtigen.

Sobald er damit fertig ist, wollen wir fleißig daran streben, diesen Herrmann stattlich darzustellen. Etwas von den versprochenen Abgängen unserer Theater-Garderobe sollen Sie bald erhalten. Wohl haben Sie recht, daß man eher eine fette Gans könnte fliegen lehren, als unser Publikum. Man muß aber doch einmal mit dem Unterricht anfangen, und ihm wo möglich das Fett von den Rippen schneiden. Ich habe freilich meine schwere Aergerniß dabei, und muß schwimmen und waten, um durch den theatralischen Schlamm und Schmutz, welcher mich umgiebt, durchzukommen. Das Schlimmste dabei ist aber, daß ich von meinen Untergebenen wenig unterstützt werde. Vom Ersten bis zum letzten, Beschort, Lemm, Fischer und Secretär Esperstedt ausgenommen, befinden sich alle übrige in der Gemeinheit so behaglich wie die Laus im Schorse (verzeihen Sie diesen herzhaften, gleichfalls etwas gemeinen Ausdruck) aber es soll, es muß gehen, oder ich gehe!

Rom ist ja nicht auf einen Tag gebaut, und so läßt sich auch mit Standhaftigkeit und Geduld gar vieles durchsetzen. Beide aber besitz' ich, Gott sey Dank, in einem ziemlichen Grade. Ich will ja die Leute sehr gern lachen machen, sie sollen sich nur nicht einbilden, daß man immer lachen müsse, sonst wird das Sprüchwort anwendbar: per risum multum etc.

In Hinsicht eines zweiten Theaters kann ich noch nicht Ihrer Meinung sein, auch stemme ich mich gegen dasselbe mit allen Kräften.

Wenn es nicht unter meiner Direktion stehen sollte, würde ich es auf keinen Fall dulden, und unter meinem Schutze würde mich die Arbeit tödten, da ich mir vorgenommen habe, wenigstens vier bis sechs Jahr alle Details in finanzieller Hinsicht so wie in Hinsicht auf theatralische Darstellung, Costumes, Decorationen und Musik speziell zu leiten. Erst möchte ich doch gern *ein* Theater aus dem Zustande der Mittelmäßigkeit herausbringen, in welchem es jetzt schmachtet, ehe ich ein zweites unternehme.

Bedenken Sie auch, wie ungeheuer die Ausgabe sich dadurch vermehren würde; denn sollte und müßte ich es einmal anfangen, so litte ich es nicht in schlechter Verfassung. Hierzu kommt noch, daß das Berliner Publikum nur *neugierig*, aber nicht *schaulustig* ist. Sollte wohl nicht bei 170,000 Einwohnern ein jedes Stück, es sey nun ernsten oder lustigen Inhalts, ein Publikum für sich haben? und doch kann ich Sie versichern, daß bei den besten Lustspielen, so wie bei den besten Trauerspielen oft nicht 150 Rthlr. einkommen.

Die Forderungen der Schauspieler, selbst der mittelmäßigen, steigen täglich höher, und nicht abzusehen ist, wo das am Ende hinaus soll. Nun denken Sie selbst, welche Vermehrung des Personals ein zweites Theater erheischte.

Besteht indeß der König bei seiner Rückkehr darauf, nun dann in Gottes Namen, dann will ich mein Testament machen und darauf los arbeiten, so lang ich ein Glied rühren kann.

Kürzlich habe ich Ihr kleines lustiges Stück: die englischen Waaren, zum Erstenmale aufführen lassen und Unzelmann, Devrient und Wurm haben dasselbe wahrhaft meisterlich dargestellt.

Folgende Stücke bitte ich mir gefälligst recht bald in Abschrift zukommen zu lassen:

1) den Verschwiegenen wider Willen, oder die Reise von Berlin nach Potsdam.

2) die Uniform des Feldmarschall Wellington.

Nun genug des langen Geschreibsels, leben Sie wohl und vergnügt, mein werther Freund, und erhalten Sie mir Ihr gütiges Andenken. Meine Frau erwiedert freundlich die ihr zugedachten Grüße, den Ihrigen empfehle ich mich angelegentlichst, auch unbekannterweise.

Mit aufrichtigster Hochachtung und Freundschaft

ganz der Ihrige

Berlin den 20. September 1815. Brühl.

Nr. 110. Kotzebue an Brühl.

Königsberg den 15. Oktober 1815.

Mein theuerster Herr Graf!

Sie haben mir durch Ihren lieben Brief vom 20. September eine wahrhafte Freude gemacht, denn das Detail, in welches Sie über Manches mit mir eingehen, beweißt mir ein gewisses freundschafftliches Vertrauen, das mich ehrt, und welches Ihnen einzuflössen stets mein Wunsch war. Mögen Sie immerhin als Dichter mich nicht gar zu hoch stellen (ich thue es wahrhaftig selbst nicht) ich bin zufrieden, wenn Sie den Menschen in mir höher schätzen, und daß ich das verdiene, bin ich mir bewußt, trotz aller bösen Gerüchte, die etwa von mir herumlaufen mögen. Glauben Sie mir, ich selbst weiß meine Werke recht gut an ihren bescheidnen Platz zu stellen, aber, was Schauspiele betrifft, so hege ich die Ueberzeugung, daß es eben so wenig ein ausschließendes Muster für gute Schauspiele als für Blumen giebt. Die Rose ist die Königin der Blumen, sehr wohl! Die Lilie, die Tuberose dufften vorzüglich, die Nelke ist besonders würzreich; allein darum behalten doch das Veilchen, die Levkoje u. s. w. auch ihren Werth. Der Schauspieldirektor ist da, um dem Publikum einen Strauß zu binden, und in einen Strauß gehören alle wohlriechende Blumen; doch die zu stark riechenden am wenigsten, weil nur wenig Nervensysteme dafür geeignet sind. Darum glaube ich auch nicht, daß weder Sie noch irgend ein Anderer das Publikum jemals höher hinauf ziehen wird, als es jetzt steht. Glauben Sie denn, daß selbst unter den Griechen Aeschylus und Sophokles jemals ein großes Publikum gehabt haben?

Was hat nicht Goethe versucht! Und wie klein ist in Weimar dasjenige Publikum, welches sich in solchen Vorstellungen nicht gelangweilt hat! Wie oft habe ich selbst von Personen darüber spötteln hören, (nemlich unter vier Augen) die öffentlich, entweder um Goethe zu schmeicheln, oder um sich ein gewisses Ansehn zu geben, sich entzückt stellten. Sobald ein Schauspiel den Geist mehr beschäftigt als die Einbildungskraft, so wird es nimmermehr ein großes Publikum haben. Das Publikum nach und nach erziehen, hiesse also mit andern Worten: bewürken, daß es die Vergnügungen der Einbildungskrafft den Vergnügungen des Geistes unterordnete, und das kann Gott selbst nicht, so wie er die Menschen nun einmal geschaffen hat.

Darum, meine ich, sey in einer großen Stadt ein zweytes Theater nicht überflüssig, dahin möchten alle diejenigen wandeln, deren Bildung keine so hohe Stufe erreicht hat, daß es ihnen möglich wäre, drey Stunden lang blossen Geist in ihren Geist aufzunehmen. Aber, werden Sie vielleicht sagen, eben auf diese höhere Stufe der Bildung muß das Theater nach und nach führen? Das hiesse ja wohl den Zweck zum Mittel machen? Dazu gehören ganz andere Vorbereitungen.

Doch ich versteige mich zu weit und mache Ihnen vermuthlich Langeweile. Uebrigens höre ich sehr viel Gutes von Ihrer Direktion, und daß man im Ganzen außerordentlich mit Ihnen zufrieden ist. Freylich, dem gemeinen Volk der Schauspieler (und es giebt leider nichts gemeineres auf Gottes Erdboden) haben Sie hier und da ins Auge geschlagen; aber daran kehren Sie sich nicht. Ich bleibe dabei, ein Theater muß despotisch regiert werden, es ist gar nicht anders möglich, unter diesem Pack Ordnung zu halten, und es zu zwingen, daß es mit vereinten Kräften etwas vorzügliches leiste. Gemeinsinn für die Kunst werden Sie nie hinein bringen; jeder denkt nur an sich.

Sollte der König dennoch ein zweites Theater belieben, so denken Sie auch an mich, mein bester Herr Graf. Ich würde recht gern unter Ihnen stehn, denn ich sehe dabei nicht die mindeste Inconvenienz; aber freylich müßte ich einen guten Gehalt beziehen und auch eine Art von Titel haben, um der Leute willen, daß es nicht aussähe, als ob ich meinem jetzigen Rang etwas vergäbe. Es ist ein hingeworfener Gedanke, und weiter nichts. Bleibt es bey Einem Theater, so brauchen Sie mich nicht; würde aber noch ein zweytes errichtet, so meyne ich, Sie würden mich sehr gut brauchen können. Das hiesige Wesen habe ich ein Jahr geführt, habe aus einem schlechten Theater ein gutes gemacht, und es nun wieder seinem Schicksal überlassen, da meine übrigen Geschäfte mir durchaus nicht erlauben die Direktion fortzusetzen. Ich fürchte sehr, es werde wieder zusammen fallen.

Für Ihre freundliche Aufnahme meines Vielwissers danke ich herzlich. Ich hoffe, Stich werde sich recht gut aus der Affaire ziehen. Die kleinen Stücke, welche Sie fordern, sind in meinem diesjährigen Almanach bereits gedruckt, und vielleicht schon in Ihren Händen. Für die Großmama haben Sie leider keine Schauspielerin, seit die Bethmann todt ist. Den Commissionsrath Frosch lassen Sie wohl gütigst durch Devrient spielen.

An dem Herrmann komponirt Weber nunmehr zwei runde Jahre, das ist denn doch zu arg.

Können Sie eine recht gute zweyte Liebhaberin brauchen? besonders im ernsten und rührenden Fache. Mlle. Schubert, vormals Choristin beim Berliner Theater, wünscht sehr dahin zurück, da ihre Eltern in Berlin wohnen. Sie könnten Sie wohlfeil haben. Es ist eine schöne Figur, auch eine gute Altistin im Chor.

Mit der herzlichsten Hochachtung und Ergebenheit

ganz der Ihrige Kotzebue.

Herr Angely vom hiesigen Theater wünscht in Berlin einige Gastrollen zu spielen. Er ist ein zweyter Wurm, und macht dem großen Publikum viel Spaß. Es würde mich freuen, wenn Sie ihm Ihre gütige Erlaubniß ertheilten. Er wird selbst an Sie schreiben.

IX.

P. A. Wolff — Iffland.

Nr. 111 bis 112.

1812.

Nr. 111. Wolff an Iffland.

Wohlgeborner Herr Director,

Hochverehrter Meister!

Herr Rebenstein, der uns in vier Gastrollen durch sein schönes Talent erfreute, und uns während seines Auffenthaltes auch das Vergnügen seiner Gesellschaft schenkte, versicherte mich, daß es mir Ew. Wohlgeboren nicht verübeln würden, wenn ich Sie an mein den 24. November v. J. an Herrn Pauli gesandtes Schauspiel „Preciosa" erinnerte, und zugleich die Bitte hinzufügte, selbem die Aufführung auf Ihrer Bühne zu gönnen. Ich kann es jetzt um so eher wagen, da ich der Vorstellung dieses Stücks in Leipzig beiwohnte, wo es den allgemeinen Beifall des Publikums erhielt. Freilich müßte ich hiebei besonders die Gnade von Ew. Wohlgeboren in Anspruch nehmen dürfen, weil besonders die Einrichtung des Stückes Einsicht und Geschmack erfordert, und ich bitte deshalb angelegentlichst um Ihre gütige Unterstützung. Ein paar Zeilen hierüber nach Weimar oder Halle, wohin wir den 6. Juny auf drei Monate reisen, würden mich sehr glücklich machen.

Ich bitte Ew. Wohlgeboren, meine Dreistigkeit zu verzeihen, und die Versicherung meiner unbegrenzten Hochachtung zu genehmigen.

Ew. Wohlgeboren

ganz ergebenster Diener

Weimar den 12. May 1812.

Wolff.

Nr. 112. Iffland an Wolff.

An Herrn Wolff in Weimar.

Geehrter Freund!

Meine späte Antwort auf Preciosa ist nicht Vernachlässigung Ihres Interesse, sondern sie ist eben aus der genauen Beachtung desselben entstanden.

Zuvor — muß ich mit Freimüthigkeit erklären, daß mir, und wie ich das Publikum kenne, auch diesem gewiß, die Zigeuner-Mutter allem Effekte entgegenstrebend scheint, und bei der Vorstellung widrig wirken würde. Dies, und daß die Zigeuner nicht eine lose, halb geniale Horde, die ihrer Schwänke lachend Erwähnung thun, und lachen machen, sondern daß es eine wirkliche Räuberbande ist, die Gräuel erzählt, und uns deutlich vor diese hinführt — daß Präciosa ihren Geliebten zum wirklichen Gauner eingeweihet haben will und es erreicht, machte mich gleich anfänglich stutzen. Allein ich beschäftigte mich mit einigen Milderungsversuchen.

Ein anderer Umstand war es, der mich besorgter machte:

Die Mordbrennerbande, welche seit drei Jahren bis dicht vor die Stadt gebrannt und geraubt, ja in einer Woche zwei Dörfer nahe vor Berlin angezündet hat, sitzt, 130 Personen stark, hier auf der Hausvogtei.

Der Prozeß dieser Menschen, welche sich Ehrentaschen u. s. w. zubilligten, und sehr verschmitzte karakteristische Menschen sind, interessirt aus mehreren Gründen, je nach Verschiedenheit der Menschen, mehr oder minder, doch allgemein. Besonders aber interessirt die Hauptzünderin, die schöne Louise, ein Mädchen, die aus Rinderfett Brandlichter machte, und kalten Blutes alles anlegte, die Neugier. Es giebt Menschen, die ihre verbrecherische Naivetät — oder wie ich es sonst nennen soll — frappirt. Andere werden von ihrer Schönheit angezogen, Alle beschäftigt sie; Viele verlangen für sie das Urfeuer, Andere ihre Freisprechung wegen ganz mangelnder Bildung.

Genug der Umstand der Bande und der schönen Louise forderte von mir die Einreichung des Stückes, dessen Darstellung ich, bei der Lage der Dinge, nicht allein übernehmen konnte. Die Antwort, wie es gewöhnlich geht, hat sich verzögert, und ist unterm 21. Juny verneinend ausgefallen.

Ich darf Ihnen nicht erst sagen, wie unangenehm mir das ist, da es mir eine Angelegenheit ist, Sie zu verbinden, und Ihnen so viel nur an mir ist, Beweise der Achtung zu geben, welche ich für Sie und Ihre liebe Gattin empfinde.

Sie denken zu rechtlich und empfinden zu zart, als daß Sie bei einem solchen Anlaß Sich nicht ganz in meine Lage denken sollten, und in die Eigenthümlichkeit meiner Art zu denken.

Dieses ist, was mich einigermaßen beruhigt, indem ich so ganz gegen Wunsch und Willen das Manuscript der Präciosa in Ihre Hände zurückgeben muß.

Geben Sie mir bald Gelegenheit, Ihrem Talente in einem andern Gegenstande zu begegnen, und ich werde mit Freuden handeln, die Aufrichtigkeit meiner Achtung Ihnen nach Möglichkeit darzuthun.

Mit diesen Gesinnungen von Herzen

der Ihre

Iffland.

Berlin den 30. Juny 1812.

Ich kann Ihnen nicht genug sagen, wie sehr dankbar Herr Rebenstein das Wohlwollen ehrt, welches Sie ihm in Weimar erwiesen, und wie sehr Sie mich damit verpflichtet haben!

Beilagen.

Drei chronologisch=statistische Tabellen

A bis C

A) sämmtlicher Neuigkeiten der königl. Hofbühne zu Berlin, von 1771 bis 1842;
B) des Personalstandes derselben und dessen Gegenetats von 1790 bis 1827;
C) der Dichterhonorare von 1790 bis 1810.

Nach ꝛc. Teichmanns Aufzeichnungen zusammengestellt und geordnet

durch

R. Isenburg,
königl. preußischen Oberstlieutenant a. D.

Erste Beilage.

Verzeichniß derjenigen Dramen, welche seit der Eröffnung der ersten stehenden deutschen Bühne in Berlin, am 10. Juni 1771, bis Ende 1842, auf dem königl. Hoftheater daselbst, zur Aufführung gekommen.

A.

Trauerspiele.

Laufende Nummer.	Tag	Monat	Jahr	Name des Stücks.	Akte.	Name des Verfassers oder Bearbeiters.
	der ersten Aufführung.					
1	10	Juni	1771	Miß Sara Sampson.	5	Lessing.
2	28	"	"	Die Verschwörung wider Venedig.	5	Aus d. Englischen des Thom. Ottway.
3	8	Juli	"	Richard III.	5	Weisse.
4	25	"	"	Codrus.	5	Cronegk.
5	1	Aug.	"	Die versöhnten Feinde.	5	A. d. Franz. des Merville.
6	12	"	"	Alzire.	5	Voltaire.
7	28	Sept.	"	Georg Barnwell, oder der Kaufmann von London.	5	A. d. Engl. des Lilly.
8	6	Nov.	"	Rhadamist und Zenobia.	5	A. d. Franz. des Crebillon.
9	30	"	"	Romeo und Julie.	5	Weisse.
10	12	Dec.	"	Der Spieler.	5	A. d. Engl. des Edw. Moore.
11	4	Febr.	1772	Sophie oder die Brüder.	5	Weisse.
12	5	März	"	Eduard III.	5	Weisse.
13	6	April	"	Emilia Galotti.	5	Lessing.
14	7	"	1773	Die Gunst der Fürsten.	5	A. d. Englischen des Banks, Brooks ꝛc.
15	24	Jan.	1774	Philotas.	1	Lessing.
16	3	Nov.	"	Clavigo.	5	Goethe.

Laufende Nummer.	Tag	Monat	Jahr	Name des Stücks.	Akte.	Name des Verfassers oder Bearbeiters.
	der ersten Aufführung.					
17	17	April	1775	Perseus und Demetrius, oder die feindlichen Brüder.	5	A. d. Engl. des Young.
18	29	„	„	Othello, Statthalter in Cypern, oder der Mohr zu Venedig.	5	Nach Shakespeare.
19	16	Juni	„	Zaira.	5	A. d. Franz. des Voltaire von M. Schwaben.
20	1	Sept.	„	Elfriede.	3	Nach d. Engl. von Bertuch.
21	20	Nov.	„	Die Mohrin von Hamburg.	5	Rathlef.
22	15	Febr.	1776	Adelheid von Siegmar.	5	v. Gebler.
23	19	Juni	„	Julius von Tarent.	5	Leisewitz.
24	22	Juli	„	Mariane.	3	Nach de la Harpe von Gotter.
25	24	Jan.	1777	Graf Waltron, oder die Subordination.	5	Möller.
26	23	Mai	„	Marie von Wahlburg.	5	d'Arien.
27	17	Dec.	„	Hamlet.	5	Nach Shakespeare.
28	3	Oct.	1778	Macbeth.	5	N. Shakespeare von Wernicke.
29	30	Nov.	„	König Lear.	5	Nach d. Engl. des Shakespeare von Schröder.
30	2	Aug.	1779	Elwina und Percy.	5	Nach d. Engl.
31	19	„	„	Galora von Venedig.	5	Berger.
32	25	Sept.	„	Athelstan.	5	A. d. Engl. von Leonardi.
33	18	Nov.	„	Diego und Leonore.	5	Unzer.
34	10	Sept.	1780	Ottilie.	5	Brandes.
35	16	Juli	1781	Agnes Bernauerin.	5	Graf Thorring; bearbeitet von Plümicke.
36	25	Sept.	„	Canassa.	5	N. d. Franz. von Plümicke: Musik von André.
37	18	Jan.	1782	Dagobert, der Frankenkönig.	5	Babo.
38	10	Mai	„	Otto von Wittelsbach, Pfalzgraf in Baiern.	5	Babo.
39	25	Sept.	„	General Schlensheim.	4	Spieß, bearb. von Plümicke.
40	1	Jan.	1783	Die Räuber.	5	Schiller, bearb. von Plümicke.
41	18	„	„	Merope.	5	Nach Voltaire von Gotter.
42	24	April	„	Oda, die Frau von 2 Männern.	5	Babo.
43	25	Sept.	„	Die Zwillinge.	5	Klinger.
44	16	Oct.	„	Die vergiftete Traube.	1	
45	24	Jan.	1784	Sophonisbe.	4	Plümicke.
46	8	März	„	Die Verschwörung des Fiesco zu Genua.	5	Schiller.

Laufende Nummer.	Tag	Monat	Jahr	Name des Stücks.	Acte.	Name des Verfassers oder Bearbeiters.
	der ersten Aufführung.					
47	22	Nov.	1784	Kabale und Liebe.	5	Schiller.
48	28	Febr.	1785	Waldemar, Markgraf in Schleswig.	3	
49	8	Juli	„	Beverley, oder der englische Spieler.	5	Nach d. Engl. des Moore.
50	25	Sept.	„	Gustav Wasa.	5	
51	22	Dec.	„	Orest und Electra.	5	Gotter.
52	18	Jan.	1786	Tancred.	5	Nach Voltaire von Goethe.
53	24	„	„	Canut.	3	Nach Schlegel, bearb. von B.
54	15	Mai	„	Ines de Castro.	5	v. Soden.
55	19	Juni	„	Eduard Montrose.	5	Diericke.
56	18	Jan.	1787	Coriolan.	5	Dick.
57	20	Febr.	„	Die unglückliche Heirath.	3	Nach d. Englischen des Southern.
58	7	Mai	„	Marie Stuart.	5	Spieß.
59	3	Aug.	„	Thomas Moore.	5	Dick.
60	25	Sept.	„	Gianetta Montaldi.	5	Schink.
61	28	Dec.	„	Macbeth (auf Befehl Sr. Maj. des Königs).	5	Nach Shakespeare von Bürger; Musik von Reichard.
62	12	März	1788	Othello, der Mohr von Venedig (auf Bef. S. M. d. K.).	5	Shakespeare; wahrscheinlich v. Eschenburg bearbeitet.
63	22	Nov.	„	Don Carlos (in Prosa).	5	Schiller.
64	11	Mai	1789	Oronocko.	5	Nach d. Englischen.
65	25	Sept.	„	Athalia.	5	N. Racine; Mus. von Schulze.
66	21	Mai	1790	Die Grafen Guiscardi (auf Bef. Sr. Maj. d. Königs).	5	v. Ehrenberg.
67	6	Jan.	1791	Klara von Hoheneichen.	4	Spieß.
68	7	März	„	Eulalia Meinau (auf Bef. Sr. Maj. des Königs).	4	Ziegler.
69	25	Sept.	„	Konradin.	5	Klinger.
70	25	Sept.	1792	Johann von Procida.	5	Hagemeister.
71	9	Jan.	1793	Ludwig der Springer.	5	Hagemann.
72	18	April	1797	Das gerettete Venedig.	5	Nach Otway, neu bearbeitet von Iffland.
73	3	Mai	„	Das Gewissen.	5	Iffland.
74	20	„	„	Richard III.		Nach Shakespeare und Weisse von Steinberg.
75	26	Aug.	„	Jolantha, Königin von Jerusalem.	4	Ziegler.

Laufende Nummer.	Tag	Monat	Jahr	Name des Stücks.	Acte.	Name des Verfassers oder Bearbeiters.
	der ersten Aufführung.					
76	17	Mai	1799	Wallensteins Tod (Forts. der Piccolomini).	5	Schiller.
77	10	Juni	„	Albert von Thurneisen.	5	Iffland.
78	3	Aug.	„	Zaire.	5	Nach Voltaire neu bearbeitet von Eschenburg.
79	15	Oct.	„	Hamlet, Prinz von Dänemark.	5	N. Shakespeare von Schlegel.
80	9	Juni	1800	Octavia.	5	v. Kotzebue.
81	21	Nov.	„	Alzire.	5	Nach Voltaire von Bürde.
82	8	Jan.	1801	Maria Stuart.	5	Schiller.
83	25	Febr.	„	Egmont.	5	v. Goethe, Mus. von Reichardt.
84	23	Nov.	„	Die Jungfrau von Orleans.	5	Schiller.
85	24	Febr.	1802	Regulus.	5	v. Collin.
86	3	Aug.	„	Rodogüne.	5	Nach Corneille von Bode.
87	28	Febr.	1803	Genua und Rache.	5	Babo.
88	14	Juni	„	Die Braut von Messina, oder die feindlichen Brüder.	4	Schiller.
89	3	Aug.	„	Coriolan.	5	v. Collin.
90	12	Jan.	1804	Andromache.	5	Bode.
91	27	Febr.	„	Julius Cäsar.	5	N. Shakespeare von Schlegel.
92	3	Aug.	„	Iphigenie in Aulis.	5	Levezow.
93	15	Nov.	„	Die eiserne Larve.	5	Zschokke.
94	10	Mai	1805	Heinrich Reuß von Plauen, oder die Belagerung von Marienburg.	5	v. Kotzebue.
95	3	Aug.	„	Balbao.	5	v. Collin.
96	3	Febr.	1806	Der Cid.	5	Nach Corneille von Niemeyer.
97	17	„	„	Heinrich IV., König v. Frankreich.	5	Bergen.
98	24	März	„	Phädra.	5	Nach Racine von Schiller.
99	8	Aug.	1808	Omasis, od. Joseph in Egypten.	5	Nach Baur-Lormain.
100	5	Dec.	„	Die Templer.	5	N. d. Franz. des Raynouard.
101	9	Juni	1809	Ubaldo.	5	v. Kotzebue.
102	11	Dec.	„	Macbeth.	5	Nach Shakespeare von Schiller. Musik von Seidel.
103	28	März	1810	Don Carlos (in Jamben).	5	v. Schiller.
104	29	Dec.	„	Mahomet.	5	Nach Voltaire von v. Goethe.
105	8	Febr.	1811	Johann Vasmer, Bürgermeister in Bremen.	5	Schmidt.
106	10	Juli	„	Caspar von Coligny.	5	Rud. vom Berge.

Laufende Nummer.	Tag	Monat	Jahr	Name des Stücks.	Akte.	Name des Verfassers oder Bearbeiters.
	der ersten Aufführung.					
107	6	Oct.	1811	Coriolan.	5	Nach Shakespeare von Falk.
108	15	Nov.	„	Adelheid von Salisbury.	3	
109	31	Jan.	1812	Artaxerxes.	5	Nach d. Franz. von Castelli.
110	28	Febr.	„	Diego.	5	v. d. Kettenburg.
111	9	April	„	Romeo und Julia.	5	N. Shakespeare u. Schlegel von v. Goethe fürs Theater zuger.
112	8	Oct.	„	Oedipus und Jokasta.	5	Klingemann.
113	28	Dec.	„	Othello.	5	Shakespeare; übersetzt von J. H. Voß.
114	29	Jan.	1813	Der Machtspruch.	5	Ziegler.
115	8	Oct.	„	Die Pflegesöhne.	5	Kratter.
116	5	Jan.	1814	Ein Tag des Schicksals.	5	Gubitz, Mus. von B. A. Weber.
117	14	Febr.	„	Die Schuld.	4	Müllner.
118	7	April	„	Zriny.	5	Körner.
119	27	Mai	„	Heinrich von Hohenstaufen, König der Deutschen.	5	C. Pichler, geb. Greiner.
120	23	März	1815	Der 24. Februar.	1	Zach. Werner.
121	20	April	„	Rosamunde.	5	Theod. Körner.
122	19	Mai	„	Die Schlacht bei Thermopylä.	4	Blumenhagen.
123	14	Nov.	„	Dimitri Donski.	5	Nach d. Russ. von Wiedeburg.
124	30	„	„	Macht der Verhältnisse.	5	L. Robert.
125	23	April	1816	Hamlet.	5	Nach Shakespeare u. Schlegel von Dr. Horn.
126	12	Sept.	„	Faust.	5	Klingemann.
127	15	Oct.	„	Der standhafte Prinz Don Fernando von Portugal.	5	Nach d. Span. des Calderon und Schlegel.
128	13	Dec.	„	Heinrich von Anjou.	5	Nach einer Novelle von J. v. Zahlhas.
29	28	April	1817	Axel und Walburg.	5	Oehlenschläger.
30	9	Juni	„	König Yngurd.	4	Müllner.
31	29	Dec.	„	Germanicus.	5	N. d. Franz. von Graf Riesch.
32	16	März	1818	Die Ahnfrau.	5	Grillparzer.
33	13	Juli	„	Sappho.	5	Grillparzer.
34	8	Dec.	„	Die Heimkehr.	1	E. v. Houwald.
35	8	Dec.	1819	Klytemnestra.	4	Mich. Beer.
36	23	Febr.	1820	Der Arzt seiner Ehre.	5	Aus d. Span. des Calderon, von C. A. West.
17	5	April	„	Karlo.	4	Die zur Handlung gehörige Mus. ist von C. M. v. Weber.

Laufende Nummer.	Tag	Monat	Jahr	Name des Stücks.	Acte.	Name des Verfassers oder Bearbeiters.
	der ersten Aufführung.					
138	10	Mai	1820	Die Albaneserin.	5	Müllner.
139	9	Sept.	„	Die Fürsten Chawanski.	5	Raupach.
140	8	Nov.	„	Der Leuchtthurm.	2	E. v. Houwald.
141	23	Juni	1821	Das Bild.	5	E. v. Houwald.
142	29	Dec.	„	Die Erdennacht.	4	Raupach.
143	2	Oct.	1822	Die Grabrosen.	3	F. v. Voß.
144	15	„	„	Alzire.	4	Nach Voltaire von A. Heß.
145	13	Febr.	1823	König Johann.	5	Shakespeare, übers. v. Schlegel.
146	30	Juni	„	Innocentia.	5	Lewezow.
147	22	Dec.	„	Der Paria.	1	Mich. Beer.
148	18	Aug.	1824	Die Familie v. Schroffenstein.	5	H. v. Kleist, bearb. von Holbein.
149	11	Sept.	„	Die Parias.	5	N. d. Franz. von v. Biedenfeld.
150	16	März	1825	Isidor und Olga.	5	Raupach.
151	21	April	„	Schwur und Rache.	4	v. Maltitz.
152	26	Sept.	„	Eudor und Cimodocäa.	5	A. d. Franz. von Th. Hell.
153	15	Dec.	„	Macbeth.	5	Shakespeare, übersetzt von Dr. Spieker; Mus. von L. Spohr.
154	9	Febr.	1826	Geheime Rache für geheimen Schimpf.	3	Nach d. Span. des Calderon.
155	10	März	„	Alexander und Darius.	5	v. Uechtritz.
156	19	Aug.	„	Medea.	5	Grillparzer.
157	8	Nov.	„	Rafaele.	5	Raupach.
158	17	Jan.	1827	Die Tochter der Luft.	5	Nach Calderon von Raupach.
159	28	Febr.	„	Hans Kohlhas.	5	G. A. v. Maltitz.
160	28	Nov.	„	Das Ehrenschwerdt.	5	F. v. Uechtritz.
161	9	Jan.	1828	Der Nibelungen Hort.	5	Raupach.
162	2	April	„	König Richard III.	5	Shakespeare, nach Schlegel bearbeitet von F. Förster.
163	25	Mai	„	Belisar.	5	E. Schenk.
164	26	Juli	„	Prinz Friedrich von Homburg.	5	H. v. Kleist.
165	15	Oct.	„	Correggio.	5	Oehlenschläger.
166	10	Dec.	„	Genovefa.	5	Raupach.
167	15	Oct.	1829	Kaiser Friedrich II.	5	Immermann.
168	22	Jan.	1830	Kaiser Heinrich VI. (2. Th.)	5	Raupach.
169	4	Febr.	„	Der Müller und sein Kind.	5	Raupach.
170	18	März	„	Julius Cäsar.	4	Shakespeare, bearbeitet von Förster.
171	28	Mai	„	König Ottokars Glück und Ende.	5	Grillparzer.

Laufende Nummer.	Tag	Monat	Jahr	Name des Stücks.	Acte.	Name des Verfassers oder Bearbeiters.
	der ersten Aufführung.					
172	23	Juni	1830	König Lear.	5	Shakespeare, bearbeitet von Kaufmann.
173	15	Oct.	„	Abdallah.	5	H. Seidel.
174	6	Dec.	„	König Philipp.	5	Raupach.
175	17	Febr.	1831	König Enzio.	5	Raupach.
176	25	März	„	König Friedrich.	5	Raupach.
177	7	„	1832	Othello.	5	Shakespeare, bearbeitet von Kaufmann.
178	29	„	„	Kaiser Friedrich II. (1. Th.) oder Friedrich und sein Sohn.	5	Raupach.
179	30	April	„	Schwerdt und Hand.	5	Michael Beer.
180	4	Juni	„	Die Grabesbraut, oder Gustav Wasa in München.	5	Bahrdt.
181	20	März	1833	Kaiser Friedrich II. (3. Th.) oder Friedrichs Tod.	5	Raupach.
182	2	Sept.	„	Cromwells Ende.	5	Raupach.
183	14	Dec.	„	Tasso's Tod.	5	Raupach.
184	10	März	1834	König Manfred.	5	Raupach.
185	22	„	„	König Konradin.	5	Raupach.
186	9	Mai	„	König Harald.	5	F. v. Elsholz.
187	19	März	1835	Kaiser Friedrich I. (1. Th.) oder Friedrich und Mailand.	5	Raupach.
188	22	Juni	„	Kaiser Friedrich I. (2. Th.) oder Friedrich und Alexander.	5	Raupach.
189	19	Sept.	„	Die Söhne Eduards.	3	Nach Delavigne von Th. Hell.
190	15	Oct.	„	Kaiser Friedrich I. (3. Th.) oder Friedrich u. Heinrich d. Löwe.	5	Raupach.
191	23	Dec.	„	Themisto.	5	Raupach; Musik v. Dr. Löwe.
192	4	Febr.	1836	Prinz und Bäuerin.	5	Raupach.
193	30	März	„	Kaiser Friedrich I. (4. Th.) oder Friedrichs Abschied.	5	Raupach.
194	26	April	„	Demetrius.	5	Nach Schillers Entwurf von v. Maltitz.
195	7	Oct.	„	König Richard II.	5	Shakespeare u. Schlegel von E. Devrient.
196	13	Jan.	1838	Die Opfer des Schweigens.	5	Immermann.
197	15	Mai	„	Faust.	6	Goethe; Musik vom Fürsten Radziwill u. Lindpaintner.
198	16	Juli	„	Adelheid von Burgund.	5	Raupach.

Laufende Nummer.	Tag	Monat	Jahr	Name des Stücks.	Acte.	Name des Verfassers oder Bearbeiters.
	der ersten Aufführung.					
199	5	Dec.	1838	Maria, Königin v. Schottland.	5	Raupach.
200	21	Jan.	1839	Ludwig der Elfte.	5	C. Delavigne.
201	4	Febr.	„	Eugen Aram.	5	Nach Bulwer von L. Rellstab.
202	2	März	1840	Clotilda Monalvi.	5	M. Firmenich.
203	1	April	„	Boris Godunow, Zaar von Rußland.	5	Raupach.
204	2	Mai	„	Richard Savage, oder der Sohn einer Mutter.	5	Gutzkow.
205	6	Juli	„	Judith.	5	Fried. Hebbel.
206	3	Jan.	1841	Athalia. (2 Abth.)	5	Racine, mit Ausschluß d. Chöre, übers. von Raupach; Musik von Schulz.
207	19	Juni	„	Patkul.	5	C. Gutzkow.
208	7	Jan.	1842	Christoph Columbus.	5	K. Werder.
209	9	April	„	Monaldeschi, oder die Abentheurer.	5	H. Laube.
210	13	„	„	Antigone.	5	Sophokles, übers. v. Donner, Mus. v. Mendelssohn-Barth.
211	14	Mai	„	Nadine.	5	v. Heyden.

B.

Schauspiele.

Laufende Nummer.	Tag	Monat	Jahr	Name des Stücks.	Acte.	Name des Verfassers oder Bearbeiters.
	der ersten Aufführung.					
1	13	Juni	1771	Das Testament.	5	Gottsched.
2	22	Juli	„	Der Deserteur.	5	Mercier.
3	21	Aug.	„	Der Galeerensklave, oder Belohnung der kindlichen Liebe.	5	Aus d. Franz. des Fenouillot von Falbaire.
4	3	Oct.	„	Eugenie.	5	Aus d. Fr. des Beaumarchais.
5	7	„	„	Der Hausvater.	5	Aus d. Franz. des Diderot.
6	21	Nov.	„	Die Liebe in Korsika, oder welch ein Ausgang!	5	Stephanie der Aeltere.

Laufende Nummer.	Tag	Monat	Jahr	Name des Stücks.	Akte.	Name des Verfassers oder Bearbeiters.
	der ersten Aufführung.					
7	24	Jan.	1772	Herrmann.	5	Schlegel.
8	1	März	1774	Der Bischof von Lisieur, Johann Henniger.	3	Aus d. Franz. des Voltaire.
9	13	April	„	Götz von Berlichingen.	5	Goethe.
10	2	Mai	„	Die Eroberung von Magdeburg.	5	
11	12	„	„	Der Bettler.	5	Bock.
12	11	Juni	„	Julie und Belmont.	1	Sturz.
13	22	„	„	Fanny, oder die glückliche Wiedervereinigung.	5	Mlle. Teutscherin.
14	27	„	„	Die Kriegsgefangenen.	5	Stephanie der Jüngere.
15	26	Aug.	„	Die Liebe für den König.	5	Stephanie der Jüngere.
16	26	April	1775	Solimann II.	5	Aus d. Franz. des Favart.
17	3	Mai	„	Klementine, od. das Testament.	5	v. Gebler.
18	13	„	„	Die Brüder Belfield, oder der Schiffbruch.	5	Nach dem Engl.
19	6	Juni	„	Der Minister.	5	v. Gebler.
20	26	„	„	Der Tuchfabrikant zu London.	5	Aus dem Franz.
21	17	Aug.	„	Elysium.	1	Jacobi, Musik v. Schweitzer.
22	7	Sept.	„	Der Steckbrief.	1	
23	25	„	„	Psyche in ihrer Kindheit mit ihren Begleitern.	1	
24	„	„	„	Unschuld, Freundschaft u. Liebe.	5	Bock.
25	6	Nov.	„	Das befreite Rathenau.	5	Blum.
26	11	Dec.	„	Die Reue nach der That.	6	Wagner.
27	24	Jan.	1776	Philidor, der 90jährige Greis.	1	Döbbelin.
28	„	„	„	Carl V. in Afrika.	5	
29	26	Febr.	„	Die Mediçäer.	5	Brandes.
30	13	März	„	Stella.	5	Goethe.
31	26	„	„	Heinrich und Lyda.	1	d'Arien; Musik von Neefe.
32	18	April	„	Der Dürftige.	4	Mercier.
33	4	Mai	„	Ernest, die unglücklichen Folgen der Liebe.	3	Aus d. Franz. von Bonin.
34	7	„	„	Der wohlthätige Unbekannte.	1	Wagner.
35	16	„	„	Worthy.	5	Ephraim.
36	4	Juli	„	Der gebesserte Sohn.	5	
37	15	Aug.	„	Der Kaufmann aus Lyon, oder die beiden Freunde.	5	A. d. Franz. des Beaumarchais.
38	24	Sept.	„	Der gute Fürst.	1	Schink.

Laufende Nummer.	Tag	Monat	Jahr	Name des Stücks.	Akte.	Name des Verfassers oder Bearbeiters.
	der ersten Aufführung.					
39	14	Dec.	1776	Die Ehebrecher.	1	Eckart.
40	18	Jan.	1777	Die Großmuth des Scipio.	1	Eschenburg.
41	5	März	„	Der ehrliche Schweizer.	2	Mad. Hempel.
42	8	„	„	Rosalia.	1	Schink.
43	24	April	„	Sidney und Silly.	5	
44	1	Juli	„	Philemon und Baucis.	1	
45	23	Sept.	„	Das Geschenk.	1	
46	27	„	„	Hermanide, oder das Räthsel.	5	Nach Gozzi's Turandot von Schmidt.
47	18	Jan.	1778	Die Grazien.	1	Mad. Hempel.
48	24	„	„	Sophie, od. der gerechte Fürst.	3	Möller.
49	25	Febr.	„	Cephalus und Procris.	1	Rammler; Mus. von Reichard.
50	2	März	„	Der fleißige Schuster.	1	Eckart.
51	23	Mai	„	Laura Rosetti.	3	d'Arien; Musik von André.
52	25	Juli	„	Die Sittenschule, od. die Folgen des ausschweifenden Lebens.	5	
53	6	Aug.	„	Das Geburtsfest.	3	Sprickmann; Mus. von Nicolai.
54	24	Jan.	1779	Juliane v. Linderak.	3	N. Gozzi.
55	26	April	„	Die glücklichen Bettler.	3	N. Gozzi, von Schröder.
56	6	Dec.	„	Wildheit und Großmuth.	1	Wetzel.
57	1	Febr.	1780	Heinrich der Erhabene aus dem Stamm der Brennen.	1	Döbbelin.
58	1	„	„	Walwais und Adelaide.	5	v. Dahlberg.
59	1	März	„	Die Gefahr am Hofe, od. Ehrsucht und Schwatzhaftigkeit.	5	Nach d. Franz. von Dik.
60	4	„	„	Walder.	1	Gotter; Musik von G. Benda.
61	24	„	„	Heinrich IV.	5	Nach d. Engl. des Shakespeare von Schröder.
62	24	April	„	Die drei Pächter.	2	Aus d. Franz. des Monvel; Musik von Dessaides.
63	28	Juni	„	Edwin und Emma.	5	Schrambe.
64	3	Aug.	„	Der Fanatismus oder Jean Calas.	5	Weiße.
65	25	Sept.	„	Hanno, Fürst im Norden.	3	Nach d. Ital. des Metastase.
66	24	Jan.	1781	Sultan Achmet; genannt: die Lust und Liebe des Volks.	3	Bock.
67	„	„	„	Mehr als Großmuth.	1	
68	14	Mai	„	Der deutsche Hausvater, oder die Familie.	5	v. Gemmingen.

Laufende Nummer.	Tag	Monat	Jahr	Name des Stücks.	Akte.	Name des Verfassers oder Bearbeiters.
	der ersten Aufführung.					
69	18	Juni	1781	Der Oberamtmann und die Soldaten.	5	N. Calderon v. Stephanie jun.
70	24	Jan.	1782	Friedrichs Geburtstag.	1	
71	„	„	„	Johann von Schwaben.	5	Meißner, abgeänd. v. Plümicke.
72	14	Febr.	„	Elmine.	3	Drais; Musik von André.
73	25	Sept.	„	Friedrich Wilhelm, Churfürst von B.	1	
74	10	März	1783	Der Besuch nach dem Tode.	5	Plümicke.
75	14	April	„	Nathan der Weise.	5	Lessing.
76	12	Mai	„	Natur und Liebe im Streit.	5	d'Arien.
77	22	Aug.	„	Das Findelkind.	5	F. A. Grf. Brühl.
78	15	Sept.	„	Die Rückkehr, oder Liebe läßt von Liebe nicht.	5	d'Arien.
79	25	„	„	Jubel Thaliens und ihres Gefolges.	1	
80	20	Oct.	„	Der Richter.	2	Mercier.
81	21	Nov.	„	Die Gefahren der Verführung.	4	Nach d. Franz. von Schröder.
82	18	Jan.	1784	Das Mädchen im Eichthal.	5	Nach dem Engl.
83	„	„	„	Chor der Barden.	1	
84	12	April	„	Kronau und Albertine.	5	Nach Monval.
85	17	Mai	„	Gerechtigkeit und Rache.	5	Brömel.
86	1	Juli	„	Der 1. Juli, oder das Kaffee-Jubiläum.	1	
87	8	Sept.	„	Verbrechen aus Ehrsucht.	5	Iffland.
88	25	„	„	Der Kampf zwischen Kunst und Liebe, od. der Spartaner bei den Olympischen Spielen.	2	
89	„	„	„	Die Patrioten auf dem Lande.	1	
90	18	Oct.	„	Stolz und Verzweiflung.	3	Nach dem Engl. des Lillo.
91	18	Jan.	1785	Heinrich im Elsaß, od. hundert erhabene Züge in einem Gemälde.	1	
92	24	„	„	Kanuma, die Heldin Bojariens.	5	Hübner.
93	20	Juni	„	Die Jäger.	5	Iffland.
94	7	Aug.	„	Die Mündel.	5	Iffland.
95	25	Sept.	„	Jubel-Chor gefühlvoller Brennen.	1	
96	1	Jan.	1786	Das Testament.	4	Schröder.
97	18	„	„	Das Fest der Dankbarkeit.	2	

Laufende Nummer.	Tag	Monat	Jahr	Name des Stücks.	Akte.	Name des Verfassers oder Bearbeiters.
	der ersten Aufführung.					
98	1	Oct.	1786	Thamos, König von Egypten.	5	v. Gebler.
99	6	„	„	Der Vetter in Lissabon.	5	Schröder.
100	30	Jan.	1787	Der Landesvater.	5	Brandes.
101	24	Mai	„	Die Erbschaft.	3	
102	28	April	1788	Bewußtsein.	5	Iffland.
103	26	Juni	„	Kaspar der Thoringer.	5	Plümicke.
104	21	Juli	„	Die Geschwister.	1	v. Goethe.
105	16	Aug.	„	Der Kaufmann von Venedig.	4	Shakespeare.
106	25	Sept.	„	Der Mönch von Carmel.	5	Dalberg.
107	28	Febr.	1789	Ethelwolf. (Auf Befehl S. M. des Königs.)	5	Nach d. Engl. von Beaumont und Fletcher.
108	19	März	„	Maaß für Maaß.	5	Nach Shakespeare.
109	3	Juni	„	Menschenhaß und Reue.	5	v. Kotzebue.
110	12	Sept.	„	Reue versöhnt.	5	Iffland.
111	16	Oct.	„	Die Freuden des Herbstes.	1	
112	3	Dec.	„	Der Eremit auf Formentera.	2	v. Kotzebue, Musik v. Ritter.
113	16	Jan.	1790	Die Strelitzen.	4	Babo.
114	18	Febr.	„	Die Sonnenjungfrau. (Auf Befehl S. M. des Königs.)	5	v. Kotzebue.
115	26	April	„	Das Kind der Liebe.	4	v. Kotzebue.
116	10	Mai	„	Der eigene Richter, od. Verbrechen aus kindlicher Liebe.	5	
117	7	Juli	„	Verirrung ohne Laster.	5	Beck.
118	16	Aug.	„	Freemann, oder wie wird das ablaufen.	4	J. C. Fester.
119	4	Nov.	„	Miß Sara Salisbury.	4	Brandes.
120	6	April	1791	Der Herbsttag.	5	Iffland.
121	16	Oct.	„	Der Papagay, oder der Schiffbruch.	3	v. Kotzebue.
122	16	Juni	1792	Elise v. Valberg.	5	Iffland.
123	2	Juli	„	Die Drossel.	1	Unzer.
124	20	März	1793	Das Mädchen von Marienburg, od. die Liebe des großen Mannes. (Auf Bef. S. M. d. K.)	5	Kratter.
125	4	Juli	„	Leichtsinn und kindliche Liebe.	5	Nach Holcroft.
126	25	Sept.	„	Fürstengröße.	5	Ziegler.
127	31	Oct.	„	Allzuscharf macht schartig.	5	Iffland.
128	9	Nov.	„	Das Opfer der Treue. (Vorspiel.)	1	Herclots, Musik von Weber.

Laufende Nummer.	Tag	Monat	Jahr	Name des Stücks.	Akte.	Name des Verfassers oder Bearbeiters.
	der ersten Aufführung.					
129	9	Nov.	1793	Der Vormund.	5	Iffland.
130	25	Dec.	„	Elternfreude. (Vorspiel.)	1	Herclots, Musik von Weber.
131	29	Jan.	1794	Siri Brahe.	3	Gustav III., König v. Schweden.
132	22	April	„	Das Scheinverdienst. (Auf Bef. S. Maj. des Königs.)	5	Iffland.
133	3	Aug.	„	Friedrich, Graf v. Toggenburg.	4	Spieß.
134	11	Sept.	„	Die Lüge aus guter Absicht.	1	v. Kotzebue.
135	25	„	„	Ataliba, der Vater seines Volks, oder die Spanier in Peru.	5	v. Kotzebue, Mus. von Weber.
136	16	Oct.	„	Julchen, oder die glückliche Probe.	1	Saint-Foix.
137	3	Nov.	„	Die Aussteuer.	5	Iffland.
138	13	„	„	Die Tochter der Natur.	3	Lafontaine.
139	27	April	1795	Die Verläumder.	5	v. Kotzebue.
140	18	Mai	„	Dienstpflicht.	5	Iffland.
141	10	Aug.	„	Alte Zeit und neue Zeit.	5	Iffland.
142	12	Sept.	„	Das Vermächtniß.	5	Iffland.
143	25	„	„	Der große Kurfürst vor Rathenau.	4	Rambach, Mus. von Wessely.
144	2	Nov.	„	Der Zimmermeister, oder die Advokaten.	5	Iffland.
145	30	Dec.	„	Abällino, der große Bandit.	5	Zschokke.
146	15	Jan.	1796	Der Graf von Burgund.	4	v. Kotzebue.
147	25	Febr.	„	Der Spieler.	5	Iffland.
148	9	Juni	„	La Peyrouse.	2	v. Kotzebue.
149	25	Sept.	„	Die Versöhnung.	5	v. Kotzebue.
150	16	Oct.	„	Die Aufopferung.	3	v. Kotzebue.
151	27	„	„	Der Essighändler.	3	Mercier.
152	11	Nov.	„	Falsche Schaam.	4	v. Kotzebue.
53	9	Dec.	„	Die Freunde.	4	Ziegler.
54	27	„	„	Die Zauberin Sidonia.	4	Zschokke.
55	5	Juli	1797	Ueble Laune.	4	v. Kotzebue.
56	3	Aug.	„	Otto mit dem Pfeil, Markgraf zu Brandenburg.	5	Rambach.
57	25	Sept.	„	Erinnerung.	5	Iffland.
58	20	Oct.	„	Die Familie aus Amerika.	1	Nach d. Franz. des Bouilly.
59	23	„	„	Otto, Prinz von Hessen, genannt der Schütze.	5	Hagemann.

Laufende Nummer.	Tag	Monat	Jahr	Name des Stücks.	Akte.	Name des Verfassers oder Bearbeiters.
	der ersten Aufführung.					
160	15	Nov.	1797	Die silberne Hochzeit.	5	v. Kotzebue.
161	25	„	„	Pygmalion.	1	Rousseau, Musik von Benda.
162	6	Dec.	„	Der Verstoßene.	5	Rambach.
163	19	„	„	Die Stiefmutter.	5	v. Klesheim.
164	29	Jan.	1798	Graf Benjowsky auf Kamtschatka.	5	v. Kotzebue.
165	10	März	„	Die Korsen.	4	v. Kotzebue.
166	11	April	„	Die Scheidung.	5	Nach d. Franz. des Beaunoir.
167	18	Mai	„	Das Schreibpult, oder die Gefahren der Jugend.	4	v. Kotzebue.
168	27	Juni	„	Der Lorbeerkranz.	5	Ziegler.
169	6	Juli	„	Der Veteran.	1	Iffland.
170	22	Aug.	„	Der Jude.	5	Nach dem Engl. des Cumberland.
171	12	Sept.	„	Selbstbeherrschung.	5	Iffland.
172	15	Oct.	„	Der Glückliche.	5	
173	23	Oct.	„	Richelieu's Jugend.	5	Nach Duval und Monval.
174	14	Jan.	1799	Lohn der Wahrheit.	5	v. Kotzebue.
175	18	Febr.	„	Die Piccolomini. (Wallensteins 2. Theil.)	5	Schiller.
176	5	April	„	Die Freunde.	5	Beck.
177	21	Mai	„	Johanna v. Montfaucon.	5	v. Kotzebue.
178	2	Oct.	„	Die Männerscheue.	5	Halbe.
179	31	„	„	Frauenstand.	5	Iffland.
180	21	Nov.	„	Die Künstler.	5	Iffland.
181	9	Dec.	„	Just v. Stromberg.	6	Maier.
182	31	„	„	Der Nabob, oder das Geheimniß.	5	Nach d. Engl. des Morris von Rambach.
183	5	Febr.	1800	Sophie van der Daalen.	5	Sallmann.
184	3	März	„	Das Vaterhaus. (Forts. der Jäger.)	5	Iffland.
185	13	„	„	Gustav Wasa.	5	v. Kotzebue.
186	3	April	„	Die Höhen.	5	Iffland.
187	3	Aug.	„	Bayard, der Ritter ohne Furcht und ohne Tadel.	5	v. Kotzebue.
188	5	Sept.	„	Herrmann von Unna.	5	Nach d. Schwed. von Vogler.
189	1	Dec.	„	Das Erbtheil des Vaters.	4	Iffland.
190	1	Jan.	1801	Die Feier des Jahrhunderts.	1	Rhode, Musik von Weber.
191	7	April	„	Nicht alles ist falsch, was glänzt.	4	Reinbeck.

Laufende Nummer.	Tag der ersten Aufführung.	Monat	Jahr	Name des Stücks.	Akte.	Name des Verfassers oder Bearbeiters.
192	10	April	1801	Der Abbé de l'Epée, oder der Taubstumme.	5	Nach d. Franz. von v. Kotzebue.
193	3	Aug.	"	Das Gelübde.	5	Hagemeister, bearbeitet von Wohlbrück.
194	15	Oct.	"	Mathilde.	5	Nach Monval.
195	1	Jan.	1802	Die Kreuzfahrer.	5	v. Kotzebue, Mus. von Reichardt.
196	21	"	"	Pflicht und Liebe.	5	Vogel.
197	10	März	"	Nathan der Weise.	5	Lessing, bearb. von v. Schiller.
198	25	"	"	Pinto, oder die Verbindung von Portugal.	4	N. Lemercier.
199	5	April	"	Turandot, Prinzessin von China.	5	N. Gozzi von v. Schiller.
200	15	Mai	"	Jon.	5	W. A. Schlegel.
201	15	Oct.	"	Die deutsche Familie, oder Lorenz Starke.	5	Nach d. Engl. von Schmidt.
202	5	Nov.	"	Die Hussiten vor Naumburg.	5	v. Kotzebue.
203	10	Dec.	"	Die Mohrin.	5	Ziegler.
204	27	"	"	Iphigenia auf Tauris.	5	v. Goethe.
205	10	Febr.	1803	Hugo Grotius.	4	v. Kotzebue.
206	28	März	"	Der Hahnenschlag.	1	v. Kotzebue.
207	12	Juli	"	Die natürliche Tochter.	5	v. Goethe.
208	16	Sept.	"	Eduard in Schottland, oder die Nacht eines Flüchtlings.	3	Duval, übersetzt von v. Kotzebue.
209	14	Nov.	"	Die barmherzigen Brüder.	1	v. Kotzebue.
210	28	"	"	Wallensteins Lager. (Wallensteins 1. Theil.)	1	v. Schiller, Musik von Weber.
211	24	April	1804	Der natürliche Sohn.	5	
212	4	Juli	"	Wilhelm Tell.	5	v. Schiller.
213	29	Nov.	"	Die Stricknadeln.	4	v. Kotzebue.
214	8	März	1805	Die Hausfreunde.	5	Iffland.
215	10	"	"	Totila, König der Gothen.	5	Fr. v. Weißenthurn.
216	24	Juni	"	Die Ausgewanderten in Wien.	3	De la Motte Fouqué.
217	8	"	"	Reue und Ersatz.	4	Vogel.
218	10	März	1806	Die Heimkehr.	5	Iffland.
219	11	Juni	"	Die Weihe der Kraft.	5	Z. Werner.
220	27	Aug.	"	Bianca von Torreda.	5	Th. Hell.
221	10	März	1807	Die Söhne des Thales; 1. Theil, genannt die Templer auf Cypern.	5	Z. Werner.

Laufende Nummer.	Tag	Monat	Jahr	Name des Stücks.	Akte.	Name des Verfassers oder Bearbeiters.
	der ersten Aufführung.					
222	6	April	1807	Clementine.	3	Nach dem Franz. von Frau v. Weißenthurn.
223	16	„	„	Strandrecht.	1	v. Kotzebue.
224	30	Nov.	„	Fridolin.	5	Holbein.
225	15	Febr.	1808	Der Wald bei Hermannstadt.	4	Nach dem Franz. von Frau v. Weißenthurn.
226	16	März	„	Salomons Urtheil.	3	A. d. Franz. von Stegmayer. Musik von Quaisin.
227	9	Sept.	„	Das Wiedersehen.	1	Holbein.
228	28	Dec.	„	Die Unvermählte.	4	Kotzebue.
229	10	April	1809	Columbus.	5	Klingemann; Musik v. Weber.
230	24	„	„	Die Bestürmung v. Smolensk.	4	Frau v. Weißenthurn.
231	30	Juni	„	Die kleine Zigeunerin.	4	v. Kotzebue.
232	25	Dec.	„	Der Verein.	1	Iffland.
233	5	März	1810	Der Kaufmann von Venedig.	5	Nach Shakespeare v. Schlegel.
234	10	„	„	Deodata.	4	v. Kotzebue.
235	20	Juni	„	Der liefländische Tischler.	3	Nach Duval.
236	13	Juli	„	So sind sie gewesen!	1	
237	21	Sept.	„	Das Vehmgericht.	5	Klingemann.
238	23	Oct.	„	Adelheid, Markgräfin von Burgau.	4	Frau v. Weißenthurn.
239	30	April	1811	Der bestrafte Verläumder.	3	v. Barnikow.
240	23	Juli	„	Der Brief aus Cadix.	3	v. Kotzebue.
241	15	Aug.	„	Johann von Calais.	3	
242	25	Nov.	„	Torquato Tasso.	5	v. Goethe.
243	28	Jan.	1812	Die Quäler.	1	v. Kotzebue.
244	12	Febr.	„	Licht und Schatten im Hause von Sarning.	5	Th. Hell.
245	8	Mai	„	Die Stimme der Natur.	4	Schröder.
246	5	Juni	„	Deutsche Treue.	5	Klingemann.
247	15	Juli	„	Die beiden Schwiegersöhne.	5	Etienne.
248	19	Sept.	„	Der arme Poet.	1	v. Kotzebue.
249	21	Oct.	„	Jenny.	4	Nach Pelletier - Volmerange von v. Kurländer.
250	3	Dec.	„	Tony.	3	Körner.
251	15	April	1813	Welf v. Trudenstein.	5	Nach einer deutschen Volkssage.
252	26	Mai	„	Der arme Minnesänger.	1	v. Kotzebue; Musik v. Weber.
253	20	Aug.	„	Die deutsche Hausfrau.	3	v. Kotzebue.

Jahr ...ührung.	Name des Stücks.	Akte	Name des Verfassers oder Bearbeiters.
1813	Rudolph von Habsburg und Ottokar von Böhmen.	5	v. Kotzebue.
"	Lieb' und Friede.	1	Gubitz; Musik von Wollank.
"	Die Ringe.	1	Iffland.
1814	Liebe und Wille.	1	Iffland.
"	Das preußische Feldlager.	1	Schmidt.
"	Asträa's Wiederkehr.	1	Herclots und Weber.
"	Die Fischer bei Colberg.	2	Lewezow; Musik v. Rungenhagen.
"	Die hundertjährigen Eichen, oder das Jahr 1914.	1	v. Kotzebue; Musik v. Weber.
"	Der Schutzgeist.	6	v. Kotzebue.
1815	Des Hasses und der Liebe Rache.	5	v. Kotzebue.
"	Des Epimenides Erwachen.	1	v. Goethe; Musik von B. A. Weber.
"	Hedwig.	3	Theod. Körner.
"	Ifflands Denkmal.	1	Herclots.
"	Herrmann und Marbod, oder der erste deutsche Bund.	1	A. Schreiber.
"	Des Epimenides Urtheil.	1	Lewezow; Mus. v. B. A. Weber.
"	Die Heimkehr des großen Kurfürsten.	2	de la Motte Fouqué.
"	Der Abschied von der Heimath, od. die Heldengräber bei Groß-Beeren.	1	Lewezow; Mus. v. B. A. Weber.
"	Trauer der Erinnerung.	1	Herclots.
"	Das Landwehrkreuz in der Schlacht bei Ligny.	1	Sophie v. Titzenhofen.
"	Partheienwuth.	5	Ziegler.
"	Der Abschied des Leonidas.	1	Holbein.
"	Die Heimkehr des großen Kurfürsten.	3	de la Motte Fouqué.
"	Thassilo.	1	de la Motte Fouqué; Musik von Hoffmann.
"	Hagar in der Wüste.	1	
1816	Vetter Paul, oder die Rache eines Deutschen.	1	Hagemann.
"	Der Wahn, od. der 29. Febr.	1	Müllner.
"	Sappho.	1	Gubitz; Musik v. B. A. Weber.

Laufende Nummer.	Tag	Monat	Jahr	Name des Stücks.	Akte.	Name des Verfassers oder Bearbeiters.
	der ersten Aufführung.					
281	25	April	1816	Der Leineweber.	1	v. Kotzebue.
282	26	Juni	„	Iwan, der alte dankbare Kosack.	1	Hagemann.
283	18	Juli	„	Der Rothmantel.	4	Nach Musäus von Kotzebue.
284	29	Aug.	„	Der kleine Deklamator.	1	v. Kotzebue.
285	4	Oct.	„	Der Hund des Aubri de Mont-Didier, od. der Wald bei Bondi.	3	Aus dem Franz. v. Castelli: Musik von Seyfried.
286	15	„	„	Dankwarts Heimkehr.	1	F. Förster.
287	5	Nov.	„	Pflicht um Pflicht.	1	P. A. Wolff.
288	22	März	1817	König Heinrich IV. (1ter Thl.)	5	Nach Schlegels Uebersetzung des Shakespeares von d. l. M. Fouqué.
289	9	Juli	„	Der Vorposten.	5	Clauren.
290	12	„	„	Das erwachte Gewissen.	1	W. Urban; Musik von Lindpaintner.
291	28	„	„	Der deutsche Mann und die vornehmen Leute.	4	v. Kotzebue.
292	3	Sept.	„	Das Taschenbuch.	3	v. Kotzebue.
293	20	Oct.	„	Johann von Finnland.	5	Fr. v. Weißenthurn.
294	31	„	„	Gisela.	4	F. Möhse.
295	19	Nov.	„	Treue siegt in Liebesnetzen.	1	P. A. Wolff; Musik v. B. A. Weber.
296	1	Dec.	„	Die Wüste.	1	v. Kotzebue.
297	24	März	1818	Garrick.	1	
298	10	Mai	„	Das Leben ein Traum.	5	Calderon, bearbeitet v. Wei.
299	23	Juli	„	Der Haustyrann.	5	Aus d. Franz. des Duval.
300	28	„	„	Die Masken.	1	v. Kotzebue.
301	17	Aug.	„	Das Haus im Walde.	1	Nach Fouqué von Krenner.
302	25	Sept.	„	Der Abend am Waldbrunnen.	1	Kind.
303	12	Jan.	1819	Shakespeare's Bestimmung.	1	Jents.
304	29	März	„	Herrmann und Thusnelde	3	v. Kotzebue; Musik v. B. A. Weber.
305	11	Juni	„	Ratibor und Wanda.	5	
306	4	Sept.	„	Die Waise und der Mörder.	3	Nach d. Franz. von Castelli; Musik von Seyfried.
307	23	Nov.	„	Der Fürst u. der Stubenheizer.	1	Vogel.
308	26	Jan.	1820	König Heinrich IV. (2ter Thl.)	5	Nach Schlegels Uebersetzung des Shakespeare von de la Motte Fouqué.

Laufende Nummer.	Tag	Monat	Jahr	Name des Stücks.	Akte.	Name des Verfassers oder Bearbeiters.
	der ersten Aufführung.					
309	21	Juni	1820	Vetter Benjamin aus Polen.	5	Cuno.
310	17	Aug.	„	Der Korb, oder die zaghaften Liebhaber.	1	Ignatius.
311	19	Dec.	„	Fluch und Segen.	2	E. v. Houwald.
312	14	März	1821	Preziosa.	4	P. A. Wolff; Musik von C. M. v. Weber.
313	5	Febr.	1822	Quintin Messis.	2	J. v. Voß.
314	6	Juni	„	Der Bräutigam aus Mexiko.	5	Clauren.
315	24	Nov.	„	Kenilworth.	5	Nach Walter Scott v. Lembert.
316	22	März	1823	Der Fürst und der Bürger.	3	E. v. Houwald.
317	5	Juli	„	Er ist mein Mann.	1	C. Meisl.
318	21	„	„	Gabriele.	3	Nach d. Franz. von Castelli.
319	22	Sept.	„	Die Galeerensklaven, od. die Mühle von St. Alderon.	3	Aus d. Franz. von Th. Hell; Mus. von Schubert u. Lindpaintner.
320	20	Oct.	„	Hermann und Dorothea.	4	N. Goethe's Gedicht v. Töpfer.
321	23	„	„	Kindliche Liebe.	1	v. Kurländer.
322	11	Dec.	„	Die Pilgerin.	4	Fr. v. Weißenthurn.
323	3	März	1824	Die beiden Sergeanten.	3	Nach d. Franz. von Th. Hell.
324	21	April	„	Das Käthchen von Heilbronn.	5	H. v. Kleist, bearb. v. Holbein.
325	26	Juni	„	Das Alpenröslein, das Patent und der Shawl.	3	N. einer Erzählung v. Holbein.
326	24	Nov.	„	Cardillac, od. das Stadtviertel des Arsenals.	3	Nach d. Franz. v. W. Stich; Musik v. G. A. Schneider.
327	5	Jan.	1825	Maria Stuarts erste Gefangenschaft.	4	Walter Scott von Lembert.
328	1	Febr.	„	Pauline.	5	Frau v. Weißenthurn.
329	2	März	„	Die Douglas.	5	v. Tromlitz; Musik v. G. A. Schneider.
330	4	Mai	„	Der Schuldbrief.	1	v. Houwald.
331	24	„	„	Edgar und Donald.	4	v. Houwald.
332	30	Juni	1825	John Bull.	3	Nach d. Engl. des Collmann v. Blum.
333	4	Aug.	„	Die Soldaten.	5	Aresto, bearb. v. K. Dielitz.
334	29	„	„	Der Verrath.	3	
335	5	Sept.	„	Der ewige Jude.	5	Klingemann.
336	28	„	„	Komm her!	1	Fr. v. Elsholtz.
337	15	Oct.	„	Alanghu.	3	Raupach.
338	3	April.	1826	Lord Davenant.	4	Nach d. Franz. von C. Blum.

Laufende Nummer.	Tag	Monat	Jahr	Name des Stücks.	Acte.	Name des Verfassers oder Bearbeiters.
	der ersten Aufführung.					
339	18	Mai	1826	Die Treibhausblumen, nebst einem Nachspiel: das Wiedersehen.	4	Adalb. vom Thale.
340	3	Juli	„	Das Majorat.		Nach Hoffmann von Vogel.
341	4	Aug.	„	Das Nachtlager in Granada.	2	Kind.
342	25	Dec.	„	Stadt und Land.	5	Aus d. Engl. von C. Blum.
343	4	Jan.	1827	Der Vormund.	1	Nach d. Franz. des Scribe von v. Lichtenstein.
344	15	Febr.	„	Die Ehrenrettung.	2	Nach dem Franz. von Mad. Krickeberg.
345	4	März	„	Vernunftheirath.	2	Nach d. Franz. des Scribe von Th. Hell.
346	10	April	„	Das Manuscript.	4	Frau v. Weißenthurn.
347	7	Mai	„	Margot Stofflet.	4	Adalb. vom Thale.
348	11	Nov.	„	Robinson Crusoë.	3	Nach d. Franz. v. Mad. Krickeberg; Musik von Piccini.
349	18	Jan.	1828	Der Schiffbruch.	1	Castenoble.
350	13	Febr.	„	Hans Sachs.	4	Deinhardstein.
351	3	Aug.	„	Die Braut vom Kynast.	4	Klingemann.
352	18	„	„	Vormund und Mündel.	5	Raupach.
353	29	„	„	Ludwig XI. in Peronne.	5	Nach Walter Scott von v. Auffenberg.
354	6	Oct.	„	Vater und Tochter (Forts. v. Vormund und Mündel).	5	Raupach.
355	10	Nov.	„	Christinens Lieben. Entsagung.	2	Nach dem Franz. v. Th. Hell.
356	26	„	„	Carl II., oder das Labyrinth von Woodstock.	3	Nach Duval von L. Robert.
357	4	Dec.	„	Albrecht Dürer in Venedig.	1	E. Schenk.
358	28	Jan.	1829	Der Stern von Sevilla.	5	Nach d. Span. von v. Zedlitz.
359	17	Febr.	„	Mathilde, oder der letzte Wille einer Engländerin.	3	Nach d. Franz. v. P. A. Wolff.
360	27	März	„	Heinrich IV. vor Paris.	5	Nach dem Engl.
361	9	April	„	Die Royalisten.	4	Raupach.
362	4	Mai	„	Der Spion.	5	Nach d. Franz. v. Stawinsky.
363	5	Aug.	„	Der Erwartete.	1	Nach Scribe von Bothe.
364	5	Nov.	„	Der Bettler.	1	Raupach.
365	27	März	1830	Der Verschollene.	1	Nach Scribe von A. Cosmar.
366	21	Juni	„	Heinrich III. und sein Hof.	5	Aus d. Franz. des A. Dumas von L. Robert.

Laufende Nummer.	Tag	Monat	Jahr	Name des Stücks.	Akte.	Name des Verfassers oder Bearbeiters.
	der ersten Aufführung.					
367	17	Aug.	1830	Van Dycks Landleben.	5	Kind.
368	27	Sept.	„	Die Taube von Cerdrons.	4	Birch-Pfeiffer.
369	4	Oct.	„	Philipp.	1	Nach d. Franz. von Lenée.
370	20	Jan.	1831	Friedrich August in Madrid.	5	C. Blum.
371	20	Mai	„	Das Harfenmädchen.	3	Raupach.
372	7	Juli	„	Die Frauen von Elbing.	4	Raupach.
373	4	Aug.	„	Frauenliebe.	4	Albini.
374	1	Sept.	„	Die Preußen in Italien.	5	Metillus.
375	26	„	„	Die Lichtensteiner od. die Macht des Wahns.	5	Bahrdt.
376	20	Oct.	„	Der dumme Peter.	2	Carl v. Holtei.
377	25	Juli	1832	Vater Dominique, oder sauer ist süß.	1	Nach Mercino v. Lebrun.
378	6	Aug.	1832	Gebrüder Foster, oder das Glück mit seinen Launen.	5	Töpfer.
379	31	„	„	Die Drillingsbrüder von Damascus.	5	Oehlenschläger.
380	4	Oct.	„	Das Märchen im Traume.	3	Raupach, Musik von Löwe.
381	6	Dec.	„	Jacobine von Holland.	5	Raupach.
382	20	Febr.	1833	Der Friedhof von St. Sebaldus.	5	v. Tromlitz.
383	25	April	„	Mulier taceat in ecclesia, od. die kluge Königin.	3	Raupach.
384	16	Mai	„	Cromwell, Protektor, Forts. der Royalisten.	5	Raupach.
385	15	Juli	„	Maria Petenbeck.	5	Holbein.
386	8	Aug.	„	Des Goldschmieds Töchterlein.	2	Carl Blum.
387	8	„	„	Leontine, oder die Prophezeihung.	3	Nach d. Franz. von Angely.
388	17	Oct.	„	Das Testament.	5	Nach d. Franz. von A. Prix.
389	21	Nov.	„	Cagliostro.	5	Holbein.
390	23	Jan.	1834	Das graue Männlein.	5	E. Devrient.
391	1	Juli	„	Pietro Metastasio.	4	Nach d. Ital. von C. Blum.
392	23	„	„	Die Günstlinge.	5	Birch-Pfeiffer.
393	18	Oct.	„	Carl II.	5	Mannsfeld.
394	20	Nov.	„	Corona von Saluzzo.	5	Nach einer Novelle, von Raupach.
395	5	Jan.	1835	Franz Walter.	4	Bauernfeld.
396	16	„	„	Der Kardinal und der Jesuit.	4	Raupach.

Laufende Nummer.	Tag	Monat	Jahr	Name des Stücks.	Akte.	Name des Verfassers oder Bearbeiters.
	der ersten Aufführung.					
397	9	Mai	1835	Die Schule des Lebens.	5	Raupach.
398	1	Juli	„	Sie ist wahnsinnig.	2	Nach d. Franz. von Angely.
399	14	Jan.	1836	Kerker und Krone.	5	v. Zedlitz.
400	23	März	„	Die Fürstenbraut.	5	Amalie v. Sachsen.
401	9	Juli	„	Die Wittwe.	4	Birch-Pfeiffer.
402	16	Nov.	„	Griseldis.	5	Fried. Halm.
403	10	Jan.	1837	Die Herrin von der Else.	5	Nach d. Engl. von C. Blum.
404	13	Febr.	„	Die Venetianer.	5	Lud. Rellstab.
405	25	März	„	Kaiser Heinrich VI. (1. Th.) oder Richard Löwenherz.	5	Raupach.
406	18	April	„	Amelie Siddons.	2	Ernst Scherz.
407	7	Aug.	„	Vetter Heinrich.	5	Amalie v. Sachsen.
408	15	Oct.	„	Die Geschwister.	5	Raupach.
409	13	Dec.	„	Der Pflegevater.	4	Amalie v. Sachsen.
410	12	Febr.	1838	Rubens in Madrid.	5	Birch-Pfeiffer.
411	22	„	„	Verirrungen.	5	Ed. Devrient.
412	24	März	„	Die Geheimnisse.	4	Raupach.
413	12	Juni	1839	Die Fremde.	5	Frau v. Weißenthurn.
414	22	„	„	Der Selbstquäler.	3	Bauernfeld.
415	18	Juli	„	Der beste Arzt.	4	Franz Fels.
416	4	Aug.	„	Noch ist es Zeit.	3	Pauline Werner.
417	6	Sept.	„	Der Nachschlüssel.	3	Nach d. Franz. von Vogel.
418	20	Nov.	„	Album und Wechsel.	5	v. Heyden.
419	25	Dec.	„	Schwärmerei nach der Mode.	4	C. Blum.
420	29	„	„	Der Bruderkuß.	2	Pauline Werner.
421	16	Jan.	1840	Der Fabrikant.	3	Nach d. Franz. von E. Devrient.
422	9	April	„	Die Modernen.	5	v. Heyden.
423	14	Mai	„	Marie.	4	Pauline Werner.
424	13	Aug.	„	Unbewußte Liebe.	2	Nach d. Franz. von Lembert.
425	9	Sept.	„	Shakespeare in der Heimath, oder die Freunde.	4	C. v. Holtei.
426	28	Jan.	1841	Der Geschäftsführer.	5	v. Heyden.
427	10	März	„	Estella, od. Vater und Tochter.	1	Nach Scribe.
428	18	April	„	Ein Wort des Fürsten.	5	Pauline Werner.
429	29	Mai	„	Die Heimkehr des Sohnes.	4	Amalie v. Sachsen.
430	2	Sept.	„	Elternliebe.	2	Nach d. Franz. des Bayard.
431	13	„	„	Werner, oder Herz und Welt.	5	C. Gutzkow.
432	13	Nov.	„	Treue Liebe.	5	Ed. Devrient.
433	7	Febr.	1842	Juan Maiquez.	2	H. Schmidt.

Laufende Nummer.	Tag	Monat	Jahr	Name des Stücks.	Acte.	Name des Verfassers oder Bearbeiters.
	der ersten Aufführung.					
434	7	Febr.	1842	Die Frau im Hause.	3	Pauline Werner.
435	3	März	"	Wer die Liebe hat, führt die Braut heim.	5	Fr. v. Braunau.
436	17	Juni	"	Der Sohn der Wildniß.	5	F. Halm.
437	25	Juli	"	Bruder Kain.	4	Nach einer Chronik von H. Schmidt.
438	3	Dec.	"	Erich, der Geizhals.	5	C. v. Holtei.
439	18	"	"	Camoens.	1	F. Halm.

C.

Lustspiele und Possen.

Laufende Nummer.	Tag	Monat	Jahr	Name des Stücks.	Acte.	Name des Verfassers oder Bearbeiters.
	der ersten Aufführung.					
1	11	Juni	1771	Die abgedankten Officiers, oder Standhaftigkeit und Verzweiflung.	5	Stephanie der Jüngere.
2	13	"	"	Walder.	1	Weiße.
3	14	"	"	Der gelehrte Ignorant.	3	Aus d. Franz. des du Vaure.
4	14	"	"	Die Trauer, oder der betrogene Pächter.	1	Aus dem Franz. des Hauteroche.
5	17	"	"	Amalia.	5	Weiße.
6	20	"	"	Die Schwiegermutter.	3	Romanus.
7	20	"	"	Die Weinlese.	1	Aus d. Franz. des Dancourt.
8	21	"	"	Der Verschwender.	5	Aus d. Franz. des Destouches.
9	24	"	"	Der Postzug, oder die noblen Passionen.	2	v. Airenhofer.
10	24	"	"	Das herangewachsene Mädchen.	2	Aus d. Engl. von Garrick.
11	29	"	"	Die neugierigen Frauenzimmer.	3	Goldini.
12	29	"	"	Der dankbare Sohn.	1	Engel.
13	1	Juli	"	Der Kranke in der Einbildung.	3	Nach Molière.

Laufende Nummer.	Tag	Monat	Jahr	Name des Stücks.	Akte.	Name des Verfassers oder Bearbeiters.
	der ersten Aufführung.					
14	4	Juli	1771	Der weibliche Hauptmann.	5	Aus d. Franz. des Montfleury.
15	4	„	„	Die große Batterie.	1	v. Ayrenhofer.
16	5	„	„	Der Schmeichler.	3	Goldoni.
17	11	„	„	Frontin, ein Vater im Nothfall.	3	Romanus.
18	12	„	„	Die dreifache Heirath.	1	Aus d. Franz. des Destouches.
19	15	„	„	Die zärtliche Ehefrau.	3	Goldoni.
20	24	„	„	Die verstellte Kranke, oder der taube Apotheker.	3	Goldoni.
21	24	„	„	Die Komödie aus dem Stegreif.	1	Aus d. Franz. des Poisson.
22	27	„	„	Der Diener zweier Herrn.	3	Goldoni.
23	29	„	„	Medon, die Rache des Weisen.	3	Clodius.
24	31	„	„	Die Brüder.	5	Romanus.
25	2	Aug.	„	Die Poeten nach der Mode.	3	Weiße.
26	2	„	„	Die stumme Schönheit.	1	Schlegel.
27	3	„	„	Mina von Barnhelm, oder das Soldatenglück.	5	Lessing.
28	7	„		Das Glück in der Einbildung, oder der vornehme Schwiegersohn.	3	Aus d. Franz.
29	7	„	„	Die verliebte Unschuld.	1	Aus d. Fanz. des Marin.
30	9	„	„	Die Wohlgeborene, oder heirathen macht Alles gut.	5	Stephanie der Jüngere.
31	9	„	„	Die Matrone von Ephesus.	1	Weiße.
32	14	„	„	Der Spieler.	5	Aus d. Franz. des Regnard.
33	14	„	„	Das Duell, oder das junge Ehepaar.	1	Hestern.
34	16	„	„	Der Triumph der Freundschaft.	3	Nach d. Franz. des Marin.
35	16	„	„	Die verliebten Werber.	1	
36	19	„	„	Erast.	1	Geßner.
37	23	„	„	Cenie, oder die Großmuth im Unglück.	5	Aus dem Franz. der Frau v. Graffigny.
38	23	„	„	Die weiblichen Aerzte.	1	Aus d. Franz.
39	28	„	„	Die Menechmen, oder die Zwillinge.	5	Regnard.
40	28	„	„	Die Einwilligung wider Willen.	1	Aus d. Franz. des Meville.
41	30	„	„	Die unerwartete Veränderung.	5	Romanus.

Laufende Nummer	Tag	Monat	Jahr	Name des Stücks.	Acte.	Name des Verfassers oder Bearbeiters.
	der ersten Aufführung.					
42	30	Aug.	1771	Die rechtbehaltende Magd.	1	Aus d. Franz. des Fagan u. Favart.
43	3	Sept.	"	Das Muttersöhnchen, oder der Hofmeister.	3	Goldoni.
44	6	"	"	Die heimliche Heirath.	5	Nach d. Engl. des Collmann und Garrick.
45	9	"	"	Tartüffe.	5	Nach d. Franz. des Molière.
46	11	"	"	Der Liebesteufel.	1	Aus d. Franz. des le Grand.
47	13	"	"	Der Zweikampf.	5	Schlosser.
48	13	"	"	Die 3 Brüder und Nebenbuhler.	1	Aus d. Franz. des la Font.
49	16	"	"	Die Verschreibung.	1	Aus d. Franz. des du Fresny.
50	19	"	"	Die Candidaten, oder die Mittel, zu einem Amte zu kommen.	5	Krüger.
51	23	"	"	Die Eifersüchtige.	5	Nach d. Engl.
52	27	"	"	Der reiche Bürger.	5	Aus d. Franz. des la Chaussée
53	27	"	"	Die blinde Kuh.	1	Dancourt.
54	30	"	"	Großmuth vor Großmuth.	1	Weiße.
55	9	Oct.	"	Der junge Mensch, der die Probe hält.	5	Aus d. Franz. des Destouches
56	11	"	"	Das Herrenrecht, oder die Klippe des Weisen.	5	Voltaire.
57	12	"	"	Das Kaffeehaus, od. die Schottländerin.	5	Voltaire.
58	19	"	"	Der poetische Dorfjunker.	5	Nach d. Franz. des Destouches.
59	22	"	"	Der Philosoph, ohne es zu wissen.	5	Aus d. Franz. des Sedaine.
60	23	"	"	Die Entdeckung.	5	Aus dem Engl. der Mrs. Sheridan.
61	25	"	"	Melanide.	5	Aus d. Franz. des la Chaussée.
62	25	"	"	Die wüste Insel.	1	Nach d. Franz. des Collé.
63	26	"	"	Der Erzlügner, oder der alte betrogene Narr.	5	Destouches.
64	30	"	"	Die Frau als Bediente.	1	Aus d. Franz. des Chevrier.
65	1	Nov.	"	Das Loos in der Lotterie.	5	Gellert.
66	8	"	"	Die bedrängten Waisen.	5	Pelzel.
67	16	"	"	Die Familie.	1	Aus d. Franz. des l'Affichard.
68	22	"	"	Das unsichtbare Frauenzimmer.	5	Aus dem Franz. des Hauteroche.

Laufende Nummer.	Tag	Monat	Jahr	Name des Stücks.	Acte.	Name des Verfassers oder Bearbeiters.
	der ersten Aufführung.					
69	29	Nov.	1771	Die Haushälterin.	5	Schiebeler.
70	3	Dec.	„	Der Mann nach der Welt.	5	Aus d. Franz. des Boissy.
71	6	„	„	List über List.	5	Weiße.
72	31	„	„	Die ausschweifende Familie.	1	Aus d. Franz. des le Grand.
73	3	Jan.	1772	Der ehrliche Aventürier.	3	Goldoni.
74	20	„	„	Der Zerstreute.	5	Regnard.
75	31	„	„	Der Graf von Olsbach.	5	Brandes.
76	5	Febr.	„	Das Gespenst mit der Trommel.	5	Nach d. Franz. und Engl.
77	9	März	„	Der Triumph der guten Frauen.	5	J. E. Schlegel.
78	17	„	„	Die Gräfin Freyenhof, oder Vater und Tochter in Gefahr.	5	Stephanie der Jüngere.
79	22	April	„	Armuth und Tugend.	1	Weiße.
80	24	„	„	Der Schein betrügt.	5	Brandes.
81	28	„	„	Die Mutterschule.	5	Aus d. Franz. des la Chaussée.
82	28	„	„	Der wiedergefundene Ehemann.	1	Aus d. Franz. des Dancourt.
83	1	Mai	„	Die veraltete Liebe.	5	Aus d. Franz. des Destouches.
84	5	„	„	Der heimliche Schatz.	5	Aus d. Franz. des Destouches.
85	11	„	„	Die Stärke des Naturells.	5	Aus d. Franz. des Destouches.
86	16	„	„	Das Porträt.	1	Aus dem Franz. des Beauchamps.
87	1	Juni	„	Der Westindier.	5	Aus d. Engl. d. Cumberland.
88	5	„	„	Die unerwartete Zusammenkunft, oder die Naturaliensammler.	1	Weiße.
89	21	„	„	Das gerächte Frauenzimmer.	5	Aus d. Franz. des de Visé.
90	24	Juli	„	Die junge Indianerin.	1	Aus d. Franz. des Champfort.
91	27	„	„	Der Enterbte.	1	Brückner.
92	7	Aug.	„	Der Schiffbruch.	3	Aus d. Franz. des Lafont.
93	12	„	„	Das verstellte Kammermädchen, oder der gestrafte Betrüger.	5	
94	31	„	„	Die Schule der Liebhaber.	5	Aus d. Engl. des Whitehead.
95	30	März	„	Der geadelte Kaufmann.	3	Brandis.
96	2	April	1773	Der Diamant.	1	Aus dem Franz. des Collé von Engel.
97	19	„	„	Der gutherzige Polterer.	3	Goldoni.
98	30	„	„	Der bekehrte Ehemann, oder was fesselt uns Männer?	5	Stephanie der Aeltere.

Laufende Nummer.	Tag	Monat	Jahr	Name des Stücks.	Acte.	Name des Verfassers oder Bearbeiters.
	der ersten Aufführung.					
99	12	Mai	1773	Der sehende Blinde.	1	Nach d. Franz. des le Grand.
100	4	Juni	„	Pamela, oder die belohnte Tugend.	3	Goldoni.
101	1	Juli	„	Der Menschenfreund.	1	Nach d. Franz. des le Grand.
102	7	„	„	Die kranke Frau.	1	Gellert.
103	14	„	„	Die Parodie, oder die nachgeahmten Fehler, andere zu bessern.	2	
104	6	Aug.	„	Der edelmännische Bürger.	5	Aus d. Franz. des Molière.
105	20	„	„	Kenner und Tadler nach der Mode, oder ich weiß es besser.	5	Stephanie der Jüngere.
106	27	„	„	Turkaret, oder der freigebige betrogene Liebhaber.	5	Aus d. Franz. des le Sage.
107	10	Sept.	„	Der Sicilianer, oder die Liebe ein Maler.	1	Molière.
108	11	„	„	Die schöne Jüdin.	5	Stephanie der Aeltere.
109	11	Oct.	„	Die bestrafte Neugierde.	5	Stephanie der Jüngere.
110	14	Dec.	„	Der Deserteur aus Kindesliebe.	3	Stephanie der Jüngere.
111	17	Juni	1774	Der Freigeist.	5	Lessing.
112	11	Juli	„	Der Eigensinnige.	5	Stephanie der Jüngere.
113	5	Aug.	„	Der Schwätzer.	5	Weidmann.
114	12	Oct.	„	Die Versöhnung.	5	v. Gebler.
115	21	Nov.	„	Der Spleen.	3	Stephanie der Jüngere.
116	8	Dec.	„	Miß Obre, oder die gerettete Unschuld.	5	Aus d. Engl. des Cumberland.
117	24	Jan.	1775	Der Edelknabe.	1	Engel.
118	30	„	„	Erich und Florentine, oder die geprüfte Zärtlichkeit.	3	Wegener.
119	13	März	„	Der Gleichgültige.	5	Petermann.
120	18	April	„	Lionel und Clarisse.	5	Aus d. Engl.
121	19	„	„	Der Furchtsame.	3	Hafner.
122	19	„	„	Die neue Agnese.	1	Aus d. Franz.
123	25	„	„	Die schlaue Wittwe.	3	Goldoni.
124	30	„	„	Die Irrthümer einer Nacht, oder sie läßt sich herab, um zu singen.	5	Aus d. Engl. des Goldsmith.
125	6	Mai	„	Die Werber.	5	Stephanie der Jüngere.

Laufende Nummer.	Tag	Monat	Jahr	Name des Stücks.	Acte.	Name des Verfassers oder Bearbeiters.
	der ersten Aufführung.					
126	7	Mai	1775	Die Schule der Jünglinge.	5	Nach d. Engl. des Whitehead.
127	11	„	„	Die Wirthschafterin, oder der Tambour bezahlt Alles.	2	Stephanie der Jüngere.
128	11	„	„	Die Juden.	1	Lessing.
129	12	„	„	Emilie, oder das geraubte Kind.	5	Bretzner.
130	13	„	„	Die unschuldige Frau, oder viel Lärmen um Nichts.	1	Schummel.
131	25	„	„	Charlot, oder die Gräfin v. Givel.	3	Aus d. Franz. des Voltaire.
132	19	Juni	„	Der Landjunker, oder die Reise nach London.	5	Aus d. Engl. des Vanbrugh und Cibber.
133	24	„	„	Leichtsinn und gutes Herz.	3	v. Gebler.
134	5	Juli	„	Die seltsame Eifersucht.	5	Stephanie der Jüngere.
135	26	„	„	Der Goldmacher.	1	v. Krauseneck.
136	2	Aug.	„	Der allzugefällige Ehemann.	3	Stephanie der Jüngere.
137	4	Oct.	„	Der Lügner.	3	Aus d. Ital. des Goldoni.
138	11	„	„	Der Ehrgeizige.	3	Widmann.
139	21	Dec.	„	Der Teufel ein Bärenhäuter.	1	Krüger.
140	1	Jan.	1776	Miß Jenny Warton, oder Gerechtigkeit u. Großmuth.	3	Plümicke.
141	22	„	„	Die verstorbene Ehefrau.	5	Bretzner.
142	12	Febr.	„	Der ungegründete Verdacht.	1	Brahm.
143	24	April	„	Herzog Michel.	1	Krüger.
144	8	Juni	„	Der Schubkarren des Essighändlers.	3	Aus d. Franz. des Mercier.
145	24	Sept.	„	Die Nebenbuhler.	5	Aus d. Engl. des Sheridan.
146	2	Oct.	„	Der Barbier von Sevilien, oder die unnütze Vorsicht.	4	Aus d. Franz. des Beaumarchais, Musik von André.
147	7	„	„	Der Jurist und der Bauer.	2	Rautenstrauch.
148	16	„	„	Präsentirt das Gewehr.	2	Müller.
149	2	Nov.	„	Die reiche Frau.	5	Lessing der Jüngere.
150	13	„	„	Die unterbrochene Freude.	5	Stephanie der Jüngere.
151	30	„	„	Was sein soll, schickt sich wohl.	5	Aus d. Engl. der Mrs. Lenox.
152	1	Jan.	1777	Die Bekanntschaften im Bade.	5	Stephanie der Jüngere.
153	7	April	„	Die gute Frau, oder das Mißverständniß.	5	Aus d. Engl. von Vanbrugh.
154	2	Juni	„	Die Verwechselung, wann wird man mich verheirathen?	2	Aus d. Franz. des Voltaire.

Laufende Nummer	Tag	Monat	Jahr	Name des Stücks.	Acte.	Name des Verfassers oder Bearbeiters.
	der ersten Aufführung.					
155	23	Juni	1777	Henriette, oder sie ist schon verheirathet.	5	Großmann.
156	21	Juli.	„	Der Ehescheue.	5	Nach d. Franz. des Dorat, von Gotter.
157	3	Sept.	„	Die Temperamente.	3	Lowätz.
158	13	Oct.	„	Zu gut, ist nicht gut.	5	Schmidt.
159	3	Nov.	„	Der Schneider und sein Sohn.	2	
160	12	„	„	Die unglücklichen Freunde.	2	Thilo.
161	2	Dec.	„	Die Wildschützen.	3	Stephanie der Jüngere.
162	18	Jan.	1778	Jeanette.	5	Nach d. Franz. von Gotter.
163	24	„	„	Der Volontär.	1	Plümicke.
164	5	Febr.	„	Die Drillinge.	4	Aus d. Franz. von v. Bonin.
165	23	„	„	Geschwind, eh' es Jemand erfährt, oder der besondere Zufall.	3	Nach Goldoni von Bock.
166	9	Mai	„	Der glückliche Geburtstag.	5	Stephanie der Jüngere.
167	28	„	„	Die Freier, oder worauf verfällt ein Frauenzimmer nicht?	1	Reichard.
168	22	Juni	„	Sind die Verliebten nicht Kinder?	3	Nach Goldoni.
169	11	Juli	„	Wissenschaft geht vor Schönheit.	3	Nach Goldoni.
170	1	Aug.	„	Der stürmische Liebhaber.	3	Aus d. Franz. des Monvel.
171	3	Sept.	„	Der Egoismus.	5	Aus d. Franz. des Cailhava.
172	21	„	„	Der Faschingstreich.	5	Aus d. Franz. des Montfleury.
173	22	Oct.	„	Die Stimme der Natur, oder die schöne Lüge.	1	Nach d. Franz. des Arnaud.
174	14	Nov.	„	Der argwöhnische Ehemann.	5	Nach d. Engl. des Hoadly von Gotter.
175	26	„	„	Der Hofmeister, od. Vortheile der Privaterziehung.	5	Lenz.
176	18	Jan.	1779	Die Holländer, od. was vermag ein vernünftiges Frauenzimmer nicht?	3	Nach Goldoni von Bock.
177	22	Febr.	„	Der Verschlag, oder Verwirrung über Verwirrung.	3	Aus d. Span. von Zachariä.
178	13	März	„	Die Zigeuner.	5	Möller; Musik Neefe.
179	24	Mai	„	Henriette, od. der Husarenraub.	5	Plümicke.

Laufende Nummer.	Tag	Monat	Jahr	Name des Stücks	Acte	Name des Verfassers oder Bearbeiters.
	der ersten Aufführung.					
180	28	Juni	1779	Trunkner Mund, wahrer Mund.	1	Nach d. Franz. von Gotter.
181	11	Aug.	„	Ertappt! ertappt!	1	Wetzel.
182	1	Sept.	„	Blanfurt und Wilhelmine.	3	v. Bonin.
183	18	„	„	Der Pachter.	3	
184	3	Nov.	„	Rache für Rache.	4	Wetzel.
185	30	„	„	Der weibliche Kammerdiener.	1	v. Bonin.
186	30	Jan.	1780	Der Adjutant.	3	Brömel.
187	16	März	„	Der Schmuck.	5	Sprickmann.
188	6	April	„	Der Ton der großen Welt.	2	Aus d. Engl. von Helmold.
189	17	„	„	Nicht mehr als sechs Schüsseln.	5	Großmann.
190	5	Juni	„	Die Lästerschule.	5	Aus d. Engl. des Sheridan von Leonardi.
191	11	Juli	„	Karl und Sophie, oder die Physiognomie.	5	Bretzner.
192	6	Nov.	„	Die Stutzerlist.	5	Nach d. Engl.
193	1	Jan.	1781	Die beiden Hüte.	1	Aus d. Franz. des Collé.
194	19	März	„	Der Arrestant.	3	Ant. Wall.
195	24	April	„	Das Loch in der Thür.	5	Stephanie der Jüngere.
196	4	Juni	„	Die sanfte Frau.	3	Nach d. Ital. von Engel.
197	28	„	„	Die Rechnung ohne den Wirth.	1	
198	6	Aug.	„	Die Freimaurer.	5	
199	17	Sept.	„	Betrug für Betrug, od. wer hat nun die Wette gewonnen?	3	
200	27	Oct.	„	Die Zufälle.	5	Nach d. Engl. der Miß Lee.
201	3	Dec.	„	Liebe nach der Mode, od. der Eheprokurator.	5	Bretzner.
202	4	März	1782	Der liebenswürdige Alte.	5	Dyck.
203	14	„	„	Die Badekur.	2	Jünger.
204	10	April	„	Die Expedition, od. die Hochzeit nach dem Tode.	3	Collé und Ant. Wall.
205	17	Juni	„	Die Hochzeitfeier.	5	Brandes.
206	16	Juli	„	Der seltene Freier, od. Alter schützt vor Thorheit.	3	Nach d. Franz. von Meyer.
207	27	Aug.	„	Treue und Undank.	1	Nach d. Engl.
208	30	„	„	Der Mann, den seine Frau nicht kennt.	2	Nach Boissy von Gotter.
209	2	Oct.	„	In der Noth lernt man die Freunde kennen.	5	Bergenobzoomer.

Laufende Nummer.	Tag	Monat	Jahr	Name des Stücks.	Akte	Name des Verfassers oder Bearbeiters.
	der ersten Aufführung.					
210	16	Oct.	1782	Das öffentliche Geheimniß.	3	Nach Gozzi von Gotter.
211	5	Nov.	„	Die Wankelmüthige, od. der weibliche Betrüger.	3	Nach d. Engl. des Cibber.
212	3	Dec.	„	Kulör de Puß, od. der Referent.	3	
213	11	„	„	Der beste Mann.	5	Nach d. Engl.
214	13	Febr.	1783	Der argwöhnische Liebhaber.	5	Bretzner.
215	27	„	„	Die drei Töchter.	3	Spieß.
216	17	März	„	Der eifersüchtige Ungetreue.	3	Nach d. Franz. des Imbert.
217	30	April	„	Der Fähnrich.	3	Schröder.
218	29	Mai	„	Gasner II., oder der ausgetriebene Teufel.	4	Nach Shakespeare von Schink.
219	12	Juni	„	Die Maler.	1	Babo.
220	23	„	„	Der Schulgelehrte.	2	Aus d. Engl. der Miß Cowley.
221	30	„	„	Der verdächtige Freund.	4	Aus d. Engl. von Leonhardi.
222	7	Juli	„	Der taube Liebhaber.	2	Nach d. Engl. von Schröder.
223	8	Aug.	„	Die väterliche Rache.	4	Nach d. Engl. des Congreve.
224	3	Dec.	„	Die glückliche Jagd.	2	
225	1	Jan.	1784	Der Todte ein Freier.	2	Nach Sedaine.
226	9	Febr.	„	Der flatterhafte Ehemann, od. wie man eine Hand umkehrt.	5	Nach d. Engl. von Bock.
227	31	März	„	Hofmeister Amor.	2	
228	19	April	„	Der Kobold.	4	Nach d. Franz. von Gotter.
229	26	„	„	Adelaide, oder die Antipathie gegen die Liebe.	2	Nach d. Franz. von Schröder.
230	10	Mai	„	Wie machen sie's in der Komödie.	1	Brömel.
231	27	„	„	Der englische Kaper.	1	
232	4	Juni	„	Die beiden Billets.	1	Ant. Wall.
233	6	„	„	Die Gläubiger.	1	
234	18	„	„	Das Winterquartier in Amerika.	1	Babo.
235	18	„	„	Der schwarze Mann.	2	Nach d. Franz. von Gotter.
236	12	„	„	Er hat den Teufel im Leibe.	2	Gotter.
237	29	„	„	Freundschaft und Argwohn.	5	Nach Jünger von Plümicke.
238	1	Aug.	„	Die unversehene Wette.	1	Nach Sedaine von Gotter.
239	16	„	„	Die Brandschatzung.	5	Graf Brühl.
240	9	Oct.	„	Die gute Ehe.	1	Nach d. Franz. von Ant. Wall.
241	1	Nov.	„	Die unmögliche Sache.	5	Nach d. Engl.
242	18	Jan.	1785	Der Strich durch die Rechnung.	4	Jünger.

Laufende Nummer.	Tag	Monat	Jahr	Name des Stücks.	Acte.	Name des Verfassers oder Bearbeiters.
	der ersten Aufführung.					
243	5	Febr.	1785	Gideon v. Tromberg, od. die lustigen Weiber.	3	Nach Shakespeare.
244	17	„	„	Der offene Briefwechsel.	5	Jünger.
245	12	April	„	Der Fremde.	4	Friedel.
246	8	Mai	„	Der Ball, oder der versetzte Schmuck.	4	
247	12	Oct.	„	Der erste Dank.	1	Wetzel.
248	24	„	„	Ein Jeder hat sein Steckenpferd.	4	
249	5	Dec.	„	Figaro's Hochzeit, oder der lustige Tag.	5	Beaumarchais.
250	20	Febr.	1786	Jack Spleen, oder ich erschieße mich nicht.	1	Dyck.
251	6	März	„	Der politische Kannegießer.	3	Nach Holberg.
252	20	„	„	Der Bürgermeister.	5	Graf Brühl.
253	3	April	„	Der Ring.	5	Schröder.
254	10	„	„	Puf van Vlieten.	5	Nach Collmann und Voltaire.
255	24	„	„	Paridom Wranntgott, od. der schilt, wird wieder gut.	3	Nach Goldoni von Bock.
256	8	Mai	„	Die Liebe ist blind.	4	Nach d. Engl. des Congreve.
257	30	„	„	Die Luftbälle, od. der Liebhaber à la Montgolfier.	1	
258	12	Juni	„	Zwei Onkel für Einen.	1	
259	10	Juli	„	Das Räuschchen.	4	Bretzner.
260	24	„	„	Der Instinkt, oder wer ist Vater zum Kinde?	1	Jünger.
261	6	Nov.	„	Das Blatt hat sich gewendet.	5	Schröder.
262	12	„	„	Die Vormünder.	5	Schletter.
263	5	Dec.	„	Verstand und Leichtsinn.	5	Jünger.
264	26	„	„	Die neue Emma.	3	Unzer.
265	6	Febr.	1787	Victorine, od. Wohlthun trägt Zinsen.	5	Schröder.
266	13	März	„	Der doppelte Liebhaber.	3	Jünger.
267	26	April	„	Der Liebhaber ohne Name.	4	Aus d. Franz. von Gotter.
268	30	„	„	Der verschriebene Bräutigam aus Paris.	1	Dyck.
269	17	Mai	„	Die Heirath durch das Wochenblatt.	1	Schröder.
270	10	Juli	„	Die Liebe macht Narren, od. die lächerliche Verkleidung.	1	Aus dem Spanischen.

Laufende Nummer.	Tag	Monat	Jahr	Name des Stücks.	Akte	Name des Verfassers oder Bearbeiters.
	der ersten Aufführung.					
271	16	Juli	1787	Rosalie v. Felsheim, od. Lilliput.	5	v. Soden.
272	23	"	"	Die belesene Jungfrau.	1	Molière.
273	1	Oct.	"	Der alte böse General.	3	Kretschmann.
274	16	"	"	Der Weise in der That.	5	Nach Sedaine von Gotter.
275	4	März	1788	Die offene Fehde.	3	Nach d. Franz. von Huber.
276	31	"	"	Der Stammbaum.	1	Ant. Wall.
277	15	April	"	Die große Toilette.	5	
278	11	Juni	"	Erziehung macht den Menschen.	5	Vom Verfasser des Postzugs.
279	10	Sept.	1788	So muß man die Männer fesseln.	5	Leonhardi.
280	21	Oct.	"	Der Revers.	5	Jünger.
281	2	Nov.	"	Wer wird sie bekommen?	1	Schletter.
282	27	Dec.	"	Täuschung durch Aehnlichkeit, od. d. Schule der Vormünder.	5	Aus d. Franz. des Cailhava's (le tuteur dupé).
283	22	Jan.	1789	Die Abentheuer einer Nacht, od. d. zwei lebenden Todten.	3	Huber.
284	12	Febr.	"	Die Erbschleicher.	5	Gotter.
285	6	April	"	Die Eifersüchtigen, od. keiner hat Recht.	4	Nach d. Engl. von Schröder.
286	28	"	"	Die Fee Urgele, od. was den Damen gefällt.	4	Aus d. Franz., Mus. v. Schulze.
287	22	Aug.	"	Armuth und Hoffahrt.	5	Beil.
288	16	Oct.	"	Die Indianer in England.	3	v. Kotzebue.
289	8	Dec.	"	Die Uebereilung.	1	Aus d. Engl. des Murphy.
290	22	"	"	Der entlarvte Betrüger. (Auf Befehl S. M. des Königs.)	5	Graf v. Brühl.
291	29	"	"	Das Landmädchen. (Auf Befehl S. M. des Königs.)	5	Nach Wicherley.
292	30	Jan.	1790	Die magnetische Wunderkraft, oder aller Welt zum Trotz doch ein Arzt.	3	Huber.
293	3	März	"	Die Heirath durch Irrthum.	1	Nach d. Franz. des Patrat.
294	24	April	"	Die eheliche Probe.	1	
295	20	Mai	"	Fritz und Hänschen, od. die Milchbrüder.	1	
296	31	"	"	Ehrgeiz und Liebe.	2	Aus d. Franz.
297	21	Juni	"	Das Porträt der Mutter, od. die Privatkomödie.	4	Schröder.

Laufende Nummer.	Tag	Monat	Jahr	Name des Stücks.	Acte	Name des Verfassers oder Bearbeiters.
	der ersten Aufführung					
298	26	Juli	1790	Der Mondkaiser.	3	Aus d. Franz.
299	2	Sept.	„	Weder der Eine noch der Andere.	1	
300	25	„	„	Bruder Moritz, oder der Sonderling.	3	v. Kotzebue.
301	9	Oct.	„	Das Ehrenwort.	4	Spieß.
302	19	Jan.	1791	Die Entführung.	3	Jünger.
303	23	Febr.	„	Die unglückliche Ehe durch Delikatesse. (Forts. v. Ring).	4	Schröder.
304	23	April	„	Die Perücken.	1	Spieß.
305	2	Mai	„	Das große Loos.	1	Hagemeister.
306	3	Aug.	„	Pygmalion II., oder was vermag die Liebe nicht.	5	Nach Conway von Corymeadow.
307	14	Sept.	„	Getroffen!	1	Schletter.
308	28	„	„	Stadt und Land.	3	Spieß.
309	11	Oct.	„	Der seltene Onkel.	4	
310	28	Nov.	„	Er mengt sich in Alles.	5	Jünger.
311	1	Febr.	1792	Das Bürgerglück.	3	Babo.
312	17	März	„	Die Hagestolzen. (Auf Befehl S. M. des Königs).	5	Iffland.
313	2	April	„	Liebhaber und Nebenbuhler in einer Person.	4	Ziegler.
314	19	„	„	Die Geschwister vom Lande.	5	Jünger.
315	28	„	„	Der Gutherzige.	1	Florian.
316	14	Mai	„	Die vier Vormünder.	4	Nach Miß Centlive.
317	25	Aug.	„	Wie gewonnen so zerronnen.	2	Aus d. Franz. des Dumaniant.
318	15	Sept.	„	Maske für Maske.	3	Jünger.
319	7	Nov.	„	Die Verlobung, od. Kindespflicht über Liebe.	1	
320	10	Dec.	„	Hirngespinnste.	4	Lambrecht.
321	19	„	„	Die falschen Entdeckungen.	3	Nach Marivaux.
322	2	Mai	1793	Der Proceß, oder Ehen werden im Himmel geschlossen.	2	Hercklots.
323	8	Juni	„	Der Geburtstag, oder die Ueberraschung.	1	Dr. Engel aus Schwerin.
324	3	Aug.	„	Menschenwerth, oder Tugend ohne Eigennutz.	5	Nach Bourgoyne.
325	12	Sept.	„	Der König auf Reisen.	4	Ziegler.
326	23	Nov.	„	Leichtsinn und gutes Herz.	1	Hagemann.

Laufende Nummer.	Tag	Monat	Jahr	Name des Stücks.	Akte.	Name des Verfassers oder Bearbeiters.
	der ersten Aufführung.					
327	2	Dec.	1793	Der Fürst und sein Kammerdiener.	1	Hagemann.
328	25	„	„	Die Reisenden, od. Wirkungen der Großmuth.	3	Nach d. Engl.
329	11	Febr.	1794	Die Reise nach der Stadt. (Auf Befehl S. M. d. K.).	5	Iffland.
330	28	Mai	„	Der Mann von 40 Jahren.	1	v. Kotzebue.
331	13	Aug.	„	Der väterliche Fluch, od. die Dichterfamilie.	5	Roller.
332	21	„	„	Armuth und Edelsinn.	3	v. Kotzebue.
333	30	„	„	Inkle und Jariko.	3	Nach d. Engl. des Colmann.
334	16	Jan.	1795	Der Wechsel.	4	Jünger.
335	4	März	„	Stille Wasser sind tief.	4	Schröder.
336	23	„	„	Sucht nach Aufsehen.	5	Nach dem Engl. von Cowmeadow.
337	15	Juni	„	Irrthum auf allen Ecken.	5	Nach dem Engl. des Goldsmith.
338	26	„	„	Margot, oder das Mißverständniß.	1	F. N.
339	13	Juli	„	Was sein soll, schickt sich wohl.	3	Jünger.
340	30	„	„	Verjährte und unverjährte Liebe, oder alte Liebe rostet nicht.	5	Aus d. Engl.
341	4	Dec.	„	Die Wittwe und das Reitpferd.	1	
342	4	März	1796	Die Quälgeister.	5	Nach Shakespeare von Beck.
343	15	April	„	Ein seltener Fall, oder die Mutter die Vertraute ihrer Tochter.	3	Jünger.
344	13	Sept.	„	Die Erbschaft.	1	
345	21	Oct.	„	Er soll sich schlagen.	1	
346	26	Nov.	„	Der Hausfriede.	5	Iffland.
347	9	Dec.	„	Die eheliche Vergeltung.	1	
348	25	Jan.	1797	Die Schachmaschine.	4	Beck.
349	1	Febr.	„	Die Komödie aus dem Stegreife.	1	Jünger.
350	11	„	„	Die Unglücklichen.	1	v. Kotzebue.
351	15	März	„	Das Mutterpferd.	2	
352	22	„	„	Die gute Mutter.	1	Nach d. Franz. des Florian.

Laufende Nummer.	Tag	Monat	Jahr	Name des Stücks.	Akte	Name des Verfassers oder Bearbeiters.
	der ersten Aufführung.					
353	27	März	1797	Die Verwandtschaften.	5	v. Kotzebue.
354	3	April	„	Die Freunde auf der Probe.	1	Nach v. Beaunoir.
355	20	Juni	„	Die Fallbrücke.	5	Brömel.
356	19	Juli	„	Leichter Sinn.	5	Iffland.
357	12	Febr.	1798	Gleiches mit Gleichem.	5	Nach d. Ital. des Federici von Vogel.
358	24	„	„	Die Klausel.	1	Tilly.
359	5	März	„	Dr. Tonnuccio.	5	v. Fester.
360	13	„	„	Der Magnetismus.	1	Iffland.
361	1	Mai	„	Die Rückkehr.	3	Nach d. Engl.
362	29	Oct.	„	Die junge Indianerin.	1	Nach d. Franz. von du Chamfort.
363	5	Nov.	„	Der Fremde.	5	Iffland.
364	19	„	„	Das Epigramm.	4	v. Kotzebue.
365	29	„	„	Der Schleier.	4	Vogel.
366	10	Dec.	„	Der Amerikaner.	5	Vogel.
367	2	Jan.	1799	Der Tabuletkrämer.	1	
368	4	Febr.	„	Der verliebte Briefwechsel.	5	Huber.
369	1	Mai	„	Die beiden Klingsberge.	4	v. Kotzebue.
370	4	Juni	„	Der Schiffbruch, oder die Erben.	1	Steigentesch.
371	15	Juli	„	Die Entdeckung.	2	Steigentesch.
372	13	Aug.	„	Heimburg und Marie.	5	Bretzner.
373	27	„	„	Der Scheintodte.	1	Nach Andrieux von Rambach.
374	2	Sept.	„	Die Aehnlichkeit.	3	Vogel.
375	31	Dec.	„	Das neue Jahrhundert.	1	v. Kotzebue.
376	12	Aug.	1800	Der Besuch.	4	v. Kotzebue.
377	3	Nov.	„	Das Kamäleon.	5	Beck.
378	29	Juni	1801	Der Bräutigam in der Irre.	3	Vogel.
379	24	Sept.	„	Der Wirrwarr.	5	v. Kotzebue.
380	25	„	„	Beschämte Eifersucht.	2	Frau v. Weißenthurn.
381	8	Oct.	„	Die Gäste.	1	
382	15	März	1802	Der Hausverkauf.	1	Herzfeld.
383	15	April	„	Die französischen Kleinstädter.	4	Aus d. Franz. des Picard von v. Kotzebue.
384	28	„	„	Die deutschen Kleinstädter.	4	v. Kotzebue.
385	16	Juli	„	Wer erst kommt, mahlt erst.	3	Nach d. Franz. von Huber.
386	8	Oct.	„	Don Ranudo de Colibrados.	4	N. Holberg von v. Kotzebue.
387	28	„	„	Der Puls.	2	Babo.

Laufende Nummer.	Tag	Monat	Jahr	Name des Stücks.	Acte.	Name des Verfassers oder Bearbeiters.
	der ersten Aufführung					
388	10	Febr.	1803	List und Liebe.	1	Herclots.
389	16	März	„	Gegenlist.	3	Nach d. Franz. des Duval.
390	18	„	„	Die Schule der Frauen.	5	Molière, frei übersetzt in Knittelversen von v. Kotzebue.
391	12	April	„	Jocrissens Leiden und Verzweiflung.	2	Dorvigny.
392	23	Mai	„	Die Pagenstreiche.	5	v. Kotzebue.
393	9	Juni	„	Das Gemälde.	1	Nach Duval.
394	28	Sept.	„	Besonnenheit und Liebe.	1	Herclots.
395	6	Oct.	„	Der Vater von ungefähr.	1	v. Kotzebue.
396	13	Oct.	„	Scherz und Ernst.	1	Nach Dieu la Foi v. Dr. Stoll.
397	15	„	„	Cervantes Portrait.	3	Nach Dieu la Foi von F. L. Schmidt.
398	11	Nov.	„	Der todte Neffe.	1	Nach dem Franz. des Martinville.
399	28	„	„	Der Zauberbrunnen.	1	
400	22	Febr.	1804	Der Perückenstock.	1	
401	3	April	„	Die Ueberbildeten.	1	Nach Molière.
402	6	Juni	„	Die Heirathspläne.	1	Nach Duval.
403	26	Juli	„	Der Neffe auf hohen Schulen.	1	
404	23	Aug.	„	Die drei Gefangenen.	5	Nach d. Franz. von P. A. Wolff.
405	31	„	„	Großmuth und Dankbarkeit.	1	Hagemann.
406	27	Sept.	„	Die vergebliche Reise.	2	Nach Molière.
407	15	Oct.	„	Die Kunst sein Glück zu machen.	5	Nach d. Franz. von Schiller.
408	15	„	„	Die Sparbüchse.	1	v. Kotzebue.
409	29	„	„	Die Erben.	4	Frau v. Weißenthurn.
410	3	Dec.	„	Von Heute.	1	Elogius Meier.
411	21	Jan.	1805	Herr Müßling, oder wie die Zeit vergeht.	1	Herclots.
412	14	Febr.	„	Die junge Spröde, oder die Weiber unter sich.	1	
413	17	Mai	„	Die jähzornige Frau.	1	
414	21	„	„	Das Mißverständniß, oder die Wette.	2	
415	18	Juni	„	Mädchenfreundschaft, oder der türkische Gesandte.	1	v. Kotzebue.
416	12	Juli	„	Der Empfindliche.	1	Aus d. Franz. des Picard.
417	15	Aug.	„	Der Geizige.	5	Nach Molière von Zschocke.
418	2	Oct.	„	Ein Zofenstreich.	1	Aus dem Französischen.

Laufende Nummer.	Tag	Monat	Jahr	Name des Stücks.	Acte.	Name des Verfassers oder Bearbeiters.
	der ersten Aufführung.					
419	15	Oct.	1805	Die Organe des Gehirns.	3	v. Kotzebue.
420	21	Nov.	„	Blinde Liebe.	3	v. Kotzebue.
421	27	„	„	Die Seelenwanderung.	4	Iffland.
422	9	Dec.	„	Die Brandschatzung.	1	v. Kotzebue.
423	20	Jan.	1806	Ton des Tages.	3	Nach d. Franz. von J. v. Voß.
424	3	Febr.	„	Das Geständniß.	1	v. Kotzebue.
425	5	„	„	Der kranke Eifersüchtige.	1	
426	25	April	„	Die freundlichen Unheilstifter.	4	Nach Picard von Herclots.
427	3	Sept.	„	Die Theaterprobe.	1	Nach Molière.
428	26	„	„	Der Gelehrte.	5	Nach Destouches.
429	8	„	„	George Rothbart.	3	Nach Molière von Zschocke.
430	26	Jan.	1807	Laune des Schicksals, oder die Marionetten.	5	Nach Picard.
431	25	Febr.	„	Das Räthsel.	1	Contessa.
432	23	März	„	Die Heirath wider Willen.	1	Nach Molière von Zschocke.
433	23	„	„	Die Nachbarschaft.	1	Nach Picard von Iffland.
434	6	April	„	Rückwirkung.	1	Nach Picard von Iffland.
435	4	Mai	„	Die Griechheit.	5	J. v. Voß.
436	29	Juni	„	Das war ich!	1	Hutt.
437	6	Aug.	„	Die erwachsenen Töchter.	3	Nach Picard von Iffland.
438	2	Oct.	„	Duhautcours, oder der Vergleich-Contract.	5	Nach Picard.
439	16	Nov.	„	Der Deserteur.	1	v. Kotzebue.
440	14	Dec.	„	Das Testament des Onkels.	3	Römer.
441	11	Jan.	1808	Die Gemäldesammlung.	1	
442	16	März	„	Heinrichs V. Jugendjahre.	3	Nach dem Franz. des Duval von Iffland.
443	20	April	„	Die Kleinigkeiten.	1	Steigentesch.
444	9	Mai	„	Nur er will sprechen.	1	Schmidt.
445	6	Juni	„	Aller Welt Freund.	2	Nach Picard.
446	22	„	„	Charakterprobe.	1	
447	8	Juli	„	Er muß heirathen!	3	
448	21	Aug.	„	Das Intermezzo, oder der Landjunker zum erstenmale in der Residenz.	5	v. Kotzebue.
449	25	„	„	Das Morgenstündchen.	1	Kind.
450	2	Sept.	„	Jeder fege vor seiner Thür.	1	
451	15	„	„	Die Postkutsche zu Bocksdorf.	5	Nach Picard von Reinhold.
452	7	Oct.	„	Der Stumme.	1	v. Kotzebue.

Laufende Nummer.	Tag	Monat	Jahr	Name des Stücks.	Acte.	Name des Verfassers oder Bearbeiters.
	der ersten Aufführung.					
453	20	Oct.	1808	Die erste Liebe.	3	Frau v. Weißenthurn.
454	18	Jan.	1809	Das Landhaus an der Heerstraße.	1	v. Kotzebue.
455	8	Febr.	„	Die Ehescheuen.	1	Frau v. Weißenthurn.
456	8	„	„	Der rechte Arzt.	4	Schmidt.
457	24	April	„	Die Seeschlacht und die Meerkatze.	1	v. Kotzebue.
458	15	Mai	„	Der kurze Roman, oder die seltsame Wette.	1	Hassaureck.
459	26	„	„	Fedor und Pauline.	4	v. Kotzebue.
460	23	Juni	„	Die Schwiegermutter.	5	Brandes.
461	7	Juli	„	Zanksucht und Bruderliebe.	3	Aus dem Französischen.
462	21	„	„	Advokat Patelin.	3	Nach Bruys.
463	14	Aug.	„	Dir wie mir.	1	Sonnleithner.
464	18	„	„	Haß allen Frauen.	1	Nach d. Franz. des Bouilly von Castelli.
465	25	„	„	Der verbannte Amor.	4	v. Kotzebue.
466	8	Sept.	„	Die Ehemänner als Junggesellen.	1	Nach d. Franz. von Castelli.
467	15	„	„	Der verdächtige Freund.	5	Leonhardi.
468	21	„	„	Welcher ist mein Vetter?	1	Nach dem Französischen.
469	5	Oct.	„	Die Zerstreuten.	1	v. Kotzebue.
470	12	„	„	Bruis und Palaprat, oder die zwei Verfasser eines Stücks.	1	Nach Etienne.
471	16	„	„	Verstand und Herz.	1	
472	27	„	„	Sorgen ohne Noth und Noth ohne Sorgen.	5	v. Kotzebue.
473	24	Nov.	„	Des Esels Schatten, oder der Proceß in Krähwinkel.	1	v. Kotzebue.
474	29	Jan.	1810	Charamante.	1	J. v. Voß.
475	29	„	„	Künstlers Erdenwallen.	5	J. v. Voß.
476	12	Febr.	„	Der häusliche Zwist.	1	v. Kotzebue.
477	26	„	„	Der Versucher in der Wüste.	2	Friedrich.
478	19	März	„	Das Declamatorium in Krähwinkel.	3	Klingemann.
479	30	April	„	Das Zeichen der Ehe.	3	
480	10	Mai	„	Vetter Kuckuk.	4	Friedrich.
481	25	„	„	Wer sucht, findet auch, was er nicht sucht.	1	

Laufende Nummer.	Tag	Monat	Jahr	Name des Stücks.	Acte	Name des Verfassers oder Bearbeiters.
	der ersten Aufführung.					
482	11	Juni	1810	Die zwei Grenadiere.	3	
483	13	Juli	„	So waren sie! so sind sie!	2	
484	7	Sept.	„	Pachter Feldkümmel von Tippelskirchen.	5	v. Kotzebue.
485	28	„	„	Die Verschreibung.	1	Passy.
486	4	Oct.	„	Der Sohn durch's Ungefähr.	2	
487	3	Nov.	„	Die Belagerung von Saragossa, oder Pachter Feldkümmels Hochzeittag.	4	v. Kotzebue.
488	22	„	„	Das zugemauerte Fenster.	1	v. Kotzebue.
489	29	„	„	Cäsario.	5	P. A. Wolff.
490	9	Dec.	„	Die Glücklichen.	1	v. Kotzebue.
491	11	Jan.	1811	Blind geladen!	1	v. Kotzebue.
492	5	Febr.	„	Haß allen Männern.	1	v. Barneckow.
493	15	„	„	Der gutherzige Polterer.	3	Goldoni, neu bearbeitet von Iffland.
494	8	März	„	Der Findling, oder die moderne Kunstapotheose.	2	Contessa.
495	9	April	„	Max Helfenstein.	2	v. Kotzebue.
496	24	„	„	Die neue Frauenschule.	3	v. Kotzebue.
497	7	Juni	„	Das Sonett.	1	Schall.
498	12	„	„	Der Verräther.	1	Holbein.
499	1	Juli	„	Er muß sich malen lassen.	5	Reinbeck.
500	25	„	„	Der Schauspieler wider Willen.	1	v. Kotzebue, nach dem Franz.
501	6	Aug.	„	Diana von Poitiers.	2	Castelli.
502	22	„	„	König Stanislaus, oder List und Liebe.	3	Nach Duval von Lembert.
503	31	„	„	Die Hintergangenen.	1	Niemeyer.
504	31	„	„	Die Erfahrungen nach dem Tode.	1	
505	9	Sept.	„	Das Portrait der Erbin, oder die zerbrochene Brille.	3	Nach d. Franz. von v. Kurländer.
506	28	„	„	Raphael.	1	Castelli.
507	29	Oct.	„	Die Botaniker.	2	Sonnleithner.
508	6	Nov.	„	Die Müßiggänger.	1	Aus d. Franz. des Picard.
509	13	„	„	Der Lügner und sein Sohn.	1	Nach Collin d'Harleville.
510	5	Dec.	„	Der Schneider und sein Sohn, oder Mittel gegen Herzweh.	5	Aus dem Englischen.
511	27	„	„	Mittel und Wege.	5	Babo.

Laufende Nummer.	Tag	Monat	Jahr	Name des Stücks.	Akte.	Name des Verfassers oder Bearbeiters.
	der ersten Aufführung.					
512	2	Jan.	1812	Die alten Liebschaften.	1	v. Kotzebue.
513	10	„	„	Standesproben.	3	
514	17	März	„	Der Briefwechsel.	3	v. Steigentesch.
515	1	Juni	„	Mehr Glück als Verstand.	1	Schall.
516	12	„	„	Trau, schau, wem!	1	Schall.
517	25	„	„	Die Zurückkunft aus Surinam.	3	Nach Voltaire von Müllner.
518	14	Aug.	„	Die Rosen des Herrn v. Malesherbes.	1	v. Kotzebue.
519	26	„	„	Die Blume vom Ganges.	4	J. v. Voß.
520	3	Sept.	„	Das getheilte Herz.	1	v. Kotzebue.
521	1	Oct.	„	Die Vertrauten.	2	Müllner.
522	29	„	„	Ränke und Schwänke.	3	Lembert.
523	4	Nov.	„	Die respektable Gesellschaft.	1	v. Kotzebue.
524	12	„	„	Der grüne Domino.	1	Th. Körner.
525	19	„	„	Die gefährliche Prüfung.	1	Müllner.
526	7	Dec.	„	Der Geschäftige.	3	
527	30	„	„	Der Vorsatz.	1	v. Holbein.
528	5	Jan.	1813	Die Flitterwochen.	1	Gerhard.
529	19	Febr.	„	Launen der Liebe.	3	
530	25	März	„	Der Beruf.	1	Th. Hell.
531	11	Juni	„	Besser spät gefreit, als niemals.	4	Friedrich.
532	23	„	„	Die großen Kinder.	2	Müllner.
533	7	Juli	„	Die Feuerprobe.	1	v. Kotzebue.
534	23	„	„	Der leichtsinnige Lügner.	3	Schmidt.
535	3	Sept.	„	Die gefährliche Nachbarschaft.	1	v. Kotzebue.
536	10	„	„	Die selige Frau.	1	Gubitz.
537	16	„	„	Die Brüder.	1	
538	3	Dec.	„	Die Launen des Verliebten.	1	v. Goethe.
539	3	„	„	Die Komödiantin aus Liebe.	1	v. Kotzebue.
540	27	„	„	Das Dorf an der Grenze.	1	
541	31	Jan.	1814	Der Blitz.	1	Müllner.
542	15	März	„	Die unterbrochene Whistparthie.	3	Schall.
543	1	April	„	Der Rehbock, oder die schuldlosen Schuldbewußten.	3	v. Kotzebue.
544	12	Mai	„	Der Dichter und der Schauspieler, oder das Lustspiel im Lustspiel.	3	Lembert.

Laufende Nummer.	Tag	Monat	Jahr	Name des Stücks.	Acte.	Name des Verfassers oder Bearbeiters.
	der ersten Aufführung.					
545	14	Juli	1814	Der Geist, oder die unterbrochene Theaterprobe.	1	Friedrich.
546	19	Aug.	„	Welche ist die Braut?	5	Frau v. Weißenthurn.
547	22	Sept.	„	Der Shawl.	1	v. Kotzebue.
548	19	Oct.	„	Die Rückkehr der Freiwilliger.	1	v. Kotzebue.
549	31	„	„	Der Vetter aus Bremen.	1	Körner.
550	2	Dec.	„	Die Braut.	1	Th. Körner.
551	29	„	„	Baron Blitz, oder er macht keine Umstände.	3	Nach Severin.
552	5	Jan.	1815	Wiedervergeltung.	3	Nach d. Franz. v. Hassaureck.
553	15	Febr.	„	Die vergebliche Mühe.	3	Lembert.
554	16	März	„	Die blühende Jungfrau.	3	J. v. Voß.
555	16	„	„	Die verblühte Jungfrau.	2	J. v. Voß.
556	7	April	„	Band und Halstuch.	1	Tienemann.
557	7	„	„	Der Orangenbaum.	1	Kind.
558	5	Mai	„	Nein!	1	G. v. Barneckow.
559	5	„	„	Der Kuß.	1	
560	25	„	„	Der Nachtwächter.	1	Th. Körner.
561	23	Juni	„	Der Brauttanz, oder der Schwiegersohn von Ungefähr.	5	H. Clauren.
562	4	Aug.	„	Feder und Schwert.	1	
563	18	„	„	So bezahlt man seine Schulden.	3	Aus d. Franz. des Andrieux.
564	21	„	„	Die Folgen eines Maskenballs.	1	Aus d. Franz. von Clauren.
565	1	Sept.	„	Die englischen Waaren.	2	v. Kotzebue.
566	2	„	„	Unser Verkehr.	1	Sessa.
567	22	„	„	Die Radikalkur.	3	Frau v. Weißenthurn.
568	6	Oct.	„	Die Brüder.	5	Nach d. Terenz. bearbeitet.
569	9	„	„	Die Nachschrift.	1	Nach Heigel von Holbein.
570	13	„	„	Die Proberollen.	1	Breitenstein.
571	16	„	„	Der Talisman. (Forts. vom Räthsel.)	1	v. Contessa.
572	20	„	„	Theatersucht.	3	Schall.
573	2	Nov.	„	Der alte Jüngling.	1	Aus d. Franz.
574	9	„	„	Der Doppelpapa.	3	Nach Romanus v. Hagemann.
575	22	Dec.	„	Die Uniform des Feldmarschalls Wellington.	1	v. Kotzebue.
576	29	„	„	Der Rosenstock.	1	Deinhardtstein.

Laufende Nummer	Tag	Monat	Jahr	Name des Stücks.	Akte.	Name des Verfassers oder Bearbeiters.
	der ersten Aufführung.					
577	31	Dec.	1816	Der Sylvesterabend.	1	Förster.
578	12	Jan.	„	Der Vielwisser.	5	v. Kotzebue.
579	16	März	„	Der Verführer, oder die klugen Frauen.	5	
580	22	„	„	Die Seelenwanderung, od. der Schauspieler wider Willen, auf eine andere Manier.	1	v. Kotzebue.
581	29	„	„	Der Abend im Posthause.	5	H. Clauren.
582	1	April	„	Der erste April.	1	Vulpius.
583	10	„	„	Die Einquartierung.	1	d'Elpons.
584	29	„	„	Der Lügner.	5	Goldoni, neu bearbeitet von Ehrimfeld.
585	10	Juni	„	Die Großmama.	1	v. Kotzebue.
586	21	„	„	Die Gefangenen.	5	Nach dem Lat. des Plautus von v. Einsiedel.
587	15	Aug.	„	Die heimlich Vermählten, od. er wird sein eigner Richter.	1	W. Vogel.
588	3	Sept.	„	Der Quartierzettel.	3	Nach Langbein von Reinbeck.
589	15	Nov.	„	Welcher ist der Bräutigam?	4	Frau v. Weißenthurn.
590	2	Dec.	„	Der gerade Weg der beste.	1	v. Kotzebue.
591	20	„	„	Die kurze Ehe.	1	Nach d. Franz. des Etienne von Sonnleithner.
592	3	Jan.	1817	Der Verschwiegene wider Willen, od. die Fahrt von Berlin nach Potsdam.	1	v. Kotzebue.
593	6	Febr.	„	Die Brüder Philibert.	3	Nach d. Franz. des Picard von C. Blum.
594	22	„	„	Die Mißverständnisse.	1	Steigentesch.
595	15	März	„	Das Consilium.	1	Frau v. Weißenthurn.
596	23	April	„	Das Gut Sternberg.	4	Frau v. Weißenthurn.
597	6	Mai	„	Die Tochter Pharaonis.	1	v. Kotzebue.
598	13	Juni	„	Der Schatz.	1	v. Contessa.
599	30	„	„	Ritter Hans, oder die Verwechselung.	1	W. Hensel.
600	11	Aug.	„	Domestikenstreiche.	1	Nach d. Franz. von Castelli.
601	18	„	„	Shakespeare als Liebhaber.	1	Nach Duval von v. Kurländer.
602	19	„	„	Der goldene Löwe, oder des Schicksals Tücke.	4	K. Stein.

Laufende Nummer	Tag	Monat	Jahr	Name des Stücks.	Akte.	Name des Verfassers oder Bearbeiters.
	der ersten Aufführung.					
603	1	Sept.	1817	Vier Schildwachen auf einem Posten.	1	Vogel.
604	10	Oct.	„	Der Schulgelehrte.	2	Nach d. Engl. der Miß Cowley.
605	[illegible]	„	„	Der Freimaurer.	1	v. Kotzebue.
606	10	Nov.	„	U. A. W. G. oder die Einladungskarte.	1	v. Kotzebue.
607	25	„	„	Die Brautwahl.	3	Nach Picard von Lembert.
608	2	Dec.	„	Ehestandsrepressalien.	1	Freiherr v. Thumb.
609	13	„	„	Männertreue, oder so sind sie Alle.	1	
610	17	„	„	Philibert der Jüngere. (Forts. der Brüder Philibert).	3	C. Blum.
611	31	„	„	Das glückliche Mißverständniß am Neujahrstage.	1	C. Haug.
612	14	Jan.	1818	Jonas Prellhammer.	3	d'Elpons.
613	4	Febr.	„	Der Nebenbuhler.	1	v. Barneckow.
614	6	„	„	Peter und Paul.	3	Nach d. Franz. von Castelli.
615	7	März	„	Die Gouvernante.	1	Th. Körner.
616	9	„	„	Der Hund des Aubri.	1	P. A. Wolff.
617	3	Juni	„	Querstriche und Mißverständnisse.	2	Nach d. Franz.
618	19	„	„	Der Prinz von Ungefähr.	2	Nach d. Franz.
619	15	Juli	„	Die Onkelei, oder das französische Lustspiel.	1	Müllner.
620	27	Aug.	„	Die Damenhüte im Theater.	1	Nach Meisl von J. v. Voß.
621	9	Oct.	„	Die Bürger in Wien.	3	A. Bäuerle.
622	10	„	„	Die armen Maler.	1	C. Jents.
623	14	Nov.	„	Die Charade.	1	v. Kurländer.
624	10	Dec.	„	Die Flitterwochen.	1	Schilling.
625	30	„	„	Der Hausdoctor.	3	Ziegler.
626	16	März	1819	Donna Diana.	3	Nach d. Span. des Moreto von C. A. Weß.
627	24	April	„	Ich bin mein Bruder.	1	v. Contessa.
628	5	Juni	„	Der Tadler.	5	Stephanie.
629 630	13	Juli	„	Die Zeche, oder Gastwirth und Bürgermeister in einer Person.	1	Castelli.
	20	„	„	Die beiden Gutsherrn.	5	J. v. Voß.
631	7	Sept.	„	Blind und lahm.	1	L. Robert.

Laufende Nummer.	Tag	Monat	Jahr	Name des Stücks.	Akte.	Name des Verfassers oder Bearbeiters.
	der ersten Aufführung.					
632	9	Nov.	1819	Die Lotterielisten.	2	Klähr.
633	21	„	„	Es spukt.	2	Frau v. Weißenthurn.
634	10	Dec.	„	Verlegenheit und List.	3	v. Kotzebue.
635	20	„	„	Das Vogelschießen.	5	Clauren.
636	4	Jan.	1820	Die eifersüchtige Frau.	2	Aus d. Franz. von v. Kotzebue.
637	20	„	„	Die Hintertreppe, oder die Gunst der Kleinen.	1	Nach d. Franz. von J. v. Plötz.
638	1	Febr.	„	Der Unentschlossene.	2	Aus d. Franz. des Leroi.
639	8	„	„	Ein Besuch im Narrenhause, od. Bedlams Nachbarschaft.	1	Nach d. Franz. von Th. Hell.
640	15	März	„	Die vier Temperamente.	3	Ziegler.
641	15	„	„	Vierzehn Tage nach dem Schusse.	1	Ziegler.
642	16	„	„	Wer ist zu Hause?	1	Nach d. Franz.
643	23	Mai	„	Brief und Antwort.	1	Nach d. Franz. von Lebrun.
644	5	Juli	„	Das letzte Mittel.	4	Frau v. Weißenthurn.
645	24	„	„	Die Zwillings-Geschwister.	4	Nach Shakespeare von A. v. Ziethen.
646	1	Sept.	„	Der gebesserte Lorenz, od. dießmal fehlt immer der Herr.	1	Aus d. Franz.
647	26	„	„	Der Tapetenschrank.	1	
648	20	Oct.	„	Pommersche Intriguen, oder das Stelldichein.	3	Lebrun.
649	30	„	„	Das Vorlegeschloß.	2	Nach d. Engl. von Adalb. v. Thale.
650	8	Nov.	„	Beinah verloren.	1	Abt.
651	15	Dec.	„	Der Theaterdichter.	3	Aus d. Engl. von Adalb. v. Thale.
652	30	„	„	Die Geheimnisse.	1	Nach d. Franz. von Lembert.
653	19	Jan.	1821	Neues Mittel, alte Schulden zu bezahlen.	5	Nach Massinger bearbeitet.
654	13	Febr.	„	Die Odaliske.	1	Nach d. Franz. von Mad. Krickeberg.
655	20	„	„	Der Flüchtling.	1	W. Vondi.
656	7	März	„	Freuden des Landlebens.	4	v. Barneckow.
657	12	Juni	„	Der Sekretär und der Koch.	1	Aus d. Franz. von C. Blum.
658	12	„	„	Der Oberst.	1	Nach d. Franz. von C. Blum.
659	5	Juli	„	Ich irre mich nie, oder der Räuberhauptmann.	1	Nach d. Franz. von Lebrun.

Laufende Nummer.	Tag	Monat	Jahr	Name des Stücks.	Akte.	Name des Verfassers oder Bearbeiters.
	der ersten Aufführung					
660	11	Juli	1821	Das öffentliche Geheimniß.	3	Nach Calderon und Gozzi von Lembert.
661	22	Aug.	„	Dreißigjährige Liebe.	2	Nach d. Franz. von Werden.
662	28	„	„	Er ist sein eigener Gegner.	3	Nach d. Franz. von Lebrun.
663	22	Sept.	„	Donna Laura.	3	Sophie v. Knorring.
664	30	„	„	Der schwatzt ohne Ende.	1	Th. Hell.
665	6	Oct.	„	Der Hagelschlag.	1	Adalb. v. Thale.
666	6	Nov.	„	Die Liebeserklärung.	2	v. Kurländer.
667	5	Dec.	„	Die Reise nach Dieppe, oder das Carneval von Paris.	3	Nach d. Franz. von C. Blum.
668	9	Jan.	1822	Die Testamentsklauseln.	1	Niemeier.
669	29	„	„	Staberls Reiseabentheuer.	2	
670	20	Febr.	„	Schwere Wahl.	3	Nach Calderon v. P. A. Wolf
671	13	März	„	Der Bürgermeister von Saardam, oder die zwei Peter.	3	Römer.
672	20	„	„	Staberls Hochzeit.	3	Bäuerle.
673	31	„	„	André.	1	Nach d. Franz. von C. Blum.
674	22	April	„	Der buckelige Liebhaber.	1	Castelli.
675	24	„	„	Der Eremit von St. Avella.	1	Nach d. Franz. von v. Blum.
676	2	Mai	„	Der Edukationsrath.	1	v. Kotzebue.
677	17	Juni	„	Hans Jürgens Brautfahrt.	2	A. Kuhn.
678	3	Juli	„	Die Talentprobe.	1	F. W. Gubitz.
679	27	„	„	Ein Mann hilft dem Andern.	1	Frau v. Weißenthurn.
680	5	Aug.	„	Gleiche Schuld.	3	Castelli.
681	8	„	„	Der zerbrochene Krug.	1	H. v. Kleist, bearbeitet v. F. Schmidt.
682	15	„	„	Das Gasthaus zur goldenen Sonne.	4	Clauren.
683	21	„	„	Die Reise zur Hochzeit.	3	Lembert.
684	2	Sept.	„	Mehr Glück als Verstand.	1	Lehmann.
685	14	Oct.	„	Das Geschenk des Fürsten.	3	Nach d. Franz. von v. Th[illegible]
686	30	„	„	Ein Stündchen in Pyrmont.	1	Nach d. Franz. v. Töpfer.
687	15	Dec.	„	Nummer 777.	1	Nach d. Franz. v. Lebrun.
688	23	„	„	Der Herr Gevatter.	1	Nach d. Franz. v. Th. Hell.
689	2	Jan.	1823	Mittel und Wege.	3	Lebrun.
690	14	„	„	Der Bethlehemitische Kindermord.	2	Geier.
691	28	„	„	Der Unschuldige muß viel leiden.	3	Nach d. Franz. v. Th. Hell.

Laufende Nummer	Tag	Monat	Jahr	Name des Stücks	Acte	Name des Verfassers oder Bearbeiters
	der ersten Aufführung.					
692	19	Febr.	1823	Die Entführung.	3	Aug. v. Tromlitz.
693	4	Mai	„	Geschäftswuth.	3	Nach Holberg von v. Ziethen.
694	7	„	„	Gatte und Junggeselle.	3	Nach d. Franz. von Cosmar.
695	2	Juni	„	Das kluge Kind.	1	Nach d. Franz. von Castelli.
696	14	„	„	Die junge Tante.	1	Nach Melesville von Castelli.
697	23	„	„	Der Empfehlungsbrief.	4	Töpfer.
698	25	„	„	Gefallsucht.	3	Costenoble.
699	30	Juli	„	Die Liebe zu Abentheuern, od. die Abentheuer aus Liebe.	4	Vogel.
700	20	Aug.	„	Der wahrhafte Lügner.	1	Nach d. Franz. von Thumb.
701	3	Sept.	„	Ein Stündchen vor dem Potsdamer Thore.	1	C. Blum.
702	8	Oct.	„	Tartüffe, oder der Scheinheilige.	5	Nach Molière.
703	13	„	„	Die Ueberraschung.	1	Nach d. Engl. des Poole.
704	1	Nov.	„	Er wird zur Hochzeit gebeten.	1	L. Robert.
705	5	„	„	Magister Quadrat.	1	Nach d. Franz. von C. Blum.
706	3	Dec.	„	Tantchen Rosamunde.	2	
707	7	Jan.	1824	Die Tableaux.	4	Töpfer.
708	28	„	„	Der Wollmarkt.	4	Clauren.
709	28	Febr.	„	Das Gedicht.	1	
710	17	März	„	Nichtchen und Großonkel.	1	Nach d. Franz. von v. Lichtenstein.
711	9	Mai	„	Wie gewonnen, so zerronnen.	1	Nach d. Franz. v. A. Schrader.
712	11	„	„	Der Großpapa.	1	Nach d. Franz. von Castelli.
713	26	„	„	Die Farben.	1	C. v. Holtei.
714	2	Juni	„	Strudelköpfchen.	1	Nach Etienne von Th. Hell.
715	14	„	„	Die Wiener in Berlin.	1	Carl v. Holtei.
716	5	Juli	„	Der Kammerdiener.	1	Nach d. Franz. von Mad. Krickeberg.
717	14	Aug.	„	Der Räuber.	1	Nach d. Franz. von Th. Hell.
718	25	„	„	Der Kostgänger.	1	Nach d. Franz. von v. Lichtenstein.
719	6	Sept.	„	Rataplan, od. der kleine Tambour.	1	Aus d. Franz. von Schrader.
720	18	„	„	Ländliche Stille.	5	Costenoble.
721	27	„	„	Das Dachstübchen.	1	Nach Scribe von v. Thumb.
722	13	Oct.	„	Röschens Aussteuer, od. das Duell.	3	Friederike Ellmenreich.

Laufende Nummer.	Tag	Monat	Jahr	Name des Stücks.	Akte	Name des Verfassers oder Bearbeiters.
	der ersten Aufführung.					
723	28	Oct.	1825	Die Schule der Alten.	5	Nach Delavigne von J. F. v. Mosel.
724	1	Nov.	„	Der Kuß nach Sicht.	1	Nach d. Franz. von Th. Hell.
725	8	„	„	Die beiden Britten.	3	Nach d. Franz. von C. Blum.
726	7	Dec.	„	Die Wette aus dem Stegreife.	1	Nach Sedaine.
727	7	„	„	Der Räuberhauptmann, oder wie man sich irren kann.	1	Gollmick.
728	13	„	„	Schein und Sein.	5	Töpfer.
729	22	„	„	Der Temperamentsfehler.	2	Adami.
730	24	„	„	Die Berliner in Wien.	1	Carl v. Holtei: Mus. v. Freund.
731	19	Jan.	1825	Flinte und Pinsel, oder das Schloß zur alten Henne.	1	Nach d. Franz. von Th. Hell.
732	12	Febr.	„	Vielliebchen od. das Tagebuch.	1	Lebrun.
733	15	„	„	Humoristische Studien.	2	Nach d. Franz. von Lebrun.
734	27	„	„	Der Fischer u. der Vogelsteller.	1	Nach d. Franz. von C. Blum.
735	23	März	„	Steckenpferde.	5	P. A. Wolff.
736	29	April	„	Kritik und Antikritik.	4	Raupach.
737	14	Mai	„	Die Wunderkur.	1	
738	1	Juni	„	Eigne Wahl.	2	Schall.
739	22	„	„	Der Ahnenstolz in der Küche.	1	Nach d. Franz. von Lembert.
740	4	Juli	„	Der verwundete Liebhaber.	1	v. Kurländer.
741	13	„	„	Laßt die Todten ruhen.	3	Raupach.
742	1	Aug.	„	Die beiden Türenne.	1	Nach einer Anekdote v. C. Blum.
743	10	„	„	Der Geheime Registrator, od. die versalzenen Klöße.	2	J. v. Voß.
744	18	„	„	Des Fahnjunkers Treue, od. besser spät als gar nicht.	3	J. v. Voß.
745	22	„	„	Die Benefiz Vorstellung.	1	Nach d. Franz. von Th. Hell.
746	28	Sept.	„	Die Verstorbene.	1	Lebrun.
747	29	„	„	Die Unzertrennlichen.	1	Aus d. Franz. von Th. Hell.
748	5	Oct.	„	Flattersinn und Liebe.	4	Aus d. Franz. von v. Kurländer.
749	27	„	„	Der Prinz von Pisa.	5	W. Alexis.
750	14	Nov.	„	Gutes Beispiel.	1	Nach d. Franz. von Castelli.
751	12	Dec.	„	Aller Welt Freund.	1	Picard, bearb. von Lebrun.
752	3	Jan.	1826	Die Gelehrten.	5	Raupach.
753	8	Febr.	„	Die blonden Locken.	1	Töpfer.
754	15	„	„	Erste Liebe, oder Erinnerung aus der Kindheit.	1	Nach d. Franz. von v. Lichtenstein.

Laufende Nummer.	Tag	Monat	Jahr	Name des Stücks.	Acte.	Name des Verfassers oder Bearbeiters.
	der ersten Aufführung.					
755	22	Febr.	1826	Die Brautwahl.	1	Iffland.
756	9	April	„	Die Erbin.	1	Nach d. Franz. von W. Stich.
757	15	„	„	Geniren Sie sich nicht!	1	Holbein.
758	1	Mai	„	Der Todte in Verlegenheit.	3	Nach d. Franz. von v. Kurländer.
759	25	„	„	Die lustigen Weiber v. Windsor.	5	Shakespeare.
760	28	Juni	„	Liebe hilft zum Recht.	4	Vogel.
761	25	Aug.	„	Der Sansfaçon, oder er macht keine Umstände.	3	Nach d. Franz.
762	9	Sept.	„	Die Verwechselungen.	2	Nach Picard von Lebrun.
763	10	Oct.	„	Herr von Ich.	1	Nach d. Franz. von C. Blum.
764	10	„	„	Die Mäntel, oder die Schneider in Lissabon.	1	Nach Scribe von C. Blum.
765	27	Nov.	„	Launen des Zufalls.	3	Nach Jüngers: Strich durch die Rechnung, von Lebrun.
766	23	Jan.	1827	Der Nachbar.	1	Nach d. Franz. von v. Lichtenstein.
767	7	Febr.	„	Zwei Freunde und ein Rock.	1	Nach d. Franz. von Castelli.
768	7	März	„	Das Heirathsgesuch.	2	J. C. Mand.
769	14	„	„	Postwagen-Abentheuer.	3	Nach Picard, bearb. v. Lebrun.
770	24	„	„	Die Testamentsklausel.	1	Nach d. Franz. von Costenoble.
771	29	Mai	„	Der Fürst über Alle.	5	E. Raupach.
772	3	Juni	„	Der Westindier.	5	v. Cumberland, bearb. von v. Kotzebue.
773	25	„	„	Der Mann im Feuer.	3	Schmidt.
774	15	Aug.	„	Der Strauß.	1	
775	1	Sept.	„	Man kann sich irren.	1	Steigentesch.
776	4	„	„	Zwei Nichten für Eine.	2	v. Kotzebue.
777	9	„	„	Braut und Bräutigam in einer Person.	2	v. Kotzebue.
778	4	Oct.	„	Das Haus des Corregidor, oder Bunt über Eck.	3	Nach d. Franz. von Vogel.
779	24	Nov.	„	Die beiden Ehen.	1	Nach d. Franz. von Castelli.
780	3	Dec.	„	Englisches Spleen, od. der Geliebte in der Einbildung.	1	Tietz.
781	12	„	„	Neues Mittel, Töchter zu verheirathen.	1	Nach d. Franz. von v. Kurländer.
782	25	„	„	Die Kunst wohlfeil zu leben.	3	Bearbeitet von Lebrun.
783	31	Jan.	1828	Der Rasttag.	1	Nach d. Franz. von Castelli.

Laufende Nummer.	Tag	Monat	Jahr	Name des Stücks.	Acte.	Name des Verfassers oder Bearbeiters.
	der ersten Aufführung.					
784	5	Febr.	1828	Der Mann von 50 Jahren.	2	P. A. Wolff.
785	3	März	„	Die Schleichhändler.	4	Raupach.
786	5	„	„	Der Kammerdiener.	4	P. A. Wolff.
787	31	„	„	Der versiegelte Bürgermeister.	1	Raupach.
788	10	April	„	Der Smaragdring.	4	C. Marinof.
789	23	„	„	Die Lokalposse.	1	J. E. Mand.
790	5	Mai	„	Männerschule.	3	Nach Molière von Holbein.
791	8	„	„	Die theatralische Landparthie, oder Kabale und Liebe.	1	Tietz.
792	12	„	„	Ein Sonntag aus Schelle's Jugendleben.	3	Raupach.
793	5	Juni	„	Der todte Gast.	2	L. Robert.
794	23	„	„	Die ungleichen Brüder.	3	F. L. Schmidt.
795	10	Juli	„	List und Liebe.	5	Nach Shakespeare v. F. Förster.
796	4	Aug.	„	Der Wunderschrank.	4	Holbein.
797	9	„	„	Nehmt ein Exempel dran.	1	Töpfer.
798	10	Sept.	„	Der beste Ton.	4	Töpfer.
799	27	„	„	Das diamantene Kreuz.	2	Deinhardstein.
800	3	Nov.	„	Das Ritterwort.	4	Raupach.
801	17	„	„	Es ist die rechte Zeit.	2	Lewald.
802	18	„	„	Die Wundertropfen.	1	Nach d. Franz. v. C. Dietz.
803	7	Jan.	1829	Das Räthsel.	5	J. E. Mand.
804	25	Febr.	„	Der junge Ehemann.	3	Nach d. Franz.
805	7	März	„	Der Schüchterne.	1	
806	11	„	„	Die Brautführer.	3	Raupach.
807	14	„	„	Familienleben Heinrichs IV.	1	Nach d. Franz. von Sawinsky.
808	14	April	„	List gegen List.	4	Nach Jünger.
809	4	Juni	„	Die gelehrten Weiber.	3	Nach Molière.
810	7	„	„	Der erste Eindruck.	1	Nach d. Franz. von Both.
811	16	„	„	Die Versucherin.	3	Raupach.
812	14	Febr.	„	Der Platzregen als Eheprokurator.	2	Raupach.
813	16	Juni	„	Der Degen.	2	Raupach.
814	1	Juli	„	Der Diplomat.	2	Nach d. Franz.
815	5	Aug.	„	Die feindlichen Brüder.	3	Raupach.
816	13	„	„	Die Eheleute vor der Hochzeit, oder sie sind zu Hause.	1	Nach d. Franz.
817	21	„	„	Er amusirt sich doch!	1	Nach d. Franz. von Both.

Laufende Nummer.	Tag	Monat	Jahr	Name des Stücks.	Acte.	Name des Verfassers oder Bearbeiters
	der ersten Aufführung					
818	9	Sept.	1829	Das Haus am Walle, oder der Krieg der Fronde.	3	Nach d. Franz. von Th. Hell.
819	14	„	„	Vergeltung.	1	Nach Florian von Voth.
820	3	Oct.	„	Hans Luft.	3	Nach d. Franz.
821	26	„	„	Vetter Fritz.	1	Nach d. Franz.
822	18	Nov.	„	Das erste Debut.	3	Angely.
823	5	Dec.	„	Ein Stündchen Inkognito.	3	Töpfer.
824	31	„	„	Die Visitenkarten, oder das Neujahrsgeschenk.	1	
825	13	Febr.	1830	Der Stiefvater.	3	Nach Holberg von Raupach.
826	25	„	„	X. Y. Z.	2	Aus d. Engl. des Collmann.
827	17	März	„	Das Sonett.	3	Raupach.
828	25	„	„	Wer trägt die Schuld.	1	Nach Scribe von C. Blum.
829	21	April	„	Der Zeitgeist.	4	Raupach.
830	26	Mai	„	Morgen ist der Dreizehnte.	1	
831	7	Juni	„	Platonische Liebe.	1	Nach Scribe.
832	14	„	„	Der 30. Geburtstag.	1	Nach d. Franz.
833	29	Juli	„	Die junge Pathe.	1	Nach d. Franz. von Voth.
834	9	Aug.	„	Karl XII. auf seiner Heimkehr.	4	Töpfer.
835	23	„	„	Die Doppelverheiratheten.	1	Nach Scribe.
836	30	„	„	Der Nasenstüber.	3	Raupach.
837	22	Sept.	„	Onkel Brandt.	3	Nach d. Franz. v. Angely.
838	28	„	„	Büffons Koch, oder der Naturforscher.	1	Nach d. Franz.
839	2	Oct.	„	Die Frau, oder die Anstellung.	3	Nach d. Franz.
840	14	„	„	Der türkische Shawl.	1	
841	17	„	„	Der schöne Narciß.	1	Nach d. Franz. von C. Blum.
842	5	Dec.	„	Der Mann meiner Frau.	3	N. d. Franz. von Stawinsky.
843	29	„	„	Die Damen unter sich.	1	Nach Duperi von Tenelli.
844	6	Jan.	1831	Der Stellvertreter.	1	Nach Scribe.
845	27	„	„	Die Naturkinder.	3	Nach Jünger von Cosmar.
846	10	Febr.	„	Das Melodrama.	2	Raupach.
847	28	„	„	Seltsame Ehe.	2	Albini.
848	9	April	„	So geht's.	2	Nach d. Franz. des Scribe.
849	9	Mai	„	Der Fächer.	3	Nach Goldoni von Blum.
850	1	Juni	„	Richards Wanderleben.	4	Nach d. Engl. von Kettel.
851	5	Juli	„	Leichtsinn und Liebe, oder Täuschungen.	3	Bauernfeld.

Laufende Nummer.	Tag der ersten Aufführung.	Monat	Jahr	Name des Stücks.	Acte.	Name des Verfassers oder Bearbeiters.
852	8	Aug.	1831	Der kleine Oberst und der kleine Deserteur.	1	
853	27	„	„	Was doch die Verstellung thut.	1	St. Schütze.
854	12	Sept.	„	Demoiselle Bock.	1	J. E. Mand.
855	13	Oct.	„	Die Novize.	1	C. Blum.
856	3	Nov.	„	Freien nach Vorschrift, oder wenn Sie befehlen!	4	Töpfer.
857	17	„	„	Die Flucht nach Afrika.	1	
858	4	Dec.	„	Frauenfreundschaft.	1	Nach d. Franz. des Lafitte.
859	23	„	„	Die Weihnachtsbescheerung.	1	
860	15	Jan.	1832	Der Malers Meisterstück.	2	Frau v. Weißenthurn.
861	18	„	„	Dominique.	3	Angely.
862	8	Febr.	„	Das doppelte Rendezvous.	3	Raupach.
863	13	„	„	Der Gefangene.	1	v. Kotzebue.
864	15	März	„	Der Doppelgänger.	4	Nach v. Schrader von Holbein.
865	15	April	„	Sein Onkel und ihre Tante.	1	J. E. Mand.
866	19	Mai	„	Die Heirathscontracte.	1	Nach d. Franz.
867	20	„	„	Margarethe.	1	Carl v. Holtei.
868	23	„	„	Hahn und Hektor.	4	Raupach.
869	24	„	„	Schlecht spekulirt!	2	Vogel.
870	16	Juni	„	Der alte Prognostiker, oder hab' ich's nicht vorher gesagt?	1	Vogel.
871	12	Juli	„	Es ist schlimmer, als es war.	3	N. Calderon von H. Schmidt.
872	25	„	„	Der Musikus von Augsburg.	3	Bauernfeld.
873	18	Aug.	„	Der Ehrenhüter.	1	Nach d. Franz. von Th. Hell.
874	11	Sept.	„	Die seltsame Wette.	1	Nach d. Franz.
875	9	Oct.	„	Der Knopf am Flausrock.	2	Schall.
876	7	Nov.	„	Wohnungen zu vermiethen.	1	Angely.
877	1	Dec.	„	Das Duell.	1	Nach d. Franz. von Angely.
878	2	„	„	Die Erholungsreise.	1	Angely.
879	12	„	„	Garrick in Bristol.	1	Deinhardtstein.
880	22	„	„	Der Regenschirm.	1	Holbein.
881	12	Jan.	1833	Der Brautschleier.	1	Frau v. Weißenthurn.
882	23	„	„	Denk' an Cäsar, oder Schelle's letztes Abentheuer.	3	Raupach.
883	28	„	„	Mirandolina.	3	Nach Goldoni von C. Blum.
884	19	Febr.	„	Der Empfindliche.	1	Nach Picard von Lebrün.
885	22	„	„	Die Fledermäuse, oder klug soll man leben.	1	Lebrun.

Laufende Nummer.	Tag	Monat	Jahr	Name des Stücks	Akte.	Name des Verfassers oder Bearbeiters.
	der ersten Aufführung.					
886	23	März	1833	Stahl und Stein.	1	
887	17	April	„	Schwerdt und Spiegel, oder ehret die Frauen.	3	Schall.
888	4	Mai	„	Der Johannessegen.	2	C. Karoli.
889	4	Juni	„	Der erste Schritt.	3	Frau v. Weißenthurn.
890	8	„	„	Der Miethszettel.	1	
891	6	Juli	„	Ueble Laune.	3	v. Kotzebue, neu bearbeitet von F. L. Schmidt.
892	17	Aug.	„	Der Findling.	3	Nach d. Franz. von G. Kettel.
893	25	Sept.	„	Warum?	1	Nach d. Franz. von Angely.
894	3	Oct.	„	Nicht vom Posten!	1	Nach d. Franz. von Angely.
895	26	„	„	Die Supplikanten in Verwirrung.	1	Herzenskron.
896	31	„	„	Acht vernünftige Tage.	1	Nach Castelli von Herzenskron.
897	14	Nov.	„	Die Herausforderung.	1	H. Schmidt.
898	5	Dec.	„	Guten Morgen Vielliebchen!	1	Adalbert vom Thale.
899	28	„	„	Der Anonymus.	2	Nach d. Franz. von Cosmar.
900	15	Jan.	1834	Bube und Dame, oder schwache Seiten.	3	Töpfer.
901	16	„	„	Der listige Niclas.	1	Nach d. Franz. von Arendt.
902	8	Febr.	„	Ein kleiner Irrthum.	1	Nach Murphy von Angely.
903	27	„	„	Lüge und Wahrheit.	4	Prinzessin Amalie von Sachsen.
904	23	März	„	Die Wittwe und ihr Mann.	1	Nach d. Franz. von Angely.
905	10	April	„	Liebe und Liebelei.	4	Römer.
906	4	Mai	„	Die Bekenntnisse.	3	Bauernfeld.
907	3	Juni	„	Von sieben die Häßlichste.	4	Nach Told von Angely.
908	6	„	„	Die Zwillingsbrüder.	2	Nach d. Franz. von Angely.
909	25	„	„	Das Crimen plagii, oder die Gleichen haben sich gefunden.	1	Albini.
910	16	Juli	„	Das letzte Abentheuer.	5	Bauernfeld.
911	24	„	„	Nachbarliche Freundschaft.	1	Angely.
912	4	Aug.	„	Capricciosa.	3	Nach d. Ital. von C. Blum.
913	4	„	„	Die weiße Pikesche.	1	Töpfer.
914	7	Oct.	„	Der Hirsch.	2	Nach d. Ital. von C. Blum.
915	16	„	„	Die Braut aus der Residenz.	2	Amalie von Sachsen.
916	4	Nov.	„	Die Schwäbin.	1	Castelli.
917	7	Dec.	„	Der Roman.	1	Nach d. Franz. von Angely.
918	17	„	„	Damen und Husaren.	3	Nach d. Poln. von J. P. Zimmermann.

Laufende Nummer.	Tag	Monat	Jahr	Name des Stücks.	Acte.	Name des Verfassers oder Bearbeiters.
	der ersten Aufführung					
919	3	Jan.	1835	Jugend muß austoben.	1	Nach d. Franz. von Angely.
920	24	„	„	Der Schreckschuß.	1	Nach d. Franz. von Angely.
921	7	Febr.	„	Sohn oder Braut.	1	G. Harrys.
922	17	„	„	Die Einfalt vom Lande.	4	Töpfer.
923	15	März	„	Die Schwestern.	1	Nach d. Franz. von Angely.
924	29	„	„	Der Verlobungsring.	3	Amalie von Sachsen.
925	3	Mai	„	Die Verrätherin.	1	Holbein.
926	10	Juni	„	Nichte und Tante.	1	Görner.
927	11	Juli	„	Die Familie Hellbrant.	3	Nach d. Franz. von Angely.
928	27	„	„	Erloschene Liebe.	1	Nach d. Franz. von Angely.
929	6	Aug.	„	Der Ball von Ellerbrunn.	3	Carl Blum.
930	29	„	„	Der Onkel schläft.	1	Nach Gabriel von Angely.
931	29	„	„	Lisette, oder Borgen macht glücklich.	1	C. Blum.
932	2	Sept.	„	Drei Frauen und keine.	1	Nach d. Franz. von Kettel.
933	17	Oct.	„	Lehrer, Schüler und Konrektor.	1	Nach d. Franz. von Lebrun.
934	29	„	„	Laßt mich lesen.	1	Töpfer.
935	7	Nov.	„	Die Gemahlin pro forma.	2	Ahrbeck.
936	19	„	„	Ich bleibe ledig.	3	Nach d. Ital. von C. Blum.
937	3	Dec.	„	Frau und Regenschirm.	1	Nach d. Franz. von Angely.
938	7	„	„	Der Oheim.	5	Amalie von Sachsen.
939	30	Jan.	1836	Adele.	1	Nach d. Franz. von Harrys.
940	27	Febr.	„	Die Leibrente.	1	G. A. v. Maltitz.
941	19	März	„	Bürgerlich und romantisch.	4	Bauernfeld.
942	21	„	„	Der Narr seiner Freiheit.	2	Raupach.
943	5	April	„	Die Gunst des Augenblicks.	3	E. Devrient.
944	6	Mai	„	Der literarische Salon.	3	Bauernfeld.
945	16	„	„	Caligostro's Wundertrank.	1	Nach d. Franz. von A. Cosmar.
946	20	„	„	Der Landwirth.	4	Amalie von Sachsen.
947	4	Aug.	„	Der Zögling.	4	Amalie von Sachsen.
948	17	„	„	Ewig!	2	Nach d. Franz.
949	27	Sept.	„	Die Liebe im Eckhause.	2	Aus d. Franz. von A. Cosmar.
950	15	Oct.	„	Das Fräulein vom Lande.	4	Amalie von Sachsen.
951	19	„	„	Die gefährliche Tante.	4	Albini.
952	27	„	„	Hummer und Compagnie.	1	Nach d. Franz. v. A. Cosmar.
953	7	Dec.	„	Bruder und Schwester, oder die Stimme des Herzens.	2	Berger.
954	26	„	„	Eine Hütte und sein Herz.	3	Nach Scribe.
955	5	Febr.	1837	Die alte und die junge Gräfin.	3	Raupach.

Laufende Nummer.	Tag	Monat	Jahr	Name des Stücks.	Acte.	Name des Verfassers oder Bearbeiters.
	der ersten Aufführung					
956	21	Febr.	1837	Das Tagebuch.	2	Bauernfeld.
957	8	März	„	Der Unentschlossene.	3	Amalie von Sachsen.
958	16	„	„	Ein theurer Spaß.	2	Raupach.
959	2	April	„	Die Pensionairinnen.	3	M. Blanc.
960	27	„	„	Badekuren.	2	Nach Scribe von Alexander Cosmar.
961	14	Mai	„	Onkel und Neffe.	1	Nach d. Franz. von Alexander Cosmar.
962	31	„	„	Voltaire's Ferien.	2	Nach d. Franz. von W. A. Herrmann.
963	31	„	„	Der Vater.	4	Bauernfeld.
964	7	Juni	„	Die Verlobung in Genf.	2	C. Blum.
965	22	„	„	Die Schöngeister in der Livree.	1	Nach d. Franz.
966	13	Sept.	„	Die Vormundschaft.	2	W. A. Gerle und Uffo Horn.
967	4	Oct.	„	Der Wetterableiter.	2	Nach d. Franz. von Lebrun.
968	12	„	„	Die Einquartierung.	3	G. v. Barneckow.
969	8	Nov.	„	Der Ehestifter.	1	Nach Goldoni.
970	14	„	„	Der Militärbefehl.	2	Nach Anicet von W. Koch.
971	22	„	„	Eine Treppe höher.	1	Nach d. Franz. von Alexander Cosmar.
972	3	Jan.	1838	Zurücksetzung.	4	Töpfer.
973	17	„	„	Was den Einen tödtet, giebt dem Andern Leben.	1	Albini.
974	6	Febr.	„	Verwandlungen.	2	Görner.
975	13	März	„	Ein Staatsgeheimniß.	1	Nach d. Franz. von Alexander Cosmar.
976	17	„	„	Vor hundert Jahren.	4	Raupach.
977	26	„	„	Die Eisenbahn.	1	Nach d. Franz. von G. Harrys.
978	7	April	„	Der Gemahl an der Wand.	1	Alexander Cosmar.
979	17	„	„	Bruno und Balthasar.	3	Nach d. Ital. von C. Blum.
980	14	Mai	„	Gasthof-Abentheuer.	1	Aus d. Franz.
981	26	Juni	„	Drei Ehen und eine Liebe.	3	Nach Rozier von A. Cosmar.
982	26	Juli	„	Michel Perrin, der Spion wider Willen.	2	Aus d. Franz. v. L. Schneider.
983	11	Aug.	„	Der Majoratserbe.	4	Amalie von Sachsen.
984	23	„	„	Casanova im Fort St. André.	3	Nach d. Franz. von Lebrun.
985	11	Oct.	„	Die zweite Frau.	3	C. Blum.
986	15	„	„	Das laute Geheimniß.	5	Nach Gozzi von C. Blum.
987	8	Nov.	„	Onkel und Nichte.	5	Mad. Ch. Birch-Pfeiffer.

Laufende Nummer.	Tag	Monat	Jahr	Name des Stücks.	Akte.	Name des Verfassers oder Bearbeiters.
	der ersten Aufführung.					
988	21	Nov.	1838	Frage und Antwort.	1	Pauline Werner.
989	28	Dec.	„	Die Unbelesene.	4	Amalie von Sachsen.
990	5	Jan.	1839	Die Lebensmüden.	5	Raupach.
991	16	Febr.	„	Charlotte Mardyn.	2	Nach d. Franz. von Alexander Cosmar.
992	25	„	„	Marie von Medicis.	4	C. B. Berger.
993	16	März	„	Das Jubiläum. (Nachspiel zu den Schleichhändlern.)	1	Raupach.
994	27	„	„	Sie kann nicht schweigen.	2	Pauline Werner.
995	3	April	„	Die schelmische Gräfin.	1	Immermann.
996	10	„	„	Die gewagte Kur.	3	Raupach.
997	9	Mai	„	Ein Tag Carl Stuarts II.	4	J. B. v. Zahlhas.
998	28	„	„	Die Getrennten.	1	Nach dem Franz. von A. Cosmar.
999	2	Juli	„	Der reiche Mann, oder die Wasserkur.	4	Töpfer.
1000	7	Aug.	„	Revanche.	1	Louise Fischer.
1001	24	Sept.	„	Molière als Liebhaber.	2	Nach Colomb von A. Cosmar.
1002	28	„	„	Alles aus Freundschaft.	1	Frau v. Weißenthurn.
1003	19	Oct.	„	Die Stieftochter.	4	Amalie von Sachsen.
1004	29	Dec.	„	Der Bruderkuß.	2	Pauline Werner.
1005	20	Jan.	1840	Der Talisman.	3	Nach d. Franz. v. Bauernfeld.
1006	13	Febr.	„	Elisabeth Farnese.	4	Raupach.
1007	15	„	„	Die Husaren in der Klemme.	1	Nach d. Franz. von Alexander Cosmar.
1008	7	März	„	Erziehungs-Resultate, oder guter und schlechter Ton.	2	Nach d. Franz. von C. Blum.
1009	22	April	„	Der Verstorbene.	1	Nach d. Franz. von Tenelli.
1010	28	Mai	„	Ring und Locke.	1	
1011	11	Juli	„	Der Jugendfreund.	3	Nach d. Franz. von Holbein.
1012	25	„	„	Die Hellseherin.	1	Nach d. Franz. von J. F.
1013	4	Aug.	„	Tempora mutantur, oder die gestrengen Herren.	3	Nach d. Ital. von C. Blum.
1014	18	Sept.	„	Der Heirathsantrag auf Helgoland.	2	L. Schneider.
1015	6	Oct.	„	Kapitän Firnewald.	4	Amalie von Sachsen.
1016	20	Nov.	„	MDCCXL, od. die Eroberung von Grüneberg.	5	Raupach.
1017	26	Dec.	„	Herr John Sparkle.	3	C. Blum.

Laufende Nummer.	Tag	Monat	Jahr	Name des Stücks.	Acte.	Name des Verfassers oder Bearbeiters.
	der ersten Aufführung.					
1018	15	Febr.	1841	Das Glas Wasser, oder Ursachen und Wirkungen.	5	Nach Scribe von Cosmar.
1019	18	März	"	Ernst und Humor.	4	Bauernfeld.
1020	2	Aug.	"	Sie schreibt an sich selbst.	1	Nach d. Franz. von C. v. Holtei.
1021	18	"	"	Die Kadetten.	3	Pauline Werner.
1022	18	"	"	Der Spanische Contrebandier und seine Geliebte. Der Pyrenäische Gebirgssänger und die Bearnerin. Hans und Grete.	drei Genrebilder	L. Schneider.
1023	9	Oct.	"	Die beiden Aerzte.	3	A. Baumann.
1024	25	"	"	Ein Herr und eine Dame.	1	Nach d. Franz. von C. Blum.
1025	4	Dec.	"	Die Stiefmutter.	1	Nach Scribe von v. Lichtenstein.
1026	20	"	"	Der alte Herr.	2	Amalie von Sachsen.
1027	27	April	1842	Die Gebesserten.	3	Bauernfeld.
1028	25	Mai	"	Van Bruck, Rentier.	2	Nach d. Franz. von Lebrun.
1029	29	Juni	"	Doctor Wespe.	5	R. Benedix.
1030	16	Aug.	"	Industrie und Herz.	4	Bauernfeld.
1031	24	"	"	Eine Nacht in Venedig. Ein Schottischer Clans-Häuptling und sein Sohn. Die Kurmärker u. die Picarde.	drei Genreb.	L. Schneider.
1032	10	Sept.	"	Der Vertraute.	3	
1033	10	"	"	Der Sohn auf Reisen.	2	E. Feldmann.
1034	15	Oct.	"	Ein Handbillet Friedrichs II.	3	W. Vogel.
1035	16	Nov.	"	Vicomte v. Létorières, oder die Kunst zu gefallen.	3	Nach Bajard von C. Blum.

D.

Opern und Singspiele.

Laufende Nummer.	Tag	Monat	Jahr	Name des Stücks.	Acte	Name des Verfassers oder Bearbeiters.
	der ersten Aufführung.					
1	12	Juni	1771	Lottchen, das Bauernmädchen am Hofe.	3	Weiße; Musik nach Hiller.
2	18	„	„	Die Jagd.	3	Weiße; Musik von Hiller.
3	2	Juli	„	Das Rosenfest.	3	Aus d. Franz. des Favart v. Hermann; Mus. v. Wolf.
4	9	„	„	Die verwandelten Weiber; od. der Teufel ist los! 1. Thl.	3	Nach d. Engl. v. Weiße; Mus. nach Hiller und Standfuß.
5	20	„	„	Der lustige Schuster; 2. Thl. v. d. verwandelten Weibern.	3	Weiße; Musik nach Hiller und Standfuß.
6	26	„	„	Lesuart und Dariolette.	3	Schiebeler; Musik von Hiller.
7	1	Aug.	„	Der Dorfbarbier.	2	Weiße; Musik nach Hiller.
8	13	„	„	Die Liebe auf dem Lande.	3	Weiße; Musik von Hiller.
9	5	Sept.	„	Das Gärtnermädchen.	3	Musäus; Musik von Wolf.
10	14	Oct.	„	Der stolze Bauer Jochen Tröbs.	3	Osten; Musik von Standfuß.
11	25	Nov.	„	Die Muse.	1	Schiebeler; Musik von Hiller.
12	13	Dec.	„	Die Apotheke.	2	Musik von Neefe.
13	17	Febr.	1772	Der Erntekranz.	3	Weiße; Musik von Hiller.
14	12	Mai	„	Der Deserteur.	3	Aus d. Franz. des Sedaine; Musik nach Monsigny.
15	15	Juni	„	Die Dorfdeputirten.	3	Musik von Wolf.
16	5	Aug.	„	Das Milchmädchen und die beiden Jäger.	1	Aus d. Franz.; Mus. v. Düny.
17	17	„	„	Der Krieg.	3	Nach d. Ital. des Goldoni; Musik nach Hiller.
18	5	April	1773	Das Jubelfest.	3	Weiße; Musik von Hiller.
19	26	Mai	„	Erast und Lucinde.	1	Nach dem Sylvain des Marmontel.
20	2	Juli	„	Sancho Pansa, Statthalter der Insel Barataria.	2	Aus d. Franz. des Poinsinet; Musik von Philidor.
21	16	Oct.	„	Die Einsprüche.	2	Michaelis; Musik von Neefe.
22	23	„	„	Bastien und Bastienne.	1	Weiskern.
23	13	Nov.	„	Der Kaufmann von Smyrna.	1	Musik von Holly.
24	20	„	„	Der Zauberer.	1	Musik von Holly.
25	6	Jan.	1774	Der Bassa von Tunis.	1	Musik von Holly.
26	15	Febr.	„	Der hinkende Teufel.	2	Musik von Joseph Haydn.

Laufende Nummer.	Tag	Monat	Jahr	Name des Stücks.	Acte.	Name des Verfassers oder Bearbeiters.
	der ersten Aufführung.					
27	20	Febr.	1774	Der Holzhauer.	1	Aus d. Franz.; Musik von G. Benda.
28	30	März	„	Der kluge Mann.	1	Aus dem Franz.
29	31	Mai	„	Das redende Gemälde.	1	Aus d. Franz. des Anseaume; Musik von Gretry.
30	18	Juni	„	Das Schnupftuch.	2	Henisch; Musik von Büchel.
31	25	Juli	„	Megära, die fürchterliche Hexe, oder das bezauberte Schloß.	3	Hafner; Musik von Böhme.
32	13	Oct.	„	Das Gespenst.	1	Musik von Holly.
33	10	Nov.	„	Die Nacht.	3	Nach Goldoni; Musik nach Piccini.
34	19	Dec.	„	Das große Loos.	2	Aus d. Franz.; Musik v. Wolf.
35	14	Febr.	1775	Der Töpfer.	1	Text und Musik von André.
36	8	April	„	Robert und Calliste.	3	A. d. Ital.; Mus. v. Guglielmi.
37	4	Mai	„	Die herrschaftliche Küche auf dem Lande.	1	Aus d. Ital.; Mus. v. Jomelli.
38	26	„	„	Clarisse, oder das unbekannte Dienstmädchen.	3	Bock; Musik von Frischmuth.
39	17	Juli	„	Erwin und Elmire.	1	Goethe; Musik von André.
40	2	Oct.	„	Der alte Freier.	1	Text und Musik von André.
41	23	Aug.	1776	Ariadne auf Naxos.	1	Brandes; Musik v. G. Benda.
42	26	März	1777	Medea.	1	Gotter; Musik von G. Benda.
43	10	April	„	Pierre und Narcis, oder Betrug für Betrug.	3	Nach d. Ital.; Mus. v. Laube.
44	17	„	„	Matz und Anne, oder Wurst wider Wurst.	2	Nach d. Ital.; Mus. v. Laube.
45	21	„	„	Braut, Friseur, Hexe und Advokat.	2	Musik von Fleischer.
46	28	„	„	Der Spieler und die Betschwester.	3	Nach dem Ital.; Musik von Bergalesi.
47	5	Mai	„	Der Kapellmeister und die Schülerin.	2	Nach d. Ital.; Mus. v. Laube.
48	12	„	„	Deukalion und Pyrrha, oder die belebte Bildsäule.	2	Aus d. Franz. des St. Foix.
49	26	„	„	Das adelige Fräulein, od. der bürgerliche Freier Paphnutz.	2	
50	11	Juni	„	Der studirte Jäger, oder das Bauermädchen.	2	Musik von Laube.
51	12	Juli	„	Der italien. Garkoch zu Genua.	1	Musik von Schubert.

Laufende Nummer.	Tag	Monat	Jahr	Name des Stücks.	Akte.	Name des Verfassers oder Bearbeiters.
	der ersten Aufführung.					
52	28	Juli	1777	Yukle und Jariko.	2	Schink; Musik von Rust.
53	8	Sept.	„	Das gute Mädchen.	3	Aus d. Ital.; Mus. v. Piccini.
54	18	Oct.	„	Die Bezauberten.	2	Aus d. Franz. der Mad. Favart: Musik von André.
55	11	April	1778	Der Alchymist.	1	Meißner; Musik von André.
56	18	„	„	Der Jahrmarkt.	2	Gotter; Musik von G. Benda.
57	25	Sept.	„	Der Freund deutscher Sitte.	3	Burmann; Musik v. Kospeth.
58	16	Oct.	„	Zemire und Azor.	4	Aus d. Franz. des Marmontel: Musik von Gretry.
59	26	Nov.	„	Azakia.	3	Schwan; Musik von André.
60	8	Febr.	1779	Julie und Romeo.	3	Gotter: Musik von Benda.
61	2	Mai	„	Die Colonie.	2	Aus d. Franz.; Musik von A. Sachini.
62	31	„	„	Das tartärische Gesetz.	3	Gotter; Musik von André.
63	5	Aug.	„	Die schöne Arsene.	4	Aus d. Franz. von Favart: Musik von Monsigny.
64	16	Oct.	„	Adrast und Isidore, oder die Serenade.	2	Nach Molière von Bretzner: Musik von Kospeth.
65	15	Nov.	„	Antonius und Cleopatra.	2	D'Arien; Musik von Kaffka.
66	12	Febr.	1780	Die Freundschaft auf der Probe.	2	Nach Favart; Musik v. Gretry.
67	1	Juni	„	Alceste.	5	Wieland; Musik v. Schweitzer.
68	26	„	„	Der Aepfeldieb.	1	Bretzner; Musik von Kaffka.
69	29	Aug.	„	Das Grab des Mufti od. die zwei Geizigen.	2	Meißner; Musik von Hiller.
70	2	Oct.	„	Der Irrwisch, od. endlich fand er sie.	3	Bretzner; Musik von Kospeth.
71	16	„	„	Der Hausfreund.	3	Aus d. Franz.; Mus. v. Gretry.
72	22	Nov.	„	Das wüthende Heer, od. das Mädchen im Thurme.	3	Bretzner; Musik von André.
73	18	Jan.	1781	Der Zauberspiegel.	2	Nach d. Franz.; Mus. v. Gretry.
74	3	März	„	Die Eifersucht auf der Probe.	3	Aus d. Ital. von Eschenburg; Musik von Anfossi.
75	20	April	„	Der Holzhauer, oder die drei Wünsche.	1	Gotter; Musik von Benda.
76	25	Mai	„	Belmonte und Constance, od. die Entführung aus dem Serail.	4	Bretzner; Musik von Mozart.
77	9	Juli	„	Das Urtheil des Midas.	3	Nach d. Franz.; Mus. v. Gretry.
78	2	Nov.	„	Der Faßbinder.	1	Musik von Audinot.

Laufende Nummer.	Tag	Monat	Jahr	Name des Stücks.	Akte.	Name des Verfassers oder Bearbeiters.
	der ersten Aufführung.					
79	19	Nov.	1781	Die Fraskatanerin.	3	Livigni; Mus. von Paesiello.
80	17	Dec.	„	Das Mißverständniß.	3	Nach d. Franz.; Mus. v. Gretry.
81	28	März	1782	Der Sturm, od. die bezauberte Insel.	1	Musik von Rolle.
82	17	April	„	Unverhofft kommt oft.	3	Gretry; übers. aus dem Franz. von André.
83	1	Juni	„	Die Samnitische Vermählungsfeier.	3	Gretry und André.
84	2	Juli	„	Adelheid v. Veltheim.	4	Großmann; Musik von Neefe.
85	24	Aug.	„	Eins wird doch helfen, od. die Werbung aus Liebe.	2	Le Sage; Musik von André.
86	11	Sept.	„	Der Liebhaber als Automat, oder die redende Maschine.	1	Aus d. Franz.; Mus. v. André.
87	11	Nov.	„	Der Kapellmeister, oder ist's nicht die Eine, so ist's die Andre.	2	Nach d. Ital. von Bock; Mus. von Lorazis.
88	27	Dec.	„	Armide.	3	Aus d. Ital. von Bock; Mus. von Naumann.
89	19	Febr.	1783	Der Barbier von Bagdad.	2	Musik von André.
90	27	März	„	Die eingebildeten Philosophen.	2	Musik von Paesiello.
91	16	Juni	„	Die Liebe unter den Handwerksleuten.	3	Goldoni; Musik v. Gaßmann.
92	12	Aug.	„	Die Rauchfanglehrer.	3	Musik von Salieri.
93	22	Sept.	„	Dießmal hat der Mann den Willen.	1	Musik von Ordonez.
94	28	Oct.	„	Die unvermuthete Zusammenkunft, oder die Pilgrime von Mecca.	3	Musik von Gluck.
95	1	Dec.	„	Der betrogene Kadi.	2	Aus d. Franz.; Mus. v. Gluck.
96	5	Jan.	1784	Felix, oder der Findling.	3	Aus d. Franz. von Mousigny.
97	27	Febr.	„	Der Hypochondrist.	3	Aus d. Ital.; Musik von Naumann und Stark.
98	25	März	„	Die Dorf-Galla.	1	Gotter: Musik von Schweitzer.
99	27	Nov.	„	Das Grab des Mufti, oder die beiden Geizigen.	2	Meißner; Musik von Gretry.
100	25	April	1785	Der zaubernde Soldat.	1	Musik von Philidor.
101	4	Juni	„	Die schöne Schusterin, od. die Schuhe à la Marlborough.	2	Musik von Umlauf.
102	25	Juli	„	Die Wäschermädchen.	2	Nach d. Ital.; Mus. v. Zanetti.

Laufende Nummer	Tag	Monat	Jahr	Name des Stücks	Akte	Name des Verfassers oder Bearbeiters.
	der ersten Aufführung.					
103	7	Aug.	1786	König Theodor in Venedig.	2	Nach d. Ital.: Mus. v. Paesiello.
104	17	Oct.	„	Röschen und Colas.	1	Musik von Monsigny.
105	20	Nov.	„	Die Sclavin, oder der großmüthige Seefahrer.	1	Nach d. Ital.: Mus. v. Piccini.
106	13	Febr.	1787	Die Schule der Eifersüchtigen, oder das Narren-Hospital.	2	Aus d. Ital.; Mus. v. Salieri.
107	25	Juni	„	Der Apotheker und Doktor.	2	Nach d. Franz. v. Stephanie dem Jüngern: Musik von v. Dittersdorf.
108	3	Sept.	„	Der Hufschmied.	2	Aus d. Franz. des Meland v. Reichard: Mus. v. Philidor.
109	26	Febr.	1788	Der kluge Jakob.	3	Wetzel; Musik von Kospoth.
110	3	Mai	„	Nina, od. Wahnsinn aus Liebe.	1	André; Musik von Dalleyrac.
111	26	„	„	Der gleichgültige Ehemann.	2	Musik von Schuster.
112	16	Juni	„	Die Reue vor der That.	1	Nach Monvel, übers. v. Großmann; Musik v. Desaides.
113	14	Juli	„	Im Trüben ist gut fischen.	3	Nach d. Ital. von André: Musik von Sarti.
114	3	Aug.	„	Lilla, od. Schönheit u. Tugend.	2	Aus d. Ital. von André und Martin.
115	30	„		Barbier von Sevilla.	4	Nach d. Franz. des Beaumarchais v. Großmann: Musik von Paesiello.
116	16	Oct.	„	Belmonte und Constanze.	3	Bretzner; Musik von Mozart.
117	17	Jan.	1789	Betrug durch Aberglauben.	2	Eberl; Mus. von v. Dittersdorf.
118	24	Febr.	„	Der Baum der Diana. (Auf Befehl S. M. des Königs.)	2	Aus d. Ital. v. Neefe; Mus. von Martin.
119	31	März	„	Alexis und Justine.	2	Aus d. Franz. von Neefe: Musik von Desaides.
120	3	Aug.	„	Claudine von Villa Bella.	3	Goethe; Musik von Reichardt.
121	18	Nov.	„	Psyche.	2	Musik von Wessely.
122	9	Febr.	1790	Richard Löwenherz. (Auf Befehl S. M. des Königs.)	3	Nach Sedaine von Stephanie d. J.; Musik von Gretry.
123	7	Juni	„	Die Wilden.	3	Musik von Dalleyrac.
124	3	Aug.	„	Ferdinand und Nicolette.	3	Musik von Gretry.
125	14	Sept.	„	Die Hochzeit des Figaro.	4	Aus d. Franz.: Mus. v. Mozart.
126	16	Oct.	„	Das Herrenrecht.	3	Musik von Martini.
127	20	Dec.	„	Don Juan, od. der steinerne Gast. (Auf Bef. S. M. d. K.)	4	Musik von Mozart.

Laufende Nummer.	Tag	Monat	Jahr	Name des Stücks.	Akte.	Name des Verfassers oder Bearbeiters.
	der ersten Aufführung.					
128	3	Febr.	1791	Der dreifache Liebhaber.	2	Lippert; Musik von Kunze.
129	16	Mai	„	Die Liebe im Narrenhause.	2	Stephanie; Musik von v. Dittersdorf.
130	27	Juli	„	Reinald.	2	Musik von Dalleyrac.
131	24	Oct.	„	Azur, König von Ormus.	4	Musik von Salieri.
132	9	Nov.	„	Die beiden kleinen Savoyarden.	1	Musik von d'Allairac.
133	20	Dec.	„	Das rothe Käppchen.	2	Musik von Dittersdorf.
134	15	Febr.	1792	Oberon, König der Elfen.	3	Wranitzky.
135	16	Juli	„	Hieronymus Knicker.	2	Musik von Ditter v. Dittersdorf.
136	3	Aug.	„	Eine macht's wie die Andere, od. die Schule der Liebhaber.	2	Nach Cosi fan tutte; Musik von Mozart.
137	5	Nov.	„	Die heimlich Vermählten.	2	Musik von Cimarosa.
138	19	Jan.	1793	Die unruhige Nacht.	3	Nach Goldoni; Mus. v. Lasser.
139	25	Febr.	„	Das Kästchen mit der Chiffer.	2	Musik von Salieri.
140	18	Mai	„	Die Geisterbeschwörung.	1	Herclots; Mus. v. Cartellieri.
141	16	Sept.	„	Das geraubte Landmädchen.	2	Musik von Cimarosa.
142	16	Oct.	„	Die schöne Müllerin.	2	Musik von Paesiello.
143	12	Dec.	„	Die unzufriedenen Eheleute.	2	Musik von Storace.
144	21	Jan.	1794	Paul und Virginie.	3	Aus d. Franz.; Mus. v. Kreutzer.
145	16	Febr.	„	Die Insel der Alcina. (Auf Befehl S. M. des Königs.)	2	Nach Bertali von Herclots; Musik von Bianchi.
146	19	März	„	Die Höhle des Trophonio. (Auf Befehl S. M. des Königs.)	2	Musik von Salieri.
147	12	Mai	„	Die Zauberflöte.	2	Schikaneder; Mus. v. Mozart.
148	4	Sept.	„	Die bestrafte Eifersucht.	2	Musik von Cimarosa.
149	16	Oct.	„	Peter der Große.	3	Nach Bouilly von Herclots; Musik von Gretry.
150	24	Febr.	1795	Iphigenie in Tauris.	4	Sander; Musik von Gluck.
151	13	März	„	Raoul v. Crequi.	3	Herclots; Musik v. Dalleyrac.
152	10	Mai	„	Friedensfeier (Vorspiel).	1	Herclots; Musik von Weber.
153	3	Aug.	„	Verwirrung durch Aehnlichkeit.	2	Nach d. Ital. des Mazzini von Herclots; Musik von Portogallo.
154	16	Oct.	„	Das Sonnenfest der Braminen.	2	Musik von W. Müller.
155	22	Dec.	„	Das Gespenst mit der Trommel.	2	Goldoni; Musik von v. Dittersdorf.
156	26	Jan.	1796	Der Spiegelritter.	3	v. Kotzebue; Musik v. Walter.

Laufende Nummer.	Tag	Monat	Jahr	Name des Stücks.	Akte.	Name des Verfassers oder Bearbeiters
	der ersten Aufführung					
157	15	April	1796	Der Theaterprincipal.	1	Herclots: Musik von Weber.
158	6	Mai	„	Das Neusonntagskind.	2	Musik von W. Müller.
159	20	„	„	Der Talisman.	3	Aus d. Ital. von v. Knigge: Musik von Salieri.
160	3	Aug.	„	Die neuen Arkadier.	2	Musik von Süßmeyer.
161	23	Sept.	„	Die Dorfdeputirten.	3	Musik von Schubbauer.
162	16	Oct.	„	Kindliche Liebe.	1	Nach Demoustier v. Herclots: Musik von Gavaux.
163	6	Febr.	1797	Helena und Paris.	3	Musik von Winter.
164	1	März	„	Das unterbrochene Opferfest.	2	Musik von Winter.
165	22	„	„	Tobern, der schwedische Fischer.	2	Aus d. Franz. des Patras: Musik von Bruni.
166	13	Mai	„	Lodoiska.	3	Herclots; Musik v. Cherubini.
167	20	„	„	Der kleine Matrose.	1	Herclots; Musik von Gavaux.
168	1	Juli	„	Das Schlangenfest in Sangora.	2	Musik von W. Müller.
169	9	Sept.	„	Töffel und Dorchen.	2	Nach Monvel; Musik von Dessaides.
170	17	Oct.	„	Oedip zu Colonos.	3	Herclots; Musik v. Sachini.
171	9	Nov.	„	Das Inkognito.	1	Nach St. Foix von Herclots: Musik von Gürrlich.
172	10	Jan.	1798	Palmira, Prinzessin v. Persien.	3	Herclots; Musik von Salieri.
173	13	März	„	Der Dorfbarbier.	1	Musik von Schenk.
174	18	April	„	Der Ritter Roland.	3	Musik von Haydn.
175	6	Juli	„	Die Geisterinsel.	3	Nach Shakespeare's Sturm v. Gotter; Mus. v. Reichardt.
176	3	Aug.	„	Die Regata zu Venedig.	2	Bürde; Musik von Fließ.
177	16	Oct.	„	Palmer.	3	Nach Lebrun von Herclots: Musik von Bruni.
178	2	Jan.	1799	Graf Albert.	3	Musik von Gretry.
179	25	Febr.	„	Der Jahrmarkt zu Venedig.	3	Musik von Salieri.
180	18	März	„	Dido.	3	Herclots; Musik von Piccini.
181	9	Sept.	„	Weiberlist.	2	Herclots; Musik von Cimarosa.
182	1	Oct.	„	Die Mitternachtstunde.	3	Lambrecht; Musik von Danzi.
183	16	„	„	Elise.	2	Herclots; Musik v. Cherubini.
184	16	Dec.	„	Falstaff.	2	Herclots; Musik von Salieri.
185	17	Febr.	1800	Medea.	3	Herclots; Musik v. Cherubini.
186	10	März	„	Mudarra.	4	Herclots; Mus. v. B. A. Weber.
187	24	„	„	Die Schwestern von Prag.	2	Text und Musik v. W. Müller.
188	31	„	„	Lieb' und Treue.	1	Musik von Reichardt.

Laufende Nummer.	Tag	Monat	Jahr	Name des Stücks.	Acte.	Name des Verfassers oder Bearbeiters.
	der ersten Aufführung					
189	15	April	1800	Soliman II.	2	Nach d. Franz. von Huber; Musik von Süßmayer.
190	21	Juni	„	Der Jubel.	1	Musik von Reichardt.
191	15	Aug.	„	Der Gefangene.	1	Nach Duval von Herclots; Musik von Della Maria.
192	16	Oct.	„	Tamerlan.	4	Schaum; Musik v. Reichardt.
193	10	Nov.	„	Der Korsar aus Liebe.	2	Musik von Weigl.
194	18	„	„	Hero.	1	Herclots; Mus. v. B. A. Weber.
195	29	Dec.	„	Marie v. Montalban.	4	Reeger; Musik von Winter.
196	11	Febr.	1801	Camilla, od. das Burgverließ.	3	Musik von Paer.
197	9	März	„	Adolph und Clara.	1	Herclots; Musik v. Dalleyrac.
198	9	„	„	Frohsinn und Schwärmerei.	1	Herclots; Musik von Himmel.
199	24	„	„	Blaubart.	3	Nach d. Franz. v. Schmieder; Musik von Gretry.
200	30	„	„	Jery und Bätely.	1	v. Goethe; Musik v. Reichardt.
201	13	April	„	Die Nymphe der Donau; erster Theil.	3	Kauer.
202	12	Aug.	„	Gulnare oder die persianische Sklavin.	1	Musik von Dalleyrac.
203	16	Oct.	„	Titus.	2	Musik von Mozart.
204	2	Jan.	1802	Das Zauberschloß.	3	v. Kotzebue; Mus. v. Reichardt.
205	21	„	„	Sulmalle.	1	Herclots; Mus. v. B. A. Weber.
206	3	Febr.	„	Die Nymphe der Donau; zweiter Theil.	3	Hensler; Musik von Kauer.
207	15	März	„	Der Wasserträger.	3	Nach d. Franz. von Schmieder und Cherubini.
208	25	„	„	Der lebende Todte.	1	Musik von Paer.
209	10	April	„	Der Tod des Hercules.	1	Musik von Reichardt.
210	23	Juni	„	Der reisende Student, od. das Donnerwetter.	2	Musik von Winter.
211	17	Sept.	„	Leon, oder die Burg Montenero.	3	Musik von Dalleyrac.
212	16	Oct.	„	Elfriede.	2	Schaum; Musik v. Paesiello.
213	27	Dec.	„	Alexis.	1	Herclots; Musik v. Dalleyrac.
214	18	März	1803	Der Kalif von Bagdad.	1	Herclots; Musik v. Boieldieu.
215	28	„	„	Je toller je besser.	2	Herclots; Musik von Mehul.
216	12	April	„	Der Zinngießer.	2	Nach Holberg; Musik von Treitschke.
217	7	Mai	„	Dichterlaunen.	1	Herclots; Musik von Nuffini.

Laufende Nummer.	Tag	Monat	Jahr	Name des Stücks.	Acte.	Name des Verfassers oder Bearbeiters.
	der ersten Aufführung.					
218	7	Juni	1803	Lehmann, oder der Thurm von Neustadt.	3	Musik von Dalleyrac.
219	18	Juli	„	Das Labyrinth, od. der Kampf mit den Elementen.		Schikaneder; Mus. v. Winter.
220	23	Sept.	„	Das Geheimniß.	1	Aus d. Franz. von Herclots; Musik von Solié.
221	7	Oct.	„	Die Schatzgräber.	1	Musik von Mehul.
222	15	„	„	Das Singspiel.	1	Nach d. Franz. v. Treitschke; Musik von Della Maria.
223	16	„	„	Angiolina, oder die Heirath durch Getöse.	2	Musik von Salieri.
224	14	Nov.	„	Helene.	3	Nach Boulli von Treitschke: Musik von Mehul.
225	28	„	„	Muttertreue.	1	Herclots; Musik v. Dalleyrac.
226	3	April	1804	Aline, Königin von Golconda.	3	Herclots; Musik von Berton.
227	16	„	„	Der Portugiesische Gasthof.	1	Nach d. Franz. v. Treitschke: Musik von Cherubini.
228	16	Mai	„	Fanchon, das Leiermädchen.	3	v. Kotzebue; Mus. v. Himmel.
229	22	Juni	„	Der Tollkopf.	1	Musik von Mehul.
230	26	Sept.	„	Die Glücksritter.	1	Herclots; Musik v. Dalleyrac.
231	16	Oct.	„	Cäsar auf Pharmacusa.	2	Nach d. Ital. von Treitschke; Musik von Salieri.
232	29	„	„	Drei Freier auf Einmal.	1	Nach d. Ital. von Schmieder; Musik von Le Moine.
233	17	Dec.	„	Die Sternkönigin.	3	Musik von Kauer.
234	21	Jan.	1805	Die Wette.	1	Musik von B. A. Weber.
235	21	„	„	Michel Angelo.	1	Herclots; Mus. v. Nic. Isouard.
236	14	Febr.	„	Philipp und Georgette.	1	Musik von Dalleyrac.
237	14	„	„	Die Heirath auf eine Stunde.	1	Musik von Dalleyrac.
238	19	März	„	Die zwölf schlafenden Jungfrauen; 1. Thl.	4	Musik von W. Müller.
239	25	April	„	Die Nymphe d. Donau; 3. Thl.	3	Musik von Kauer.
240	20	Mai	„	Armide.	5	Aus d. Franz. des Quinault; Musik von Gluck.
241	16	Juli	„	Die heimliche Ehe.	2	Musik von Cimarosa; neu bearbeitet.
242	9	Sept.	„	Mädchentreue.	2	Musik von Mozart, nach einer neuen Bearbeitung von Così fan tutte.

Laufende Nummer.	Tag	Monat	Jahr	Name des Stücks.	Acte.	Name des Verfassers oder Bearbeiters.
	der ersten Aufführung.					
243	24	Sept.	1805	Die vertrauten Nebenbuhler.	2	Herclots; Mus. v. Nic. Isouard.
244	15	Oct.	„	Pachter Robert.	1	Nach d. Franz. v. Seyfried; Musik von Lebrun.
245	9	Dec.	„	Die Uniform.	2	Treitschke und Weigl.
246	2	Jan.	1806	Edelmuth und Liebe.	1	Text und Musik von Franz.
247	2	„	„	Herr und Diener in einer Person.	1	Herclots und Della Maria.
248	20	„	„	Die tiefe Trauer.	1	Musik von Berton.
249	24	März	„	Milton.	1	Treitschke und Spontini.
250	14	April	„	Die Sylphen.	3	Nach Gozzi von Robert; Mus. von Himmel.
251	16	Juli	„	Das Blumenmädchen.	1	Rochlitz; Mus. v. Fr. Benda.
252	3	Aug.	„	Idomeneus, König von Creta.	3	Aus d. Ital. von Treitschke; Musik von Mozart.
253	19	Sept.	„	Eulenspiegel.	1	v. Kotzebue; Mus. v. Schmidt.
254	26	Jan	1807	Das unterbrochene Concert.	1	Musik von Berton.
255	2	Febr.	„	Faniska.	3	Musik von Cherubini.
256	25	„	„	Gulistan, oder Hulla von Samarcanda.	3	Etienne; Mus. v. Dalleyrac.
257	23	März	„	Tante Aurora.	2	Nach d. Franz. v. Herclots; Musik von Boieldieu.
258	16	April	„	Das Singspiel vor d. Fenstern.	1	Treitschke; Musik von Nicolo Isouard.
259	16	„	„	Zwei Worte, od. die Herberge im Walde.	1	Nach d. Franz.; Musik von Dalleyrac.
260	25	Mai	„	Der lustige Schuster.	2	Musik von Paer.
261	29	Juni	„	Die Räuberhöhle.	3	Aus d. Franz. von Deroca; Mus. von Le Sueur.
262	27	Juli	„	Ulysses und Circe.	3	Mus. von Bernhard Romberg.
263	16	Nov.	„	Das Fest der Winzer, oder wer führt die Braut nach Hause?	3	Musik von Kunze.
264	30	„	„	Kunst und Liebe.	1	Musik von Reichardt.
265	14	Dec.	„	Der Dorfbarbier; 2. Thl.	1	Musik von Seidel.
266	11	Jan.	1808	Die vereitelten Ränke.	2	Musik von Cimarosa.
267	3	Febr.	„	Sargines, oder Zögling der Liebe.	2	Musik von Paer.
268	2	März	„	Ida.	4	Holbein und Gyrowetz.
269	20	April	„	Orpheus und Eurydice.	3	Sander; Musik von Gluck.

Laufende Nummer	Tag	Monat	Jahr	Name des Stücks.	Akte	Name des Verfassers oder Bearbeiters.
	der ersten Aufführung.					
270	30	Aug.	1808	Die wandernden Virtuosen.	2	Nach d. Ital. von Herclots und Fioravanti.
271	3	Oct.	„	Uthal.	1	Nach d. Franz. von Herclots; Musik von Mehul.
272	3	„	„	Die Liebe im Kloster.	2	Bearbeitet von Herclots und Devienne.
273	5	Dec.	„	Julie, oder der Blumentopf.	1	Nach d. Franz. v. Treitschke und Spontini.
274	18	Jan.	1809	Die Prinzessin Guise.	3	Nach d. Franz. von Herclots: Musik von Solié.
275	20	März	„	Ein Tag in Paris.	3	Nach d. Franz. von Herclots: Musik von Nicolo Isouard.
276	28	Juli	„	Der Hausverkauf.	1	Musik von Dalleyrac.
277	3	Aug.	„	Anakreon auf Samos.	3	Nach d. Franz. von Herclots; Musik von Gretry.
278	15	Oct.	„	Agnes Sorel.	3	Nach d. Franz. von Sonnleithner; Mus. v. Gyrowetz.
279	24	Nov.	„	Das Waisenhaus.	2	Musik von Weigl.
280	25	Dec.	„	Iphigenie in Aulis.	3	Aus d. Franz. von Sander: Musik von Gluck.
281	17	Jan.	1810	Herr Rochus Pumpernickel.	3	Stegmayer; Mus. v. Mehreren.
282	12	Febr.	„	Blanca de Foix.	3	Nach d. Franz. von Herclots; Musik von Berton.
283	26	„	„	Die Verwandlungen.	1	Segur; Musik von Weigl.
284	26	„	„	Das Singspiel auf dem Dache.	1	Treitschke; Musik von Fischer.
285	19	März	„	Zofenherrschaft.	2	Nach d. Ital. von Herclots und Pergolese.
286	2	Juli	„	Il Geloso. (Der Eifersüchtige.)	1	Musik von Mehreren.
287	11	„	„	Leonore, oder Spaniens Gefängniß bei Sevilla.	2	Nach d. Ital. von Rochlitz: Musik von Paer.
288	15	Oct.	„	Achilles.	3	Gamerra; Musik von Paer.
289	26	„	„	Das Hausgesinde.	1	Nach d. Franz. von Koller: Musik von Fischer.
290	21	Nov.	„	Die Schweizerfamilie.	3	Castelli; Musik von Weigl.
291	19	Dec.	„	Die Dorfsängerinnen.	2	Aus d. Ital.; Musik von Fioravanti.
292	18	Jan.	1811	Die Vestalin.	3	Nach d. Franz. von Herclots: Musik von v. Spontini.
293	19	Febr.	„	Die Alpenhirten.	3	Musik von Wollank.

Laufende Nummer.	Tag	Monat	Jahr	Name des Stücks.	Akte.	Name des Verfassers oder Bearbeiters.
	der ersten Aufführung.					
294	18	März	1811	Der Taucher.	2	Bürde; Musik von Reichardt.
295	30	Mai	„	Die Abentheuer des Ritters D. Quixote von la Mancha.	5	Nach Cervantes von Klingemann; Musik von Seidel.
296	14	Juni	„	Röschen, genannt Aescherling.	3	Nach d. Franz. des Etienne von Herclots; Musik von Nic. Isouard.
297	3	Aug.	„	Adelheid und Althram.	2	Aus d. Ital. von Herclots; Musik von Simon Mayer.
298	21	Sept.	„	Kunst und Natur, od. die drei Pumpernickel; 2. Thl.	3	Musik von Mehreren.
299	15	Oct.	„	Der Zauberwald und Jerusalems Befreiung.	2	Nach d. Ital. von Herclots; Musik von Righini.
300	22	Nov.	„	Joseph in Egypten.	3	Nach Duval; Mus. v. Mehul.
301	19	Dec.	„	Marquis Tulipano.	2	Musik von Paesiello.
302	9	Jan.	1812	Der Zitterschläger.	1	Seidel; Musik von Ritter.
303	20	„	„	Hecuba.	3	Aus d. Franz. von Herclots; Musik von Fontenelle.
304	15	April	„	Don Tacagno.	2	Koreff; Musik von v. Drieberg.
305	26	Mai	„	Der weibliche Soldat.	2	Nach d. Ital.; Mus. v. Naumann.
306	12	Juni	„	Feodore.	1	v. Kotzebue; Mus. v. Schmidt.
307	10	Juli	„	Silvane.	3	Hiemer; Mus. von C. M. v. Weber.
308	22	„	„	Rosette, das Schweizer-Hirtenmädchen.	2	Bretzner; Musik von Bierey.
309	7	Aug.	„	Juliette und Romeo.	3	Aus d. Ital. von Herclots; Musik von Zingarelli.
310	7	Oct.	„	Adrian v. Ostade.	1	Von Treitschke; Musik von Weigl.
311	10	Nov.	„	Die beiden Blinden von Toledo.	1	Musik von Mehul.
312	4	Dec.	„	Cimarosa.	2	Aus dem Franz. von Mac; Musik von Nic. Isouard.
313	14	Jan.	1813	Der verlorene Sohn.	3	Nach d. Franz. von Herclots; Musik von Gaveaux.
314	12	Febr.	„	Carlo Fioras, od. der Stumme in der Sierra Morena.	3	Nach d. Franz. von Vogel; Musik von Fränzel.
315	25	März	„	Johann von Paris.	2	Aus d. Franz. von Herclots; Musik von Boieldieu.
316	28	April	„	Der Hechelkrämer.	2	Musik von v. Drieberg.

Laufende Nummer	Tag	Monat	Jahr	Name des Stücks.	Acte	Name des Verfassers oder Bearbeiters.
	der ersten Aufführung					
317	1	Juni	1813	Gesangsucht.	1	Nach d. Franz. von Herclots: Musik von Champein.
318	17	„	„	Die Wegelagerer.	2	Nach d. Ital. von Franke: Musik von Paer.
319	25	„	„	Das Frühstück der Junggesellen.	1	Aus d. Franz. von Herclots: Musik von Nic. Isouard.
320	14	Juli	„	Der blinde Gärtner, oder die blühende Aloe.	1	v. Kotzebue; Mus. v. Schmidt.
321	28	„	„	Abu-Hassan.	1	Hiemer; Mus. v. C. M. v. Weber.
322	30	Aug.	„	Der Kapellmeister aus Venedig, oder der Schein trügt.	1	v. Breitenstein; Musik von Mehreren.
323	24	Sept.	„	Die Heirath durch List.	2	Aus d. Franz. von Herclots: Musik von Cimarosa.
324	18	Oct.	„	Die Romanze.	1	Nach d. Franz. des Loraux: Musik von Berton.
325	27	Nov.	„	Der Kosak und der Freiwillige.	1	v. Kotzebue; Musik von B. A. Weber.
326	11	März	1814	Die Bajaderen.	3	Nach d. Franz. des Jouy von Herclots; Musik von Catel.
327	23	„	„	Der Kobold.	4	Musik von Himmel.
328	29	April	„	Almazinde, oder die Höhle Sesam.	3	Musik von Bierey.
329	20	Mai	„	Das Dorf im Gebirge.	2	v. Kotzebue; Mus. von Weigl.
330	27	Sept.	„	Il Calzolajo deciso. (Der gefoppte Schuhmacher.)	2	Musik von Kavos.
331	15	Oct.	„	Fernand Cortez, oder die Eroberung von Mexiko.	3	Aus d. Franz. von Schaum: Musik von v. Spontini.
332	23	Nov.	„	Der Sänger und der Schneider.	1	Musik von v. Drieberg.
333	23	Dec.	„	Herr von der Schalmey, oder ein Karnevalsabend.	3	Nach d. Franz.: Musik von Gaveaux.
334	27	Jan.	1815	Agnese.	2	Nach d. Ital.; Musik v. Paer.
335	1	März	„	Hans Max Giesebrecht v. d. Humpenburg, oder die neue Ritterzeit.	1	v. Kotzebue: Mus. v. Gürrlich.
336	5	Mai	„	Karl II., oder die Flucht nach Frankreich.	1	Text und Musik v. C. Blum.
337	24	„	„	Der neue Gutsherr.	1	Nach d. Franz. von Castelli: Musik von Boieldieu.

Laufende Nummer.	Tag	Monat	Jahr	Name des Stücks.	Akte.	Name des Verfassers oder Bearbeiters.
	der ersten Aufführung.					
338	4	Aug.	1815	Die deutschen Frauen.	1	Kind; Musik von Gürrlich.
339	14	„	„	Der Augenarzt.	2	Aus d. Franz. von Veith; Musik von Gyrowetz.
340	23	„	„	Stratonice.	1	Nach d. Franz.; Mus. v. Mehul.
341	11	Oct.	„	Fidelio.	2	Nach d. Franz. v. Treitschke; Musik von Beethoven.
342	22	Dec.	„	Wie man lieben muß.	1	Zschocke; Musik von Miltitz.
343	3	Jan.	1816	Der preuß. Grenadier, oder die Müller-Familie.	1	C. Meisl; Mus. v. W. Müller.
344	20	Febr.	„	Der Gartenschlüssel.	1	Hiemer; Musik von Danzi.
345	26	April	„	Joconde, od. die Abentheurer.	3	Nach d. Franz.; Musik von Nic. Isouard.
346	1	Juni	„	Ariodan.	3	Nach d. Franz. v. Seyfried; Musik von Mehul.
347	3	Aug.	„	Undine.	3	de la Motte Fouqué; Musik von Hoffmann.
348	28	„	„	Die Alpenhütte.	1	v. Kotzebue; Mus. v. Schmidt.
349	19	Oct.	„	Zaire.	2	Musik von Winter.
350	11	Dec.	„	Frau Rußkachel, oder die betrogene Stiefmutter.	1	Musik von v. Trieberg.
351	31	Jan.	1817	Rittertreue.	3	Trautvetter; Musik von B. Romberg.
352	25	Febr.	„	Athalia.	3	Nach Racine von Wohlbrück; Musik von Poißl.
353	19	März	„	Die Lottonummer.	1	Nach d. Franz. von Herclots; Musik von Nic. Isouard.
354	7	Mai	„	Zoraide, oder die Mauren in Granada.	3	Aus d. Franz.; Text u. Musik von C. Blum.
355	17	Juni	„	Der Schiffskapitän, oder die Unbefangenen.	1	Nach d. Franz. von C. Blum.
356	18	„	„	Der Kyffhäuser Berg.	1	v. Kotzebue; Mus. von Schmidt.
357	6	Juli	„	Pygmalion. (Ital.)	2	Nach d. Franz. des Rousseau; Musik von Cimarosa.
358	18	„	„	Theatralische Abentheuer.	2	Mus. von Cimarosa u. Mozart.
359	30	„	„	Juliette und Romeo. (Ital.)	3	Musik von Zingarelli.
360	21	Aug.	„	Der Oheim als Kammerdiener.	1	N. d. Franz. des Duval v. Mai; Musik von della Maria.
361	16	Sept.	„	Herr Lesperance, od. d. Kunst Stellen zu erlangen.	1	Nach d. Franz. von Mad. Krickeberg.

Laufende Nummer.	Tag	Monat	Jahr	Name des Stücks.	Acte.	Name des Verfassers oder Bearbeiters.
	der ersten Aufführung.					
362	15	Oct.	1817	Alceste.	3	Nach d. Franz. von Herclots; Musik von Gluck.
363	28	„		Das ländliche Fest.	3	Severin, aus d. Franz. von Mai; Musik von Boieldieu.
364	5	Jan.	1818	Tancred.	2	Aus d. Ital. von Grünbaum; Musik von Rossini.
365	4	März	„	Die Großmuth des Scipio.	1	C. Schlegel; Musik von A. Romberg.
366	20	April		Fernand Cortez, oder die Eroberung von Mexiko.	3	Aus d. Franz. von Mai; Musik von v. Spontini; neu bearbeitet.
367	8	Mai	„	Claudine von Villa Bella.	3	v. Goethe; Musik von Kienlen.
368	5	Juni	„	Fortunata.	1	Text und Musik von C. Blum.
369	5	„	„	Kanonikus Ignaz Schuster.	1	Nach d. Franz. von C. Blum.
370	25	Nov.	„	Das Fischermädchen, od. Haß und Liebe.	1	Theodor Körner; Musik von Schmidt.
371	9	Dec.	„	Lila.	4	Goethe; Musik von Seidel.
372	8	Jan.	1819	Die beiden Ehemänner.	1	Nach d. Franz.; Musik von Nicolo de Malte.
373	7	Juli	„	Klein-Rothkäppchen.	3	Aus d. Franz. von Mad. Krickeberg; Musik von Boieldieu.
374	12	Sept.	„	Nachtigall und Rabe.	1	Nach d. Franz. von Treitschke; Musik von Weigl.
375	1	Dec.	„	Nitteti.	3	Nach Metastasio; Musik von v. Poißl.
376	5	Jan.	1820	Die Hottentottin.	1	Tenelli; Musik arrangirt von G. A. Schneider.
377	11	Febr.	„	Emma von Roxburgh.	2	Aus d. Ital. von Mai; Musik von Meyerbeer.
378	25	März	„	Die verfängliche Wette.	2	Nach Cosi fan tutte; zu Mozarts Mus., neu bearb. v. Herclots.
379	21	April	„	Rose, die Müllerin.	2	Adalb. v. Thale; Musik von A. v. Lauer.
380	23	Juni	„	Die falsche Prima Donna in Krähwinkel.	3	Nach Bäuerle von J. v. Voß; Musik von Ign. Schuster.
381	15	Aug.	„	Das Schützenfest.	2	Nach d. Franz. von Mad. Krickeberg; Musik von Telle.
382	18	Oct.	„	Die Getäuschten.	1	Aus d. Ital. von Hiemer; Musik von Rossini.

Laufende Nummer.	Tag	Monat	Jahr	Name des Stücks.	Akte.	Name des Verfassers oder Bearbeiters.
	der ersten Aufführung					
383	16	Jan.	1821	Othello, der Mohr von Venedig.	3	Aus d. Ital. von Grünbaum; Musik von Rossini.
384	14	Mai	„	Olympia.	3	Nach d. Franz. von Hoffmann; Musik von v. Spontini.
385	18	Juni	„	Der Freischütz.	3	Kind; Musik von C. M. v. Weber.
386	3	Aug.	„	Jeannot und Collin.	3	N. d. Franz. des Etienne v. Castelli; Mus. von N. Isouard.
387	28	Oct.	„	Der Stralower Fischzug.	2	J. v. Voß; Mus. von G. A. Schneider.
388	19	Dec.	„	Der Bär und der Bassa.	1	Nach d. Franz.; Musik von C. Blum.
389	15	Jan.	1822	Die Bergknappen.	2	Th. Körner; Mus. von Hellwig.
390	26	Febr.	„	Aucassin und Nicolette, od. die Liebe aus der guten alten Zeit.	4	Koreff; Musik von G. A. Schneider.
391	25	April	„	Der Unsichtbare.	1	Costenoble; Mus. von C. Eule.
392	27	Mai	„	Nurmahal, oder das Rosenfest von Caschmir.	2	Nach dem Engl. des Moore; Musik von v. Spontini.
393	7	Juni	„	Il Fanatico per la Musica. (Der musikalische Phantast.)	1	Musik von Rossini.
394	7	„	„	La Serva Capricciosa. (Die eigensinnige Dienerin.)	1	Musik von Paer.
395	18	„	„	Der Barbier von Sevilla.	2	Aus d. Ital. von Kollmann; Musik von Rossini.
396	24	„	„	Die Nachtwandlerin.	2	Nach Scribe; Musik von C. Blum.
397	25	Oct.	„	Gänserich und Gänschen.	1	Nach d. Franz. von J. Hoffmann; Musik von C. Blum.
398	20	Jan.	1823	Die Pagen des Herzogs von Vendome.	2	Nach d. Franz.; Mus. von C. Blum.
399	7	April	„	Die Heirath im 12. Jahre.	1	Nach d. Franz. mit Mus. von C. Blum.
400	27	Mai	„	Zur guten Stunde, oder die Edelknaben.	2	Text und Musik von v. Lichtenstein.
401	15	Oct.	„	Dido.	3	L. Rellstab; Mus. von Bernh. Klein.
402	1	Dec.	„	Libussa.	3	Bernard; Mus. v. C. Kreutzer.
403	6	Jan.	1824	Die Verschwornen.	1	Castelli; Musik von G. A. Schneider.

Laufende Nummer.	Tag	Monat	Jahr	Name des Stücks.	Acte.	Name des Verfassers oder Bearbeiters.
	der ersten Aufführung.					
404	4	Febr.	1824	Das verborgene Fenster, oder ein Abend in Madrid.	3	Nach dem Franz. von Tenelli: Musik v. J. P. Schmidt.
405	4	Juni	„	Elisabeth, Königin von England.	2	Nach dem Ital.; Musik von Rossini.
406	11	„	„	Riquel der Haarbüschel.	2	Nach d. Franz.; Musik von C. Blum.
407	3	Aug.	„	Der Schnee.	4	Nach d. Franz. von Herclots; Musik von Auber.
408	27	Oct.	„	Semiramis.	3	Aus d. Franz. von Castelli: Musik von Catel.
409	31	Dec.	„	Die diebische Elster.	2	Musik von Rossini.
410	14	Febr.	1825	Jessonda.	3	Gehe; Musik von Spohr.
411	25	März	„	Singethee und Liedertafel.	2	Text u. Musik von v. Lichtenstein.
412	23	Mai	„	Alcidor.	3	Nach d. Franz. von Herclots: Musik von v. Spontini.
413	11	Oct.	„	Das Concert am Hofe.	1	Aus d. Franz.; Mus. von Auber.
414	15	Nov.	„	Euphrosine.	3	Nach d. Franz. von Mai: Musik von Mehul.
415	29	„	„	Der Hahn im Korbe.	1	Nach d. Franz. von v. Lichtenstein.
416	23	Dec.	„	Euryanthe.	3	Helmine v. Chezi; Musik von C. M. v. Weber.
417	17	Jan.	1826	Der schönste Tag des Lebens.	2	Nach Scribe; Musik von C. Blum.
418	19	März	„	Der Maurer.	3	Nach d. Franz. von v. Lichtenstein; Musik von Auber.
419	15	Juni	„	Die arme Molly.	1	Nach d. Franz. von v. Lichtenstein.
420	1	Aug.	„	Die Dame auf Schloß Avenel.	3	Nach d. Franz.; Musik von Boieldieu.
421	22	Dec.	„	Der Brautkuß.	1	Text und Musik von C. Blum.
422	29	April	1827	Die Hochzeit des Gamacho.	2	Nach Cervantes von Lichtenstein; Musik von Felix Mendelssohn-Bartholdy.
423	28	Mai	„	Agnes von Hohenstaufen.	1ster	Raupach; Musik von v. Spontini.
424	29	Juli	„	Cordelia.	1	Nach Adele v. Budoy von P. A. Wolf: Mus. von Kreutzer.
425	13	Dec.	„	Die bezauberte Rose.	3	Gehe; Musik von Wolfram.

Laufende Nummer	Tag	Monat	Jahr	Name des Stücks.	Akte.	Name des Verfassers oder Bearbeiters.
	der ersten Aufführung.					
426	27	Dec.	1827	Der Chorist in der Equipage, oder die Gastfreundschaft.	1	Nach d. Franz.; Musik von Möser.
427	11	März	1828	Die Abencerragen, oder das Feldpanier von Granada.	3	Nach d. Franz.; Musik von Cherubini.
428	2	Juli	„	Oberon, König der Elfen.	3	Nach dem Engl. v. Th. Hell; Musik von C. M. v. Weber.
429	19	Aug.	„	Der Hausirer.	3	Nach d. Franz.; Musik von Onslow.
430	12	Jan.	1829	Die Stumme von Portici.	5	Nach Scribe von v. Lichtenstein; Musik von Auber.
431	3	Aug.	„	Die Braut.	3	Nach d. Franz. von v. Lichtenstein; Musik von Auber.
432	14	Nov.	„	Faust.	3	J. C. Bernard; Musik von Spohr.
433	25	Jan.	1830	Die Belagerung von Corinth.	3	Musik von Rossini.
434	18	April	„	Die Liebe in der Mädchenschule.	2	Nach Picard; Musik v. Blum.
435	15	Mai	„	Semiramis.	2	Musik v. Rossini.
436	4	Juni	„	Der Entenhandel.	2	
437	22	„	„	Nicolo Zaganini, oder der große Virtuos.	1	Campo.
438	3	Aug.	„	Fra Diavolo oder das Gasthaus bei Terracina.	3	Scribe; Musik von Auber.
439	18	Oct.	„	Andreas Hofer.	4	Musik von Rossini.
440	22	Nov.	„	Der Maler auf Reisen.	1	Aus d. Franz.
441	28	„	„	Alfred der Große, König von England.	3	Körner; Musik von J. P. Schmidt.
442	8	Febr.	1831	Die Räuberbraut.		Musik von F. Rieß.
443	1	März	„	Täuschung.	1	Nach d. Franz. von Lichtenstein; Musik von Herold.
444	8	April	„	Der Gott und die Bajadere.	2	Nach Scribe; Musik von Auber.
445	2	Juni	„	Bettina.	1	Nach Scribe; Mus. v. C. Blum.
446	3	Aug.	„	Der Templer und die Jüdin.	3	Wohlbrück; Mus. von Marschner.
447	10	„	„	Der Spiegel des Tausendschön.	1	Musik von C. Blum.
448	16	Sept.	„	Die beiden Familien.	3	Nach d. Franz.; Musik von Labarre.
449	15	Oct.	„	Der Liebestrank.	2	Musik von Auber.
450	9	Dec.	„	Die umgeworfenen Wagen.	2	Musik von Boieldieu.

Laufende Nummer.	Tag	Monat	Jahr	Name des Stücks	Acte	Name des Verfassers oder Bearbeiters.
	der ersten Aufführung					
451	8	Jan.	1832	Der Orakelspruch.	1	v. Contessa; Mus. von v. Lauer.
452	23	„	„	Die Kirmes.	1	E. Devrient; Mus. von Taubert.
453	31	„	„	Zampa, oder die Marmorbraut.	3	Nach d. Franz. von C. Blum; Musik von Herold.
454	20	Juni	„	Robert der Teufel.	5	Nach d. Franz. von Scribe von Th. Hell; Musik von Meyerbeer.
455	3	Aug.	„	Der Bergmönch.	3	v. Miltitz; Mus. von Wolfram.
456	17	Sept.	„	Verheirathet, unbegraben.	1	Nach d. Engl. von L. Schneider.
457	15	Oct.	„	Irene.	3	Musik von Arnold.
458	12	Nov.	„	Baldrian und Rosa, oder ein Schwank von Rübezahl.	4	Raupach; Musik von C. Blum.
459	19	April	1833	Das Schloß Candra.	3	Musik von Wolfram.
460	24	Mai	„	Hans Heiling.	3	E. Devrient; Mus. von Marschner.
461	3	Aug.	„	Mathilde von Guise.	3	Musik von Hummel.
462	26	Sept.	„	Der Zweikampf.	3	Nach d. Franz. von v. Lichtenstein; Musik von Herold.
463	18	Febr.	1834	Die drei Wünsche.	3	Raupach; Mus. von Dr. Löwe.
464	14	März	„	Die deutschen Herren in Nürnberg.	3	Text und Musik von Lichtenstein.
465	4	Juni	„	Die Familien Capuletti und Montecchi.	4	Nach d. Ital. von Grünbaum; Musik von Bellini.
466	3	Aug.	„	Die Felsenmühle von Estalières.	2	v. Miltitz; Mus. von Reißiger.
467	19	Sept.	„	Der Zigeuner.	4	E. Devrient; Mus. von Taubert.
468	15	Oct.	„	Drakana, die Schlangenkönigin.	3	Meinert; Mus. von Wolfram.
469	27	Febr.	1835	Ali Baba, od. die 40 Räuber.	5	Nach d. Franz. von Grünbaum; Mus. von Cherubini.
470	22	April	„	Die blühende Aloe.	1	v. Kotzebue; Musik von Lindpaintner.
471	22	Mai	„	Trilbi.	1	Nach Scribe von Both; Mus. von Truhn.
472	15	Juli	„	Das eherne Pferd.	3	Nach Scribe von v. Lichtenstein; Musik von Auber.
473	1	Sept.	„	Die Rosenmädchen.	3	Nach d. Franz. von v. Kotzebue; Mus. von Lindpaintner.

Laufende Nummer.	Tag	Monat	Jahr	Name des Stücks.	Acte	Name des Verfassers oder Bearbeiters.
	der ersten Aufführung					
474	14	Oct.	1835	Der Kapellmeister und die Prima Donna.	1	Nach d. Ital. von C. Blum: Musik von Mehreren.
475	25	Nov.	„	Prinz Tu-ta tu.	1	Nach Sauvage; Musik von G. A. Schneider.
476	15	Jan.	1836	Die Sprache des Herzens.	1	J. Lyser; Musik von Pixis.
477	10	Febr.	„	Die Puritaner.	3	Nach d. Ital. von v. Lichtenstein; Musik von Bellini.
478	25	Mai	„	Die Nachtwandlerin.	3	N. d. Ital. von Friederike Elmenreich; Mus. von Bellini.
479	13	Juni	„	Mary, Max und Michel.	1	Text und Mus. von C. Blum.
480	3	Aug.	„	Der Blitz.	3	Nach d. Franz. von Genée; Musik von Halevy.
481	14	Sept.	„	Ein Stündchen im Bade.	1	Becker; Mus. von H. Schmidt.
482	6	Jan.	1837	Käthchen.	2	F. Förster; Mus. von Eckert.
483	8	April	„	Fröhlich. (Quodlibet.)	2	N. d. Franz. von L. Schneider; Musik von Mehreren.
484	3	Juni	„	Der Postillon von Lonjumeau.	3	Nach d. Franz. von Friedrich: Musik von Adam.
485	3	Aug.	„	Der Liebestrank.	2	Aus d. Ital.; Musik von Donizetti.
486	30	„	„	Bergamo.	1	Text und Musik von C. Blum.
487	15	Oct.	„	Die Gesandtin.	3	Scribe und St. George: Mus. von Auber.
488	30	„	„	Wohlgemuth. (Quodlibet.)	1	L. Schneider; Mus. von Mehreren.
489	12	Jan.	1838	Norma.	2	N. d. Ital.; Mus. von Bellini.
490	10	April	„	Des Falkners Braut.	3	Wohlbrück; Mus. von Marschner.
491	16	Juni	„	Der schwarze Domino.	3	N. Scribe; Musik von Auber.
492	3	Aug.	„	Die Macht des Liedes.	3	Aus dem Franz. von Castelli; Musik von Lindpaintner.
493	16	Oct.	„	Die Doppelleiter.	1	Nach Picard; Musik von A. Thomas.
494	16	Nov.	„	Der Laborant im Riesengebirge.	1	Friedr. Förster; Musik von C. Eckert.
495	4	Jan.	1839	Czaar und Zimmermann.	3	Musik von Lortzing.
496	26	Febr.	„	Die Flucht nach der Schweiz.	1	Nach d. Franz. von C. Blum; Musik von F. Kücken.
497	28	April	„	Der Brauer von Preston.	3	A. d. Franz.; Mus. von Adam.

Laufende Nummer.	Tag	Monat	Jahr	Name des Stücks.	Acte.	Name des Verfassers oder Bearbeiters.
	der ersten Aufführung.					
498	25	Juli	1839	Er requirirt.	1	L. Schneider.
499	3	Aug.	„	Der Schwur.	3	Aus d. Ital. von Grünbaum: Musik von Mercadante.
500	16	„	„	Die beiden Schützen.	3	Nach dem Franz.; Text und Musik von Lortzing.
501	31	Oct.	„	Das Stelldichein, oder Alle fürchten sich.	1	Nach dem Franz.; Musik von Nic. Isouard.
502	10	Dec.	„	Ein Tag der Abentheuer.	3	N. d. Franz.; Mus. von Mehul.
503	27	März	1840	Lucrezia Borgia.	3	Musik von Donizetti.
504	28	April	„	Die Hamadryaden.	2	de Colomba; Mus. von Adam.
505	2	Oct.	„	Der Bravo.	3	Nach d. Ital.; Musik von Mercadante.
506	14	„	„	Der Feensee.	5	N. d. Franz.; Mus. von Auber.
507	25	Juni	1841	Golo und Genoveva.	3	Nach Tieck von Görner; Mus. von L. Huth.
508	5	Aug.	„	Hans Sachs.	3	Nach Deinhardstein von P. Reger; Mus. von A. Lortzing.
509	23	Sept.	„	Die Hirten von Piemont.	1	Nach d. Franz. von Genée: Musik von Schäffer.
510	15	Oct.	„	Der Guitarrenspieler.	2	Nach d. Franz. des Scribe: Musik von Halevy.
511	28	Dec.	„	Belisar.	3	Aus dem Ital.; Musik von Donizetti.
512	13	Jan.	1842	Versuche, musikalische Proberollen.	1	L. Schneider; Mus. von Mehreren.
513	15	Febr.	„	Marquis und Dieb.	1	Nach d. Franz. von L. Schneider; Mus. von W. Taubert.
514	11	März	„	Die Krondiamanten.	3	Scribe; Musik von Auber.
515	20	Mai	„	Die Hugenotten.	5	Aus d. Franz. des Scribe. übers. von Castelli; Musik von Meyerbeer.
516	29	Juli	„	Marie, oder die Tochter des Regiments.	2	Nach dem Franz.; Musik von Donizetti.
517	6	Oct.	„	Tell.	3	Nach d. Franz. von Haupt: Musik von Rossini.
518	13	Nov.	„	Der Herzog von Oleanda.	3	v. Scribe; Musik von Auber.
519	18	Dec.	„	Linda von Chamouny.	3	Aus d. Ital. von Proch; Mus. von Donizetti.

E.

Ballets und Divertissements.

Laufende Nummer.	Tag	Monat	Jahr	Name des Stücks.	Akte.	Name des Verfassers oder Bearbeiters.
	der ersten Aufführung.					
1	10	Juni	1771	Die Abendstunde.	1	
2	11	„	„	Die Sicilianer, oder die gestörte Nachtmusik.	1	
3	15	„	„	Die gehörlose Bäuerin.	1	
4	17	„	„	Die Zurückkunft der holländischen Schiffer aus Indien.	1	
5	21	„	„	Die vergnügten Schnitter.	1	
6	28	„	„	Die lustigen Rekruten im Wirthshause.	1	
7	1	Juli	„	Die Ceremonie, wie Argan zum Doktor gemacht wird.	1	
8	11	„	„	Die beiderseitige Untreue, od. die Entführung.	1	
9	20	„	„	Die lustigen Bauern.	1	
10	24	„	„	Der betrogene Alte, oder der Schaffner.	1	
11	3	Aug.	„	Die Savoyarden.	1	
12	26	„	„	Das scherzhafte Glück eines Spaniers, eines Corsen und eines Indianers.	1	
13	16	Sept.	„	Der betrogene Pachter.	1	
14	24	„	„	Der faule Pierrot.	1	
15	18	Oct.	„	Die bezauberten Liebhaber.	1	
16	13	Nov.	„	Die spaßhaften Bauern.	1	
17	22	Jan.	1772	Die Holländer.	1	
18	29	Febr.	„	Der Vogelsang.	1	
19	2	Mai	„	Die Winzer.	1	
20	19	„	„	Die Wette, od. die zerstreuten Hirten.	1	
21	15	Juni	„	Das Hahnenschlagen.	1	
22	26	April	1773	Die Schnitter	1	
23	28	„	„	Die böse Bäuerin.	1	
24	10	Mai	„	Die Hottentotten.	1	
25	9	Juli	„	Die Putzmacherin.	1	
26	6	Oct.	„	Die Drescher.	1	

Laufende Nummer.	Tag	Monat	Jahr	Name des Stücks.	Acte.	Name des Verfassers oder Bearbeiters.
	der ersten Aufführung.					
27	26	Nov.	1773	Die Eifersucht im Serail.	1	
28	3	Dec.	„	Die alten Weiber jung zu machen.	1	
29	24	Jan.	1774	Scipio der Afrikaner.	1	
30	18	Mai	„	Die furchtsamen Bauern.	1	
31	17	Aug.	„	Die lustigen Panduren im Lager.	1	
32	17	April	1775	Die Fischweiber.	1	Lanz.
33	18	„	„	Die Dorfkirmes.	1	
34	20	„	„	Die Scheerenschleifer.	1	
35	22	„	„	Die Räuber.	1	
36	23	„	„	Die enrollirten Bauern.	1	
37	24	„	„	Der Mechanikus.	1	
38	25	„	„	Die Kohlenbrenner.	1	
39	16	Mai	„	Der Poltergeist.	1	Lanz.
40	22	„	„	Die Matrosen.	1	Lanz.
41	30	„	„	Das Fest der Arcadier.	1	
42	25	Aug.	„	Der Liebhaber als Tanzmeister.	1	Hubert.
43	11	Sept.	„	Die traurigen Wirkungen der Eifersucht.	1	
44	25	„	„	Das Opfer der Freude.	1	Lanz.
45	2	Nov.	„	Der dethronisirte und von seinen beiden Sultaninnen wieder auf den Thron gesetzte Sultan.	1	Lanz.
46	24	Jan.	1776	Friedrich im Tempel der Unsterblichkeit.	1	Lanz.
47	16	März	„	Der Taubendieb.	1	
48	24	April	„	Die Wäscherinnen.	1	
49	23	Mai	„	Die Schäferin.	1	
50	20	Juni	„	Die betrogene Bäuerin.	1	
51	22	Juli	„	Terpsichoren's Opfer.	1	
52	7	Aug.	„	Die herrschaftliche Küche.	1	
53	30	„	„	Die Bergleute.	1	
54	24	Sept.	„	Der von Ruhm gekrönte Held.	3	Lanz.
55	5	Oct.	„	Das Milchmädchen und der Leiermann.	1	
56	18	Jan.	1777	Die Helden.	3	Lanz.
57	27	Febr.	„	Der Vogelherd.	1	

Laufende Nummer.	Tag	Monat	Jahr	Name des Stücks.	Akte.	Name des Verfassers oder Bearbeiters.
	der ersten Aufführung.					
58	9	April	1777	Der gestörte Schlaf.	1	
59	19	„	„	Die verwechselten Geschenke.	1	
60	3	Mai	„	Vauxhall, od. der engl. Lustgarten.	1	
61	7	Juni	„	Die geprüfte Liebe.	1	
62	11	Aug.	„	Die Maskerade.	1	
63	22	Sept.	„	Die Quelle der Verwandlung, oder der bestrafte Vorwitz.	1	
64	25	Oct.	„	Das bewegende Gemälde.	1	
65	15	Nov.	„	Der listige Betrug.	1	
66	7	Dec.	„	Die vergebliche Rache.	1	
67	21	Febr.	1778	Harlequin als Bettler.	2	
68	16	Mai	„	Der entlarvte Philosoph.	1	
69	1	Juni	„	Harlequin als Friseur.	3	Lanz, Musik von André.
70	20	„	„	Der betrogene Alte, oder der schlaue Jäger.	1	
71	17	Aug.	„	Der Kampf zwischen Großmuth und Liebe.	2	
72	5	Sept.	„	Der Wochenmarkt.	1	
73	16	Dec.	„	Der Schiffbruch, od. die verschlagenen Engländer.	1	
74	24	Jan.	1779	Der Schluß des Schicksals.	2	
75	16	Mai	„	Die Geburt des Harlequins durch Zauberei.	2	Eine Kinderpantomime.
76	24	„	„	Das verewigte Verdienst um Germanien.	2	Musik von Kaffka.
77	17	Juli	„	Der Transport.	1	
78	25	Sept.	„	Die Hoffnung der deutschen Muse.	1	
79	30	Jan.	1780	Das liebste Opfer für Friedrich.	1	
80	11	Febr.	„	Die lustigen Schornsteinfeger.	1	
81	22	April	„	Der Maitag.	1	
82	10	Juni	„	Der Einsiedler.	1	
83	8	Juli	„	Der weibliche Deserteur.	1	
84	29	„	„	Das stolze Bauermädchen.	1	
85	22	Nov.	„	Thelmire und Thyrsis.	1	
86	1	Mai	1781	Die Ankunft der Matrosen.	1	
87	1	Juni	„	Der betrogene Wirth.	1	
88	1	Aug.	„	Der Bauer als Rekrut.	1	Vogt.

Laufende Nummer.	Tag	Monat	Jahr	Name des Stücks.	Acte.	Name des Verfassers oder Bearbeiters.
	der ersten Aufführung.					
89	20	Aug.	1781	Die Horatier und Curiatier.	5	Vogt.
90	11	Sept.	„	Rose und Pilee.	1	Vogt.
91	23	Oct.	„	Walmira, oder die großmüthige Braut.	5	Vogt.
92	26	„	„	Die dreifache Schule.	1	
93	5	Jan.	1782	Die Quelle der Schönheit u. Häßlichkeit.	1	
94	18	Febr.	„	Das Karneval von Venedig.	1	Vogt.
95	31	März	„	Die Kirmes.	1	
96	4	Mai	„	Gowannahi und Taune.	2	
97	4	Juni	„	Die Spiele der Jugend im Frühling.	1	Ehlenberger.
98	13	Juli	„	Don Juan, oder der steinerne Gast.	1	v. Angiolini, bearb. von Lanz; Musik von Gluck.
99	21	Oct.	„	Der Geizige.		
100	24	Jan.	1783	Apolls Herabkunft bei Thaliens Feier.	1	Lanz.
101	15	Juni	„	Wer wagt gewinnt, oder der Liebhaber als Tod u. Teufel.	1	
102	10	Nov.	„	Adelheid von Ponthieu.	5	Noverre.
103	16	Dec.	„	Das unterbrochene Verlöbniß, oder Arlequin auf der Wanderung.	2	Lanz.
104	23	„	„	Die Indianer, oder die Ankunft in England.	2	Voigt.
105	24	Jan.	1784	Mars und Apollo der Einzige.	1	Voigt.
106	6	Juni	„	Die Hottentotten.	1	
107	19	Aug.	„	Der Lohn der Treue, oder am Ende findet sich Alles wieder.	1	
108	24	Mai	1785	Die Gärtner.	1	
109	11	Mai	1786	Der Liebhaber im Faß, oder der betrogene Alte.	1	Carl Döbbelin.
110	19	„	„	Die Engländer unter den Wilden.	1	Carl Döbbelin.
111	16	Juni	„	Die verlorene Wette.	1	Carl Döbbelin.
112	17	„	„	Horia und Gloska.	1	Carl Döbbelin.
113	1	Juli	„	Die drei Buckligten aus Damascus.	1	Carl Döbbelin.
114	1	Oct.	„	Das Opfer der Muse.	2	Lanz.

Laufende Nummer	Tag	Monat	Jahr	Name des Stücks.	Akte.	Name des Verfassers oder Bearbeiters.
	der ersten Aufführung					
115	2	Nov.	1786	Amor als Gärtner.	2	Carl Döbbelin.
116	18	„	„	Die betrogene Bäuerin.	1	Carl Döbelin.
117	5	Dec.	„	Das Fest der Schauspielkunst.	2	Lanz.
118	16	„	„	Annette und Lubin.	1	Desplaces.
119	16	Jan.	1787	Das Orakel.	1	Desplaces.
120	6	Febr.	„	Provinz-Belustigung.	1	Desplaces.
121	26	„	„	Mirsa.	3	Desplaces.
122	29	April	„	Der Morgen auf dem Lande.	1	Carl Döbbelin.
123	25	Sept.	„	Das Opfer des Volkes.	1	
124	3	Aug.	1788	Wahl der Helden.	1	Musik von Wessely.
125	1	Dec.	1789	Die Gewalt des Gesanges, oder die Liebhaberei nach der Mode.	2	Mariottini; Musik von Martin.
126	30	Jan.	1790	Der Philosoph auf dem Lande.	1	Morelli.
127	28	Nov.	1794	Cortez und Thelaire.	1	Lauchery und Canabich.
128	29	Dec.	„	Das Urtheil des Paris.	1	Lauchery; Musik von Toeschi.
129	8	Jan.	„	Pygmalion.	1	Lauchery; Musik von Teller.
130	20	„	„	Die Lustbarkeiten im Wirthsgarten.	1	Lauchery und Winter.
131	30	März	„	Der ländliche Morgen, oder der sorgfältige Pachter.	1	Lauchery und Fränzel sen.
132	20	„	1796	Die englischen Hutmacher.	1	Lauchery und Toeschi.
133	27	Dec.	1797	Der betrogene Gärtner.	1	Lauchery.
134	10	Febr.	1798	Das unvermuthete Gewitter.	1	Lauchery.
135	4	April	„	Die Amerikanerin in Spanien.	1	Crux.
136	19	Mai	„	Das Opfer der Liebe.	1	
137	22	„	„	Don Quixotte auf Gamacho's Hochzeit.	3	Lauchery; Musik von Toeschi und Canabich.
138	3	Juli	1799	Der Geburtstag, oder die Rückkehr des Gutsherrn auf sein Schloß.	1	Lauchery; Mus. von W. Bach.
139	4	Oct.	1802	Das Opfer vor der Bildsäule des Amor.	1	Telle und Gürrlich.
140	17	„	1804	Die Verwandlungen aus Liebe, oder Vertumnus und Pomona.	1	Lauchery und Gürrlich.
141	24	„	„	Der Dorfschulmeister.	1	Lauchery und Gürrlich.
142	20	Nov.	„	Der Opernschneider.	2	Lauchery und Gürrlich.
143	21	Dec.	1805	Die Einschiffung nach Cythere.	1	Lauchery und Gürrlich.

Laufende Nummer.	Tag	Monat	Jahr	Name des Stücks.	Acte.	Name des Verfassers oder Bearbeiters.
	der ersten Aufführung.					
144	25	Dec.	1805	Die Schwestern als Nebenbuhlerinnen, oder der großmüthige Korsar.	1	Lauchery und Gürrlich.
145	27	„	„	Die Tanzsucht.	2	Gardel; für Berl. eingerichtet von Lauchery.
146	1	Jan.	1806	Der unterbrochene Dorfjahrmarkt.	1	Lauchery und Gürrlich.
147	25	April	1807	Gil Blas in der Räuberhöhle.	1	Lauchery und Winter.
148	28	Sept.	„	Der betrogene Gärtner.	1	Scalesi.
149	27	Oct.	„	Die Wilden.	1	Gasparini.
150	12	Dec.	„	Die Vermählung des Zephyr.	1	Lauchery jun.
151	19	Jan.	1808	Arlequin im Schutz der Zauberei.	3	Lauchery; Musik von B. A. Weber.
152	15	Febr.	„	Die listige Bäuerin.	1	Lauchery.
153	20	Juni	„	Die von Spaniern überraschten Indianer.	1	Lauchery.
154	10	Aug.	„	Die Liebe im Dorfe.	1	
155	12	„	„	Arlequins Geburt.	3	Lauchery und B. A. Weber.
156	17	„	„	Die Macht der Liebe.	1	Gallot.
157	31	„	„	Kanko, oder der dankbare Löwe.	3	
158	23	Sept.	„	Der Deserteur.	3	Gardel; eingerichtet von Lauchery jun.
159	15	Febr.	1809	Der Blumenstrauß.	1	Lauchery und Fränzel sen.
160	7	Sept.	„	Der Putzladen, oder der bestrafte Abbé.	1	Lauchery und Gürrlich.
161	16	März	1810	Psyche.	3	Gardel; Musik von Haydn.
162	26	„	„	Der Fischer und das Milchmädchen, oder viel Lärmen um einen Kuß.	1	Lauchery.
163	25	April	„	Der Verein des Tanzes und der Musik.	1	Mad. Clauce.
164	9	Oct.	„	Apoll und Daphne.	1	Lauchery; Musik von G. A. Schneider.
165	29	Mai	1811	Der ländliche Abend, oder die vereitelte Verlobung.	2	Lauchery und Seidel.
166	3	Aug.	„	Apelles und Campaspe, oder die Großmuth Alexanders.	1	von Noverre.
167	15	Mai	1812	Die glückliche Wilde.	1	Kobler.

Laufende Nummer.	Tag	Monat	Jahr	Name des Stücks.	Akte.	Name des Verfassers oder Bearbeiters.
	der ersten Aufführung.					
168	19	Mai	1812	Das listige Gärtnermädchen.	1	Kobler.
169	21	„	„	Der bucklige Jäger.	1	Kobler.
170	23	„	„	Das unbewachte Mädchen.	1	Kobler.
171	27	„	„	Die beiden Liebhaber im Finstern.	1	Kobler.
172	31	„	„	Azerra und Zegris.	1	Bernadelli.
173	10	Juni	„	Harlequins List.	1	Kobler.
174	11	„	„	Der weibliche Soldat.	1	Kobler.
175	16	„	„	Die treue Frau, oder die bewegliche Natur.	1	Kobler.
176	5	Aug.	„	Euthymas und Lyris.	1	Lauchery und Gürrlich.
177	17	„	„	Zephyr, oder die Wiederkehr des Frühlings.	1	Duport.
178	11	Dec.	„	Echo und Narcissus.	2	Telle und Gürrlich.
179	30	„	„	Nadine, oder der verliebte Zauberer.	1	
180	13	März	1813	Der leichtgläubige Liebhaber.	1	Telle und Gürrlich.
181	27	Oct.	„	Der Seehafen.	1	Telle und Seidel.
182	6	Nov.	„	Der Faun.	1	
183	9	Juni	1814	Der Triumph der Liebe über die Freundschaft.	1	Telle.
184	3	Aug.	„	Die glückliche Rückkehr.	1	Telle.
185	10	Mai	1815	Die Fischerjungen, oder der ländliche Abend.	1	Uhlich.
186	25	„	„	Lucas und Laurette, oder der verabschiedete Bräutigam.	1	Milon; Musik von Gürrlich.
187	28	Sept.	„	Maler Tenier.	1	Crux.
188	15	Oct.	„	Die Rückkehr des Mars.	1	Telle.
189	29	Febr.	1816	Diana und Endymion.	1	
190	28	März	„	Telemach auf Calypsos Insel.	3	Gardel.
191	22	April	„	Paul und Virginie.	3	Gardel; Musik von Kreutzer.
192	1	Juni	„	Die Olympischen Spiele.	1	Anatole.
193	11	„	„	Venus und Adonis.	1	Gardel.
194	10	Jan.	1817	Die Einquartierung.	1	Telle.
195	22	„	„	Pygmalion.	1	Lauchery.
196	24	April	„	Zephyr und Flora.	2	Didelot; Musik von Venua.
197	27	Juni	„	Die vier Freier.	1	Telle.
198	17	Sept.	„	Des Fest des Gutsherrn, od. der Unteroffizier.	2	Telle; Musik von G. A. Schneider.

Laufende Nummer.	Tag	Monat	Jahr	Name des Stücks.	Acte.	Name des Verfassers oder Bearbeiters.
	der ersten Aufführung.					
199	20	Mai	1818	Der Maler, oder die Winter vergnügungen.	2	Telle; Musik von Gürrlich.
200	12	Aug.	„	Das schlecht bewachte Mädchen.	2	d'Auberval.
201	25	Sept.	„	Daphne und Agathokles, oder Liebe siegt.	1	Telle; Musik von B. Romberg.
202	16	Dec.	„	Das Fest der Terpsichore.	1	Telle.
203	18	Jan.	1819	Der neue Narciß, bestraft durch Venus.	1	Taglioni.
204	21	April	„	Die Maskerade.	1	Hoguet; Musik von G. A. Schneider.
205	1	Sept.	„	Die Hirten.	1	Telle.
206	19	Oct.	„	Die Eifersüchtigen auf dem Lande.	2	Milon; Musik von Persuis.
207	12	Jan.	1820	Die Müller.	1	Hoguet; Musik von W. Telle.
208	7	März	„	Der Mechanikus, oder Chevalier Dugé.	2	Horschelt; Musik von Kinsk.
209	19	Oct.	„	Nina, od. Wahnsinn aus Liebe.	2	Milon; Musik von Persuis.
210	24	April	1821	Amors List, od. Delphide und Polimont.	1	Lauchery.
211	26	Mai	„	Die Rosenfee.	1	Telle; Mus. v. G. A. Schneider.
212	24	Oct.	„	Aschenbrödel, od. das Zauber-Kätzchen.	2	Nach dem Franz. von Telle; Musik von G. A. Schneider.
213	27	März	1822	Aline, Königin von Golconda.	3	Aumer; Musik von C. Blum.
214	15	Oct.	„	Das Fest des Mars.	1	Lauchery; Musik von G. A. Schneider.
215	2	Jan.	1823	Cephalus.	1	Lauchery; Musik von Calcara.
216	3	April	„	Das Schweizer-Milchmädchen.	2	Titus; Musik von Gyrowetz.
217	15	Mai	„	Egle, oder die beleidigte und gerächte Liebe.	2	Titus.
218	2	Juli	„	Das Carneval von Venedig.	2	Milon; Mus. von Persuis und Kreutzer.
219	1	Dec.	„	Die Rückkehr des Frühlings.	1	Hoguet; Mus. von Seidel und Schneider.
220	9	Juni	1824	Kiaking.	3	Titus.
221	6	Aug.	„	Alphons und Leonore, od. der Geliebte als Maler.	1	Anatole; Musik von Sor.
222	1	Sept.	„	Der Zögling der Natur.	2	Titus; Musik von Romani.
223	15	Dec.	„	Herr Des-Chalumeaux.	1	Titus; Mus. v. G. A. Schneider.
224	5	Aug.	1825	Das Zauberwäldchen.	1	Titus.

Laufende Nummer.	Tag	Monat	Jahr	Name des Stücks.	Akte.	Name des Verfassers oder Bearbeiters.
	der ersten Aufführung.					
225	9	Sept.	1825	Der rosenfarbene Kobold.	1	Titus.
226	15	Oct.	„	Die beiden Tanten.	2	Titus; Musik von Gyrowetz.
227	1	Dec.	„	Alexis und Susette, oder die italienische Weinlese bei Montolivetto.	2	Titus; Musik von Umlauf.
228	19	Mai	1826	Der flatterhafte Page.	3	d'Auberval.
29	7	Oct.	„	Der goldene Schlüssel.	2	Levin.
230	11	Nov.	„	Die Sternenfee oder Arlequin im Zaubergarten.	2	Levin.
231	13	Dec.	„	Danina, oder Jocko der brasilianische Affe.	3	Taglioni; Musik von Lindpaintner.
232	28	Mai	1827	Amphion.	1	Titus.
233	29	Febr.	1828	Therese, die Nachtwandlerin.	2	Scribe und Aumer; Musik von Herold.
234	4	Juni	„	Das Götzenbild, od. der Tambour.	1	Titus.
235	7	Oct.	„	Die drei Sklavinnen.	1	Titus.
236	17	Dec.	„	Die Familie der Unschuldigen.	1	
237	17	Mai	1829	Floreska, oder das Bergwerk in Polen.	2	Titus.
238	6	Oct.	„	Der Triumph der Liebe.	2	Briol; Musik von Mondenice.
239	22	„	„	Der kleine Matrose.	1	Briol.
240	3	Jan.	1830	Die Rose und der Gutsherr.	1	Titus.
241	11	März	„	Röschen Aescherling.	2	Titus.
242	4	Mai	„	Die neue Amazone.	3	P. Taglioni; Mus. v. Kramer.
243	22	Nov.	„	Ottavio Pinelli, od. Schimpf und Rache.	3	Samengo; Musik von Guttenberg.
244	4	März	1831	Die jungen Pensionärinnen.	1	P. Taglioni; Musik von Hening.
245	2	Juni	„	Die Pagen des Herzogs von Vendome.	2	Aumer; Musik von C. Blum.
246	12	Juli	„	Arlequin in Berlin.	2	Hoguet; Musik von C. Blum.
247	28	Oct.	„	Venus und Adonis.	2	Titus; Musik von Hening.
248	11	Jan.	1832	Die Fee und der Ritter.	1	A. Vestris.
249	13	April	„	Das belebte Bild.	1	
250	5	Mai	„	Der Dorfjahrmarkt.	1	P. Taglioni.
251	29	„	„	Die Sylphide.	2	Ph. Taglioni; Musik von Schneitzenhofer.
252	18	Dec.	„	Blaubart.	3	A. Vestris.
253	30	April	8133	Der Geburtstag.	1	Hoguet; Musik von C. Blum.

Laufende Nummer.	Tag	Monat	Jahr	Name des Stücks.	Acte.	Name des Verfassers oder Bearbeiters.
	der ersten Aufführung.					
254	11	Juni	1833	Die Pflanzer.	1	Hoguet; Musik von C. Blum.
255	22	Oct.	„	Bestrissimos vor Gericht.	1	Hoguet; Musik von H. Schmidt.
256	12	Febr.	1834	Die Maskerade.	1	Henri.
257	6	Juni	„	Der Polterabend.	1	Hoguet; Musik von H. Schmidt.
258	7	Nov.	„	Der Aufruhr im Serail.	3	Taglioni; Musik von Labarre.
259	30	Jan.	1835	Der Schweizer Soldat.	1	Hoguet; Musik von H. Schmidt.
260	13	Aug.	„	Der arme Fischer.	1	Taglioni.
261	9	Dec.	„	Pygmalion.	1	Musik von H. Schmidt.
262	19	Febr.	1836	Der Marquis von Carabas, oder der gestiefelte Kater.	2	Hoguet; Musik von H. Schmidt.
263	13	April	„	Das Rosenmädchen.	1	P. Taglioni; Musik von H. Schmidt.
264	9	Juni	„	Der Mutter Namenstag, oder der geprellte Alcalde.	1	Hoguet; Musik von H. Schmidt.
265	24	Oct.	„	Undine, die Wassernymphe.	3	Nach de la M. Fouqué von P. Taglioni; Musik von H. Schmidt.
266	10	Febr.	1837	Robinson.	3	Hoguet; Musik von H. Schmidt.
267	9	Juni	„	Der Soldat aus Liebe.	2	Hoguet; Musik von H. Schmidt.
268	9	März	1838	Der hinkende Teufel.	3	Coraly, für die Berliner Bühne von Hoguet; Musik von Kasimir Gide.
269	18	Sept.	„	Der Seeräuber.	3	Nach Byron von P. Taglioni; Musik von Gährich.
270	13	Dec.	„	Die Feen.	2	Hoguet; Musik von H. Schmidt.
271	19	März	1839	Don Quixote.	2	P. Taglioni; Musik v. Gährich.
272	14	Juni	„	Das Jubiläum.	1	Hoguet; Musik von H. Schmidt.
273	28	Jan.	1840	Liebeshändel.	3	P. Taglioni; Musik von H. Schmidt.
274	22	Jan.	1841	Robert und Bertram.	2	Hoguet; Musik von H. Schmidt.
275	11	Febr.	1842	Die Danaïden.	2	Hoguet; Musik von H. Schmidt.
276	30	Dec.	„	Die Tarantel.	2	Von Scribe und Coraly; Musik von Kasimir Gide.

Zweite Beilage.

Uebersicht des Berliner Theater-Personals und der Gehälter desselben vom Jahre 1790 bis 1827, sowie der italienischen Oper vom Jahre 1805 bis 1806 unter Reck.

I.

Das deutsche Theater.

Für die Direction, Kassenbedienten und andere Personen.	Dienstantritt.	Im Jahre	Höhe des Gehaltes.	
Ober-Director Engel.	1787	1790	800 Thlr.	
Professor Ramler.	„	1795	400 „	
Geheimerath Bertram, als Secretär.	„	1790	104 „	
		1802	mit diesem Gehalte auf Pension gesetzt.	
Kammer-Secr. Jacobi, als Rendant.	„	1790	300 Thlr.	und öfter Gratifikationen bis zu 100 Thlr.
		1798	404 „	
Theater-Inspector Lanz sen.	„	1790	832 „	und ab u. zu Gratifikationen bis 100 Thlr.
		1793	936 „	
„ „ Lanz jun.	1798	1798	936 „	
		1815	936 „	
		1827	1036 „	
Schauspieler Fleck, als Regisseur.	1790	1790	312 „	
		1797	520 „	
Kassen-Assistent Jacobi;	1792	1796	104 „	und vom Jahre 1802 regelmäßig eine Gratifikation von 100 bis 150 Thlr.
später		1797	156 „	
Haupt-Kassen-Rendant,		1801	208 „	
Polizei-Inspektor,		1805	364 „	
Hofrath.		1806	468 „	
		1808	872 „	
		1815	972 „	
		1821 bis 1827	1072 „	

Für die Direction, Kassenbedienten und andere Personen.	Dienst-antritt	Im Jahre	Höhe des Gehaltes.
Director, Geheimerath v. Warsing;	1794	1795	400 Thlr. und 800 Thlr. Gratifikation.
als Consulent in Justizsachen erhielt er später unter Iffland		1797	300 Thlr.
Ober-Director Iffland;	1796	„	3000 „ und ein Benefiz.
später		1803	3000 „ und 1500 Thlr. statt des Benefizes.
General-Director.		1806	3000 Thlr. und 2500 Thlr. Gratifikation.
		1809	5500 Thlr.
Directions-Secretär Pauly.	1802	1802	754 „ } und Gratifikationen von 100 bis 200 Thlr.
		1805	954 „
Kopist Tzschucke;	„	1802	182 „
später		1805	208 „
Directions-Secretär		1815	778 „
		1817	900 „
		1821 bis 1827	1000 „
Theater-Arzt Dr. Böhm.	„	1802 bis 1827	300 „
Theater-Dichter Herclots.	1803	1815 bis 1827	300 „
Souffleur Esperstädt;	1806	1810	208 „
später		1815	778 „
Directions-Secretär und Souffleur.		1817	900 „
Hofrath.		1821	1000 „
		1827	1100 „
General-Intendant Graf Brühl.	1815	1815	4000 „
		1822 bis 1827	5000 „
Registrator Adams.	„	1817	500 „
		1821	600 „
Kanzlist Teichmann;	1816	1816	280 „
später		1817	360 „
Journalist und Expedient.		1820	480 „
Geheimexpeditions-Secretär.		1821	580 „
Hofrath.		1822	600 „
		1827	800 „

Für die Direction, Kassenbedienten und andere Personen.	Dienstantritt.	Im Jahre	Höhe des Gehalts.
Consulent in Justizsachen, Justizrath Schmucker.	1817	1817	300 Thlr.
Consulent in Justizsachen, Kammer-Gerichtsrath Jordan.	1822 bis 1827	1822	300 „
Journalist und Kanzlist Heuser.	1822	1827	250 „
Ueberdies:			
Kastellan Leist.	1796	1796	52 „
		1802	86 „
		1815	280 „
Friseur Dälicke.	1787	1790	208 „
		1802	260 „
„ Warnick.	1796	1796	104 „ und während dieser Zeit öfter Gratifikationen bis zu 50 Thlr.
		1797	156 „
		1802	208 „
		1820	300 „
Souffleur Eisenberg.	1799	1799	260 „
		1805	312 „
		1815	351 „
Dekorateur Prof. Burnat.	„	1799	500 „
		1815	1600 Thlr.; dafür mußten jährlich drei Dekorationen geliefert werden.
„ Köhler.	1815	1815	500 Thlr.
		1820	600 „
„ Gerst.	„	1815	500 „
		1820	600 „
„ Gropius.	1820	1820 bis 1827	600 Thlr. und 400 Thlr. als Theater-Inspector.
Für die Sänger und Schauspieler.			
Schauspielerin Döbbelin.	1775	1790 bis 1810	832 Thlr. und öfter ein Benefiz oder eine Gratifikation bis zu 200 Thlr.
		1815	700 Thlr.
Schauspieler Rheinwald.	„	1790	624 „ und öfter ein Benefiz oder eine Gratifikation.
		1795 bis 1810	728 „

Für Sänger und Schauspieler.	Dienstantritt.	Im Jahre	Höhe des Gehalts.	
Schauspieler Ruthling Vater.	1781	1790	312 Thlr.	und meistentheils alle Jahre eine Gratifikation bis 100 Thlr.
		1795 bis 1810	416 „	
Schauspielerin Baranius.	1782	1790	624 „	und alle Jahre ein Benefiz.
		1791	728 „	
		1792	832 „	
		1795	936 „	
		1796	1040 „	
Schauspieler Fleck.	1783	1790	1300 „	und alle Jahre ein Benefiz.
		1800	1560 „	
„ C. Benda.	1785	1790	312 „	
		1797 bis 1810	416 „	
„ Greibe und Frau.	1786	1790	780 „	öfter Benefize und Gratifikationen.
		1792 bis 1810	832 „	
„ Herdt und Frau.	„	1790	988 „	und Benefize und Gratifikationen bis zu 160 Thlr.
		1795	1092 „	
		1796	1196 „	
		1804 bis 1805	1300 „	
„ Bötticher und Frau.	1787	1790	832 Thlr. und 100 Thlr. Gratifikation.	
Schauspielerin Brückner.	„	1790	364 Thlr. Pension.	
Sängerin Böhm.	„	1790	728 „	
	„	1796	520 „	Pension.
Schauspieler Czechtizky.	„	1790 bis 1794	832 „	
„ Kaselitz.	„	1790	832 „	und alle Jahre ein Benefiz.
		1797	936 „	
		1815	1100 „	
„ Amberg.	„	1790	416 „	
„ Zimmerle.	„	1790 bis 1798	312 „	Pension.
„ Labes und Frau.	„	1790	360 „	„

Für Sänger und Schauspieler	Dienst-antritt.	Im Jahre	Höhe des Gehaltes.
Schauspielerin Altfilist.	1787	1790	104 Thlr.
		1791	156 „
		1792	260 „
		1794 bis 1796	312 „
Sängerin Lippert, geb. Werner.	„	1790	104 „
		1792	260 „
		1794	416 „
Sänger Ch. Benda.	1788	1790	572 „
Schauspieler Unzelmann und Frau.	„	1790	1560 „ } und alle Jahre ein Benefiz.
		1792	1664 „
Im Jahre 1795 separirten sich Beide und erhielt:			
Schauspieler Unzelmann.		1795	832 „ } und alle Jahre ein Benefiz, auch hierzu noch oft eine Gratifikation.
		1796	936 „
		1801	1040 „
		1810	1040 Thlr. und 341 Thlr. Benefiz-Entschädigung.
		1815	1450 Thlr.
		1820	1950 „
		1823	1950 „ Pension.
Schauspielerin Unzelmann-Bethmann, geb. Flittner.	„	1795	832 „ } und alle Jahre ein Benefiz, auch hierzu noch oft eine Gratifikation bis 100 Thlr.
		1796	936 „
		1797	1222 „
		1801	1430 „
		1802	1560 „
		1810	1560 Thlr. und 416 Thlr. Benefiz-Entschädigung.
		1815	2060 Thlr.
Schauspielerin Engst.	1789	1790 bis 1792	832 „
Sängerin Müller, geb. Hellmuth.	„	1790	832 „ } und abwechselnd ein Benefiz od. eine Gratifikation.
		1791	1040 „
		1810	1040 Thlr. und 300 Thlr. Benefiz-Entschädigung.
		1815	1500 Thlr.

Für Sänger und Schauspieler.	Dienst-antritt.	Im Jahre	Höhe des Gehaltes.
Schauspieler Böheim und Frau.	1789	1790	832 Thlr. } und abwechselnd ein Benefiz od. eine Gratifikation.
		1796	936 „
„ Mattausch.	„	1790	728 „
		1792	832 „ } und während dieser Zeit abwechselnd Benefiz und Gratifikation.
		1796	936 „
		1798	1040 „
		1802	1144 „
		1804	1248 „
		1806	1352 „
		1810	1352 Thlr. und 123 Thlr. Benefiz-Entschädigung.
		1815	1550 Thlr.
		1820	1850 „
		1827	1850 Thlr. und ein Abschieds-Benefiz.
„ Arnoldi.	1790	1790	572 Thlr.
„ Lanz.	„	1790	104 „
Sänger Lippert.	„	1790 bis 1796	1196 Thlr. und alle Jahre ein Benefiz.
„ Brandel.	1791	1791	624 Thlr.
„ und Chorlehrer Leidel.	„	1791	312 „ } und im Laufe der Jahre öfter noch Gratifikationen.
		1797	416 „
		1815	620 „
		1824	1000 „
Schauspieler Wiegensdorf.	„	1791	130 „
		1792	260 „
Schauspielerin Zilzel.	„	1791	130 „
		1792	260 „
Sängerin Schmalz.	1792	1792	1200 „ (Italienische Oper.)
		1815	2700 „
„		1819	1000 Thlr. als Singlehrerin beim Theater.
Schauspieler Garly.	„	1792	728 Thlr.
„ Berger.	„	1792	416 „
		1796 bis 1800	624 „

Für Sänger und Schauspieler.	Dienst-antritt.	Im Jahre	Höhe des Gehaltes.
Schauspieler Ritzenfeld.	1792	1792	130 Thlr.
		1794	182 „
		1796	260 „
Sänger Ambrosch.	„	1792	936 „ während dieser Zeit abwechselnd ein Benefiz od. eine Gratifikation.
		1796	1040 „
		1799 bis 1800	1150 „
„ Franz.	„	1792	416 „ und abwechselnd öfter ein Benefiz oder eine Gratifikation.
		1797	520 „
		1798	624 „
		1799	728 „
		1804	832 „
		1810	832 Thlr. und 104 Thlr. Benefiz-Entschädigung.
Schauspielerin Fleck-Schröck, geb. Mühl.	„	1792	104 Thlr
		1793	260 „ u. mehrentheils alle Jahre ein Benefiz od. eine Gratifikation bis 200 Thlr.
		1794	416 „
		1797	650 „
		1798	754 „
		1800	936 „
		1802	1141 „
		1805	1352 „
		1810	1352 Thlr. und 248 Thlr. Benefiz-Entschädigung.
		1815 bis 1827	1850 Thlr.
Schauspieler Bessel sen., und Frau.	„	1792	312 „
		1796 bis 1810	494 „
Schauspieler und Kastellan Leist, als Schauspieler.	„	1792 bis 1810	156 „
Schauspielerin Böheim jun.	1793	1793	104 „ und öfter kleine Gratifikationen.
		1801	208 „
		1802 bis 1804	312 „

Für Sänger und Schauspieler.	Dienst-antritt.	Im Jahre	Höhe des Gehaltes.
Schauspieler Bethmann.	1794	1794	416 Thlr. und zu verschiedenen Zeiten Gratifikationen bis 175 Thlr. oder Benefize.
		1798	520 „
		1800	624 „
		1803	750 „
		1805	906 „
		1806	1010 „
		1810	1010 Thlr. und Thlr. 116 Benefiz-Entschädigung.
		1815	1225 Thlr.
Sänger Bianchi.	„	1794	936 „
Schauspieler und Sänger Holzbecher.	„	1794	26 Thlr. u. geringfügige Gratifikationen.
		1801	104 „
		1804	312 „
		1806	416 „
		1824	500 Thlr.
Sängerin Schick, geb. Hamel.	1795	1795 bis 1808	1200 „ und alle Jahre regelmäßig ein Benefiz.
Sänger Elmenreich.	„	1795	936 Thlr.
Schauspieler Schwadtke und Frau.	„	1795	600 „ und während dieser Zeit noch Benefize oder Gratifikationen bis 200 Thlr.
		1796	728 „
		1798	910 „
		1801	1014 „
		1805	1066 „
Schauspieler und Tänzer Bessel jun.	„	1795	130 „
		1797	182 „
		1804	390 „
		1805	494 „
		1806	572 Thlr. und 200 Thlr. als Tänzer.
		1826	672 Thlr. und 200 Thlr. als Tänzer.
Schauspielerin Lanz, geb. Hamel.	„	1795	unbedeutende Gratifikation.
		1797	156 Thlr. und öfter kleine Gratifikationen.
		1798	260 „
		1805	338 „
		1807	390 „
		1809	494 „
		1817	650 Thlr.

Für Sänger und Schauspieler.	Dienst-antritt.	Im Jahre	Höhe des Gehaltes.	
Schauspielerin Hamel.	1795	1795	unbedeutende Gratifikation.	
		1797	156 Thlr.	
		1800	208 „	
Schauspieler Beschort und Frau.	1796	1796	1144 „	und ein Jahr um das andere ein Benefiz.
		1798	1456 „	
		1805	1781 „	
		1810	1781 Thlr. und 224 Thlr. Benefiz-Entschädigung.	
		1815 bis 1827	1842 Thlr. Gehalt ohne die Frau.	
Schauspieler Labes.	„	1796	416 Thlr.	
		1797	520 „	und öfter ein Benefiz oder eine Gratifikation bis zu 200 Thlr.
		1801	624 „	
		1805	676 „	
		1807	728 „	
		1809	832 „	
		1810	832 Thlr. und 200 Thlr. Gratifikation.	
		1815	900 Thlr.	
Schauspielerin Eigensatz.	„	1796	156 „	und fast alle Jahre eine Gratifikation.
		1797	208 „	
		1798	416 „	
		1800	520 „	
		1803	600 „	
Sängerin Eunicke, geb. Schwachhofer.	„	1797	936 „	u. abwechselnd öfter ein Benefiz od. eine Gratifikation.
		1802	1040 „	
		1804	1144 „	
		1806	1196 „	
		1815 bis 1827	1400 Thlr.	
Sänger Eunicke.	„	1796 bis 1810	erhielt derselbe die Geldsätze seiner Frau,	
		1815	dagegen 1900 Thlr.	
Schauspieler Lattig.	„	1797	182 Thlr.	
		1805	234 „	
		1807 bis 1810	260 „	

Für Sänger und Schauspieler.	Dienst-antritt.	Im Jahre	Höhe des Gehaltes.
Schauspielerin Meyer-Händel Schütz.	1796	1797	936 Thlr. } und öfter ein Benefiz
		1801 bis 1804	1040 „ } od. eine Gratifikation.
Sänger Hübsch.	1797	1797	1000 „
Sänger Rau.	1798	1799	1001 „
Schauspieler Lemcke.	„	1798	130 „
		1801	182 „
		1804	286 „
		1805 bis 1806	442 „
Schauspielerin Mebus.	„	1799	104 Thlr.
		1801	208 „ } und alle Jahre eine
		1802	312 „ } Gratifikation bis zu
		1804	416 „ } 50 Thlr.
		1805	572 „
		1807	676 „
Sänger Weitzmann.	1799	1800	312 „
		1803	502 „ } und öfter ein Benefiz
		1804	606 „ } od. eine Gratifikation.
		1805	900 „
		1810	900 Thlr. und 400 Thlr. Benefiz-Entschädigung.
		1815	550 Thlr.
Sänger Gern sen.	1801	1801	1200 „
		1810	1200 Thlr. und 458 Thlr. Benefiz-Entschädigung.
		1815	1450 Thlr.
		1817 bis 1827	2050 „
Schauspieler Rebenstein.	1803	1803	78 „
		1805	130 „
		1807	338 Thlr. und eine Gratifikation.
		1809	572 „
		1810	676 „ und 100 Thlr. Gratifik.
		1815	850 Thlr.
		1817	950 „
		1820	1200 „
		1826	2000 „

Für Sänger und Schauspieler.	Dienstantritt.	Im Jahre	Höhe des Gehaltes.
Schauspieler Lemm.	1804	1804	364 Thlr. } unbedeutende Gratifikation.
		1807	468 „
		1809	572 „
		1815	800 „
		1817	1000 „
		1820 bis 1827	1800 „
Schauspielerin Maaß.	1805	1805	780 „ } und überdies ein Benefiz.
		1807	832 „
		1810	936 Thlr. und 136 Thlr. Benefiz-Entschädigung.
		1815	1600 Thlr.
Schauspielerin Sebastiani.	1806	1806	624 „
		1807	676 „
		1815	726 „
Schauspielerin Unzelmann Tochter.	„	1806	104 „
		1807	208 Thlr. und 30 Thlr. Gratifikation.
		1808	312 Thlr.
		1809	364 „
Sängerin Schick Tochter.	1807	1807	312 Thlr. und 25 Thlr. Gratifikation.
		1808	416 Thlr.
		1809	900 Thlr. und 50 Thlr. Gratifikation.
		1810	900 Thlr.
Schauspieler und Sänger Bauer.	„	1807	260 „ } und alle Jahre eine kleine Gratifikation.
		1809	416 „
		1810	520 „
		1815	650 „
		1820	1400 „
		1821	1400 Thlr. und 200 Thlr. geh. Zulage.
		1827	2000 Thlr.
Schauspieler Stich.	„	1807	182 Thlr. } und alle Jahre eine Gratifikation bis zu 100 Thlr.
		1808	416 „
		1809	572 „
		1810	676 „

Für Sänger und Schauspieler.	Dienst-antritt.	Im Jahre	Höhe des Gehaltes.
Schauspieler Stich.	1807	1815	800 Thlr.
		1817	900 „
		1820	1200 „
		1824	1800 „
Schauspieler Genn jun.	1808	1808	208 „
		1809	364 „
		1810	572 „
		1815	850 „
		1820	1200 „
		1826	1800 „
Schauspieler und Sänger Blume.	„	1808	120 „
		1809	312 „
		1815	800 „
		1817	1100 „
		1820	1800 Thlr. und 200 Thlr. geb. Zulage.
		1824 bis 1827	2600 Thlr.
Schauspielerin Vanini.	„	1809	676 „
Schauspielerin Herbst.	1809	1810	1100 „
Sänger Wurm.	„	1810	900 Thlr. und 100 Thlr. Gratifikation.
		1815	1300 Thlr.
Schauspielerin Esperstädt.	1810	1815	400 „
		1820	600 „
		1825 bis 1827	800 „
Schauspielerin Beck.	„	1815	750 „
Schauspieler und Tänzer Rehfeld	„	1815	500 „
		1820	600 „
		1827	630 Thlr. und 430 Thlr. als Tänzer.
Schauspieler Maurer.	„	1810	312 Thlr. und 40 Thlr. Gratifikation.
		1815	800 Thlr.
		1817	900 „

Für Sänger und Schauspieler.	Dienst-antritt.	Im Jahre	Höhe des Gehaltes.
Schauspieler Rüthling.	1811	1815	300 Thlr. } und v. Jahre 1814 alle Jahre 200 Thlr. als Bibliothek-Aufseher.
		1817	340 „
		1820	500 „
		1824	750 „
		1826	1100 „
Sänger Hümer.	„	1815	900 „
		1817	1000 „
		1820	1500 Thlr. und 200 Thlr. geh. Zulage.
		1824 bis 1827	2400 Thlr.
Schauspielerin Düring-Stich-Crelinger.	1812	1815	600 „
		1816	900 „
		1817	1000 „
		1820	1500 „
		1824 bis 1827	2700 „
Sängerin Joh. Eunicke.	1813	1815	700 „
		1820	2000 „
Sängerin Schulz.	„	1815	1500 „
		1820	2000 „
		1824 bis 1827	3000 „
Schauspieler Buggenhagen.	„	1815	150 „
		1820	200 „
Sänger Fischer.	1814	1815	2200 „
		1817	3000 „
Sängerin Sebastiani Tochter.	1815	1815	350 „
		1820	450 „
Schauspieler L. Devrient.	„	1815	1600 „
		1817	2000 „
		1820 bis 1827	2600 „
Schauspielerin Devrient-Komitsch.	„	1815	800 „
		1817	1100 „
		1820 bis 1827	1400 „

Für Sänger und Schauspieler.	Dienst-antritt.	Im Jahre	Höhe des Gehaltes.
Schauspielerin Willmann.	1815	1815	208 Thlr.
		1817	300 „
		1820 bis 1827	400 „
Schauspielerin Rogée-Holtei.	„	1817	300 „
		1820	600 Thlr. und 100 Thlr. geh. Zulage.
		1825	800 Thlr.
Schauspieler und Sänger Freund.	1816	1817	200 „
		1820	450 „
		1824	600 „
		1826	700 „
Schauspieler Wolf.	„	1816	1160 „
		1817	1250 „
		1820	1850 „
Schauspielerin Wolf.	„	1816	1600 „
		1820 bis 1827	1750 „
Sängerin Milder-Hauptmann.		1816	3000 „
		1822 bis 1827	3000 Thlr. und 500 Thlr. geh. Zulage.
Schauspielerin Krickeberg.	„	1817 bis 1827	1400 Thlr.
Sängerin Seidler.	„	1816	1400 „
		1820 bis 1827	2500 Thlr. und 500 Thlr. geh. Zulage.
Schauspielerin Brandes.	1817	1817	350 Thlr.
Sängerin Reinwald-Valentini.	„	1817	200 „
		1820	650 „
		1824	900 „
		1827	1200 „
Schauspieler A. Unzelmann jun.	„	1827	700 „
Sänger Ed. Devrient	1819	1819	500 „
		1821	600 „
		1827	1700 „

Für Sänger und Schauspieler.	Dienst-antritt.	Im Jahre	Höhe des Gehaltes.
Schauspieler Krüger.	1819	1819	1100 Thlr.
		1824	1300 „
		1827	1600 „
Schauspieler Michaelis.	„	1819	200 „
		1827	400 „
Schauspieler Zwick.	„	1819	900 „
Schauspielerin Franz - Unzelmann-Werner.	„	1819	550 „
		1820	600 „
		1821	700 „
		1824	950 „
		1825	1000 „
		1827	1500 „
Schauspielerin Schultz-Dötsch.	„	1819	300 „
		1821	400 „
		1824	600 „
		1827	800 „
Schauspieler Richter.	„	1819	400 „
		1824	600 „
Schauspielerin Bader.	1820	1820 bis 1827	800 „
Sänger Bader.	„	1820	2200 „
		1827	3000 „
Sänger Widemann.	„	1820	800 „
Schauspieler Crüsemann.	1821	1825	600 „
		1826	800 „
Schauspielerin Wolf Tochter.	„	1821	200 „
Schauspielerin Werner.	„	1821 bis 1827	200 „
Sänger Hillebrand.	1822	1822	1500 „
Schauspieler Busolt.	1823	1823	200 „
Schauspieler C. Unzelmann jun.	1824	1824	1400 „
Sänger Siber.	„	1824	1700 „
		1827	1800 „
Schauspieler Winterberger.	1825	1825	300 „
Schauspieler Weiß.	„	1825	1200 „
		1826	1400 „
		1827	1500 „

Für Sänger und Schauspieler.	Dienst-antritt.	Im Jahre	Höhe des Gehaltes.
Sängerin Carl.	1825	1827	400 „
		1828	600 „
Sängerin Möser.	„	1825	300 „
Schauspielerin Bauer.	„	1825	1000 „
		1827	1500 „
Sänger Hoffmann.	„	1827	400 „
		1828	600 „
Schauspieler Hartmann.	„	1827	600 „
Schauspielerin Sutorius.	1826	1826 bis 1827	800 „
Schauspielerin Lanz.	„	1827	400 „
Schauspieler Wiehl.	„	1827	350 „
Sänger Beer.	„	1827	600 „
Schauspieler Franz jun.	1827	1827	250 „
Sänger Becker.	„	1827	300 „
Für das Ballet.			
Balletmeister Tites.	1824	1827	2500 „
Balletmeister Telle.	1813	„	1000 „
Solotänzer Hoguet.	1817	„	4000 „
Lehrer der Tanzschule Lauchery.	1816	„	600 „
Solotänzerin Habermaas.	1803	„	750 „
„ Desargus.	1817	„	3000 „
„ Telle.	1818	„	1600 „
„ Lampery.	1808	„	1000 „
„ Hoguet.	1807	„	1000 „
„ Gasperini.	1811	„	1000 „
„ Lauchery.	1825	„	1000 „
„ Galster.	1815	„	700 „
„ Adler.	1819	„	400 „
Solotänzer Riebe.	1789	„	1000 „
„ Senger.	1800	„	900 „
„ Telle.	1806	„	1000 „
„ Hagemeister.	1809	„	850 „
„ Rönisch.	1811	„	700 „

II.

Die italienische Oper.

Personal im Jahre 1805 – 1806.	Dienst-antritt.	Höhe des Gehaltes.
Direction.		
Baron von der Reck, Director.	1787	2000 Thlr.
Kriegsrath May, Secretär.	1788	700 „
Intendanturen.		
Duport sen., Intendant der Musik.	1773	2000 „
de Filistri, Intendant und Hofpoet.	1787	1600 „
Bock, Bau-Intendant und Schloß-Baumeister.	1803	200 „
Inspection und Kasse.		
Gasparini sen., Inspector.	1786	1100 „
Gasparini jun., Kassier.	1798	300 „
Dekorateurs.		
Verona, erster Dekorateur.	1773	1200 „
Professor Burnat, zweiter Dekorateur.	1793	ohne Gehalt.
Verschiedene, zum Theater gehörige Personen.		
Romani, Souffleur.	1793	150 Thlr.
Wittwe Hermann, Theaterschneiderin.	1751	400 „
Große Oper.		
Sängerinnen:		
Mad. Marchetti.	1792	3500 „
„ Schick.	1793	1200 „
„ Burnat.	„	600 „
Mlle. Schmalz.		1400 „
Sänger:		
Tombolini, Sopran.	1784	2000 „
Franz, Baß.	1786	400 „
Fischer, Baß.	1790	2000 „
Pensionäre:		
Tossoni.	1754	800 „
Concialini.	1765	800 „
Grassi.		500 „
Hurcka, starb 10. Dec. 1805.	1787	500 „
Ballet.		
Lauchery, Balletmeister.		1600 „
Solotänzerinnen:		
Mlle. Meroni.	1777	800 „

Personal im Jahre 1805—1808.	Dienstantritt.	Höhe des Gehaltes.
Mad. Telle.	1787	1000 Thlr.
Mlle. Engel.	1788	1200 „
Mad. Clauce.	1791	1500 „
„ Riebe.	„	600 „
„ Gasparini.		800 „
Mlle. Schulz.		600 „
„ Hentschel.		430 „
Mad. Lauchery.		500 „
Solotänzer:		
Duponcelle jun.	1788	500 „
Alb. Lauchery.	„	700 „
Riebe.	1789	600 „
Scaletti.	1797	1000 „
Telle.		1200 „
Mosser.		650 „
Figurantinnen:		
Mad. Joyense.	1787	300 „
„ Ros. Perona.	„	150 „
Mlles. Groß I. und II., Gaußé.	1788	300 „
Mlle. Walther.	„	300 „
Mad. Walther.	1789	300 „
Mlle. Strahlen.	1791	300 „
Mlles. Kranich I. und II., Groß III., Florian Schulz, Müller, Hoffmann, Reibedanz, Rothbart, Guerri, Joyeuse jun., Wangenheim.		
Figuranten:		
Duponcelle sen.	1769	350 „
Rehfeld sen.	1779	400 „
Walther sen.	1791	400 „
Jost, Clos, Buttendorf, Besko, Zabemack, Schulz I., Riebe, Bessel, Gasparini, Riebe III., Ant. Schulz, Scharschmidt, Rehfeld jun.		
Orchester.		
Kapellmeister:		
Himmel.	1787	2000 „
Righini.	1793	2000 „
Concertmeister Haack.	1768	1200 „ u. 2 Haufen Holz

Personal im Jahre 1805–1806.	Dienst-antritt.	Höhe des Gehaltes.	
Violonisten:			
Fr. Benda.	1766	450 Thlr.	u. 1 Haufen Holz.
Bachmann jun	1767	420 „	u. 1 Haufen Holz.
Maurer I.	1768	450 „	u. 1 Haufen Holz.
Anton Zicka.	1771	500 „	
C. Franz Benda.	1779	360 „	
Thiele.	1780	400 „	u. 1 Haufen Holz.
Stephani.	1784	300 „	
Kolbe.	1787	350 „	u. 1 Haufen Holz.
Seidler.	1788	550 „	
Schick.	1793	800 „	
Schwarz jun.	1795	350 „	
Mahle.	„	300 „	
Möser.		750 „	
Menges, Keller, Maurer II., Theibe.			
Bratschisten:			
Bachmann sen.	1768	300 „	
Jos. Zicka.	1784	350 „	
Semmler.	1794	400 „	
Götz.		350 „	
Violoncellisten:			
Hausmann.	1778	600 „	u. 1 Haufen Holz.
Weiße.	1785	300 „	
Braun.	1787	320 „	u. 1 Haufen Holz.
Duport jun.	1789	1600 „	
Friedl.	1793	400 „	
Groß jun.	1796	350 „	
Romberg.	1805	1000 „	
Contrabassisten:			
Stolpe.	1767	380 „	
Rambach.	1788	500 „	u. 1 Haufen Holz.
Gürrlich.	1790	400 „	
Zannini.	1801	350 „	
Flötisten:			
Krause sen.	1780	550 „	u. 1 Haufen Holz.
Krause jun.	1782	400 „	
Burghalter.	1794	250 „	
Hauboisten:			
Müller.	1784	300 „	

Personal im Jahre 1805—1806.	Dienst-antritt.	Höhe des Gehaltes.
Groß I.	1785	300 Thlr.
Groß III.	1799	200 „
Westenholz.	1801	600 „
Fagottisten:		
Knoblauch.	1782	380 „ u. 1 Haufen Holz.
Creiswatis.	1784	300 „
Schwartz sen.	1787	450 „ u. 1 Haufen Holz.
Ritter.	„	1200 „
Bärmann.	1803	314 „
Waldhornisten:		
Zalencka sen. und jun.	1768	à 360 Thlr.
Brun.	1792	1200 Thlr. u. 2 Haufen Holz.
Marquardt.	1793	350 „
Waldhornisten:		
Böttcher.	1803	300 „
Schneider.	„	300 „
Klarinettisten:		
Bähr.	1792	1200 „
Tausch.	1800	300 „
Harfenist Brenessel.	1755	400 „

Dritte Beilage.

Verzeichniß der von 1790 bis 1810 für das königliche Nationaltheater in Berlin angekauften Manuscripte und Musikalien.

Monat.	Jahr.	Titel des Manuscripts ꝛc.	Gekauft von	Kaufpreis. Thlr.	gr.	pf.
Nov.	1790	Die Indianer in England, und die Sonnenjungfrau	v. Kotzebue.	215	4	—
Febr.	1791	Der Herbsttag, und Frauenstand	Iffland.	167	14	—
Mai	„	Das Kind der Liebe, und Bruder Moritz	v. Kotzebue.	216	—	—
Juni	„	Die Entführung	Jünger.	36	—	—
Aug.	„	Pygmalion	Cowmeadow.	32	—	—
Dec.	„	Der seltene Onkel, und Eulalia Meinau	Ziegler.	54	—	—
März	1792	Bürgerglück	Babo.	110	12	—
April	„	Er mengt sich in Alles, und die Geschwister vom Lande	Jünger.	103	8	—
Mai	„	Oberon	Stegemann.	24	18	—
„	„	Hieronymus Knicker	Vulpius.	32	16	—
Juni	„	Eine machts wie die Andere	Grams.	54	5	—
Juli	„	Die Hagestolzen, und Elise v. Valberg	Iffland.	164	11	—
Nov.	„	Die heimlich Vermählten und der Ring	Grams.	43	12	—
Jan.	1793	Maske für Maske	Jünger.	51	12	—
„	„	Das Mädchen von Marienburg	Opitz.	64	12	—
Febr.	„	Hocus pocus	Vulpius.	33	—	—
Oct.	„	Der Weg zum Verderben	Cowmeadow.	55	9	—
Febr.	1794	Der Geburtstag	Engel.	22	12	—
Juli	„	Allzuscharf macht schartig, der Vormund, und die Reise nach der Stadt	Iffland.	195	—	—
Sept.	„	Ataliba	Schröder.	112	12	—
„	„	Sucht nach Aufsehen	Cowmeadow.	56	6	—

Monat.	Jahr.	Titel des Manuscripts rc.	Gekauft von	Kaufpreis. Thlr.	gr.	pf.
Oct.	1794	Das unzufriedene Paar	Cowmeadow.	33	17	—
Nov.	„	Die Klausel nach Wunsch	Tilly.	25	—	—
Jan.	1795	Das Sonnenfest der Braminen	Bertram.	33	18	—
Febr.	„	Iphigenia in Tauris	Schwachhofer.	88	4	—
März	„	Die beiden Bucklichten	Sukowatzi.	24	14	—
„	„	Dienstpflicht	Iffland.	82	7	—
„	„	Was sein soll, schickt sich wohl	Jünger.	52	16	—
April	„	Die Aussteuer	Iffland.	66	16	—
Juli	„	Der Talisman	Großmann.	48	16	—
„	„	Die Verleumder	Schröder.	114	6	—
Aug.	„	Familienhaß	Schütz.	48	3	—
Oct.	„	Alceste, und die Spiegelritter	Schick.	82	5	—
Nov.	„	Der Wildfang, die Wittwe und das Reitpferd, und der Graf von Burgund	v. Kotzebue.	203	10	—
Jan.	1796	Das Vermächtniß, der Zimmermeister, und der Spieler	Iffland.	192	12	—
März	„	Der Triumph der Liebe	Stegmann.	66	16	9
„	„	Der Eid	Engel.	111	—	—
„	„	Der Spiegel von Arkadien	Bertram.	42	—	—
Mai	„	Das neue Sonntagskind	Unzelmann.	44	15	—
„	„	La Peyrouse, und die falsche Scham	Schröder.	110	—	—
Juli	„	Der Theater-Prinzipal	Weber.	44	8	—
Aug.	„	Ein seltener Fall	Jünger.	51	16	—
„	„	Die Versöhnung	v. Kotzebue.	109	12	—
Oct.	„	Das Opferfest	Zimmerle.	51	8	—
„	„	Die Aufopferung, und Aufruf an unglückliche Verwandte	v. Kotzebue.	100	—	—
Dec.	„	Der Hausfriede	Iffland.	110	8	—
Febr.	1797	Die Schachmaschine	Beck.	55	—	—
„	„	Die Verwandtschaften	Schröder.	77	—	—
„	„	Die Freunde auf der Probe	v. Beaunoir.	30	—	—
März	„	Oedip zu Colonos	Rellstab.	10	—	—
April	„	Das Mutterpferd	Engel.	40	—	—
Mai	„	Die Scheidung	v Beaunoir.	84	4	6
„	„	Das Gewissen	Iffland.	112	6	—
„	„	Das gerettete Venedig	Iffland.	20	—	—
Juni	„	Die Fallbrücke	Brömel.	100	—	—
Juli	„	Leichter Sinn	Iffland.	112	12	—
„	„	Das Schlangenfest	Müller.	44	22	—

Monat.	Jahr.	Titel des Manuscripts 2c	Gekauft von	Kaufpreis Thlr.	gr.	pf.
Juli	1797	Ueble Laune	Schröder.	84	9	—
"	"	Vaterlandsliebe	Kaffka.	40	—	—
Aug.	"	Ritter Roland, Töffel und Dorchen	Beck.	80	17	6
Oct.	"	Erinnerung	Iffland.	112	6	—
"	"	Die Zauberin Sidonia	Maurer.	56	3	—
"	"	Jolantha	Ziegler.	84	—	—
Dec.	"	Die Korsen, und die silberne Hochzeit	v. Kotzebue.	182	—	—
Jan.	1798	Der Verstoßene	Rambach.	84	18	—
Febr.	"	Der Bildhauer	v. Beaunoir.	50	—	—
"	"	Gleiches mit Gleichem	Vogel.	64	4	—
März	"	Der Komet	Iffland.	15	—	—
"	"	Die Geisterinsel	Fleischmann.	70	14	—
"	"	Die Rückkehr, und der Tabuletkrämer	Kühn.	100	—	—
April	"	Liebe und Freundschaft	Lambrecht.	19	16	—
"	"	Doktor Tonnuccio	Jestern.	25	16	—
"	"	Die Liebelist	v. Beaunoir.	84	22	6
"	"	Der Dorfbarbier	Sukowaty.	22	11	—
Mai	"	Die Mitternachtstunde	Lambrecht.	32	12	—
Juli	"	Das Schreibepult, und das Epigramm	v. Kotzebue.	179	16	—
"	"	Die Geisterinsel	Reichart.	500	—	—
"	"	Der Mann von Wort	Iffland.	112	18	—
Aug.	"	Die Favoritin	Hagemann.	80	8	—
Sept	"	Der Friede am Pert	Opitz.	38	18	—
"	"	Selbstbeherrschung	Iffland.	112	18	—
"	"	Der Lorbeerkranz	Ziegler.	85	10	—
Oct.	"	Der Glückliche	Brömel.	100	—	—
Nov.	"	Der Fremde	Iffland.	125	—	—
Dec.	"	Der Schleier	Vogel.	65	—	—
"	"	Lohn der Wahrheit, und der Gefangene	v. Kotzebue.	118	15	7
Jan.	1799	Der Amerikaner	Vogel.	65	—	—
"	"	Graf Albert	Mad. Schick.	18	—	—
Febr.	"	Die Regata zu Venedig	Fließ.	48	18	—
März	"	Die Freunde	Beck.	130	20	—
April	"	Wallensteins Lager, die Piccolomini und Wallensteins Tod	Schiller.	339	12	—
Mai	"	Mannerschen	Halbe.	65	—	—
Juli	"	Die Klingsberge, und Johanna von Montfaucon	v. Kotzebue.	168	6	—
"	"	Albert von Thurneisen	Iffland.	112	4	—

Monat.	Jahr.	Titel des Manuscripts rc.	Erkauft von	Kaufpreis Thlr.	gr.	pf.
Sept.	1799	Falstaff	Mad. Unzelmann.	50	7	6
„	„	Der gute Vorsatz	Schall.	16	18	6
„	„	Der Scheintodte, und der Nabob	Rambach.	84	—	—
Oct.	„	Die drei Grenadiere	Cords.	16	6	—
„	„	Die Künstler	Iffland.	111	—	—
Nov.	„	Für das umgearbeitete Trauersp. Hamlet	Schlegel.	67	19	—
„	„	Für die Partituren: die Schwestern von Prag und Soliman II.	Musik-Comptoir.	84	12	—
Jan.	1800	Für Uebersetzung der Oper Camilla	Bürde.	15	—	—
Febr.	„	Freundschaft und Liebe	Reichardt.	50	—	—
„	„	Sophie van der Daalen	Formay.	55	20	—
März	„	Der Corsar aus Liebe	Coulon.	30	—	—
„	„	Die Freude	Ziegler.	83	12	—
„	„	Mudurra	Weber.	327	6	—
„	„	Für den Text zu Mudurra	Herclots.	55	21	—
„	„	Das Vaterhaus	Iffland.	112	—	—
April	„	Der Reiherbusch	Rambach.	87	23	9
„	„	Für die Bearbeitung der Schwestern von Prag	Pauly.	18	—	—
„	„	Das neue Jahrhundert, Gustav Wasa, Ritter Bayard, Octavia, Sucht zu glänzen und die Hofmeister	v. Kotzebue.	500	—	—
Mai	„	Das Singspiel	Fritsche.	8	—	—
„	„	Die Höhen	Iffland.	111	8	—
„	„	Der Jubel	Reichardt.	100	—	—
Aug.	„	Das Donauweib	Lehneisen.	15	—	—
„	„	Das poetische Schloß, und Mariane	Mad. Gotter.	122	7	6
„	„	Maria von Montalban	Gern.	88	8	—
Sept.	„	Composition von Hermann v. Unna	Vogler.	400	—	—
Oct.	„	Die Aehnlichkeiten	Vogel.	53	8	—
„	„	Tamerlan	Reichardt.	500	—	—
Nov.	„	Die Station	Tilly.	30	—	—
„	„	Marie Stuart	Schiller.	117	—	—
„	„	Mahomet	Kirms.	97	12	—
Dec.	„	Uebersetzung der Mathilde	Cords.	19	12	—
Jan.	1801	Die Feier des Jahrhunderts	Rohde.	48	18	—
„	„	Das Chamäleon	Beck.	128	8	—
Febr.	„	Das Erbtheil des Vaters	Iffland.	110	12	—
März	„	Frohsinn und Schwärmerei	Himmel.	70	—	—

Monat.	Jahr.	Titel des Manuskripts 2c.	Gekauft von	Kaufpreis. Thlr.	gr.	pf.
März	1801	Camilla, oder das Burgverließ . . .	Ambrosch.	25	—	—
"	"	Composition von Hero und der Jubelfeier	Weber.	121	13	2
"	"	Blaubart	Schmieder.	32	7	—
"	"	Die Räuberhöhle	Fester.	39	—	—
"	"	Elfriedl	Schaum.	44	4	9
"	"	Anakreon	Lauchery.	15	5	—
"	"	Das Donauweibchen zweiter Theil .	Pauly.	8	—	—
"	"	Adolph und Clara	Eunicke.	14	8	—
"	"	Jery und Bätely	Reichardt.	100	—	—
April	"	Cäsar auf Pharmacusa	Righini.	38	—	—
Mai	"	Das Gelübde	Wohlbrück.	50	—	—
Aug.	"	Titus	Kirms.	28	21	—
"	"	Der Bräutigam in der Irre . . .	Vogler.	48	3	—
Sept.	"	Der Wirrwarr	v. Kotzebue.	165	12	6
"	"	Felix, und die heimliche Ehe . .	Gern.	18	21	—
Nov.	"	Gulnare	Schmieder.	31	11	—
"	"	Braut und Wittwe	Opitz.	31	11	—
"	"	Die Repressalien und die Mohrin . .	Levy Erben.	162	—	—
"	"	Nicht alles ist falsch was glänzt . .	Reinbeck.	62	12	—
Jan.	1802	Die Kreuzfahrer, und das Zauberschloß	v. Kotzebue.	297	—	—
"	"	Pflicht und Liebe	Vogel.	63	8	—
"	"	Regulus	Collin.	126	16	—
"	"	Jungfrau von Orleans	Schiller.	107	16	—
"	"	Für Compositionen zur Oper das Zauberschloß	Reichardt.	500	—	—
"	"	Tancred	Kirms.	95	—	—
"	"	Der lebende Todte	Paer.	17	5	—
Febr.	"	Die französischen Kleinstädter, und die deutschen Kleinstädter	v. Kotzebue.	171	—	—
"	"	Partitur des Wasserträgers	Schmieder.	38	—	—
März	"	Für die Bearbeitung von Claudine und Florian	Cords.	19	—	—
"	"	Beschämte Eifersucht	Frau v. Weißenthurn.	38	—	—
"	"	Jon	Schlegel.	101	8	—
"	"	Der Triumph des Frohsinns . . .	Rambach.	53	18	—
"	"	Die musikalische Familie	Hensler.	143	16	—
"	"	Partit. z. Oper: der Kampf der Elemente	Schikaneder.	126	18	—

Monat.	Jahr.	Titel des Manuscripts ꝛc.	Gekauft von	Kaufpreis.		
				Thlr.	gr.	pf.
April	1802	Für die Musik zu den Kreuzfahrern, und Herkules Tod	Reichardt.	200	—	—
„	„	Für die Musik zur Sulmalla und für die zu Regulus	Weber.	200	—	—
„	„	Der Hausverkauf	Herzfeld.	31	16	—
„	„	Für Uebersetzung der Oper: die Burg zu Montenero	Graf Brühl.	47	12	—
Mai	„	Für Bearbeitung von Rodogune . .	Bode.	107	2	—
„	„	Für die Partituren: die Dorfgalla, und der Bettelstudent	Gern.	22	4	—
„	„	Das Vaterherz	v. Bilderbeck.	38	—	—
Juni	„	Für Uebersetzung der Taube	Dannefield.	30	—	—
„	„	Der Geburtstag	Beck.	63	8	—
„	„	Für Uebersetzung des Hausverkaufs .	Hiemer.	22	4	—
„	„	Turandot, und Nathan	Schiller.	145	16	—
„	„	Tinto	Vogel.	47	12	—
„	„	Die seltene Audienz, und das Porträt	Czechtitzky.	85	16	—
„	„	Für die Partitur von Stratonice . .	Hoester.	10	—	—
Sept.	„	Für die bearbeitete Oper Telemach .	Vulpius.	26	16	—
„	„	Wer erst kömmt, mahlt erst	Rottmann.	115	14	—
„	„	Holga	Oppenheim.	29	13	—
Nov.	„	Die deutsche Familie	Schmidt.	64	—	—
Dec.	„	Für die Partitur von Philipp und Georgette	Schlegel.	10	16	—
„	„	Für die Partitur des Kalif von Bagdad	Hotho.	10	16	—
Jan.	1803	Die Hussiten, Don Ranudo, und Hugo Grotius	v. Kotzebue.	393	10	6
„	„	Für die Musik zu den Hussiten . . .	v. Kotzebue.	53	20	—
„	„	Alexis	Mad. Unzelmann.	10	16	—
März	„	Für Uebersetzung der Oper Alexis . .	Herclots.	100	—	—
„	„	Der Millionär	Schildbach.	6	6	—
„	„	Für Bearbeitung des Schauspiels: der Fall im Abgrund	Rambach.	64	6	—
April	„	Genua und Rache, und der Puls . .	Unger.	150	—	—
„	„	Jocrissens Leiden und Verzweiflung	Cords.	8	—	—
„	„	Die Kartenschlägerin	Lamprecht.	44	8	—
„	„	Die Braut von Messina	Schiller.	103	19	6
Mai	„	Lehmann	Sievers.	63	8	—
Juni	„	Der Schatzgräber	Jäger.	28	12	—

Monat.	Jahr.	Titel des Manuscripts ic.	Gekauft von	Kaufpreis.		
				Thlr.	gr.	pf.
Juni	1803	Dichterlaune	Mussini.	47	12	—
"	"	Der Zinngießer	Treitschke.	43	4	—
Juli	"	Das Gemälde, und die Heirathspläne	Baumann.	31	6	—
Aug.	"	Die listige Putzmacherin	Eunicke.	53	12	—
"	"	Partitur des dritten Theils der Donau-Nymphe	v. Kotzebue.	32	2	—
"	"	Coriolan	Collin.	126	16	—
"	"	Der Tollkopf	Schmieder.	31	16	—
Sept.	"	Die Pagenstreiche, die Schule der Frauen, Eduard in Schottland, der Vater von ungefähr, und der todte Neffe	v. Kotzebue.	407	14	—
Oct.	"	Uebersetzung von Besonnenheit und Liebe, und Mariane	Herclots.	50	—	—
"	"	Antigone	Reinhard.	31	16	—
"	"	Die natürliche Tochter	Kirms.	126	16	—
Febr.	1804	Die Ausgewanderten	Schickler.	63	8	—
April	"	Aline	Mad. Unzelmann.	11	—	—
"	"	Kunst und Liebe	Reichardt.	100	—	—
Mai	"	Wilhelm Tell	Schiller.	331	12	—
Juni	"	Der natürliche Sohn	Hubes.	110	12	—
"	"	Partitur der drei Freier	Backhaus.	13	—	—
"	"	Mithridat	Bode.	65	—	—
"	"	Helene	Treitschke.	32	12	—
"	"	Der portugiesische Gasthof	Oppenheim.	48	18	—
Juli	"	Fanchon	Himmel.	500	—	—
"	"	Aline	Herclots.	100	—	—
Aug.	"	Die vergebliche Reise	Oswald.	33	6	—
Sept.	"	Für das Singspiel Fanchon, für das Manuscript Heinrich Reuß, und die Stricknadeln	v. Kotzebue.	334	16	6
"	"	Die Perückenstöcke	Heigel.	16	6	—
Oct.	"	Die Erben	Levy Erben.	65	—	—
"	"	Für die Partitur des Abt Vogler	Anhalt.	10	—	—
Nov.	"	Für Bearbeitung der Sternkönigin	Voß.	50	—	—
Jan.	1805	Iphigenia in Aulis	Levezow.	65	—	—
"	"	Großmuth und Dankbarkeit	Hagemann.	16	18	—
"	"	Die drei Gefangenen	Wolff.	65	—	—
"	"	Für die Partitur von der Heirath auf eine Stunde	Mad. Unzelmann.	11	4	—

Monat.	Jahr.	Titel des Manuscripts rc.	Gekauft von	Kaufpreis. Thlr.	gr.	pf.
Febr.	1805	Die zwölf schlafenden Jungfrauen . .	Voß.	60	—	—
„	„	Für Uebersetzung des Lustspiels: die Liebe in Spanien	v. Bilderbeck.	32	12	—
April	„	Die Hausfreunde	Iffland.	111	16	—
„	„	Für die drei Theile der zwölf schlafenden Jungfrauen, und für Achilles .	Sannes.	178	8	—
„	„	Für den dritten Theil der Donau-Nymphe	Sannes.	65	—	—
„	„	Für die Partitur der Armide . . .	Lombard.	13	22	—
Mai	„	Für die Uebersetzung der Oper Armide	Voß.	100	—	—
Juni	„	Für Bearbeitung der jähzornigen Frau	Mad. Hubes.	32	12	—
„	„	Pachter Robert	Levy Erben.	26	—	—
„	„	Das Mißverständniß	Contessa.	39	—	—
Juli	„	Die Neugierigen, und eine Stunde aus dem Hause	Schmidt.	74	—	—
„	„	Uebersetzung der Oper Cäsar . . .	Weber.	16	18	—
„	„	Das Kreuz an der Ostsee	Z. Werner.	81	6	—
Sept.	„	Totila	Levy Erben.	65	—	—
„	„	Die Uniform	Sannes.	22	18	—
Nov.	„	Die Todtenfeier	Levezow.	55	20	—
„	„	Die Seelenwanderung	Iffland.	112	—	—
Dec.	„	Organe, und blinde Liebe	v. Kotzebue.	222	4	6
Jan.	1806	Ton des Tages	Voß.	85	—	—
„	„	Edelmuth und Liebe	Franz.	45	—	—
Febr.	„	Partitur der Oper Sargines . . .	Breitkopf.	29	6	—
„	„	Partitur der Oper Milton	Treitschke.	26	—	—
„	„	Bearbeitung Heinrichs IV.	Iffland.	30	—	—
„	„	Die Heimkehr	Iffland.	111	12	—
März	„	Der Cid	Niemeyer.	56	1	—
„	„	Die freundlichen Unheilstifter . . .	Herclots.	100	—	—
April	„	Musik zu den Sylphen	Weber.	500	—	—
„	„	Die Sylphen	Levy Erben.	100	—	—
Mai	„	Fanisca	Bahn u. Schulz.	35	18	—
„	„	Die Verwiesenen von Kamschatka . .	„	32	12	—
Juni	„	Die Weihe der Kraft	Z. Werner.	500	—	—
Juli	„	Blumenmädchen	Fr. Benda.	32	12	—
„	„	Carolus Magnus	v. Kotzebue.	113	12	—
Sept.	„	Partitur des unterbrochenen Concerts	Reinhard.	28	8	—
Nov.	„	Balbao	v. Collin.	130	—	—

Monat.	Jahr.	Titel des Manuscripts &c.	Gekauft von	Kaufpreis.		
				Thlr.	gr.	pf.
Nov.	1806	Partitur zum Eulenspiegel	Schmidt.	39	—	—
Jan.	1807	Gulistan	Levy Erben.	49	9	—
„	„	Söhne des Thales	J. Werner.	75	—	—
„	„	Bianca von Torreda	Th. Hell.	53	7	—
Febr.	„	Partitur zur Tante Aurora	Böheim.	13	8	—
„	„	Heinrich der Löwe	Klingemann.	40	—	—
„	„	Der Johannistraum	Sievers.	30	—	—
„	„	Für die Oper: zwei Worte	Langhans.	13	10	3
„	„	Für die Oper: die Romanze	Wagner.	29	4	—
„	„	Das Singspiel vor den Fenstern	Levy Erben.	19	8	—
März	„	Uebersetzung der Oper Michelli	Cords.	3	—	—
„	„	Der lustige Schuster	Gordich.	67	22	—
„	„	Partitur vom Fest der Winzer	Levy Erben.	18	10	—
„	„	Das Crochet	Voß.	135	—	—
Sept.	„	Die Weinlese	Voß.	20	—	—
„	„	Zoraide	Korn.	25	—	—
„	„	Die Einquartierung, und die jungen Leute	de la Garde.	37	—	—
„	„	Für die Uebersetzungen der Rückwirkung, der Nachbarschaft, des Taufscheines und der erwachsenen Tochter	Iffland.	86	—	—
Oct.	„	Clementine	Frau v. Weißenthurn.	66	21	—
„	„	Ulysses und Circe	Romberg.	117	12	—
Nov.	„	Die Unvermählte	v. Kotzebue.	96	—	—
Dec.	„	Die Partitur von Idomeneus	Kuhn.	53	8	—
„	„	Partitur von Iphigenia in Aulis, von Hecuba und von Uthal	Wustrow.	45	22	—
„	„	Uebersetzung von Iphigenia in Aulis	Sander.	72	—	—
Jan.	1808	Das Testament des Onkels	Römer.	67	12	—
„	„	Die Opern: Julia, Ida, und die wandernden Musikanten	Sannes.	106	16	—
März	„	Die Partitur der wandernden Musikanten	„	27	10	—
Mai	„	Die Seereise, und die Gefahren der Stadt	Grüner.	30	—	—
„	„	Die Schimmersucht	Schick.	72	—	—
Juli	„	Heinrichs V. Jugendjahre	Iffland.	23	16	—
Oct.	„	Der Tischler aus Liefland, und die Travestirten	Reinicke.	20	—	—
Febr.	1809	Columbus	Klingemann.	89	19	—
März	„	Partitur der Prinzessin Guise	Mayer.	25	—	—

Monat.	Jahr.	Titel des Manuscripts rc.	Gekauft von	Kaufpreis. Thlr.	gr.	pf.
April	1809	Für Uebersetzung der Templer . . .	Levetzow.	60	—	—
„	„	Künstlers Erdenwallen	v. Voß.	80	—	—
„	„	Der rechte Arzt, und das Weihnachtsgeschenk	Schmidt.	60	—	—
Nov.	„	Rochus Pumpernickel	Esperstädt.	27	8	—
Dec.	„	Partitur der Oper: der Oheim als Kammerdiener	Rellstab.	15	—	—
„	„	Partitur der Opern: Sargines, Waisenhaus, und Proserpina	Breitkopf.	62	8	—
Jan.	1810	Chamaranthe	v. Voß.	18	—	—
Febr.	„	Die Sängerin auf dem Lande . . .	Wilms.	27	—	—
„	„	Das Deklamatorium	Klingemann.	58	—	—
März	„	Für Uebersetzung des Tulipan . . .	May.	60	—	—
Mai	„	Das Vehmgericht	Klingemann.	58	3	—
„	„	Vetter Kuckuk	Piper.	60	—	—
Juli	„	So sind sie gewesen, so waren sie . .	Kaufmann.	59	—	—
Sept.	„	Deodata	Weber.	400	—	—

www.ingramcontent.com/pod-product-compliance
Lightning Source LLC
Chambersburg PA
CBHW031815270326
41932CB00008B/434

* 9 7 8 3 7 4 2 8 1 6 1 5 3 *